농협

논술 및 직무상식

2024 채용대비 SD에듀 농협 논술 및 직무상식

Always **with you**

사람의 인연은 길에서 우연하게 만나거나 함께 살아가는 것만을 의미하지는 않습니다.
책을 펴내는 출판사와 그 책을 읽는 독자의 만남도 소중한 인연입니다.
SD에듀는 항상 독자의 마음을 헤아리기 위해 노력하고 있습니다. 늘 독자와 함께하겠습니다.

PREFACE

머리말

농협은 농업인의 경제적 · 사회적 · 문화적 지위 향상과 국민경제의 균형 있는 발전을 위해 1961년 창립되었다. 농업인의 복지 증진과 농촌 발전의 주역으로서 그 역할을 충실히 수행하고 있으며, 농업인이 전액 출자하고 농업인 대표에 의해 운영되는 자주적 생산자 단체이다. 창립 이래 지도 · 경제 · 신용 · 공제 사업 등 다양한 사업을 추진하는 종합 농협의 면모를 갖추어 국민의 생명 창고인 농업을 지원 · 육성하고 있다.

NH농협은행 및 농협중앙회 등 농협 계열사에서는 인 · 적성평가와 직무능력평가 외 직무상식평가와 논술평가를 실시하고 있다. 직무상식평가는 직무를 수행하는 데 필요한 상식을 보유하고 있는지 평가하는 검사로, 출제범위는 농업 · 농촌 관련 시사상식, 디지털 상식 및 금융 · 경제 시사 관련 용어 및 기초지식이며, 논술평가는 채용분야 관련 지식과 논리력을 평가한다.

이에 SD에듀에서는 수험생들이 농협 직무상식평가와 논술평가에 효과적으로 대비할 수 있도록 다음과 같은 특징의 본서를 출간하게 되었다.

도서의 특징

❶ 2023 ~ 2017년 농업 · 농촌 / 금융 · 경제 / 디지털 · IT 주제별 기출복원문제의 개요작성 및 모범답안으로 혼자서도 충분히 학습할 수 있도록 하였다.

❷ 논술 작성방법뿐 아니라 모의 논술평가 및 모범답안을 수록하여 약술형과 논술형으로 치러지는 논술평가를 체계적으로 준비할 수 있도록 하였다.

❸ 농협 기초 상식을 수록하여 농협 관련 정보를 한눈에 파악할 수 있도록 하였다.

❹ 농업 · 농촌 / 금융 · 경제 / 디지털 · IT 상식을 키워드로 학습할 수 있도록 하였다.

❺ 농협경제연구소 선정 '2024년 주목해야 할 농업 · 농촌 10대 이슈'를 수록하여 한 권으로 채용 전반에 대비할 수 있도록 하였다.

❻ 직무상식평가 기출복원문제 및 출제예상문제를 통해 출제경향을 파악할 수 있도록 하였다.

끝으로 본서가 NH농협은행 및 농협중앙회 등 농협 계열사의 필기전형을 준비하는 여러분 모두에게 합격의 기쁨이 있기를 진심으로 기원한다.

SDC(Sidae Data Center) 씀

농협은행 이야기 INTRODUCE

비전

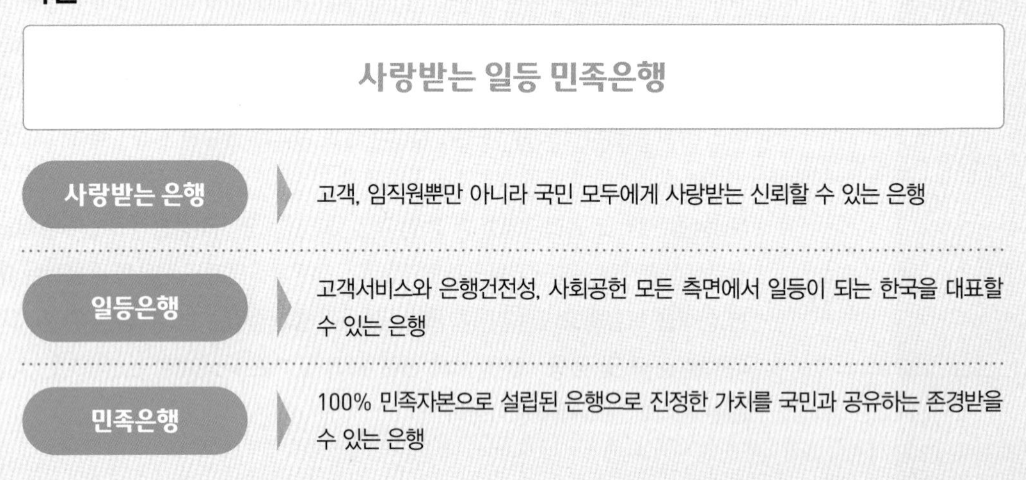

경영목표

지원자격

1. 연령, 성별, 학력, 전공, 어학점수 제한 없음
2. 남자의 경우 병역필 또는 면제자에 한함
3. 신규직원 입행 및 이후 계속근무 가능한 자
4. 해외여행에 결격사유가 없는 자(외국인의 경우 한국 내 취업에 결격사유가 없는 자)
5. 당행 내규상의 신규채용 결격사유가 없는 자

채용절차

1차 (서류) 전형	온라인 인 · 적성(Level 1) 평가, 자기소개서 평가
2차 (필기) 전형	인 · 적성(Level 2) 평가, 직무능력 · 직무상식 평가, 온라인 코딩테스트(IT)
3차 (면접) 전형	집단면접, 토론면접, PT면접

시험진행

구분	문항 수	시간	출제범위	
인 · 적성평가	325문항	45분	• 조직적합성, 성취잠재력 등	
직무능력평가	50문항	70분	• 의사소통능력, 문제해결능력, 수리능력, 정보능력, 자원관리능력 등 • 농업 · 농촌 관련 이해도, 농협 추진 사업	
직무상식평가	30문항	25분	일반 분야	• 농업 · 농촌 관련 시사상식 • 디지털 상식
				• 금융 · 경제 시사 관련 용어 및 기초지식
			IT(전산) 분야	• 데이터베이스, 전자계산기 구조, 운영체제, 소프트웨어 공학, 데이터 통신 등
			IT(기술) 분야	• 전기자기학, 전기기기, 회로이론, 전력공학, 전기응용, 전기설비, 기술기준 등
논술평가	2문항 (약술 1) (논술 1)	50분	공통(전체)	• (약술) 농업 · 농촌 주제 1문항
			일반, 카드, 글로벌	• (논술) 금융(경제) · 디지털 주제 2문항 중 택 1
			IT 분야	• (논술) 디지털 · IT 주제 2문항 중 택 1

❖ 상기 내용은 2023년 하반기 농협은행 채용 공고문을 바탕으로 하였습니다. 채용별 내용이 상이할 수 있으므로 반드시 해당되는 공고를 확인하기 바랍니다.

도서 200% 활용하기 STRUCTURES

1 농협 논술평가 실전 연습

CHAPTER 01 논술 작성방법

1. 논술의 정의

논술은 사리의 옳고 그름으
서 차례를 좇아 풀어쓰는
와 증명을, 논리는 논(論

논

술

① 지신의 생각이나 주장
② 체계를 갖춰 이치에 5
③ 객관적으로 증명 : 시
④ 차례를 맞춰 기술 : 니

2. 논술의 특징

논술은 자신의 생각이나
있는 주제, 사고의 객관
① 비판 가능한 논제를 디

논제 법과 도덕

• '법은 도덕의 최소힌
실현된다고 주장하기
는 상황이 없는지
• 현재 통용되는 패리

CHAPTER 02 모의 논술평가

01 농업 · 농촌

01 난방유 등 수입 원자재
원인과 문제점을 진단

개요작성

서론
① 원자재 가격 상승의 원인
㉠ 글로벌 경기 변동에 따른
㉡ 러시아 등 원자재 주요
㉢ 코로나19, 러시아－우크
② 원자재 가격 상승으로 인한
㉠ 비료 원료 가격 급등 →
㉡ 영농 자재 수급 불균형으
③ 원자재 가격 동향 및 전망,

본론 원자재 국제가격 주요
① 원자재 국제가격 주요 동향
㉠ 동향 : 비료 원료, 유가
㉡ 전망 : 단기간에 해소되
② 원자재 국제가격 인상에 따
㉠ 국내적 : 보조금 지급(농
㉡ 국외적 : 수입선 다변화
㉢ 기타 : 비료와 에너지를

결론
① 농업인의 피해를 최소화할
② 정부와 범농협의 장단기적
③ 농협의 영농 자재 안정적 공

CHAPTER 03 논술 기출복원문제

※ 본서에 수록된 논술 문제의 모범답안은 실제 시험이 치러진 시점을 기준으로 작성되었습니다.

PART 1

01 농업 · 농촌

01 '고향사랑기부제'에 대해 5～6줄 내외로 약술하시오(2023년 NH농협은행).

개요작성

서론
① 고향사랑기부제의 도입 배경 : 지방소멸 위기(논제 제시로 독자 관심 환기)
② 고향사랑기부제의 도입 목적 : 지방소멸 예방, 지역경제 활성화, 지역 균형발전

본론 고향사랑기부제의 골자 및 현황
① 고향사랑기부제의 주요 내용 : 기부자에게 세액공제 · 답례품 제공, 기부금은 주민 복지에 사용
② 고향사랑기부제의 시행 현황 : 지역별 모금액 편차 큼, 저조한 모금액

결론
① 고향사랑기부제에 대한 개선 요구 : 접근성 제고 등
② 고향사랑기부제의 개선 방향 : 개편을 전담하는 공식 실무 조직의 구성

모범답안

지방소멸 위기에 대응하기 위해 시행된 고향사랑기부제는 지방소멸 해소, 지역경제 활성화, 지역 균형발전을 목적으로 한다. 고향사랑e음 등을 통해 개인이 고향이나 원하는 지자체에 기부한 금전을 지자체는 주민 복지에 사용하고 기부자에게 세액공제 혜택과 기부액의 일정액을 답례품(농특산품, 상품권 등)으로 제공한다. 그러나 지자체별 모금액 편차가 크고 기부액도 저조해 기부액을 비공개하는 지자체가 많다. 이에 기부 채널 다양화와 절차 간소화로 접근성 제고, 세액공제 및 기부 한도 상향, 기부금의 사용처 확대, 규제 완화 등이 요구된다. 또한 향후 규제 해소 등 개편을 전담하는 공식적 실무조직을 구성하는 등 새로운 방향이 설정돼야 한다.

▸ 2023～2017년 NH농협은행 및 농협중앙회 등 농협 계열사의 논술 기출복원문제를 수록하였다.
▸ 논술 작성방법 + 논술 기출복원문제 + 모의 논술평가를 통해 실전처럼 연습할 수 있도록 하였다.

2 농협 직무상식평가 완벽 대비

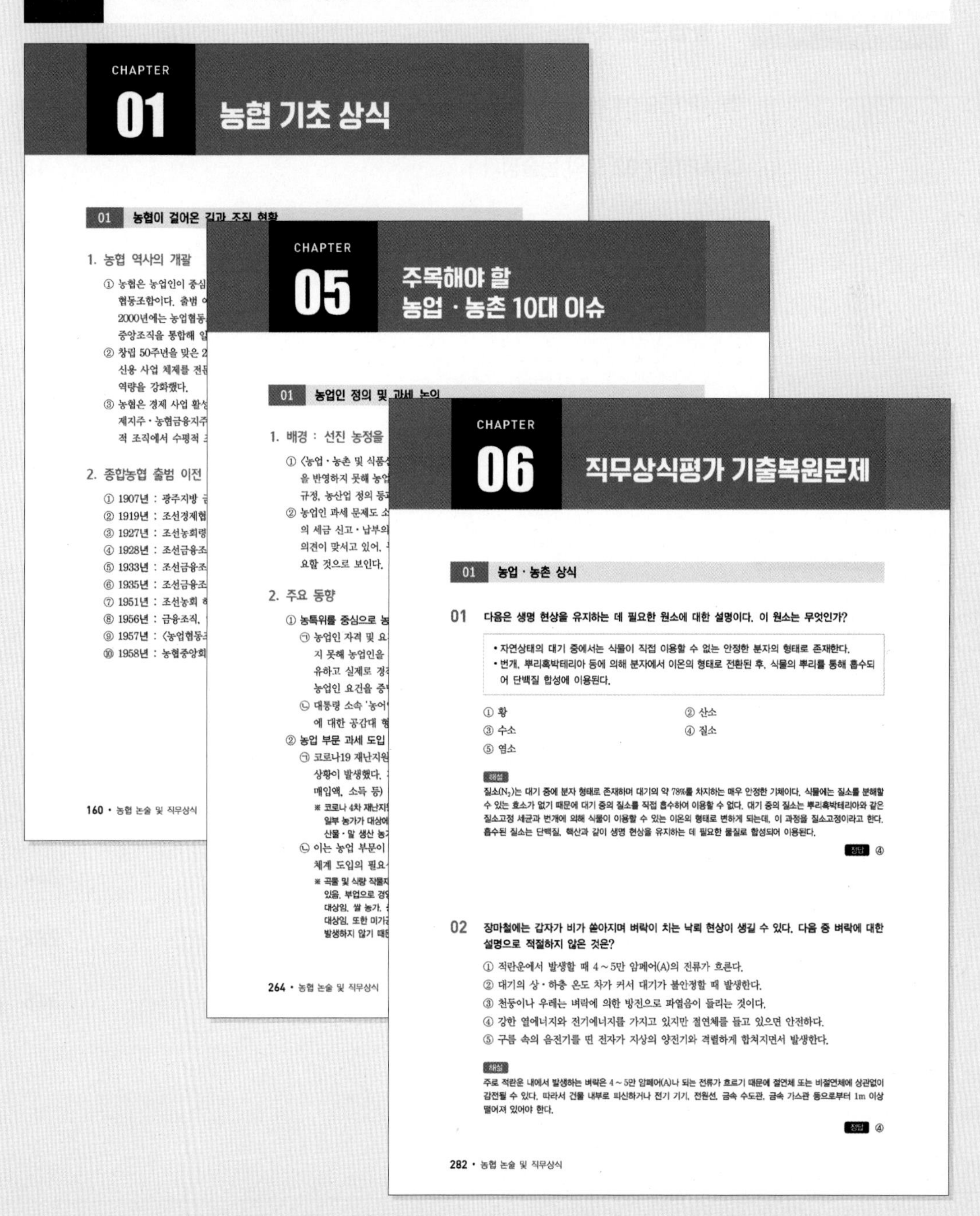

CHAPTER 01 농협 기초 상식

CHAPTER 05 주목해야 할 농업 · 농촌 10대 이슈

CHAPTER 06 직무상식평가 기출복원문제

01 농업 · 농촌 상식

01 다음은 생명 현상을 유지하는 데 필요한 원소에 대한 설명이다. 이 원소는 무엇인가?

- 자연상태의 대기 중에서는 식물이 직접 이용할 수 없는 안정한 분자의 형태로 존재한다.
- 번개, 뿌리혹박테리아 등에 의해 분자에서 이온의 형태로 전환된 후, 식물의 뿌리를 통해 흡수되어 단백질 합성에 이용된다.

① 황 ② 산소
③ 수소 ④ 질소
⑤ 염소

해설
질소(N_2)는 대기 중에 분자 형태로 존재하며 대기의 약 78%를 차지하는 매우 안정한 기체이다. 식물에는 질소를 분해할 수 있는 효소가 없기 때문에 대기 중의 질소를 직접 흡수하여 이용할 수 없다. 대기 중의 질소는 뿌리혹박테리아와 같은 질소고정 세균과 번개에 의해 식물이 이용할 수 있는 이온의 형태로 변하게 되는데, 이 과정을 질소고정이라고 한다. 흡수된 질소는 단백질, 핵산과 같이 생명 현상을 유지하는 데 필요한 물질로 합성되어 이용된다.

정답 ④

02 장마철에는 갑자기 비가 쏟아지며 벼락이 치는 낙뢰 현상이 생길 수 있다. 다음 중 벼락에 대한 설명으로 적절하지 않은 것은?

① 적란운에서 발생할 때 4 ~ 5만 암페어(A)의 전류가 흐른다.
② 대기의 상 · 하층 온도 차가 커서 대기가 불안정할 때 발생한다.
③ 천둥이나 우레는 벼락에 의한 방전으로 파열음이 들리는 것이다.
④ 강한 열에너지와 전기에너지를 가지고 있지만 절연체를 들고 있으면 안전하다.
⑤ 구름 속의 음전기를 띤 전자가 지상의 양전기와 격렬하게 합쳐지면서 발생한다.

해설
주로 적란운 내에서 발생하는 벼락은 4 ~ 5만 암페어(A)나 되는 전류가 흐르기 때문에 절연체 또는 비절연체에 상관없이 감전될 수 있다. 따라서 건물 내부로 피신하거나 전기 기기, 전원선, 금속 수도관, 금속 가스관 등으로부터 1m 이상 떨어져 있어야 한다.

정답 ④

282 · 농협 논술 및 직무상식

- 농협 기초 상식 + 농업 · 농촌/금융 · 경제/디지털 · IT 상식 + 농업 · 농촌 10대 이슈를 수록하였다.
- 직무상식평가 기출복원문제와 출제예상문제로 채용 전반에 완벽하게 대비할 수 있도록 하였다.

이 책의 차례 CONTENTS

PART 1
농협 논술평가

CHAPTER 01

논술 작성방법

1. 논술의 정의

논술은 사리의 옳고 그름에 대한 자신의 생각이나 주장을 체계를 갖춰 이치에 맞게 객관적으로 증명하면서 차례를 좇아 풀어쓰는 글이다. 이와 같은 정의는 논술이 논증과 서술을 합친 개념이며, 논증은 논리와 증명을, 논리는 논(論)과 이(理)를 더한 개념이라는 사실에서 비롯된 것이다.

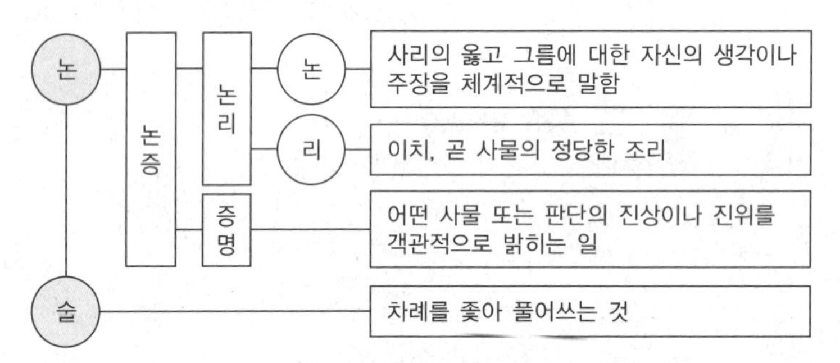

① 자신의 생각이나 주장을 서술 : 현상에 대한 맹목적 수용이 아닌, 비판적 안목에서 논의를 개진한다.
② 체계를 갖춰 이치에 맞게 서술 : 논리적 사고를 바탕으로 논지를 풀어간다.
③ 객관적으로 증명 : 사고를 객관화하여 자신의 주장을 뒷받침할 만한 근거 자료를 찾는다.
④ 차례를 맞춰 기술 : 내용의 경중과 흐름에 맞춰 올바르게 서술한다.

2. 논술의 특징

논술은 자신의 생각이나 주장을 비판적으로 제시할 수 있는 논제, 논리적인 사고를 토대로 서술할 수 있는 주제, 사고의 객관성을 드러낼 수 있는 제재 등을 대상으로 한다.

① 비판 가능한 논제를 다룸

논제 법과 도덕의 차이점을 논술하시오.

- '법은 도덕의 최소한'이라는 옐리네크의 말을 떠올리며 법은 강제력에 의해, 도덕은 비강제력에 의해 각각 실현된다고 주장하기 쉽다. 그러나 이런 주장을 펴기 전에 법이 비강제력, 도덕이 강제력으로 각각 실현되는 상황이 없는지 생각해 보아야 한다.
- 현재 통용되는 패러다임이나 선험적인 지식을 재음미해 볼 것을 요구한다.

② **사고의 논리성을 중시함** : 논리는 형식과 내용의 측면에서 이해될 수 있다. '논(論)'이라는 개념 속에 포함되어 있는 '체계를 갖추다.'라는 것이 형식의 측면이며, '이(理)'라는 개념 속에 포함되어 있는 '정당한 조리'라는 것이 내용의 측면인 것이다. 그러므로 논술에서는 '서론 – 본론 – 결론'의 체계를 중요하게 생각하며, 사실적이고 진실한 말로 논의를 펼치는 것에서 비롯되는 정당한 조리를 중요하게 여긴다.

③ **추론 과정을 중시함** : 추론 과정은 명제와 논거를 연결하는 과정이다. 명제는 주장을 문장으로 나타낸 것이며, 논거는 명제를 뒷받침하기 위한 근거이므로 결국 추론 과정은 근거와 주장을 연결하는 과정이라 할 수 있다. '주민은 용감하다.'라는 주장과 '주민은 집에 침입한 강도를 맨손으로 잡았다.'라는 근거를 연결하는 과정을 가지고 이를 음미해 보자. 추론 과정을 중시한다면 '주민은 집에 침입한 강도를 맨손으로 잡았다. 따라서 주민은 용감하다.'라는 식으로 진술하지 말아야 한다. 왜냐하면 집에 침입한 강도가 여러 날 굶주린 사람이고, 주민의 집을 침입할 때 기진맥진하여 무기력한 상태였다고 한다면, 그런 강도를 맨손으로 잡았다고 해서 용감하다고 할 수는 없기 때문이다. 그러므로 '주민은 집에 침입한 강도를 맨손으로 잡았다.'라는 근거로부터 '주민은 용감하다.'라는 주장을 이끌어 내기 위해서는 강도에 대한 상태를 언급하는 중간 단계의 과정이 있어야 한다. 그런데 이런 중간 단계의 설정은 사고의 객관성을 확보하기 위한 것이다. 따라서 '논술에서는 추론 과정을 중시한다.'라는 말은 '논술에서는 사고의 객관성을 중시한다.'라는 말과 같은 의미라고 할 수 있다.

3. 논술에서 요구되는 능력

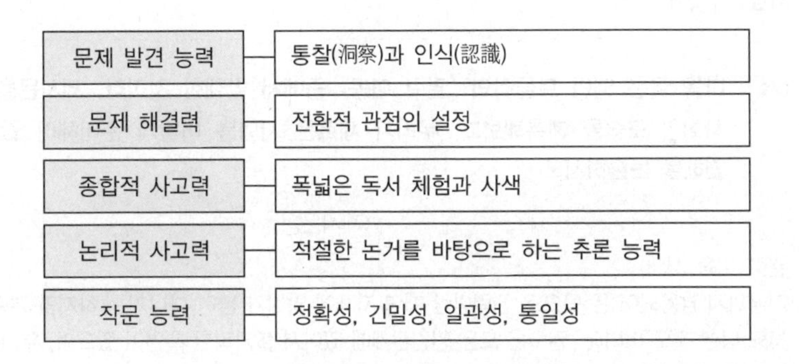

4. 논술의 출제 유형

논술은 논제나 주제 또는 논의 방향 등과 관련된 자료를 제시한 후, 그 자료를 참고하여 주어진 문제에 답하게 하는 유형이다. 이러한 방식은 글쓴이의 자료 해석 능력을 일차적으로 파악한 후, 궁극적으로 글쓴이의 비판적 사고, 논리적 사고, 서술 능력 등을 알아보고자 할 때 쓰인다. 한편, 자료는 도표, 그림, 관련 글귀 등으로 제시되며 제시되는 자료의 수에 따라 복수 자료 제시형과 단일 자료 제시형으로 나뉜다.

① **복수 자료 제시형** : 두 개 이상의 자료를 제시한 후, 그중에서 하나를 택해 그것에 대해 지지하거나 반대하는 내용의 논술을 쓰게 하는 유형이다. 이러한 유형은 주로 글쓴이의 비판적 사고를 확인하고자 할 때에 쓰인다.

논제 다음 제시문을 읽고 (가), (나)의 교훈을 해석하여 사형 제도에 대한 견해를 밝히는 글을 논술하시오.

〈제시문〉

(가) 이솝 우화에 나오는 이야기이다. 소들이 모여서 회의를 하였다. 수많은 동족을 죽여 온 소백정을 어떻게 할 것인가를 의논하기 위해서이다. 모두가 이구동성으로 당장에 소백정을 죽이러 가야 한다고 외쳤다. 그래서 모두 날카롭게 뿔을 세우고 막 소백정에게로 몰려가려는 참이었다. 그때 한쪽 구석에서 말없이 듣고 있던 늙은 소가 말렸다.
"그는 우리를 아프지 않게 죽이는 기술자다. 그가 죽으면 다른 서툰 놈이 우리를 더 아프게 죽일 것이다. 인간들이 소고기 먹는 습관을 고쳐야지 소백정 하나 죽인다고 될 일이 아니다."
그러자 당장이라도 달려 나갈 것 같았던 소들이 걸음을 멈추었다.

(나) "물고기를 주어라. 한 끼를 먹을 것이다. 물고기 잡는 법을 가르쳐 주어라. 평생을 먹을 것이다." 이것은 유대인의 경전인 『탈무드』에 나오는 이야기이다. 유대인이 자녀들에게 재산을 물려주려 하기보다는 재능을 키워주려 애쓰는 것은 이러한 경전의 충고에 따르려 하기 때문이다.

(다) 사형 제도에 대해서는 찬반양론이 대립하고 있다. 존치론자들은 그 제도가 첫째, 응보적 정의관에 부합하고 둘째, 범죄의 예방 효과를 갖는다고 주장한다. 그러나 폐지론자들은 사형이 숭고한 법적 정의의 이름을 빙자해서 자행되는 복수극일 뿐이라고 주장한다. 또 사형 제도가 엄격하게 집행되는 사회에서도 범죄가 일시적으로는 감소하다가 오히려 더 증가한다는 통계 자료를 제시하며 그것의 범죄 예방 효과에 대해서도 의문을 제기한다.

② 단일 자료 제시형

논제 다음 글은 앨빈 토플러의 『권력 이동』 중에서 발췌한 것이다. 제시문을 참고하여 미래 사회의 모습을 예측해보고, 우리가 새로운 시대를 어떻게 준비해야 할 것인지 자신의 견해를 논술하시오.

〈제시문〉

1. 권력 이동 시대
지금까지 남용되어 온 탓으로 권력이란 개념 자체에 악취가 붙어 다니기는 하지만 권력 그 자체는 좋은 것도 나쁜 것도 아니다. 권력은 모든 인간관계에 있어서 불가피한 측면이 있으며, 우리의 남녀 관계에서부터 우리가 갖는 직업 · 자동차 · TV, 우리가 추구하는 희망에 이르기까지 모든 것에 영향을 미치고 있다. 그런데도 우리 생활의 모든 측면 중에서 권력은 여전히 이해가 가장 부족하면서도 가장 중요한 것으로 남아있다. 특히 우리 세대에게 그렇다. 그것은 지금이 '권력 이동' 시대이기 때문이다. 우리는 지금 세계를 결집시켰던 권력 구조 전체가 붕괴되는 시기에 살고 있다.

2. 완력, 돈, 그리고 정신 – 고품질 권력
권력은 다양하게 나타나는데, 어떤 권력은 명백히 옥탄가(엔진 성능을 향상시키는 정도와 관련해 휘발유의 등급을 매기는 단위)가 낮다. 폭력은 그 희생자나 생존자들이 기회만 있으면 반격을 노리고 저항할 수 있다는 점에서 융통성이 적다. 폭력은 응징을 위해서만 사용할 수 있으므로 저품질 권력이다.
부(富)는 훨씬 더 우량한 권력 수단이다. 두둑한 돈지갑은 훨씬 더 융통성이 있다. 부는 단지 협박을 하거나 처벌을 내리는 대신 정교하게 등급을 매긴 현물의 보상을 제공해 준다. 따라서 부는 물리력보다 훨씬 더 융통성이 있어 중품질의 권력을 만들어 내는 것이다.
고품질의 권력은 지식의 적용에서 나온다. 고품질의 권력은 단순히 영향력을 미치는 데 그치지 않는다. 지식을 사용하면 벌을 줄 수도 있고, 보상과 설득, 심지어는 변형시킬 수도 있다. 지식은 적을 자기편으로 만들 수 있어 물리력이나 부의 낭비를 피할 수 있다.

3. 지식 : 수많은 기호 – 21세기 화폐
자본은 화폐와 함께 변화하고 있으며, 이 두 가지는 사회가 중요한 변혁을 겪을 때마다 새로운 형태를 취하게 된다. 이 과정에서 자본과 화폐의 지식 내용이 변화한다. 농업 시대의 '제1물결' 통화는 금속으로 이루어져 지식 내용이 제로에 가까웠다. 오늘날의 '제2물결' 통화는 인쇄된 종이로서 상징적이긴 하지만 아직도 유형적이다. '제3물결'(앨빈 토플러의 저서 『제3의 물결』에 나오는 용어로 정보 혁명 시대를 뜻함) 통화는 날이 갈수록 펄스(전자 공학적인 전파 흐름)로 되어 있다. 이 통화는 순간적으로 송금되며, 비디오 스크린에서 모니터된다. 실제로 이 통화는 비디오 현상 그 자체이며, 이는 초기호적인 형태로 옮겨지는 것이다. 현재의 부는 수많은 상징들로 되어 있고, 이에 기초한 권력 또한 놀라울 정도로 상징적이다.

4. 균형 있는 권력 – 새로운 지식의 건축물
권력의 삼각 받침대의 세 번째 다리는 지식이다. 최근 수십 년 간 있었던 요원(燎原)의 불길 같은 컴퓨터의 보급은 15세기 활자 발명, 심지어 문자 발명 이후 지식 체계에서 일어난 가장 중요한 변화라고 일컬어지고 있다. 오늘날의 초고속 변화로 인해 주어진 '사실'들은 빠른 속도로 시대에 뒤떨어지게 되고, 이를 토대로 한 지식의 영속성도 줄어들고 있다. 지식의 신진대사가 빨라지고 있는 것이다. 요컨대 지식은 지금 적어도 폭력 및 부에 못지않게 개조되고 있어, 결국 권력의 세 가지 요소는 모두가 동시적 혁명을 겪고 있는 것이다. 그리고 권력의 다른 두 차원 자체도 매일같이 더욱 지식 의존적으로 되어 가고 있다. 국가는 세 가지 형태로 분류될 수 있다. 권력을 '폭력 – 부 – 지식' 삼각대의 어느 한쪽에 주로 의존하는 국가, 두 다리에 의존하는 국가, 세 가지 권력 차원 위에 고루 균형을 이룬 국가가 그것이다. 미국 또는 유럽이 앞으로 세계의 권력투쟁에서 얼마나 잘해 나갈지를 판단하려면 이 세 가지 권력 모두를 살펴보되, 특히 세 번째인 지식 기반을 중점적으로 살펴볼 필요가 있다. 앞으로 이 세 번째 원천이 다른 두 가지의 중요성을 결정짓게 될 것이다.

5. 논술의 핵심 10가지

① **문제의 파악** : 문제의 파악이란 곧 문제가 원하는 내용이 무엇인가를 정확하게 포착해서 그 내용을 차근차근 살펴 풀어내야 한다는 것을 의미한다. 문제가 어느 것이 옳은지를 묻고 있다면 옳은 것을 가려내고, 원인을 밝히라고 하면 왜 그렇게 되었는지 인과 관계를 살필 수 있어야 한다.

② **사실의 이해** : 사실이란 논술을 할 때 논의하고자 하는 대상이 지닌 모든 것을 말한다. 논의하고자 하는 대상은 늘 여러 가지 다른 측면을 지니기 때문에 이러한 다양한 측면을 포괄적으로 살필 수 있어야 제대로 된 논술문을 쓸 수 있다. 사실에 대한 이해는 구체적이고 정확한 이해여야 한다는 점을 잊어서는 안 된다.

③ **해결의 능력** : 논술이란 어떤 문제를 해결하기 위해 사실과 논리에 맞춰 타당한 해결 방안을 찾아내는 것이다. 보통 문제는 설명이나 선택, 규명, 권고 등의 모습이나 비교나 대조 또는 인과관계의 양상 등으로 해결책을 포함하고 있다. 문제가 어떤 해결을 요구하고 있는지를 파악하고 거기에 맞는 절차를 찾는 것이 관건이다.

④ **논지의 적절성** : 논술은 어떤 문제에 대한 의견이나 주장을 펴는 글이다. 그리고 그런 의견이나 주장은 남들이 수긍할 만큼 타당한 것이어야 하는데, 그러기 위해서는 사실에 근거해야 하고 적절한 논지를 갖추어야 한다. 논지의 적절성은 과정과 결과 모두에 관계된다. 논술의 가치를 높이기 위해서는 창의성이 필요하고, 타당성을 확보하기 위해서는 보편성을 지녀야 한다.

⑤ **논의의 일관성** : 논술을 하는 데 있어서 논점을 일관되게 유지하는 것은 매우 중요하다. 처음에 화제로 삼은 주제가 샛길로 빠지는 것은 대체로 개요를 부실하게 짠 경우에 발생한다. 일관성은 단순히 주제 면에 있어서만이 아니라, 표기법이나 용어의 사용에 있어서도 해당한다.

⑥ **논거 제시의 적합** : 논거란 자신의 견해를 밝히기 위해 제시하는 근거로, 논술의 기본 자료라고 할 수 있다. 논거는 우선 확실한 사실이어야 하며 풍부해야 하고 대표성이 있어야 한다. 논거 없는 주장은 허공을 향해 내지르는 외침이나, 현수막에 걸려 있는 구호와 다름이 없다.

⑦ **논증 방식의 타당성** : 논술은 반드시 논리적으로 입증하는 단계를 거쳐야 한다. 이러한 논증 방식의 타당성이란 규칙과 절차를 얼마나 잘 지키는가에 달려 있다. 논증은 추론의 과정을 통해서 완성된다. 즉, 연역법, 귀납법, 유추법, 귀류법 등을 잘 이용해야만 타당하고 논리적인 논증이 이루어지는 것이다.

⑧ **어휘의 정확성과 풍부성** : 논술의 어휘는 문맥에 관계없이 그 자체로 정확해야 한다. 각 개념에 대해 정확히 알아야 함은 물론 정확한 표현을 뒷받침하는 정확한 표기 능력도 길러야 한다. 정확한 표현은 풍부한 어휘력에 크게 의존함을 유념하여 항상 국어사전을 가까이하는 습관을 길러야 한다.

⑨ **문장의 정확성과 효율성** : 논술문에서 의미를 정확하게 전달하려면 올바른 문장을 쓰는 것이 중요하다. 정확한 문장이란 표기가 정확하고 그 뜻이 명료하게 전달되는 문장을 말한다. 또한 문장은 효율성을 지니고 있어야 하는데, 이런 효율성을 확보하기 위해서는 우선 논리적인 사고 과정이 명쾌하게 드러나도록 문장을 써야 한다. 불필요한 감탄문이나 의문문의 빈번한 사용과 구어체로 적당히 넘어가려는 문장은 논술의 효율성을 저해하는 요소들이다.

⑩ **글의 단위성과 유기성** : 한 편의 글을 이루는 각 부분은 그 글에 있어서 꼭 필요한 역할을 하고 있어야 한다. 문단은 하나의 소주제를 갖는 단위로서, 여러 문장이 소주제를 중심으로 단단히 결집되어 있어야 한다. 또한 각 문단이 제 나름의 생각으로 결집되어 있기는 하되 각 문단은 유기적으로 긴밀한 관계를 맺고 있어야 한다. 그리고 문단이 하나씩 추가되면서 글을 전개시켜 나갈수록 결론을 향해 접근할 수 있어야 한다.

6. 개요 작성 및 논술문의 구성

논술은 시나 소설, 수필과 같은 글을 잘 쓰지 못하는 사람이라도 크게 두려워하거나 염려할 필요가 없다. 논술문의 성격 자체가 상상력을 마음껏 발휘하거나 감성이나 감정을 대놓고 드러내어도 되는 글이 아니기 때문이다. 따라서 논술문을 쓰는 것은 다른 글쓰기에 비해 문학적 자질에 크게 영향을 받지 않는다. 논술문에는 논제의 요구에 맞게 논의를 이끌어낸다는 점에서 일종의 문제 해결의 과정이 담겨 있다. 그런 점에서 논술문은 문학적 상상력에 의존한 글쓰기라기보다는 논리적 사고, 그 과학적 사고에 훨씬 근접한 글이라 하겠다. 따라서 논술문의 구성 절차를 잘 알고 그것에 맞는 전략을 구사할 수 있다면, 논술에 한 발 더 쉽게 다가설 수 있다.

논술의 과정은 다음과 같이 5단계로 나뉜다. 그러나 문제 분석과 주제문 작성은 크게 보면 개요 작성을 위한 부속적인 과정이기 때문에 '개요 작성 → 집필 → 퇴고'의 3단계로 볼 수 있다.

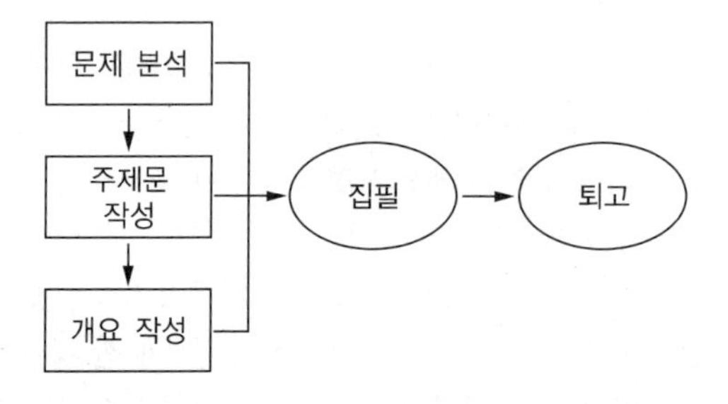

논술문에서 개요를 회화에 비유하면 스케치와 같다. 따라서 대강의 쓸거리를 구상한 개요 없이 논술문을 작성한다는 것은 밑그림을 그리지 않고 색칠하는 것과 같다. 그럼에도 불구하고 많은 수험생은 개요 작성하는 것을 번거롭게 여긴 나머지 개요 없이 논술문을 작성하고는 한다. 그러나 논술의 달인이 아니고서야 그 답안이 좋은 평판을 얻기란 힘들 것이다.

① 개요 작성의 필요성

㉠ 글의 전체적인 흐름, 논리 전개 과정을 정리할 수 있다.

㉡ 글이 주제에서 벗어나는 것을 막을 수 있다.

㉢ 중요한 항목이나 필요한 내용을 빠뜨리는 일을 막을 수 있다.

㉣ 불필요하게 중복된 사항을 막을 수 있다.

㉤ 글 전체와 부분, 부분과 부분 상호간의 균형을 유지할 수 있다.

② 개요 작성 시 유의할 사항

㉠ 개요는 문제의 정확한 분석에서 비롯되어야 한다.

개요를 작성하는 과정 속에는 문제를 분석하고 주제문을 작성하는 일이 우선적으로 포함되어 있다. 따라서 주어진 문제를 정확하게 파악하지 못한 상태에서 개요를 짜는 것은 동문서답하는 격이 될 수 있다. 제한 시간이 대략 60분 정도 주어진 경우라면, 문제 파악에서 개요 작성까지 10분 남짓 할애하도록 한다. 때로 문제 파악이 쉽지 않아 그 이상의 시간을 쓰더라도 문제에 대해 깊이 있게 사고하는 것은 훌륭한 논술의 선결 조건이다. 이 경우, 개요 작성에 10분, 집필에 45분, 퇴고에 5분 정도 할애하는 등 주어진 시간을 효율적으로 쓰는 시간 안배에도 신경을 써야 한다.

㉡ 개요는 결론을 도출한 후에 글로써 작성해야 한다.

곧 답안에 옮기기 전에 머릿속에 미리 써 놓은 글인 셈이다. 따라서 어떠한 결론에 이를 것인가를 도출한 다음에 개요를 작성한다. 좋은 개요는 훌륭한 논술을 약속한다. 그러므로 개요를 잘 짜놓으면 글은 다 쓴 것이나 다름없다.

㉢ 개요는 논제의 요구 조건을 수용하는 방법을 택해야 한다.

개요 작성에 크게 어려워 할 필요는 없다. 논제가 요구하는 조건을 토대로 주요 골격을 잡는 것도 개요를 쉽게 작성하는 하나의 방법이다.

㉣ 개요는 자세히 작성할수록 좋다.

개요에는 글의 처음과 중간, 끝 부분에 놓일 내용은 물론, 주장을 뒷받침하는 근거가 함께 제시되어야 한다. 따라서 그만큼 자세히 작성하도록 한다. 흔히 개요를 짜지 않을 경우에 논제를 벗어난 답안을 작성하는 실수를 범한다. 마찬가지로 엉성한 개요는 문단의 단락 구성에서 어느 문단은 내용이 풍부하고 지나치게 길거나, 혹은 그 반대의 상황도 발생할 수 있다. 그러므로 가능한 개요는 자세히 짜야 한다.

㉤ 다른 사람의 글을 요약하는 방법으로 훈련하는 것이 좋다.

정히 개요 작성이 어려운 수험생은 하루에 몇 번씩이라도 신문의 사설이나 혹은 다른 사람이 작성한 우수 답안을 놓고 단락의 핵심을 요약하여 보자. 바꾸어 생각하면 이 요약된 내용이야말로 하나의 잘 짜인 개요인 셈이다. 이러한 훈련은 비단 개요 작성뿐 아니라 논술문의 문제 파악에서 논의의 전개에 대한 감각을 터득하는 데도 아주 좋은 방법이다.

③ 개요 작성의 순서

㉠ 떠오르는 생각을 구체적으로 자세하게 작성한다.

논술 문제를 파악한 후에, 출제 의도나 요구 사항에 유의하면서 가능한 한 구체적으로 자세하게 개요를 작성한다. 문제지의 여백이나 백지에 논술 문제와 관련해서 떠오르는 생각이나 주장, 논거 등을 되는 대로 서술한다. 그리고 어떤 예를 들지도 생각해서 메모를 한다. 이때 되도록 완결된 문장의 형태로 자세하게 서술하는 것이 좋다. 물론 개요는 남에게 보여주기 위한 것이 아니기 때문에 깨끗하게 정자로 쓸 필요는 없으며, 글을 쓰는 사람 자신만 알아볼 수 있으면 된다.

㉡ 연관된 내용을 묶어서 문단을 구성한다.

그런 다음에 서로 연관된 내용이나 중복된 내용을 묶거나 삭제한다. 그래서 본론을 몇 문단으로 구성할지를 결정한다. 그리고 문단을 배치할 경우에 제일 중요한 논거나 내용을 포함한 문단을 본론의 첫 문단으로 삼는 것이 좋다.

㉢ 서론은 거의 완성된 형태로 작성한다.

서론을 잘못 쓸 경우에 글이 엉뚱한 방향으로 흐를 수도 있다. 따라서 개요를 작성할 때, 서론은 거의 완성된 형태로 작성하는 것이 좋다. 나중에 약간만 수정하면서 원고지에 그대로 옮기면 된다.

㉣ 각 문단의 분량을 답안지에 연필로 표시한다.

개요를 작성한 다음에 원고지에 문단별로 쓸 분량을 연필로 대략 표시한다. 예를 들면 1,000자 분량이라면 서론은 200자 정도, 본론의 첫째 문단은 중요한 내용이기에 400자 정도, 둘째 문단은 300자 정도, 결론은 100자 정도로 배분하기로 하고, 답안지에 연필로 살짝 표시한다. 그래야 정해진 원고지 분량을 채우지 못하거나 초과하는 사태를 막으면서, 문단별로 글의 분량을 균형 있게 배분할 수 있다.

㉤ 수정을 하면서 답안에 옮기는 작업은 아주 간편하다.

이렇게 개요 작성에서 서론을 거의 완성하고 본론의 문단 수나 문단 배치를 결정한 이후에 원고지에 옮기면서 쓸데없는 군더더기는 삭제하고, 필요한 내용은 첨가하면서 본문을 완성하면 된다. 이렇게 개요를 자세하게 작성한 후에 글을 옮기는 데는 그리 많은 시간이 걸리지 않는다. 오히려 개요를 작성하지 않고 서둘러서 답안에 쓸 경우 이미 쓴 글을 뺄 것인가 말 것인가, 아니면 어떻게 고칠 것인가를 고민하다가 시간을 낭비하는 경우가 많다.

㉥ 개요를 작성할 때 각 단락에 들어가야 할 내용을 고려한다.

서론

- 다루고자 하는 문제에 대한 독자의 관심을 환기시킨다(관심 환기).
- 과제를 분명하게 제시한다(과제 제시).
- 다루고자 하는 문제의 범위나 성격, 문제를 다루는 방법이나 글쓴이의 입장과 관점, 그 밖에 필요한 예비적 사항들도 포함한다.
- 유의할 일 : 서론에서는 본격적인 글의 내용을 다루지 않도록 해야 하고, 분량도 너무 길어지는 일이 없도록 해야 한다.

서론에는 반드시 주제가 포함되어야 한다. 서론에서 가장 중요한 요소는 주제이므로, 주제를 맨 위에 쓴다. 그러나 실제로 글을 쓸 때에는 앞뒤의 문맥에 맞게 주제의 위치를 다시 결정할 수 있다. 나머지 요소는 서론에 반드시 포함될 필요는 없다. 짧은 글에서는 주제 외의 모든 요소가 생략될 수도 있고, 긴 글에서는 모든 요소가 다 포함될 수 있다.

본론

- 다룰 내용을 몇 갈래로 나누어서 부문별로 다룬다(과제 해명).
- 부문별로 문제를 제시하면서 필요한 풀이, 분석, 예시, 인용, 입증 등의 방법으로 전개해 간다(해명의 구체화).
- 부분마다 결론을 짓고 내용을 정리하면서 서술한다.

본론의 종속 주제의 수는 많을 수도 있고 적을 수도 있다. 각 종속 주제 밑에 딸리는 예나 증거의 수도 많을 수도 있고 적을 수도 있다.

결론

- 본론 부분의 논의를 통해 드러난 것을 간추려서 상기시키고 전체적으로 종합함으로써 결론을 제시한다.
- 주의해야 할 점은, 본론에서 언급하지 않은 새로운 문제가 나와서는 안 된다는 점이다.
- 이밖에 그 글에서 미처 다루지 못한 미진한 점이라든가 또는 앞으로 그 문제가 어떻게 다루어졌으면 좋겠다는 희망 등이 마무리 부분에서 덧붙여지기도 한다.

결론에서 제일 중요한 요소는 주제의 반복이다. 주제를 반복할 때에는 서론의 주제와 똑같이 표현할 수도 있으나, 뜻이 달라지지 않게 하면서 표현을 바꾸어 쓸 수도 있다. 시간이 제한되므로 시간을 허비하지 말아야 한다. 그러므로 개요를 쓸 때는 '결론'이라는 말만 쓰고 더 쓰지 않아도 된다. 그러나 개요 작성만을 요구하는 문제가 나왔을 때에는 결론도 자세히 써야 한다.

④ 개요 작성의 모형

㉠ 서론
- 도입 : 선정한 주제의 의의나 가치, 중요성 · 당위성, 유래, 배경, 일화
- 논제 제시 : 본론에 전개될 내용의 포괄적인 핵심어구가 있는 문장으로 제시한다.

㉡ 본론
- 주제의 핵심 어구 중심으로 문단을 구분하고, 통일성과 일관성에 유의해 상술한다.
- 문단마다 소주제문을 작성하고 부연, 첨가 또는 예시를 통하여 상술한다.
- 문단마다 논제를 증명할 논거의 타당성에 유의한다.
- 문단 간의 긴밀성과 균형 유지에 유의한다.

㉢ 결론 : 본론의 요약(주제 확인의 요약문), 마무리, 소견, 전망

⑤ 개요 작성의 구체적인 순서

위의 순서와 같이 결론부터 개요를 작성하면 자신의 생각을 구체적으로 알 수 있게 된다. 수험생들은 자신이 쓴 글을 자신이 결론 맺지 못하는 오류를 범하기 쉽다. 그러므로 먼저 정답을 내려놓도록 하자. 그런 다음 본론의 내용과 서론으로 넘어가서 내가 무엇을 주장하였는지 살펴보고 서론을 써나가는 것이 바람직하다. 본론에서 하고 싶은 말이 있는데도 불구하고 서론을 먼저 쓴다면 본론에서 정작 중요한 주장을 놓치는 경우가 발생할 수 있다.

7. 서론 쓰기 방법

글은 맨 처음이 중요하다. 사람도 첫인상이 중요하듯, 글도 처음에 어떤 인상을 심어주는지는 매우 중요하다. 단적으로는 글의 처음만 봐도 전체 글의 수준을 가늠할 수 있다. 따라서 논술문의 서두에 각별한 신경을 써서 좋은 문장으로 이끌어야 한다. 주장하는 글은 대체로 서론, 본론, 결론의 3단 구성으로 서술하는 것이 일반적이다. 그렇다고 지나치게 틀에 얽매여서는 안 된다.

① 논술문의 서론 쓰는 요령

㉠ 문제 파악을 확실히 하여야 한다.

문제 파악을 제대로 하여야 글의 서두를 자연스러우면서도 문제의 요구에 맞게 이끌 수 있다. 따라서 문제가 요구하는 핵심을 정확히 읽어내는 것은 필수적이다.

㉡ 논술문의 서두는 분위기와 내용 암시의 성격을 지니도록 한다.

글에도 분위기가 중요하다. 주어진 답에 곧바로 대답하려고 하지 말고, 그에 상응한 분위기를 유도하여 글을 이끌어갈 수 있어야 한다. 암시는 너무 길어서는 안 되므로 전체 글의 분량을 고려하여 적당히 이끌어야 한다. 또한 분위기로만 서두를 장식해서도 안 된다. 자신이 이제부터 쓸 글의 내용에 대한 암시적 요소를 지닐 수 있어야 한다.

㉢ 직설적인 문장의 흐름을 삼간다.

㉡과 결부된 사항이다. 주어진 문제에 맞서 곧바로 그에 대한 해답을 내리려 해서는 안 된다. 그러기 때문에 '~에 대하여 알아보자. ~에 대하여 논해보겠다. ~에 대해 살펴보면 다음과 같다.' 등의 문구는 채점자에게 감점의 좋은 구실을 제공하는 격이다.

㉣ 첫 문장은 짧고 의미가 분명한 명제형 문장이 좋다.

글의 서두를 시작하는 방법은 다양하다. 유명한 사람의 문구를 빌려 쓰는 방법, 사회 현상에 대한 분위기로 유도하는 방법, 사실적인 명제로 시작하는 방법 등 여러 가지이다. 그러나 가장 쉬우면서도 뒤의 문장과의 연결을 비교적 쉽게 할 수 있는 방법은 명제형 문장으로 시작하는 것이다. 따라서 되도록 현재형 종결어미를 쓰도록 한다.

㉤ 상투적인 문장을 삼가고, 지적(知的)인 문장이 되도록 한다.

누구나 뻔히 알고 있는 상투적인 문장으로 이끌어서는 안 된다. 즉, 너무 손쉽게 쓸 수 있는 속담이나 격언 등으로 서두를 장식하는 것은 오히려 글의 약점을 노출하는 것이라는 점을 명심해야 한다. 논술문을 읽는 사람은 일반 독자가 아니라 전문가 채점자이다. 그들을 만족시켜야 한다는 점을 항상 염두에 두어 지적인 문장이 될 수 있도록 신경을 써야 한다.

㉥ 주관적인 감정을 드러내는 서술문이 되지 않도록 주의한다.

논설문의 목적은 타인이 나의 주장을 받아들이도록 설득하는 것이다. 따라서 자기감정에 치우친 문장이 없어야 하며, 또한 문장의 어디에도 '나' 혹은 '내 생각에는' 등의 표현을 통해 글이 개인적인 차원으로 전락하는 일이 없도록 해야 한다. 간혹 문장의 주어부는 잘 이끌어 간 경우라도 술어부에 '~라는 생각이 든다, ~인 것 같다, ~라고 생각한다.' 등과 같은 실수를 범하는 경우가 종종 있다. 이는 논술문에서 삼가야 할 문장 표현이다.

㉦ 항상 논리적 구성력을 지닌 문장이 되도록 한다.

논술문이 여타의 글과 다른 것은 글의 구성에 있어서 논리성을 갖추어야 한다는 점에 있다. 형식적으로는 전체 분량에 맞는 길이라고 하더라도 논리적 구성력이 없으면 제대로 된 논술문이라고 할 수 없다. 따라서 논리적 오류는 물론이고, 문법적인 오류가 있어서도 안 된다.

ⓞ 어법에 맞는 정확한 언어 구사는 필수이다.

막상 읽어보면 별 무리 없어 보이는 글도 상당 부분 비문(非文)이 있는 경우가 많다. 따라서 정확한 언어 구사를 하도록 힘써야 한다. 이것은 가장 기본적인 사항인 만큼 잘 쓰면 눈에 띄지 않지만, 간혹 잘못 쓰면 약점으로 작용하여 감점의 대상이 되기 좋다.

ⓩ 과도한 인과관계에 의한 서술이나 중복된 의미를 피한다.

논리적 구성을 갖추기 위해 애써 꾸몄다는 인상을 주어서는 안 된다. '왜냐하면 ~ 때문이다.'와 같은 인과관계에 의한 서술이 의도적으로 노출되었다는 인상을 주어서는 안 되며, 의미가 중첩된 문장을 나열하는 것도 삼가야 한다. 이런 문장은 읽어보면 앞서 첫 문장에서 언급한 내용에 대한 중복 의미로 받아들여지는 경우가 간혹 있다. 이것은 자기 주장을 전개하는 데 있어 비효율적인 언어 표현이 많다는 것이다. 따라서 언어의 경제성을 살려 조리 있고 분명한 의미 전달이 되도록 힘써야 한다.

ⓒ 자신 있게 써 나간다.

글은 서두가 막히면 한 줄도 못 쓰고 쩔쩔매는 경우가 발생할 수도 있다. 내가 어려우면 다른 사람도 어렵다는 생각을 가지고 자신 있게 써 나가야 한다. 그러기 위해서 앞서 말한 논제가 요구하는 바의 내용 파악이 무엇보다 중요하다는 것을 새삼 강조한다. 이뿐만 아니라 그냥 써내려 가다가 실수하지 말고 반드시 논술문의 개요(Out Line)를 미리 짜보도록 한다.

② 다양한 서론 쓰기의 예

㉠ 논의하려는 주제를 직접 언급하면서 시작하기

> **자유와 평등의 바람직한 관계에 대한 관점 제시**
>
> 우리가 자유와 평등, 개인과 사회의 바람직한 관계를 살펴보려면 먼저 자유와 평등의 이념이 개인과 사회의 관계와 어떻게 논리적으로 연결되는가를 보아야 한다. 왜냐하면 현실 사회에서 이들은 긴밀한 상호 연관 속에서 존재하기 때문이다. 또 우리는 구체적인 현실 사회로 눈을 돌려 이들의 관계를 검토해야 한다. 양자의 바람직한 관계는 구체적인 현실 속에서 결정되기 때문이다.

㉡ 최근의 사건이나 상황으로 시작하기

> **청소년 교육의 문제점**
>
> 요즘 언론에서는 청소년 문제 보도로 떠들썩하다. 청소년들의 음란 비디오 제작, 본드 흡입과 강도, 학원 폭력 등이 그것이다. 이 같은 언론 보도를 접하면 우리나라가 마치 청소년 비행의 소굴인 것 같은 착각에 빠져든다. 그런데 이 시점에서 우리는 왜 이런 문제가 발생했는가를 진지하게 고민해야 한다. 또 이를 위해서는 청소년 교육의 문제점을 생각하지 않을 수 없다.

㉢ 주요 개념을 규정하며 시작하기

> **올바른 가치관 수립의 중요성**
>
> 가치관이란 어떤 사람이 세상을 살아가면서 사고나 판단, 행동을 할 때 기준으로 삼는 잣대라고 할 수 있다. 이런 면에서 세상을 살아가는 사람들은 누구나 자기 나름의 가치관을 갖고 있다. 이 같은 가치관은 그 사람의 인생 목표와 긴밀히 결합되어 있기 때문에 자신의 가치관에 따라 인생 목표가 정해진다고 할 수 있다. 예를 들어 어떤 사람이 '돈의 가치'를 인생에서 제일 중요하게 여긴다면, 그 사람은 돈 버는 일에 일생을 걸 것이다.

㉣ 대상을 분류·구분하며 시작하기

> **현대 사상에서 동양 사상이 갖는 의의**
>
> 동양 사상에는 여러 종류가 있다. 예를 들면 춘추 전국 시대에 등장한 제자백가 사상 가운데 중요한 것만 들어도 서너 가지가 된다. 또 불교 사상도 동양 사상 가운데 하나이며, 조선 시대의 실학 사상도 중요한 동양 사상이다. 이 중에서 현대 사회와 관련하여 중요한 의미를 갖는 사상은 노자와 장자의 도가 사상이다.

㉤ 인용하면서 시작하기

> **현대 사회에서 지식인의 역할**
>
> '도둑질도 배운 놈이 한다.'는 우리 속담이 있다. 이것은 교육의 중요성을 표현한 말이지만, 다른 측면에서는 지식인에 대한 부정적인 시각을 표현하는 말이기도 하다. 즉, 지식인이 자기가 가진 지식을 자신의 개인적 이익을 얻는 데만 이용하고, 그 과정에서 사회에 해가 되는 일도 한다는 것이다. 그래서 지금 우리 사회에는 '배운 놈이 도둑질 한다.'는 인식이 퍼져 있다. 이러한 상황에서 우리는 지식인의 바람직한 역할은 무엇인가를 진지하게 고민해야 한다.

※ 위의 항목 중 어느 것이 제일 좋다고 단정할 수는 없다. 주어진 논제와의 적합성을 고려하여 자신이 소화할 수 있는 범위 내에서 서론을 이끄는 것이 중요하다.

③ 서론 쓰기의 논리적 흐름

㉠ 자료 제시 : 위에서 언급한 것처럼 다섯 가지 형태로 시작하는 것이 좋다. 그렇게 하면 먼저 채점자의 관심을 유도할 수 있다. 채점자는 여러 가지 형태의 논술을 보기 때문에 눈에 들어오는 문구가 있으면 그것은 끝까지 읽는다고 봐도 무방할 것이다. 그러나 여기서 주의할 점은 인용을 할 때 식상한 문구를 인용하면 반감을 살 수도 있다는 것이다.

㉡ 문제의 발견 : 관심을 끌었다면 이제 논제의 문제를 발견해야 한다. 여기서 중요한 것은 제시문이나 문제에서 문제점을 분명하게 제시했음에도 불구하고 문제의 접근을 본론에서 하는 수험생들이 많다는 점이다. 서론에서는 문제의 접근 방법이나 접근할 수 있는 요령만 언급해주고 다음 단계로 넘어가는 것이 좋다.

㉢ 관점의 표명 : 문제를 발견했다면 자신의 견해를 밝히고 본론으로 넘어가야 한다. 여기서 주의할 점은 너무 억지로 넘어가면 안 된다는 것이다. 억지로 넘어갈 것 같다는 느낌이 들 때는 생략해도 무방하다.

8. 본론 쓰기 방법

알맹이 있는 전개가 되는 것은 본론에 달려있다. 일반적으로 본론은 주장과 그 주장을 뒷받침하는 근거 제시문의 형태로 구성된다. 그러므로 본론은 서론에서 제시한 중심 과제를 구체적으로 해명하고, 자신의 주장이나 의견이 타당하다는 점을 구체적인 근거를 들어 증명한다. 따라서 본론 부분은 주장의 타당성을 입증하기 위한 논증 과정에 해당하는 셈이다. 주장과 논거 사이의 논리적 연관성이 중요함을 새삼 강조한다. 또 한편 '본론의 구성이 잘 되었는가'의 여부는 논제의 요구에 맞게 개요 작성이 자세하게 갖춰져 있는가와 직결된다. 최근 논술 문제는 논제가 요구하는 바가 복합적으로 얽혀 있는 경우가 대부분이다. 이는 곧 답안 또한 다양한 논제의 요구 조건을 충족시키는 가운데 단락과 단락이 상호 유기적으로 연결되어야 함을 암시한다. 따라서 주장을 '첫째 – 둘째 – 셋째'와 같이 수평식으로 나열하는 것은 금물이다. 본론의 구성은 주장과 그에 따르는 근거 제시라는 두 축을 중심으로 하되, 논제가 요구하는 바가 무엇인가에 따라 논의의 전개 과정은 다양하고 탄력적이다. 논제에 따라 본론의 내용은 다양하게 변주된다. 언뜻 복잡하고 어렵게 보일 수 있다. 그러나 논제가 요구하는 조건을 정확하게 받아들여 충족시켜 간다면 본론의 진행은 결코 어렵게 여겨질 성질의 것만은 아니다. 그렇다면 본론에서 충족되어야 할 사항들과 본론 작성법에 대하여 좀 더 자세히 살펴보자.

- 원인을 규명하는 내용
- 해결 방안을 제시하는 내용
- 근거나 이유를 제시하는 내용
- 구체적인 예시를 들어야 하는 내용
- 내용을 부연하여 상세화가 필요한 경우
- 반론을 제기하는 내용
- 내용을 전환하거나 유추하는 문장
- 예시문을 상호 비교해야 하는 경우

① **본론의 구실과 쓰는 법** : 본론은 글의 중심을 이루는 부분이다. 서론에서 내세운 문제에 대해서 자세하게 논증하여 상대를 설득해야 한다. 본론은 대략 두세 개의 단락으로 구성하는 것이 좋으며, 각 단락에는 소주제를 담아야 한다. 중요한 것은 읽는 이로 하여금 자기의 견해에 동조하도록 끌어들여야 한다는 점이다. 그러기 위해서는 자기 나름의 견해를 분명하게 내세우고 그 근거를 조리 있게 밝히면서, 필요하면 반대론의 견해를 반박하여 자기주장의 정당성을 입증해야 한다. 본론은 서론에서 제시한 글의 목적, 주제, 방법, 문제점 등 화제의 범위에 따라 써 나가면 된다. 이때 중심 문장(소주제 문장)과 뒷받침 문장을 적절하게 연결해야 하는 것을 잊어서는 안 되며, 정확한 진술 방식과 논리 방식으로 전개해야 한다. 즉, 본론은 서론에서 제시된 문제점들을 짜임새 있게 논술하여 결론을 이끌어 내는 일을 한다. 문제점별로 주어진 자료를 분석하고 종합하여 조리 있게 논술함으로써 논술문의 내용을 펼쳐 나가는 과정이 본론이다. 따라서 본론이야말로 논술문에서 가장 중요한 '가운데 토막'이다. 서론이 다룰 대상을 도마 위에 올려놓는 기능을 한다면, 본론은 그것에 차례로 칼질을 하고 요리를 하여 음식을 만들어 내는 과정이다. 그러므로 본론은 다음과 같은 방법으로 써야 한다.

㉠ 본론은 서론에서 제시된 목표, 문제점, 다룰 범위들을 좇아서 전개되어야 한다.

㉡ 본론을 쓸 때는 체계적인 하위 구분을 해서 줄거리를 미리 만드는 것이 바람직하다. 본론의 분량은 서론에 견주어 논술의 과정이 10배쯤 길다. 그러므로 그 내용을 여러 갈래로 쪼개고 또 그것을 다시 나누어서 체계적으로 다루어 나가야 한다. 그렇게 하기 위해서는 막연한 가운데 붓을 들 것이 아니라 주제를 중심으로 한 줄거리를 짜는 작업을 미리 해야 한다. 특히 본론의 분량이 많을 때에는 어떤 형태로든 줄거리를 마련하여 다루어야만 체계 있는 논술이 된다.

㉢ 본론 줄거리의 각 항목에 대해서는 충분한 논의와 짜임새 있는 뒷받침이 있어야 한다. 각 항목을 필요에 따라 몇 개의 소주제로 나누고, 소주제별로 한 단락씩 펼쳐 나갈 것이다. 그런 각 단락의 펼침에는 논술법이 주가 되며 필요에 따라서 설명법이나 서사법 등을 곁들이게 된다. 그러한 전개 과정에서는 적절한 자료와 논거를 되도록 충분히 활용해야 할 뿐 아니라, 그것을 바탕으로 조리 있는 추론과 설득력 있는 결론이 나오도록 해야만 한다. 그러나 많은 뒷받침 자료가 있다 하더라도 그것을 짜임새 있게 연결하는 논리적 추론이 서투르다면 좋은 논술이 되지 못한다.

② 본론 쓰기의 요건

㉠ 논리적 설득력(논증) : 이 논증 과정이 특히 본론 쓰기의 핵심이라 할 수 있다. 어떠한 주장이 다른 사람에게 설득력을 갖기 위해서는 그 주장을 뒷받침해 줄 근거가 명확해야 한다. 논술은 자기가 가지고 있는 생각이나 견해를 내세우는 글이므로 근거가 제시되지 않는다면 논술문이 아니다. 예컨대 '농산물 수입 개방을 저지해야 한다.'라든가 '영어 조기 교육은 바람직하지 않다.'와 같은 견해는 하나의 주장으로 성립될 수 있다. 그러나 이 주장이 설득력을 가지려면 '왜?'라는 물음에 대한 답변이 제시되어야 하는 것이다. 이 답변이 곧 논거이다.

㉡ 타당성 : 주장을 뒷받침하는 근거가 아무리 훌륭하다 할지라도 그것이 이치에 맞지 않는다면 근거로서 성립될 수 없다. 예컨대 '청소년들의 흡연은 금지되어야 한다.'라는 주장에 대해 '오늘날 청소년 흡연에 대해 긍정적인 생각을 갖는 사람은 별로 많지 않을 것이기 때문이다.'를 근거로 제시한다면 이 주장은 설득력을 가질 수 없다.

㉢ 일관성과 통일성 : 본론의 각 단락에서 펼쳐지는 모든 내용은 언제나 일관된 논리를 유지해야 한다. 그리고 각 단락의 소주제에 부합되는 통일된 내용과 논거를 충분히 제시해야 한다. 특히 단락에 소주제문이 분명히 진술되었는지 반드시 확인해야 한다. 소주제문이 논술자의 머릿속에만 있고 단락에는 빠지는 경우가 허다하기 때문이다. 또 서로 반대되는 논거가 동시에 있거나 필자의 주장과는 전혀 무관한 논거가 있다면 읽는 이는 필자가 말하고자 하는 바에 대해 갈피를 잡을 수 없게 된다. 예컨대 '여성의 사회 진출은 적극적으로 권장되어야 한다.'라는 주장에 대해 'ⓐ 고등 교육을 받은 여성을 가사에만 매달리게 하는 것은 개인적으로나 사회적으로나 큰 손실이기 때문이다. ⓑ 또한 가정은 그 무엇과도 바꿀 수 없는 소중한 것이라는 점은 아무도 부인할 수 없다.'라는 근거를 든다면, 이것은 일관성 있는 논증이라고 할 수 없다. ⓐ와 ⓑ는 상충되는 내용이기 때문이다.

③ 본론에서 논지를 전개할 때의 요령

㉠ 논지를 전개하는 기본 원리를 따른다.

- 주제에서 벗어나지 않았나 확인해야 한다.
  - 너무 많은 것을 쓰려는 욕심을 부릴 때
  - 주장할 내용이 정리되지 못했을 때
  - 개요를 잘못 짰거나 지나치게 엉성하게 짰을 때
- 전체 문단이 자연스럽게 연결되고 있는지 확인해야 한다.
- 자신의 주장이 완결성을 갖추고 있는지 확인해야 한다.

㉡ 본론의 구성 방법을 알고 따른다.

- 본론에서는 논거를 풍부하고 다양하게 제시한다. 본론에서는 논술 문제와 연관된 다양한 논거를 제시해야 글이 풍부해진다. 물론 너무 산만하게 나열식으로 제시해서는 안 되고, 서로 연관된 논거를 묶어서 깔끔하게 정리하여 서술해야 한다. 그리고 중요한 주장이나 논거를 먼저 제시해야 한다.
- 상대방에 대한 비판을 먼저 한 후에 자신의 입장을 적극적으로 옹호한다. 두 입장 중에서 한 입장을 선택하여 다른 입장을 비판할 경우에는 우선 상대방이나 반대 입장에 대한 비판을 먼저 한 후에, 자신의 입장을 적극적으로 옹호하는 것이 더 낫다.
- 큰 문제에서 작은 문제로, 일반적 사항에서 특수한 사항으로, 추상적인 것에서 구체적인 것으로 전개해 간다.
- 논지를 전개할 때 논리적인 비약이나 편견에 의한 사실 왜곡 등이 없어야 한다.
- 본론을 형성하는 몇 개의 중간 단락은 올바른 순서 속에서 서로 알맞은 균형을 유지해야 한다. 중간 단락의 균형 역시 글의 목적과 관계된다. 만일 글의 목적이 대립되는 두 쟁점에 대해 결론을 내려는 것이라면, 중간 단락은 두 개 정도가 적당하고, 이 두 개의 중간 단락은 동일한 길이로 나타내야 한다. 또한 중간 단락들의 균형 역시 서론에서 소개한 명제문을 전제로 이루어져야 한다.
- 중간 단락들을 발전시킬 때 독자에게 글의 중요한 지점들을 알려 주어야 한다. 특히 글의 흐름이 전환되는 경우에 '한국과 똑같이 일본에서도 이 문제는 ~, 이 명제에 대립되는 의견들은 ~' 등의 어구로 나타내어 글의 방향을 알려주는 것이 좋다. 글의 흐름이 나아가는 방향을 알고 읽을 때 글이 명확하게 파악된다. 따라서 그것을 명확하게 드러내는 것이 좋은 논술이다.

④ 본론을 쓸 때 주의할 점

㉠ 같은 내용을 중언부언하지 않도록 한다.

㉡ 논점에서 벗어나지 않도록 한다.

㉢ 논제가 추상적이고 어려운 내용일 때는 구체적인 용어로 풀어주어야 한다. 이때 상술에 해당하는 내용은 앞에 제시된 내용의 범위를 벗어나지 않아야 한다.

㉣ 예시, 인용 등을 적절히 활용하여 논거 없는 의견을 제시하지 않도록 한다. 한 문장을 쓸 때마다 '왜?, 어떻게?'라는 질문을 스스로 해본다. 논증 과정을 거치지 않은 의견으로는 독자를 설득할 수가 없다.

→ 특히 예시를 쓸 때는 지나치게 길어지지 않도록 한다(배보다 배꼽이 더 커진다).

㉤ 비유나 상징 등 함축적인 표현, 모호한 표현은 가능하면 삼가야 한다. 논술은 감상문이 아니다.

㉥ 글 내용이 무난히 이어지도록 개요 작성 시부터 논리 전개 과정을 명확히 해 둔다.

㉦ 단순 나열식이 되지 않도록 주의한다. 특히 단순 나열의 경우에는 그 밖에 또 다른 것이 없는지를 확인해야 한다. 예를 들어 4가지를 나열했다면 왜 4가지뿐이냐는 질문에 대답할 수 있어야 하며, 나열한 것 중 가장 중요한 원인이 무엇인지를 밝힐 수 있어야 한다. 즉, 주요한 측면과 부차적 측면을 구분할 수 있어야 나열이 가능하다.

→ '첫째, 둘째, …'식으로 나열하면 성의와 사고의 깊이가 없어 보인다.

9. 결론 쓰기 방법

서두가 시발점이라면 결미부는 종착점에 해당한다. 아무리 출발이 멋있었다 하더라도 끝맺음이 좋지 않으면 용두사미(龍頭蛇尾)가 되고 만다. 반면, 끝맺음이 잘되면 내용이 다소 빈약하더라도 그럴듯한 인상을 준다. 결미부 역시 서두 못지않게 인상적이어야 한다. 그리고 함축성도 있어야 한다. 명작 소설이나 영화의 끝 장면을 보면 기나긴 이야기 줄거리가 오직 이 한 장면을 위해 있었던가 싶을 정도로 감명 깊어서 오래도록 우리 가슴에 여운을 남긴다. 논술문 역시 끝마무리를 박력 있게 인상적으로 마무리해서 화룡점정(畵龍點睛)이 되도록 해야 한다.

① **결론의 구실과 쓰는 법** : 결론은 서론, 본론에 이어 논문을 마무리 짓는 부분이다. 결론의 중요한 구실은 본론 부분의 논술 과정에서 밝혀진 주요 골자를 간추려 보이는 데에 있다. 다시 말하면 그 논문의 본론에서 어떠한 점들이 논의되어 어떤 내용이 가장 중요하게 드러났는가를 한눈에 볼 수 있도록 하는 것이 주요 기능이다. 즉, 단락의 소주제를 열거해 보이는 것이다. 그 밖에 결론에서는 그 논문에서 못다 다룬 점 등을 지적하고 다른 기회에 해결되기를 바라는 뜻을 덧붙이기도 한다. 그러나 결론 부분에서는 본론에서 다루어지지 않은 문제를 덧붙여 논의해서는 안 된다. 만일 그렇게 되면 본론과 결론의 한계가 흐려지게 된다.

㉠ 결론은 '마무리'라고도 하는 것으로, 본론에서 논술해 밝힌 요지를 간추려 보인다. 곧 본론에서 문제점마다 장이나 절마다 밝힌 골자를 간단하고 명료하게 적는다.

㉡ 결론에서는 구체적인 논술이나 설명이 필요 없다. 본론에서 다루어지지 않은 문제는 결론에서 추가로 논의해서는 안 된다.

㉢ 결론은 그 밖에 미진한 사항을 지적하거나 앞으로의 전망을 덧붙이는 구실을 한다.

② **좋은 결론의 요건** : 결말은 한 편의 글의 종착점이고, 한 편의 글을 총괄하는 곳이다. 또한 독자에게 그 글에 대한 강한 인상과 기억을 심어주는 곳이다. 따라서 적당한 곳에서 앞의 내용에 맞도록 자연스럽게 글의 결말을 지어야 한다. 결말에서 갖추어야 할 요건은 다음과 같다.

㉠ 적절한 곳에서 이루어져야 한다. 본문의 내용이 채 마무리되기도 전에 결말을 맺는다든지, 말할 것을 다 말해 놓고서도 중언부언하면서 마무리를 늦춘다든지 해서는 안 된다.

㉡ 앞서 말한 내용과 일관성이 있어야 한다. 앞의 내용과 관계가 없거나 상반되는 이야기를 결말에 넣어 주제를 흐리게 해서는 안 된다.

㉢ 되도록 강한 인상을 남겨 기억에 오래 남도록 하는 것이 좋다.

③ **끝마무리 요령**

㉠ 되도록 짧고 구체적으로 쓴다.

㉡ '~라 생각한다, ~일지도 모른다, ~는 아닐는지, ~것 같다.'와 같은 말을 사용함으로써 인상이 약화되고 산만해지지 않도록 해야 한다. 필자도 자신이 없어 우물쭈물하고 결단을 내리지 못한다면 그 누구도 이런 견해나 주장에 동의할 수 없을 것이다.

㉢ 서론, 본론의 내용과 조화되고 처음에 제시한 논지와 일치되게 쓴다.

㉣ 본론 부분의 설명이나 단순한 되풀이가 되지 않도록 한다.

㉤ 너무 독선적인 주장은 내세우지 않는다(당당하게 끝맺되 겸손해야 한다).

④ 결론의 실수를 줄이는 요령

㉠ 주제의 반복, 본론의 요약, 앞으로의 전망, 인용구 등

㉡ 처음에 제시했던 일반화 또는 전제로 되돌아간다.

㉢ 새로운 견해나 개념을 말하지 않는다.

㉣ 본론의 논지를 총체적이면서 압축적으로 요약한다.

㉤ 피상적이고 일반적인 논지의 결론은 글의 참신성을 떨어뜨린다.

㉥ 무조건 도덕적인 결론으로 가지 말아야 한다.

㉦ 글의 흐름을 지켜야 한다.

㉧ 분량을 균형 있게 해야 한다(서론과 거의 같은 길이로 구성한다).

⑤ 결론에 들어가야 할 사항

㉠ 앞 내용의 요약 : 지금까지 논의한 내용을 다시 한 번 정리한다는 의미가 있다.

㉡ 관심이나 행동의 촉구

㉢ 새로운 과제나 방향 제시

㉣ 대안의 제안이나 제언

㉤ 전망 : 앞 내용의 요약을 중요하게 생각하는 사람들이 많은데, 논술에서는 전망, 대안, 방향 등의 제시가 더 중요하다. 결론은 내용을 요약하고 마무리 짓는 끝맺음 부분이다. 아무리 서론에서 문제 제기를 잘하고 본론에서 설득력 있게 논증을 했다 하더라도 결론이 미흡하면 헛일이다.

CHAPTER

02 모의 논술평가

01 농업 · 농촌

01 난방유 등 수입 원자재 가격의 가파른 상승으로 인해 농가경영 부담이 가중되고 있다. 이에 대한 원인과 문제점을 진단하고, 주요 동향과 대응 방향을 약술하시오.

개요작성

서론

① 원자재 가격 상승의 원인
- ㉠ 글로벌 경기 변동에 따른 원자재 수요의 증가
- ㉡ 러시아 등 원자재 주요 수출국의 수출 규제
- ㉢ 코로나19, 러시아－우크라이나 전쟁 등의 악재

② 원자재 가격 상승으로 인한 문제점
- ㉠ 비료 원료 가격 급등 → 비료 가격 인상 → 농업 경영비 부담 증가
- ㉡ 영농 자재 수급 불균형으로 인한 농업 생산 차질 → 농가소득 감소 우려

③ 원자재 가격 동향 및 전망, 대응 방향(본론의 논제 방향 제시)

본론 원자재 국제가격 주요 동향 및 대응 방향

① 원자재 국제가격 주요 동향과 전망
- ㉠ 동향 : 비료 원료, 유가 등의 국제가격 상승 → 농자재 가격 상승
- ㉡ 전망 : 단기간에 해소되기 어려움(한국은행 등 전문가의 견해 제시)

② 원자재 국제가격 인상에 따른 대응 방향(정부의 역할 강조)
- ㉠ 국내적 : 보조금 지급(농업인) 및 기업 융자 확대
- ㉡ 국외적 : 수입선 다변화
- ㉢ 기타 : 비료와 에너지를 적게 사용하는 영농 기술의 보급

결론

① 농업인의 피해를 최소화할 수 있는 경제적 지원이 급선무인 이유

② 정부와 범농협의 장단기적 대안 마련 강조

③ 농협의 영농 자재 안정적 공급 정책 강화 요구(농협에 대한 요구를 제시하며 마무리)

모범답안

서론

최근 원자재 대란으로 인해 안정적 수급의 중요성이 한층 부각되고 있다. 많은 전문가들이 2022년 이후 글로벌 경제가 개선되며 회복세가 지속될 것으로 예상하는 등 국제 경기 변동에 따라 원자재 수요가 증가하고 있지만, 러시아 등 원자재 주요 생산국이 수출 규제를 단행하면서 공급이 수요를 충족하지 못해 가격이 급등하고 있는 추세이기 때문이다. 여기에 코로나19 장기화 사태와 러시아 – 우크라이나 전쟁이라는 악재가 겹치면서 원자재 대란이 심화되었다. 특히 농업 부문에서는 유류와 함께 수입 의존도가 높은 비료 원료의 가격 급등이 비료 가격 인상을 부채질해 결국 농업 경영비 부담을 증가시켰으며, 더욱 문제가 되는 것은 이러한 원자재 가격 상승세가 지속될 것으로 전망된다는 점이다. 이러한 영농 자재 수급 불균형으로 인해 생산이 차질을 빚으며 농가소득이 크게 감소되는 것은 아닌지 우려된다. 이에 원자재 가격 변화에 대한 전망과 적절한 대응 방향을 살펴보고자 한다.

본론

먼저 주요 동향을 짚어보자. 중국 – 호주의 무역 분쟁에서 비롯된 석탄 부족 현상은 요소를 비롯해 암모니아 · 염화칼륨 등 비료 원료의 생산 차질과 중국의 비료 수출 규제와 비료 원료 국제가격 급등을 초래했다. 전 세계에 유통되는 비료의 유효 성분 75%를 중국에서 생산하기 때문이다. 또한 코로나19 사태 장기화 우려가 확산되면서 국제유가 변동성이 심화되었고, 유가 상승은 농업용 하우스 비닐, 파이프 등 영농 자재 가격 상승은 물론 시설원예 영농 광열비, 물류비 등을 증가시킬 가능성이 높다.

향후 전망은 어떠할까? 경제 전문가들은 비료 원료 수급 불균형이 짧은 기간 내에 해소되기 어려울 것으로 예상한다. 이에 따라 불안정한 국제가격 변화가 지속되어 한국처럼 대외 의존도가 높은 수입국들은 물량 확보에 난항을 겪을 것으로 보인다. 또한 한국은행은 상대적으로 부족한 공급 때문에 국제유가의 높은 가격대가 지속될 것으로 전망한다. 이해관계가 복잡하게 얽혀 있어 적극적인 국제 공조가 반드시 필요하기 때문에 일부 국가의 힘만으로는 해결이 어렵다는 것 또한 문제로 지적된다.

이처럼 수입 원자재 가격 상승으로 인한 문제점들을 해소할 수 있는 방안으로는 무엇이 가능할까? 먼저 정부의 방향 설정과 역할 수행이 가장 중요하다. 정부는 국내적으로는 농가의 비료 구입 부담을 줄일 수 있도록 보조금 지급 등의 지원을 강화하고, 비료 생산기업에 대한 융자를 확대하는 한편, 국외적으로는 중국 외의 다른 국가로 수입선을 다변화하고 외교적 노력으로 상대국들의 상생을 이끌어내야 한다. 아울러 비료와 에너지를 적게 사용하는 영농 기술을 개발해 보급하는 것도 매우 바람직하다.

결론

국제 원자재 시장 환경을 살펴보면 국제가격이 단기간에 안정화될 유인이 부족하므로 농업인의 피해를 최소화할 수 있는 경제적 지원이 급선무이다. 또한 비료 원료, 유류처럼 대외 의존도가 높은 원자재의 안정적인 확보와 가격 안정화를 위해 정부와 범농협의 지원 강화가 단기간에 이루어져야 하며, 장기적으로는 원자재 수급 불안정을 해소할 수 있는 대안을 마련해 적극 시행해야 한다. 특히 농협은 현재 시행 중인 비료 · 면세유 · 농약 등의 영농 자재를 저렴하고 안정적으로 공급하는 정책들을 더욱 강화 · 확대해야 할 것으로 요구된다.

02 농업 부문의 탄소중립 실천에 대한 사회적 요구가 높아지게 된 배경과 우리 정부의 대응 계획을 설명하고, 향후 탄소중립이 우리 농업에 끼칠 수 있는 영향에 대해 약술하시오.

개요작성

서론

① 탄소중립 요구에 부응해 저탄소 친환경 농업으로의 전환이 필수적인 이유(논제 배경)
② 탄소중립 흐름에 부응한 정부의 계획(2050 탄소중립 시나리오 등)
③ 정부의 탄소중립 대응 계획과 향후 탄소중립이 우리 농업에 끼칠 수 있는 영향(본론의 논제 방향 제시)

본론 정부의 탄소중립 계획 및 농업에 대한 탄소중립의 영향

① 정부의 탄소중립 대응 계획 내용
㉠ '2050 탄소중립 시나리오'와 '2050 농식품 탄소중립 추진전략'
㉡ 농업 부문에서의 실천적 탄소중립 추진 계획
② 농촌에 대한 탄소중립의 영향(전망)
㉠ 저탄소 정책 및 저탄소 활동 지원의 활성화
㉡ 저투입 · 친환경 농업 전환에 따른 농가의 부담 가중 ← 정부의 지원 강화 요구
㉢ 첨단기술을 접목한 농법과 친환경 농업 확대

결론

① 정부의 탄소중립 계획의 부작용 발생 가능성에 대한 지적(논제에 대한 반론) 및 해결 방향(농업인의 참여)
② 탄소중립은 거스를 수 없는 거대한 흐름임을 재차 강조(탄소중립의 당위성 강조)
③ 탄소중립의 가치 : 농업 경쟁력 강화 → 농촌의 지속 가능성 제고 → 식량안보에 기여(논제 가치에 대한 평가로 마무리)

모범답안

서론

지구적인 기후위기에 대응해 한국 등 세계 각국은 2050년까지 탄소중립 사회로의 전환을 적극 추진하는 등 탄소중립은 가장 시급한 글로벌 어젠다가 되었고, 거대한 저탄소의 물결이 산업 전반에 확산되고 있다. 기후위기의 직접적인 영향을 받는 농업 부문도 예외가 될 수 없다. 탄소중립이라는 세계적 변화 요구에 소극적으로 대응하면 농업이 경쟁력을 상실하게 될 것은 자명하므로, 저탄소의 친환경 농업으로의 전환이 반드시 필요하다. 이러한 변혁에 대응해 탄소중립을 선언한 우리 정부는 '2050 탄소중립 시나리오'와 이 시나리오의 이행 로드맵인 '2050 농식품 탄소중립 추진전략'을 발표했다. 이에 우리 정부의 자세한 탄소중립 계획과 향후 탄소중립이 우리 농업에 끼칠 수 있는 영향을 살펴보자.

본론

탄소중립 물결에 부응해 2021년 10월에 우리 정부는 2050 탄소중립 시나리오를 확정했는데, 농축수산 부문에 있어 탄소 배출량을 2030년까지 27.1%를, 2050년까지는 37.7%를 감축하는 것을 목표로 한다(2018년 대비). 또한 농축산부는 2021년 12월에 탄소감축 목표를 반영한 로드맵으로 발표한 '2050 농식품 탄소중립 추진전략'에서 저탄소 농업구조로 전환, 온실가스 감축, 에너지 전환, 재생에너지 확대 등의 정책 방향을 제시했다. 이러한 방안의 실천을 위해 농업 분야 온실가스 감축 사업의 지원을 확대하고, 농촌 에너지 전환을 위한 농촌 에너지 자립 시범마을 운영, 농촌 마을 단위의 RE100 모델 개발, 주민 이익 공유 방식의 공공 가축분뇨 에너지 시설 신규 지원 등의 과제를 중점적으로 추진할 방침이다. 그렇다면 이러한 탄소중립의 흐름으로 인해 우리 농촌이 받을 수 있는 영향을 전망해보자. 먼저 로드맵에서 제시된 계획의 추진을 위해 온실가스 배출량을 줄여야 하므로 저투입·자원순환형 농업 확산, 재생에너지로의 연료 전환, 농축산의 스마트화·디지털화 등 농업 생산 기반 전반에 걸쳐 저탄소 정책과 지원 사업이 활성화될 것이다. 이러한 지원 정책은 농가에 새로운 기회 요인이 될 수 있다. 다만 저투입·친환경 농업으로의 전환에 따른 각종 규제·의무 강화와 화석연료 보조금 감축 때문에 농가의 부담이 가중될 우려도 있다. 따라서 영세·소규모 농가의 비중이 높은 우리 농촌 현실에 맞게 규제보다는 인센티브 확대 등의 지원 강화 정책으로써 농가의 탄소중립 실천이 생활화되도록 해야 한다. 아울러 D.N.A(데이터·네트워크·인공지능), 사물인터넷 등의 첨단기술을 접목한 농법과 친환경 농업 면적의 확대도 예상할 수 있다.

결론

인간이 하는 모든 일이 그렇듯, 정부가 추진 중인 탄소중립 계획 또한 완벽한 것은 아니다. 사회 일각에서는 감축 수단이나 농지의 탄소저장 능력에 대한 기초적인 검증의 부재나 현실과 동떨어진 감축 목표로 인해 심각한 부작용을 초래할 수 있다고 경고하며 실현 가능성에 의문을 제기하기도 한다. 이러한 불신의 해소와 탄소중립 전략의 실현을 위해서는 농업 현장 최일선에 있는 농업인이 정책에 깊숙이 참여해 신뢰도를 높여야 한다.

끝으로 기후변화라는 전 지구적 위기로 인해 탄소중립은 거스를 수 없는 거대한 흐름임을 재차 강조한다. 또한 탄소중립 요구로 촉발된 영농 현장의 변화 노력은 농업 경쟁력 강화로 인한 농촌의 지속 가능성 제고를 이루고, 궁극적으로는 국가의 식량안보를 튼튼히 다지는 초석이 될 것이 분명함을 강조하고 싶다.

03 코로나19 사태 장기화 이후 포스트코로나 시대에 진입한 오늘날 농촌의 영농 인력난이 지속되고 있다. 이와 관련한 일손 부족 현황을 설명하고, 농업 경영의 지속 가능성을 위한 농업 노동력 확보 방안을 약술하시오.

개요작성

서론

① 코로나19 사태로 인해 농업 노동력 확보가 시급 : 외국인 근로자 입국 제한, 저조한 기계화율 → 영농 인력난 및 인건비 상승 → 경영비 부담 가중(배경 제시)

② 농업 노동력 확보를 위한 근본적인 대책 마련 요구의 증가(전망 및 논제 제시)

③ 영농 인력 부족 현상의 실태와 영농의 지속 가능성을 위한 노동력 확보 방안(본론의 논제 방향 제시)

본론 영농 인력 부족 실태 및 노동력 확보 방안

① 영농 인력 부족 현상의 실태

㉠ 외국인 근로자 신규 유입 감소, 외국인 근로자 체류 인원 급감

㉡ 적시 인력 투입 어려움 → 농산물 가격 상승 및 국민경제에 악영향

② 농업 경영의 지속 가능성을 위한 노동력 확보 방안

㉠ 농업 지속을 위한 청장년 세대 유입 및 정착 지원 사업 강화

㉡ 계절근로자제도의 다양한 방식 확충 및 외국인 근로자 유입 확대 방안 마련 필요

㉢ 내국인 임금근로자 유입 확대를 위한 농작업 대행 서비스의 체계화 및 확대

㉣ 제3자 승계 등 다양한 승계 방식 확대로 신규 창업농 희망자의 진입장벽 완화

결론

① 코로나19로 인한 인력난과 '위드코로나' 이후 인력난 전망(앞 내용의 요약 및 전망)

② 외국인 주거시설 기준 강화(새로운 과제 제시)와 그것에 대한 해결 방안

③ 영농 인력 부족 해소를 위한 정책적 지원 강화 필요(새로운 방향성 제시로 마무리)

모범답안

서론

현재 농촌은 코로나19 사태 장기화의 여파로 영농 인력 부족 문제가 심각하다. 외국인 근로자의 입국 제한과 저조한 기계화율 등으로 인해 영농 인력난이 심화되고 인건비가 상승하고 있어 농가의 경영비 부담이 가중되고 있는 것이다. 이처럼 농업 노동력 확보를 위한 대책 마련이 시급한 상황이므로 영농 인력의 안정적 공급과 기계화율 제고를 위해 정부 및 지방자치단체 차원의 근본적인 대책 마련 요구가 증가하고 있다. 이러한 농업 인력난은 현재는 물론 미래 농업의 지속 가능성을 위협하는 가장 큰 위험 요인이다. 이에 따라 영농 인력 부족 현상의 실태와 영농의 지속 가능성을 위한 노동력 확보 방안을 살펴보자.

본론

코로나19로 인해 농촌의 영농 인력 수급에 어려움이 크다. 외국인 계절근로자의 입국과 고용허가제도에 따른 인력이 실제 필요 인원에 턱없이 모자라는 실정이며, 농축산업에 종사하는 외국인 근로자 체류 인원도 급감했다. 실제로 한국농촌경제연구원의 조사에 따르면 대부분의 농업인이 코로나19 이후 심각한 구인난을 겪고 있다. 아울러 영농 인력을 대체해 인력난 해소에 도움이 되는 기계화율도 매우 저조한 실정이다. 이러한 상황으로 인해 농업 현장에서의 임금 상승률은 매우 가파르게 증가하고 있어 경영비 부담 증가를 부채질한다. 또한 임금 상승은 물론 적시 인력 투입 어려움으로 인해 생산비 증가와 농산물 생산량 감소의 악순환이 초래된다는 것도 문제다. 이러한 악순환의 결과로 농산물 가격 상승과 국민경제에 대한 악영향이 우려되므로 농번기 인력 부족 해결안 마련은 시급한 현안이다.

그렇다면 이러한 인력난을 해소하기 위한 노동력 확보 방안으로는 무엇이 가능할까? 먼저 농가인구의 고령화 해소와 농업 지속을 위해 농업경영체를 이어나갈 40대 미만의 청장년 세대를 유입하고 이들의 안착을 위한 경제 · 교육 및 영농 컨설팅 등의 지원 사업을 개편 · 강화해야 한다. 또한 계절근로자 제도에 다양한 방식을 확충하는 등 외국인 근로자 유입 확대 방안도 찾아야 한다. 아울러 내국인 근로자 유입 확대를 위한 농작업 대행 서비스를 보다 체계화 · 확대하는 한편 가족 승계에서 제3자 승계로의 전환 지원(세제 지원, 인센티브 제공) 등 다양한 승계 방식 확대로 신규 창업농 희망자의 농촌 진입 문턱을 낮추는 것도 바람직하다.

결론

앞서 살펴본 것처럼 코로나19로 심화된 외국인 인력 부족은 농가의 경영비 부담을 가중시켰다. '포스트코로나'에 발맞춰 방역 정책이 바뀌어 외국인 근로자 공급 부족은 다소간 해소될 전망이지만, 외국인 근로자 주거시설 기준 강화 정책, 최저임금제 적용 등 안전과 인권 정책의 현장 수용성 문제는 여전히 과제로 남아있다. 이를 위해 농촌 지역 내에 공공기관이나 범농협이 갖추고 있는 유휴공간을 외국인 근로자의 숙소로 제공하는 등 공공지원 확대에 대한 검토가 필요하다. 아울러 농번기처럼 꼭 필요한 시기에 인력을 신속히 중개하는 제도를 개편 · 강화해 인건비 상승을 적정 수준으로 조절하고 정부에서 인건비 일부를 보조하는 한편, 국내 체류 외국인 유학생에 대한 계절근로 허용, 실업수당 및 농업 분야 임금 동시 수령 허용 등 안정적 인력 확보를 위한 제도 개선도 병행할 필요가 있다.

04 지난 2021년 한국토지주택공사 일부 직원들의 농지 불법투기 사태가 발생함에 따라 〈농지법〉이 개정되었다. 이와 관련해 농지 투기의 발생 및 제재 조치 현황을 설명하고, 향후 이러한 불법투기를 예방할 수 있는 방안의 방향성을 논하시오.

개요작성

서론

① 〈농지법〉 개정에 따른 농지 관리 체계 강화 배경(논제 제시)
  ㉠ 한국토지주택공사(LH) 직원들의 신도시 농지 투기
  ㉡ 전체 농지 가운데 40%를 비농민이 소유하고 있는 현실
  ㉢ 〈농지법〉 개정으로 농지 관리 체계 강화
② 농지 제도 개선에 대한 지속적 요구가 제기될 것으로 예상(전망)
③ 농지 투기 발생과 제재 조치 현황, 농지 불법투기를 예방할 수 있는 방안의 방향성(본론의 논제 방향 제시)

본론 1 농지 투기 발생과 제재 조치 현황

① 농지 투기 발생 원인(시스템의 미흡+시세차익)
  ㉠ 농지 관리 행정 시스템의 허점 : 실제 소유관계 및 초과 소유 확인이 어려움
  ㉡ 농지 투기를 조장하는 경제적 원인 : 막대한 시세차익
② 농지 투기에 대한 현행 조치 현황
  ㉠ 법률 정비(〈농지법〉 개정) : 농지 취득 제한, 불법행위 제재 강화
  ㉡ 행정 시스템 개선 : 농지은행관리원 출범, 농지대장 개편, 관련 서류 강화, 농지 공유 취득 제한, 농지관리위원회・농지위원회 설치

본론 2 농지 불법투기 예방안의 방향성

① 사전적 조치 : 농지 소유 및 이용 실태에 대한 전수조사 요구
② 사후 관리 조치 : 농축산부의 농지정보시스템 연계 활용

결론

① 농경지를 감소시켜 식량안보와 국민의 생명을 위협할 수 있는 농지 투기(농지 투기 규제의 당위성 강조)
② 개정 〈농지법〉에 대한 비판 인용 및 이를 해소하기 위한 필요한 법률과 행정 시스템의 정밀한 개선(앞 내용의 요약)
③ 법과 행정의 지속적 개선과 국민의 법규 준수 및 농지에 대한 인식 변화 촉구
④ 농업 생산 요소로서의 농지 본연의 기능 회복에 대한 기대(미래에 대한 기대로 마무리)

모범답안

서론

2021년 3월 한국토지주택공사(LH) 직원들의 농지 투기 비리가 드러나 농민과 국민들의 공분을 일으켰다. 그러나 농업인과 농업 법인만이 농지를 소유할 수 있다는 헌법의 대원칙을 조롱하듯 실제 전체 농지 가운데 40%를 비농민이 소유하고 있다고 한다. 이에 따라 정부는 부랴부랴 〈농지법〉을 개정해 그간 예외적으로 인정하던 비농업인의 농지 취득을 제한하고 위반 행위에 대한 제재를 강화했다. 이러한 농지 관리 강화 조치의 일환으로 정부는 농지를 상시적으로 관리하는 행정체계(농지은행관리원)를 본격적으로 구축하는 한편, 농민 등 사회 각계에서는 농지 투기의 근본적 예방책 마련을 위한 농지 전수조사 등 농지 제도 개선을 지속적으로 요구할 것으로 예상된다. 이와 관련해 농지 투기 발생 및 제재 조치 현황과 함께 향후 이러한 불법투기를 예방할 수 있는 방안의 방향성을 짚어보자.

본론 1

먼저 농지 투기 발생과 제재 조치가 어떻게 이루어지고 있는지 살펴보자. 전문가들은 비농민의 농지취득 과정에 여전히 허점이 많다고 지적한다. 지자체에서 법에서 정한 상한 면적을 초과하는 주말·체험용 농지취득자격증명을 비농민에게 발급하는 사례가 많으며, 이에 대한 원인으로 지자체가 인허가 때 활용하는 행정 시스템의 미흡 때문에 농지원부에 등재되지 않은 농지는 확인할 수 없다고 지적하는 것이다. 또한 주말·체험용 농지는 농지원부 작성 대상이 아니기에 기존에 취득한 농지가 있더라도 초과 신청인을 가려내기 곤란하다. 이러한 시스템의 미흡과 함께 농지 투기를 조장하는 원인으로 시세차익을 꼽을 수 있다. 또한 비농민도 현행 〈농지법〉을 통해 형식적인 영농계획서만 제출하면 농지를 취득할 수 있고, 농업진흥지역이 아닌 농지는 지목을 변경할 수 있기 때문에 지목변경만 하면 2 ~ 10배 정도의 시세차익을 얻을 수 있다. 투기꾼에게 농지는 매우 매력적인 투기 대상인 것이다.

그렇다면 농지 투기 예방을 위한 현행 법적·제도적 조치에는 어떠한 것들이 있는지 살펴보자. 개정된 〈농지법〉은 주말·체험 영농을 위한 농지 취득을 제한했다. 다만, 농업진흥지역 내의 농지에 대해서만 제한하고, 농업비진흥지역은 이전처럼 주말·체험 영농을 위한 비농업인의 농지 취득을 허용하기 때문에 농민·시민단체는 실효성이 약하다고 보고 있다. 또한 영농 목적의 농업법인이 농지를 초단기로 매매해 수익을 남기는 부동산업을 하는 사례가 다수 있었던 것을 감안해 부동산업을 하는 농업법인이 농지를 더이상 취득할 수 없도록 규제했다. 아울러 불법·위반 행위에 대한 제재를 강화했다. 이러한 법률 정비 외에도 농지은행관리원 출범(2022년 2월), 농지원부의 농지대장으로의 개편(2022년 4월), 농지 취득 시 관련 서류 강화(2022년 5월), 1필지의 농지 공유 취득 제한(2022년 5월), 농지관리위원회(농축산부) 및 농지위원회 설치(시·구·읍·면, 2022년 8월) 등의 행정 시스템 개선이 이루어지고 있다.

본론 2

그렇다면 농지 불법투기에 대한 향후 예방안의 방향성을 짚어보자. 먼저 사전적 조치로 농지 소유 및 이용 실태에 대한 전수조사가 선결되어야 한다. 전국의 농지 실태를 정확히 파악하면 자연스럽게 농지 문제의 해결책도 나올 것이라고 여기는 수많은 농민들 또한 오랫동안 전체 농지의 실태조사를 요구하고 있다. 현실과 괴리된 정책은 농지 투기의 근본적 문제를 사전에 예방하는 데 한계가 있다는 입장인 것이다.

또한 정밀한 사후 관리를 위해 기존의 농지 실소유 확인 행정 시스템의 미흡을 보완할 수 있도록 농축산부의 농지정보시스템을 연계 활용하는 방안을 제시할 수 있다. 농지정보시스템은 농지원부 작성 대상과 관계없이 전국의 모든 농지 정보를 담고 있어 교차 확인하면 면적 초과 여부를 파악할 수 있다.

결론

코로나19와 러시아-우크라이나 전쟁 등으로 인해 식량안보의 당위성과 중요성이 한층 강조되는 현재 상황에서 안정적인 식량 확보를 위해서는 적정 수준의 농지를 확보하고 유지하는 일이 필수적이다. 그러나 매년 전체 경지 면적의 1%의 농지가 사라지고 있으며(통계청), 이미 식량을 안정적으로 생산하기 위한 농지 면적을 상실했다(한국농촌경제연구원). 이러한 점에서 비농민의 농지 투기 행위로 인한 농경지 감소는 국민의 생명을 위협할 수 있다. 이에 따라 정부가 〈농지법〉을 개정했지만 실효성이 부족해 근본적인 대책이 되지 못한다는 비판도 높다. 또한 〈농지법〉 자체의 미흡뿐만 아니라 현행 〈농지법〉조차 엄격히 지켜지지 않고 있다고 비판한다. 이러한 비판에 대응해 법적 실효성을 높이려면 앞에서 언급한 것처럼 농지 실소유 확인 같은 사후 관리는 물론 취득 단계부터의 철저한 확인 같은 사전 관리를 위한 법적·행정 시스템의 정밀한 개선이 필요하다. 또한 실제 농업 현장에 있는 농민이 농지를 소유하고 이용할 수 있도록 법과 행정의 지속적 개선은 물론 국민의 법규 준수와 '농지 자산 증식, 투기 수단으로 악용돼서는 안 된다.'는 농지에 대한 인식 변화가 시급하다. '농사짓는 데 쓰는 땅'이라는 '농지(農地)'의 사전적 의미에 충실해야 하는 것이다. 아울러 미래에는 농지가 농업 생산요소로서 본연의 기능을 회복하길 기대한다.

05 4차 산업혁명과 코로나19로 촉발된 비대면 유통 · 소비로의 변화는 농업 부문에도 막대한 영향을 끼치고 있다. 이와 관련해 현재의 농산물 비대면 유통 성장세를 진단하고, 향후 농산물 시장에 대한 전망과 범농협의 적절한 대응 방안을 논하시오.

개요작성

서론

① 코로나19 팬데믹 이후 급성장한 새벽배송 시장(사례 제시로 관심 환기)
② 4차 산업혁명의 영향으로 인해 지속적인 비대면(Untact) 유통 · 소비 시장 성장세
③ 산지 · 도매 단계의 대응 역량 강화가 필요할 것으로 예상(전망)
④ 농산물 비대면 유통 성장세와 향후 농산물 비대면 시장 전망 및 범농협의 대응 방안(본론의 논제 방향 제시)

본론 1 농산물 비대면 유통 시장 성장세

① 코로나19 확산 → 비대면 소비 문화 확산 → 농산물 온라인 시장 급성장
② 온라인 시장 성장을 주도하는 모바일 쇼핑
③ 농산물 온라인 시장을 견인한 새벽배송(통계 자료 제시) → 경쟁 가열화

본론 2 향후 농산물 비대면 시장의 전망과 범농협의 대응 방안

① 향후 농산물 비대면 시장의 전망
　㉠ 성장세 지속 예상(언론의 전망 인용)
　㉡ 경쟁의 치열화 → 기업 간 제휴 등으로 경쟁 극복
　㉢ 라이브커머스 등 비대면 판매 창구의 다양화
② 범농협의 향후 대응 방안
　㉠ 산지 · 도매 단계의 온라인 판매 역량 강화 필요성 제시
　㉡ 산지 단계 : 개발 상품과 연계할 수 있는 상품 기획 역량을 강화
　㉢ 도매 단계 : 온라인 경매 확대, 비즈니스 모델 효율화

결론

① 코로나19와 4차 산업혁명 → 비대면 · 온라인 경제사회로의 전환 가속 → 비대면 시장의 변화 촉진(앞 내용의 요약)
② 비대면 생활문화의 확대에 따라 온라인 농산물 거래 활성화 정책에 대한 요구 증가(전망)
③ 코로나19의 긍정적 영향(혁신의 계기이자 새로운 기회 요인)
④ 혁신을 통해 범농협의 새로운 성장동력 발굴 필요(요구 제시로 마무리)

모범답안

서론

2015년 국내에서 첫선을 보인 새벽배송 시장 규모는 코로나19 사태 확산 이후인 2021년에 4조 원으로 급성장했으며, 2023년에는 12조 원에 이를 것으로 추산된다고 한다. 코로나19 사태 장기화 이후 온라인 새벽배송을 중심으로 농산물 온라인 시장의 급성장과 함께 경쟁이 뜨겁다. 코로나19로 인해 삶의 많은 것들이 변화한 것처럼 유통 환경 또한 급변을 이어가고 있는 것이다. 또한 이미 생활 주변 가까이 자리잡은 4차 산업혁명의 첨단 IT 기술 덕분에 비대면(Untact) 유통·소비 시장의 성장세는 포스트코로나 시대에도 이어지고 있고, 라이브커머스 등 다양한 온라인 채널이 확산 일로에 있다. 따라서 비대면 온라인 시장 성장에 따른 부가가치가 농업인까지 전달될 수 있도록 산지·도매 단계의 대응 역량 강화가 필요할 것으로 전망된다. 이에 따라 농산물 비대면 유통 성장세를 진단하고, 향후 농산물 비대면 시장 전망 및 범농협의 대응 방안을 알아보고자 한다.

본론 1

먼저 현재의 농산물 비대면 유통 시장 성장 동력을 살펴보자. 코로나19 확산으로 인한 비대면 소비 문화 확산은 농산물 온라인 시장이 급성장하는 원동력이 되고 있다. 농산물 온라인 거래액은 매년 꾸준한 증가세를 이어가고 있으며, 코로나19 확산세가 빨라진 2020년에는 예년보다 매우 높은 증가세를 나타냈다. 특히 전체 온라인 거래액 중에서 모바일 거래액이 점유하는 비중이 대다수이며 그 비중도 꾸준히 증가하는 등 모바일 쇼핑이 온라인 시장의 성장을 주도하고 있다. 아울러 주목할 만한 점은 새벽배송 서비스가 농산물 온라인 시장 성장에 가장 큰 영향을 끼쳤다는 것이다. 2020년 기준 신선식품 새벽배송 시장 규모는 2015년 이후 약 150배 성장한 것으로 추산되며, 현재 대형 유통업체들이 새벽배송 서비스에 뛰어들면서 경쟁이 치열해지고 있다.

본론 2

다음으로 향후 농산물 비대면 시장에 대한 전망과 적절한 대응 방안을 살펴보자. 소비자들의 일상 주변까지 깊숙이 파고든 비대면 문화와 IT 모바일 기술이 쇼핑 트렌드 변화를 주도한다는 점에서 지금까지의 비대면 유통 시장 성장 흐름은 꾸준히 이어질 것으로 보인다. 농산물을 포함한 전체 온라인 쇼핑 시장 규모가 폭발적으로 증가할 것이라는 각종 언론의 전망이 이를 반증한다. 또한 시장 성장으로 시장 참여자가 늘어나면서 생존을 위한 경쟁이 치열해짐에 따라 기업 사이의 전략적 제휴 등 '합종연횡'으로 경쟁을 극복하려는 움직임도 활발해질 것으로 전망된다. 아울러 소비자와 판매자가 양방향으로 소통할 수 있는 라이브커머스 등 비대면 판매 창구(Channel)의 다양화로 인해 온라인 유통채널이 크게 성장할 것으로 전망된다. 이러한 시장 성장 기류에 힘입어 범농협이 비대면 유통·소비를 기업 발전의 기회로 활용할 수 있는 적절한 대응 방안에는 무엇이 있을까? 현재의 온라인 시장은 대형 유통업체와 플랫폼 기업이 주도하고 있고, 경쟁이 가열될수록 교섭력 우위를 활용한 산지 압박이 증가할 수 있다는 우려가 있다. 이러한 점에서 범농협은 효과적인 대응을 위해 온라인 시장 성장의 부가가치를 균등하게 배분할 수 있도록 산지·도매 단계의 온라인 판매 역량을 강화해야 한다. 또한 산지에서는 소비지 요구에 선제 대응하기 위해 소량화·차별화 중심의 다양한 상품을 개발하고, 스토리·간접체험 등의 온라인 콘텐츠를 제작, 개발 상품과 연계할 수 있는 상품 기획 역량을 강화해야 한다. 아울러 도매 단계에서는 온라인 경매의 거래 참여자 확대, 비즈니스 모델 효율화 등을 위해 노력해야 한다.

결론

코로나19로 촉발된 비대면 유통·소비 확산은 비대면·온라인 경제사회로의 전환을 가속화하고 있으며, 4차 산업혁명의 영향으로 디지털 기술이 일상화되면서 온라인과 오프라인의 경계가 무너지고 있는 것은 비대면 시장의 변화를 촉진하는 원동력이 된다. 이에 따라 비대면 생활문화가 확대되어 오프라인 유통 중심에서 온라인 B2C, B2B 유통채널로 다양화됨에 따라 온라인 농산물 거래를 활성화하기 위해 다양한 정책 추진에 대한 요구가 증가할 것으로 보인다.
세상의 모든 일에는 명암이 있다. 무조건 나쁘기만 한 것은 아니며, 코로나19 또한 그렇다. 코로나19로 촉발된 비대면 문화 확산은 '유통 혁신'과 '디지털 개혁'의 계기를 이루며 새로운 기회 요인이 되고 있다. 범농협이 이러한 기회를 십분 활용해 눈부신 도약을 이루려면 스마트 농산물산지유통센터(APC) 확대, 온라인 거래 시스템 개편, 빅데이터 플랫폼 구축, 변화에 능숙한 청년 농기업인 육성 같은 혁신을 통해 새로운 성장 동력을 반드시 발굴할 필요가 있다.

06 2024년은 공익직불제 도입 5년 차이다. 이와 관련해 공익직불제 개편을 추진하게 된 배경, 주요 동향, 향후 개선 방향 등을 진단하고, 정책의 실효성 제고를 위해 주의할 점에 대한 자신의 의견을 서술하시오.

개요작성

서론

① 공익직불제의 실효성 제고 요구가 지속적으로 제기됨(논제 제기)
② 개선 요구에 대한 정부의 정책 내용을 요약적으로 제시(예산 확대 등)
③ 공익직불제 개편 배경과 동향, 향후 보완점 및 개선 방향 전망(본론의 논제 방향 제시)

본론 1 공익직불제 개편 추진 배경

① 식량안보의 중요성(러시아 – 우크라이나 전쟁, 코로나19 등으로 인한 악영향)
② 농업 부문 지속 가능성 확보 및 사회적 수요 부응
③ 최근 입법 및 국정과제 반영

본론 2 공익직불제 동향 및 개선 방향 전망

① 공익직불제 주요 동향
　㉠ 농업직불금 예산 5조 원으로 단계적 확대
　㉡ 〈농업·농촌공익직불법〉 개정으로 기본형 공익직불제의 사각지대 해소
　㉢ 선택형 공익직불제 및 청년·고령농은퇴직불제 로드맵 수립
② 공익직불제 개선 방향 전망
　㉠ 전략작물직불제 활성화를 위한 논의 전개(대상 작물 확대 및 단가 인상)
　㉡ 선택형 직불제 확대·개편 방안 마련(관련 직불금 제도의 법제화를 위한 논의)

결론

① 예산 집행의 우선순위 설정(글쓴이의 의견 제시)
② 추진 체계의 정비(글쓴이의 의견 제시)
③ 법령의 정비(글쓴이의 의견 제시)
④ 공익직불제가 농민을 살리는 정책이 되려면 농민이 제도 운영의 핵심 주체가 되어야 함(글쓴이의 의견을 요약하며 마무리)

모범답안

서론

공익직불제는 '농민의 소득 안정화와 농업·농촌의 공익적 가치 증진'을 목표로 2020년 도입됐으나 현실성·실효성이 떨어진다는 농업계의 지적과 함께 지속적인 개선 요구를 받고 있다. 이에 윤석열 정부는 농업직불금 예산 확대를 국정과제에 포함하는 등 여러 가지 개선안을 제시했다. 이와 관련해 공익직불제 개편을 추진하게 된 배경, 주요 동향, 향후 개선 방향 등을 살펴보고, 정책의 실효성 제고를 위해 주의할 점에 대한 소견을 밝히고자 한다.

본론 1

우선 공익직불제 개편을 추진하게 된 배경을 살펴보자. 러시아 – 우크라이나 전쟁으로 인한 가격 변동성 확대(가격), 기후 변화에 따른 농산물 수급 불안정(물량), 코로나19 이후 공급망 불안정(물류) 등에 따라 식량안보 강화의 중요성이 크게 강조되고 있다. 또한 농업 부문의 경제적 지속 가능성(농가소득 증대 및 안정화), 사회적 지속 가능성(농업 인력 세대 교체, 농촌다움 복원), 환경적 지속 가능성(농업 환경 부하 경감, 탄소중립 기여) 강화와 농업의 공익적 기능 증진에 대한 사회 수요에 부응해야 할 것이다. 아울러 최근 입법 및 국정과제를 농업 정책에 적극 반영해야 할 필요가 있다. 기본형 공익직불금 지급 요건 완화는 물론 120대 국정과제 중 농업의 미래 성장산업화, 식량주권 확보와 농가 경영안정 강화 등은 공익직불제를 개편해야 달성할 수 있는 것이다. 이렇듯 식량안보 강화, 농업 지속 가능성 확보, 사회적 수요 부응, 입법과 국정과제 추진 차원에서 공익직불제 확대·개편은 반드시 필요한 것으로 분석된다.

본론 2

공익직불제 주요 동향을 살펴보자. 정부는 중소농 지원 강화와 농업·농촌의 지속 가능성 제고 요구에 대응해 농업직불금 예산 5조 원 단계적 확대를 국정과제에 포함해 중소농의 두터운 지원과 식량안보 강화, 탄소중립 실현, 고령농 은퇴 유도 및 청년농 육성 등을 도모하고 있다. 또한 〈농업·농촌공익직불법〉을 개정하면서 지급대상 농지를 2017 ~ 2019년 중 1회 이상 직불금을 지급받은 실적이 있는 농지로 한정했던 기본형 직불금 지급 요건을 삭제해 그동안 직불금 사각지대에 있던 56.2만 명의 농업인을 구제할 수 있게 되었다(직불금 3,000억 원 추가 지급). 그리고 선택형 직불제 및 청년·은퇴농 지원 직불제 로드맵을 제시했다. 한편 전략작물직불제와 탄소중립직불제를 2023년에 도입하고, 기존의 친환경직불제·경관보전직불제 확대 방안과 청년농직불제 도입을 검토하는 한편 경영이양직불제를 고령농은퇴직불제(가칭)로 개편해 세대 전환의 사다리를 제공할 계획이다.

다음으로 공익직불제 개선 방향을 전망해보자. 정부의 직불제 개선안 시행에 따라 전략작물직불제 활성화를 위한 논의로 대상 작물 확대 및 단가 인상 필요성이 제기될 것으로 보인다. 농협경제연구소 등이 전국 농업인을 대상으로 조사한 결과 전략작물직불제에 참여 의향이 없는 농업인(52%)은 낮은 단가와 선택 작목의 다양성 부족을 지적했다. 이와 관련해 전략작물직불제 주요 대상 작물인 가루쌀은 안정성과 충분한 수확량이 확보되어야 재배가 확산될 것으로 전망된다. 한편 선택형 직불제 확대·개편 방안 마련을 위해 기후변화 대응, 농촌자원 보전, 농업의 세대 전환 등을 확실히 이룰 수 있도록 관련 직불금 제도 법제화의 선결 과제인 사회적 공감대 형성 및 관련 제도 설계(지급 대상·조건, 단가 등)에 대한 논의가 지속될 것으로 전망된다.

결론

제도의 취지가 아무리 좋다 한들 적절히 준비하지 않는다면 '빛 좋은 개살구'가 되기 십상이다. '농가소득의 안정화, 농업·농촌의 공익적 가치 제고'라는 공익직불제의 도입 취지에 부합하며 실효성을 높일 수 있는 방향성에 대한 나름의 소견을 제시하고자 한다. 먼저 연차별·부문별 사업량 및 예산을 책정할 때는 시급성과 중요도에 따른 우선순위, 정책 대상 참여도에 따른 난이도 등을 고려해야 한다. 예컨대, 탄소중립직불제는 중요도·우선순위가 높지만, 영농 방식을 전환해야 하고 성과가 발현될 때까지 시간이 걸리는 등 난이도 또한 높으므로 전면적인 시행에 앞서 시범사업 등을 충분히 거친 뒤 본사업으로 이행하는 것이 바람직하다. 또한 선택형 직불제는 지역적 특성을 살리고 자발적 참여에 기초한다는 점을 감안해 추진 체계를 마련해야 한다. 이때 소규모 사회 조직에서 먼저 기능을 수행하고, 이 단위에서 특정 기능을 수행하기 어려울 때 상위 단위에서 이를 보조하도록 하는 보충성의 원리를 세워 중앙정부와 지자체의 역할 분담을 구체화하고, 장기적으로 지자체의 재량권을 강화할 필요가 있다. 이와 함께 지역 참여자(농업인)가 중심이 되는 지역협의체에서 주도적으로 활동을 실천하도록 하되, 직불제별 특성을 반영할 수 있도록 신경 써야 한다. 아울러 친환경직불제·경관보전직불제 확대, 탄소중립직불제 도입, 경영이양직불제 및 영농정착지원금 제도 등과 관련된 근거 법령 개정을 적시에 추진해야 한다.
무엇보다 열악한 현실을 감내하며 농사를 짓고 공익적 가치를 실천하는 주체는 바로 농민임을 자각하고, 농업인 자신이 공익직불제의 중심에 서서 제도 운영의 핵심 주체로 거듭나는 것이 정책의 성패를 가름하는 열쇠이다. 그래야 공익직불제가 농민을 살리는 정책이 될 것이다.

07 고향사랑기부금 제도가 2023년 1월부터 시행됨에 따라 이 제도의 시행과 정착을 위한 지방자치 단체의 노력이 본격화되었다. 이와 관련해 고향사랑기부제의 개념과 동향을 설명하고, 향후 전망을 논하시오.

개요작성

서론

① 〈고향사랑기부금법〉의 시행으로 2023년부터 시작된 고향사랑기부제(관심 환기 및 논제 제시)
② 기부금 유치를 위한 지자체 간의 경쟁 예상(전망)
③ 사회적 논의 등 정부 · 지자체 · 농업계의 세심한 준비 필요
④ 고향사랑기부제의 개념과 동향 및 향후 전망(본론의 논제 방향 제시)

본론 1 고향사랑기부금의 개념과 동향

① 일본의 사례를 벤치마킹해 도입되는 고향세의 개념 및 기부자에게 제공하는 혜택
② 고향세 관련 동향
　㉠ 강제 모금 예방 : 기부받는 지자체의 범위 및 기부 주체를 개인으로 한정, 사적인 모임을 통한 모금 금지 및 처벌 조항
　㉡ 기부금(세액공제), 답례품(상품권) 등에 대한 한도

본론 2 고향사랑기부금에 대한 향후 전망

① 기부금 유치 경쟁 가열화
　㉠ 지자체 간의 경쟁 : 기부금 유치를 위한 적극적인 경영 전략과 마케팅 시행
　㉡ 위탁사업자 간의 경쟁 : 농협, 수협, 우체국 등 전국적 조직체
② 한도액과 세액공제 범위 조율 등 실적을 높이기 위한 논의 지속(일본의 사례 제시)
③ 개선할 과제들 : 기부제 자체에 대한 인지도 부족, 도시 지역으로의 기부금 편중 현상

결론

① 속담을 인용해 제도의 도입 전에 적절한 준비가 중요함을 강조
② 소멸 위기에 처한 농촌의 회생 원동력이 될 수 있는 고향세(논제에 대한 가치 평가로 논제 당위성 강조)
③ 힘과 슬기를 모아 제도 시행 전에 최적의 운영 방안을 강구해야 함(글쓴이의 의견 요약)
④ 시범사업 실시와 일본의 선례 연구 제안(새로운 건의로 마무리)

모범답안

서론

농촌 지역 주민의 복리 증진과 농가소득의 증진을 통한 지역 균형발전에 기여할 수 있는 고향사랑기부제를 실시하기 위해 2021년 제정된 〈고향사랑기부금에 관한 법률(약칭 '고향사랑기부금법')〉이 2023년부터 시행됨에 따라 재정이 열악한 지자체들이 기부금 유치를 위해 다양한 경영 전략과 마케팅 등 치열한 경쟁을 펼칠 것으로 보인다. 이에 따라 고향사랑기부제의 조속한 활성화를 통해 도입 취지의 실현에 이바지할 수 있도록 기부금 한도액 및 세액공제 범위에 대한 사회적 논의 등 정부・지자체・농업계의 세심한 준비가 필요하다. 그렇다면 고향사랑기부제의 개념과 동향을 진단하고 향후 전망은 어떠한지 살펴보고자 한다.

본론 1

흔히 '고향세'라고 부르는 고향사랑기부제는 일본의 사례를 벤치마킹한 것이다. 일본은 인구 감소와 세수 부족으로 어려움을 겪는 농촌 지역의 지자체를 돕기 위해 2008년 고향세를 도입한 이후 성공적으로 운용하고 있다고 평가받는데, 분야별 구체적인 사업계획 공개와 다양한 답례품 제공 등이 성공의 주요 요인으로 꼽힌다. 한국의 고향세는 도시민 등 개인이 주민등록상 거주지를 제외한 지자체에 연간 최대 500만 원을 자발적으로 기부하는 제도로서, 지자체는 이 기부금을 지역 주민의 복리 증진 사업에 사용하며, 기부자는 기부금에 대한 세액 공제와 함께 지자체로부터 답례품을 제공받는다.
〈고향사랑기부금법〉은 강제 모금을 예방하기 위한 장치를 규정하고 있는데, 고향세를 기부받을 수 있는 지자체의 범위에서 기부자의 주민등록상 거주지를 제외한 것은 해당 지자체와 주민 사이의 이해관계로 강제 모금될 가능성을 막기 위함이며, 기부 주체를 개인으로 한정한 것도 지자체가 각종 인허가권을 빌미로 기업에 모금을 강요하는 것을 방지하기 위함이다. 또한 사적인 모임을 통한 기부금 모금을 금지한 것과 기부금을 강요하거나 불법 모금한 지자체의 모금・접수를 제한하는 것도 강제적인 모금을 방지하기 위한 조치이다. 아울러 기부금 한도는 개인별 최대 500만 원이며(10만 원 이내는 100% 세액공제, 10만 원 초과분은 최대 16.5%까지 세액공제), 지자체가 기부자에게 제공하는 답례품(상품권 포함)은 기부금의 30% 이내(최대 100만 원)가 될 것으로 보인다.

본론 2

그렇다면 고향사랑기부금 활성화에 대해 전문가들은 어떻게 전망하고 있는지 살펴보자. 먼저 지자체 간 기부금 유치 경쟁이 가열될 것으로 보이며, 기부자들을 유인하기 위해 다른 지역과 차별화되는 매력적인 답례품을 개발하는 등 경영 전략과 마케팅을 적극 시행할 것으로 전망한다. 실제 일본의 사례에서 알 수 있듯이 답례품은 고향세의 성패에 큰 영향을 끼치므로 차별성과 경쟁력을 갖춘 특산물을 답례품으로 제공할 수 있도록 지자체와 농축협이 공조해야 한다. 이러한 답례품 제공은 안정적인 판로 확보 및 지역경제 활성화에도 도움이 된다는 점에서 의미가 깊다. 또한 기부금 접수부터 답례품 발송 등 기부제 시행과 관련한 제반 업무 수행에 필요한 인력과 비용을 실제로 관리하는 위탁사업자 간 경쟁도 전망된다. 이에 따라 기부제 시스템과 운영 업무를 관장하는 위탁사업자로 선정되기 위해 전국적인 금융・유통 인프라를 갖추고 있는 농협, 수협, 우체국 등의 경쟁이 전망된다. 아울러 현재 법으로 규정한 기부 한도와 세액공제 범위의 조정에 대한 논의도 계속될 것으로 전망한다. 실효성이 낮을 것으로 예상되므로 세제 혜택을 상향 조정하자는 것이다. 실제로 일본이 세제 혜택을 확대한 이후 기부 실적이 크게 늘었다는 점은 시사하는 바가 크다.
그러나 농업계에서 가장 미흡한 점으로 꼽는 것은 제도 자체에 대한 낮은 인지도이다. 제도 도입에 앞서 한국농촌경제연구원이 2021년에 실시한 국민의식 조사에 따르면 응답자의 6.3%만이 고향사랑기부금의 존재를 안다고 응답한 것이다. 고향세는 강제성이 없다는 점에서 정부와 지자체가 홍보와 장려에 적극 나서야 한다. 한편 도농 간 재정 격차 해소라는 고향세 도입 취지와 달리 도시로 기부금이 몰릴 가능성도 있다. 실제로 과거 일본이 그랬다. 이러한 편중 현상을 예방하려면 재정 자립도 일정 비율 이하 등으로 조건을 두는 등 기부 대상을 제한하는 방안도 따져봐야 한다.

결론

'거미도 줄을 쳐야 벌레를 잡는다.'는 속담이 있다. 무슨 일이든지 실행하기 앞서 필요한 준비가 되어 있어야 그 결과를 얻을 수 있다는 뜻이다. 고향사랑기부제도 마찬가지이다. 제도의 취지가 훌륭하고 그 목표를 실현했을 때의 효익이 대단하다고 해도 준비가 적절하지 못하다면 원하는 결과를 이룰 수 없음은 자명하다. 고향세가 제도 안착에 성공한다면 농촌 발전에 큰 도움이 되어 열악한 환경 속에서 소멸 위기를 겪고 있는 농촌 회생의 원동력이 될 것이다. 그런데 그렇게 되려면 정부와 지자체, 농업계가 힘과 슬기를 모아 제도 시행 전에 최적의 운영 방안을 강구해야 할 것이다. 끝으로 제도 조기의 시행착오 최소화와 조기 안착을 위해 시범사업을 실시하는 것과 일본의 선례를 꼼꼼하게 연구하는 것을 제안하는 바이다.

08 국제 분쟁, 수출 제한 등으로 인해 국제식량가격이 급등하면서 애그플레이션에 대한 우려와 식량 안보, 식량주권 침해에 대한 위기감이 높아지고 있다. 이와 관련해 애그플레이션으로 인한 영향을 진단하고, 식량위기 대응 방안에 대한 의견을 논하시오.

개요작성

서론

① 애그플레이션에 대한 사회적 우려 고조(사회적 우려 제시로 관심 환기 및 논제 도입)
② 식량자급률이 낮을수록 애그플레이션 발생에 취약, 저소득층일수록 경제적 부담 증가 → 위기의식 확산, 사회 불안 초래
③ 애그플레이션의 영향 진단 및 식량위기 대응 방안(본론의 논제 방향 제시)

본론 1 애그플레이션이 끼치는 영향

① 애그플레이션의 의미와 발생 원인
② 애그플레이션 발생 가능성을 높일 수 있는 국제식량가격의 상승세
③ 최근 경제 현황 진단 및 물가 상승 압력이 지속될 가능성 높음

본론 2 식량위기 대응 방안

① 정부 차원의 대응책
㉠ 단기적 대안 : 비상수급 계획 및 상황별 대응 매뉴얼 마련 → 수입 안정성 강화, 곡물의 평균 재고율 확대
㉡ 장기적 대안 : 식량자급률 증대 → 국제식량가격의 영향력 줄임 → 식량주권 수호, 국제 메이저급의 곡물 수입 업체 육성 → 안정적인 수입 유통망 확보
② 비정부 차원의 대응책
㉠ 농산물 생산량 증대로 수요 충족 : 환경보전 활동, 토지 이용의 극대화, 종자 개량, 비료 생산 증강
㉡ 농산물의 국제 이동 촉진 : 기업 차원에서 유통비 절감

결론

① 식량주권 침해, 스태그플레이션, 저소득층의 경제적 부담 가중, 식량안보 위협 등 애그플레이션의 악영향으로 초래될 수 있는 문제점(앞 내용의 요약)
② 정부와 비정부 등 다양한 경제주체 차원에서 식량위기 해결 방안 마련, 적극 실천해야 함(해결안 마련과 실천 강조)
③ 애그플레이션에 대비하지 않으면 '식량전쟁'의 희생양이 될 수 있음(논제에 대한 사회적 경각심 촉구로 마무리)

모범답안

서론

러시아 – 우크라이나 전쟁과 주요 곡물 생산국의 수출 규제 등의 악재로 국제식량가격이 급등하면서 애그플레이션(농산물 가격 급등으로 인한 물가 상승)에 대한 사회적 우려가 높아지고 있다. 전문가들은 당장의 급등세도 문제이지만, 이상기후로 인한 작황 부진 외의 복합적 원인 때문에 높은 가격 수준이 오랜 기간 지속될 가능성이 높다는 점 또한 우려한다. 이러한 우려가 애그플레이션 발생 요인으로 작용할 수도 있기 때문이다. 실제로 국제식량가격 상승은 외식 물가 같은 식품가격 상승으로 직결된다. 특히 한국처럼 식량자급률이 낮은 국가일수록 애그플레이션 발생에 상대적으로 취약할 수밖에 없으며, 식료품 지출 비중이 큰 저소득층일수록 경제적 부담은 커진다. 결국에는 식량안보, 식량주권에 대한 위기의식이 확산되어 사회 불안을 초래할 가능성도 증가함을 부정할 수 없다. 이에 따라 애그플레이션이 끼치는 영향을 진단하고, 어떻게 하면 식량위기에 적절히 대응할 수 있을지 살펴보고자 한다.

본론 1

전쟁과 농산물 수출 규제, 작황 부진 등에 의해 애그플레이션이 발생할 수 있는데, 애그플레이션에 대한 다양한 정의를 쉽게 풀이하면 '국제식량가격 상승이 국내 식료품 및 외식 물가 등으로 광범위하게 파급되는 현상'으로 이해할 수 있다. 이러한 애그플레이션의 발생 원인은 농업 생산량 감소와 수요 폭등이다. 이상기후, 도시화로 인한 경작지 감소, 농가 수 감소 등은 농업 생산량을 위축시키며, 바이오연료 개발과 육류 소비 증가는 수요 급등을 일으킨다. 한편 국제식량가격의 상승세가 계속될 경우에 문제가 되는 것은 우리나라처럼 곡물 수입의존도가 높은, 즉 식량자급률이 낮은 국가는 물가 오름세가 확대되어 애그플레이션 발생 가능성을 높일 수 있다는 것이다. 실제로 최근에 농산물 수출대국인 러시아와 우크라이나의 전쟁으로 인한 공급 차질이 국제 곡물가격 상승을 견인하고 있으며, 이러한 상승은 국내 농축수산물, 가공식품 및 외식 물가에 대한 상방 압력으로 작용하고 있는 것으로 분석된다. 이처럼 향후에도 국제식량가격이 상당 기간 높은 수준을 이어간다면 물가 상승 압력이 지속될 가능성이 높다.

본론 2

그렇다면 애그플레이션 등으로 인한 식량위기에 대응할 수 있는 방안으로는 무엇이 가능할까? 우선 정부 차원에서 추진 가능한 정책을 살펴보자. 먼저 단기적으로는 현재의 위기가 '식량 대란'으로 번지지 않도록 비상수급 계획을 강구하고 상황별로 구체적인 대응 매뉴얼을 마련해 신속하게 대처해야 한다. 이를 위해 수입선 다변화로 농축산물 수입의 안정성을 높이고 밀·옥수수 등 주요 곡물의 평균 재고율 또한 확대해야 한다. 한편, 장기적으로는 식량자급률을 높여 국제식량가격의 변동에 따른 영향을 줄임으로써 식량주권을 수호해야 한다. 자급률 증대를 위해 자급률 목표치를 상향 조정하고, 목표치 달성을 위한 예산 책정을 법으로 의무화해 이행을 촉진하는 한편, 자급률이 낮은 주요 곡물의 국내 생산 기반을 정비하는 것 또한 바람직하다. 아울러 국제 메이저급의 곡물 수입업체를 육성해 안정적인 수입 유통망을 확보할 필요가 있다.
다음으로 비정부 차원에서 실천할 수 있는 방안을 짚어보자. 수요와 공급을 맞추려면 생산량을 늘리거나 수요를 줄여야 하는데, 전 세계 인구가 증가하는 현실에서 수요를 줄이는 것은 사실상 불가능하므로 생산량을 증대시켜 수요를 충족시켜야 한다. 생산량 증대 방안의 하나로, 세계적인 이상기후 현상 때문에 농산물 생산량이 감소한 것에 대응해 탄소중립 등의 환경보전 활동을 실천함으로써 기후위기로 인한 생산량 감소 피해를 줄여야 한다. 이것 외에도 토지 이용의 극대화, 종자 개량, 비료 생산 증강 등을 제안할 수 있다. 아울러 지구 한편에서는 식량이 남아도는데도 다른 한편에서는 기아에 허덕이는 현실에 대응해 유통비 절감 방안을 마련함으로써 농산물의 국제 이동을 촉진하는 방안을 기업 또는 민간 차원에서 찾는 것도 바람직하다.

결론

러시아 – 우크라이나 전쟁으로 격화된 최근의 애그플레이션 우려는 정치적·경제적으로 많은 문제를 초래할 수 있다. 식량의 무기화 등으로 각국의 식량주권을 침해할 수 있으며, 경기침체와 인플레이션이 함께 나타나는 스태그플레이션을 일으킬 위험성이 있는 것이다. 또한 식료품 관련 지출 비중이 상대적으로 큰 저소득층의 경제적 부담이 가중될 우려가 있다는 점에도 유의해야 하며, 특히 식량자급률이 낮은 한국에게는 더욱 위협적이라는 것이 큰 문제다. 식량안보를 뿌리째 뒤흔들 수 있는 것이다. 따라서 정부와 비정부 등 다양한 경제주체 차원에서 지혜를 모아 다양한 식량위기 해결 방안을 마련하고, 힘을 모아 적극적으로 그리고 지속적으로 실천해야 할 것이다. 마지막으로 애그플레이션에 철저히 대비하지 않으면 식량을 무기로 한 '식량전쟁'의 희생양이 될 수 있다는 사회적 경각심을 높여야 할 때임을 강조하고 싶다.

09 농촌 지역의 난개발 및 저개발로 인해 농촌 가치의 훼손과 활력 저하가 문제되고 있다. 이러한 사회적 우려에 대응해 정부는 농촌공간계획 제도의 도입을 추진하고 있다. 이와 관련해 농촌공간계획의 개요를 설명하고, 향후 적절한 활성화 방향을 논하시오.

개요작성

서론

① 농촌에 대한 역할 수행 요구에도 불구하고 난개발・저개발에 처한 농촌의 현실(논제 도출을 위한 배경 제시)
② 질서 있는 농촌 개발을 위해 농촌공간계획 제도 도입(논제 제시)
③ 농촌공간계획 제도 도입의 의의 및 향후 활성화 방향(본론의 논제 방향 제시)

본론 1 농촌공간계획 제도의 의의

① 농촌발전전략의 필요성 인식에 따라 도입이 추진되는 농촌공간계획
② 농촌공간계획의 의미, 포함 내용, 대상

본론 2 농촌공간계획 제도의 활성화 방향

① 농촌공간계획을 둘러싼 상반된 주장과 오해로 인해 논란이 있음
② 이러한 논란의 종식을 위해 농촌공간계획의 목표와 필요성을 명확히 확립해야 함
③ 구체적인 법적 근거와 계획 내용에 대한 협의, 기존 농촌 정책의 재편이 필요함

결론

① 농촌 사회가 농촌공간계획의 조속한 도입을 주장하는 것은 시대적 요청임(논제의 시대적 의의 제시)
② 농촌의 긍정적인 변화를 기회로 삼아 도입 취지를 구현할 수 있는 농촌공간계획을 수립・시행해야 함(논제 당위성 강조)
③ 농촌공간계획은 '시대적 요청'에 부응하는 '시대적 책무'임을 정부・지자체・농업계가 명심하기를 바람(글쓴이의 요구 제시로 마무리)

모범답안

서론

오늘날 농촌은 국민의 생존과 번영을 위한 먹거리 공급 책임자 역할과 함께 국민 모두의 삶의 원천지이자 쉼터로서의 역할 수행을 요구받고 있다. 그러나 일부 지역에서는 농촌의 가치를 훼손하는 무분별한 난개발은 물론 고령화로 인한 인구 감소에 따른 저개발 등이 원인이 되어 활력을 잃고 지속 가능성이 저하되고 있다. 따라서 정부와 지자체는 농민은 물론 국민 전체의 삶의 근거지로 유지하기 위해 우리 농촌을 질서 있게 개발하는 계획이 필요함을 인식하게 되었고, 농촌공간계획 제도의 도입을 추진하고 있다. 이에 따라 농촌공간계획 제도 도입의 의의를 평가해 보고, 향후 이 제도를 활성화할 수 있는 방향을 짚어보고자 한다.

본론 1

먼저 농촌공간계획 제도의 도입이 어떠한 의의를 갖는지 알아보자. 농촌은 절대인구 감소, 난개발과 저개발 심화, 도농간 생활여건 격차 심화 등으로 인해 농촌의 가치 훼손과 농촌・농업의 지속 가능성 저하에 대한 사회적 우려가 높다. 이에 대응해 농촌의 기회와 지속 가능한 발전을 이어가려면 농촌다움을 살리는 쾌적한 주거환경 조성으로 주민의 삶의 질을 높여 농촌 공간을 재생시키고 자연・경관을 보전할 수 있는 통합적인 농촌발전전략이 필요하다. 또한 기존의 도시계획・농촌계획과 차별화되는 체계적인 중장기 계획과 그 계획을 지원하는 사업이 필요하다. 이러한 필요성 인식에 따라 제안된 것이 농촌공간계획인 것이다. 이를 위해 국가・지자체・농업계가 공동의 목적 실현을 위해 농촌공간계획을 수립 및 집행하는 상생 프로세스를 구축해야 한다.
좀 더 이해하기 쉽게 농촌공간계획을 정의하자면 '농촌의 계획적 관리를 통해 농촌의 자원・환경을 보호하고 주민의 삶의 질을 개선해 농촌의 미래 가치를 높이는 과정'이라 할 수 있다. 국가는 농촌의 미래상・비전, 지역 특성을 반영한 발전 전략, 지속 가능한 토지 이용 유도 방안 등을 제시하는 계획을 수립하며, 지자체는 국가계획을 토대로 장기적인 발전 구상과 주민들과 함께하는 중장기 발전계획을 수립한다. 그렇기 때문에 농촌공간계획에는 꼭 보전해야 할 공간 관리에 대한 내용, 시설의 설치를 통해 활성화를 도모해야 할 사업에 관한 내용, 주민들의 역할에 관련한 내용 등 매우 다양한 내용이 포함될 수 있다. 이러한 농촌공간계획은 농촌 시・군・읍・면이 주된 공간 범위이며, 농촌 지역의 생활권・경제권・환경권 등이 모두 대상이 된다.

본론 2

이러한 농촌공간계획을 활성화할 수 있는 방향은 무엇일까? 일부 정책 당국자와 전문가들은 현행 〈국토계획법〉 중심의 공간계획 제도 안에서 농촌 난개발 문제에 대응하는 것이 효율적이라고 주장하기도 하며, 농촌 주민 중에도 농촌공간계획이 불필요한 규제로 변질되지 않을까 우려하는 이들도 있다. 이러한 논란을 종식시키려면 농촌공간계획의 목표와 필요성을 명확히 확립해야 한다. 이를 위해 도시계획에서는 불가능한 농촌공간계획만의 차별화된 역할을 분명히 정립하고, 농촌공간계획이 도시민 입장에서 보기 좋은 농촌을 만드는 일이라는 인식, 즉 농촌 주민에게는 불필요하다는 오해를 불식시키며, 농촌공간계획을 국가적 차원의 미래 변화에 농업계가 적극적으로 대응하는 수단으로 삼아야 한다. 아울러 제도의 본격적인 도입 전에 농촌공간계획의 효과를 높일 수 있도록 구체적인 법적 근거와 계획 내용에 대한 사회적 협의가 필요하다. 제도의 안착과 도입 취지에 걸맞은 효과를 거두려면 농촌공간계획이 효과적으로 추진되도록 기존의 농촌 정책을 재편하는 작업도 지속되어야 한다.

결론

난개발 또는 저개발로 농촌이 본연의 가치와 활력을 잃는다면 농촌 주민의 삶터가 더욱 열악해질 뿐만 아니라 농촌을 찾는 국민도 줄어들 것이다. 이를 예방하기 위해 농촌 사회는 농촌공간계획을 조속히 도입할 것을 주장하고 있다. 농촌을 농촌답게 만들어 농민이 살기 편한 농촌, 국민이 찾고 싶은 농촌을 구현해야 한다는 시대적 요청인 것이다.
다행스럽게도 최근 귀농・귀촌 증가, 농촌 정주 수요의 증가, 농촌형 산업 생태계의 출현, 코로나19에 따른 비대면・온택트 문화의 확산 등 농촌 공간의 수요와 성장 잠재력을 보여주는 긍정적인 현상들이 나타나고 있다. 이러한 변화를 기회로 삼아 농촌의 지속 가능한 발전을 이루려면 농민의 삶의 질을 보다 개선하고 농촌 공간에 활력을 불어넣을 수 있도록 농촌공간계획을 정밀하게 수립하고 적극 시행해야 한다. 끝으로 농촌공간계획 시행을 위한 세심한 준비는 '시대적 요청'에 부응하는 '시대적 책무'임을 정부・지자체・농업계가 반드시 명심하기를 바란다.

10 포스트코로나 시대에 진입하며 농업·농촌의 지속 가능성을 유지할 수단으로 농촌관광에 대한 관심이 높아지고 있다. 이와 관련해 농촌관광의 의미·현주소를 진단하고, 농촌관광을 활성화할 수 있는 방향을 논하시오.

개요작성

서론

① 포스트코로나 시대에 진입하며 여행업계가 회복세를 보임(독자의 관심 환기)
② 농촌관광의 역할 수행에 거는 기대가 증가함(논제 제시)
③ 농촌관광은 코로나19로 인한 부진을 털어내기 위한 탈출구가 필요함
④ 농촌관광의 의의·현주소를 살펴보고, 농촌관광 활성화 방향(본론의 논제 방향 제시)

본론 1 농촌관광의 의의와 현주소

① 농촌관광의 의미와 사업 유형
② 농촌관광의 의의 : 도농 간 연대의식 강화, 농가소득 안정화, 농촌의 가치와 지속 가능성의 보전 등에 공헌
　㉠ 현대 도시인의 심신 치유, 도농 교류 확대
　㉡ 성장기 학생들의 올바른 자연관 형성

본론 2 농촌관광 활성화 방향

① 농촌 내부에서 펼칠 수 있는 방안(대내적 방향)
　㉠ 풍부한 생태·문화 자원을 관광 콘텐츠로 개발, 차별화
　㉡ 인력 지원 및 관련 부서 간 협업, 접근성 개선
② 도시인을 상대로 하는 방안(대외적 방향)
　㉠ 도시인을 상대로 한 홍보 강화로 관광 상품의 존재 자체를 알림
　㉡ 할인쿠폰 등 도시인 유인 전략
　㉢ 농협의 팜스테이 같은 다양한 농촌체험 상품 개발
　㉣ 중앙정부의 지원·보조 확대 요구

결론

① 농촌관광이 고령화된 농촌의 지속 가능성을 개선할 대책이 될 수 있는 이유(논제에 대한 가치 평가로 당위성 강조)
② 포스트코로나 시대에 진입하며 농촌·농업의 가치를 제고하고 도농 간 연계의식을 강화할 수 있는 농촌관광 활성화가 요구됨(글쓴이의 의견 요약)
③ 국가와 지자체·농업계가 머리를 모아 장기적인 관점에서 지속 가능한 농촌관광을 실현할 해법을 찾아야 함(글쓴이의 요구 제시로 마무리)

모범답안

서론

포스트코로나 시대에 진입하며 우리 사회는 거리두기 해제와 방역 조치 완화로 일상을 회복하고 있는 가운데, 코로나19로 큰 타격을 입었던 여행업계가 차츰 회복세를 보이고 있다. 특히 코로나19로 심신이 쇠약해진 국민에게 휴식과 치유의 공간을 제공할 수 있는 농촌관광의 역할 수행에 거는 기대가 커지고 있다. 또한 농산물 생산만으로 부가가치의 증대를 기대하기 어려운 현실에서 농촌관광은 새로운 수익 창출원으로 인식되고 있으나, 코로나19 사태 장기화로 소비 트렌드가 급변하면서 농촌관광이 겪고 있는 부진을 털어내기 위한 탈출구를 찾아야 하는 상황이다. 이에 따라 농촌관광의 의의와 현주소를 살펴보고, 농촌관광을 활성화할 수 있는 방향성을 생각해 보고자 한다.

본론 1

먼저 농촌관광의 의의와 현황을 짚어보자. 농촌관광은 농촌 주민들과 교류하면서 농촌의 자연생태・역사・문화 등 다양한 경험을 할 수 있는 관광이자 체험・교육 활동이다. 이러한 농촌관광은 농촌체험휴양마을・농촌교육농장・농가맛집・관광농원・농촌민박 등 여러 유형의 사업들로 전개되고 있으며, 2000년 농어촌 지역개발정책이 연계되고 6차산업화 정책의 확산을 위해 정부가 나선 이후 많은 농가가 6차산업 경영체로 참여 중이다. 다만 농업법인・경제조직・공동체 등이 사업을 추진하고 있지만, 대개는 소규모로 영세해 열악한 환경에 놓여 있다.
농촌의 풍부한 생태・문화 자원은 현대 도시인의 지친 심신을 치유하기에 충분하므로 농촌관광은 도시인들에게 휴식 공간을 제공할 수 있으며, 더 나아가 도시와 농촌의 교류를 확대한다는 점에서 의미가 깊다. 또한 농촌의 생태환경을 경험하게 한다는 점에서 농촌관광은 성장기 학생들에게 의미가 깊다. 자연 속에서 자라는 농작물 등의 생태 자원을 보고 만지고 맛보는 경험은 올바른 자연관을 형성하는 데 도움이 되기 때문이다. 이처럼 직접 체험을 통해 농촌을 깊이 이해하는 도시인과 학생들의 수가 증가할수록 도농 간 연대의식이 강화될 것이며, 이는 농가소득 안정화는 물론 농촌의 가치와 지속 가능성의 보전에 이바지할 수 있다.

본론 2

다음으로 농촌관광 활성화 방향을 알아보자. 먼저 농촌 내부에서 추진할 수 있는 방향성을 짚어보면, 농촌의 풍부한 생태・문화 자원을 다양한 관광 콘텐츠로 개발해 차별화해야 한다. 또한 관광농원 등 농촌관광 최일선에 있는 경영체들의 규모가 대부분이 영세하다보니 관광 업무와 관련한 인력이 태부족인 게 현실이다. 신문기사를 종합해 보면 다행스럽게도 농촌관광에 대한 수요는 확실하고 관광객들의 만족도 또한 높아 재방문이 기대되며 예약・방문도 코로나19 사태 이전 수준으로 차츰 회복 기미를 보이고 있지만, 문제는 인력 여건인 것이다. 이에 대응해 지자체 차원에서 전문인력 지원을 위한 예산 확보와 지자체와 중앙정부의 관련 부서 간 협업이 이루어져야 할 것이다. 아울러 접근성 제고를 위한 도로 정비, 대중교통 확대, 편의시설 부족 등 불편사항 개선 등도 지자체와 중앙정부의 공조로 풀어야 할 숙제이다.
이어서 도시인을 상대로 하는, 즉 농촌 외부를 향한 농촌관광 활성화 방안의 방향성을 짚어보면, 가장 먼저 '홍보 강화'를 꼽을 수 있다. '손님'이 '상품'의 존재를 모르면 생산자・판매자의 모든 노력이 무의미해지기 때문이며, 수많은 농촌관광 관계자들이 홍보 등의 대외 마케팅을 담당할 전문인력의 부족을 가장 큰 고충으로 지적하고 있기 때문이기도 하다. 홍보 강화는 SNS 등 도시인들에게 익숙한 온라인 매체를 활용해 계절별・테마별 관광자원 등 생생한 현장 정보 전달률을 높이는 것이다. 또한 농촌 현지에서 사용할 수 있는 농산물 구입 할인쿠폰처럼 도시인을 유인할 수 있는 전략을 개발해야 한다. 아울러 농협중앙회에서도 농촌 체험관광 프로그램의 일종인 팜스테이 사업을 전개하고 있는데, 팜스테이처럼 도시인을 끌어들일 수 있는 다양한 체험 상품을 개발해야 한다. 한편 중앙정부에 대해 인건비・전기요금 등 운영비 관련 지원금・보조금 확대, 관광객에게 제공하는 농촌관광 할인금 인상을 위한 예산 증액 등 경제적 지원을 요구하는 농촌관광 관계자들의 목소리가 높다는 점도 농촌관광 활성화 방안의 방향성을 설정할 때 반영해야 할 주요 시사점이다.

결론

농촌관광 사업 운영을 통해 소득 증대와 일자리 창출 등 단순히 농가소득 안정화를 뛰어넘어 공동화되는 농촌의 인구 유입까지 바라볼 수 있다. 이는 고령화된 농촌의 지속 가능성을 개선할 대책으로 농촌관광의 역할을 기대할 수 있는 이유이다. 그러나 이러한 기대가 옅어지는 것은 농촌진흥청 등 권위 기관의 발표처럼 농촌관광 또한 코로나19로 인한 심대한 피해의 후유증이 남아있는 상태이고, 농촌관광과 관련한 각종 실적이 아직 부진에서 완전히 탈출하지는 못했기 때문이다. 따라서 여행업계가 회복 기미를 보이는 포스트코로나 시대에 들어서며 농촌·농업의 가치를 제고하고, 도농 교류의 증대를 촉진함으로써 도농 간 연계의식을 강화할 수 있는 지속 가능한 농촌관광 활성화가 요구되는 시점이다. 이를 위해 보다 장기적인 관점에서 경제적인 측면뿐만 아니라 환경과 사회문화의 측면에서 지속 가능한 농촌관광을 실현할 수 있는 적극적인 해법을 찾아야 한다. 그리고 이러한 해법을 찾기 위해 국가와 지자체·농업계가 머리를 모아야 한다.

02 금융 · 경제

01 2022년 2월부터 메가 FTA인 역내 포괄적 경제동반자 협정(RCEP)이 발효되는 등 메가 FTA 중심의 신(新)통상질서 재편이 본격화됨에 따라 시장 개방 확대와 신통상 이슈에 대한 전략적 대응을 요구하는 사회적 목소리가 높다. 이러한 메가 FTA로 인한 통상질서 변화가 우리 농업경제에 끼칠 수 있는 영향을 진단하고, 향후 적절한 대응 방향을 논하시오.

개요작성

서론

① 신통상질서 재편의 가속 원인(관심 환기 및 논제 제시의 배경)
② 메가 FTA에 대응해 필수적인 실효성 있는 대책 마련(필요성 강조하며 논제 제시)
③ 메가 FTA가 우리 농업경제에 끼칠 수 있는 영향 및 향후 적절한 대응 방향(본론의 논제 방향 제시)

본론 1 메가 FTA가 우리 농업경제에 끼칠 수 있는 영향

① 무역자유화와 농산물 시장 개방을 촉진하는 RCEP, CPTPP 등에 대한 대비책 마련이 필요한 시점
② 장기간 농업생산액 감소를 유발할 수 있는 RCEP 및 가입 시 RCEP보다 더 큰 충격이 우려되는 CPTPP
③ CPTPP 발효 시 실효성 있는 대책 마련에 필요한 정밀한 사전 피해 예측이 어려움

본론 2 메가 FTA로 인한 통상질서 변화에 대한 대응 방향

① 법적 · 제도적 대응 장치의 정비를 통해 FTA 피해 지원 현실화와 함께 실효성 제고
② CPTPP 가입을 서두르고, 일본 · 미국 등 주요국의 대응 선례 참고하기
③ 기존의 피해액 추정 지원 방식을 지양해야 함
④ 농업경영의 안정성을 보장할 수 있도록 농정의 근본적인 전환을 이루어야 함(미국의 가격보전제 등 해외 선례 분석 필요)

결론

① 메가 FTA 등 통상질서의 변혁이 불가피한 이유(논제 등장 배경 요약)
② 거대 FTA라는 변혁에 어떻게 대응할지는 국가의 존립을 결정하는 중차대한 사안(논제 가치에 대한 평가)
③ 변혁의 실체를 정확히 간파하는 혜안과 농촌과 국가의 존망에 대한 경각심 요구(경각심 촉구로 마무리)

모범답안

서론

미국과 중국의 무역 분쟁 갈등과 WTO 교착상태 지속, 세계적 식량 공급망 안정성에 대한 신뢰도 감소와 기후위기 가속화 등 글로벌 경제 악재들로 통상 여건의 불확실성이 악화됨에 따라 지역 간 메가(초거대) FTA라는 거대 경제블록이 형성되면서 신통상질서의 재편이 빨라지고 있다. 이로 인한 시장 개방 압력 상승이라는 높은 파고에 맞서 우리 농촌과 농업계가 경쟁력을 증강하려면 메가 FTA의 전략적 가치와 활용 방안, 피해 대책에 대한 정밀한 영향 관계 분석과 실효성 있는 대책을 반드시 마련해야 할 것이다. 이에 따라 메가 FTA가 우리 농업경제에 끼칠 수 있는 영향을 진단해 보고, 향후 메가 FTA로 인한 통상질서 변화에 어떻게 대응할 수 있는지 방향성을 짚어보고자 한다.

본론 1

먼저 메가 FTA가 우리 농업경제에 끼칠 수 있는 영향을 살펴보자. 한・중・일, 호주・뉴질랜드를 비롯해 아세안 10개국이 참여하며 2022년 2월 발효된 '역내 포괄적 경제동반자 협정(RCEP)'은 전 세계 인구와 GDP의 약 30%를 차지할 정도로 세계 최대 규모의 FTA이며, 농산물 평균 관세철폐율은 60%에 육박한다. 또한 일본 등이 참여하는 '포괄적・점진적 환태평양 동반자 협정(CPTPP)'은 농식품 평균 자유화율 96.3%, 즉시철폐 비율 81.1%에 이를 정도로 역대 최고 수준의 시장 개방을 지향하는 포괄적 FTA로서, 우리 정부는 국내 정치 상황과 농축수산 부문에 대한 민감성 등을 고려해 최적의 가입 시기를 타진하고 있다. 따라서 이러한 RCEP, CPTPP로 인한 무역자유화와 농산물 시장 개방의 파고를 지혜롭게 넘을 수 있는 대비가 필요한 시점이다. 그러나 우선 걱정스러운 것은, 산업부의 발표에 따르면 RCEP 발효 이후 20년 동안 농업생산액이 매년 77억 원씩 감소할 것으로 예측된다는 점인데, 농업계에서는 그나마도 이러한 피해 규모가 과소 추정됐다고 비판하고 있어서 더욱 우려스럽다. 또한 CPTPP 가입 시에도 96.3%의 높은 관세철폐율과 위생검역(SPS) 조치 등 비관세장벽 완화로 농축산물의 수입 증가가 예상되는 등 RCEP보다 더 큰 충격이 우려된다. 이제까지의 FTA 대책은 피해를 예상하거나 사후에 피해를 추정해 그것에 상응하는 지원을 하는 방식이었는데, 일본 이외의 CPTPP 가입국과는 FTA가 이미 발효 중이어서 추가적인 시장개방 효과가 크지 않을 것으로 보이며, CPTPP는 검역 등 규범 분야에서 신속성・투명성을 높은 수준으로 요구해서 과수 부문의 피해가 클 수 있음에도 대체성 문제 등으로 실제 피해 양상을 예측하기 어려운 것이다. 즉, 실효성 있는 대책을 세우는 데 필요한 정밀한 사전 피해 예측이 어렵다는 것이다.

본론 2

그렇다면 메가 FTA로 인한 통상질서 변화에 대응해 우리 농업계가 어떤 대책을 강구해야 할지 방향성을 짚어보자. 먼저 법적・제도적 대응 장치를 정비해 메가 FTA를 아우르는 FTA 피해 지원 현실화와 함께 실효성 제고가 시급하다. 이에 농업계가 떠안게 될 실제 피해에 대한 정밀한 예측 및 대책 강구, 한시적으로 운영 중인 FTA 지원 제도의 일몰・폐지・영구화 및 지원 기준 완화, 농어촌 상생협력 기금의 실효성 개선, 농업 부문 FTA 영향 분석을 농축산부가 수행하도록 하는 〈통상조약법〉 개정 등을 적극 추진할 필요가 있다. 또한 기왕에 CPTPP에 가입할 바에야 일본 등 기존 가입국이 중국 등 세계 주요 시장을 선점하기 전에 참여를 서두르는 것도 바람직한 선택지가 될 수 있고, 일본처럼 낮은 농산물 관세철폐율을 확보하는 한편 미국의 가격보전 제도 등 해외 사례를 참고해 효과적인 피해 대책을 마련해야 한다. 또한 기존의 품목별 피해액 추정 지원 방식은 불확실성이 매우 크므로 피해 예상액을 토대로 보상하는 방식은 적절한 방법이 될 수 없고, 사후 피해 추정도 부정확하므로 피해 보전직불제 중심의 대책에 의존하는 것도 지양해야 한다.

따라서 실제 효과를 안정적으로 기대할 수 있고 농업계 대다수가 공감하는 메가 FTA 대책을 마련하려면 농정의 근본적인 전환을 이루어야 한다. 시장 개방의 파고 등 여러 복합 요인으로 발생 가능한 가격 등의 불확실성을 줄임으로써 농업경영의 안정성을 보장하는 체제로 전환해야 하는 시점에 이른 것이다. 이러한 대전환을 위해 미국이 주요 작물에 적용 중인 가격보전제, 모든 농가에 적용 중인 보험제 등을 분석하는 것 등 해외의 선례를 분석하는 것 또한 바람직할 것이다.

결론

메가 FTA 등 통상질서의 변혁이 불가피한 것은 그동안 국제무역을 규율하던 WTO 체제가 위력을 잃은 데서 비롯되었는데, 이는 WTO의 자유무역 기조에 힘입어 중국·인도 등의 거대 신흥국의 급부상으로 기존 선진국과의 갈등이 높아졌지만 WTO 분쟁해결기구가 제 역할을 하지 못하며 WTO 체제의 영향력이 급락했기 때문으로 분석된다. 결국 세계 각국은 WTO에 대한 기대를 거두는 한편 새로운 질서 정립으로 생존을 위한 돌파구를 찾고 있다. 이처럼 오늘날 전 세계는 새로운 통상질서의 출현에 따라 변혁을 겪고 있으며, 우리 농업계가 메가 FTA라는 세계적 변혁에 어떻게 대응할지는 국가의 안보와 존립을 결정하는 매우 중차대한 사안이다. 적절한 대응 여부에 따라 메가 FTA가 독배가 될 수도, 양약이 될 수도 있는 것이다. 따라서 정부를 비롯해 농축협 등의 우리 농업계는 변혁의 실체를 정확히 간파하는 혜안을 갖추어야 하며, 아울러 농업계의 목소리에 귀를 기울이지 않고, 치밀한 전략적 방어 대책을 마련하지 못하면 변혁에 떠밀려 농촌과 국가의 존망이 크게 위협받는다는 경각심을 갖기를 요구한다.

02 최근 국제곡물가격 등으로 인해 식량안보 수호와 먹거리 보장에 대한 위기의식이 확산됨에 따라 우리나라는 식량안보 안전망 구축에 나서고 있다. 이와 관련해 식량안보를 위협할 수 있는 문제점들을 설명하고, 향후 전망과 대응 방향을 논하시오.

개요작성

서론

① 국제곡물가격 상승으로 식량안보에 대한 위기의식이 높아짐(관심 환기 및 논제 제시)
② 국제곡물가격 상승세가 장기간 지속될 것으로 예상된다는 점이 더욱 우려됨(논제에 대한 요구가 증가하는 이유 제시)
③ 식량안보를 위협하는 문제점 및 향후 전망과 적절한 대응 방향(본론의 논제 방향 제시)

본론 1 식량안보를 위협하고 있는 문제점

① 식량안보에 대한 위협 발생 원인
　㉠ 팬데믹, 이상기후, 신흥국의 곡물 수요 증가로 인한 국제식량가격 증가
　㉡ 낮은 식량자급률(높은 수입의존도)
② 식량안보에 대한 위협으로 생길 수 있는 폐해 및 현상황
　㉠ 폐해 : 식량가격의 비탄력성 → 매우 높은 상승세 → 저소득층에게 치명적
　㉡ 식량안보 위협 관련 현상황 : 새로운 위험 요인 등장, 식량생산 능력의 획기적인 증대가 쉽지 않은 상황

본론 2 향후 전망과 보완책 등 대응 방향

① 향후 전망
　㉠ 국제 곡물 수급 여건의 불확실성이 증가할 것으로 예상(미국)
　㉡ 2027년 식량 자급률 목표치 상향 제시 및 '국가식량계획' 정책화에 대한 요구 예상(한국 정부)
② 보완책 등 대응 방향 : 정부(농축산부) 차원에서 추진하는 국가식량계획의 목표와 골자

결론

① 가뭄 등의 원인 → 국제곡물가격의 지속적인 상승세 → 식량위기 심화 → 각국 정부의 식량안보 안전망 구축 노력(앞 내용의 요약)
② 식량안보의 핵심은 곡물 자급 기반의 확대와 수입 안정화에 달려 있음(논제 해결책 요약)
③ 어려운 현실 때문에 탄탄한 대응책 마련이 절실하며, 식량 문제 해결은 국가 존립을 위한 제1의 필수 요소임을 명심해야 함(글쓴이의 의견 제시로 마무리)

모범답안

서론

생명 유지 활동의 기본이 되는 식량 문제는 어느 시대든, 어느 나라든 항상 최우선의 문제였다. 오늘날도 다르지 않다. 특히 매우 낮은 식량자급률 때문에 농산물 수입대국인 우리나라는 최근 국제곡물가격 상승으로 인해 식량안보에 대한 위기의식이 팽배해지고 있는 추세이다. 이처럼 곡물가격이 높은 수준을 유지하는 것도 문제이나, 하락 요인이 부족해 상승세가 장기간 지속될 것으로 예상된다는 점이 더욱 우려됨에 따라 식량안보 안전망 구축에 대한 사회적 요구가 확산되고 있다. 이에 따라 식량안보를 위협할 수 있는 문제점들을 진단하고, 향후 전망과 함께 적절한 대응 방향을 살펴보고자 한다.

본론 1

먼저 식량안보에 대한 위협 발생 원인과 그로 인해 초래될 수 있는 폐해를 살펴보자. 우선 국제식량가격 급등세가 왜 나타나고 있는지 주요 원인을 살펴보면, 코로나19 팬데믹의 후폭풍으로 국제 공급망이 직격탄을 맞아 장애가 발생했으며, 이상기후로 농산물 생산량이 감소했고, 신흥국의 곡물 수요가 증가한 것 등이 지적된다. 이로 인해 높아진 국제 곡물 시장의 불확실성이 장기간 이어질 것으로 예상됨에 따라 식량자급 능력 강화에 대한 사회적 요구가 커질 것으로 전망된다. 실제로 2021년 하반기 세계식량가격지수가 급등한 것은 자연재해 때문에 농산물 주요 생산국의 작황이 부진하고, 중국 등 신흥국의 식품 수요가 급증한 것이 영향을 끼친 것으로 풀이된다. 특히 우리나라처럼 식량자급률이 매우 낮아 수입의존도가 높은 국가일수록 국제식량가격 상승으로 인한 식량안보 위협에 취약하다. 우리나라는 식품 생산에 필요한 원료의 대부분을 수입에 의존하다 보니, 국제곡물가격 변동으로 인한 애그플레이션(농산물로 인한 인플레이션) 위기로부터 항상 자유롭지 못하다. 실제로 우리나라는 국제식량가격의 상승이 국내 식료품 소비자물가지수 상승으로 고스란히 이어진 바 있다.

이러한 식량안보에 대한 위협으로 발생 가능한 폐해를 살펴보자. 경제학에서 보면 농산물은 대표적인 '비탄력적' 상품이다. 농산물 가격이 오른다고 해서 끼니를 줄이기 어렵고, 일정한 재배기간이 소요되기 때문에 신속하게 수확량을 늘려 수요와 공급의 안정적 균형을 맞추기 어려운 것이다. 이 때문에 공산품과 달리 농산물은 공급이 10% 모자를 경우 가격은 10% 정도가 아니라 50%, 100% 이상 급등할 수도 있다. 이러한 비탄력성은 식료품 구입비가 상대적으로 높은 저소득층에게는 치명적이다. 또한 식량안보 위협과 관련한 현상황을 짚어보면, 앞서 말한 것처럼 국제 공급망의 장애로 식량안보 위기의식이 고조되는 가운데 먹거리 접근성이 제한되는 새로운 위험 요인이 등장했고, 이에 더해 농지, 농업 인력 등의 감소로 식량생산 능력의 획기적인 증대가 쉽지 않은 상황이라는 점이 문제로 지적된다.

본론 2

그렇다면 식량안보에 대한 전망과 함께 위협을 줄이고 안전망을 구축할 수 있는 보완책 등 대응 방향을 짚어보자. 미국 등 주요 국가는 세계적 이상기후로 인한 작황 저조, 비료 가격 상승으로 인한 파종 면적 감소 등의 농산물 생산 감소, 세계 곡물 재고율의 감소, 중국 등 신흥국의 곡물 수입 확대 지속, 바이오에탄올 수요 증가에 따른 곡물(옥수수) 수요 증가, 팬데믹 지속 등의 복합적 악재로 인해 국제 곡물 수급 여건의 불확실성 증가 등을 예상하고 있다. 이처럼 식량안보 위협이 증가함에 따라 상황을 낙관하지 못하는 것이다. 또한 우리 정부는 현행 '농업·농촌 및 식품산업발전계획'이 2022년에 만료됨에 따라 2023~2027년 발전계획 수립 시에 2027년 식량 자급률 목표치를 제시할 것으로 보인다. 이 과정에서 목표 자급률 상향 조정과 함께 2021년에 발표한 '국가식량계획'이 실효적으로 추진될 수 있도록 자급률 개선에 대한 정책화 요구가 있을 것으로 예상된다.

우리나라는 정부 차원에서 식량위협으로 인한 불안에 대응해 먹거리 공급-소비와 관련된 다양한 이슈를 통합적으로 해결하고, 국민의 먹거리 기본권을 강화하기 위한 종합 전략으로 '국가식량계획'을 농축산부가 발표한 바 있다. 이 계획은 '안정적인 먹거리 공급 체계 구축, 지속 가능한 생산·소비 확대, 먹거리 접근성 보장' 등을 골자로 한다.

결론

가뭄, 전쟁, 유가 급등, 팬데믹, 세계 주요 농산물 생산대국들의 수출 규제 등으로 인한 국제곡물가격의 지속적인 상승세로 촉발된 식량위기 심화 때문에 한국을 비롯해 각국 정부는 식량안보 안전망 구축에 나서고 있다. 이러한 국제곡물가격 급등은 국내 물가상승으로 귀결될 것이고, 물량을 확보하지 못할 경우에는 곡물 수급의 차질로 인해 마침내 식량안보 위기로 비화될 수 있다. 식량안보의 핵심은 곡물 자급 기반을 넓히고 수입 안정화를 이루는 것에 달려 있다. 자급률을 높이려면 국내적으로는 소비량이 감소하고 있는 곡물보다는 우선 수요가 많은 곡물의 생산을 확대할 수 있도록 적정 수준의 농지 유지와 농가의 소득 보장 방안을 강구해야 할 것이다. 또한 곡물 생산 기반은 단기간에 확충하기 어렵다는 점에서 수입선 다변화 및 해외 공급망 확대에도 신경을 써야 할 것이다. 악재는 수두룩하고 상황을 반전시킬 요인은 찾기 어려운 게 현실이므로 불안한 미래에 맞서 탄탄한 대응책 마련이 절실하다. 식량 문제 해결은 국가 존립을 위한 제1의 필수 요소임을 잊지 말아야 한다.

03 우리나라에서 반려동물과 함께 사는 가구가 600만 명을 넘는 오늘날 반려동물 시장의 성장과 함께 동물복지에 대한 요구가 확산되고 있다. 이와 관련해 반려동물 시장의 현황과 향후 전망을 논하시오.

개요작성

PART 1

서론

① 반려동물 양육 가구 600만 시대(독자의 관심 환기)
② 저변 확대로 반려동물 시장 급증 및 동물복지에 대한 요구 증가(논제 제시)
③ 반려동물 시장 현황, 동물복지의 현주소를 진단하고 향후 전망(본론의 논제 방향 제시)

본론 1 반려동물 시장 현황과 동물복지 현주소

① 반려동물 시장 현황
　㉠ 펫코노미와 펫팸족의 등장 배경
　㉡ 펫코노미의 지속적인 성장세(실제 반려동물 관련 산업의 발전 양상과 양육 가구 증가 제시)
② 국내 동물복지 현주소
　㉠ 학대 등 부작용 발생 증가 → 동물복지 향상에 대한 사회적 요구 확산
　㉡ 정부의 '2020 ~ 2024년 동물복지 종합 계획', 〈민법〉 개정안 계류 중

본론 2 반려동물 시장과 동물복지에 대한 전망

① 시장성 전망
　㉠ 양적 성장 : 1인 가구 중심 사회 → 반려동물 시장 2027년 6조 원 예상
　㉡ 질적 성장 : 펫 휴머니제이션 → 고급화 · 다양화(신규 직업 · 자격증 출현, 관련 금융상품 출시)
② 동물복지에 대한 전망
　㉠ 반려동물의 복지 개선에 대한 사회적 공감
　㉡ 다만, 정부의 동물복지 제도 강화는 전체 동물 대상이며, 이에 따라 축산업계의 이견과 문제점 지적이 있음
　㉢ 농업 · 농촌의 신성장 동력이 될 수 있는 반려동물 산업

결론

① 최근 뉴스(개로 인한 상해 사건), 유기되어 죽음에 이르는 반려동물 다수(관심 환기) → 낮은 의식과 태도 수준에 대한 반성과 개선 촉구(새로운 문제 제시)
② 반려동물을 양육하는 사람들과 정부에 대한 요청(글쓴이의 요구 제시로 마무리)

모범답안

서론

언론의 보도를 종합하면 우리나라에서 반려동물과 함께 사는 가구가 600만 가구가 넘는다고 한다. 우리나라 2,100만 가구 가운데 30%에 육박하는 가구가 반려동물을 양육하고 있는 셈이다. 이처럼 저변 인구가 증가함에 따라 반려동물 시장의 규모 또한 급증하고 있는 가운데 동물복지에 대한 인식이 확산되면서 동물복지를 요구하는 사회적 목소리 또한 커지고 있다. 물적 규모의 발전에 비해 이를 뒷받침하는 제도와 사회 의식 수준이 미흡하다는 방증이다. 이에 따라 반려동물 시장의 현황과 동물복지의 현주소를 진단하고 향후 전망을 살펴보고자 한다.

본론 1

먼저 반려동물 시장 현황과 동물복지 현주소를 살펴보자. 우리 사회에 '펫코노미(Pet+Economy), 펫팸족(Pet+Family)' 등의 신조어가 등장할 만큼 반려동물 시장은 크게 성장했다. 펫팸족은 1～2인 가구의 증가로 라이프스타일이 변화하면서 동물을 자녀처럼 애정을 주고받을 수 있는 가족의 일원으로 생각하는 사람을 뜻하며, 펫팸족의 확대가 자연스럽게 펫코노미의 성장으로 이어지고 있는 것이다. 게다가 코로나19 사태 이후 반려동물과 함께 집에 머무는 시간이 증가함에 따라 펫코노미의 성장세가 지속되고 있다. 현재 반려동물과 관련한 식품(사료)·교육·의료·미용·장례 등의 업종이 성황을 이루고 있으며, 펫코노미 관련 상품군도 갈수록 다양화되고 있다. 또한 자녀를 키우듯 반려동물을 위한 소비에 지출을 아끼지 않는 펫팸족의 소비 행태로 인해 펫코노미 시장은 꾸준히 성장하고 있으며, 농축산부에 따르면 반려동물 양육 가구는 2010년 335만 가구, 2017년 593만 가구, 2021년 600만 가구가 넘을 정도로 뚜렷한 증가세를 보이고 있다. 이처럼 반려동물 시장의 지속적인 성장에 따라 동물복지에 대한 사회적 관심 또한 증가하고 있다. 그러나 반려동물 수가 증가하면서 학대·유기·유실 등의 부작용도 함께 늘어나고 있는 것이 현실이다. 이에 올바른 반려동물 양육 문화 확산, 인간과 동물의 지속 가능한 관계 형성 등을 위한 동물복지 향상에 대한 사회적 요구가 높아지고 있다. 이러한 요구로 인해 동물복지와 관련한 제도 또한 강화되는 추세이며, 정부(농축산부)는 2020년에 '2020～2024년 동물복지 종합 계획'을 수립하면서 반려·축산·실험·야생 동물들의 복지 강화를 위해 26개 과제를 제시한 바 있다. 또한 '동물은 물건이 아니다'라는 내용의 조항을 신설하는 〈민법〉 개정안이 2024년 1월 현재 국회 계류 중인 상황이다.

본론 2

다음으로 반려동물 시장과 동물복지에 대한 전망을 살펴보자. 저출산, 인구 고령화로 인해 인구·사회 구조가 1인 가구 중심으로 변화하고 동물복지에 대한 사회적 요구 등의 영향으로 2020년 약 3조 원이었던 반려동물 시장 규모는 2027년에는 6조 원으로 확대될 것으로 전망된다(한국농촌경제연구원). 이러한 양적 성장과 함께 고급화·전문화·다양화 등의 질적 성장도 예상되는데, 이는 반려동물을 사람과 같은 가족 구성원으로 여겨 양육하는 펫 휴머니제이션(Pet Humanization) 트렌드가 확산되면서 반려동물에 대한 소비 지출이 증가하고 있기 때문이다. 이러한 성장 추세에 힘입어 반려동물과 관련한 신규 직업이나 자격증 등이 생겨나고 있다. 또한 금융업계에서는 펫팸족을 타깃으로 하는 카드·보험·신탁 등의 금융상품을 출시하고 있다. 그리고 이러한 질적·양적 성장은 꾸준히 이어질 것으로 보인다.

반려동물의 복지 개선에 대해서는 사회 구성원 대부분이 그 필요성에 대해 공감한다. 다만, 현재 정부에서 추진 중인 동물복지 제도 강화는 반려동물뿐만 아니라 전체 동물을 대상으로 하고 있으며, 축산동물의 복지 강화 방향에 대해서는 일부 시각 차이가 있다. 축산업계는 축산업 현실을 고려하지 않은 복지 강화는 축산농가의 경영 부담과 소비자가격 상승 등을 초래할 수 있다고 지적한다. 따라서 우리나라의 축산 현실에 맞는 복지 제도 정착, 복지 강화에 따른 축산농가 시행착오 최소화 등을 위한 대응 방안 마련이 필요한 시점이다. 아울러 농촌 인구가 감소하고 있는 문제 상황에서 농업·농촌의 신성장 동력으로 반려동물 산업을 주목할 필요가 있다. 반려동물을 위한 식품·사료 생산, 교육·휴게·숙박 공간 제공 등을 통해 농업·농촌이 활로를 개척할 수 있는 것이다.

결론

최근 아동이 개에게 물려 중상해를 입는 사건이 뉴스화되어 사회적 반향을 일으켰다. 반려동물 시장의 양적·질적 급성장에 비해 인식과 태도의 수준이 낮은 것은 아닌지 반성해야 하는 시점인 것이다. 또한 유기되어 죽음으로 내몰리는 반려동물들이 매우 많다는 점도 반려동물 문화와 관련한 의식과 제도 개선에 대한 사회적 필요성이 높음을 반증한다.

동물은 물건이 아니며, 인간과 마찬가지로 천부적 생존권이 있는 생명체이다. 따라서 반려동물을 양육하는 사람들은 소중한 생명을 사랑하는 마음으로 반려동물을 책임지며 학대·유기·방임 등을 금지하고, 소음·배변·개물림 등으로 인해 이웃 공동체와의 갈등이 발생하지 않도록 각별히 주의하는 등 스스로 책임의식과 의무감을 높여야 할 것이다. 그리고 반려동물 복지 개선이 아직은 반려인 개인 차원의 문제에 머물러 있는 현실을 감안해 정부 차원에서 '반려가구 600만'이라는 현실에 맞게 관련 법과 제도를 지속적으로 정비하는 한편 해외 선진 사례를 참고해 인간과 동물이 모두 함께 행복하기 위한 건전한 반려문화를 조속히 정착시키기를 요청한다.

04 무한경쟁 시대에 금융권의 성과주의 도입 논란의 배경과 함께 긍정적 요소 및 부정적 요소에 대한 자신의 의견을 논하시오.

개요작성

서론

① 성과주의와 관련한 설문 조사 결과 인용(독자의 관심 환기)
② '뜨거운 감자'로 인식되며 갈등을 빚는 성과주의 도입 논란(논제 제시)
③ 성과주의 도입이 논란이 되는 배경, 금융권에 대한 성과주의 도입의 긍정적·부정적 요소(본론의 논제 방향 제시)

본론 1 금융권 성과주의 도입 논란의 발생 배경

① 호봉제의 효용성이 한계에 도달했다는 판단 → 새로운 패러다임으로서의 성과주의 제기
② 금융권의 경쟁 가열화로 수익성 악화, 반면에 기존 호봉제 체계는 고임금과 저생산을 부추기는 원인으로 지목됨 → 성과주의에 입각한 성과연봉제 전면 도입 검토

본론 2 금융권에 대한 성과주의 도입의 긍정적·부정적 요소(찬반 양론)

① 성과주의 도입 찬성론의 주장
㉠ 일을 잘하는 사람이 더 좋은 대우를 받도록 차등화하는 것은 정당하다.
㉡ 성과주의는 보수·평가·인사 체계, 교육 프로그램 등 다양한 측면의 개선을 이룰 수 있다.
㉢ 성과중심 문화는 금융권의 고임금 대비 저생산성을 해결하는 대안이 될 수 있다.
② 성과주의 도입 반대론의 주장
㉠ 성과급제가 자칫하면 인력 통제, 즉 구조조정의 도구로 오용될 수 있다.
㉡ 성과주의는 표적평가, 쉬운 해고라는 결과를 초래할 수 있다.

결론

① 성과주의로 인해 이해관계자 사이의 갈등이 격화될 경우 사회 불안과 저성장이라는 역효과 초래 ← 모든 이해관계자가 수긍하는 타협안 도출이 절실한 이유(찬반 양론 사이에서 새로운 관점 제시)
② 제1의 덕목으로서의 '신뢰', 피해자 발생을 막을 수 있는 최소한의 장치 선결 강조(중립적인 관점에서 새로운 접근 방향 제시로 마무리)

모범답안

서론

국회미래연구원의 설문 조사 결과에 따르면 국민 4명 중 2명은 이상적인 자원 분배 기준으로 '노력'을 꼽았지만, 현실에서는 '성과'를 자원 분배 기준으로 생각하는 것으로 분석됐다(2022년 8월). 이는 '이상은 노력주의, 현실은 성과주의'라는 애매한 성과 지향적 사고를 드러낸 것으로 해석할 수 있다. 이와 마찬가지로 무한경쟁이 일상화된 오늘날의 노동시장에서 성과주의 도입에 대한 찬성론과 반대론이 양립하고 있다. 이들 찬반 양론 사이의 쟁론은 언제나 '뜨거운 감자'로 인식되며 타협점과 해법 도출을 둘러싼 갈등이 사라지지 않는 것이 현실이다. 금융권 또한 이러한 성과주의 도입 논란으로부터 자유로울 수 없다. 이에 따라 성과주의 도입이 논란을 빚는 배경을 진단하고, 금융권에 대한 성과주의 도입을 동의하게 하는 긍정적 요소와 이에 상대해 성과주의 도입을 반대하게 하는 부정적 요소를 살펴보려고 한다.

본론 1

먼저 성과주의 도입이 논란을 빚는 배경을 살펴보자. 우리나라의 금융권을 비롯한 노동시장 일반에서 성과주의 도입이 검토되는 근본적인 원인은 과거 우리 경제가 고속성장을 이어가던 시기에 소득의 불평등과 복지 제도의 미비에 대응해 정부와 기업이 고용 안정과 임금 안정으로 보완하려 했고, 이러한 시대적 상황에서 등장한 호봉제의 효용성이 이제는 한계에 도달했다는 판단에서 비롯된다. 즉, 과거의 낡은 체계로는 오늘날의 현실에 대응할 수 없으므로 새로운 패러다임 마련을 위해 성과주의를 검토해야 한다는 판단이 작용한 것이다. 그리고 이러한 성과주의는 민간 부문을 넘어 공공 부문까지 도입이 검토되고 있다.

금융권 또한 성과주의 도입으로 인한 논란으로부터 자유롭지 못한 것은 기존의 외국계 금융회사는 물론 국내외의 여러 빅테크 · 핀테크 기업들의 금융업 진출로 인해 경쟁이 하루가 다르게 매우 치열해지면서 대내외적 경영 여건이 어려워지며 수익성이 악화되고 있기 때문이다. 그리고 수익성이 악화되는 반면에 기존 호봉제의 임금 시스템이 금융권의 고임금과 저생산을 부추기는 원인으로 지목됨에 따라 성과주의에 입각한 성과연봉제 전면 도입이 검토되는 것이다.

본론 2

다음으로 금융권에 대한 성과주의 도입의 긍정적 · 부정적 요소 등 찬반 양론의 주장을 살펴보자. 우선 찬성론자들은 일을 잘하는 사람이 더 좋은 대우를 받도록 차등화하는 것은 정당하며, 성과주의는 보수 체계에 국한된 이슈뿐만 아니라 평가 체계와 인사 시스템, 교육 프로그램 등 여러 가지 측면에서 개선을 이룰 수 있다고 주장한다. 즉, 이들은 임금 체계 개편을 통한 인건비의 조절을 근거로 삼으며, 인건비가 금융권의 지출 비용에서 가장 높은 비중을 차지하기 때문에 경영 여건의 악화로 인해 수익성이 악화된 상황에서 비용을 줄이는 방안을 고민할 수밖에 없다고 본다. 특히 금융권에 만연해 있는 보신주의와 무사안일 풍조를 비판하고 '무임승차자' 발생을 예방하자는 시각에서는 금융권의 고임금 대비 저생산성을 해결하는 대안으로 성과중심 문화 확산을 주장한다. 아울러 점포와 직원이 없는 인터넷전문은행이 출현하여 기존 금융권과 동일한 서비스를 제공하기 시작하면서 성과주의 정책 도입을 주장하는 목소리는 점차 커질 수 있는 상황이다.

반면에 반대론자들은 성과주의에 입각한 성과급제가 자칫하면 인력 통제, 즉 구조조정의 도구로 오용될 수 있다고 주장한다. 이들은 성과를 객관적으로 측정할 수 있는 정밀한 평가 기준의 마련이 사실상 불가능하고, 평가자의 객관적인 태도에 대한 신뢰성 문제로 인해 성과 평가 자체를 신뢰할 수 없다고 본다. 이럴 경우 특정인에 대한 표적평가가 가능해져 성과를 통한 인력 통제가 가능해지고, 무엇보다 이를 빌미로 쉬운 해고라는 결과를 초래할 수 있다며 성과주의에 반대하는 목소리 또한 커지고 있다.

결론

대체적으로 노동자 측은 성과주의 도입에 반대하는 반면, 사용자와 정부 측은 찬성하는 편이다. 따라서 성과주의 때문에 노・사・정 등 이해관계자 사이의 알력과 대립으로 인한 갈등이 격화될 경우 자칫하면 사회 불안과 전반적인 저성장을 초래할 수 있다. 이처럼 미래 발전을 위해 성과주의를 전면 도입하자는 주장에도 불구하고 갈등 때문에 오히려 저성장이라는 역효과로 도입 취지가 무색해질 수 있는 것이다. 이는 노・사・정 모두가 수긍하는 타협안 도출이 절실한 이유이다. 이와 같은 성과수의 도입에 대한 찬반 논란을 살펴볼 때 찬반 양론 사이에서 가장 핵심이 되는 제1의 덕목은 '신뢰'라고 말할 수 있다. 또한 새로운 정책의 도입・시행에 따른 변화 때문에 피해를 당할 가능성이 있는 사람들을 보호할 수 있는 최소한의 장치가 선결되지 못한다면 제아무리 취지와 의도가 좋은 정책이라고 해도 공염불에 그칠 수 있다. 이때 우리 〈헌법〉과 〈형사소송법〉이 천명하고 있는 무죄추정 원칙의 '단 한 명이라도 무고한 피해자를 만들지 않기 위한 장치'라는 점은 시사하는 바가 크다. 그리고 '신뢰'와 '피해자 발생 예방'을 등한시한다면 성과주의 도입 찬성론이든 반대론이든 공허한 주장에 그쳐 공감을 얻지 못할 것이다.

05 일본은 마이너스 금리를 운용하고 있다. 마이너스 금리의 의미와 일본이 마이너스 금리를 도입하게 된 배경을 진단하고, 일본의 마이너스 금리가 우리나라에 끼칠 수 있는 영향을 논하시오.

개요작성

서론

① 글로벌 금융위기 이후 유동성함정의 타개 수단으로 제시된 마이너스 금리(독자의 관심 환기)
② 일본의 마이너스 금리 도입 목적 및 마이너스 금리의 효용성에 대한 논란(논제 제시)
③ 마이너스 금리의 개념과 일본의 마이너스 금리 도입 배경, 일본의 마이너스 금리가 한국 경제에 끼칠 수 있는 영향(본론의 논제 방향 제시)

본론 1 마이너스 금리의 개념 및 일본의 마이너스 금리 도입 배경

① 마이너스 금리의 의미와 영향
② 일본의 마이너스 금리 도입 배경
  ㉠ 장기간의 경제불황을 반전시킬 수 있는 충격 요법으로서의 마이너스 금리
  ㉡ 제로금리 제약에서 벗어날 수 있는 반전 요법으로서의 마이너스 금리
③ 일본의 마이너스 금리 도입에 대한 BIS의 비판
  ㉠ 마이너스 금리 등 금융완화 정책의 부작용
  ㉡ 시장 혼란과 이자수익 하락에 대한 우려를 확산시킴

본론 2 일본의 마이너스 금리가 한국 경제에 끼칠 수 있는 영향

① 일본의 금리 인하 → 일본 내 외국 자본 유출 → 엔화 가치 하락 → 한국 기업의 가격 경쟁력 약화
② 일본의 마이너스 금리에 대응해 한국이 원화 가치를 떨어뜨릴 경우 외국 자본이 대거 유출되면서 금융시장이 불안해질 수 있음

결론

① 마이너스 금리에 대한 부정적 평가 및 긍정적 효과(중립적인 관점에서 장단점 평가)
② 불안 심리를 해소하지 못하면 외국의 마이너스 금리로 인한 악영향이 더욱 커질 수 있음(글쓴이의 의견 제시)
③ 철저한 사전 모니터링을 통해 중장기적인 대책 마련 요청(글쓴이의 요구 제시로 마무리)

모범답안

서론

글로벌 금융위기 이후 마이너스 금리는 저물가, 저성장 등의 유동성함정을 타개하기 위한 수단으로 유럽에서 먼저 제시되었다. 일본도 매우 장기간 지속되고 있는 경제불황하에서 저물가 상황을 타개하고 통화가치 상승을 방어할 목적으로 마이너스 금리를 도입했다. 그러나 마이너스 금리의 실제 효용성에 대한 논란이 이어지고 있는 것이 현실이다. 일본보다 먼저 마이너스 금리를 시행한 유럽에서도 마이너스 금리의 효과를 둘러싸고 의견이 엇갈리고 있는 상황이다. 이에 따라 마이너스 금리의 자세한 의미와 일본이 마이너스 금리를 도입하게 된 배경을 살펴보고, 일본의 마이너스 금리가 우리나라에 끼칠 수 있는 영향을 따져보고자 한다.

본론 1

먼저 마이너스 금리가 무엇인지, 그리고 일본은 왜 마이너스 금리를 도입하게 되었는지 알아보자. 금융기관들이 중앙은행에 예치하는 일부 초과유동성에 주로 적용되고 있는 마이너스 금리는 중앙은행이 정책금리를 0%보다 낮은 마이너스 수준에서 책정하는 것으로, 시중은행이 중앙은행에 자금을 맡길 때 예금 금리를 마이너스로 책정하는 것이다. 이는 대규모 현금 예금에 대한 보관비용으로 이해할 수 있으며, 중앙은행은 마이너스 금리를 시행해 대출을 늘리고 실질금리를 낮춰 경기회복을 촉진하려고 한다. 그런데 개인 예금자에게 마이너스 금리는 예금이나 채권 등에서 실질적으로 이자수익을 얻을 수 없는 것을 의미한다. 예금자가 이자를 받는 것이 아니라 도리어 보관료(수수료)를 지불해야 해서 손해를 입을 수도 있는 상황인 것이다. 따라서 일반적으로 금융 소비자는 저축보다 높은 이율을 기대할 수 있는 투자나 소비로 관심을 돌릴 수밖에 없게 된다.
일본은 아베 정부 당시 1991년부터 이어져 온 장기간의 경제침체와 저성장을 만회하기 위해 아베노믹스를 단행했다. 그런데 신흥국 금융시장 불안과 국제 유가 하락 등의 불확실성 요소로 인해 투자심리가 크게 위축되면서 닛케이 주가가 하락하는 한편 일본 엔화가 강세로 반전되는 등 일본 경제에 부정적 영향을 끼치는 요인이 지속되었고, 이에 일본 아베 정부는 경제 상황을 반전시킬 수 있는 충격 요법이 필요하다고 판단했다. 아울러 실물경제지표가 악화되어 일본은행이 공표한 물가 목표를 달성하기가 사실상 불가능하게 되었고, 이에 따라 새로운 정책 수단을 도입하여 물가 목표를 달성하겠다는 정부의 강력한 의지를 시장에 전달함으로써 경제 심리를 반전시킬 필요성을 절실히 느끼게 되었다. 이에 따라 일본은 2016년에 마이너스 금리의 전격적인 도입을 결정했으며, 이로써 스웨덴 · 덴마크 · 유로존 · 스위스 등과 함께 마이너스 금리를 도입한 나라가 되었다. 이처럼 일본이 마이너스 금리를 전격적으로 도입하게 된 배경에는 명목금리가 0%까지 떨어진 상황에서 예상 인플레이션율이 하락하여 실질금리가 상승하는 현상도 영향을 끼쳤다. 실질금리는 명목금리에서 예상 인플레이션율을 차감하여 도출되는데, 실질금리를 낮춰 소비와 투자 등을 자극함으로써 제로금리 제약에서 벗어나고자 마이너스 금리를 도입한 것이다. 유럽에서 마이너스 금리 정책의 도입에 따른 부작용이 크지 않았다는 분석도 과감한 반전 요법의 도입 근거로 작용하였다.
그러나 각국 중앙은행들의 협력을 추진하는 국제결제은행(BIS)에서는 마이너스 금리 등 금융완화 정책으로 인해 발생할 수 있는 부작용을 경고함으로써 일본의 마이너스 금리 도입을 비판했다. BIS는 보고서를 통해 '가계와 기업이 (마이너스 금리 도입에 따라) 어떻게 행동할지 매우 불투명'하며 '금융완화 정책의 효과 등에 대해서도 여러 가지 의문이 남는다.'고 밝혔다. 또한 각국 중앙은행의 금융완화가 시장 혼란의 간접적 원인이 된다고 지적하는 한편, 유럽에서 은행주가 급락한 것에 대해 '저금리로 은행의 이자수익 등이 크게 저하된다는 전망이 작용했기 때문'이라고 분석하고 일본의 마이너스 금리 도입으로 '이런 우려가 확산됐다.'고 지적했다.

본론 2

다음으로 마이너스 금리로 인해 우리나라가 받을 수 있는 영향을 짚어보자. 한국 입장에서는 일본 마이너스 금리의 도입으로 인해 불확실성이 증가할 수 있으므로 결코 달갑지 않다. 일본의 금리 인하는 일본 시중 은행들이 본격적으로 돈을 풀게 만들며 일본 시장에 있던 외국 자본이 일본에서 빠져나가게 하는데, 이로 인해 엔화 가치의 하락을 일으킬 수 있기 때문이다. 국가경제 구조상 수출의존도가 높은 우리나라의 경우에 일본의 마이너스 금리 도입으로 인해 원화(KRW)보다 일본 엔화(JPY)의 가치가 낮아지면 세계 시장에서 우리 기업의 가격 경쟁력이 약화된다. 특히 일본과 치열한 경쟁을 하고 있는 자동차, 정보통신(IT) 분야의 수출 부진을 초래할 가능성이 높아진다.

더 나아가 우리나라처럼 국제통화를 갖지 않은 국가들이 외환시장의 안정과 통화완화를 목표로 한다면, 국제통화를 갖고 있는 국가의 마이너스 금리 시행은 부담이 될 가능성이 있다. 원화는 국제통화가 아니기 때문에 원화 가치를 무조건 떨어뜨릴 경우에는 외국 자본이 대거 유출되면서 금융시장이 불안해질 수 있는 것이다.

결론

현재까지 마이너스 금리에 대한 금융기관의 평가는 대체로 부정적이다. 금융기관은 마이너스 금리로 인한 비용 전부를 고객과 예금자에게 물릴 수 없다. 수익이 감소하면 신용 확대에 더욱 신중할 수 있어 정책 효과가 반감된다. 마이너스 금리는 중앙은행이 경제성장 전망을 비관적으로 본다는 신호로 작용할 수도 있다. 투자자와 은행이 소비나 투자를 하지 않고 자금을 쌓아 두는 것을 선호할 수 있기 때문이다. 그래서 전문가들은 마이너스 금리가 금융기관 수익성 저하, 금융시장 안정성 저해 등을 일으킬 수 있다고 지적한다. 그러나 마이너스 금리가 부정적인 것만은 아니다. 스웨덴, 덴마크는 마이너스 금리 도입이 주가와 주택 가격 상승, 통화가치 절상 압력 차단, 내수경기 부양, 은행권의 예금·대출의 증가 등 금융업 활성에 기여한 것으로 평가된다.

금융에는 미래의 경제 상황에 대한 인간의 심리가 반영된다. 미래에 대한 불안 심리를 해소하지 못했을 경우에 외국의 마이너스 금리 정책이 우리 경제에 끼치는 악영향은 더욱 커질 수 있을 것이다. 따라서 정부와 통화당국은 일본처럼 우리 경제에 큰 영향을 끼치는 국가의 마이너스 금리 도입에 따른 부작용에 대해 철저한 사전 모니터링을 통해 중장기적인 대책을 강구해야 한다.

06 오늘날 간편결제, 가상화폐가 급부상함에 따라 '현금 없는 사회'가 대두되었다. 이러한 현상황에서 현금 없는 사회의 의미를 설명하고, 이에 대응해 은행권이 디지털 화폐를 활성화할 수 있는 방안을 논하시오.

개요작성

서론

① 현금 없는 매장 등장, 화폐 제작량 감소 등 눈앞으로 다가온 '현금 없는 사회'(독자의 관심 환기)
② 현금을 대체할 수 있는 대안으로서의 디지털 화폐(논제 제시)
③ '현금 없는 사회'의 개념, 은행권이 디지털 화폐를 활성화할 수 있는 방안(본론의 논제 방향 제시)

본론 1 현금 없는 사회의 개념과 특징

① 현금 없는 사회의 의미
② 현금 없는 사회 장단점

본론 2 은행권의 디지털 화폐 활성화 방안

① 블록체인 기술의 발전으로 활용 범위가 확장되고 있는 디지털 화폐 ← 높은 수준의 안전성과 투명성을 담보하는 블록체인 기술
② 정부 차원에서 디지털 화폐 적극 활용 제도 추진, 시중은행이 디지털 화폐 관련 서비스 출시를 확대할 필요 증가
③ 해외 송금 서비스 시의 이점
㉠ P2P(Peer to Peer) 방식의 이점 : 부대비용과 시간의 절감
㉡ 시중은행에서 외환 송금 시 이점 : 처리 시간과 수수료 절감
④ 온라인 거래 시에 결제 수단으로도 사용할 수 있는 디지털 화폐 → 디지털 화폐를 통한 거래를 촉진하는 제도적 장치 마련 필요

결론

① '안전'이 디지털 화폐의 활성화에 있어 가장 중요한 이유(논제 활성화를 위한 선결 조건 제시)
② 은행권에서는 새로운 서비스 개발보다는 높은 수준의 보안 기술 확보 방안을 먼저 고심해야 함(글쓴이의 의견 제시)
③ '현금 없는 사회'의 장점을 극대화하고 단점은 보완할 수 있는 연구 요청(글쓴이의 요구 제시로 마무리)

모범답안

서론

최근 '현금 없는 매장'이 확산되고 있고, 조폐공사의 화폐 제작량은 감소하고 있다고 한다. 이처럼 오늘날의 한국 사회는 신용카드 사용과 간편결제, 모바일결제 등의 활성화로 인해 '현금 없는 사회(Cashless Society)'로의 진입을 눈앞에 두고 있으며, 코로나19로 인한 비대면 거래 문화가 확산되면서 '현금 없는 사회'로의 전환이 빨라질 것으로 보인다. 이러한 변혁의 시기에 현금을 대체할 수 있는 대안으로 디지털 화폐(가상화폐)가 주목을 끌고 있다. 이에 '현금 없는 사회'의 개념을 설명하고, 이러한 변화에 맞춰 은행권이 디지털 화폐를 활성화할 수 있는 방안을 짚어보고자 한다.

본론 1

먼저 '현금 없는 사회'의 개념과 특징을 살펴보자. '현금 없는 사회'는 개인・기업・정부 등의 경제주체가 체크카드, 신용카드, 모바일 기기 등을 이용해 소비・거래・결제 등의 경제활동을 할 수 있으므로 굳이 동전・지폐・수표 등의 현금(은행권)을 소지할 필요가 없는 사회를 뜻한다. 즉, 모든 거래가 물리적인 현금이나 어음・수표와 같은 장표형 지급수단을 사용하지 않고 전자적으로 처리될 수 있는 사회를 가리킨다. 정보기술 산업의 발달로 인해 컴퓨터와 전산망이 잘 갖춰져 있어 이론상으로는 법률로써 현금의 사용을 제한하는 방법으로 현금이 '완전히' 없는 사회를 구현하는 것도 가능하다. '현금 없는 사회'는 화폐 발행에 투입되는 자원과 비용의 소모를 줄일 수 있고(효율성), 현금의 익명성을 폐기하고 모든 거래내역을 전자기록의 형태로 확인할 수 있으며(투명성), 현금의 도난・분실・위조 등의 위험을 완전히 예방하고, 현금을 노리는 범죄의 감소에 기여할 수 있다(안전성). 반면에 전산 시스템 단절・오류 및 전기 공급 중단에 따른 결제 실패의 위험, 정보의 유출・탈취 등 다양한 형태의 개인정보 보호 문제가 발생할 위험, 새로운 지급수단을 대상으로 하는 범죄의 증가 위험, 비현금 지급수단의 사용에 익숙하지 않은 고령자 등 디지털 약자들과 장애인, 저소득층, 벽지지역 거주자 등 금융 취약계층이 소외될 위험, 과소비를 조장할 수 있는 위험, 화폐의 제작・관리 관련 업무 종사자들이 직업을 잃을 위험 등은 현금 없는 사회의 단점으로 꼽힌다.

본론 2

다음으로 은행권이 현금을 대체할 수 있는 대안으로서 디지털 화폐를 활성화할 수 있는 방안을 살펴보자. 비트코인으로 대표되는 디지털 화폐는 금융 사기의 가능성으로 인해 개발과 활용에 대해 회의적인 시각이 있지만, 최근 블록체인 기술의 발전 덕분에 활용할 수 있는 폭이 확대되는 추세에 있다. 여기서 '공공거래장부'라고도 부르는 블록체인은 거래에 참여하는 모든 사람이 온라인상에서 같은 장부를 기록하는 분산형 데이터 운영 시스템을 말한다. 가령 농사를 짓는 마을에서 매일 곡물 거래가 발생한다고 가정할 경우에 기존에는 곡물을 거래한 다음에 거래 기록을 담당하는 사람에게 알려 내역을 기록하게 해야 했다. 이러한 과정에서 사실과 다른 정보를 전달하거나 정보가 누락되기도 하고, 진실한 정보를 전달했다고 해도 기록관이 잘못 기록하기도 하며, 심지어 고의로 곡물을 빼돌리는 일도 발생할 수 있었다. 그러나 블록체인을 활용한다면 곡물을 거래할 때마다 마을 사람들이 모두 한곳에 모여 거래 내역을 확인하고 그 즉시 자신들의 장부에 기록할 수 있다. 이러한 과정에 참여한 구성원 모두의 장부를 훔치지 않는 한 거래 내역을 속이는 것이 원천적으로 불가능한 셈이다. 즉, 블록체인 기술을 통해 거래 정보의 생산・기록・관리 및 활용에 있어서 높은 수준의 안전성과 투명성을 담보할 수 있는 것이다.

이처럼 블록체인 등 첨단 기술의 발전으로 인해 디지털 화폐의 보안이 크게 강화되자 국가 차원에서 디지털 화폐를 적극 활용할 수 있는 제도의 시행이 추진되고 있다. 또한 국내 시중은행들 역시 이러한 흐름에 발맞춰 디지털 화폐 관련 서비스 출시를 확대할 필요가 증가되고 있다. 이때 가장 먼저 눈을 돌릴 수 있는 서비스는 해외 송금 서비스일 것이다. 온라인으로 연결되어 있으면 누구나 계좌를 개설해 이용할 수 있고, 별도의 중앙관리 기관의 간섭・관리나 중개기관의 개입 없이 개인끼리 자금을 주고받을 수 있는 P2P(Peer to Peer) 방식을 통해 모든 거래가 이루어진다. 이로 인해 부대비용과 시간의 절감을 기대할 수 있다. 국내 시중은행들이 도입을 추진하고 있는 외환 송금의 경우 역시 블록체인 기술을 활용하면 고객들의 환전 업무 처리 시간을 줄일 수 있고 송금 수수료 또한 낮출 수 있다.

한편, 디지털 화폐는 인터넷 쇼핑몰 등의 온라인 거래 시에 결제 수단으로도 사용할 수 있다. 중앙의 서버나 관리자가 필요 없는 블록체인 네트워크를 이용하기 때문에 거래 대금을 결제할 경우에 기존의 공인인증서가 필요 없다. 이처럼 디지털 화폐는 재화·서비스의 거래, 송금, 대출 등 일반 화폐가 할 수 있는 대부분의 기능을 수행할 수 있는 것이다. 그러므로 디지털 화폐를 사용하는 거래가 더욱 활발해질 수 있도록 새로운 포인트 제도, 우대 제도 등을 마련해 적극 시행할 필요가 있다.

결론

'현금 없는 사회'가 도래함에 따라 현금을 대신할 수 있는 디지털 화폐를 준비하고 활성화하는 데 있어 가장 중요하고 심혈을 기울여야 하는 것은 '안전'이다. 강력한 보안성을 자랑하는 블록체인 기술의 등장으로 인해 디지털 화폐에 대한 신뢰도가 매우 높아졌지만, 인간이 만든 모든 수단이 다 그러하듯 블록체인 또한 100% 신뢰할 수는 없을 것이며, 보안에 구멍이 생길 경우 발생 가능한 손해의 정도가 치명적일 수 있기 때문이다. 자산을 안전하게 지킬 수 없다면 디지털 화폐는 필패할 것이다. 따라서 기존 은행권에서는 고객의 관심을 끌 수 있는 새로운 서비스 개발을 고민하기에 앞서 먼저 높은 수준의 보안 기술 확보 방안을 고심해야 한다. 이를 위해 기존 핀테크 기업들과 기술 제휴 등 협업 또는 M&A하는 방안도 타진해볼 수 있을 것이다. 아울러 앞에서 언급한 '현금 없는 사회'의 장점을 극대화하고 단점은 보완할 수 있는 방안도 연구하기를 요청한다.

07 대표적인 금융 선진국으로 꼽히는 영국은 2019년 4월에 18세 이상 인구의 절반 정도가 ISA(개인종합자산관리계좌)에 가입하는 등 ISA 시스템이 성공적으로 정착되었다. 그렇다면 ISA의 개념과 특징을 설명하고, 우리나라에서 ISA를 어떻게 활성화할 수 있을지 논하시오.

개요작성

서론

① 국민의 재산 형성을 지원한다는 취지로 도입되어 기대를 모은 ISA(중심 소재를 소개해 독자의 관심 환기)
② 그러나 ISA가 활성화되지 못한 한국의 현실(논제 제시)
③ ISA의 개념과 특징, ISA 활성화 방안(본론의 논제 방향 제시)

본론 1 ISA의 개념과 특징

① ISA의 개념 : 세제 혜택을 받을 수 있는 여러 개의 상품군을 통합적으로 관리하는 계좌
② ISA의 기대효과 : 비효율 개선, 종합적인 자산관리
③ ISA의 미비점 : 제약에 비해 혜택이 미미함, 좁은 시혜 대상 범위, 중도인출 불허
④ ISA 통계 현황 : 제도 도입 이후 전반적으로 감소세(기관의 통계 자료 인용)

본론 2 ISA 활성화 방안

① 세제 혜택의 확대·강화
② 수익 전액에 대해 비과세하는 투자형 ISA를 도입
③ 중도인출 가능한 상품 구성
④ 일임형 ISA의 수익률이 마이너스일 경우 수수료 면제 검토
⑤ ISA가 서민들의 자산 증식 수단이 되도록 제도를 정비

결론

① 세제 혜택과 종합적 자산관리를 통해 국민의 재산 증진에 기여할 수 있는 ISA(앞 내용의 요약)
② 고령화 시대에 ISA는 노후 대비를 위한 자산 형성에 기여(논제 가치에 대한 평가)
③ 좋은 도입 취지에도 불구하고 부진한 상태에 놓여 있는 ISA(앞 내용의 요약)
④ 상품 개발, 법과 제도의 정비 등 부진한 상황을 타개하기 위한 해결 방향(글쓴이의 의견 제시)
⑤ 해외의 ISA 운용 사례 분석 요청(글쓴이의 요구 제시로 마무리)

모범답안

서론

저금리 · 저성장 시대에 절세(節稅)와 개인의 종합적 자산관리를 통해 국민의 재산 형성을 돕겠다며 우리 정부는 영국의 사례를 벤치마킹해 ISA(Individual Savings Account), 즉 개인종합자산관리계좌를 도입했다. ISA는 절세를 위해 대어난 '종합 만능통장'이라고 불리며 자산 증식 수단으로 기대를 모았다. 그러나 도입 이후 많은 시간이 흘렀는데도 영국과 달리 우리나라에서는 ISA가 크게 활성화되지 못했고, 이에 정부는 관련 법령을 개정하는 등 국민들의 관심을 끌기 위한 조치에 나서고 있다. 그렇다면 ISA의 개념과 특징은 무엇인지, 그리고 우리나라에서 ISA를 어떻게 활성화할 수 있을지 살펴보자.

본론 1

금융규제 개혁 방안의 일환으로 도입된 ISA(개인종합자산관리계좌)는 세제 혜택을 받을 수 있는 여러 가지 금융상품을 1개의 개인 금융계좌로 묶음으로써 국민 스스로 자산을 관리할 수 있게 하자는 취지로 도입되었다. 쉽게 말해 ISA는 세제 혜택을 받을 수 있는 여러 개의 상품군을 통합적으로 관리하는 계좌를 가리킨다. ISA를 본격적으로 도입하기 이전에는 재형저축 · 연금저축 · 퇴직연금 등 세제 혜택을 받을 수 있는 금융상품이 따로 존재했는데, 업권별 또는 개별 상품별로 분산되어 있고 세제 혜택도 각각 부여하는 등 구조가 다소 복잡하게 이루어져 있어 비효율적이라는 지적이 있었다. 그러나 ISA가 도입됨에 따라 이러한 비효율을 개선할 수 있게 되었다. 세제 혜택을 통합적으로 부여하여 개별 상품에 대한 중도해지의 부담 없이 시장 상황에 대응해 탄력적으로 포트폴리오를 구성할 수 있게 됨으로써 종합적인 자산관리가 가능해졌기 때문이다.

그러나 현실적으로는 이러한 제도의 바람직한 취지가 제대로 활용되지 못한다는 지적이 있다. ISA는 논의와 보완을 거쳐 2016년 3월에 도입되었으나, 만기 5년 동안 얻은 이자수익 가운데 최대 200만 원의 소득세를 면제해주고, 5년 동안 최대 30만 8,000원 정도 면세 혜택을 받는 대신 5년 동안 돈이 묶여 있어야 한다. 제약에 비해 그 혜택이 미미한 것이다. 또한 근로 · 사업소득이 있는 사람으로 가입이 한정되었기 때문에 ISA 제도의 혜택을 누릴 수 있는 대상 범위도 넓지 않았으며, ISA 제도를 활성화시키기 위해서는 세제 혜택을 늘리고 중도인출을 허용했어야 하지만 세수 감소의 우려로 인해 개선되지 못하였다.

ISA 관련 통계를 개괄적으로 살펴보면, 은행 · 증권 · 보험권의 ISA 월별 가입자 추이는 2016년 3월 말 120만 명에서 2022년 1월 말 73만 명, 2022년 7월 말 기준 4만 명으로 크게 감소했음을 알 수 있다(금융투자협회 ISA다모아). 월별 가입금액 추이도 2016년 3월 말 6,600억 원에서 2020년 12월 말까지 지속적인 감소세를 보인 후에 반등해 2022년 1월 말에 1조 1,500억 원으로 정점을 찍은 후 다시 감소세를 보이며 2022년 7월 말 현재 2,000억 원대로 급감했다. 이처럼 ISA 제도 도입 이후 월별 가입자와 가입 금액의 변화는 대체적으로 감소 추세를 나타냈다. 이러한 통계 수치를 통해 한국의 ISA는 아직 갈 길이 멀다는 것을 알 수 있다.

본론 2

이처럼 좋은 취지와 기대효과에도 불구하고 부진을 겪고 있는 ISA 제도의 활성화를 도모하기 위해 활용도를 개선하려면 무엇보다 중요한 것은 세제 혜택의 확대 · 강화라는 게 전문가들의 중론(衆論)이다. 또한 ISA가 투자성 상품으로 자리를 잡으려면 투자 수익에 대해 전액 비과세하는 '투자형 ISA'를 도입할 것도 검토해야 한다고 주장하는 전문가들이 많다. 또한 중도인출을 할 수 있는 상품의 구성이 요구되며, 아울러 일임형 ISA의 경우 수익률이 마이너스를 기록할 경우 수수료를 면제하는 방안도 검토할 필요도 있다. 안정적 · 소극적인 투자만으로 포트폴리오를 구성하지 않고 공격적 · 적극적인 투자로 수익성을 높여 서민들의 자산 증식 수단이 될 수 있도록 제도의 정비가 필요한 시점이다.

결론

금융개혁을 통해 국민의 재산을 늘리기 위해 도입된 ISA는 오늘날과 같은 저금리 시대에 세제 혜택과 종합적 자산관리를 통해 국민의 재산 증식에 기여할 수 있는 '만능통장'으로 기대를 모았다. 특히 오늘날처럼 고령화로 인해 어느 때보다 자산을 늘리고 관리하는 것에 사회적 관심이 많은 시대에 ISA는 노후를 대비하기 위한 자산을 형성하는 데 큰 기여를 할 수 있을 것이다. 그러나 법적·제도적 미비점이 있고, 운용 과정의 묘를 잘 살리지 못함에 따라 ISA는 좋은 도입 취지와 초기의 높았던 관심에도 불구하고 부진한 상태에 있는 것이 현실이다. 따라서 금융업계는 보다 다양한 ISA 상품을 개발해 소비자의 관심·인지도를 높여야 하며, 금융위원회 등의 정부 당국은 은행권 등 금융업계의 목소리에 귀를 기울이고 소비자의 요구를 경청해 현실에 맞도록 법과 제도를 꾸준히 정비해야 한다. 아울러 영국과 일본 등 해외의 ISA 운용 사례를 분석하여 바람직한 점은 받아들이고 부족한 점은 반면교사(反面教師)로 삼기를 요청한다.

08 카드사 마케팅이 과열 조짐을 보이는 등 경쟁이 심화되고 있는 가운데 카드사들은 카드 수수료 인하 방어에 총력을 기울이고 있다. 카드 수수료 인하 배경 및 영향과 정부의 수수료 인하 조치에 대한 비판의 근거를 설명하고, 카드 수수료 인하에 대한 자신의 의견을 논하시오.

개요작성

서론

① 정부가 카드 수수료 인하 정책을 지속적으로 추진하는 이유(독자의 관심 환기)
② 정부의 카드 수수료 인하에 대응해 타개책 마련에 심혈을 기울이는 카드회사(논제 제시)
③ 수수료 인하 배경과 영향 및 비판에 대한 근거, 카드 수수료 인하에 대한 소견(본론의 논제 방향 제시)

본론 1 카드 수수료 인하 배경과 그로 인한 영향

① 카드 수수료 인하 배경
  ㉠ 일자리 창출과 소득 증가를 이루려는 정책적 의도
  ㉡ 카드 수수료를 인하할 수 있는 요인 발생
② 카드 수수료 인하로 인한 영향
  ㉠ 긍정적 영향 : 자영업자들의 경영 여건 개선과 이익 증대에 도움 등의 성과 기대
  ㉡ 부정적 영향 : 손실의 전가 논란, 연회비 인상 우려, 고객 혜택 감소 등의 갈등과 부작용

본론 2 정부의 카드 수수료 인하에 대한 비판의 근거

① 정부의 시장 개입이 시장의 자원 배분을 방해하는 비합리성
② 시장 가격에 대한 정부의 인위적인 통제는 부정적인 결과를 초래할 수 있음
③ 정부가 정치적인 이득을 위해 경제 논리를 훼손할 수 있다는 비판
④ 수입 감소로 인해 카드회사의 투자 여력 위축

결론

① 정부가 주체적인 역할을 해야 하는 이유 : 의견 수렴·조율 장치의 정례화, 정책 추진의 취지 보전
② 이해관계자 모두가 납득할 수 있는 객관적·현실적인 수수료율 산정 방안 강구
③ 정부가 시장에 개입할 때에는 무엇보다도 종합적이고 세밀한 판단이 요구됨

모범답안

서론

2012년부터 정부는 카드 결제 수수료를 지속적으로 인하하고 있다. 이는 영세·소상공인들의 카드 수수료 부담을 완화해 경영 여건을 개선함으로써 양질의 일자리 창출 여력을 확보하며 국민 소득의 증가를 유도하기 위한 것이다. 그러나 정부의 수수료 인하 기조 때문에 결제 수수료로 인한 수익성 개선이 어려워진 것은 물론 손실분이 누적되고 있는 카드사들은 다른 곳에서 손실을 보전하기 위해 부심하는 등 나름의 타개책 마련에 고민하고 있다. 가뜩이나 카드회사끼리의 경쟁이 과열 조짐을 보이는 현실에서 이러한 고민은 더 큰 부담으로 다가온다. 이에 따라 카드 수수료 인하 배경과 그로 인한 영향, 정부의 카드 수수료 인하에 대한 비판의 근거 등을 살펴보고, 이와 관련한 소견을 밝히고자 한다.

PART 1

본론 1

먼저 카드 수수료 인하 배경과 그로 인한 영향을 따져보자. 정부가 카드 수수료 인하를 추진하는 배경에는 서론에서 언급한 것처럼 영세·소상공인들을 보호함으로써 일자리 창출과 소득 증가를 이루려는 정책적 의도가 있다. 또한 최근의 경제 현황을 분석해 보면 코로나19 사태에 따른 비대면 영업의 확대로 인한 영업비·인건비·관리비 등의 감소, 금리 인하에 따른 조달비용(이자)의 감소, 온라인 결제의 증가로 인한 VAN 수수료 비용 감소 등 카드 수수료의 인하가 가능한 요인이 나타났기 때문으로 분석된다. 이러한 카드 수수료 인하는 그 취지대로 자영업자들의 경영 여건 개선과 이익 증대에 도움이 된다. 특히 규모가 영세한 상인들에게는 상대적으로 더 큰 이익이 기대될 수 있다.

그러나 카드 수수료 인하는 카드회사들의 당기순이익 감소로 이어진다. 카드회사는 카드 수수료 인하로 인한 손실분을 보전하기 위해 안으로는 영업점 축소, 카드 모집인 축소, 내부비용 통제 등의 구조조정을, 밖으로는 결제대행업체 지급 비용 삭감, 일반 가맹점 수수료율 인상 등을 취하고 있다. 그런데 이러한 과정에서 일부 가맹점들은 카드회사들이 수수료 인하로 발생한 손실을 자신들에게 전가한다고 반발하며 갈등을 빚기도 하고, 고객의 입장에서는 연회비 인상 우려는 물론 높은 혜택을 얻을 수 있는 '알짜 카드'들이 단종되어 결국 고객 혜택이 감소하는 부작용을 낳기도 한다. 자영업자·소상인 공인을 보호하겠다는 카드 수수료 인하 정책이 오히려 갈등과 부작용을 부추길 수 있는 것이다.

본론 2

그렇다면 정부의 카드 수수료 인하에 대해 경제 전문가들은 어떻게 비판을 하고 있을까? 전문가에 따르면 정부의 카드 수수료 인하 정책은 일종의 시장 개입으로서, 시장을 통해 이루어지는 효율적인 자원 배분을 방해할 수 있다. 일부 카드회사는 이러한 정부 정책을 두고 가전회사가 자신들이 만든 냉장고를 고객에게 판매할 때 정부가 개입해 고객이 거주하는 주택의 평수에 따라 다른 가격을 매기도록 강제하는 것과 마찬가지라며 정부의 시장 개입의 비합리성을 비판한다.

이러한 정부의 개입이 무엇보다 우려스러운 것은 시장에서 자율적으로 결정된 수수료, 즉 시장 가격을 정부가 인위적으로 통제하려 한다는 점 때문이다. 정부의 인위적인 가격 통제는 애초의 선량한 취지에 반하는 부정적인 결과를 초래한다는 것이 경제학자들의 중론(衆論)이다. 예컨대, 노동자를 보호하기 위해 현실을 외면한 채 무리한 수준으로 최저임금을 인상하면 도리어 노동자가 일할 일자리 자체를 감소시킬 수 있는 것과 같은 맥락이다. 그리고 때로는 정권자들이 '노동자들의 표심'이라는 정치적인 이득을 얻기 위해 경제 논리를 훼손할 수 있다는 비판이 제기되기도 한다.

한편 핀테크, 블록체인 등과 같이 4차 산업혁명 시대에 대비해 신기술에 투자해야 할 카드회사의 활동을 저해할 수 있다는 점도 우려한다. 수수료가 주된 수입원인 카드회사의 입장에서는 정부의 개입으로 인해 수입이 감소하고, 결국 신산업에 대한 투자 여력이 감소하게 된다는 것이다.

결론

수년 동안 정부가 카드 수수료 인하를 추진하며 카드회사들과 줄다리기를 할 때마다 칼자루를 쥐고 가장 큰 영향을 끼치는 주체는 역시 정부이다. 따라서 금융위원회 등의 정부 주무부서가 나서서 카드회사, 상공인(자영업자) 등의 이해관계자 모두가 참여하는 의견 수렴·조율 장치를 정례화하는 한편, 영세·소상공인을 돕는다는 수수료 인하의 취지가 훼손되지 않도록 수수료율을 현실적으로 가장 적정한 수준에서 도출해야 한다. 이를 위해 이해관계자 모두의 의견에 귀를 기울여 납득할 수 있도록 객관적·현실적인 수수료율 산정 방안을 강구해야 한다. 또한 카드 수수료 인하로 인해 혜택을 얻는 사람들에게는 그러한 조치가 합리적인 정책으로 여겨지겠지만, 경제 전반의 입장에서 기대효과와 실제적인 영향을 타진해야 하는 정부의 입장에서는 시장에 개입할 때에는 무엇보다도 종합적이고 세밀한 판단이 요구된다.

09 전 세계적으로 주가가 하락하는 등 증시가 부진한 가운데 펀드 수익률 또한 감소 추세를 보이고 있다. 이와 관련해 펀드의 개념・특징을 설명하고, 오늘날의 글로벌 경제 상황에서 적절한 펀드 리모델링 방안으로 무엇이 가능한지 자신의 의견을 논하시오.

개요작성

서론

① 증시의 경직과 함께 펀드 시장이 위축되고 있음을 알리는 뉴스 인용(독자의 관심 환기)
② 글로벌 펀드 시장에서 '고수익'을 누렸던 펀드 투자자들에게 재앙 같은 증시의 추락 → 지혜로운 펀드 리모델링 방안을 강구해야 하는 시점(논제 제시)
③ 펀드의 개념 설명과 펀드 리모델링 방안에 대한 소견(본론의 논제 방향 제시)

본론 1 펀드의 개념・특징 설명

① 펀드의 의미 : 여러 사람의 돈을 모아 투자해 얻은 이익을 투자 금액에 비례해 배분해주는 금융상품
② 펀드의 특징 : 장점과 단점 제시

본론 2 현재의 글로벌 경제 상황에서 적절한 펀드 리모델링 방안 의견

① 저수익이더라도 안정적인 기존 펀드에 투자
② 국내 주식형 펀드를 중심으로 투자
③ 신흥 시장에 대한 맹목적・기계적인 낙관론 탈피
④ 기대수익률 하향 조정(현재 상황에 맞는 합리적 기대수익률로 재설정)
⑤ 자금의 종류에 따라 투자 기간을 차별화

결론

① 'No pain, No gain'(속담 인용) → 고수익은 모험을 기꺼이 감내한 것에 대한 보상
② 그러나 판단력과 나 자신을 잃지 않기 위해 나만의 투자 규범을 세워야 함(글쓴이의 의견 제시로 마무리)

모범답안

서론

최근의 뉴스 기사에 따르면 글로벌 악재들의 복합적 작용으로 인해 국내 증시가 급격하게 얼어붙고 있는 가운데 펀드 시장 또한 동반 위축함에 따라 펀드 투자자들이 큰 손실을 입을 수 있다는 우려가 이어지고 있다. 지난 수년간 러시아·브라질·중국·인도 등의 신흥 시장을 중심으로 한 글로벌 투자를 통해 눈부신 '고수익'을 누렸던 펀드 투자자들에게 미·중 무역갈등, 기후변화, 기근, 전쟁, 코로나19 사태 등의 여파로 인해 위기 상황을 맞아 추락하고 있는 지금의 증권시장은 당장의 가시적인 재앙이자 미래에 대한 암울한 묵시이기도 하다. 따라서 펀드 투자자들은 고수익만을 추구하던 예전의 일차원적인 투자 습관에서 벗어나 기대수익률을 낮추고 분산투자로 안정성을 높이는 한편, 기존의 포트폴리오와 펀드투자 전략에 새로운 변화를 시도하는 등 지혜로운 펀드 리모델링 방안을 강구해야 하는 시점이다. 이에 따라 펀드의 개념을 알아보고, 오늘날의 글로벌 경제 상황에서 적절한 펀드 리모델링 방안으로 무엇이 가능한지 소견을 밝히고자 한다.

본론 1

먼저 펀드의 개념을 이해하고 그 특징은 무엇인지 알아보자. 우리가 흔히 말하는 펀드는 여러 사람의 돈을 모아 수익이 예상되는 곳에 투자해 얻은 수익금을 투자한 금액에 비례해 나누어 돌려주는 금융상품을 가리킨다. 상대적으로 정보가 취약한 소액 개인투자자의 경우 기관투자자와 같은 전문가 그룹과 동등한 입장에서 채권이나 주식 등의 금융상품에 직접 투자하는 것은 사실상 거의 불가능하다. 이에 따라 다수의 투자자로부터 투자자금을 모은 기금을 자산운용전문가인 펀드매니저가 고객을 대신해 여러 종류의 자산에 투자해주는 것이다. 이러한 펀드는 소액으로 분산투자가 가능하므로 리스크를 최소화할 수 있고, 전문적인 투자·운용·관리 등이 가능하며, 거래 비용, 정보취득 비용 및 자금의 투자·관리에 필요한 시간과 노력으로 인한 기회비용의 등의 절감 등을 기대할 수 있다. 다만 투자로 인해 발생하는 위험과 손해는 오로지 투자자의 몫이며, 운용자의 선택에 따라 수익률의 편차가 발생한다는 것과 직접투자에 비해 상대적으로 비용(수수료·보수)을 더 많이 투입해야 한다는 점은 펀드의 단점으로 꼽힌다.

본론 2

오늘날처럼 '투자 신호등'에 적신호가 켜진 위험 상황에서 펀드를 리모델링할 때 반드시 고려해야 할 원칙으로 다섯 가지를 제시할 수 있다. 우선적으로는 수익률이 낮더라도 안정적인 이익을 기대할 수 있는 기존 펀드로 관심을 돌리는 것이다. 경제불황과 물가상승이 동시에 발생한 스태그플레이션(Stagflation) 시기에는 새로운 펀드에 대한 투자를 시도하기보다는 기존 펀드에서 새로운 반등의 기회를 찾아내는 것이 유리할 것이다. 특히 물가가 불안정한 경우에는 펀드 종목 선정에 더욱 조심해야 하며, 위험이 낮은 국고채 중심의 채권형 펀드와 전 세계의 다양한 자산에 투자하는 자산 배분형 펀드에 주목할 필요가 있다.

두 번째로는 국내 주식형 펀드를 중심으로 투자하는 것이다. 전 세계적인 불확실성이 고조되는 상황에서는 보다 빠르게 시황의 변화를 파악할 수 있는 국내 펀드에 비중을 두는 것이 유리하다. 자신이 잘 알고 익숙한 시장에 투자하는 경우에는 그렇지 않은 경우보다 더 신속하고 정확하게 의사결정을 내릴 수 있으며, 환매 주기 또한 국외 펀드보다 짧기 때문이다.

세 번째로는 신흥 시장에 대한 맹목적·기계적인 낙관론에서 벗어나는 것이다. 한동안 고성장을 지속해 온 신흥 시장조차 성장 둔화 및 인플레이션으로 인한 피해를 입고 있다. 신흥 시장 증시 또한 조정이 불가피한 상황이기 때문에 기존 성장잠재력뿐만 아니라 국가별 위기 대응, 경제 상황 등을 고려하여 종합적인 분석을 해야 한다.

네 번째는 기대수익률을 낮추는 것이다. 다년간 두 자릿수의 높은 수익률을 기록했던 신흥 시장의 추억은 잊어야 한다. 지금의 상황에 적합한 합리적 기대수익률로 재설정하는 것이 중요하다.

마지막으로는 자금의 종류에 따라 투자 기간을 차별화하는 것이다. 단기성 자금은 기대수익률이 낮은 대신 변동성이 작은 혼합형, 채권형, 머니마켓펀드(MMF), 종합자산관리계좌(CMA) 등에 투자하는 것이 적합하다. 반면에 중장기성 자금은 원금을 보장하면서도 주가지수에 연계해 고수익 창출이 가능한 주가지수연계펀드(ELF) 등에 투자하는 것이 적합할 것이다.

결론

'No pain, No gain'이라는 영어 속담이 있다. 원하는 결과를 얻으려면 고생을 감내해야 한다는 뜻이다. 펀드도 마찬가지일 것이다. 일반적으로 위험이 높은 펀드는 수익률 또한 높다. 고수익은 모험을 기꺼이 감내한 것에 대한 보상이라는 점에서 합리적일 수 있다.

그러나 고수익에 홀려 판단력은 물론 나 자신을 잃지 않으려면 다음과 같은 것들을 유념해 나만의 투자 규범을 세워야 한다. 먼저 펀드는 반드시 분산해서 투자하는 것이 바람직하다는 것이다. 수많은 경제 전문가들은 '달걀을 한 바구니에 담지 말라'는 금융가의 격언을 금과옥조(金科玉條)로 여긴다. 또한 투자 실패로 인한 손실은 누구나 겪을 수 있음을 잊지 말아야 한다. 손실에 대한 두려움으로 마음을 썩이며 판단력이 흐려지는 것은 금물이다. 자신의 투자 성향, 재무 상태 등에 맞게 투자해 금전적 피해와 심리적 충격을 최소화해야 한다. 이때 손실은 얼마든지 복구할 수 있다는 마음가짐을 가져야 한다. 마지막으로 시장의 사소한 변화에 일희일비하기에 앞서 그 변화가 일시적인 것인지 아니면 지속적인 것인지를 먼저 살펴야 한다. 그렇지 않으면 불필요한 매매를 거듭하게 되고, 이로 인해 거래비용만 지불하는 낭비를 초래할 수 있다.

PART 1

10 금융업계의 핀테크 확산은 금융시스템 전반에 큰 영향을 끼치고 있다. 이와 관련해 핀테크의 개념과 실제를 설명하고, 핀테크 확산으로 인해 은행 등의 금융권이 받을 수 있는 긍정적・부정적 영향을 논하시오.

개요작성

서론

① 빠르고 광범위하게 확산되고 있는 핀테크(독자의 관심 환기)
② 금융시장의 안정을 이루는 동시에 위기를 불러올 수도 있는 핀테크(논제 제시)
③ 기존 금융회사와 핀테크 기업 사이의 경쟁과 협력은 어떤 식으로든 금융시장의 안정성에 영향 끼침(논제 제시)
③ 핀테크의 개념과 실제 및 핀테크 확산이 은행 등 금융권에 끼치는 영향(본론의 논제 방향 제시)

본론 1 핀테크의 개념과 실제

① 핀테크의 의미(광의・협의의 의미), 장점 및 보안을 위한 기술적・법률적 대비책 마련 필요
② 핀테크로 인한 기존 금융권과 비금융권의 변화
③ 핀테크의 실제 양상
㉠ 모바일을 통해 더 저렴하게, 더 신속하게 금융서비스 제공
㉡ 금융서비스와 관련한 소프트웨어・플랫폼・솔루션 개발 기술 및 금융시스템의 개선을 위한 기술을 제공

본론 2 핀테크 확산이 금융권에 끼치는 긍정적・부정적 영향

① 핀테크 확산의 긍정적 영향
㉠ 금융회사 측면 : 이용자 증가(이들을 대상으로 하는 비즈니스 모델 촉진), 핀테크 기업과 제휴・협업으로 비용 절감 및 보안 향상 등 금융시스템의 안정성 향상
㉡ 금융 소비자 측면 : 자영업자・저신용자의 대출 기회 확대, 금융 소비자들의 선택권 확대, 금융 거래에 대한 접근성과 편의성 개선
② 핀테크 확산의 부정적 영향
㉠ 금융회사와 핀테크 기업의 과열 경쟁 → 수익성 악화 → 위험 추구 경향 증가 → 도산 가능성 증가 및 금융시스템 전반의 안정성 저해
㉡ 금융시장에 신생 핀테크 기업의 난립 → 금융시장 부실화 → 금융시스템 전반의 안정성 저해

결론

① 거스를 수 없는 대세로 평가되는 핀테크의 확산(논제에 대한 가치 평가)
② 핀테크 생태계 환경에서 스스로를 혁신하는 금융회사들
③ 기존 금융기관이 핀테크 시대에 효과적으로 대처하기 위해 필요한 사전 준비
④ 핀테크 생태계의 확산과 발전에 부응하기 위한 금융당국의 역할 요청(글쓴이의 요구 제시)
⑤ 핀테크 관련 주체들이 제 역할에 충실해야 핀테크 도입의 궁극적 지향점인 '소비자를 위한 혁신'으로 나아갈 수 있음 강조(새로운 방향성 제시로 마무리)

모범답안

서론

이제는 일반화되었다고 해도 과언이 아닐 정도로 핀테크는 빠르고 광범위하게 확산되고 있다. 이러한 핀테크의 확산과 함께 특히 주목할 점은 정보통신(IT) 기술 기반의 비금융업체가 금융업에 진출하는 사례가 활발해져 기존 은행 등 금융업권의 비즈니스 모델과 업무 형태가 영향을 받아 금융시장의 안정을 돕는 동시에 위기를 불러올 수 있다는 것이다. 코로나19 사태로 인해 금융회사와 고객이 비대면하는 방식이 확산되었고, 정보통신 기술의 도약으로 비금융업체가 핀테크 등의 기술 기반 금융서비스를 제공하게 됨으로써 금융시장에서 기존 금융회사와 핀테크 기업 사이의 경쟁이 심화되는 동시에 협력에 대한 필요성이 높아졌다. 이로써 금융시장의 안정성 또한 긍정적이든 부정적이든 영향을 받게 되었다. 그렇다면 핀테크의 정확한 개념과 실제가 무엇인지 알아보고, 핀테크 확산이 은행 등 금융권에 어떠한 영향을 끼칠 수 있을지 살펴보자.

PART 1

본론 1

먼저 정확한 이해를 위해 핀테크의 개념과 실제를 살펴보자. 핀테크(Finance+Technology)는 모바일, SNS, 빅데이터 등의 첨단 정보기술(IT)을 기반으로 한 금융서비스 및 산업의 변화를 뜻한다. 넓은 의미의 핀테크는 기존의 금융기관들의 인터넷·정보기술 기반 서비스들을, 좁은 의미의 핀테크는 기존의 금융기관들이 수행하던 기능을 대체하는 혁신적인 서비스를 가리킨다. 핀테크는 금융서비스를 간편하게 이용할 수 있다는 것이 가장 큰 장점이지만, 개인 금융정보 유출, 해킹, 피싱 등 보안 범죄의 가능성이 있기 때문에 항상 철저한 기술적·법률적 대비책을 세워야 한다. 또한 핀테크로 인한 기존 금융권의 서비스 변화로는 새로운 정보기술 등을 활용해 기존의 금융기법과 차별화된 금융서비스를 제공하는 기술 기반 서비스 혁신이 대표적이다. 모바일뱅킹, 앱카드 등을 사례로 들 수 있다. 산업의 변화로는 혁신적 비(非)금융기관이 보유한 기술을 활용해 지급결제 등의 금융서비스를 이용자에게 직접 제공하는 것이 있다. 삼성페이, 카카오페이 등을 사례로 들 수 있다.

이러한 핀테크는 송금, 결제, 자산 관리, 크라우드펀딩, 대출 등 여러 가지 금융서비스를 모바일을 통해 제공함으로써 기존의 금융 방식보다 저렴하고, 개별 고객의 요구에 부응할 수 있는 등 보다 양질의 금융서비스를 신속하게 제공한다. 또한 핀테크는 각종 금융서비스와 관련한 소프트웨어·플랫폼·솔루션 개발에 필요한 기술과 함께 리스크 관리, 포트폴리오 재구성, 성과 관리, 시스템 통합 등 금융시스템의 개선을 위한 기술을 제공한다.

본론 2

다음으로 핀테크의 확산이 금융권에 어떠한 영향을 끼치는지 살펴보자. 먼저 금융회사 측면에서 살펴보면, 핀테크의 확산으로 인해 IT 기술 기반의 간편송금·대출, 모바일뱅킹, 비대면 구매 등 편리하고 빠른 서비스 제공으로 이용자가 증가하고, 이렇게 증가된 이용자를 상대로 자산관리·마케팅 등의 여러 업무를 추진하는 비즈니스 모델의 변화가 촉진되고 있다. 또한 금융회사들이 핀테크 기업과 제휴·협업할 경우에 IT 설비의 설치비와 유지·관리비를 절감할 수 있으며, 사이버 공격·해킹 등에 대한 보안 수준의 향상을 기대할 수 있다. 아울러 사이버 위협에 대한 스크리닝(영향 평가)과 모니터링(감시)의 효율성을 높여 금융시스템의 안정성 향상이 가능하다. 이어서 금융 소비자 측면에서 살펴보면, 핀테크 기업의 금융시장 진출로 기존의 금융시장에서 상대적으로 소외되었던 자영업자·저신용자에 대한 대출 기회가 확대되는 등 대출 시장이 커지는 한편, 핀테크 기업들이 송금·결제 등의 서비스를 기존 은행권보다 저렴하게 제공함으로써 금융 거래의 포용성과 효율성이 개선되고 있다. 아울러 금융서비스의 다양화로 인해 금융 소비자들의 선택권이 넓어지고 금융 거래에 대한 접근성과 편의성 개선이 가능해진다.

반면에 핀테크의 확산으로 인한 부정적 영향들이 있는 것도 사실이다. 먼저 금융시장에 진출한 핀테크 기업 사이의 치열한 경쟁에 맞서 기존 금융회사들이 고객을 확보하기 위해 예금 금리 인상, 수수료 인하를 단행할 경우 수익성이 악화될 것이고, 이를 만회하려고 공격적인 경영을 하는 등 위험 추구 경향이 높아진다면 금융회사의 도산 가능성 또한 높아지면서 결국 금융시스템 전반의 안정성이 떨어질 수 있다. 아울러 금융시장에 진출한 신생 핀테크 기업의 난립으로 인해 금융시장에 부실이 발생할 경우에도 금융시스템 전반의 안정성이 크게 흔들릴 수 있다.

결론

이상으로 살펴본 바와 같이 금융시장에서 핀테크의 확산은 거스를 수 없는 대세로 평가된다. 핀테크가 가지고 있는 무한한 발전 가능성과 활용성 등으로 인해 핀테크 생태계가 급속히 확산되고 있고, 이러한 흐름에 적응하고 변화를 선도하기 위해 금융회사들은 앞다퉈 스스로를 혁신하고 있다. 그러나 핀테크에는 시스템 장애, 해킹, 사이버 위협 등의 사건·사고로 인한 피해가 금융시스템 전체로 번질 가능성도 잠재하므로, 기존 금융기관이 핀테크 시대에 효과적으로 대처하고 시행착오를 예방하려면 보안 정책, 중요 데이터의 접근·통제 범위 등을 사전에 철저하게 검토하고 준비해야 할 필요가 있다. 또한 금융당국은 핀테크 생태계의 확산과 발전에 부응해 금융회사와 금융회사 및 금융회사와 핀테크 기업 사이의 사업 연계 강화, 〈개인정보 보호법〉과 각종 규제의 정비, 사이버 위협 등이 금융시장의 안정에 끼칠 수 있는 영향 등을 정밀 분석해 정책 방향을 결정하기를 요청한다. 이처럼 금융회사와 핀테크 기업, 금융당국 등의 주체가 제 역할을 충실히 수행해야 금융회사와 핀테크 기업 사이의 건전한 경쟁, 자율적인 혁신이 촉진되고 소비자 편익이 증대되어 마침내 핀테크 도입의 궁극적 지향점이라 할 수 있는 '소비자를 위한 혁신'으로 나아갈 수 있을 것이다.

03 디지털 · IT

01 2022년 1월부터 마이데이터(My Data) 제도가 전면 시행되었다. 이와 관련해 마이데이터의 개념을 설명하고, 은행권에서 마이데이터를 어떻게 활성화할 수 있을지 방향성을 논하시오.

개요작성

서론

① 시장의 뜨거운 반응을 이끌어낸 마이데이터(독자의 관심 환기)
② 개인정보 활용의 새로운 패러다임으로 제시된 마이데이터(논제 제시)
③ 마이데이터의 개념, 은행권의 마이데이터 활성화 방향(본론의 논제 방향 제시)

본론 1 마이데이터의 개념

① 마이데이터의 의미
② 마이데이터의 도입 취지
③ 마이데이터 산업의 법적 · 제도적 기반
④ 금융권에서의 마이데이터 활용 가능성

본론 2 은행권의 마이데이터 활성화 방향

① 지속적 보안 강화 장치 마련이 필요함 ← 자율 보안 체계 구축, 보안 전문인력 양성
② 경쟁력 강화를 위한 차별화된 서비스 및 혁신적 콘텐츠 개발
③ 이종 기업 간의 제휴 · 협업 → 고객 개인별 특화 서비스, 마케팅 비용 감소, 디지털화

결론

① 마이데이터의 도입 → 신(新)서비스 창출 → 소비자의 권익 제고(논제에 대한 기대)
② 금융 이외의 다양한 분야로의 확대 · 발전(논제에 대한 전망 평가)
③ 전문가들이 마이데이터의 정착과 발전에 가장 시급한 것으로 '보안 강화'를 지적하는 이유(새로운 과제 제시)
④ 정부의 역할이 중요한 이유 → 소비자와 기업을 모두 보호할 수 있는 생태계 구축 요청(글쓴이의 요구 제시로 마무리)

모범답안

서론

대통령 직속 4차산업혁명위원회에 따르면 마이데이터 서비스는 2022년 1월 전면 도입된 지 40여 일 만에 1,800여 만 명 가입과 125억 건의 데이터 전송을 기록할 정도로 시장의 반응이 몹시 뜨겁다. 흔히 데이터를 미래의 석유・식량에 비유하는 것은 데이터를 생산하는 개인의 권리와 데이터를 이용하는 기업의 책임을 중요하게 여긴다는 증거이다. 그리고 '내 손 안의 금융비서'라고도 불리는 마이데이터는 이러한 시각에서 발생한 개념이자 개인정보 활용의 새로운 패러다임으로 여겨진다. 그렇다면 마이데이터의 정확한 개념과 도입 취지 등 특징은 무엇인지 살펴보고, NH농협은행을 비롯한 은행권에서 어떻게 하면 마이데이터를 활성화할 수 있을지 알아보고자 한다.

본론 1

먼저 확실한 이해를 위해 마이데이터의 개념과 취지, 도입 기반과 함께 금융권의 활용 가능성을 살펴보자. 마이데이터는 개인이 정보 통제・관리의 주체가 되어 각 기관에 흩어져 있는 신용・금융정보 등 자신의 개인정보를 한데 모아 적극적으로 저장・관리하는 것은 물론 이러한 정보를 신용관리・자산관리에 능동적으로 활용하는 과정 또는 그러한 체계를 뜻한다. 쉽게 말해 은행, 보험사, 증권사 등 여러 금융기관들에 분산된 개인의 각종 신용정보・금융정보를 단일한 플랫폼에서 통합 관리하는 것이다. 이러한 마이데이터의 취지는 개인의 정보 주권을 보장하기 위해 정보 관리의 중심 주체를 기관에서 개인으로 전환하자는 것으로, 개인이 정보주체로서 자신의 정보에 대한 결정권을 보유하고, 자신이 정한 기업이나 기관에 위임해 정보를 효율적으로 관리・활용할 수 있게 하기 위해 도입되었다. 그리고 마이데이터의 시행을 위해 우리나라에서는 〈개인정보 보호법〉, 〈정보통신망 이용촉진 및 정보보호 등에 관한 법률(정보통신망법)〉, 〈신용정보의 이용 및 보호에 관한 법률(신용정보법)〉 등의 '데이터 3법'을 통해 '마이데이터 산업'이라고도 부르는 본인신용정보관리업의 법적・제도적 기반을 마련했다.
은행은 마이데이터를 통해 소비자로부터 개인정보의 사용을 허락받을 경우 정보를 한데 모아 관리하고 맞춤 컨설팅을 해줄 수 있다. 즉, 개인(정보주체)이 금융기관에 전송요구권을 행사하면 마이데이터 사업자가 여러 금융기관에 산재된 신용정보를 한꺼번에 확인하게 해주고, 여러 가지 금융정보와 컨설팅을 제공하는 방식이다. 이때 정보주체는 기업체에 자신의 개인정보를 자발적으로 제공하고, 자신의 소비 습관, 재무 현황 등을 검토해 가장 적절한 상품・서비스를 추천받는 등 신용관리・자산관리에 도움을 얻을 수 있다. 또한 개인 신용정보의 선택적 전송 요구, 삭제 요구, 열람 청구 등으로 정보 권리의 행사가 쉬워지고, 정보 유출 등의 사고 발생 시 손해배상 소재도 명확해진다.

본론 2

그렇다면 마이데이터 사업을 추진하는 은행에서는 어떻게 하면 마이데이터를 활성화할 수 있을까? 첫째, 은행 등 마이데이터 사업자들이 마이데이터 사업을 더욱 활성화하려면 지속적 보안 강화 장치를 먼저 마련할 필요가 있다. 이를 위해 금융회사의 자율 보안 체계 구축과 이를 담당할 보안 전문인력의 양성 등이 이루어져야 한다. 둘째, 경쟁력을 강화하기 위해 차별화된 서비스를 지속적으로 개발해야 하며, 마케팅보다는 혁신적인 콘텐츠 개발에 집중해야 할 필요도 제기된다. 이런 점에서 NH농협은행이 농업인을 대상으로 맞춤형 농업정책 자금 추천 서비스를 추진하는 등 농업과 마이데이터의 결합을 시도하는 것은 고무적이다. 셋째, 은행, 카드사, 증권사, 보험사 등 이종 기업 간의 제휴・협업이 필요한 것은 고객 개인에게 최적화된 특화 서비스와 상품을 제공할 수 있고 마케팅 비용 감소와 디지털화에도 도움이 될 수 있기 때문이다.

결론

마이데이터의 도입으로 데이터를 기반으로 한 신(新)서비스를 창출하고 소비자들이 이러한 서비스를 자유롭게 선택함으로써 금융 소비자의 권익을 높일 수 있을 것으로 기대된다. 또한 현재의 마이데이터 사업은 금융업을 중심으로 이루어지고 있지만, 앞으로는 개인 의료정보를 바탕으로 한 건강관리 등 다양한 분야로 서비스가 확대・발전할 것으로 보인다. 다만 많은 전문가들은 마이데이터 사업의 정착과 발전을 위해서는 '보안 강화'가 가장 시급하다고 지적한다. 마이데이터 사업은 태생적으로 개인의 정보를 근간으로 하기 때문에 보안이 특별히 중요한 것이다. 또한 정부의 역할도 중요한 시점인데, 이는 공유할 수 있는 개인정보의 범위를 최종 결정하는 주체는 정부이기 때문이고, '개인정보 보호'와 '산업 발전' 사이에서 무게중심을 잡아 균형을 이루어야 하는 주체도 정부이기 때문이다. 이에 소비자의 권익을 보호하는 것은 물론 기업의 자유로운 사업 활동을 보장할 수 있는 마이데이터 생태계를 구축할 것이 정부에 요청된다.

02 최근 낙관론과 비관론 사이에서 'NFT 버블' 논쟁이 이어지고 있다. 이와 관련해 NFT(대체불가능 토큰)의 개념과 특징을 설명하고, 금융권에서 NFT를 어떻게 신사업 기회로 활용할 수 있을지 방향성을 논하시오.

개요작성

서론

① 'NFT 버블'을 둘러싼 긍정론·비관론의 논란 제시(독자의 관심 환기)
② NFT가 새로운 경제 모델로 자리잡을 것이라는 긍정론이 우세함(논제 제시)
③ NFT의 개념, 금융권의 NFT 활성화 방안 추진 현황(본론의 논제 방향 제시)

본론 1 NFT의 개념과 특징

① NFT의 의미 : 블록체인 기술로 저장된 '디지털 등기권리증'
② NFT의 특징 : 위조·복제 불가능, 대체·교환 불가능
③ NFT 시장 현황 분석 : NFT가 새로운 경제 모델로 자리잡을 것이라는 시각

본론 2 NFT의 한계에 대한 지적과 금융권의 NFT 활성화 방안 현황

① NFT의 한계에 대한 지적과 개선점
  ㉠ 저작권 문제, 법적 분쟁의 소지 → 법률과 제도의 정비·개선의 선행 필요
  ㉡ NFT로 발행된 디지털 저작물 거래를 유효한 거래로 볼 것인지에 대한 대립
  ㉢ NFT 거래 행위는 실제적 가치가 전혀 없는 것을 사고파는 행위라는 비판
② 금융권의 NFT 활성화 방안 추진 현황
  ㉠ 금융기관은 디지털 자산 사업의 중심 기술로 인식된 NFT의 활용 범위 확대 시도 → 디지털 자산 담보 대출 등 다양한 금융 서비스를 고객에게 제공 가능
  ㉡ 정부의 NFT 육성 정책, 금융회사와 빅테크 사이의 협업과 경쟁 → 발전 가속화

결론

① NFT가 미래의 새로운 성장동력이자 주요 먹거리라는 인식 확산 → 경쟁과 협업을 함께 추진(앞 내용의 요약)
② 정부의 NFT 산업 육성·지원 정책 예상 → 금융권의 NFT 관련 서비스 개발 탄력(글쓴이의 의견 제시)
③ 빅테크들과의 건전한 경쟁 및 공조가 더욱 필요한 시점(현재의 상황에 대한 글쓴이의 평가)
④ NFT 지원 정책 방향 설정 등 정부의 적극적 역할 수행 요청(글쓴이의 요구 제시로 마무리)

모범답안

서론

2017년 캐나다에서 NFT가 세계 최초로 등장한 이후 NFT는 새로운 비즈니스 모델이자 투자처로 관심을 모으고 있지만, NFT 거래량과 매출액이 크게 줄어들 때마다 낙관론과 비관론 사이에서 'NFT 버블'을 둘러싸고 논란이 일고 있다. 낙관론자들은 NFT 시장에 낀 과도한 거품이 사라지며 성숙해가는 과정이라고 주장하는 반면에 비관론자들은 NFT가 본래 경제적 가치가 없기 때문이라고 비판한다. 즉, 낙관론자들은 거품이 꺼지고 다시 안정화되면 진정한 의미의 NFT 시장이 본격적으로 열릴 것으로 보는 반면, 비관론자들은 법적으로 디지털 저작물은 소유권의 대상이 될 수 없기 때문에 NFT 거래 또한 실재하지 않는다고 보는 것이다. 다만 최근 수년 동안의 NFT 시장의 성장을 근거로 NFT가 새로운 경제 모델로 자리잡을 것이라는 긍정적 시각이 우세하다. 그렇다면 NFT의 정확한 개념과 특징은 무엇인지 이해하고, 금융권의 NFT 활성화 방안 추진 현황과 이와 관련한 NFT 비즈니스 모델 개발 움직임을 살펴보고자 한다.

본론 1

먼저 확실한 이해를 위해 NFT의 개념과 특징, 시장 전망 등을 살펴보자. NFT는 'Non-Fungible Token', 즉 '대체 불가능 토큰'으로 블록체인의 토큰을 다른 토큰으로 대체하는 것이 불가능한 암호 화폐를 가리킨다. 즉, 블록체인 기술로 저장된 일종의 '디지털 등기권리증'이다. 블록체인 기술을 기반으로 위조・복제가 불가능한 암호를 증명서처럼 붙여 저작물을 NFT로 만드는 과정을 민팅(Minting)이라고 부른다. 이러한 NFT의 가장 큰 특징 2가지로 꼽히는 것은 '위조・복제 불가능'과 '대체・교환 불가능'이다. '위조・복제 불가능'은 각각의 NFT에는 고유한 인식값이 부여되어 있으며, 최초의 발행자와 소유권 이전 등 모든 거래 내역이 투명하게 공개되고, 블록체인으로 발행되기 때문에 원천적으로 위조 또는 복제가 불가능하다는 것이다. 이처럼 디지털 자산에 복제가 불가능한 정보 값을 저장해 고유한 가치를 부여한 것이 바로 NFT이다. 또한 '대체・교환 불가능'은 비트코인 등과 같은 기존의 암호화폐는 각기 동일한 가치를 지니기 때문에 일대일 교환이 가능한 반면에, 각각의 NFT는 저마다 고유한 인식값을 부여받음으로써 서로 대체할 수 없는 가치와 특성이 있기 때문에 상호 교환할 수 없다는 것이다.

다음으로 현재까지 이루어진 NFT 시장 현황을 분석하자. NFT는 디지털 가상자산에 유일성, 희소성의 가치를 담을 수 있기 때문에 미술・음악 등 예술, 온라인 스포츠, 게임 등 진품 여부와 소유권 입증을 중요하게 여기는 여러 산업 부문에 큰 영향을 끼치고 있다. 또한 NFT 기술을 통해 예술품을 디지털화된 형태로도 소유할 수 있기 때문에 미술 시장의 범위가 디지털 공간으로까지 확대되고 있고, 디지털 작품이 NFT로 거래될 때마다 최초의 제작자가 수수료를 받도록 설정할 수 있기 때문에 원작자의 수익 창출도 증가할 수 있다. 아울러 향후 NFT를 적용할 수 있는 종목은 이미지・영상・텍스트・음원 등의 디지털 콘텐츠, 음악・미술 등의 예술품을 비롯해 게임 아이템, 가상 부동산, 각종 상품 등 다양하다. 이처럼 NFT 기술을 적용할 수 있는 다양한 형태의 콘텐츠는 소유권을 거래할 수 있으며 고유성・희소성이 있는 디지털 자산이기 때문에 투자의 대상으로도 주목받고 있다. 따라서 NFT가 새로운 경제 모델로 자리잡을 것이라는 시각이 많다.

본론 2

그렇다면 NFT의 한계에 대한 지적은 어떠한지와 금융권의 NFT 활성화 방안 등을 짚어보자. 먼저 민팅을 특징으로 하는 NFT는 누구나 발행할 수 있기 때문에 적법한 제작 권한을 가진 사람이 만들었는지 알기 어려우므로 저작권 문제와 법적 분쟁의 소지가 있다. 즉, NFT화하는 민팅 과정을 누구나 할 수 있으며 NFT를 생산한 사람이 원저작자인지 또는 원저작자의 허락을 얻었는지 보장할 수 없기 때문에 저작권・소유권 침해를 둘러싸고 법적인 분쟁을 일으킬 수 있으므로 법률과 제도의 정비・개선이 선행되어야 한다. 또한 민팅 과정을 통해 NFT로 발행된 디지털 저작물을 거래할 경우에 이를 유효한 저작물 거래로 볼 것인지에 대해서도 의견이 대립한다. 예컨대 저장용량이 큰 예술품의 경우에 원본 데이터는 블록체인 외부의 분산저장 시스템에 보관되며, NFT 블록체인에는 원본 데이터가 아니라 원본에 접근할 수 있는 링크가 저장되므로, 이를 거래하는 것을 유효한 저작물 거래로 볼 수 있을지 모호하다. 아울러 NFT의 저작권은 원저작자에게 있으며 NFT 소유자는 소유권만을 가지기 때문에 NFT 소유자는 저작권 침해 신고를 할 수 없고, 자신이 소유한 NFT를 공개하려면 원저작자의 허가를 얻어야 한다. 이에 대해 NFT에 반대하는 사람들은 NFT를 거래하는 행위는 실존하지 않기 때문에 실제적 가치가 전혀 없는 것을 금전을 받고 사고파는 것이라고 비판한다. 또한 NFT 기술이 적용되었어도 누구나 온라인상에서 열람할 수 있는 콘텐츠를 거래하며, 가치 책정 또한 주관적이라는 점에서 투기・거품이라는 비판도 있다.

그렇다면 이러한 NFT에 대해 금융권에서는 어떠한 활성화 방안을 추진하고 있는지와 이와 관련한 NFT 비즈니스 모델 개발 움직임을 살펴보자. 금융권 일반에서는 NFT 시장의 가능성을 높게 평가하며, NFT와 관련해 혁신적인 서비스를 출시하기 위해 치열한 경쟁을 하고 있다. 이에 따라 디지털 자산의 범위가 확대되고 시장이 성장함에 따라 금융기관은 디지털 자산 사업에서 선도적 지위를 확보하기 위한 중심 기술로 인식된 NFT의 활용 범위 확대를 시도하고 있다. 그리고 이러한 시도를 통해 금융기관이 NFT로 디지털 자산의 소유권과 경제적 가치를 고객에게 제공할 수 있다면 디지털 자산을 담보로 한 대출, 자산의 디지털 유동화, NFT 거래소, 디지털 자산 관련 정보 제공 등 다양한 금융 서비스를 제공할 수 있을 것으로 보인다. 아울러 '정부의 NFT 육성 정책'과 '금융회사와 빅테크 사이의 협업과 경쟁' 등의 이유로 금융권에서의 NFT 서비스의 도입과 발전 속도는 더 가속화될 것으로 보인다.

결론

NFT가 가상자산의 대중화를 이끌 신산업으로 급부상함에 따라 금융권을 비롯해 빅테크 등 산업 전반에 걸쳐 NFT가 미래의 새로운 성장동력이자 주요 먹거리라는 인식이 확산되고 있으며, NFT 시장에서 우월한 지위를 확보하기 위한 경쟁과 협업이 함께 추진되고 있다. 그리고 규제산업에 해당되는 금융업은 새로운 서비스를 개발할 때 정부의 입장과 정책에 민감할 수밖에 없는데, 정부가 NFT 산업을 육성·지원하는 정책을 추진할 것으로 예상됨에 따라 금융권의 NFT 관련 서비스 개발은 더욱 탄력을 받을 것으로 보인다. 다만, 빅테크들이 NFT 관련 기술의 진보를 비롯해 금융을 비롯한 각종 서비스 개발을 주도하는 등 전방위적인 NFT 생태계 구축에 앞장서고 있기 때문에 기존 금융권과의 건전한 경쟁 및 협업·제휴를 통한 공조가 더욱 필요한 시점이다. 아울러 건전한 경쟁을 촉진함으로써 소비자의 권익이 보호되도록 정부가 적극 나서서 NFT 지원 정책 방향을 올바르게 설정하기를 요청한다.

03 하나의 앱으로도 다기능을 수행할 수 있는 '슈퍼앱(Super Application) 전성시대'라 할 만큼 슈퍼앱을 둘러싼 관심과 경쟁이 뜨겁다. 이에 따라 금융권에서는 최적화된 금융 슈퍼앱 출시를 추진하는 등 '슈퍼앱 전성시대'에 맞는 변화를 시도하고 있다. 이와 관련해 슈퍼앱의 개념을 설명하고, 금융권에서 슈퍼앱화를 추진하는 배경과 활성화 방향을 논하시오.

개요작성

서론

① 슈퍼앱의 활성화를 촉진하려는 정부의 움직임 제시(뉴스 인용으로 독자의 관심 환기)
② 슈퍼앱의 기대효과와 함께 부작용 우려도 제시(논제 제시)
③ 슈퍼앱의 개념, 금융권에서 슈퍼앱화를 추진하는 배경, 활성화 방향(본론의 논제 방향 제시)

본론 1 슈퍼앱에 대한 이해

① 슈퍼앱의 개념 : 여러 개의 앱을 하나로 모아 다수의 서비스를 동시에 제공하는 통합앱
② 슈퍼앱의 특징 : 소비자들의 이용 편의성 개선
③ 슈퍼앱에 대한 우려 : 반독점 구조의 심화, 기존 산업의 생존권 침해 가능성 우려

본론 2 금융권에서 슈퍼앱화를 추진하는 배경 및 활성화 방향

① 금융권에서 슈퍼앱화를 추진하는 배경
　㉠ 금융업 발전과 소비자 편익을 가로막는 규제의 개선을 요구하는 사회적 목소리
　㉡ 기존 금융회사의 경쟁력을 강화함으로써 금융시장의 안정화 도모
　㉢ 디지털 환경에서 간편함을 미덕으로 여기는 소비 트렌드의 확산
　㉣ 전통적인 은행을 뛰어넘는 슈퍼앱으로의 전환 필요성
② 금융권의 슈퍼앱 활성화 방향
　㉠ 경쟁력 제고 : 슈퍼앱 플랫폼 개발 및 고객과의 접점 확대 → 성장 모멘텀 강화
　㉡ 고객 편의성 제고 : 음성인식 AI 기술 적용
　㉢ 고객 접근성 제고 : 통합앱을 통해 금융정보와 비금융정보를 함께 제공
　㉣ 법률과 제도의 틀 안에서 이용 편의성 극대화

결론

① 금융회사 차원의 슈퍼앱 발전 방향 : 경영철학을 반영한 독창적인 콘텐츠, 혁신적 기술 개발 → 정체성 제고(글쓴이의 의견 제시)
② 정부 차원의 슈퍼앱 발전 방향 : 서론의 일부 내용 요약 → 현실을 반영해 법률을 지속적으로 개정하고 제도를 공정하게 집행(글쓴이의 요구 제시로 마무리)

모범답안

서론

최근 뉴스에 따르면 금융위원회는 금융지주가 자회사의 각종 금융 서비스를 하나의 슈퍼앱(Super Application)으로 모아 통합 운영할 수 있도록 〈금융지주회사법〉 등 관련 법을 개정할 것으로 보인다. 이는 토스, 카카오페이 등의 테크핀(금융업을 영위하는 테크기업)들이 제공하는 금융 슈퍼앱에 맞서 기존 금융회사들의 경쟁력을 강화할 수 있는 금융 플랫폼 활성화 조치로 보인다. 그러나 이러한 슈퍼앱 활성화 조치로 인해 금융회사의 경쟁력과 고객 편의성을 높일 수 있을 것이라는 기대와 함께, 금융지주사의 권력 집중으로 인한 부작용 발생 가능성에 대한 우려도 제기되는 게 현실이다. 이처럼 슈퍼앱에는 작용과 반작용, 기대효과와 부작용 우려라는 양면이 있기 때문에 신중한 접근이 요구된다. 이에 따라 슈퍼앱의 개념이 정확히 무엇인지 이해하고, 금융권에서 슈퍼앱화를 추진하는 배경 및 활성화 방향 등을 살펴보고자 한다.

본론 1

먼저 정확한 이해를 위해 슈퍼앱의 개념 등 특징을 알아보자. 슈퍼앱은 동시에 여러 가지 서비스를 지원하는 앱으로, 여러 가지 앱들을 따로 설치하지 않고도 하나의 앱만으로 정보 검색(뉴스), 쇼핑(주문), 송금, 투자, 예매 등 복수의 서비스 제공이 가능하다. 가령 금융회사들에서 추진하고 있는 통합앱, 즉 여러 개의 앱을 통해 이루어지던 다수의 기능을 단일한 앱에서도 가능하도록 통합하는 원앱(One App) 전략은 슈퍼앱을 구현하는 방식이 될 수 있다. 이처럼 슈퍼앱은 소비자들을 위한 편의성을 가장 큰 특징으로 하기에 큰 주목을 받고 있으나, 다만 하나의 시장에서 이용자 다수를 확보한 거대 기업이 이종 시장으로 진출하는 것이 용이하기 때문에 반(半)독점 구조의 심화와 기존 산업의 생존권 침해 가능성 등이 우려된다.

본론 2

다음으로 금융권에서 슈퍼앱화를 추진하게 된 배경과 활성화 방향을 살펴보자. 금융업 발전과 소비자 편익을 가로막는 규제의 개선을 요구하는 사회적 목소리가 커짐에 따라 관심을 모은 것이 바로 '금융 슈퍼앱'이다. 또한 빅테크·테크핀 기업 등의 금융업 진출에 맞서 기존 금융회사의 경쟁력을 강화해 금융시장의 안정화를 도모해야 한다는 지적도 '금융 슈퍼앱'에 대한 사회적 관심을 크게 높이는 요인으로 작용했다. 아울러 MZ세대처럼 가상 디지털 환경에 익숙하고 간편함을 미덕으로 여기는 젊은 연령층이 주요 소비자 집단으로 부상함에 따라 소비 트렌드 또한 급변하고 있는 것도 '금융 슈퍼앱'의 발흥을 자극하는 원인으로 분석된다. 특히 '2030년까지 전통적인 은행의 80%가 사라질 것'이라는 글로벌 시장 조사기업 가트너(Gartner)의 분석은 전통적인 은행을 뛰어넘는 슈퍼앱으로의 전환 필요성을 방증한다.

그렇다면 금융권에서 추진할 수 있는 슈퍼앱 활성화 방향은 어떠할까? 먼저 금융업에 진출한 빅테크·테크핀에 맞서 경쟁력을 제고해야 하는 금융회사의 입장에서는 자사의 금융상품 전반을 고객이 한 번에 확인하고 비교할 수 있는 플랫폼 개발 및 고객과의 접점 확대와 이와 관련한 홍보 강화로 입지를 넓히는 한편 성장 모멘텀 강화를 이루어야 한다. 이때 음성인식 AI 등의 4차 산업혁명 핵심 기술을 적용해 고객의 편의성을 높여야 한다. 아울러 소비자들의 의견을 조사해 이용하기에 불편한 다수의 앱을 하나로 통합해 고객들의 불만을 해소하는 한편, 단순 금융 정보뿐만 아니라 자동차·부동산 등의 재테크는 물론 건강관리에 도움이 되는 비금융 정보도 함께 제공해 소비자의 유입·접근을 자극해야 한다. 그리고 〈금융소비자보호법〉 등 다양한 법적 제약이 있는 점을 감안해 정부에 법 개정을 요구하기에 앞서 현행 법률과 제도의 틀 안에서 이용 편의성을 극대화하는 다양한 전략을 강구해야 한다. 이후에 정부에 법과 제도의 개정을 건의하는 게 순서일 것이다.

결론

마지막으로 금융회사 및 정부 차원에서 향후 슈퍼앱을 발전시킬 수 있는 적절한 방향성에 대한 소견을 밝히고자 한다. 먼저 금융회사는 빅테크·테크핀에서 출시한 슈퍼앱을 벤치마킹하기에 앞서 자사의 경영철학을 반영한 독창적인 콘텐츠들을 담은 슈퍼앱의 출시와 이를 뒷받침할 수 있는 혁신적 기술 개발로 정체성을 제고해야 할 것이다. 그렇지 않으면 이종의 영역을 침범하면서까지 기업의 수익성 강화만을 추구하겠다는 상술로밖에 읽히지 않아 소비자들의 외면을 초래하기 쉽다. 또한 정부 차원에서는 법률과 제도를 지속적으로 정비해야 한다. 서론에서 언급한 것처럼, 금융지주사가 자회사의 서비스를 담은 통합앱을 직접 운영할 수 있게 하려는 금융위원회의 조치는 고객의 편의성·접근성 및 금융지주사의 경쟁력 강화에 이바지하겠으나, 금융지주사로의 권력 집중으로 인한 폐해를 조장하고, 계열사의 자율권을 훼손하는 등 일부 계열사의 희생을 강요할 수 있으며, 결국에는 금융지주사에 대해 책임 부여는 없고 권한만 부여하는 조치가 될 수 있다는 비판이 제기된다. 따라서 금융위원회 등의 정부 금융당국은 슈퍼앱에 대한 시장의 지적에 귀를 기울이고, 우려가 기우에 그칠 수 있도록 현실을 반영해 법률을 지속적으로 개정하고 제도를 공정하게 집행하기를 요청한다.

04 국내외의 수많은 금융기관들은 오픈소스(Open Source) 도입을 통해 혁신을 추구하고 있다. 이와 관련해 오픈소스의 개념과 특징을 설명하고, NH농협은행 등의 은행권에서 어떻게 하면 오픈소스 활용을 활성화할 수 있는지 논하시오.

개요작성

서론

① 오픈소스에 대한 인식의 변화(독자의 관심 환기)
② 금융권의 오픈소스 활용이 대중화되었으나, 개선책 요구 목소리 증가(논제 제시)
③ 오픈소스의 개념, 은행권의 오픈소스 활용 활성화 방안(본론의 논제 방향 제시)

본론 1 오픈소스에 대한 이해

① 오픈소스의 개념 : 무상으로 공개된 소스코드(또는 소프트웨어)
② 오픈소스의 특징
　㉠ 저렴하면서도 신속하게 완성도 높은 소프트웨어 개발 가능
　㉡ 오픈소스에는 저작권이 없다는 오해 → 준수사항을 지키지 않으면 저작권 침해
　㉢ 2차 저작물의 소스코드 공개를 거부하여 자신만의 것으로 이용하는 무임승차 문제

본론 2 은행권의 오픈소스 활용 활성화 방안

① 보안성 강화(치명적인 금융 사고 예방), 안정적인 운용을 담보하는 기술・장치 마련
② 오픈소스와 클라우드 고도화를 통해 저비용・고효율화 도모
③ 오픈소스 라이선스 준수를 위한 관리 전략 마련(저작권 침해 예방)

결론

① 오픈소스 활용 시의 이점(앞 내용의 요약)
② 오픈소스의 보안성을 강화해야 하는 이유 강조
③ 오픈소스 취약점 점검 시스템과 저작권・라이선스 저촉, 개인정보 유출을 예방하는 시스템 구축 필요(새로운 과제 제시로 마무리)

모범답안

서론

안정성을 미덕으로 여기는 금융권에서 오픈소스(Open Source)는 불안정한 시스템으로 인식되었기 때문에 '오픈소스=사용 불가'라고 생각하던 때가 있었다. 그러나 기술의 진보로 오픈소스의 안정성이 개선되고 오픈소스로 인한 속도 개선과 비용 절감 효과 때문에 금융권에서 오픈소스 사용이 활성화되었다. 특히 인공지능, 빅데이터, 클라우드 등 4차 산업혁명 핵심 기술들이 오픈소스 기반으로 발전함에 따라 금융권에서도 오픈소스를 사용하는 사례가 점차 대중화되고 있다. 그러나 금융권에서의 오픈소스 관리가 미흡하다는 지적과 함께 개선책 요구 목소리가 높아지고 있다. 그렇다면 오픈소스의 개념이 정확히 무엇인지 이해하고, 은행권의 오픈소스 활용 활성화 방안을 살펴보고자 한다.

본론 1

먼저 정확한 이해를 위해 오픈소스의 개념과 특징을 알아보자. 오픈소스는 무상으로 공개된 소스코드(또는 소프트웨어)를 뜻한다. 곧 공개된 소스코드에 누구나 접근해 결함(Bug) 수정, 개선 등을 신속히 하고, 그렇게 개량된 소스코드를 다시 무상으로 재배포하게 하는 등 공유경제의 원리를 통해 자원 활용을 극대화하자는 취지에서 발생했다. 이러한 특징 때문에 오픈소스는 보다 저렴하면서도 신속하게 완성도 높은 고품질의 소프트웨어를 개발할 수 있게 하며, 기존의 오픈소스를 활용해 다른 소프트웨어・프로그램을 개발할 경우에는 그것 또한 오픈소스로 무상 공개해야 한다. 오픈소스의 가장 대표적인 사례로는 무상으로 구매해 이용・편집・수정 등이 가능한 리눅스가 꼽힌다. 실제로 금융권에서도 리눅스를 서버급 전산기기의 운영체제로 보유하고 있는 경우가 가장 많다고 한다(2020년 말). 다만 오픈소스에는 저작권이 없다고 오해하기 쉬운데, 자유로운 재배포의 허가, 파생 소프트웨어 배포의 허가, 개인이나 집단의 차별 금지, 적용 분야 제한의 금지 등의 준수사항을 지키지 않으면 저작권을 침해하게 되어 소송 제기로 이어질 수 있다. 또한 오픈소스의 이용으로 파생된 2차 저작물의 소스코드도 공개해야 하는데, 공개를 거부하여 자신만의 것으로 이용하는 무임승차 문제도 발생할 수 있다. 아울러 전문가들 중에는 오픈소스가 경쟁기업의 소프트웨어 개발에 응용될 수 있기 때문에 공개자에게 오히려 해를 끼칠 수도 있다고 지적하는 이들도 있다.

본론 2

다음으로 은행권의 오픈소스 활용 활성화 방안을 살펴보자. 가장 먼저 해결되어야 할 점을 꼽으면 보안성 강화이다. 오픈소스는 누구나 쉽게 접근할 수 있기 때문에 바이러스, 해킹 등의 사이버 위협에 더 쉽게 노출될 수 있으며, 은행업은 고객의 소중한 금융 정보를 다루는 만큼 보안상의 취약점은 치명적인 금융 사고를 초래할 수 있으므로 보안의 중요성은 아무리 강조해도 지나치지 않다. 그리고 갈수록 금융 정보가 누적되기 때문에 처리해야 할 데이터의 양 또한 급격히 증가할 수 있으므로, 시스템 단절・오류 및 성능 저하 등을 예방하고 안정적인 운용을 담보하는 기술과 장치가 먼저 마련되어야 한다.

두 번째로 클라우드 등 4차 산업혁명 핵심 기술이 오픈소스 기반으로 발전했으며, 디지털 전환(DT)을 위해서는 클라우드가 제공하는 유연성・민첩성이 필수적이라는 점에서 오픈소스와 클라우드 고도화를 통해 저비용・고효율화를 도모할 수 있다. 이를 위해 내부적으로 기술을 검증하고 운용을 담당하는 전문 인력을 양성하는 한편 다양한 외부 플랫폼 사업자들과 디지털 제휴를 전개할 수 있다.

세 번째로, 오픈소스를 이용할 때는 2차 저작물의 소스코드 공개 등 개발자가 규정한 라이선스를 준수해야 하는데, 이를 위반하면 저작권 침해에 해당되어 책임을 져야 한다. 그러나 국내 다수의 은행들이 앱에서 사용하고 있는 오픈소스를 고지하지 않아 라이선스・법률 위반 문제가 발생할 여지가 있으므로 장기적인 관점에서 오픈소스 규범준수 관리 전략을 세울 필요성이 제기된다.

결론

이상으로 살펴본 바와 같이 오픈소스는 큰 비용을 들이지 않고도 양질의 다양한 코드를 이용할 수 있고, 이를 활용해 빠르게 다른 프로그램·소프트웨어를 개발할 수 있으며, 아울러 특정 벤더(Vendor)에 종속되지 않는다는 이점 때문에 널리 이용되고 있다. 특히 금융 시장의 급변에 제대로 대응하기 위해 무엇보다 민첩하고 유연한 IT 환경의 구축이 필수적으로 요구되는 오늘날의 은행권에서 디지털 금융 서비스의 밑그림 역할을 하는 오픈소스의 보안성을 강화하려는 것은, 디지털 혁신 강화를 위해 디지털 전환 속도를 높이려면 외부 오픈소스를 적극 활용해야 하지만 보안 문제가 발생할 경우에 금융 시스템이 마비될 수 있기 때문이다. 따라서 은행은 오픈소스 취약점 점검 시스템을 선제적으로 구축하는 한편, 오픈소스의 저작권·라이선스 저촉, 개인정보 유출 등이 발생하지 않도록 사전에 예방하는 시스템을 구축해야 한다.

05 고객의 생체정보를 활용한 생체인증을 적용해 금융회사가 새로운 서비스를 출시하는 현상이 가속화되고 있다. 이와 관련해 생체인증의 개념과 은행권에서의 이용 현황을 설명하고, 향후 보완해야 하는 점을 논하시오.

개요작성

서론

① '국내선 생체인증 탑승 수속' 간편 서비스 확대를 알리는 뉴스 인용(독자의 관심 환기)
② 생체인증 정보 활용의 의의(논제 제시)
③ 생체인증의 개념과 은행권의 이용 현황, 생체인증 보완 방안(본론의 논제 방향 제시)

본론 1 생체인증에 대한 이해

① 생체인증의 개념과 특징
㉠ 생체인증의 개념 : 개인마다 고유한 생체정보를 활용해 본인 인증
㉡ 생체인증의 특징 : 높은 안전성과 정확성 → 활용 범위가 확산 추세
② 은행권의 생체인증 이용 현황
㉠ 생체인증으로 예금 지급 가능 → 은행권의 생체인증 서비스 확산 가속화
㉡ 비대면 업무와 창구 업무 시에 생체정보를 활용해 본인을 식별함

본론 2 생체인증 보완 방안

① 해킹 기술과 위조·변조 기술 발전 → 안전성에 대한 사회적 요구 증가
② 보안 강화를 위해 간편성보다는 보안성에 무게를 두어야 함
㉠ 분산 저장, 다중 인증 방식 적용
㉡ 생체인증에만 의존하지 말고, 추가 인증 수단을 적용
③ 본인 거부율, 타인 승낙률 등 인식 오류 발생률 개선을 위해 기술 고도화

결론

① 생체인증 활용 범위 확대, 가장 안전하고 정확한 본인 인증 수단으로 인식(앞 내용의 요약) → 보완 대책을 먼저 강구해야 함
② 생체정보의 위조·누출을 사전에 차단하는 기술적·제도적 장치 마련 요구
③ 공신력 있는 제3의 기관 – 은행들 – 정부 사이의 역할 분담 제안(글쓴이의 의견 제시로 마무리)

모범답안

서론

뉴스에 따르면 이전에는 NH농협은행에서만 제공했던 '국내선 생체인증 탑승 수속' 간편 서비스가 2022년 9월부터 전 은행으로 확대되었다. 은행에 손바닥 정맥을 등록한 모든 고객들이 전용 통로를 통해 국내선 여객기에 간편하게 탑승할 수 있게 된 것이다. 이러한 생체인증 정보 활용 사례는 금융 혁신을 위한 디지털 전환(DT)의 일환으로 추진되는 것이며, 은행들이 생활밀착형 서비스로 고객들을 자사 금융 플랫폼으로 유인하기 위한 전략으로 분석된다. 그런데 생체정보는 일단 등록하면 변경이 불가능하며, 정보가 유출될 경우에는 대규모 피해가 예상되기 때문에 지속적인 보안 강화에 대한 사회적 요구가 크다. 이에 따라 생체인증의 개념과 은행권에서의 이용 현황, 그리고 생체인증 보완 방안 등을 살펴보고자 한다.

본론 1

먼저 정확한 이해를 위해 생체인증의 개념과 함께 은행권에서 생체인증을 어떻게 이용하고 있는지 살펴보자. 생체인증은 지문, 얼굴 형태, 홍채, 정맥, 목소리, 귀의 모양처럼 사람마다 다른 생체정보를 활용해 개인을 식별・인증하는 것이다. 이러한 생체정보는 개인마다 고유하고 도용・복제・분실・변경의 우려가 없기 때문에 생체인증은 안전성과 정확성이 매우 높은 인증 방식으로 평가된다. 이러한 특징 때문에 생체인증은 비밀번호・공인인증서 등 기존의 인증 수단을 대체하는 등 활용 범위가 확산 추세에 있다. 아울러 지난 2020년 7월 공정거래위원회가 '생체인증 등으로 예금지급이 가능하도록 허용한다.'는 내용으로 예금거래 기본약관을 개정한 이후 은행권의 생체인증 서비스 확산 속도가 빨라졌다. 이후 은행권은 무인기기(키오스크・ATM)와 모바일 등의 비대면 업무는 물론 금융상품 가입, 발급 등의 창구(대면) 업무 시에도 정맥・홍채・지문 등의 생체정보를 활용해 본인을 식별하고 있다.

본론 2

다음으로 생체인증 보완 방안을 살펴보자. 은행권에서 생체인증을 활용하는 범위가 확산 추세에 있지만, 해킹 기술과 위조・변조 기술이 날로 발전함에 따라 생체정보를 인증 기반으로 삼는 생체인증의 안전성에 대한 사회적 요구가 커지고 있다. 생체정보는 원한다고 해서 마음대로 바꿀 수 있는 것이 아니며, 일단 유출되면 고객의 피해가 심대하고 인증 수단으로서의 가치 또한 상실하기 때문이다. 은행의 입장에서 간편성보다는 보안성에 무게를 두어야 하는 이유다. 이를 위한 보안 강화 방안으로 고객의 생체정보를 2곳 이상의 격리된 장소에 분산 저장하는 방법, 고객이 금융거래를 위해 로그인할 때 지문・홍채・정맥 등 2가지 이상의 정보를 혼합한 다중 인증 방식을 적용하는 방법 등을 채택할 수 있다. 다만, 은행은 생체인증에만 의존하지 말고, 생체인증 이외의 추가 인증 수단을 적용하는 방안을 강구해야 한다. 아울러 본인거부율(FRR), 타인승낙률(FAR) 등 생체인증 자체의 인식 오류를 줄이기 위해 기술 수준을 더욱 고도화할 필요가 있다. 예컨대, 타인의 얼굴 사진이나 동영상, 녹음된 음성 등과 실제 사람(본인)을 기계가 구별해 인식하게 하는 것이다. 또한 홍채처럼 도용이 거의 불가능한 생체정보를 활용하는 것도 안전성을 높이는 방편이 된다.

결론

오늘날 개인정보 보호에 대한 사회적 경각심과 요구 수준이 높고, 코로나19 장기화 사태로 인해 비대면 문화가 널리 확산됨에 따라 높은 안전성과 정확성을 자랑하는 생체인증이 활용 범위를 크게 넓혀가며 각광을 받고 있다. 특히 보안을 생명처럼 여기는 은행권에서도 비대면 거래가 급증하고 있고, 타인의 정보를 도용한 금융 사고의 예방 요구가 높아지는 가운데 생체인증은 본인 여부를 증명할 수 있는 가장 확실한 수단으로 인식되고 있다. 따라서 은행권에서 생체인증을 활용하려면 생체정보의 위조 방지, 인증 정확도 제고와 개인 프라이버시 보호 등 보완 대책을 먼저 강구해야 하는 시점이다. 특히 생체정보는 한 번 위조되거나 누출된 것으로 판명되면 인증 목적으로는 다시 사용할 수 없게 되므로 이를 사전에 차단할 수 있는 기술적・제도적 장치를 마련해야 한다. 아울러 높은 기술력과 보안성을 갖춰 공신력을 인정받는 제3의 기관이 고객의 생체정보를 집중 관리하고, 은행들은 이를 공동 이용하며, 정부에서 이러한 과정 전반을 감독・감시・규율하는 등 역할을 분담하는 것도 바람직할 것이다.

06 블록체인 기술의 발전으로 인해 금융권에도 탈중앙화가 새로운 패러다임으로 제시됨에 따라 금융(Finance)의 탈중앙화(Decentralized), 즉 '디파이(DeFi)'가 기존 금융의 대안으로 떠올랐다. 이와 관련해 디파이의 개념과 국내 현황을 설명하고, 향후 금융권에서 디파이에 어떻게 대응할 수 있을지 논하시오.

개요작성

서론

① 전통적인 금융 시스템의 현실적인 대안으로 떠오른 디파이(중심 소재를 소개해 독자의 관심 환기)
② 외국의 디파이 규제 검토 및 아직 초기 단계에 있는 국내의 디파이(논제 제시)
③ 디파이의 개념(특징), 국내 현주소, 향후 금융권의 디파이 대응 방향(본론의 논제 방향 제시)

본론 1 디파이에 대한 이해

① 디파이의 개념과 특징
　㉠ 디파이의 개념 : 중앙기관의 관리를 배제하고 거래 당사자끼리 직접 금융 거래
　㉡ 디파이의 거래 수단 : 법정화폐에 연동 또는 가상자산을 담보로 한 스테이블 코인
　㉢ 디파이의 장점 : 비용 절감, 신속성 향상, 높은 접근성 · 응용성 · 결합성
② 디파이 관련 국내 현황 : 법적 규제와 이용자 보호장치가 미비 → 국내 은행들은 디파이 서비스 개발에 소극적

본론 2 금융권의 디파이 대응 방향

① 국내에 금융회사의 디파이 서비스 제공을 제한하는 규제 없음 → 향후 디지털 전환(DT) 전략의 일환으로 디파이 서비스 도입 가능
② 디파이 플랫폼에서 이루어지는 대출 · 투자 양상은 기존의 전통적인 금융권과 유사함 → 은행들이 디파이 관련 서비스를 벌이며 사업을 추진할 여지 다분함
③ 디파이 생태계를 선도하고 있는 외국의 선례를 참고해 적절한 대응 방향 설정

결론

① 전문가들의 디파이 시장에 대한 전망 인용('옥석 가리기'가 이루어질 것)
② 은행은 디파이 생태계에 대한 기초 노하우 습득 등으로 디파이 시장 진입 준비할 필요(새로운 과제 제시)
③ 디파이의 영향력 확대를 예상한 은행의 전략적 방향 제안(새로운 방향성 제시로 마무리)

모범답안

서론

탈중앙성으로 인한 비용 절감 등 여러 가지 기대효과 때문에 디파이(DeFi)에 대한 관심이 커짐에 따라 디파이가 전통적인 금융 시스템의 현실적인 대안으로 점쳐지고 있다. 그러나 2021년 미국의 한 디파이 플랫폼 업체에서 업데이트 중의 오류로 인해 한화로 1,000억 원이 넘는 피해가 발생한 것을 두고 전문가들은 디파이의 취약점이 드러난 사례라고 지적한다. 이에 따라 디파이의 불안정성에 따른 투자자 피해를 막기 위해 세계 각국의 금융당국은 디파이에 대한 규제 도입을 검토하고 있지만, 우리나라에서 디파이는 아직 초기 단계에 머물러 있다. 그렇다면 디파이의 정확한 개념과 특징은 무엇인지 이해하고, 디파이와 관련한 국내 현주소와 향후 금융권에서 디파이에 어떻게 대응할 수 있을지 살펴보고자 한다.

본론 1

먼저 정확한 이해를 위해 디파이의 개념과 함께 디파이와 관련한 국내 현주소를 알아보자. 디파이(DeFi)는 'Decentralized(탈중앙화된) Finance(금융)'의 조합어로, 기존의 정부·은행 같은 중앙기관의 개입·중재·통제를 배제하고 거래 당사자들끼리 송금·예금·대출·결제·투자 등의 금융 거래를 하자는 게 주요 개념이다. 이때 거래자들 간의 신뢰를 담보하기 위해 높은 보안성, 비용 절감 효과, 넓은 활용 범위를 자랑하는 블록체인 기술을 기반으로 한다. 이러한 디파이는 주로 서비스를 안정적으로 제공하기 위해 기존의 법정화폐에 연동되거나 비트코인 같은 가상자산을 담보로 발행된 스테이블 코인(가격 변동성을 최소화하도록 설계된 암호화폐)을 거래 수단으로 사용한다. 디파이는 거래의 속도를 크게 높일 수 있고, 거래 수수료 등 부대비용이 거의 들지 않기 때문에 비용을 절감할 수 있다는 것이 가장 큰 특징이다. 은행 등 금융기관에 거래 정보를 기록하는 전통적인 금융과 달리 디파이는 블록체인 자체에 거래 정보를 기록하기 때문에 중개자가 필요 없을 뿐만 아니라 위조·변조 우려가 없어 신원 인증 같은 복잡한 절차도 없고, 휴대전화 등으로 인터넷에 연결되기만 하면 언제든지, 어디든지, 누구든지 디파이에 접근할 수 있는 것이다. 금융 접근성이 낮은 국가에서 디파이가 대안으로 주목을 받는 이유다. 아울러 디파이는 응용성·결합성이 우수해 새로운 금융 서비스를 빠르게 개발할 수 있다.
그러나 디파이에는 선결해야 할 과제들도 있다. 국내에서 디파이는 아직 도입 초기 단계에 머물러 있기 때문에 법적 규제와 이용자 보호장치가 미비하며, 이로 인해 금융 사고 발생 가능성이 높고 상품 안정성 또한 아직 높지 않다는 한계가 있다. 즉, 아직 법과 제도의 테두리 밖에 있기 때문에 국내 은행들은 디파이 서비스 개발에 적극적으로 나서지 못하고 있다.

본론 2

그렇다면 향후 금융권에서 디파이에 어떻게 대응할 수 있을지 살펴보자. 첫 번째, 국내에 금융회사의 디파이 서비스 제공을 제한하는 규제는 아직 존재하지 않으나, 규제 공백과 낮은 상품 안정성 등 리스크 요인이 있고, 이미 중앙화된 시스템을 갖추고 있기 때문에 적극적인 도입에는 시간이 걸릴 것으로 보인다. 다만 법적 규제가 확실히 정착되면 국내 은행들도 경쟁력 강화를 위한 디지털 전환(DT) 전략의 일환으로 디파이 서비스 도입에 나설 것으로 전망된다.
두 번째, 디파이 플랫폼에서 이루어지는 가상자산을 담보로 한 대출과 가상자산 간 투자, 플랫폼 간 이자율을 이용한 레버리지 투자 등은 기존의 전통적인 금융권의 대출·투자와 그 양상이 비슷하다는 점에서 금융 주체 세력이자 금융 전문가로 꼽히는 은행들이 디파이 관련 서비스를 벌이며 사업을 추진할 여지는 크다. 특히 금융 혁신의 밑거름이 되는 경쟁력을 확보하려고 디지털 전환(DT)을 전략적으로 추진하는 은행들에게 디파이는 분명 새로운 기회이자 수익원 창출 요인이 될 것이다.
세 번째, 우리나라보다 앞서 디파이 생태계를 선도하고 있는 외국의 주요 금융기관들이 고객 잠식을 예방하기 위해 법과 제도의 테두리 안에서 허용된 가상자산 관련 사업을 전략적으로 추진하는 등 해외 선례를 참고한다면 국내 은행들은 적절한 대응 방향을 설정하고 국내 시장을 선점할 수 있을 것이다.

결론

전문가들은 최근의 '테라 · 루나' 폭락 사태로 인한 가상화폐에 대한 신뢰도 저하와 가상자산 가격 하락 등의 요인 때문에 디파이 시장은 당분간 위축될 것으로 전망한다. 그리고 이러한 위축이 시장을 정화(淨化)하는 계기가 되어 디파이 서비스와 가상자산에 대한 '옥석 가리기'가 이루어질 것으로 예상한다. 이처럼 시장이 재활성화되기 위해 잠시 숨을 고르는 시기에 기존의 은행은 디파이 시장의 주요 거래 품목인 가상자산 관련 비즈니스를 전개하면서 디파이 생태계에 대한 기초 노하우를 습득함으로써 디파이 시장에 대한 본격적인 진입을 준비하는 한편, 진입 후에 겪을 수도 있는 시행착오를 최소화하는 전략을 마련하는 것이 바람직할 것으로 보인다. 아울러 디파이의 영향력 확대를 예상해 은행은 블록체인의 장점을 적극 활용할 수 있는 스테이블 코인 활용 확대, 가상자산 연계 상품 출시, 디파이 상품이 또는 디파이 관련 기업에 대한 투자 등의 전략을 실행하는 것도 효과적일 것이다.

07 한국은행이 중앙은행에서 발행하는 디지털 화폐, 즉 CBDC의 실험·검증 단계에 돌입하는 등 국내 CBDC의 본격적 도입이 가시화됨에 따라 영향을 받게 될 금융업계의 관심이 커지고 있다. 이와 관련해 CBDC의 개념과 도입 배경을 설명하고, 대비해야 할 점과 은행권의 대응 현황을 논하시오.

개요작성

서론

① CBDC 도입이 필요하다는 공감대가 형성된 원인(독자의 관심 환기)
② 각국의 중앙은행들은 CBDC 도입을 주요 정책 과제로 상정하고 개발 중(논제 제시)
③ CBDC의 개념과 도입 배경 및 대비 사항, 은행권의 대응 현황(본론의 논제 방향 제시)

본론 1 CBDC의 개념과 도입 배경

① CBDC의 개념(정의) : 디지털화된 법정화폐 → 디지털 경제에 보편적 지급 수단으로 활용 가능할 것으로 기대
② CBDC의 도입 배경 : 신기술(블록체인) 개발, 온라인 결제 급증, 가상화폐 활성화 → 화폐 통제권 보호 및 디지털 경제 패권 선점을 위해 CBDC 개발 추진

본론 2 CBDC 대비 사항과 은행권의 대응 현황

① 전문가들의 지적 사항
   ㉠ CBDC의 익명성 제한 → 개인 프라이버시 침해 → 프라이버시와 익명성을 보장하도록 CBDC 설계
   ㉡ 사이버 공격 → 국가 금융 시스템 마비 → 최고 수준의 보안 능력 요구
   ㉢ 디지털 환경에 익숙하지 않은 사회 계층 소외, 은행의 자금 조달 기능 약화로 인한 각종 부작용 우려 → 해결안 도출을 위한 사전 연구 요구
② 은행권의 CBDC 대응 현황
   ㉠ NH농협은행 등의 주요 은행 : CBDC 검증 플랫폼을 자체 운영하며 시스템 시험 중
   ㉡ 농협상호금융 : '멀티자산지갑' 개발 결정

결론

① 한국은행의 CBDC 도입 준비 사항 점검 → 도입과 운용에 만전을 기해야 하는 시점
② 〈한국은행법〉 개정 또는 관련 법을 제정하는 등 CBDC의 법적 근거 마련 필요(새로운 과제 제시)
③ 은행의 자금 조달 비용 상승 압력을 완화시키기 위한 정책 제안
④ 외국의 논의 모니터링, 의사소통 강화 필요(새로운 방향 제시로 마무리)

모범답안

서론

전 세계적으로 금융의 디지털 전환이 가속화되는 동시에 지급결제 환경 또한 급변하고 있다. 아울러 현금 이용 감소세가 지속되는 한편, 스테이블 고인 등의 가상화폐가 일상적인 지급 수단으로 자리잡을 가능성이 커짐에 따라 CBDC(Central Bank Digital Currency) 도입이 필요하다는 공감대가 형성되었다. 이러한 변화에 대응하기 위해 한국은행을 비롯한 각국의 중앙은행들은 CBDC 도입을 주요 정책 과제로 상정하고 개발 중이다. 이에 따라 CBDC의 개념 등을 이해하고, CBDC 도입에 앞서 대비해야 할 것들과 현재 은행권에서는 어떻게 CBDC에 대응하고 있는지 살펴보고자 한다.

본론 1

먼저 정확한 이해를 위해 CBDC의 개념과 도입 배경을 살펴보자. CBDC는 중앙은행이 발행하는 전자 형태의 법정화폐이며, 국제결제은행(BIS)은 '전통적인 지급준비금이나 결제계좌상 예치금과는 다른 전자적 형태의 중앙은행 화폐'라고 정의한다. CBDC는 비트코인 등의 암호화폐처럼 블록체인 기술, 분산원장 방식 등을 적용해 전자 형태로 저장되지만, 국가가 발행하고 가치를 보증하기 때문에 민간에서 발행하는 암호화폐보다 안정성과 신뢰성이 높고 현금처럼 가격 변동이 거의 없다. 한 마디로 '디지털화된 법정화폐'라 할 수 있는 것이다. 또한 전자 형태로 발행되기 때문에 화폐 거래 추적이 쉽고 익명성이 제한되므로 암시장 억제와 자금세탁 방지를 기대할 수 있으며, 블록체인으로 관리되므로 화폐 위조 위험이 없고, 현금 같은 실물을 발행할 필요가 없어 화폐 제작 비용을 절약할 수 있으며, 국가 간 지급결제망을 갖추면 번거로운 환전 과정 없이 바로 사용할 수 있다. 이용자는 중앙은행이 개발한 전자지갑 앱을 스마트폰에 다운로드함으로써 CBDC를 사용할 수 있다. 이처럼 CBDC는 기존의 화폐 유통과 거래 과정에서 소모되는 비용을 절감할 수 있으며, 나아가 디지털 경제에 보편적 지급 수단으로 활용 가능할 것으로 기대된다.

이러한 CBDC는 어떤 배경에서 등장하게 된 것일까? 1985년 CBDC를 세계 최초로 제안한 사람은 미국의 경제학자 제임스 토빈이며, 이후 블록체인 등의 신기술이 개발됨에 따라 CBDC의 실현 가능성이 크게 증가했다. 또한 코로나19 장기화 사태 이후 현금 사용 빈도가 감소하는 반면 온라인 결제는 크게 증가하고, 민간 가상화폐가 활성화됨에 따라 중앙은행의 화폐 통제권을 민간 가상화폐에 빼앗기지 않으려고 중국, 스웨덴, 미국, 한국, 일본, 유럽 등 세계 각국이 CBDC 개발을 추진하고 있다. 디지털 경제 패권을 선점하기 위해 CBDC 개발을 추진하고 있는 모양새다.

본론 2

그렇다면 본격적인 CBDC 도입에 앞서 반드시 대비해야 할 점으로는 어떠한 것들이 지적되고 있는지 살펴보자. 먼저 수많은 전문가들은 CBDC의 익명성 제한으로 인해 개인 프라이버시를 침해하고 국민을 감시하는 수단으로 오용될 수 있다고 지적한다. 프라이버시와 익명성 보장을 CBDC 도입의 선결 과제로 여기고 있는 것이므로 프라이버시와 익명성이 충분히 보장되도록 CBDC를 설계해야 한다. 또한 중앙은행이 사이버 공격을 받으면 자칫 국가 금융 시스템 전체가 마비될 수 있으므로 보안 능력을 최고 수준으로 끌어올려야 한다고 지적한다. 그리고 노인층처럼 디지털 환경에 익숙하지 않은 사회 계층이 금융 서비스에서 소외될 수 있다는 지적과 함께 은행의 자금 조달(중개) 기능의 약화로 인한 각종 부작용 발생 우려도 제기되므로 자원 배분의 효율성 저하를 막을 수 있는 해결안 도출을 위해 정밀한 사전 연구가 이루어져야 할 것이다.

다음으로 은행권은 CBDC에 어떤 식으로 대응하고 있는지 알아보자. NH농협은행을 비롯한 주요 은행들은 자체적으로 CBDC 검증 플랫폼을 구축해 운영하고 있다. 블록체인 업체, 정보기술 기업, 대학 등과 공조해 실제의 화폐처럼 CBDC를 원활하게 융통할 수 있는지 시스템을 시험 운영 중인 것이다. 또한 농협상호금융은 2022년 5월 '농협 상호금융의 CBDC 활용'을 디지털 혁신의 거시적 과제로 선정하고, 한국은행이 CBDC를 실제로 발행했을 경우에 신속하게 대응하기 위해 CBDC 같은 가상자산을 관리할 수 있는 '멀티자산지갑'을 개발하기로 결정했다.

결론

한국은행은 CBDC를 지원하기 위한 가상공간으로서 파일럿 플랫폼 구축을 완료하고 시중은행을 비롯한 금융사 및 블록체인 업체와 함께 CBDC를 기능시험 중이라고 한다. 차근차근 준비해 CBDC 도입과 운용에 만전을 기해야 하는 시점이다. 이와 함께 CBDC는 중앙은행에서 발행하므로 이를 관리・통제해 안정적인 발행과 지급결제 등 온전한 운영이 가능하도록 현행 〈한국은행법〉을 개정하거나 관련 법을 제정하는 등 법적 근거 마련 조치가 반드시 필요하다. 또한 중앙은행이 은행권에 대한 대출금리를 인하하는 등 CBDC 도입에 따른 은행의 자금 조달 비용 상승 압력을 완화시키기 위한 정책을 도입하면 CBDC 도입 여부와 관계없이 동일한 균형 상태를 달성할 수 있을 것이다. 아울러 각국 중앙은행들의 향후 CBDC 도입 논의가 본격화될 것으로 예상되는 만큼, 글로벌 논의 동향을 면밀하게 모니터링하고, 최적의 설계 및 운영 모델 모색과 사회적 공감대 형성을 위한 의사소통 강화가 긴요할 것으로 보인다.

08 해외 금융 선진국에서는 금융업의 경쟁력 강화 전략의 일환으로 서비스형 뱅킹(BaaS)이 새로운 돌파구로 인식되어 BaaS 시장이 급성장 중이지만, 국내의 BaaS는 아직 초기 단계에 머물러 있다는 지적이 많다. 이와 관련해 BaaS의 개념과 특징을 설명하고, 금융권의 적절한 대응 방향을 논하시오.

개요작성

서론

① BaaS가 비즈니스의 새로운 모델로 제시된 배경(독자의 관심 환기)
② 성장을 이룬 외국에 비해 미미한 수준인 국내 BaaS(논제 제시)
③ BaaS에 대한 이해, 금융권의 적절한 대응 방향(본론의 논제 방향 제시)

본론 1 BaaS에 대한 이해

① BaaS의 의미 : BaaS의 개념과 이해를 돕기 위한 사례 제시
② BaaS의 기대효과(장점) : 참여자 모두가 'Win – Win – Win'하는 구조
③ 외국의 BaaS 선례 : 미국, 영국 등에서 BaaS가 이루어지는 방식
④ BaaS에 대한 부정적인 시각(개선할 점) : 국내에서 BaaS가 확실한 수익 창출원이 되기에는 시기상조, 보안과 리스크 관리 문제

본론 2 금융권의 적절한 BaaS 대응 방향

① 금융회사와 기업 고객과의 관계 개선 : 전략적 제휴를 통해 윈윈하고 소비자 편의를 도모하는 비즈니스 발굴
② 개별 기능의 플랫폼화를 위한 코어 뱅킹 시스템 전환의 필요성, 맞춤형 금융 서비스 구현 ← 기업의 요구 사항에 유연하게 대처
③ 보안 유지, 리스크 관리와 자체 플랫폼의 전략 방향에 대한 의사결정

결론

① '빅테크 공룡'들의 금융 시장 진출로 인한 위협과 빌 게이츠의 경고
② BaaS가 금융권에서 새로운 비즈니스 모델로 기대를 받게 된 배경(논제 필요성 강조)
③ 은행만의 강점을 극대화하는 전략과 파트너들과의 제휴로 위기 극복 강조(글쓴이의 의견 제시로 마무리)

모범답안

서론

은행들이 기업의 운명을 걸고 디지털 전환(DT)을 생존을 위한 금융 혁신의 필수 전략으로 추진하고 있는 오늘날의 상황에서 BaaS(Banking as a Service), 즉 서비스형 뱅킹이 금융 플랫폼 비즈니스의 새로운 모델로 제시되었다. 외국에서는 이미 수년 전부터 다양한 BaaS 관련 상품이 출시되는 등 시장 규모가 성장세를 나타내고 있다. 그러나 우리나라에서는 BaaS가 본격적으로 도입되기 전이라 관련 규제도 미비하고 은행권의 대응도 초기 단계 수준이다. 그렇다면 BaaS가 정확히 무엇인지 이해하고, 금융권의 적절한 대응 방향을 살펴보고자 한다.

본론 1

먼저 BaaS의 개념과 특징을 살펴보자. BaaS는 은행 등의 금융회사가 구축한 API(응용프로그램 인터페이스)를 비금융회사 등의 제3자에게 개방해 혁신적인 금융상품을 개발·출시하는 형태의 금융 서비스를 의미한다. 이때 비금융회사는 금융회사의 API를 이용한 대가로 금융회사에 수수료를 지불한다. 즉, 은행에서 제공하던 서비스를 하나의 솔루션처럼 만들어서 은행이 아닌 주체가 이용할 수 있게 하는 것을 뜻한다. 예컨대, A여행사 홈페이지에서 여행상품을 구입한 고객이 대금을 결제할 때 A여행사와 제휴를 맺은 B은행의 여행 관련 대출상품을 고객에게 자동으로 연계해주는 것이다. 이때 고객은 B은행의 홈페이지에 접속하지 않고도 A여행사의 홈페이지에서 대출 업무를 원스톱으로 처리할 수 있다. 이처럼 BaaS를 통해서 금융회사는 신규 고객 데이터 확보와 수수료 등의 수익원 창출을 기대할 수 있으며, 비금융회사는 규제를 피하면서도 금융 라이선스 획득을 위해 필요한 막대한 인프라 구축 비용을 들이지 않고 고객에게 금융 서비스를 제공함으로써 기업 가치를 제고할 수 있다. 또한 고객의 입장에서는 다양한 서비스를 편리하게 이용할 수 있다는 장점이 있다. 이로써 BaaS는 참여자 모두가 'Win－Win－Win'하는 구조를 이룰 수 있는 것이다. 아울러 BaaS 시장이 급성장하고 있는 미국, 영국 등에서는 은행이 제휴를 맺은 핀테크·스타트업에 API를 제공하고, 핀테크·스타트업은 그 위에 신규 서비스를 구축하는 방식으로 BaaS가 이루어진다. 그러나 일각에서는 BaaS는 금융회사가 비금융회사와의 제휴를 통해 고객 데이터를 모으는 수단일 뿐이며, 국내 규제 이슈와 업종별 영업 환경 차이를 고려하면 확실한 수익 창출원이 되기까지는 아직 많은 선행 연구가 필요하다고 지적한다. 또한 BaaS는 태생적으로 금융회사의 핵심 기술과 데이터를 외부 기업과 공유한다는 점에서 높은 수준의 보안과 철저한 리스크 관리가 필요하다는 점도 지적된다.

본론 2

그렇다면 금융권의 적절한 BaaS 대응 방향으로 무엇이 가능한지 살펴보자. 먼저 BaaS에서는 금융회사와 기업 사이의 전략적 상호작용이 이루어지므로 향후 금융회사와 기업 고객과의 관계가 무엇보다 중요해질 것이다. 따라서 금융회사는 기업 고객인 빅테크, 핀테크, 비금융회사와 전략적 제휴를 맺음으로써 상호 윈윈하고 소비자의 편의도 도모할 수 있는 차별화된 비즈니스를 발굴해야 한다. 두 번째로, 성공적인 BaaS 비즈니스를 이루기 위해 산업별 경쟁력 있는 기업과 전략적 제휴를 맺고 개별 기능의 플랫폼화를 위해 기존의 결제·카드발급·대출 업무 등의 코어 뱅킹 시스템을 전환할 필요가 있다. 또한 맞춤형 금융서비스를 구현하려면 다양한 기능을 플랫폼 시스템으로 구성해 독립적으로 운영하고 API를 이용한 서비스 연결 방법으로 기업의 요구 사항에 유연하게 대처해야 한다. 세 번째로, BaaS는 금융회사의 핵심 기술과 데이터를 비금융회사에 이전하는 것이므로 보안 유지, 리스크 관리와 자체 플랫폼의 전략 방향에 대한 의사결정이 요구된다.

결론

네이버, 카카오, 아마존, 구글 등 빅테크 공룡들의 금융 시장 진출은 이들에 맞서 경쟁해야 하는 기존의 은행들에게 큰 위협 요인이 되고 있으므로 "은행은 소멸하고, 서비스만 남을 것"이라는 빌 게이츠의 경고는 시사하는 바가 크다. 이러한 위기 상황에서 BaaS가 금융권에서 새로운 비즈니스 모델로 기대를 받게 된 것은 은행 입장에서는 BaaS를 통해 수수료라는 신규 수익원을 창출하는 동시에 파트너인 비금융기업의 고객을 은행 고객으로 유입할 수 있기 때문이다. 경쟁을 극복하고 생존을 위한 전략으로 디지털 전환(DT)을 전략적으로 추진하고 있는 은행의 입장에서 BaaS는 매우 유용한 도구가 될 수 있는 것이다. 아울러 금융 라이선스를 갖춘 은행의 강점을 극대화하는 전략과 함께 경쟁력을 갖춘 파트너들과의 제휴로 위기를 극복해야 한다.

09 오늘날 새로운 비즈니스 모델로 행동인터넷(Internet of Behaviors)이 등장했으며, NH농협은행은 행동인터넷을 적용한 금융상품을 국내 최초로 출시해 관심을 모은 바 있다. 이와 관련해 행동인터넷의 개념과 특징을 설명하고, 행동인터넷의 활성화를 위해 준비해야 할 것들을 논하시오.

개요작성

서론

① 행동인터넷의 활용 사례로 AI 면접 소개(예시를 인용해 독자의 관심 환기)
② 기업들이 행동인터넷을 새로운 비즈니스 모델로 인식하게 됨(논제 제시)
③ 행동인터넷에 대한 정확한 이해, 행동인터넷의 활성화를 위해 준비해야 할 것들(본론의 논제 방향 제시)

본론 1 행동인터넷에 대한 이해

① 행동인터넷의 등장 배경 : 인간의 행동을 유도하는 기술 성장 → 기업이 이용자의 행동에 영향을 끼칠 수 있게 됨
② 행동인터넷의 개념 : AI가 인간의 행동을 파악해 특정 행동을 유도 또는 억제함
③ 은행권의 행동인터넷 활용 사례 : NH농협은행과 다른 은행들의 사례 인용

본론 2 행동인터넷의 활성화를 위해 준비해야 할 것들

① 행동인터넷에 대한 반론들(개선해야 할 점) 다섯 가지 제시
② 반론에서 제기된 문제점들에 대한 보완 방향 : 법률·제도의 정비, 높은 수준의 암호화 기술, 기업에서 강력한 정보관리 수칙 마련

결론

① 정보화·디지털 시대에 활용 가치·범위가 급격히 확대되고 있는 행동인터넷(논제에 대한 가치 평가로 논제 당위성 강조)
② 은행의 경쟁력을 크게 강화할 수 있는 도구로서의 행동인터넷(논제에 대한 가치 평가)
③ 문제점들을 해결하지 않으면 행동인터넷의 미래는 어둡다는 경고(해결안 촉구를 강조)
④ 보다 강력한 법적·기술적 보완 수단을 먼저 강구해야 하는 시점(글쓴이의 요구 제시로 마무리)

모범답안

서론

코로나19 장기화 사태 이후 확산된 비대면 문화의 영향으로 인재 채용 과정에서 AI(인공지능) 면접을 실시하는 기업들이 늘어나고 있다. 기계가 피면접자의 표정, 음성 등의 행동데이터를 수집하고 디지털화해 인간의 감정을 분석·평가하는 것이다. 이러한 사례에서 알 수 있듯이 행동인터넷(IoB; Internet of Behavior)은 이미 우리 생활 깊숙이 파고들었고, 기업들은 행동인터넷을 새로운 비즈니스 모델로 인식하고 있다. 그러나 프라이버시 침해 등을 이유로 행동인터넷에 대해 물음표를 던지는 이들 또한 적지 않다. 그렇다면 행동인터넷이 정확히 무엇인지 이해하고, 행동인터넷의 활성화를 위해 준비해야 할 것들을 살펴보고자 한다.

본론 1

먼저 정확한 이해를 위해 행동인터넷의 개념과 특징을 살펴보자. 오늘날은 위치 추적, 안면 인식, 빅데이터 등을 토대로 확보한 데이터를 기반으로 인간의 행동을 유도하는 기술이 급성장했으며, 이러한 기업의 급성장으로 인해 기업이 이용자의 행동에 영향을 끼칠 수 있게 됨에 따라 등장한 것이 바로 행동인터넷이다. 행동인터넷은 인간의 행동을 파악하고 특정 행동을 유도 또는 억제할 목적으로 인공지능(AI)이 인간의 행동데이터를 수집・분석・예측・활용하는 인터넷을 의미하며, 미국 최대 IT컨설팅 업체인 가트너(Gartner)가 '2021년 미래 유망 기술 트렌드' 중 하나로 제시했다. 예를 들어 어떤 인터넷 이용자가 주기적으로 영화표를 예매했을 경우에 '영화 애호가'라는 정보가 기계에 입력되고, 이러한 정보를 토대로 기계는 이용자에게 최신 인기 영화 목록 등을 추천한다. 이때 각각의 이용자에게 최적화된 '개인화'를 위해서는 데이터 수집이 필수적이다. 또한 은행권의 행동인터넷 활용 사례를 살펴보면, NH농협은행은 행동인터넷을 적용한 금융상품을 최초로 출시한 바 있다. NH농협은행이 출시한 위치기반서비스(LBS; Location Based Service) 금융상품은 통신사 기지국으로부터 실시간으로 고객이 움직인 이동 동선을 행동데이터로 받아 금리 인하 등의 혜택을 맞춤형으로 제공하는 상품이라고 한다. 이는 행동데이터를 활용해 상품의 질을 높인 사례로 평가받는다. 그밖에 우리은행 등의 다른 은행들도 고객의 행동데이터를 바탕으로 하는 개인별・맞춤형 금융 서비스 확대를 준비하는 것으로 알려져 있다.

본론 2

그렇다면 본격적인 행동인터넷의 활성화에 앞서 지적되는 미비점에는 무엇이 있으며, 이를 보완하려면 어떻게 준비해야 할까? 먼저 행동인터넷에 반론을 제기하는 전문가들의 지적을 살펴보자. 첫째, 행동인터넷이 인간의 행동데이터를 직접적으로 다루기 때문에 프라이버시 침해 같은 법적・윤리적 문제를 초래할 수 있다고 우려한다. 둘째, 개인정보의 유출이 우려된다. 수집하는 행동데이터의 범위와 양이 방대하기 때문에 개인정보 유출 사고가 발생할 소지가 다분하기 때문이다. 셋째, 행동인터넷은 보안과 해킹에 취약하다고 우려한다. 행동인터넷은 매우 방대한 양의 데이터를 무선인터넷으로 공유하기 때문에 보안이나 해킹 문제로부터 자유롭기 어렵기 때문이다. 넷째, 행동인터넷이 감시와 통제의 수단으로 악용되어 '빅브라더(Big Brother)' 논란을 빚을 수 있다고 우려한다. 다섯째, 기계가 인간의 행동을 판단하고 제어하는 것이 옳은가 하는 윤리적 문제도 제기된다. 이러한 지적들을 통해 행동인터넷은 잘 활용하면 매우 쓸모 있지만 잘못 쓰면 심대한 해악을 끼칠 수 있는 '양날의 칼'과 같음을 알 수 있다.
이러한 반론들을 극복하고 향후 행동인터넷의 상용화를 이루려면 먼저 개인정보의 보호를 위한 사회적 논의와 보완이 지속적으로 이루어져야 한다. 이를 위해 촘촘한 법률・제도의 정비와 높은 수준의 암호화 기술이 필요하다. 특히 행동인터넷 서비스 실시의 주체인 기업은 개인정보를 비식별 처리할 것, 원본은 반드시 암호화할 것, 권한 없는 사용자의 접근을 철저히 통제할 것 등 데이터 오남용으로 인한 피해를 사전에 차단할 수 있는 강력한 정보관리 수칙을 마련해야 한다.

결론

오늘날과 같은 정보화・디지털 시대에 데이터의 중요성과 위상은 하루가 다르게 높아지고 있으며, 4차 산업혁명의 핵심 기술의 비약적 발전으로 인해 행동인터넷은 더욱 정교해지면서 그 활용 범위를 넓히고 있다. 또한 행동인터넷을 통해 은행들이 더욱 다양한 금융상품과 개인별 혜택을 고객에게 제공할 수 있다면 빅테크 기업들의 금융업 진출에 보다 효과적으로 대응할 수 있을 것이다. 아울러 가트너(Gartner)는 2025년 말까지 전 세계 인구의 과반수가 최소 1개 이상의 행동인터넷 서비스 대상이 될 것이라고 예견하는 등 행동인터넷에 대해 장밋빛 전망을 내놓았다. 그러나 본론에서 언급한 것과 같은 문제점들을 해결하지 않으면 행동인터넷에 대한 낙관론은 물거품으로 사라질 수 있을 것이다. 따라서 행동인터넷이 문명의 이기로 자리매김하려면 보다 강력한 법적・기술적 보완 수단을 먼저 강구해야 하는 시점이다.

10 핀테크가 금융 혁신을 촉진하면서 금융자산관리에 특화된 로보어드바이저(Robo-advisor)가 출현한 이후, 로보어드바이저는 은행권의 성장 동력으로 인식되고 있다. 이와 관련해 로보어드바이저의 개념과 기대효과를 설명하고, 국내 로보어드바이저 시장의 향후 성장 방안을 논하시오.

개요작성

서론

① 로보어드바이저가 금융시장에서 크게 주목을 받게 된 이유(논제 등장 배경을 제시해 독자의 관심 환기)
② 도입 이후 꾸준한 성장세를 나타낸 로보어드바이저 시장 ← 로보어드바이저가 안전하고 투명한 투자처를 찾는 수단이라는 증거(논제 제시)
③ 로보어드바이저의 개념과 기대효과, 국내 로보어드바이저 시장의 현주소와 향후 성장 방안(본론의 논제 방향 제시)

본론 1 로보어드바이저에 대한 이해

① 로보어드바이저의 개념
② 로보어드바이저의 기대효과
③ 로보어드바이저 서비스의 방식

본론 2 국내 로보어드바이저 시장의 현주소와 향후 성장 방안

① 국내 로보어드바이저 시장의 현주소 점검
　㉠ 성장 단계로 접어들었고, 꾸준한 인기와 성장세 유지 → 대중화 진전
　㉡ 거의 모든 은행들이 로보어드바이저를 통해 자문·투자 서비스 제공
② 향후 국내 로보어드바이저 시장 성장 방안
　㉠ 로보어드바이저 테스트베드의 역할 수행 필요
　㉡ 로보어드바이저의 신뢰성 제고를 위한 주체별(정부·금융회사) 노력 필요

결론

① '동일 행위 – 동일 규제 적용' 원칙에 입각해 로보어드바이저 규제·감독 체계 재정비
② 로보어드바이저 명칭의 사용 제한 및 법적 명칭 변경 → '전자적 투자자문장치'
③ 자산관리 성과를 손쉽게 조회·비교할 수 있게 로보어드바이저 공시 체계를 개선
④ 과도한 리밸런싱 및 이해상충 문제 발견 시 개선
⑤ 로보어드바이저가 올바른 방향을 제시하기를, 금융시장의 진정한 성장 동력이 되기를 기대(미래에 대한 기대로 마무리)

모범답안

서론

가상화폐 급등락, 인플레이션 우려 등 금융시장의 변동성이 커지면서 안정적인 자산관리에 대한 요구가 급증하고 있고, 특히 로보어드바이저는 코로나19 사태 이후 비대면 금융투자에 대한 수요 증가로 인해 금융시장에서 크게 주목을 받고 있다. 또한 2016년 국내에 로보어드바이저가 소개된 이후 로보어드바이저의 관리자산 금액은 꾸준히 증가했고, 수많은 금융 관련 기관들은 로보어드바이저의 성장세가 앞으로도 이어질 것으로 전망한다. 이는 금융시장의 수많은 투자자들이 로보어드바이저를 안전하고 투명한 투자처를 찾는 재테크 수단으로 받아들이고 있음을 증명한다. 그렇다면 로보어드바이저의 개념과 기대효과가 무엇인지 이해하고, 국내 로보어드바이저 시장의 향후 성장 방안을 살펴보고자 한다.

본론 1

먼저 정확한 이해를 위해 로보어드바이저의 개념과 기대효과를 살펴보자. 로보어드바이저는 'Robot(로봇)'과 'Advisor(자문가)'의 조합어로, 인공지능 알고리즘, 빅데이터 등을 활용해 금융 소비자의 투자 성향, 리스크 선호도, 목표수익률 등을 분석한 결과를 바탕으로 투자자문과 자산운용 등 온라인 자산관리 서비스를 제공하는 것이다. 이는 자산관리 서비스를 제공하는 과정에서 인간의 개입을 최소화함으로써 비용을 절감하고, 수수료를 낮춰 소액의 개인도 투자할 수 있게 한다. 이러한 로보어드바이저는 인간의 개입 정도에 따라 4단계로 구분할 수 있는데, 자문·운용 인력이 로보어드바이저의 자산 배분 결과를 토대로 투자자에게 자문하는 1단계, 그리고 자문을 넘어 투자자의 자산을 운용하는 2단계, 인간의 개입 없이 로보어드바이저(기계)가 직접 투자자에게 자문하는 3단계, 로보어드바이저가 투자자의 자산을 직접 운용하는 4단계가 그것이다. 또한 로보어드바이저를 통해 금융시장 예측을 위한 빅데이터 분석과 자산 배분, 리밸런싱(운용하는 자산의 편입 비중 재조정)을 빠르고 정확하게 수행할 수 있다는 점, 인간의 감정이 개입되어 발생할 수 있는 오류와 편견을 차단해 일관성 있는 투자 원칙을 유지할 수 있다는 점과 고도화된 알고리즘이 분석가 및 운용 인력의 역할을 상당 부분 대체해 보다 저렴한 자산관리 서비스 제공이 가능해진다는 점 등을 기대할 수 있다.

아울러 로보어드바이저의 서비스 방식을 살펴보자. 이용자들이 온라인으로 자신의 수입, 목표수익률, 위험 회피 정도 등에 대한 정보를 입력하면 로보어드바이저가 자동으로 포트폴리오를 만들어준다. 특히 포트폴리오를 자동으로 만들어주는 로보어드바이저는 해외 상장지수펀드(ETF) 등 글로벌 상품에 투자하려는 개인들에게 유용하다. 실제로 국내에 출시된 많은 로보어드바이저 상품이 국내외 ETF를 투자 대상으로 삼는다. 또한 금융회사의 자문·운용 인력이 로보어드바이저의 자산 배분 결과를 활용해 고객에게 자문(자문형)하거나 고객 자산을 직접 운용(일임형)한다. 또는 로보어드바이저가 직접 고객에게 자문하거나 고객 자산을 운용하기도 한다.

본론 2

그렇다면 먼저 국내 로보어드바이저 시장의 현주소를 알아보자. 국내 로보어드바이저 시장은 이제 시작 단계를 지나 성장 단계로 접어든 것으로 보인다. 아직 관련 기술이 미흡하다는 지적이 있긴 하지만, 도입 이후 꾸준한 성장세를 이어가며 큰 관심을 끌고 있기 때문이다. 로보어드바이저를 통한 자산관리는 소액으로도 프라이빗뱅킹(PB) 서비스를 받을 수 있기 때문에 MZ세대에서 큰 인기를 모으는 등 로보어드바이저의 대중화가 진전되고 있는 것이다. 또한 금융업계에서 비교적 보수적이라 할 수 있는 은행권을 살펴봐도 NH농협은행을 비롯한 거의 모든 은행들이 로보어드바이저 알고리즘 도입을 확대해 고객에게 자문·투자 서비스를 제공하고 있다.

그렇다면 이처럼 거의 모든 은행이 로보어드바이저 개발·활용에 적극 나서고 있는 상황에서 국내 로보어드바이저 시장 성장 방안으로 무엇이 가능한지 살펴보자. 먼저 분산투자, 투자자 성향 분석, 해킹 방지 체계 등 투자자문과 투자일임을 수행하기 위한 최소한의 규율이 제대로 작동하는지 여부를 확인하기 위해 코스콤(KOSCOM)에서 운용 중인 로보어드바이저 테스트베드의 역할 수행이 요구된다. 이는 로보어드바이저 테스트베드가 로보어드바이저 산업 생태계 조성, 로보어드바이저의 유효성과 안전성 검증, 투자자 보호 강화, 로보어드바이저 관련 감독 체계 구축 등에 이바지할 것으로 기대되기 때문이다. 두 번째로, 국내 금융시장에서 로보어드바이저를 보다 안정적으로 정착시키기 위해 로보어드바이저의 신뢰성을 강화하려면 정부와 금융회사 등 주체별 노력이 절실하다. 금융당국의 입장에서는 시장 활성화 및 투자자 보호 정책이 필수적이며, 금융회사 입장에서는 로보어드바이저의 신뢰성 제고를 위한 노력이 반드시 요구되는 것이다. 이러한 요구에 부응하기 위해 금융당국은 건전한 경쟁 환경 조성을 위해 규제 정비와 완화에 나서야 하며, 투자자 보호를 위해 다양한 정책적 시도를 해야 한다. 다만, 금융당국이 모든 것을 올바르게 판단하고 관리할 수는 없으므로 금융회사 또한 ESG 차원에서 적극 노력해야 투자자의 신뢰를 쌓을 수 있을 것이다. 모든 경제 정책의 제1의 필수조건은 바로 신뢰임을 잊지 말아야 한다.

결론

로보어드바이저에 대한 시사점과 향후 방향성에 대한 소견을 밝히면 다음과 같다. 먼저 금융당국은 로보어드바이저에 대한 규제・감독 체계를 재정비해야 한다. '로보어드바이저'라는 이름이 법적 명칭은 아니며, 그 이름이 다양하게 쓰이고 있는 현실을 감안한다면 소비자 보호 차원에서 로보어드바이저 규제와 감독 체계를 동일 행위에 대한 동일 규제 적용 원칙에 입각해 정비해야 하는 것이다. 또한 소비자가 '로보어드바이저'를 잘 구별할 수 있게 로보어드바이저 명칭의 사용을 제한할 수도 있다. 이를 위해 로보어드바이저의 법적 명칭을 '전자적 투자조언장치(자본시장법)'에서 '전자적 투자자문장치'로 바꾸고 법률에 따른 투자자문업자, 투자일임업자, 금융상품자문업자만이 로보어드바이저 명칭을 사용할 수 있도록 제한할 필요가 있다. 아울러 소비자가 로보어드바이저의 자산관리 성과를 빠르고 간편하게 조회・비교할 수 있게 현재의 로보어드바이저 공시 체계를 체계적이고 통일되게 개선해야 한다. 더 나아가 중장기적으로는 굳이 필요 없는 리밸런싱으로 소비자에게 과도한 비용을 유발하지 않는지를 따져보고 로보어드바이저의 이해상충 문제를 발견하면 반드시 개선해야 한다. 끝으로, 변동성과 불안정성으로 인해 맹렬한 기세로 급변하는 오늘날의 금융시장에서 로보어드바이저가 소비자에게 나침반이 되어 흔들림 없이 올바른 방향을 제시하기를, 그리고 건전한 투자・자문 문화의 마중물이 되어 금융시장의 진정한 성장 동력이 되기를 기대한다.

CHAPTER

03 논술 기출복원문제

※ 본서에 수록된 논술 문제의 모범답안은 실제 시험이 치러진 시점을 기준으로 작성되었습니다.

01 농업 · 농촌

01 '고향사랑기부제'에 대해 5 ~ 6줄 내외로 약술하시오(2023년 NH농협은행).

개요작성

서론

① 고향사랑기부제의 도입 배경 : 지방소멸 위기(논제 제시로 독자 관심 환기)

② 고향사랑기부제의 도입 목적 : 지방소멸 예방, 지역경제 활성화, 지역 균형발전

본론 고향사랑기부제의 골자 및 현황

① 고향사랑기부제의 주요 내용 : 기부자에게 세액공제 · 답례품 제공, 기부금은 주민 복지에 사용

② 고향사랑기부제의 시행 현황 : 지역별 모금액 편차 큼, 저조한 모금액

결론

① 고향사랑기부제에 대한 개선 요구 : 접근성 제고 등

② 고향사랑기부제의 개선 방향 : 개편을 전담하는 공식 실무 조직의 구성

모범답안

지방소멸 위기에 대응하기 위해 시행된 고향사랑기부제는 지방소멸 해소, 지역경제 활성화, 지역 균형발전을 목적으로 한다. 고향사랑e음 등을 통해 개인이 고향이나 원하는 지자체에 기부한 금전을 지자체는 주민 복지에 사용하고 기부자에게 세액공제 혜택과 기부액의 일정액을 답례품(농특산품, 상품권 등)으로 제공한다. 그러나 지자체별 모금액 편차가 크고 기부액도 저조해 기부액을 비공개하는 지자체가 많다. 이에 기부 채널 다양화와 절차 간소화로 접근성 제고, 세액공제 및 기부 한도 상향, 기부금의 사용처 확대, 규제 완화 등이 요구된다. 또한 향후 규제 해소 등 개편을 전담하는 공식적 실무조직을 구성하는 등 새로운 방향이 설정돼야 한다.

02 2022년부터 2031년까지 매년 정부는 대략 1조 원씩 지방소멸대응기금을 지자체에 지원하고 있다. 지방소멸대응기금을 설명하고, 농업 및 농촌에 끼칠 수 있는 영향을 간략하게 서술하시오(2022년 NH농협은행).

개요작성

서론

① 지방소멸론의 대두(논제 등장의 배경을 제시해 독자의 관심 환기)
② 국가의 존립을 위협하는 지방소멸에 대응해 도입된 지방소멸대응기금(논제의 도입 필요성 강조)
③ 지방소멸대응기금에 대한 이해, 농업·농촌에 끼칠 수 있는 영향(본론의 논제 방향 제시)

본론 1 지방소멸대응기금의 운용

① 지방소멸대응기금의 목적
② 지방소멸대응기금의 지원 규모
③ 지방소멸대응기금의 지원 대상
④ 지방소멸대응기금의 배분 방법

본론 2 지방소멸대응기금이 농업·농촌에 끼칠 수 있는 영향

① 지방소멸대응기금은 지자체가 주도적으로 추진하는 상향식 지원 정책
② 지자체는 산업·일자리 등 다양한 분야에서 창의적이고 특성화된 사업 가능
③ 컨설팅 및 정보 공유 → 사업의 단발성(일회성), 지자체 간 중복 예방
④ 지방소멸대응기금을 통해 다양한 인구 활력 증진 효과를 기대

결론

① 제4차 저출산·고령사회 기본계획의 목표처럼 지방소멸대응기금은 주민의 행복을 증진할 수 있는 방향으로 구성되어야 함(글쓴이가 생각하는 정책의 기본 방향)
② 한시적 자금 지원, 단기적 성과 치중이라는 한계 지적 → 조속한 보완 요구(글쓴이가 생각하는 개선 방향)
③ 지자체가 받을 수 있는 연간 지원 규모 또한 변화를 촉진하기에 어려움 → 지원 규모 확대 필요(글쓴이가 생각하는 개선 방향)
④ 정책 종료 이후에도 지속적으로 효과를 거두기 위한 개선안 도출과 시행을 위해 지혜를 모으기를 요청(글쓴이의 요구 제시로 마무리)

모범답안

서론

각종 통계를 근거로 제기된 지방소멸 우려는 어제오늘의 일이 아니다. 특히 인구감소 지역의 대부분을 차지하는 농촌은 저출산 · 고령화로 인해 지방소멸에 대한 위기감이 높으며, 지방소멸은 곧 국가 존립 기반의 붕괴로 이어지기 때문에 지극히 심각한 사안이다. 이에 대응해 정부(행정안전부)는 인구감소지역을 지정하고 정부출연금으로 지방소멸대응기금을 편성해 광역자치단체와 기초자치단체를 지원하고 있다. 그렇다면 지방소멸대응기금이 어떻게 운용되고 있는지, 농업 · 농촌에 끼칠 수 있는 영향은 무엇인지 짚어보고자 한다.

본론 1

먼저 지방소멸대응기금의 운용 방식을 살펴보자. 지역 주도의 지방소멸 대응 사업 추진을 위한 재정 지원을 목적으로 하는 지방소멸대응기금은 2022년부터 2031년까지 총 10조 원 규모의 정부출연금으로 편성되어 광역자치단체 15곳(서울시 · 세종시 제외)에 25%, 기초자치단체 107곳(인구감소지역 89개+관심지역 18개)에 75%가 배분된다. 이때 광역자치단체의 경우에는 인구감소지수, 재정 · 인구 여건 등을 고려해 배분하고, 기초자치단체의 경우에는 기금관리조합의 '투자계획평가단'이 기초자치단체가 자율적으로 수립한 투자계획을 평가한 결과에 따라 차등 배분한다. 기금의 관리 · 운용은 한국지방재정공제회가 위탁받아 수행한다.

본론 2

다음으로 지방소멸대응기금이 농업 · 농촌에 끼칠 수 있는 영향을 짚어보자. 지방소멸대응기금은 지자체 스스로 전략과 투자계획을 세우고 주도적으로 추진하는 상향식 지원 정책이므로 각 지자체는 인구 감소 원인과 지역 여건 · 환경에 대한 분석을 토대로 산업 · 일자리, 주거, 교육, 문화 · 관광 등 다양한 분야에 걸쳐 창의적이고 특성화된 사업을 펼칠 수 있다. 이를 위해 중앙정부의 맞춤형 컨설팅은 물론 지자체 간에 우수 사례와 운용 노하우를 공유할 필요가 있으며, 이러한 정보 공유를 통해 사업이 단발성으로 그치거나 지자체 간에 중복되지 않도록 할 수 있다. 이로써 지방소멸대응기금을 통한 인구감소지역의 일자리 창출, 청년 인구 유입, 생활 인구 확대 등 다양한 인구 활력 증진 효과를 기대할 수 있다.

결론

정부는 2021년 '제4차 저출산 · 고령사회 기본계획'에서 인구 정책의 목표를 삶의 질 개선 등을 통해 출산을 선택할 수 있는 사회적 조건을 만들고 출산 결정은 국민에게 맡기는 것으로 전환했다. 따라서 지방소멸대응기금 또한 단순히 인구감소지역의 인구를 늘리려는 차원에서 벗어나, 지역 사회의 정주 여건을 개선해 주민의 행복을 실질적으로 증진할 수 있는 방향으로 구성되어야 할 것이다. 이처럼 정주 환경을 개선하면 농촌이 본연의 기능을 회복하고 활기찬 공간으로 거듭날 것이다. 다만 기금이 한시적으로 공급된다는 점과 투자가 단기적인 성과 창출에 치중한다는 한계가 있어 조속한 보완이 요구된다. 또한 지자체에 연간 60～120억 원을 나눠주는 것으로는 변화를 이끌어내기 어렵다는 지적도 적지 않으므로, 지원 규모를 확대해 실효성을 높이는 한편 정책 효과를 사업 종료 시점인 2031년 이후에도 지속적으로 거둘 수 있도록 개선안 도출과 시행이 끊임없이 이어져야 한다. 이를 위해 중앙정부, 지자체, 전문가 등이 지혜를 모으기를 요청한다.

03 탄소중립의 의미와 농협이 탄소중립에 기여할 수 있는 방안에 대해 논하시오(2021년 농협경제지주).

개요작성

서론

① 탄소중립의 의미(개념)와 등장 배경, 실천 방안(도입)
② 농업 부문에 대해 탄소중립 실천을 강화하라는 사회적 요구(당위성)
③ 탄소중립에 대한 농협의 기여 방안(본론에서 다룰 논제 방향 제시)

본론 1 전문가들의 지적과 농협의 역할

① 전문가들은 정부의 탄소중립 전략에 대해 농업 현장의 탄소중립 실태·현황에 대한 통계 자료가 부재하다고 지적한다.
② 농협은 자체 인프라를 활용해 통계 조사는 물론 농업 부문 탄소저감 활동의 실무진 역할을 할 수 있다.

본론 2 농협의 경제·금융 지원 및 내외부 협력 체계 강화

① 탄소저감 활동을 실천하는 농가·농민에 대한 경제·금융 지원
　㉠ 환경을 보호하는 농민·농가에 우대금리·인센티브를 제공하는 친환경 금융상품 개발
　㉡ 범농협 차원의 ESG 활동 확대·다양화 및 탄소중립 실천 보조금 재원 마련
② 범농협의 인프라 활용 및 외부 기관(정부)과의 협조 강화
　㉠ 범농협의 전국적인 거대 인프라를 통해 탄소저감 농법을 농가에 보급하고 교육
　㉡ 계열사 간(내부) 및 정부기관(외부)과의 상시 협력·협조 체계 구축

결론

① 산업 전반뿐만 아니라 농업 또한 탄소중립이라는 시대적 조류를 거스를 수 없다.
② 탄소중립이라는 변화에 소극적으로 대처하면 농촌 경제의 부실화를 자초할 것이다.
③ 농협은 '농가 보호'라는 소명의식을 갖고 탄소중립의 구현에 반드시 앞장서야 한다.

모범답안

서론

탄소중립은 탄소를 배출하는 만큼 그것에 상응하는 조치를 취해 실질 배출량을 '0'으로 만드는 것을 뜻한다. 탄소로 인한 지구온난화 등의 기후변화는 농업뿐만 아니라 인간의 생존에 심각한 영향을 끼친다는 위기의식이 세계적으로 확산되면서 등장한 개념이다. 탄소중립 실천 방안으로 탄소를 저장하는 나무 심기, 석탄 · 석유 등의 화석에너지를 대체하는 신재생에너지 개발, 탄소배출권 거래 등이 이루어지고 있다. 특히, 축산 등 농업 활동에 대한 환경 규제가 강화되는 한편 농업 부문에 대해 탄소중립 실천 강화를 요구하는 사회적 목소리가 높아지고 있기 때문에 농협과 농업인의 적극적 역할 수행이 강조된다. 이에 따라 농협이 탄소중립 구현에 공헌할 수 있는 방안들을 살펴보면 다음과 같다.

본론 1

2021년 12월 정부(농림축산식품부)에서 발표한 '2050 농식품 탄소중립 추진전략'에 대해 우리나라는 아직 농업 관련 에너지 통계 작성이 미비해 탄소배출량 감축사업 같은 제도 마련에 한계가 있다고 지적하는 전문가들이 많다. 농업 부문에서 탄소중립을 실현하려면 작목별 · 규모별 · 시설별로 에너지 사용량 실태에 대한 정밀한 파악이 선행되어야 하는데, 이러한 통계 자료가 부재하다는 것이다. 그런데 농협은 농업 현장 최일선에서 전국적인 인적 · 물적 인프라를 이미 갖추고 있으므로 농협이 주도적으로 에너지 사용 통계 조사 활동을 추진함으로써 농업 부문에서 이루어지는 탄소저감 활동의 실무진 역할을 할 수 있다.

본론 2

농협은 본연적 · 태생적으로 금융기관이므로 농민과 농가에 대한 경제 · 금융 지원을 가장 중요한 임무로 삼아야 한다. 따라서 탄소저감을 실천하는 이들에게 광범위한 지원 활동을 펼칠 수 있을 것이다. 다만, 농협은 이미 환경보호 활동에 동참하는 소비자 · 기업에 우대금리를 적용하는 예금 · 적금 · 대출 · 펀드 · 신탁 등 친환경 특화 금융상품들을 개발해 출시한 바 있다. 그러므로 여기에 안주하지 말고 탄소중립을 촉진할 수 있도록 인센티브를 강화한 더 많은 종류의 친환경 상품을 출시하는 한편 범농협 차원에서 ESG 활동 범위를 넓히고 추진 사업을 다양화해야 한다. 또한 친환경 금융상품 판매로 발생한 이윤의 일부를 출연해 재원을 조성한 후, 악취저감 시설을 설치하는 등 탄소중립 실천에 기여하는 농가 · 농업인에게 지급하는 보조금으로 사용할 수 있을 것이다.

아울러 범농협은 이미 견줄 데 없이 거대한 규모의 인적 조직과 물적 자원 등의 인프라를 갖추고 있다. 이러한 전국적인 인프라를 적극 활용해 탄소저감 농법을 농가에 보급하고 관련 교육을 실시하는 한편, 환경부담 저감 사료의 개발, 저탄소 사양관리 기술 개발, 가축분뇨를 재활용한 에너지 생산 및 분뇨 처리 방식 다양화 등을 추진할 수 있다. 또한 농협 내부적으로는 농협 계열사 간의 협력을 강화하고, 외부적으로는 농림축산식품부 · 환경부 등 환경 관련 기관과의 협약 등을 통해 농업 환경을 개선할 수 있는 상시 협조 체계를 구축해야 한다.

결론

전 세계적으로 환경에 대한 위기의식은 하루가 다르게 높아지고 있고, 탄소중립은 회피할 수도 없고 회피해서도 안 된다. 미래 인류의 생존에 심대한 영향을 줄 수 있기 때문이다. 산업 전반뿐만 아니라 농업 또한 탄소중립이라는 시대의 거대한 물결을 거스를 수 없으며, 이러한 흐름에 소극적으로 대처한다면 농업의 경쟁력은 크게 떨어지고 마침내 농촌 경제의 부실화로 귀결될 수 있다. 따라서 농협은 농가를 보호한다는 막중한 소명의식을 갖고 탄소중립의 구현에 누구보다 앞장서야 한다.

04 농지 투기가 일어나는 상황에서 경자유전(耕者有田)의 의미를 설명하고 경자유전을 활성화할 수 있는 방안을 약술하시오(2021년 NH농협은행).

개요작성

서론

① 농지 불법투기를 막기 위해 〈농지법〉이 개정됨(문제 제기)
② 〈농지법〉과 〈헌법〉에서 천명한 경자유전의 의미(당위성)
③ 경자유전의 대원칙 활성화 방안(본론의 논제 방향 제시)

본론 1 농지 실태에 전수 조사 필요성 및 농지정보 시스템 활용

① 농지 소유와 이용 실태에 대한 주기적이고 정밀한 전수 조사가 선행되어야 한다.
② 농축산부의 농지정보 시스템을 활용하면 전산행정 시스템의 맹점을 보완할 수 있다.

본론 2 농지의 실소유주 철저 확인 및 법적·행정적 시스템 개선

① 투기 예방을 위해 취득 단계에서부터 농지의 실소유주를 철저하게 확인해야 한다.
② 실제 농민이 농지를 소유·이용할 수 있도록 법적·행정적 시스템을 개선해야 한다.

결론

① 경자유전의 원칙을 훼손하는 농지 불법투기를 예방할 수 있도록 이미 시행 중인 법적·제도적·행정적 시스템을 정비해야 한다(앞 내용의 요약).
② 향후 실효성을 높일 수 있도록 법과 제도를 끊임없이 점검·개선해야 한다(의견 제시).

모범답안

서론

2021년 3월 한국토지주택공사 직원들이 농지취득 과정의 허점을 악용해 농지 불법투기를 벌인 것이 사실로 드러났고, 국회는 7월 〈농지법〉을 개정했다. 개정 〈농지법〉은 농업인과 농업 법인만이 농지를 소유할 수 있다는 헌법상의 경자유전(耕者有田)의 원칙에 따라 농민이 아닌 사람이 투기를 목적으로 농지를 소유하는 것에 대한 규제와 처벌을 강화했다. 이에 따라 농지 투기를 예방하고 〈헌법〉과 〈농지법〉이 천명하고 있는 경자유전의 대원칙을 활성화할 수 있는 방안을 살펴보면 다음과 같다.

본론 1

주기적으로 인구 조사를 하듯이, 먼저 농지 소유와 이용 실태에 대한 주기적이고 정밀한 전수 조사가 선행되어야 한다. 실제로 지방자치단체에서 비농민들에게 상한 면적을 초과해 농지취득자격증명을 발급하는 사례가 많으며, 이는 지자체가 인허가 때 활용하는 전산행정 시스템의 미흡으로 인해 농지원부에 등재되지 않은 농지는 확인이 불가능하기 때문이다. 이러한 맹점을 해소하기 위해서 농림축산식품부의 농지정보 시스템을 활용하는 것도 실소유 관계를 살펴볼 수 있는 방법이다. 농지정보 시스템은 농지원부 작성 대상과 상관없이 전국의 모든 농지 정보를 보유하고 있어 교차 확인하면 면적 초과 여부를 알 수 있기 때문이다.

본론 2

실제 농지의 40% 정도를 비농민이 소유하고 있다고 한다. 법의 허점을 악용한 편법과 투기가 얼마나 뿌리 깊게 이어져 오고 있는지 짐작할 수 있다. 농지 사후관리도 중요하지만 취득 단계에서부터 농지의 실소유주를 철저하게 확인해야 한다. 농지가 농업 생산이 아닌 자산 증식이나 투기 대상으로 오용되어서는 안 된다. 실제 농업에 종사하는 농민이 농지를 소유·이용할 수 있도록 법적·행정적 시스템 개선이 시급하다.

결론

'구슬이 서 말이라도 꿰어야 보배'라는 속담이 있다. 〈헌법〉에서 천명하는 경자유전의 원칙을 훼손하는 농지 불법투기가 발생하지 않도록 농지 취득자격 심사 강화, 사후관리 강화, 불법투기에 대한 제재 강화, 부동산업 영위 불법 농업법인의 설립·운영 규제 강화, 부당이득 환수 등 이미 마련된 농지 투기를 방지를 위한 기존의 법적·제도적·행정적 기반을 강화해야 한다. 아울러 향후 법률 집행과 행정 조치의 실효성을 높일 수 있도록 법과 제도를 끊임없이 점검하고 개선해야 할 것이다.

05 스마트 농업을 활성화시키기 위해 NH농협은행이 할 수 있는 역할을 약술하시오(2020년 NH농협 은행).

개요작성

서론

① 당위의 현실이자 경쟁력 제고와 농촌의 존속을 도모할 수 있는 스마트 농업(논제 제시)
② 농업의 스마트화를 선도하려는 NH농협은행의 막중한 역할
③ 스마트 농업의 활성화를 촉진할 수 있는 방안(본론의 논제 방향 제시)

본론 1 농협의 경제·금융 지원 및 컨설팅 역량 확대

① 스마트 시설 설치비, 스마트 농기계 구입비 등 스마트 농업 진입장벽을 허물기 위해 장기 저리 대출을 해야 한다(금융 지원).
② 스마트 농업 전환 농가에 경영 컨설팅을 확대 실시해 시행착오를 겪지 않게 도와야 한다(경영 지원).
③ 외부적으로는 홍보를 통해 금융 지원이 필요한 농가를 찾아내야 하며, 내부적으로는 농가 생산 분야에 맞춰 상담 인력의 전문적 컨설팅 역량을 높여야 한다.

본론 2 스마트팜 보급 및 범농협 차원의 상시 점검·평가 체계 구축

① 스마트팜 보급을 위해 계열사 및 외부 기관과 협력해 농가에 경제적·기술적 지원을 확대·강화해야 한다.
② 농협이 천명한 스마트 농업 활성화 과제의 완수를 위해 범농협 차원에서 상시 점검·평가 체계를 구축해야 한다.

결론

① 농촌 경제 발전의 열쇠는 스마트 농업에서 찾을 수 있으며, 농협은행은 현재의 스마트 농업 지원 정책들에 안주하지 말아야 한다.
② 농민과 함께 범농협 차원에서 지혜를 모아 새로운 스마트 농업 활성화 지원책 개발을 확대해야 농업의 지속 가능성을 보전할 수 있다(행동의 촉구).

모범답안

서론

4차 산업혁명 시대에 다른 산업 분야와 마찬가지로 농업 부문에서도 인공지능·사물인터넷 같은 첨단기술을 적극 활용하는 스마트화는 외면할 수 없는 변혁이며, 이러한 변혁을 통해 농업 경쟁력 제고를 이루어야 농촌의 존속과 농가소득의 안정적 확대를 도모할 수 있다. 그렇기에 농촌 경제를 떠받치며 농업의 스마트화를 선도하려는 NH농협은행의 역할이 막중하다. 그렇다면 이러한 스마트 농업의 활성화를 촉진할 수 있는 방안에는 무엇이 있는지 살펴보자.

본론 1

스마트 농업의 높은 초기 투자비는 진입장벽이 되므로, 농민을 위한 금융기관인 NH농협은행은 장기 저리의 대출을 통해 스마트 시설 설치와 스마트 농기계 구입 지원을 확대·강화함으로써 진입장벽을 허물어야 한다. 아울러 스마트 농업으로 전환하려는 농가에 금융 및 경영 컨설팅을 확대 실시해 시행착오를 겪지 않도록 직접 도와야 한다. 이를 위해 내부적으로 컨설팅 전문인력을 증원하는 한편, 외부적으로는 적극적인 홍보를 통해 농가의 참여를 유도해야 할 것이다. 또한 광범위한 홍보를 통해 지원이 절실한 농가를 지속적으로 찾아내고 대출 문턱을 낮추어야 하며, 매년 실시되는 컨설팅 확대 기조를 이어나가는 한편 직원 교육을 통해 원예·특작·축산 등 생산 분야에 맞춘 전문적인 컨설팅 역량을 끌어올리는 일을 꾸준히 시행해야 한다.

본론 2

NH농협은행은 스마트 농업의 활성화를 위해 정보통신 기술 기반의 스마트 농업이 확산될 수 있도록 농업 현장에서 스마트팜 구축·보급을 위하여 계열사 및 정부 등의 기관과 협력해 농가에 경제적·기술적 지원을 확대·강화해야 한다. 이를 위한 실천적 과제로 농협은 '농협 비전 2025'에서 농협형 스마트팜 및 자동 농기계 시험·보급, 스마트 농기자재 보급을 통한 영농지원 사업의 선진화 촉진, 디지털 농업 전문인력 육성, 중소농 스마트 영농 지원 강화, 스마트 축산 생산 시스템 구축 등을 천명한 바 있다. 목표의 제시보다 더욱 중요한 것은 목표의 실현이므로, 과제를 반드시 완수할 수 있도록 범농협 차원에서 상시 점검·평가 체계를 구축하는 일 또한 중요하다.

결론

농촌 인구 및 농업 경쟁력 감소 우려는 농업 부문에 있어서 위기이자 새로운 기회이며, 농촌 경제 발전의 열쇠는 스마트 농업에서 찾을 수 있다. 이러한 시대적 요구에 부응해 NH농협은행은 현재 시행 중인 스마트 농업 지원 정책들에 안주하지 말아야 하며, 농민과 함께, 다른 계열사와 함께 지혜를 모아 새로운 스마트 농업 활성화 지원책 개발을 확대하고 적극적으로 추진해야 우리 농업의 지속 가능성을 보전할 수 있을 것이다.

06 농협이 공익적 · 사회적 가치를 실현하기 위한 역할과 전략을 서술하시오(2019년 농협중앙회).

개요작성

서론

① 공유가치 창출과 사회공헌 확대 요구에 부응하지 못한 기업은 소비자들의 외면을 받아 도태됨
② 기업의 존재 목적이 농업인임을 잊지 말고, 농업인의 삶의 질 향상을 위한 가치경영에 노력해야 하는 농협
③ 공익적 · 사회적 가치를 이루기 위한 농협의 역할과 전략(본론의 논제 방향 제시)

본론 1 신규 일자리 창출 모델, 농촌의 지속 가능성 도모 활동

① 농촌의 지역적 특색을 반영한 신규 일자리 창출 모델을 확립해야 한다.
② 농협에서 추진 중인 각종 농촌 복지사업, 지역사회 공헌 활동 등도 공익가치, 농촌의 지속 가능성 등을 도모하자는 취지이다.
③ 농협의 여유 시설을 스타트업에 저렴하게 대여하면 지역경제 활성화와 일자리 창출에 기여할 수 있다.

본론 2 지역별 맞춤형 사회복지 서비스 및 금융 복지 실천 역할 강화

① 지역별 맞춤형 사회복지 서비스 개발과 제공에 앞장서야 한다. 농촌 지역의 정주 기반과 사회복지 서비스 이용 여건이 취약하므로 맞춤형 사회복지 서비스 실시는 더욱 설득력이 있다.
② 사회복지뿐만 아니라, 금융 소외계층에 대한 금융 지원, 농업인 · 서민을 위한 금융상품 개발 등 금융 복지를 실천하는 주체로서의 역할도 현재보다 강화해야 한다.

결론

① 농업의 공익적 가치 확산과 지속적인 사회공헌을 통해 지역과 동반성장하도록 매진해야 한다(앞 내용의 요약).
② 지역사회의 요구를 농협의 비즈니스 기회와 연계해 사회적 가치를 함께 만들고 공유해 지역사회와 농협이 상생할 수 있게 해야 한다(새로운 과제 제시).

모범답안

서론

현대의 모든 기업들은 공유가치 창출(CSV)과 연계한 사회공헌 확대 요구에 직면해 있으며, 이러한 요구에 부응하지 못하면 소비자들의 외면으로 인해 도태되어 사라질 것이 자명하다. 이는 농협도 마찬가지이다. 따라서 농협은 존재 목적이 농업인임을 잊지 말고, 농업인의 삶의 질 향상을 위한 가치경영에 최선을 경주해야 한다. 이에 농협은 사회적 책임경영을 농협의 생존과 성장을 위한 필수 전략으로 인식하고, ESG 경영, 사회 공헌과 나눔 활동, 청렴과 윤리 실천 등을 통해 사회적 가치를 실현하는 존경받는 농협이 되어야 한다고 공언한 바 있다. 그렇다면 공익적·사회적 가치를 이루기 위한 농협의 역할과 전략을 살펴보자.

본론 1

우선 농촌의 지역적 특색을 적극 반영해 신규 일자리 창출 모델을 확립해야 한다. 일자리가 충분히 있어야 청년층의 유출 심화와 지나친 고령화를 해소하고 지역에 활력을 불어넣을 수 있기 때문이다. 농협에서 정력적으로 추진하고 있는 농협형 케어팜(치유농장)과 도농연계 사업을 비롯해 각종 농촌 복지사업, 지역사회 공헌 활동 등도 공익가치 증진, 농촌의 지속 가능성 확대 등을 도모하는 동시에 농촌에 활력을 불어넣자는 취지에서 비롯되었다. 예컨대 농협이 전국적으로 갖추고 있는 여유 시설을 사무 공간이 필요한 스타트업에 저렴하게 대여하면 기업 유치를 통한 인구 유입은 물론 지역경제 활성화와 일자리 창출에 크게 기여할 수 있을 것이다.

본론 2

또한 농협은 지역별 맞춤형 사회복지 서비스 개발과 제공에 앞장서야 한다. 농협은 이미 전국적으로 수많은 지역문화센터를 운영하면서 노인층 등 사회적 약자를 대상으로 하는 다양한 복지 사업을 실시하고 있다. 이처럼 충분한 인적·물적 시설을 이미 갖추고 있으므로 다양한 프로그램 개발과 홍보만 뒤따른다면 보다 많은 지역민들에게 꼭 필요한 복지 서비스를 효율적으로 전달할 수 있다. 이러한 맞춤형 사회복지 서비스는 농촌 지역의 취약한 정주 기반과 사회복지 서비스 이용 여건이 주민 삶의 질 향상과 인구 유입의 걸림돌로 작용하고 있다는 점에서 더욱 설득력이 있다. 실제로 농촌 지역에서는 노인층과 학령기 아동을 위한 복지 사업의 필요성이 높은데, 농협은 노인층을 위한 재택보호·주간보호·시설입소 같은 단계별 요양보호 서비스를 비롯해 아동을 위한 농번기 아이돌봄과 이동식 놀이교실 등을 확대 실시할 수 있을 것이다. 아울러 농협은 이러한 지역문화센터 운영 외에도 금융 소외계층에 대한 금융 지원, 농업인·서민을 위한 금융상품 개발, 금융 소외지역 점포 운영, 사회공헌기금 조성 등을 추진하고 있는 바 미래의 농협은 금융 복지를 실천하는 주체로서의 역할도 현재보다 강화해야 할 것이다.

결론

농협의 최대 근거지는 농촌이며 존재 목적은 농업인의 삶의 질 향상이므로 미래의 농협은 농업의 공익적 가치 확산과 지속적인 사회공헌을 통해 지역과 동반성장하도록 매진해야 한다. 이를 위해 농협은 앞으로도 도농 격차 해소와 지역 균형발전이라는 사회적 요구를 수행하고, 공익적·사회적 가치의 실현 중심체로서의 역할을 강화함으로써 농협 자신의 존립 근거가 되는 농촌·농업의 지속 가능성을 높여야 한다. 또한 농협은 지역사회의 요구를 농협의 비즈니스 기회와 연계해 사회적 가치를 함께 만들고 공유해 지역사회와 농협이 상생할 수 있게 해야 하며, 다른 기업·기관들과도 협력 체계를 구축해 사회적 책임 이행을 농촌봉사 활동으로 유도하도록 해야 할 것이다.

07 농협은 농가소득의 증대와 지역경제 활성화를 위해 2016년부터 '농가소득 5,000만 원' 달성을 전사적인 목표로 추진하고 있다. 농협이 이러한 목표를 실현하기 위해 농업 현장에서 빅데이터 같은 4차 산업혁명 기술을 적극적으로 활용할 수 있는 방안들을 논하시오(2019년 NH농협은행).

개요작성

서론

① 농업에 막대한 영향을 끼치고 있는 4차 산업혁명으로 인한 사회적·경제적 대변혁

② 농업과 혁신 기술의 필연적인 연계 및 농업에 새로운 기회의 땅이 될 수 있는 4차 산업혁명 시대

③ '농가소득 5,000만 원 달성' 목표의 실현을 위해 농협이 추진할 수 있는 방안(본론의 논제 방향 제시)

본론 1 빅데이터 활용 현황 및 스마트팜 보급을 위한 지원과 교육

① 농업 현장에서는 이미 원격·자동 관리 시스템 운영과 빅데이터를 활용한 효율적 작업이 이루어지고 있으며, 향후 인공지능 로봇 기술을 적용한 영농 기계가 출현할 것이다.

② 농협은 초기 설치비가 저렴한 보급형 스마트팜을 개발하고 있는데, 원예 등 생산 분야에 맞춘 다양한 스마트팜 모델의 개발·보급을 서둘러야 한다.

③ 스마트팜 운영 교육, 농산물의 유통까지 이르는 원스톱 지원 체계를 구축하는 한편, 스마트 농기계 구입 지원과 관련 교육을 실시하는 것도 필수적이다.

본론 2 빅데이터 플랫폼 활성화 및 농가의 관심·참여 유도를 위한 지원

① 농협 등이 참여하는 빅데이터 플랫폼은 4차 산업혁명 시대에 농가소득 확대와 농촌경제 활성화를 촉진하는 데 필수적이다.

② 빅데이터 플랫폼 등의 스마트 농업에 대한 농가의 관심을 높이는 것 또한 농협의 급선무이다.

③ 농민들의 참여를 유도하는 한편, 교육·컨설팅 및 자금 지원에 힘을 쏟아야 한다.

결론

① 농촌의 지속 가능성을 이어가려면 4차 산업혁명의 혁신 기술을 필히 활용해야 하고, 농협은 그 중심에서 변혁을 선도해야 한다(앞 내용의 요약).

② '4차 산업혁명의 혁신 기술'과 '농협·농민의 노력'을 접붙인다면 '농가소득 5,000만 원' 달성 시기를 앞당길 수 있다(필자의 의견 제시).

모범답안

서론

빅데이터, 사물인터넷 같은 혁신 기술들의 융합과 협업, 네트워크 중심의 4차 산업혁명으로 인한 사회적·경제적 대변혁은 농업 부문에도 막대한 파급효과를 끼친다. 전 세계적인 기후변화와 우리 농촌의 고령화 현실을 감안하면 농업과 빅데이터 등 혁신 기술의 연계는 필연적이며, 더 나아가 4차 산업혁명 시대는 새로운 기회의 신세계가 될 수 있다. 그리고 농가 연간 소득이 약 3,450만 원이었던(통계청) 2013년부터 농협은 소득의 증대와 지역경제 활성화를 위해 '농가소득 5,000만 원 달성'이라는 목표를 제시했다. 이러한 목표 달성을 위해 농협이 추진할 수 있는 방안으로는 무엇이 가능한지 살펴보자.

본론 1

농업 현장에서는 이미 온실과 축사 등에 정보통신 기술을 적용한 원격·자동 관리 시스템이 이루어지고 있다. 또한 기상 정보와 생육 정보를 토대로 빅데이터를 활용한 맞춤형 영농 재배, 방제용 드론을 통한 효율적 작업 등이 이루어지고 있다. 또한 향후 인공지능 로봇 기술을 적용한 농업용 로봇 및 고령의 농민을 돕는 로봇, 자율주행 트랙터·콤바인 등의 등장도 기대할 수 있다. 이러한 변화에 대응해 농협은 초기 설치비용이 상대적으로 저렴한 보급형 스마트팜을 개발하고 있다. 또한 원예·특작·축산 등 생산 분야에 맞춘 다양한 유형의 스마트팜 모델을 조속히 개발해 널리 보급해야 하며, 장기 저리의 대출 같은 경제적 지원은 물론 경영 컨설팅과 운영 시스템 무상 업그레이드 등이 필수이다. 또한 농협의 전국적인 물적·인적 자원을 활용해 스마트팜 운영 교육, 농산물의 유통까지 이르는 원스톱 지원 체계를 구축해야 한다. 아울러 자율주행 이앙기·콤바인, 드론 같은 스마트 농기계 구입을 지원하고 드론 운전자격증 취득 교육을 실시하는 것도 필수적이다.

본론 2

농협, 축협, 경제지주, 정부와 농가가 참여하는 빅데이터 플랫폼은 4차 산업혁명 시대에 농가소득 확대를 이루는 데 필수적이다. 농가로부터 수집한 농업 정보를 데이터베이스화하고 재배기술, 토양·기상·병충해·가격 정보를 분석한 빅데이터 플랫폼과 연동하면 농가에 세밀한 영농 관리·지도, 경영 진단 등을 서비스할 수 있다. 이로써 소득 증대와 농촌 지역 경제 활성화를 기대할 수 있다. 그러나 무엇보다도 빅데이터 플랫폼 등의 스마트 농업에 대한 농가의 관심을 높이는 것이 농협의 급선무일 것이다. 농업 현장의 최일선에 있는 농민들의 스마트 농업에 대한 인식과 관심이 낮기 때문이며, 농민들의 참여를 이끌어내지 못한다면 빅데이터 플랫폼 같은 혁신 기술도 무용지물일 것이기 때문이다. 따라서 농협은 적극적인 홍보를 통해 농민들의 참여를 유도하는 한편, 교육·컨설팅 및 자금 지원에 힘을 쏟아야 한다.

결론

미래의 식량 안보를 튼튼히 하고 농업·농촌의 지속 가능성을 이어가기 위해서는 농업부터 변해야 하며, 4차 산업혁명의 근간을 이루는 혁신 기술을 적극 활용해야 하고, 농협은 그 중심에 서서 변혁을 주체적으로 이끌어야 한다. 그래야 농업은 '농자천하지대본(農者天下之大本)'이라는 말처럼 미래 한국의 생존을 책임지는 핵심 산업으로 성장할 수 있을 것이다. 끝으로 서로 다른 식물의 일부를 잘라 단일한 개체로 만드는 접붙이기와 같이, '4차 산업혁명의 혁신 기술'이라는 '대목' 위에 '농협·농민의 노력'이라는 '수목'을 접붙인다면 농협이 목표로 하는 '농가소득 5,000만 원'이라는 열매의 수확 시기를 보다 앞당길 수 있을 것이다.

08 최근 반은 농사를 짓고 반은 다른 직업을 영위하는 귀농인들이 증가하는 추세가 나타나게 된 원인과 장차 초래될 수 있는 문제점을 서술하고, 이에 대해 농협이 실시할 수 있는 해결 방안을 논하시오(2018년 NH농협은행).

개요작성

서론

① 반농반X의 뜻 및 반농반X에 대한 사회적 관심이 증가하는 이유(도입)
② 농촌에서 생활하는 귀농인의 삶이 녹록지 않음을 반증하는 반농반X
③ 귀농인의 정착을 어렵게 만드는 원인과 문제점 및 이에 대처하기 위한 농협의 방안(본론의 논제 방향 제시)

본론 1 귀농인의 정착 방해 요인 및 경제적·교육적 지원 방안

① 반농반X 귀농인의 정착을 어렵게 만드는 원인과 이로 인한 문제점
  ㉠ 영농 기술 부족과 연고도 없는 상태에서 농업 이외의 생계 유지를 위한 수입원 발굴에 대한 부담
  ㉡ 영농 자금 마련을 위한 은행 대출로 인해 오히려 부채만 증가 → 대출 상환 불능 → 농촌 경제 피폐화
② 반농반X 귀농인의 정착을 돕는 경제적·교육적 지원 방안
  ㉠ 귀농인들을 돕는 다양한 대출 상품 출시
  ㉡ 전업농으로 자립하려는 귀농인들을 대상으로 영농 교육과 농업 경영 컨설팅 실시
  ㉢ 농업 이외에 가계의 버팀목이 되는 다른 수입 활동 지원을 통한 소득 안정화

본론 2 귀농인들의 생활 여건 개선을 위한 농협의 지원 정책

① 반농반X의 삶을 사는 귀농인들의 정착을 도우려면 생활 여건 개선은 물론 농사만으로 여유로운 생활을 할 수 있도록 지원해야 한다.
② 농협은 반농반X의 귀농인 지원을 위해 주거공간 확보 지원 및 범농협의 물적·인적 인프라를 활용하는 보육·보건·문화·복지 정책을 강화하는 한편 생활 주변의 불편·고충 사항을 찾아내 개선해야 한다.
③ 농협의 정책이 성실히 수행된다면 반농반X가 새로운 자립 모델이자 귀농의 동기부여가 될 수 있다.

결론

① 반농반X는 자급자족을 통해 삶의 만족을 추구하는 새로운 라이프 스타일이므로 귀농인 자신이 만족할 수 있다면 굳이 전문 농업인이 되려고 노심초사할 필요는 없다.
② 농촌 공동체의 새로운 일원으로서의 역할을 다하는 것 또한 농촌 생활에서 중요하다.
③ 중요한 것은 농협이든, 정부든, 귀농인 자신이든 반농반X에 대한 고정관념을 버리고 자유롭고 개방적인 사고를 해야 한다는 점이다(새로운 관점 제시).

모범답안

서론

일본의 생태운동가이자 작가인 시오미 나오키가 2015년 제시한 '반농반X(半農半엑스)'에서 '농(農)'은 직업적인 전업농이 아니라 친환경적인 자급자족의 삶을 가능하게 하는 농사를 의미하고, 'X'는 그러한 삶을 가능하게 하기 위해 꼭 해야 하는 농사 이외의 다른 수입 활동을 뜻한다. 이러한 반농반X에 대한 관심의 증가는 반농반X를 자신이 원하는 삶의 형태로 여기는 사람들이 많다는 증거이기도 하지만, 많은 귀농인들에게 아직 전업농으로서의 역량이 부족하다는 반증이기도 하다. 청년 인구가 적고 인구 감소와 고령화가 우려되는 농촌의 문제적 현실을 해소하기 위한 대책의 하나로 지자체는 귀농인을 끌어들이려 하지만, 농촌에서의 삶 또한 녹록지 않은 것이다. 그렇다면 귀농인의 정착을 어렵게 만드는 원인과 문제점, 그리고 이에 대처하기 위해 농협이 무슨 일을 할 수 있을지 살펴보자.

본론 1

영농 기술도 부족하고 연고도 없는 상태에서 생활 기반을 다질 때까지 귀농인들은 많은 어려움에 직면하게 된다. 영농 기술도 기초부터 익혀야 하고, 소득이 적기 때문에 생계를 위해 농사 이외의 다른 수입원을 찾아야 한다. 이러한 점에서 반농반X는 귀농인이 농촌에 완전히 뿌리를 내리기 전까지 흔히 거치게 되는 과정일 수 있다. 오롯이 농사만으로 생계를 유지하기 위한 소득을 만들려면 영농 규모를 키워야 하며, 그러려면 보다 넓은 농지와 농기계를 마련할 자금과 생활비가 필요하기 때문이다. 이를 위해 이웃의 일을 도우며 돈을 벌고 농사일을 배우거나, 인근의 농업 회사 법인에서 시간제 근무를 하거나, 귀농하기 전에 하던 일을 재택근무로 할 수도 있다. 그러나 이것만으로는 생계가 빠듯한 경우가 많다. 이때 필요한 자금을 마련하기 위해 은행 대출을 받을 수 있는데, 세밀한 검토와 준비 없이 대출을 받는다면 오히려 가계 부채만 늘어날 수 있다. 이로써 대출 상환 불능에 빠지는 귀농인들이 증가한다면 결과적으로 농촌 지역경제가 피폐해질 수 있다. 따라서 농협은 귀농인들을 도울 수 있는 대출 상품을 다양하게 개발하는 것을 기본으로 하고, 전업농으로 자립하기를 원하는 귀농인들에게 영농 교육과 농업 경영 전문 컨설팅을 실시해야 한다. 또한 가계 생활의 버팀목이 되는 다른 수입 활동, 즉 반농반X의 'X'를 위한 지원 정책도 개발해야 한다. 소득 안정화는 귀농인뿐만 아니라 기존 농촌 주민의 삶을 뒷받침하는 선결 조건이기 때문이다.

본론 2

반농반X의 삶을 살고 있는 귀농인들이 농촌에 정착하기 위해서는 앞에서 언급한 경제적 · 교육적 지원뿐만 아니라 주거, 교육, 육아, 보건 · 의료, 문화, 노인복지 등 생활 여건을 개선하는 정책은 물론, 농사 활동만으로 여유로운 생활을 영위할 수 있도록 돕는 것이 근본적 대책이 될 수 있다. 이는 농촌 생활에 대한 만족감과 농업인이라는 직업에 대한 자긍심을 높일 수 있는 것은 물론, 귀농인뿐만 아니라 기존의 농촌 주민의 삶의 질 개선에도 기여할 수 있다. 이를 위해 농협은 주거공간 확보 지원 및 농협이 갖추고 있는 시설과 조직을 활용해 각종 보육, 보건, 문화, 복지 사업 정책을 강화할 수 있다. 아울러 생활 주변에 숨어있는 불편과 고충 사항을 찾아내 개선 과제로 삼아야 한다. 이처럼 농협의 정책이 성실히 수행된다면 장차 귀농을 원하는 청년들과 도시민들에게 반농반X가 새로운 자립 모델이자 귀농의 동기부여가 될 것이다.

결론

반농반X는 농촌에서의 자급자족을 통해 삶의 만족을 추구하는 라이프 스타일이다. 그 자체로서 이미 새로운 삶의 방식이자 형태임을 인정해야 한다는 뜻이다. 따라서 반농반X를 전업농이 되는 통과의례라고 생각하는 귀농인들을 위한 경제적 지원 등 각종 정책을 실시하는 것도 바람직하지만, 반농반X 자체를 자신이 원하는 삶의 형태로 추구하는 귀농인들에게는 경제적 지원 이외의 정책이 더욱 효과적일 것이다. 자신이 만족할 수 있다면 굳이 전문 농업인이 되려고 노심초사할 필요는 없기 때문이며, 농촌에 산다고 해서 반드시 농업만으로 생활을 영위해야 하는 것은 아니기 때문이다. 아울러 농사와 다른 일을 병행하는 반농반X의 방식을 유지하면서 농촌 공동체의 새로운 일원으로서의 역할을 다하는 것 또한 농촌 생활에서 중요하기 때문이다. 무엇보다 중요한 것은 농협이든, 정부의 정책 입안자이든, 귀농인 자신이든 반농반X에 대한 고정관념을 버리고 자유롭고 개방적인 사고를 해야 한다는 점이다. 그래야 보다 많은 귀농인들을 실제적으로 도울 수 있는 정책이 시행될 수 있고, 귀농인 자신 또한 스스로의 삶과 행복을 지킬 수 있을 것이다.

09 저출산 및 고령화가 우리나라에 끼칠 수 있는 영향과 NH농협은행이 이에 대처할 수 있는 방안을 논하시오(2017년 NH농협은행).

개요작성

서론

① 급속한 고령화로 인해 국가가 노쇠해질 수 있다는 위기의식이 확산되고 있는 한국(논제 제시)
② 농업·농촌의 지속 가능성을 크게 위협하기 때문에 농촌을 태생적 근거지로 하는 NH농협은행에 치명적인 악재가 될 수 있는 고령화
③ 농업·농촌뿐만 아니라 NH농협은행의 생존에 필수적인 고령화 대처 방안 마련 필요성
④ NH농협은행에서 추진 가능한 고령화 대처 방안의 방향성(논제 방향 제시)

본론 1 고령화가 사회 일반과 NH농협은행에 끼치는 폐해 및 대응 방안

① 인구 고령화는 산업구조의 변화를 촉진하는 등 순작용을 기대할 수 있지만, 고령화가 끼치는 악영향에 대해서는 대책을 세워야 한다.
② 고령화가 사회에 끼치는 악영향
　㉠ 노동력 부족, 생산성 저하 등 노동시장의 변화로 인한 경제성장률 둔화, 노년 인구 부양비 상승, 연금·의료비·복지 비용 증가, 독거노인의 증가로 인한 각종 사회적 문제와 세대 간 갈등의 심화
　㉡ 금융시장의 성장세 둔화, 예금·적금보다는 보험·연금 등의 금융상품 선호 증가, 시장금리가 하락으로 인해 은행 저축보다는 주식·펀드를 통한 간접투자 증가
③ 고령화가 NH농협은행에 끼치는 악영향과 금융 대응 방안
　㉠ 악영향 : 일반적으로 청장년기보다 노년기의 저축 성향이 낮으므로 고령화가 지속되면 저축률 하락으로 인해 은행업 전반의 수익성 악화 예상
　㉡ 금융 대응 방안 : 고령자 전용 모바일 금융앱과 각종 금융상품 개발, 금융 자문(재무 상담), 재테크 교육 및 이를 수행할 전문 상담 인력을 확충 → 고령층을 고객으로 유치해 경쟁력·수익성 강화

본론 2 주거환경 개선, 생계 지원 등 생활 주변에서 실시할 수 있는 방안

① 저출산·고령화 해소를 위한 정부 시책에 부응해 NH농협은행은 고령층을 대상으로 영농인력 지원, 생활편의 서비스, 주거환경 개선, 요양보호, 주야간 돌봄, 의료 지원 활동 등을 확대·강화해야 한다.
② 고령자의 일자리를 확충하고, 고령 농업인의 경험과 지식을 활용한 관광농원·은퇴농장 모델을 개발하는 한편, 은퇴 후에도 생계 안정을 이룰 수 있도록 범농협 간 및 정부와 협력해 고령층의 생계를 지원해야 한다.

결론

① 우리나라는 고령화로 인해 각종 사회 문제가 심화되고 있고, 특히 농촌 지역은 소멸을 걱정해야 하는 상황에 이르렀다(앞 내용의 요약).
② NH농협은행은 저출산·고령화에 대응해 신속하게 시행할 수 있는 것들을 먼저 추진하는 것이 실제적·효율적이다.
③ NH농협은행은 경제적·금융적 지원뿐만 아니라 노령 인구가 건강한 삶을 영위할 수 있도록 돕는 정책을 시행해야 한다(행동의 촉구).

모범답안

서론

오늘날의 한국은 결혼 기피, 출산 기피, 육아 부담 증가, 평균수명 증가 등의 원인 때문에 급속한 고령화를 겪고 있다. 이로 인해 국가 전체가 노쇠해질 수 있다는 위기의식이 확산되고 있다. 특히 고령화는 농업·농촌의 지속 가능성을 크게 위협한다는 점에서 농촌을 태생적 근거지로 하는 NH농협은행에도 치명적인 악재가 될 수 있다. 따라서 농촌의 고령화에 대해 경각심을 갖고 효과적인 대처 방안을 마련하는 것은 농업·농촌뿐만 아니라 NH농협은행의 생존에도 필수적이다. 이에 NH농협은행에서 추진할 수 있는 고령화 대처 방안의 방향성을 살펴보고자 한다.

본론 1

인구 고령화가 나쁜 영향만 끼치는 것은 아니다. 고령화로 인해 노인층의 정치적 영향력이 확대되며, 여가·레저 활동의 주도 계층이 변화하고, 교육제도의 재편을 기대할 수 있으며, 건강약품·식품산업·의료서비스·금융서비스·레저·노인주택산업 같은 고령 친화 산업 분야의 성장 등 산업구조의 변화를 촉진할 수 있다. 그러나 우리가 우려하고 대책을 세워야 하는 것은 고령화가 끼치는 악영향이다. 고령화는 노동력 부족, 생산성 저하 등 노동시장의 변화로 인한 경제성장률 둔화, 노년 인구 부양비 상승과 연금·의료비·복지 비용 증가, 독거노인의 증가로 인한 각종 사회적 문제와 세대 간 갈등의 심화를 초래할 수 있다. 또한 많은 전문가들은 고령화로 인해 금융시장의 성장세가 크게 둔화될 수 있고, 예금이나 적금보다는 노후 대비를 위해 보험·연금 등의 금융상품을 선호하게 될 것으로 예상한다. 그리고 시장금리가 하락하면서 은행 저축보다는 주식·펀드를 통한 간접투자가 증가할 것으로 예측한다. 특히 NH농협은행을 위협하는 것은 일반적으로 청장년기보다 노년기의 저축 성향이 낮기 때문에 고령화가 계속되면 저축률이 낮아질 것으로 예상된다는 점이다. 결국 NH농협은행을 둘러싼 은행산업 전반의 수익성이 악화될 것으로 예상할 수 있다. 따라서 NH농협은행은 고령자 전용 모바일 금융앱과 다양한 금융상품의 개발, 자산 관리와 금융 자문 서비스 같은 재무 상담을 비롯해 어르신 눈높이에 맞춘 재테크 교육 등을 적극 실시하는 한편, 이를 수행할 인력을 확충해 금융 사각지대로 내몰리기 쉬운 고령층을 고객으로 유치해 경쟁력과 수익성을 강화해야 한다.

본론 2

정부는 출산과 양육 지원 정책을 강화하고, 양성평등 문화를 확산하는 한편, 사회보장 제도 정비, 복지시설 확충 등으로 저출산·고령화 현상을 해소하기 위해 노력하고 있다. 이러한 정부의 시책에 발맞춰 NH농협은행 또한 인력 조직과 물적 시설을 확충해 어르신들을 대상으로 하는 영농인력 지원, 생활편의 서비스, 주거환경 개선, 요양보호, 주야간 돌봄, 의료 지원 활동 등을 확대·강화해야 한다. 또한 고령 농업인의 숙련된 농업 기술을 적극 활용할 수 있는 고령 친화적 작목을 발굴해 고령자의 일자리를 확충하고, 고령 농업인의 풍부한 경험과 지식을 활용할 수 있는 관광농원·은퇴농장 모델을 개발해야 한다. 그리고 농업 은퇴 후에도 생계 안정을 지원할 수 있도록 NH농협은행은 계열사 및 정부와 협력해 재원을 마련하여 최소한의 생계를 지원해야 한다.

결론

우리나라의 평균수명 증가와 저출산은 인구 고령화라는 부작용을 초래하고 있으며, 이로 인해 각종 사회 문제가 심화되고 있고, 국가 발전의 기초체력 감퇴로 이어질 수 있다. 특히 농촌 지역은 소멸을 걱정해야 하는 상황에 이르렀다. 인구 증가가 근본적인 해결책이 되겠지만, 인구 증가는 국가 차원에서 이루어져야 하며 NH농협은행만의 노력으로는 불가능하다. 따라서 NH농협은행은 정부가 제시한 저출산·고령화 대책에 협력하면서 자체적으로 신속하게 시행할 수 있는 것들을 먼저 추진하는 것이 실제적·효율적이며, 사회 전체로 보아도 인적·물적 자원의 중복 소모로 인한 낭비를 막을 수 있을 것이다. 아울러 NH농협은행은 경제적·금융적 도움뿐만 아니라 노령 인구가 건강한 삶을 영위할 수 있도록 돕는 정책을 시행하는 것 또한 소홀하지 말아야 한다.

02 금융 · 경제

01 한국과 미국의 기준금리가 상승한 배경과 이유를 서술하고, 앞으로 한국 금리가 어떻게 변동할지 전망을 논하시오(2023년 NH농협은행).

개요작성

서론

① 기준금리의 정의와 의의(논제 제시)
② 한미의 기준금리 인상 추이를 알리는 기사 인용(독자의 관심 환기)
③ 미국의 기준금리 인상이 한국 경제에 악영향을 초래할 수 있는 이유 : 미국 기준금리 인상 → 한국의 국내 수입물가 영향, 대외무역과 수입 의존도가 높은 한국의 경제구조
④ 한미 양국의 기준금리 인상 배경(원인) 및 한국의 금리 변동 전망(본론의 서술 방향 제시)

본론 1 기준금리 상승 배경(원인)

① 미국의 기준금리 인상 조치 원인 : 인플레이션, 물가상승 해소에 대한 강한 의지, 재정확대 기조
② 한국의 기준금리 인상 조치 원인
　㉠ 대외적 요인 : 미국의 금리 인상에 대한 선제 방어 조치, 국제간 분쟁
　㉡ 대내적 요인 : 높은 수준의 물가 상승세 지속
③ 다만, 경기침체 등 기준금리 인상으로 인한 각종 부작용은 부담으로 작용함

본론 2 한국의 금리 변동에 대한 전망

① 연준과 달리 한국의 기준금리 인하 전망 제시 근거 : 한미간 금리 탈동조화(Decoupling) 추세 및 물가 안정 확인 및 저성장 우려 해소에 초점
② 한국은행 선제적 피벗(Pivot) 가능성 : 통화정책 운영상 최우선 순위가 연준에서 국내 경제 상황으로 바뀔 것과 통화완화로의 전환

결론

① 기준금리를 결정할 때 미국 외에도 다양한 요인을 고려해야 하는 이유와 한국은행의 기준금리 인하 전망 및 선제적 피벗 가능성(앞 내용 요약)
② 위 ①의 요약과 궤를 같이하는 한국경제연구원의 분석(다양한 요인을 충분히 숙고해야 하는 이유)
③ 기준금리를 결정할 때는 미국뿐만 아니라 EU 등의 경쟁국가의 기준금리 및 국내 경제 상황을 종합적으로 고려해야 함(새로운 방향성 제시로 마무리)

모범답안

서론

기준금리는 중앙은행이 경제와 금융 상황을 판단해 정책적으로 결정하는 금리로, 경제가 과열되거나 물가상승이 예상되면 기준금리를 올리고, 경제가 침체되고 있다고 판단되면 기준금리를 낮춘다. 또한 기준금리는 자금을 조달·운용할 때 적용하는 금리의 기준으로서, 금융 시장에서 각종 금리를 지배한다. 그런데 뉴스에 따르면 미국 연방준비제도(연준)는 40년 내 최악의 인플레이션을 잡겠다는 목표로 2022년 3월부터 2023년 5월까지 4번의 자이언트 스텝(기준금리 0.75%p 이상 인상)을 포함해 모두 10번이나 금리를 공격적으로 인상했고, 2023년 11월에 5.5%로 동결함으로써 2001년 이후 최고치를 기록했다. 이러한 연준의 인상 조치에 대응해 한국은행은 2022년부터 2023년 1월까지 2번의 빅스텝(기준금리 0.5%p 이상 인상)을 포함해 기준금리를 8번 인상했다. 이로써 2023년 11월 현재 양국의 기준금리는 2%의 격차를 유지하고 있다. 문제는 기준금리 인상은 달러(외국 자본)의 유입과 환율 하락 가능성을 높이고 수입물가에 큰 영향을 끼치기 때문에 이에 연준의 금리 인상으로 인해 대외무역과 수입 의존도가 높은 한국 경제가 피해를 당할 우려가 커진다는 것이다. 이에 한국과 미국이 기준금리를 인상하게 된 배경(원인)을 진단하고, 향후 한국의 금리는 어떻게 변동될 수 있는지 전망해보자.

본론 1

앞에서 언급한 것처럼 미국의 기준금리 인상 조치의 근본적 원인은 최악의 인플레이션에 있다. 기준금리 인상으로 인해 (이자를 좇는 돈의 은행으로의 유입이 늘어나) 시중에 유통되는 돈의 양이 줄어들어 물가가 하락하고 투자심리와 경기가 위축될 수 있는 등 기준금리는 경제 전반에 영향을 끼친다. 따라서 미국의 기준금리 인상 조치에서 '경기가 침체되더라도 물가를 잡겠다'는 의지를 읽을 수 있다. 또한 미국 정부의 재정확대 정책 기조도 기준금리 상승의 원인으로 지목된다. 대규모 재정확대의 충격은 성장률과 인플레이션에 대한 예상치를 높일 뿐만 아니라 향후 성장 및 물가 경로의 불확실성을 높이고 인플레이션을 부추긴다.

아울러 한국은행이 기준금리를 인상한 대외적 이유는 미국의 금리 인상에 대응해 한국 또한 선제 방어 차원에서 금리를 인상할 수밖에 없기 때문이다. 미국의 기준금리가 한국보다 높으면 외국인 자본이 대거 유출되어 미국으로 이동함에 따라 환율과 수입물가 상승으로 이어질 가능성이 높아지는 것이다. 이밖에도 미중 무역갈등, 러시아-우크라이나 전쟁, 이스라엘-팔레스타인 전쟁 등의 국가간 분쟁은 환율에 악영향을 끼치는 대외적 요인으로 지목된다. 또한 한국은행의 기준금리 인상 조치의 대내적 이유는 물가 안정 목표를 큰 폭으로 상회하는 높은 수준의 물가 상승세가 지속되고 있어 물가안정을 위해 기준금리 인상이 요구되기 때문이다. 그러나 기준금리 인상은 시중 은행의 대출 금리 인상에 따른 가계의 이자 부담 가중과 소비 침체는 물론 주식시장 침체를 초래할 수 있기에 경제적 부담이 적지 않다.

본론 2

연준은 2023년 9월과 11월 연속으로 금리를 동결했는데, 이러한 동결 조치는 시장의 예상과 일치한다. 그러나 금리 인하는 전혀 고려하고 있지 않으며, 여전히 높은 물가 상승률 때문에 추가 인상에 나설 수도 있다고 밝혔다. 한편 한미 간 장기금리의 동조화(Coupling)가 약화되면서, 곧 탈동조화(Decoupling) 가능성이 높아지고 갈수록 물가 안정을 확인하면서 점차 저성장 우려에 초점을 맞춤에 따라 기준금리가 인하되는 금리 하락기가 2024년 하반기에 시작될 것이라는 전망이 나왔다. 이러한 전망은 한미간 통화정책 동조화의 약화로 인해 한국의 선제적인 금리 인하 기대가 커질 수 있고, 한미 장기금리 디커플링 가능성도 확대될 것이라고 보기 때문이다.

또한 한국은행의 통화정책 운영상 최우선 순위가 연준에서 국내 경제 상황으로 바뀔 것이라며 한국은행의 피벗(Pivot)을 예상하기 때문이기도 하다. 여기서 피벗은 중심축의 전환, 즉, 중앙은행의 통화정책 접근 방식이 전면적으로 전환되는 것을 가리킨다. 국내 수요 부진을 고려하면 연준보다 1~2개월 정도 앞선 한국은행의 선제적 대응, 곧 통화완화로의 전환 가능성도 있다. 이에 따라 2024년 상반기 채권시장은 높은 금리 변동성 장세가 이어지다가, 하반기에는 금리 하락이 본격화할 것으로 내다볼 수 있다.

결론

기준금리는 물가상승을 억제하는 수단이지만 경기침체를 초래할 소지가 있어 기준금리의 변동을 결정할 때는 신중해야 한다. 또한 기준금리에 영향을 끼치는 주요 인자에는 다양한 대외적 · 대내적 요인이 존재한다. 따라서 한국이 기준금리를 결정할 때는 미국뿐만 아니라 다양한 요인을 충분히 숙고해야 한다. 아울러 미국과의 디커플링과 국내의 향후 경제 여건을 고려하면 한국의 기준금리 인하를 전망해볼 수 있고, 한국은행 선제적 피벗 가능성 또한 예상 가능하다.

이에 실제로 한국의 기준금리에 영향을 끼치는 요인으로는 미국 기준금리 외에도 유럽연합(EU)의 기준금리, 영국 기준금리, 소비자물가 상승률, 경제성장률 등이 있고, 이 가운데 가장 밀접한 상관관계를 갖는 변수는 미국이 아니라 EU의 기준금리라고 하는 한국경제연구원의 분석은 시사하는 바가 크다. 따라서 미국 정책금리에 대한 일방적인 추종을 삼가고, 일본 · 중국 · EU 등 경쟁국의 금리 인상 여부와 국내 물가와 성장률 등의 경제 여건을 종합적으로 고려할 필요가 높다.

02 2022년 한국 경제를 강타했던 고환율·고금리·고물가 등 이른바 '3고' 현상이 2023년에도 지속될지 경제계의 관심이 뜨겁다. 이와 관련해 환율경로 및 환율의 변화가 실물경제에 영향을 끼치는 과정을 설명하고, 한국의 빅스텝에도 불구하고 고환율인 원인에 대해 서술하시오(2022년 NH농협은행).

개요작성

서론

① 미국의 자이언트 스텝은 한국 경제에 피해를 끼칠 우려가 있음(뉴스를 인용해 독자의 관심 환기)
② 미국의 고강도 긴축 → 한국의 3고 현상 부채질 → 저성장 심화(경제적 피해를 우려하는 근거)
③ 미국의 긴축 → 달러 강세 → 환율의 상방 압력 작용(논제 도출을 위한 배경 제시)
④ 환율경로의 개념, 환율이 경제에 영향을 끼치는 과정, 빅스텝에도 불구하고 고환율인 원인(본론에서 다룰 논제의 방향 제시)

본론 1 환율경로에 대한 이해와 실물경제에 영향을 끼치는 과정

① 환율경로의 개념 : 통화정책이 국내외 금리 격차에 따른 환율 변동으로 총수요에 영향을 끼치는 것
② 환율의 변화가 실물경제에 영향을 끼치는 과정 : 환율의 변화 → 총수요의 변화 → 물가의 변화
㉠ 환율 하락(원화 가치 상승) : 총수요 감소, 원화표시 수입물가의 하락 → 국내물가의 하락 유발
㉡ 환율 상승(원화 가치 하락) : 원화 매각/달러 매입 → 달러에 대한 초과수요, 원화 가치 하락 → 국내물가의 상승 유발

본론 2 빅스텝에도 불구하고 고환율인 원인

① 환율은 상대적임
㉠ 미국의 자이언트 스텝의 영향>한국의 빅스텝의 영향 : 미국의 금리 인상 → 미국으로의 자본 유입 촉진 → 한국에서의 자본 유출(환율 상승)
㉡ 달러, 유로, 엔 등 주요 통화 사이의 복잡한 관계 또한 환율에 영향을 끼침
② 기준금리 외에도 환율에 영향을 끼치는 다양한 원인의 존재
㉠ 통화정책이 끼치는 파급효과가 이론대로만 작동하지는 않음
㉡ 통화정책이 환율경로에 끼치는 실제적 영향에 대해서는 의문의 여지가 있음(환율경로의 유효성이 크지 않은 사례 제시)

결론

① 통화정책의 변경 시점과 효과 발생 시점까지는 상당한 시차가 있으므로 장기적인 관점에서 안정적인 방향을 설정해야 함(통화정책의 기본 방향에 대한 글쓴이의 의견)
② 환율은 지극히 상대적인 가치이므로 한 나라만의 역량으로는 정책 의도대로 통제하기 어려움(신중함을 최우선으로 해야 하는 이유)

③ 정밀한 환율경로 분석으로 시행착오를 최소화할 수 있음(논제에 대한 가치 평가)
④ 정확한 환율 예측을 토대로 하는 외화 운용은 사실상 불가능하므로 가능한 한 보수적으로 접근하는 것이 최선책임(글쓴이가 생각하는 접근 방향)
⑤ 당국자들에게 운용의 묘를 살릴 수 있는 '신의 한 수'를 요구함(글쓴이의 요구로 마무리)

모범답안

서론

신문 기사를 종합해 보면 미국 연방준비제도(연준, Fed)는 치솟는 국내물가를 진정시키기 위해 2022년에만 4차례의 자이언트 스텝(0.75%p 이상의 기준금리 인상)을 단행했다. 이 때문에 많은 경제 전문가들은 미국을 상대로 하는 한국에 경제적 피해가 이어질 것으로 우려한다. 미국의 고강도 긴축이 고환율・고물가・고금리, 이른바 3고 현상을 부채질해 우리 경제의 저성장이 심화될 수 있다는 점에서다. 또한 미국의 긴축은 달러 강세를 부추겨 환율의 상방 압력으로 작용할 가능성이 높다. 이와 관련해 환율경로의 개념과 환율이 실물경제에 영향을 끼치는 과정을 알아보고, 한국이 빅스텝에도 불구하고 고환율인 원인을 진단해보고자 한다.

본론 1

먼저 환율경로가 정확히 무엇인지 알아보자. 금리경로, 자산가격경로, 신용경로, 기대경로 등과 함께 중앙은행의 통화정책이 실물경제에 파급효과를 끼치는 전달경로를 설명하는 이론 가운데 하나인 환율경로는 통화정책이 국내외 금리 격차에 따른 환율 변동으로 총수요에 영향을 끼치는 것을 뜻한다.
그렇다면 환율이 실물경제에 영향을 끼치는 과정은 어떠할까? 환율의 변화로 인한 소비・투자・수출 등 총수요의 변동은 국내물가에 영향을 끼친다. 환율 하락, 즉 원화 가치 상승의 경우 총수요가 감소하고, 이는 물가하락 압력으로 작용한다. 특히 환율경로에서는 원화 가치 상승으로 인한 원화표시 수입물가의 하락이 국내물가를 하락시키는 직접적 원인이 된다. 역으로 환율 상승(원화 가치 하락)의 경우 원화표시 금융자산의 수익률이 악화되어 투자자들은 상대적으로 수익률이 양호한 달러화표시 금융자산을 매입하려고 원화를 팔고 달러를 산다. 이때 달러에 대한 초과수요로 원화 가치가 하락하면 수출이 증가하고 수입이 감소해 경상수지가 개선되며, 생산 증대 및 물가 상승으로 이어질 수 있다.

본론 2

다음으로 한국이 빅스텝(기준금리 0.5%p 이상 인상)에도 불구하고 고환율인 원인을 진단해보고자 한다. 미국의 자이언트 스텝으로 인한 금리차에 대응해 한국은행은 2022년부터 2023년 1월까지 8차례나 기준금리를 인상했으며, 이 가운데 빅스텝은 두 차례나 있었다. 이처럼 기준금리를 인상할 경우 일반적으로 달러(외국 자본)의 유입으로 인해 환율이 하락할 가능성이 높아진다. 그러나 한국이 빅스텝을 단행했음에도 불구하고 미국의 자언언트 스텝으로 인한 영향 때문에 환율은 상승했으며, 이러한 고환율은 수입물가 상승으로 이어진다. 고환율의 근본적 원인은 환율이 지극히 상대적이라는 점에 있다. 한국의 빅스텝이 시장에 끼치는 영향보다 미국의 자이언트 스텝의 영향이 컸기 때문이며, 미국의 영향이 더욱 커질 것으로 예상하는 전문가들이 많다. 이때 미국의 금리 인상에 따른 미국으로의 자본 유입 촉진은 곧 한국에서의 자본 유출(환율 상승)로 이어질 수 있다. 또한 러시아 – 우크라이나 전쟁처럼 시장에서 환율에 큰 영향을 끼치는 원인은 금리 외에도 여러 가지가 있으며, 오늘날의 글로벌 경제 환경에서 달러・유로・엔 등 주요 통화 사이의 얽히고설킨 관계 또한 환율에 영향을 끼치는 변수이다. 아울러 각국의 통화정책이 끼치는 파급효과가 이론대로만 작동하지는 않기 때문에 정확한 예측을 토대로 환율을 관리하는 것은 매우 어렵다. 통화정책이 환율경로에 끼치는 실제적 영향에 대해서도 의문의 여지가 있다. 실제로 우리나라는 외국인의 증권 투자가 채권보다 주식을 통해 이루어지고 있기 때문에 환율경로의 유효성은 크지 않다고 한다.

결론

통화정책의 효과는 환율경로를 비롯해 다양하고 복잡한 경로를 통해 파급되므로, 기준금리 조정 등 환율에 영향을 끼치는 통화정책을 실시한 후 실제 정책효과가 발생하기까지는 상당한 시차가 있다. 따라서 당국이 통화정책을 결정할 때는 장기적인 관점에서 느리더라도 안정적으로 성장을 지속할 수 있도록 방향을 설정해야 한다. 또한 환율은 지극히 상대적인 가치임을 잊지 말아야 한다. 미국의 긴축으로부터 비롯된 달러 강세가 한국 경제에 3고 현상을 심화시켜 한국 경제의 하방 압력이 높아질 수 있다. 한국은행이 통화정책에 아무런 변화를 주지 않아도 미국·유럽·일본·중국 등 외국의 통화정책에 따라 환율이 변하는 것이다. 그리고 이러한 환율의 변화는 한 나라만의 깜냥으로는 함부로 판단하거나 정책 의도대로 통제하기 어렵다. 이는 당국이 '환율 전쟁'에 맞서 통화정책을 조정할 때 반드시 신중함을 최우선의 덕목으로 삼아야 하는 이유이다. 이때 환율경로 등의 통화정책의 전달경로 분석을 정밀히 해야 시행착오를 최소할 수 있다. 아울러 외화를 운용함에 있어 환율에 대한 정확한 예측을 토대로 하는 것이 이상적이겠으나, 이는 어디까지나 이론적인 것으로 사실상 불가능하다. 따라서 오늘날처럼 한치 앞을 내다볼 수 없는 시대에 비(非)기축통화국인 우리나라로서는 외화 운용에 있어 가능한 한 보수적으로 접근하는 것이 현실적인 최선책일 것이다. 그리고 미국 등 기축통화국의 영향이 커지고 있는 지금은 운용의 묘를 최대한으로 살릴 수 있는 '신의 한 수'가 당국자들에게 요구되는 시점이다.

03 인플레이션 발생 원인과 기준금리 인상이 금융기관에 미치는 긍정적·부정적 영향에 대해 논하시오(2021년 NH농협은행).

개요작성

서론

① 인플레이션의 원인 : 통화량 증가, 화폐 가치 하락, 물가의 지속적 상승
② 인플레이션에 대응책 : 정부 긴축 정책과 중앙은행의 기준금리 인상 정책
③ 금융시장에 지배적인 영향을 끼치는 기준금리
④ 기준금리 인상이 금융기관에 끼치는 영향(본론의 논제 방향 제시)

본론 1 한국은행의 기준금리 인상이 금융기관에 끼치는 긍정적 영향

① 이자소득 증가 → 가계의 저축 확대 → 은행의 수신고 상승
② 은행 차입비용 상승 → 과도한 투자나 물가상승 억제 → 경기 및 물가 진정
③ 기준금리 인상 → 시장금리 상승 → 은행의 예대금리차와 순이자마진(NIM) 확대
④ 우리나라 은행에 예금하고자 하는 유인 증대 → 해외 자본의 유입 증가
⑤ 채권 수익률 상승 → 채권 투자 증가 등 채권시장 활성화
⑥ 주식시장 : 은행주·보험주·경기민감주에 긍정적인 환경 조성

본론 2 기준금리 인상이 금융기관에 끼치는 부정적 영향

① 통화량 감소 → 대출금리 인상 → 대출 상환 부담 증가 → 대출 신규 계약 감소
② 시중에 유통되는 돈 감소 → 소비 심리와 투자 심리 위축 → 재화(상품)의 재고 증가 → 생산과 고용 감소 → 실업률 상승
③ 주식 수요 감소 → 주가 하락 → 민간 실질 자산 감소 → 소비 감소
④ 해외 자본 유입 증가 → 원화 가치 상승(환율 하락) → 수출 감소 및 수입 증가
⑤ 미국(달러)의 기준금리 인상 → 금리 역전 현상 발생 → 한국 금융상품에 투자한 외국인 자금 대거 유출 → 증시 불황과 원화 가치 하락 → 환율의 불안정성 증가 및 환율 방어를 위해 한국은행이 선제적으로 기준금리를 인상할 가능성 증가

결론

① 기준금리 인상으로 인플레이션을 해소할 수도 있으나, 자칫 경제 활동을 위축시킬 수 있다(앞 내용 요약).
② 양날의 검 같은 기준금리 변경 여부를 결정할 때는 반드시 국내외의 경제 여건을 정밀히 따져야 하며, 기준금리는 점진적으로 변경해야 한다.
③ 정부와 한국은행 등의 권위 기관은 기준금리를 조절할 때 '호시우보'를 명심해야 한다(글쓴이의 당부).

모범답안

서론

인플레이션은 '통화량 증가, 화폐 가치 하락, 물가의 지속적 상승 등이 원인이 되어 실질적 소득이 감소하는 현상'이다. 이러한 인플레이션에 대응하기 위해 정부는 긴축 정책을, 중앙은행은 기준금리 인상 정책을 통해 시중의 통화량을 줄인다. 이때 기준금리는 다른 모든 금리의 기준이 되어 금융시장에서 지배적인 영향을 끼친다. 기준금리 조절은 국가경제 전반은 물론 특히 금융기관에 직접적인 영향을 주기 때문이다. 그렇다면 기준금리 인상이 금융기관에 어떤 영향을 끼치는지 살펴보자.

본론 1

먼저 기준금리 인상이 금융기관에 끼치는 긍정적 영향에 대해 살펴보자. 총수요가 총공급을 초과할 때, 재화의 생산비가 올라 가격도 상승할 때, 독과점기업이 시장지배력을 행사하며 이윤을 극대화하려 할 때, 선거철·명절처럼 시중 통화량이 급증할 때, 환율이 고공행진(평가절하)을 할 때 등 여러 원인 때문에 인플레이션이 초래될 수 있고, 통상적으로 연 4~5% 정도의 물가상승률이 관측되면 인플레이션이 발생했다고 해석한다. 인플레이션이 발생하면 한국은행 금융통화위원회는 기준금리를 인상해 금융기관의 지급준비율, 재할인율, 채권의 매매, 통화량, 물가, 금리 등을 조절하려 한다.

이처럼 기준금리가 인상되면 저축으로 얻는 이자소득이 증가하므로 가계는 저축을 늘리게 되어 은행의 수신고가 상승하는 한편, 은행 차입비용이 올라가 과도한 투자나 물가상승이 억제되어 과열된 경기가 진정되고 물가가 진정된다. 또한 기준금리 인상으로 시장금리가 상승하면 은행의 예대금리차와 순이자마진(NIM)의 확대 가능성이 커진다. 그리고 우리나라 은행에 예금하고자 하는 유인이 커져 해외 자본의 유입도 증가하게 된다. 아울러 채권 수익률 상승으로 인해 채권에 투자하는 사람들이 늘어나면서 채권시장이 활성화되는 한편, 주식시장에서는 은행주·보험주·경기민감주에 긍정적인 환경이 조성될 수 있다.

본론 2

반대로 기준금리 인상으로 금융기관이 받을 수 있는 부정적 영향에는 무엇이 있는지 살펴보자. 기준금리가 인상되면 통화량이 감소되면서 시중은행의 대출금리가 인상되기 때문에 금융 소비자들의 대출 상환 부담은 증가하게 되고 대출 신규 계약은 감소되는 한편, 시중에 유통되는 돈이 줄어들어 소비 심리와 투자가 위축되며 재화(상품)의 재고 증가, 생산과 고용의 감소, 실업률 상승 등이 연쇄적으로 발생할 수 있다. 또한 주식 수요가 감소하고 주가가 하락하며, 민간의 실질 자산이 감소되어 소비가 감소한다.

국가경제 면에서는 해외 자본의 국내 유입이 증가하면서 원화 가치 상승(환율 하락)과 수출 감소 및 수입 증가 등이 연이어 발생할 가능성이 높아진다. 또한 해외 주요 선진국, 특히 달러라는 안정적인 기축통화를 발행하는 미국의 기준금리 인상으로 금리 역전 현상이 발생하면 한국 증시 등의 금융상품에 투자한 외국인의 자금이 대거 유출되면서 증시와 원화 가치 하락을 부채질해 환율이 불안정해질 가능성이 상승한다. 이때 한국이 환율 방어를 위해 선제적으로 기준금리를 인상할 가능성도 높아진다.

결론

기준금리 인상을 통해 인플레이션을 해소할 수 있으나, 이와 동시에 소비와 투자 등 총수요와 수출이 위축되어 전반적으로 경제 활동이 침체될 수 있다. 또한 기준금리의 변경은 예금·대출금리, 시장금리, 주식·채권·부동산·외환 등 자산 가격 등에 직접적인 영향을 끼쳐 실물경제와 물가를 변동시키는 주요 원인이 된다. 이처럼 기준금리는 일반 국민의 경제 생활과 금융시장에 지대한 영향을 끼치며, 자본 이동이 자유화되고 금융시장이 발전함에 따라 그 영향력은 더욱 커지고 있다. 따라서 양날의 검 같은 기준금리 변경 여부를 결정할 때는 반드시 국내외의 경제 여건을 정밀히 타진하면서 이해득실을 꼼꼼히 따져야 하며, 기준금리를 조정하기로 결정하더라도 점진적으로 변경해야 한다.

끝으로 '호시우보(虎視牛步)'라는 말이 있다. 범처럼 노려보고 소처럼 걸으라, 즉 예리한 통찰력으로 꿰뚫어 보며 성실하고 신중하게 행동하라는 뜻이다. 기준금리 인상을 결정할 때는 경제에 대한 거시적 결정도 필요하지만, 소비 주체인 개인에게 끼치는 미시적 파급력을 반드시 고려해야 한다. 따라서 정부와 한국은행 등의 권위 기관은 기준금리를 조절할 때 '호시우보'를 마음 깊이 새겨야 할 것이다.

04 코로나19 팬데믹으로 인한 소득불균형이 경제에 미치는 악영향과 금융권의 대응 방안을 서술하시오(2020년 NH농협은행).

개요작성

서론

① 고령화와 절대인구 감소로 인한 일손 부족+코로나19 사태로 인한 외국인 근로자 감소=농가의 구인난 심화(문제 제기)

② 코로나19로 촉발된 구인 → 농가의 경영비 부담 증가, 농산물 생산 감소 → 소득불균형이 더욱 심화될 우려

③ 소득불균형이 경제에 끼치는 폐해와 금융기관의 대응 방안(본론의 논제 방향 제시)

본론 1 소득불균형이 농촌과 경제에 끼치는 폐해

① 도농 간 소득불균형 심화 조장 원인

㉠ 도농 간 산업 인프라의 차이 → 인프라가 부족한 지역(농촌)은 저성장 기조가 이어짐 → 소득불균형 심화

㉡ 코로나19 사태 → 농산물 소비 부진과 국제 공급망 붕괴로 비료, 난방유 등의 원자재 가격 상승 → 소득불균형 심화

㉢ 코로나19 사태 → 농촌 인력난, 농업 생산 감소, 농산물 판매 저하 등 경영 조건의 전반적인 악화 → 소득불균형 심화

② 소득불균형 심화가 경제에 끼치는 폐해

㉠ 소득불균형이 심화될수록 경제성장률이 감소하며(IMF 연구), 자유경제 체제와 민주주의 정치체제가 뿌리부터 흔들림

㉡ 최저 빈곤층의 절대빈곤 수준 악화 → 사회 전체의 복지 수준 저하 → 복지 개선을 위한 자원 소모 증가 → 사회적 불안·불만 고조

본론 2 소득불균형 해소를 위한 금융기관의 대응책

① 소득 향상과 생활 수준의 향상을 기본 목표로 정하고, 빈곤층의 고용 기회 확대 등 기본 목표 실현을 위한 실천 과제들 제시

② 저소득층의 소득 향상을 돕는 다양한 자금 운용 수단을 제공하고 신용보증을 확대하는 한편 저소득층을 위한 금융상품 개발, 금융소외지역 점포 운영, 사회공헌기금 조성 등을 확대

결론

① 선심성·일회성 정책보다는 장기적으로 농업 소득의 안정화와 농업인의 생활 수준 향상을 이룰 수 있는 실제적 방안을 마련해야 한다(앞 내용의 요약).

② 포스트코로나 시대에 소득불균형 해소와 균형발전은 절체절명의 국가적 과제임을 명심해야 한다(글쓴이의 당부).

모범답안

서론

고령화와 절대인구 감소로 인해 일손이 부족한 가운데 코로나19 장기화 사태까지 겹치면서 농촌의 노동력 부족은 더욱 심화되었다. 코로나19 때문에 외국인 근로자의 입국이 제한되면서 구인난이 심화됨에 따라 인건비가 상승해 농가의 경영비 부담도 커지고 있고, 농업 생산액 감소와 농산물 판로 위축도 우려된다. 만일 적절한 대책을 신속히 시행하지 않는다면 소득불균형이 더욱 심화될 것은 불보듯 뻔하다. 그렇다면 코로나19 팬데믹으로 인한 소득불균형이 경제에 끼치는 폐해와 금융기관의 대응 방안에는 무엇이 있는지 살펴보자.

본론 1

도농 간·지역 간 소득불균형이 일어나는 주요 원인은 산업 인프라의 차이이다. 코로나19로 비대면 산업이 성장하며 관련 인프라를 갖춘 지역은 상대적으로 높은 상승률을 나타내는 반면, 인프라가 부족한 지역은 저성장 기조가 이어질 가능성이 높다. 여기에 더해 농업 부문은 코로나19가 촉발한 농산물 소비 부진과 국제 공급망 붕괴로 무기질 비료 원료, 난방유 같은 원자재 가격의 폭등이라는 악재에 신음하고 있다. 또한 코로나19는 앞에서 언급한 것처럼, 농촌 인력난, 농업 생산 감소, 농산물 판매 저하 등 경영 조건의 전반적인 악화를 초래해 소득불균형을 조장할 수 있다.
이러한 소득불균형의 심화와 경제성장률의 상관관계를 조사하기 위해 국제통화기금(IMF)이 2015년 선진국, 신흥국 및 개발도상국을 대상으로 진행한 '소득불균형의 원인과 결과' 연구에 따르면 상위소득 20% 계층의 비중이 확대될수록 경제성장률이 낮아졌다. 일반적으로 소득불균형이 고착화·심화되는 상황에서는 자유경제 체제와 민주주의 정치체제가 뿌리부터 흔들리게 되고, 최저 빈곤층의 절대빈곤 수준이 악화되어 사회 전체의 복지 수준이 낮아짐에 따라 복지 개선을 위한 자원 소모가 증가하게 된다. 그리고 소득분배를 시장의 원리에만 맡길 경우 사회 계층 사이의 소득 격차가 확대되어 사회적 불안·불만이 높아질 수 있다.

본론 2

그렇다면 소득불균형 해소를 위해 금융권에서 시행 가능한 대응책에는 무엇이 있는지 살펴보자. 먼저 소득 향상 및 주거·교육·의료·환경 같은 생활 수준의 향상을 기본적 목표로 정해야 한다. 이런 목표 달성을 위한 실천적 과제로 빈곤층의 고용 기회 확대를 위한 장학 사업 및 직업교육·훈련과 일자리 확충 지원 정책, 독자적 생활 능력이 부족한 사람들을 위한 부조 등의 이전 지출 등을 계획할 수 있으며, 의료비 지원 같은 저소득층의 생활수준 향상을 위한 기업 이윤의 사회 환원·기부도 꾸준히 이어져야 한다.
특히 금융기관은 저소득층의 소득 향상을 지원할 수 있도록 지속 가능한 경영 기반 마련을 위한 다양한 자금 운용 수단을 제공하고, 여유자금의 운용·관리를 지도·지원하며, 저소득층을 대상으로 안정적인 자금 공급을 위한 신용보증을 확대하는 한편, 저소득층을 위한 기부를 실천하는 기업과 개인에게 우대이율을 적용하는 예금·대출 상품 개발을 확대해 사회 환원·기부 문화가 확산되게 해야 한다. 아울러 저소득층을 위한 금융상품 개발, 금융소외지역 점포 운영, 사회공헌기금 조성 등을 확대해야 한다.

결론

코로나19로 인해 우리 농업·농촌이 현재 직면한 심각한 위기는 국가 전체의 안전을 직접적으로 위협한다. 이러한 위기에 대한 해결책의 핵심은 농촌 경쟁력이다. 이때 선심성·일회성 정책은 미봉책이므로 소득불균형을 해소에 이바지할 수 없으며, 농촌의 현실과 농업인의 목소리에 주목해 보다 장기적으로 농업 소득의 안정화와 농업인의 생활 수준 향상을 이룰 수 있는 실제적 방안을 마련해 적극적으로 시행해야 한다. 포스트코로나 시대에 소득불균형 해소와 균형발전은 절체절명의 국가적 과제임을 명심해야 한다.

05 'R의 공포'의 의미와 실물경제에 영향을 미치는 과정 및 대응 방안을 작성하시오(2019년 NH농협은행).

개요작성

서론

① 'R의 공포'의 의미 : Recession(경기침체)에 대한 공포심
② R의 공포가 문제를 일으키는 이유 : 공포심 때문에 침체 국면이 이어지는 악순환 고리 형성
③ R의 공포가 경제에 끼치는 영향 및 극복 방안(본론의 논제 방향 제시)

본론 1 R의 공포가 경제에 끼치는 영향

① R의 공포가 발생했다는 증거가 되는 장기금리와 단기금리의 역전 현상 ← 장단기금리 역전 현상은 대부분 경기침체로 이어졌음
② 장단기금리 역전 현상 → 단기로 돈을 조달해 장기로 대출해 주는 은행의 손실 가능성 증가 → 대출 감소 → 시장의 유동성 감소 등 경기침체에 악영향
③ R의 공포가 초래하는 주가의 급락
  ㉠ R의 공포(경기침체에 대한 우려) 증가 → 불확실성 증가 → 증시 하락 가능성 상승
  ㉡ 증시 하락 등 금융 부문 위급 상황 → 신용경색 사태 확산 → '주가 급락 → 개인들의 소비 감소 → 기업의 수입·이윤 감소 → 기업의 투자 위축 → 고용 감소 → 민간 감소'의 연쇄 반응으로 경기침체가 장기화·고착화
  ㉢ 악순환을 끊기 위한 정부의 경기 부양책(정부의 자금 투자) → 자칫 경기상승 효과 소멸 및 통화량 증대 → 인플레이션 발생 우려 및 정부부채 증가

본론 2 R의 공포를 해소할 수 있는 대응 전략

① 심리적인 접근 방법
  ㉠ 개인적인 차원에서는 장기적인 투자 관점에 입각한 재정 계획 수립 및 이자율이 높은 부채 청산(재정 건전성 개선), 비상시를 대비한 여유 자금(현금) 확보
  ㉡ 금융기관은 취약 가구와 기업에 대한 부채 구조조정을 지원
② 국가적인 차원에서의 접근 방법(정부의 경기 부양책)
  ㉠ 대규모 사회간접자본(SOC) 확충 사업을 통해 소비 심리와 투자 의욕 자극
  ㉡ 사회복지·환경보전, 4차 산업혁명 등과 관련한 사업을 통해 경기회복에 대한 정부의 의지를 천명해 침체된 소비 심리·투자 심리 자극

결론

① G2의 무역분쟁과 러시아-우크라이나 전쟁 등의 악재로 인해 R의 공포가 확산되고 있으며, 위기 극복으로 가는 기로에 서있다(현재 상황 제시).
② 흔히 하는 '경제는 심리'라는 말은 심기일전하면 경기를 반등시킬 수 있다고 해석할 수 있지 않을까?(글쓴이의 소견)
③ 경제 주체 모두가 위기의식을 공유하고 고통을 분담하는 사회적 의견 일치를 이루어 고비와 경제위기를 슬기롭게 이겨낼 지혜를 모아야 한다(글쓴이의 당부).

모범답안

서론

R의 공포는 'Recession', 즉 '경기침체'에 대한 공포심을 뜻한다. 경기침체기에는 투자상품들의 대부분이 마이너스를 기록하게 되고, 이로 인한 공포심은 연쇄 작용으로 시장에 더 큰 충격을 주며, 경기침체가 계속되면 '불황'에 빠지게 된다. 문제가 되는 점은 둔화(후퇴) 단계를 지나 침체의 늪에 빠지지 않을까 하는 공포심 때문에 침체 국면이 이어지는 악순환의 고리를 형성하기 쉽다는 것이다. 그렇다면 R의 공포가 경제에 어떠한 영향을 끼치며, 이를 극복할 수 있는 방안으로는 무엇이 있는지 살펴보자.

본론 1

흔히 장기금리와 단기금리의 역전, 즉 단기금리가 장기금리보다 높아지는 것을 R의 공포가 발생했다는 증거로 보기도 한다. 보통은 만기가 길수록 위험이 크다고 보기 때문에 장기금리가 단기금리보다 높은 게 일반적이다. 그러나 R의 공포로 인해 단기의 위험 부담이 너무 크다고 인식하면 금리가 상승하다가 마침내 장기금리를 추월하는 것이다. 그래서 '장단기금리 역전 현상=R의 공포'로 받아들이는 것이다. 장단기금리 역전 현상이 발생하면 대부분 경기침체로 이어진다. 특히 장단기금리 역전 현상이 발생하면 단기로 돈을 조달해 장기로 대출해 주는 은행은 손실을 입기 쉬우므로 대출을 줄일 것이고, 그러면 시장의 유동성이 감소되어 경기침체에 악영향을 끼치게 된다.

또한 R의 공포는 주가의 급락을 초래한다. 예컨대 수출 의존도가 높아 세계경제의 영향에 취약한 우리나라는 경기침체에 대한 우려, 즉 R의 공포가 커지면 불확실성도 함께 커지게 되어 증시가 급락할 가능성이 높아진다. 이처럼 증시가 급락하는 등 금융 부문에 위급 상황이 일어나 신용경색 사태가 확산되면 '주가 급락 → 손해를 본 개인들의 소비 감소 → 기업의 수입·이윤 감소 → 기업의 투자 위축 → 고용 감소 → 민간 감소'의 연쇄 반응이 일어나 경기침체가 장기화·고착화될 수 있다. 보통 2분기(6개월) 이상 실질GDP가 감소하는 경우를 경기침체로 해석한다. 이러한 악순환의 고리를 끊기 위해 정부가 막대한 규모의 자금을 투입하는 등의 경기 부양책을 단행할 수 있겠지만, 자칫하면 경기상승 효과가 이내 사라지고 오히려 통화량 증대에 따른 인플레이션 발생과 정부부채 급증 가능성만 키울 수 있다.

본론 2

R의 공포를 해소할 수 있는 대응 전략에는 무엇이 있을까? 먼저, R의 공포는 일종의 심리적 현상이므로, 이를 해소하기 위해서는 심리적인 접근부터 시작해야 할 것이다. 개인적인 차원에서는 장기적인 투자 관점에 입각한 재정 계획에 충실할 것과 이자율이 높은 부채 먼저 청산함으로써 재정 건전성을 높이는 한편 비상시를 대비해 여유 자금으로서의 현금을 확보하는 전략을 제시할 수 있다. 또한 금융기관은 취약 가구와 기업에 대한 부채 구조조정을 도와야 한다.

국가적인 차원에서는 앞서 언급한 정부의 경기 부양책을 R의 공포의 대응책으로 제시할 수 있다. 예컨대 정부에서 대규모 사회간접자본(SOC) 확충 사업을 통해 소비 심리와 투자 의욕을 자극함으로써 소득·소비·생산·투자 등 경기 전반의 회복을 꾀할 수 있다. 또한 사회복지·환경보전이나 4차 산업혁명 등과 관련한 사업을 벌여 경기회복에 대한 정부의 의지를 경제 주체에게 알림으로써 R의 공포로 인해 얼어붙은 소비·투자 심리를 녹여야 한다.

결론

G2, 즉 미국과 중국의 무역분쟁이 끊이지 않는 가운데 러시아–우크라이나 전쟁까지 악재로 작용하며, G2를 포함한 글로벌 경기침체 조짐으로 인해 R의 공포가 다시 확산될 기미를 보이고 있고, 각국 정부와 경제 관련 당국자들의 발등에 불이 떨어졌다. 각국이 전방위적인 공조를 통해 R의 공포를 털어내고 위기를 넘길 수 있을지 여부를 결정하는 중요한 기로에 서있는 셈이다.

흔히 '경제는 심리'라는 말을 한다. 이 말을 뒤집어 표현하면 심기일전으로 경기를 반등시킬 수 있다고 해석할 수 있지 않을까? 눈 앞의 현실을 가볍게 여기는 것은 금물이지만 이럴 때일수록 심기일전이 우선 필요하며, 물가 안정과 서민 경제 안정에 집중하는 특단의 노력이 절실하다. 정부·기업·민간 등 경제 주체 모두가 위기의식을 공유하고 고통을 분담하는 사회적 의견 일치를 이루어 고비와 경제위기를 슬기롭게 이겨낼 지혜를 모아야 한다.

06 겸업주의는 하나의 금융사가 은행 · 증권 · 보험 등의 여러 금융상품을 취급하는 것이고, 반대로 전업주의는 은행 · 증권사 · 보험사 등이 각각 고유의 해당 서비스만을 제공하는 것이다. 우리나라는 〈금융지주회사법〉을 제정하면서 겸업주의를 도입했다. 오늘날 디지털 금융 시대의 도래로 여러 금융 서비스가 융합되는 한편, 정보통신 기업들이 금융권으로 진출하고 있어 경쟁이 치열해지는 가운데 은행권에만 적용되는 각종 규제와 전업주의를 완화해야 한다는 요구가 높아지고 있다. 이와 관련해 금융지주회사의 장점(기대효과)과 한계 및 디지털 금융 시대에 발맞춘 발전 방향에 대해 논하시오(2018년 NH농협은행).

개요작성

서론

① 〈금융지주회사법〉 제정과 함께 금융시장에 도입된 겸업주의 및 금융지주회사의 의미
② 2008년 글로벌 금융위기 이후 추진된 금융에 대한 규제와 경쟁이 치열한 디지털 금융 시대의 도래로 인해 높아지고 있는 금융지주회사에 대한 규제 완화 요구
③ 금융지주회사 시스템의 장점(기대효과)과 한계, 디지털 금융 시대에 발맞춘 금융지주회사의 발전 방향(본론의 논제 방향 제시)

본론 1 금융지주회사 시스템의 장점

① 겸업화 · 대형화(→ 계열사 간 원활한 협력 체제 구축 → 대외 경쟁력 강화) 및 특정 사업 부문에 대한 진입과 철수가 용이함으로써 대외 신인도 개선과 영업력 제고
② 겸업화 · 대형화 · 개방화 · 디지털화 · 정보화라는 금융 환경의 변혁에 신속하게 대응
③ 여러 금융사들이 하나의 지주회사 밑에 계열화 → 경영 상태와 자금흐름의 분석 · 관리가 쉬워짐
④ 이외에도 시장점유율의 안정적 확보 등 여러 가지 부수적 효과를 기대
⑤ 겸업화 · 대형화로써 계열사 간의 시너지를 극대화해 경쟁력을 높이는 데 유리함

본론 2 금융지주회사 시스템의 한계

① 위험의 전이, 경제력 집중에 의한 과도한 시장 지배력 확장 등으로 인해 큰 피해를 초래할 가능성
② 비효율적 운영, 손익이 투명하게 드러나지 않을 가능성, 산업자본의 금융지배로 인한 은행의 사(私)금고화 우려 및 도덕적 해이와 책임 회피 가능성
③ 금융시장에 과도한 리스크를 유발할 만큼 복잡해지고 대형화되는 상황을 방지하는 장치가 선결되어야 함

결론

① 환경의 변화 : 빅테크 기업들의 금융업 진출과 첨단 IT 기술을 접목한 금융상품들의 융복합으로 인한 경쟁의 격화
② 금융지주회사의 요구 : 경쟁력 강화를 위해 인터넷전문은행과 비금융 영역의 플랫폼 회사를 경영할 수 있게 해달라는 요구 ← 전업주의가 사실상 무너졌고, 디지털 금융 시대에 맞도록 낡은 규제를 혁신해야 한다는 인식(겸업주의의 확대 및 전업주의의 폐지 요구)

③ 금융지주회사의 개선 업무
  ㉠ 대형화・겸업화에 따른 부작용 발생 가능성에 주의해야 함
  ㉡ 격변하는 금융 환경에 대응해 금융지주회사 제도를 융통성 있게 운영함으로써 실질적 금융그룹으로 작동하도록 시스템을 개선해야 함
  ㉢ 기타 : 계열사 간의 협력으로 시너지 효과 개선, 엄정한 내부통제 기준 마련, 고객의 개인정보 유출을 원천 방지
④ 글로벌 금융위기 이후 금융 혁신과 IT 기술 적용이 확산되면서 금융회사의 경쟁력을 제고하기 위해 현재 세계 각국은 금융업의 대형화・겸업화・세계화 전략을 강화하는 추세(전망)
⑤ 금융업을 양질의 고용과 높은 부가가치를 창출할 수 있는 성장 동력으로 키울 수 있도록 금융 시스템 혁신에 주력해야 한다(글쓴이의 의견 제시로 마무리).

모범답안

서론

우리나라는 1999년 4월 〈공정거래법〉 개정으로 지주회사 제도를 마련하고, 2000년 11월 〈금융지주회사법〉을 제정하면서 금융시장에 겸업주의를 본격 도입함에 따라 금융지주회사가 생겨났다. 금융지주회사는 주식(지분을 포함)의 소유를 통해 금융업을 영위하는 금융기관 또는 금융업의 영위와 밀접한 관련이 있는 회사를 지배하는 것을 주된 사업으로 하는 회사이며, 금융위원회의 인가를 받아야 한다. 그런데 금융기관의 지나친 겸업 행태가 2008년 글로벌 금융위기 발생의 원인 중 하나로 지목되면서 헤지펀드・사모펀드 운영을 제한하는 볼커룰 같은 금융규제 도입이 추진되었다. 또한 다양한 금융 서비스가 융합되고 빅테크(대형 정보통신 기업)가 금융산업으로 진출하면서 경쟁이 한층 격화된 오늘날의 디지털 금융 시대가 도래했다. 이에 따라 '은행권이 은행업만으로는 경쟁력 유지가 어려우므로 금융권과 빅테크・핀테크 간의 동일 규제 적용과 은행권에 대한 규제 완화'를 요구하는 목소리가 높아지고 있다. 이런 상황에서 금융지주회사 시스템의 장점(기대효과)과 한계, 그리고 디지털 금융 시대에 발맞춘 발전 방향은 무엇인지 살펴보자.

본론 1

먼저 금융지주회사 시스템의 장점을 살펴보자. 금융지주회사는 겸업화・대형화를 통해 각 계열사 간 원활한 협력 체제를 구축해 대외 경쟁력을 크게 높이고, 특정 사업 부문에 대한 진입과 철수가 편리하다는 것이 큰 장점이다. 이로써 대외 신인도를 개선해 영업력을 제고할 수 있을 뿐만 아니라, 합병 등 대형화에 대해 보다 신속한 대처를 기대할 수 있다. 특히 겸업화・대형화・개방화・디지털화・정보화라는 금융 환경의 변혁에 발빠르게 대응할 수 있을 것이다. 아울러 여러 금융사들이 하나의 지주회사 밑에 계열화되면 경영 상태와 자금흐름을 분석・관리하기가 보다 편리해지는 한편, 지주회사는 계열사의 지분 50% 이상을 보유해야 하는 법적 요건이 있어 금융기관의 지배구조 투명성을 제고할 수 있다는 것도 특징적이다. 이밖에도 시장점유율의 안정적 확보, 고객들의 금융거래 정보 공유와 정보 이용의 효율성 제고, 계열사 실적 위기 시 지주회사 차원의 협력 대처, 금융상품 연계 판매 등을 기대할 수 있다. 요컨대 핵심은 금융지주회사는 겸업화・대형화로써 계열사 간의 시너지를 극대화해 경쟁력을 높이는 데 보다 유리하다는 것이다.

본론 2

모든 금융 시스템이 그렇듯, 금융지주회사에 대해 장점만을 기대할 수 있는 것은 아니며, 장점의 극대화보다는 단점의 해결이 더 중요할 수도 있다. 금융지주회사 시스템은 위험의 전이와 경제력 집중에 의한 과도한 시장 지배력 확장 등의 부작용 때문에 이 시스템의 장점이 무색해질 만큼의 큰 피해를 초래할 가능성이 있다는 한계가 있다. 과거의 사례를 볼 때, 대형화된 금융지주회사의 파산은 다른 금융회사들의 연쇄적인 도산을 일으키고 자본시장 기능을 마비시켜 국가경제에 심대한 악영향을 끼쳤다는 사실은 분명하다. 또한 금융지주회사는 대규모 조직을 이루다보니 조직 내의 업무가 중복되고 복잡해질 경우에 자칫 비효율적으로 운영될 위험성이 있다. 그리고 투자 대상의 구조가 복잡해 손익이 투명하게 드러나지 않을 가능성과 산업자본의 금융지배로 인한 은행의 사(私)금고화 우려도 있다. 이때 지주회사의 영업이익이 악화된다면 책임 소재가 불분명해 도덕적 해이가 발생하여 서로 책임을 회피할 가능성으로부터도 자유롭지 못하다. 따라서 금융지주회사 시스템의 단점을 개선하고 위험을 회피하려면 금융시장에 과도한 리스크를 유발할 만큼 복잡해지고 대형화되는 상황을 방지할 수 있는 장치를 마련해야 한다.

결론

그렇다면 오늘날의 디지털 금융 시대에 적절히 대응하기 위한 금융지주회사 시스템의 발전 방향은 무엇인지 살펴보자. 오늘날은 정보통신 회사를 경영하는 빅테크 기업들이 금융업에 진출해 인터넷전문은행을 경영하고, 첨단 IT 기술을 접목해 각종 금융상품들이 융복합되는 등의 환경 변화로 인해 '굴러들어온 돌'과 '박힌 돌' 사이의 경쟁이 가열되고 있다. 이런 상황에서 금융지주회사는 경쟁력 강화를 위해 인터넷전문은행과 비금융 영역의 플랫폼 회사를 경영할 수 있게 해달라고 정부(금융위원회)에 요구한 바 있다. 금융 업무를 다루는 빅테크의 금융업 진출로 전업주의가 사실상 무너졌고, 디지털 금융 시대에 맞도록 낡은 규제를 혁신해야 한다고 본 것이다. 이는 겸업주의의 확대 및 전업주의의 폐지를 요구하는 것으로 보인다.

그러나 금융지주회사는 대형화·겸업화에 따른 효율성을 극대화하려는 만큼 부작용을 유발할 가능성에 각별히 주의하고, 격변하는 금융 환경에 대응해 금융지주회사 제도를 융통성 있게 운영함으로써 형식적 지주회사가 아니라 실질적 금융그룹으로 작동하도록 시스템을 꾸준히 개선해야 한다. 또한 계열사 간의 협력으로 시너지 효과를 높이고 엄정한 내부통제 기준을 마련하는 한편, 개인정보 보호에 대한 사회적 요구가 높은 만큼 고객의 개인정보 유출을 원천 방지할 물리적·인적 체계를 꾸준히 강화해야 한다.

글로벌 금융위기 이후 금융 혁신과 IT 기술 적용이 확산되면서 금융회사의 경쟁력을 제고하기 위해 현재 세계 각국은 금융업의 대형화·겸업화·세계화 전략을 강화하는 추세이다. 우리나라도 이러한 추세에 부응해 금융업을 양질의 고용과 높은 부가가치를 창출할 수 있는 성장 동력으로 키울 수 있도록 금융 시스템 혁신에 주력해야 할 것이다.

07 최근 우리 사회는 '공유경제'가 확산되고 있는 추세이다. 공유경제의 정의(의미), 산업에 끼치는 영향과 공유경제를 NH농협은행이 어떻게 활용할 수 있을지 논하시오(2017년 NH농협은행).

개요작성

서론

① 공유경제의 의미와 발생・확산 배경
② 공유경제가 산업 전반에 끼치는 영향과 NH농협은행의 공유경제 활용 방안(본론의 논제 방향 제시)

본론 1 공유경제가 산업 전반에 끼치는 영향

① 공유경제는 기존의 대여산업 개념을 확장하는 동시에 IT 기술을 결합해 새로운 부가가치를 창출한다.
② 최근에는 공유경제 기업의 플랫폼 형태가 무형 자원으로 확대 중이며, 기존의 기업들도 공유기업에 대한 투자, 공유 서비스 출시 등 공유경제를 마케팅 전략으로 활용한다.
③ 향후 공유경제는 정보의 비대칭을 해소함으로써 새로운 사업 기회를 창출할 것이다.

본론 2 공유경제의 장단점

① 공유경제의 장점(신성장 동력으로 인식)
  ㉠ 거래 당사자들의 직접적인 이익 : 유휴자원을 빌려주는 입장에서는 자원의 효율화를 높이고, 빌려 쓰는 입장에서는 저렴한 가격으로 이용할 수 있음
  ㉡ 사회 전체의 이익 : 거래 자체가 자원의 절약과 환경문제 해소에 기여 및 경기침체에 대한 해결안으로 인식됨
② 공유경제의 단점(기존 산업의 위축 우려)
  ㉠ 개인끼리 거래할 경우에 재화・서비스의 질을 보장하기 어려움
  ㉡ 사건・사고 발생 시 보험 및 법적 책임 관련 규정이 불명확해 안전성 보장이 어려움
  ㉢ 법률 저촉, 과세 형평성으로 인한 마찰
  ㉣ 새로운 소비를 억제함으로써 기존의 산업을 위협, 공유경제 기업과 기존 기업 사이의 갈등, 법률・제도의 미비로 지하경제 활성화 조장 우려

결론

① 소비 형태와 금융자산 정보를 결합한 디지털 데이터를 공유해 소상공인・기업체 등의 경영 활동에 도움
② 공유경제 시대에 맞춘 새로운 사업 모델 발굴(실제 사례 제시)
③ 범농협 차원에서 시설・설비 개방, 농가끼리의 영농 기자재와 인력 공유 알선, 공유경제 흐름에 맞춘 애플리케이션 보급
④ 공유경제 기업과 기존 기업 사이의 갈등 최소화 및 창조적 접근을 통한 새로운 부가가치 창출을 위한 지혜 모색 필요(글쓴이의 의견 제시로 마무리)

모범답안

서론

공유경제는 개인이 소유한 자원을 다른 사람과 공유해 사용함으로써 자원의 효율성을 최대한으로 높이는 경제 활동으로, 즉 한 번 생산된 상품을 공유하는 경제 방식이다. 2008년 글로벌 경제위기로 저성장, 취업난, 가계 소득 저하 등 사회적 문제가 심화됨에 따라 과소비를 줄이고 합리적인 소비를 하자는 사회적 인식이 널리 확산되었으며, 인터넷과 SNS를 중심으로 하는 정보통신(IT) 기술의 발전은 개인과 개인 사이의 거래를 수월하게 만들어 공유경제 발생을 촉진했다. 이러한 공유경제가 산업 전반에 끼치는 영향과 NH농협은행이 공유경제 현상을 어떻게 활용할 수 있을지 알아보자.

본론 1

기존의 대여산업과 구별되어 에어비앤비・우버 등의 공유경제 기업이 확산될 수 있었던 것은 인터넷을 이용해 거래 비용을 절감하고 거래 주체 간의 접근이 용이하기 때문이다. 소유한 재화가 없어도 대여가 가능한 방식으로 기존의 대여산업 개념을 확장하는 동시에 IT 기술을 결합해 새로운 부가가치를 창출할 수 있는 것이다. 최근에는 공유경제 기업의 플랫폼 형태가 자동차・자전거 등의 유형 자원을 넘어 지식・기술・경험・시간 등의 무형 자원으로 확대되는 한편, 기존의 기업들도 공유기업에 대한 투자, 공유 서비스 출시 등 공유경제를 마케팅 전략으로 활용하는 사례가 늘고 있다. 향후 공유경제는 소비자와 공급자 모두가 최대한의 정보를 공유해 정보의 비대칭을 해소함으로써 새로운 사업 기회를 창출하는 근간이 될 것은 자명하다.

본론 2

셰어링(Sharing), 물물교환, 협력적 커뮤니티 등의 거래 방식으로 이루어지는 공유경제의 장점을 살펴보자. 이용자, 중개자, 사회 전체에 이익이 되는 윈윈 구조를 이루는 공유경제는 유휴자원을 필요로 하는 사람들이 공유함으로써 빌려주는 입장에서는 자원의 효율화를 높이고, 빌려 쓰는 입장에서는 저렴한 가격으로 이용할 수 있는 등 거래 당사자들이 직접적인 이익을 얻을 뿐만 아니라, 거래 자체가 자원을 절약하게 하고 환경문제 해소에 기여함으로써 사회 전체에 이득이 된다. 최근에는 환경오염과 경기침체에 대한 해결안을 제시하려는 사회운동으로 확대되고 있다.

그러나 공유경제 형성의 기반이 되는 프로세스나 상거래 의식이 부족할 경우 위험성이 있다. 특히 온라인 환경에서 개인끼리 거래할 경우에 재화・서비스의 질을 보장하기 어렵고, 공유 서비스를 이용하다가 사건・사고가 발생했을 때 보험을 비롯한 법적 책임에 대한 규정이 명확하지 않아 안전성을 보장하지 못할 수 있다. 또한 외국으로부터 도입된 일부 국제적인 공유경제 서비스는 해당 국가의 법률 위반, 기존 기업들과의 과세 형평성 등으로 마찰을 일으킬 수 있다. 아울러 공유경제는 새로운 소비를 억제함으로써 기존의 산업에 위협을 가하거나, 공유경제 기업과 기존 기업 간의 이해관계 갈등을 일으킬 수 있고, 법률과 제도의 미비로 오히려 지하경제 활성화를 조장할 수 있다.

결론

공유경제는 신성장 동력이 되어 경제 활성화를 촉진할 수도 있지만 기존 산업을 위축시킬 수도 있기 때문에 공유경제의 흐름에 부응하려면 지혜로운 접근이 필요하다. 이때 소비 형태와 금융자산 정보를 결합한 디지털 데이터를 공유하면 이러한 정보 수집에 어려움을 겪는 소상공인・중소기업 등의 경영 활동에 도움을 줄 수 있을 것이다. 또한 공유경제 시대에 맞춘 새로운 사업 모델을 발굴해야 한다. 예컨대 시중의 한 대형 은행은 정유사와 제휴해 수개월분의 석유를 한꺼번에 선물로 계약한 후 이용권을 구매한 고객에게 일정 기간 동안 정해진 가격으로 기름을 공급하는 거래 방식을 추진한 바 있다. 이렇게 하면 차후에 기름값이 오를 때 고객은 기름을 상대적으로 저렴하게 구매할 수 있게 되고, 기름값이 하락할 때는 은행이 유치한 자금을 운용해 정유사와 고객의 리스크를 줄일 수 있을 것이다.

이러한 사례를 벤치마킹하면 NH농협은행 또한 영농 활동에 필요한 기름뿐만 아니라 각종 기계, 설비 등의 공동구매・공유 등을 추진할 수 있다. 아울러 범농협이 전국적으로 갖추고 있는 시설・설비 등을 개방해 공유하도록 하거나, 농가끼리 영농 기자재와 인력을 공유할 수 있도록 알선하거나, 또는 이를 위해 공유경제 흐름에 맞춘 애플리케이션을 개발해 보급할 수 있을 것이다.

은행권은 다른 산업군과의 합종연횡 전략을 통해 공유경제 기업과 기존 기업 간의 이해관계 갈등을 최소화하는 방안을 모색하고, IT・공유 등의 창조적인 접근을 통해 새로운 부가가치를 창출할 수 있도록 지혜를 모아야 할 것이다.

08 미국의 금리 변동이 우리 경제에 끼칠 수 있는 영향을 설명하고, 이에 대해 NH농협은행이 취할 수 있는 대처 방안을 논하시오(2017년 NH농협은행).

개요작성

서론

① 대내외의 경제 여건을 모두 고려해 기준금리를 결정하기 때문에 경제주체 활동의 유동성을 가늠하는 기준이 되는 기준금리

② 우리나라처럼 대외무역과 수입 의존도가 높은 나라일수록 영향력이 커지는 미국의 금리 변동

③ 미국의 금리 변동이 한국 경제에 끼치는 영향 및 취할 수 있는 대처 방안(본론의 논제 방향 제시)

본론 1 미국의 금리 변동이 한국 경제에 끼치는 악영향

① 한미 금리가 역전(미국의 금리 인상) → 달러 금융상품 수익률 상승 → 국내 외국 자본의 유출(미국으로 유입) → 국내 금융시장 변동성 확대 등 위험도 증가

② 미국의 금리 인상 → 한국은 금리 인상 압박 → 한국이 불황기에 있는 경우에는 경제 둔화 및 원화 가치 하락 → 수입 원자재 가격 인상, 물가 상승, 수출 경쟁력 하락

③ 미국의 금리 인상 → 한국은 금리 인상 → 시장금리 인상 → 자금 조달 비용(이자 부담) 증가 → 투자・고용・생산・소비 감소 → 주식・부동산・채권 시장 위축 및 경기침체

본론 2 미국의 금리 변동이 금융권에 끼치는 악영향 및 대응책

① 미국 금리 인상 → 국내 기준금리 인상 → 높은 이자로 대출 → 은행의 영업이익 증가, 반면 대출 상환 능력 감소 → 원금 회수 지연 가능성 증가 → 은행의 경영 부실화

② 예금・적금 이자율 상승 → 저축 증가, 반면 민간 소비 및 대출 감소 → 화폐 유통량 감소 → 은행에 통화량 적체 → 수요・생산・투자 감소 → 경제 둔화 및 실업률 증가 우려

③ 금융기관의 대응책

㉠ 소비자물가 안정화 지원, 농업인 등의 금융 취약 계층 지원, 소상공인・중소기업의 금융 부담 완화 대책 강구

㉡ 범농협이 펼칠 수 있는 대응책 사례 제시 : 범농협이 소유한 부동산에 대한 임대료 인하 등의 다양한 상생 정책 필요

결론

① 기준금리 인상은 농업인의 가계와 농촌 경제에 심각한 위기를 불러올 수 있고, 이로써 NH농협은행 또한 존립에 심각한 위협을 받게 된다(NH농협은행이 기준금리 변동에 적절히 대응해야 하는 이유).

② NH농협은행은 소비자의 요구에 부응하는 다양한 상품 개발, 고정금리・저금리 대출로의 전환 지원, 이자 감면, 원금상환 유예, 만기 연장 등 시행 가능한 방법으로써 농촌 경제의 안정을 도모해야 한다(글쓴이의 의견 제시로 마무리).

모범답안

서론

미국의 연방준비제도(연준, Fed), 한국의 한국은행 등의 금융 당국은 자국의 인플레이션 해소책으로 기준금리를 인상하곤 한다. 대내외의 경세 여건을 모두 고려해 기준금리를 결정하기 때문에 기준금리는 한 나라의 경제 상황이 어떤지, 통화정책과 경제 활동이 어떻게 작용하고 있는지, 각 경제주체 활동의 유동성이 어떤지 등을 가늠하는 주요 근거가 된다. 특히 미국과 같은 기축통화국의 금리 변동은 세계적인 영향을 끼치며, 특히 우리나라처럼 대외무역과 수입 의존도가 높은 나라일수록 큰 영향을 받는다. 미국의 금리 변동이 우리 경제에 끼치는 영향은 무엇이며, 취할 수 있는 적절한 대처 방안에는 무엇이 있는지 살펴보자.

본론 1

기준금리 인상은 인플레이션의 대응책으로서 국내 물가와 경기를 점진적으로 안정시킬 수 있다. 그런데 기축통화국이 아닌 한국의 기준금리가 기축통화국인 미국보다 낮아지면, 즉 한미 금리가 역전되면 달러 금융상품의 수익률이 상승해 자금이 미국으로 대거 이동하는 등 외국인 투자자들의 자본 유출로 국내 금융시장의 변동성이 커지는 등 위험도가 증가하게 된다. 이처럼 미국의 금리 인상으로 인해 한국 또한 금리 인상 압박을 받게 된다. 이때 한국 경제가 실업률 상승 등의 불황기를 겪고 있는 경우라면 금리 인상으로 인해 경제가 크게 둔화될 수 있다. 또한 원화 가치 하락으로 인해 원유 등 수입 원자재 가격이 인상되어 물가 상승과 수출 경쟁력 하락을 겪을 수 있다.

결국 인플레이션을 억제하기 위해 각국 중앙은행이 기준금리를 인상하면 그 나라의 시장금리가 높아져 자금 조달 비용(이자)이 높아지고 돈을 빌리는 기업·개인들의 이자 부담이 증가해 투자 감소, 고용 감소, 생산 감소, 소비 감소의 악순환으로 이어지며 마침내 경기침체를 부채질할 우려가 높아진다. 또한 금리와 주식·부동산·채권은 일반적으로 반비례 관계를 이루기 때문에 금리 상승은 주식·부동산·채권 시장의 위축을 초래할 수 있다.

본론 2

미국의 금리 인상 때문에 국내 기준금리가 인상되면 은행 등의 금융기관의 입장에서는 보다 높은 이자로 돈을 빌려줄 수 있기 때문에 영업이익과 수익성이 증가할 수 있다. 그러나 기존 대출자들의 상환 능력이 감소해 원금 회수가 지연되며, 정부 차원에서 이자 삭감 정책을 시행할 경우 은행의 경영 환경이 악화될 우려가 있다. 또한 대출 신규 계약이 감소해 은행의 경영 부실화라는 역풍을 맞을 수 있다. 한편 예금·적금 이자율이 증가해 저축을 늘리기 위해 민간 소비가 감소되는데, 이러한 저축 증가와 대출 감소로 인해 화폐가 유통되지 못하고 은행에 적체되어 경제 전반의 수요가 감소함에 따라 기업의 생산과 투자도 함께 감소한다. 이러한 수요·생산·투자의 감소는 경제 둔화와 실업률 증가의 직접적 원인이 된다. 이에 대응해 금융기관은 자체적으로 소비자물가 안정화 지원 대책, 농업인 등의 금융 취약 계층 지원 대책, 소상공인·중소기업의 금융 부담 완화 대책 등 효율적이고 촘촘한 지원 체계를 구축해야 한다. 예컨대 범농협은 전국적으로 막대한 규모의 부동산을 소유하고 있으므로, 이러한 부동산 임대료를 인하하는 등 다양한 상생 정책을 펼칠 수 있을 것이다.

결론

기준금리 인상으로 인해 시장금리 또한 인상되면 농업인 같은 상대적 취약 계층의 채무 상환 부담 또한 높아져 농촌 경제가 심각한 위기에 직면하게 될 수 있다. 이런 경우에 농촌 경제를 기업의 태생적 근간으로 하는 NH농협은행 또한 존립에 심각한 위협을 받게 될 것이 자명하다. 따라서 NH농협은행은 소비자의 요구에 부응해 고정금리 상품 개발을 다양화하는 한편, 고정금리·저금리 대출로의 전환을 지원하고, 경영 여력 내에서 이자 감면, 원금상환 유예 및 만기 연장 등 가능한 모든 방법을 적극 동원해 농업인이 신용불량자가 되는 사태를 예방하고 농촌 경제의 안정을 도모해야 한다.

03 디지털 · IT

01 이커머스 시장이 활발해지는 한편 악성코드 공격 또한 증가하고 있다. 이와 관련해 이커머스 시장의 디지털 보안을 위협하는 악성코드의 유형을 설명하고, 이를 예방하기 위한 보안 요건들을 서술하시오(2023년 NH농협은행).

개요작성

서론

① 이커머스 시장을 둘러싼 명암
　㉠ 이커머스 시장의 정의(독자의 관심 환기)
　㉡ 이커머스 시장의 성장세 : 공인기관(통계청)의 통계 제시
　㉢ 악성코드 증가 추세 : 한국인터넷진흥원의 통계 제시(논제 제시)
② 디지털 보안을 위협하는 악성코드 공격 유형과 이에 따른 예방 보안 요건(본론의 서술 방향 제시)

본론 1 동작 방식에 따른 악성코드 유형

① 바이러스의 특징 : 복제와 감염, 숙주 필요
② 웜(Worm)의 특징 : 스스로 복제·전파, 숙주 불필요, 빠른 증식으로 과부하 초래
③ 트로이목마의 특징 : 잠입해 컴퓨터를 조종, 정상적인 프로그램으로 위장 → 인지하기 어려움
④ PUP(Potentially Unwanted Program)의 특징 : 사용자의 설치 동의 요구, 용도 파악 어려움

본론 2 악성코드를 예방하는 보안 요건

① 예방이 최우선의 대응책인 이유 : 감염된 악성코드의 완벽한 격리·제거 및 데이터 복구는 매우 어려움
② 비(非)개인 차원의 예방책 : 정적 분석, 동적 분석으로써 악성코드를 사전에 탐지·차단
③ 개인 차원의 예방책 : 검증된 정품 소프트웨어의 설치 등

결론

① 악성코드가 사회적으로 심각한 문젯거리가 될 수 있는 이유(앞 내용의 요약)
② 이커머스 시장에 대한 악성코드의 접근 차단이 가장 효과적임
③ 속담을 인용해 예방이 최우선임을 강조(글쓴이의 의견 제시로 마무리)

모범답안

서론

이커머스(E-Commerce) 시장은 컴퓨터, 모바일 기기 등의 온라인 매체를 이용해 제품・서비스를 구매하는 시장이다. 통계청에 따르면 2022년 국내 온라인쇼핑 거래액은 206조 원 이상으로 처음으로 200조 원을 돌파하는 등 꾸준한 증가세를 유지하고 있다. 그러나 정보통신망 침해사고 또한 빠른 증가세를 보이고 있어 명암과 희비가 교차하는 실정이다. 한국인터넷진흥원에 따르면 2021년 600건 이상이었던 침해사고는 2022년 1,100건 이상으로 약 80% 정도 증가했고, 2023년 상반기에만 660건 이상으로 전년 동기 대비 약 40% 정도 증가했다. 2022년 유형별 침해사고 신고 유형별 비중을 들여다보면 서버해킹이 51.2%(전년보다 3.5배 증가), 악성코드 감염이 30.4%, 디도스 공격이 10.7%, 기타 7.7%였다. 문제는 이러한 침해사고의 급증 추세가 이커머스 시장 존립 자체를 심각하게 위협한다는 것이다. 이에 디지털 보안을 위협하는 악성코드 공격 유형과 이에 따른 보안 요건을 살펴보고자 한다.

본론 1

악성코드는 무수히 많기 때문에 다양하게 분류될 수 있는데, 동작 방식에 따라 바이러스, 웜(Worm), 트로이목마, PUP(Potentially Unwanted Program) 등의 유형으로 구분하는 것이 일반적이다. 첫째로, 바이러스는 네트워크로 공유된 컴퓨터의 프로그램이나 실행 가능한 부분을 변형해 자신 또는 자신의 변형을 복사(복제)하는, 즉 스스로 증식해서 감염시키는 형태이다. 악의적인 코드를 다른 코드(숙주)에 끼워 넣는 감염 과정을 통해 감염된 컴퓨터에 연결된 다른 컴퓨터로 전파 가능하다. 다만, 다른 네트워크의 컴퓨터로 스스로 전파되지는 않는다. 둘째로, 웜은 인터넷이나 네트워크를 통해 한 컴퓨터에서 다른 컴퓨터로 전파되는 유형으로, 다른 파일에 기생할 필요가 없기에 숙주 없이도 전파가 가능하다. 또한 스스로 실행해 복제될 수 있고, 스스로 전파 가능하다. 이때 매우 빠른 속도로 끊임없이 증식해 과부하를 일으키기 때문에 네트워크의 속도가 급감한다. 셋째로, 트로이목마는 컴퓨터에 몰래 침입해 잠복해 있다가 특정 시간이 되면 악성코드가 실행되어 침입자가 컴퓨터를 조종할 수 있게 한다. 복제・감염되지 않지만, 정상적인 프로그램처럼 위장하고 있기 때문에 사용자 입장에서는 인지하기 어렵다. 넷째로, PUP는 다른 악성코드와 달리 사용자에게 설치 동의를 구하지만 사용자는 용도를 파악하기 어렵다. 예컨대, 웹사이트 바로가기 아이콘을 바탕화면에 생성하거나 광고를 노출하는 등 치명적인 피해를 입히지는 않지만 컴퓨터나 인터넷 접속이 느려지는 등의 불편을 끼치는 프로그램이다. 한편 목적에 따라 악성코드의 유형을 랜섬웨어, 백도어, 익스플로잇, 봇(Bot), 스케어웨어, 다운로더, 드로퍼(Dropper), 런처, 애드웨어, 스파이웨어, 루트킷 등으로 구분하기도 한다.

본론 2

이미 감염된 악성코드의 완벽한 격리・제거 및 데이터 복구는 실제로 매우 어렵기 때문에 감염 가능성 자체를 차단하는 예방이 최우선의 대응책이다. 또한 악성코드의 종류는 무수히 많고 신종 악성코드가 끊임없이 등장하기에 개인이 개개의 악성코드에 하나하나 대응하는 것에는 한계가 있다. 따라서 개인이 일일이 대응하는 것보다는 디컴파일 등으로 코드 자체를 검증하는 정적 분석, 또는 프로그램 실행 중에 런타임 디버깅 등으로 악성코드를 직접 실행시키는 방식으로 분석한 결과를 토대로 악성코드를 제거・예방하는 방안을 도출하는 동적 분석 등을 통해 악성코드를 사전에 탐지해 차단하는 것이 우선이다. 또한 개인 차원에서는 검증된 정품 소프트웨어의 설치, 주기적인 보안 업데이트, 백신 소프트웨어의 실행, 안전이 보장되지 않은 웹사이트에는 방문 금지, 수상한 이메일 클릭 금지, 불법 복제 프로그램 설치 금지, 최신의 악성코드 탐지 및 대응책 공유하기 등의 대응이 요구된다.

결론

온라인 환경의 보편화와 모바일 인프라의 발전에 힘입어 이커머스 시장은 꾸준한 성장을 이어오고 있다. 그러나 햇빛이 드는 모든 사물에 명암이 있듯이 해킹과 악성코드로 대변되는 정보통신망 침해사고 또한 증가 추세에 있다. 그리고 이러한 침해사고의 증가세는 쉽게 꺾이지 않을 것 같으며, 이로 인해 이커머스 시장의 존립 기반이 뿌리부터 흔들릴 수 있다는 점에서 악성코드는 사회적으로 심각한 문젯거리가 될 수 있다. 그렇다고 악성코드를 생성하는 사람들을 사전에 적발해 유포를 막는 것 또한 현실적으로 지극히 곤란하다. 따라서 악성코드가 이커머스 시장에 접근하는 것을 차단하는 방법이 가장 효과적일 것이다.

흔히 쓰는 속담 중에 '소 잃고 외양간 고치기'와 '돌다리도 두들겨 보고 건너라'라는 속담이 있다. 일단 악성코드로 인한 보안침해 사고가 발생하면 그 피해가 막심할뿐더러 사후에 악성코드에 대응해 이를 완전히 제거하고 사고 발생 이전의 상태로 복구하기는 매우 어렵다는 점에서 '소 잃고 외양간 고치기'는 매우 값진 격언이다. 또한 예방이 최우선이므로 항상 지극히 조심해야 한다는 점에서 '돌다리도 두들겨 보고 건너라'는 '보안 수칙 제1조'가 될 수 있을 것이다.

02 오늘날 인공지능(AI)은 급속히 확산되어 우리 생활 주변 곳곳에서 활용되고 있으나, 인공지능의 발전을 위해 데이터를 대량으로 확보해 활용하는 데는 선결해야 할 과제들이 아직 많다. 이러한 현실에서 합성데이터가 해결 대안으로 떠오르고 있다. 이와 관련해 합성데이터의 개념과 장단점 및 부작용 사례를 서술하시오(2022년 NH농협중앙회).

개요작성

서론

① AI 기술의 급속한 발전과 확산 추세를 입증하는 자료 제시(전문기관에서 공개한 자료를 인용해 독자의 관심 환기)
② 인공지능 발전의 선결 과제를 해결할 수 있는 대안으로 등장한 합성데이터(논제의 등장 배경 제시)
③ 합성데이터의 개념과 장단점 및 발생 가능한 부작용(본론에서 다룰 논제의 방향 제시)

본론 1 합성데이터의 개념과 장단점

① 합성데이터의 개념 : AI를 학습시키기 위해 시뮬레이션·알고리즘으로 생성한 인공의 가상데이터
② 합성데이터의 장단점
　㉠ 합성데이터의 장점 : 프라이버시 보호, 시간·비용의 제약 해소, 높은 데이터 품질·균형성·다양성, 자동 라벨링으로 시간·비용 단축 및 정확도 제고 → 학습 시간 단축과 신뢰도 높은 AI 개발
　㉡ 합성데이터의 단점 : 가짜 데이터(부정확성·편향성), 비식별 처리로 인한 데이터 손실(분석·활용 가치 저하), 생성 과정과 평가 시스템 구축 작업이 복잡함

본론 2 합성데이터로 인해 발생 가능한 부작용

① 위조·변조 및 보안 위협으로 인한 부작용
　㉠ 범죄 수법으로 악용되는 딥페이크, 가짜뉴스, 상업적인 무단 사용 등의 사례
　㉡ 데이터의 취약점을 공략하는 해커의 공격 → 정보의 재식별화 및 탈취
② 데이터의 정확성·대표성 부족으로 인한 부작용 : 왜곡된 합성데이터 활용으로 무의미한 결과, 해로운 결과 초래
③ 잠재된 편향성으로 인한 부작용 : 인간의 편향성이 AI에게 전이될 경우 편향성이 조장·확산됨

결론

① 합성데이터 생성 기술은 시장을 개척·선도할 수 있는 기술(논제에 대한 가치 평가)
② 실제 데이터를 충실히 반영하고 검증 시스템을 완성하는 등 신뢰도를 제고해야 함(발전 방향 제시)
③ 정확한 합성데이터를 생성하려면 산업화되고 반복 가능한 접근법을 마련해야 함(발전 방향 제시)
④ 합성데이터가 '데이터 장벽'을 허무는 데 공헌하는 건전한 데이터로 진보하기를 기대함(미래에 대한 기대로 마무리)

모범답안

서론

한국신용정보원은 매년 급성장 중인 글로벌 인공지능(AI) 시장 규모가 2025년 약 262조 원을 돌파하고, AI 학습 데이터 시장 또한 2025년 39조 원에 달할 것으로 전망했다. 또한 미국 MIT대학에서 발간하는 〈테크놀로지리뷰〉는 AI 학습 데이터 생성에 유용한 합성데이터(Synthetic Data) 기술을 '2022년 10대 혁신 기술' 중 하나로 선정한 바 있다. 이는 오늘날 4차 산업혁명 시대에 AI 기술이 급속도로 발전·확산되어 생활 주변 곳곳에서 이미 널리 쓰이고 있음을 입증한다. 그러나 AI의 발전을 지속하려면 대규모의 데이터 확보에 드는 시간·비용의 절감, 보안성 강화, 법적·윤리적 문제의 발생 차단 등의 과제를 먼저 해결해야 한다. 이에 대한 대안으로 합성데이터 생성 기술이 주목을 끄는 것은 합성데이터가 AI를 교육할 때 필수적인 대규모 데이터 확보에 유용하기 때문이다. 이와 관련해 합성데이터의 개념과 장단점을 짚어보고, 어떠한 부작용이 발생 가능한지 알아보고자 한다.

본론

먼저 합성데이터는 무엇이며, 장단점은 어떠한지 살펴보자. 합성데이터란 실제 수집·측정으로 데이터를 획득하는 것이 아니라 AI에게 학습을 시키기 위해 시뮬레이션·알고리즘, 통계적 기법, 기계학습 기법 등을 이용해 인공적으로 생성한 가상의 데이터를 뜻한다. 이러한 합성데이터는 비식별 조치로 개인정보를 노출하지 않고 기존 데이터의 통계적 속성을 복제하기 때문에 프라이버시 침해 소지가 있는 민감한 정보를 분석하는 경우에 법률 등의 제약으로부터 자유로우며, 특히 시간과 비용의 제약으로 대규모 데이터를 수집·활용하기 어려운 경우에 효과적이다. 합성데이터는 높은 데이터 품질·균형성·다양성을 기대할 수 있고, 누락된 값을 자동으로 채우며, 생성과 사용이 실제 데이터보다 간단하다. 또한 대규모 데이터를 자동으로 라벨링하기 때문에 시간과 비용을 절약하면서도 정확도를 높일 수 있다. 이처럼 합성데이터를 생성하면 필요한 데이터 세트를 저렴·신속하게 대량으로 확보할 수 있어 AI의 학습 시간을 크게 줄이면서도 신뢰도가 높은 AI를 개발할 수 있다.

그러나 '합성데이터가 실제 데이터처럼 진실하고 유의미한 데이터인가, 합성데이터로 훈련한 AI는 실제 인간 행동을 정확하게 분류할 수 있는가?'라며 합성데이터를 신뢰하지 못하는 이들도 있다. 이러한 의문은 합성데이터는 어디까지나 '가짜, 모방' 데이터이므로 진실성·대표성이 부족해 발생한 부정확성·편향성 때문에 예상치 못한 문제를 일으켜 법적·행정적 규제를 초래할 수 있다는 우려에서 비롯된다. 사실을 충실히 반영하고 편향적이지 않아 신뢰할 만한 합성데이터라고 해도 위조·변조 방지와 보안 강화를 위해 재식별이 완전히 불가능할 정도로 비식별 처리되었다면 데이터의 손실이 커서 분석·활용 가치가 낮을 수 있다. 또한 합성데이터는 생성 과정이 매우 복잡하므로, 생성된 합성데이터가 원래의 목적에 충실한지 검증할 수 있는 정교한 평가 시스템이 선결되어야 하는데, 합성데이터의 활용 범위가 다양해질수록 평가 시스템 구축 작업 또한 복잡해진다.

본론 2

합성데이터를 활용할 때 발생 가능한 부작용을 짚어보면 다음과 같다. 첫째, 위조·변조 및 보안 위협으로 인한 부작용 발생 위험이 있다. 합성데이터 기술은 데이터의 위조·변조 등에 악용될 수 있는데, 실제로 범죄 수법으로 악용되고 있는 딥페이크 기술에도 합성데이터 생성 기술이 적용된다. 인공지능 기술을 활용해 특정인의 얼굴을 동영상으로 합성한 가짜뉴스, 이러한 동영상을 상업적으로 무단 사용하는 사례 등이 존재한다. 또한 공격자가 부정확한 데이터의 취약점을 파고들어 개인정보 등의 민감한 정보를 재식별해 탈취할 가능성도 배제할 수 없다. 둘째, 데이터의 정확성·대표성 부족으로 인한 부작용이 있다. 생성 과정에서 원데이터가 왜곡된 합성데이터를 활용하는 것은 무의미한 결과나, 심지어 해로운 결과로까지 이어질 수 있는 것이다. 예컨대 합성데이터의 접목이 활발히 추진되고 있는 의료 분야에서 그럴듯하지만 진실하지 않은 합성데이터는 오히려 의료 기술의 발전을 방해하고 인명 피해 사건의 잠재적 원인이 될 수도 있다. 셋째, 잠재된 편향성으로 인한 부작용을 들 수 있다. 인간이 만든 데이터에 남아 있는 편향성은 이 데이터를 학습한 AI로 옮겨갈 수 있다. 편향성을 걸러내는 과정 없이 단순히 원데이터의 패턴을 모방하기만 한다면 오히려 편향성이 조장·확산될 수 있다.

결론

합성데이터 생성 기술은 데이터를 질적·양적으로 고도화하면서도 프라이버시를 보호하고 보안성을 강화할 수 있기 때문에 새로운 시장을 개척·선도할 수 있는 기술로 평가받는다. 그러나 가짜 데이터를 학습한 AI를 신뢰하는 게 쉽지 않을 수 있으므로 통계적·수학적으로 실제 데이터를 충실히 반영하도록 기술을 정밀화하는 한편, 정확성을 보증할 수 있는 검증 도구와 시스템을 완성함으로써 신뢰도를 높여 나가야 한다. 아울러 향후 합성데이터의 사용 비율이 실제 데이터를 앞지를 것이라는 많은 AI 전문가들의 전망을 실현하기 위해 누구나 신뢰할 수 있는 표준 프로세스와 그에 따라 정확한 합성데이터를 생성하기 위해 산업화되고 반복 가능한 접근법을 마련하는 것이 중요하다. 그래야 합성데이터가 산업별 비즈니스 혁신을 앞당길 '게임 체인저'가 될 수 있을 것이다. 끝으로 합성데이터가 대규모 데이터에 대한 접근성과 활용도를 개선하고, '데이터 장벽'을 허무는 데 이바지하는 건전한 데이터로 진보하기를 기대한다.

03 빅데이터의 3V, 즉 Volume(크기), Variety(다양성), Velocity(속도)를 정의하고, 빅데이터를 통해 농업을 어떻게 발전시킬 수 있을지 서술하시오(2021년 농협경제지주).

개요작성

서론

① 빅데이터의 의미와 빅데이터의 발전 및 활용 범위가 확장되고 있는 이유
② 농업 부문에서 빅데이터의 적극적인 접목이 추진되고 있는 이유
③ 빅데이터의 특징 3V 및 농업 현장에서의 빅데이터 적용 방향(본론의 논제 방향 제시)

본론 1 빅데이터의 특징으로서의 3V

① 빅데이터의 3V : Volume(초대용량), Variety(다양성), Velocity(생성 속도)
② 다량의(Volume) 다양한(Variety) 정보가 실시간에 가까운 빠른 속도(Velocity)로 축적되는 것을 빅데이터라고 한다.

본론 2 빅데이터 활용 가치와 위상

① 디지털 환경에서 생산되는 데이터의 양의 기하급수적 증가, 데이터 저장 비용의 급감, 데이터 처리 기술 개선 등으로 인해 빅데이터의 활용 가치가 높아지고 있다.
② 예전에는 발견하지 못했던 고객의 소비 행태, 시장 트렌드, 여론의 추이 등을 거의 실시간으로 분석할 수 있다는 점에서 빅데이터의 위상이 크게 높아졌다.
③ 농업에서도 빅데이터를 통해 소비자의 기호를 분석하고 미래의 농산물 수요를 예측하는 등 혁신적인 활용 가치를 기대할 수 있다.

결론

① 범농협 차원에서 영농 지원과 경영 관리를 위한 모든 정보를 담은 빅데이터 플랫폼을 조속히 보급해야 한다(농업인의 참여 유도 필요).
② 생산된 농축산물을 출하·보관·유통·판매하는 과정에 빅데이터 기술을 적용해 시장 트렌드와 소비자의 욕구를 반영해야 한다(최적의 출하 시기 예측).
③ 빅데이터 활용도를 높이려면 개방적인 사고와 지식을 갖춘 전문 인력의 양성과 확충이 먼저 이루어져야 하며, 개인정보의 보호에도 만전을 기해야 한다(새로운 과제 제시로 마무리).

모범답안

서론

빅데이터는 문자 그대로 기존의 데이터베이스로는 수집 · 저장 · 분석 등을 수행하기가 어려울 만큼 방대한 양의 데이터를 가리킨다. 더 나아가 빅데이터는 다양하고 복잡한 대규모 데이터 세트 자체는 물론 이 데이터 세트로부터 정보를 추출하고 결과를 분석해 더 큰 가치를 창출하는 기술을 뜻한다. 모바일 기기와 SNS의 보편화, 사물인터넷 확산 등으로 데이터의 양이 폭발적으로 증가하는 가운데, 저장 매체 가격의 하락 등으로 데이터 관리비도 감소하고, 클라우드 컴퓨팅 등 첨단기술의 발달로 인해 데이터 처리 · 분석 기법도 함께 발달함에 따라 빅데이터의 발전과 활용 범위가 확장되고 있다. 이에 따라 농업 부문에서도 빅데이터는 미래 농업 · 농촌의 지속 가능성을 유지 · 확보하는 중요한 수단으로 인식되어 빅데이터 기술의 접목이 적극적으로 추진되고 있다. 그렇다면 빅데이터의 주요 특징인 3V와 함께 농업 현장에서의 빅데이터 적용 방향을 살펴보자.

본론 1

빅데이터는 단순히 방대한 양의 데이터만을 의미하는 것은 아니다. 보통 '3V'를 빅데이터의 특징으로 규정하며, 이는 'Volume(초대용량), Variety(다양성), Velocity(생성 속도)'를 가리킨다. 'Volume'은 빅데이터의 물리적 크기는 폭발적으로 증가한다는 것이고, 'Variety'는 빅데이터는 정형 · 반(半)정형 · 비(非)정형 등 포맷 · 형식이 다양하다는 것이며, 'Velocity'는 빅데이터는 실시간으로 생성되어 빠른 속도로 변화 · 유통된다는 것이다. 즉, 다량의(Volume) 다양한(Variety) 정보가 실시간에 가까운 빠른 속도(Velocity)로 축적될 때 이를 빅데이터라고 부르는 것이다.

본론 2

기업의 의사 결정, 정부의 공공 정책 등에서 데이터베이스가 활용된 것은 이미 오래된 일이지만, 스마트폰 · 인터넷 · SNS · 사물인터넷 등 온라인 디지털 환경을 중심으로 개인들의 네트워크 접근성이 혁신적으로 개선됨에 따라 생산되는 데이터의 양 또한 기하급수적으로 폭증했으며, 단순히 양만 증가한 것이 아니라 동영상 · 음악 · 이미지 등 비정형 · 비구조적 데이터의 비중 또한 급증했다. 이와 함께 정보통신 기술의 혁신으로 인한 데이터 저장 비용이 급감하는 한편 데이터 처리 기술이 개선되면서 빅데이터의 가치 또한 더욱 증가하고 있다. 현대와 같은 빅데이터 시대에는 예전에는 찾아내지 못했던 가치를 발굴하고 활용할 수 있다. 기존에는 처리하기 어려웠던 다양한 형태의 데이터를 분석함으로써 고객의 소비 행태, 시장 트렌드, 여론의 추이 등을 거의 실시간으로 분석할 수 있게 된 것이다. 또한 농업 부문에서도 빅데이터를 활용함으로써 소비자의 기호를 면밀히 파악하고 농산물에 대한 미래의 수요를 예측할 수 있는 등 혁신적인 활용 가치를 기대할 수 있다.

결론

그렇다면 빅데이터를 농업 현장에 어떻게 적용할 수 있을지 살펴보자. 우선 범농협이 나서서 영농 지원을 위해 기상 · 병충해 · 재배기술 · 토양관리 · 농자재 및 농산물 가격 정보 등 농업 경영에 필요한 모든 정보를 담은 빅데이터 플랫폼을 조기에 개발해 보급하는 한편 농 · 축협은 물론 실제 정보 수요자인 농업인이 모두 참여해 이용할 수 있게 해야 한다. 이로써 농가에 보다 정밀한 영농 관리, 경영 진단 등의 서비스를 제공할 수 있게 될 것이다. 또한 생산된 농축산물을 출하 · 보관 · 유통 · 판매하는 과정에도 빅데이터 기술을 적용해 시장 트렌드와 소비자의 욕구를 반영할 수 있어야 한다. 예컨대, 시장 트렌드와 수요 관련 데이터를 분석해 최적의 출하 시기를 정밀하게 예측하면 보다 유리한 가격으로 농축산물을 판매할 수 있을 것이다.

이상으로 살펴본 것처럼 빅데이터의 활용 범위와 잠재적 가치는 무한하다. 이러한 빅데이터를 잘 활용하려면 먼저 준비해야 할 것들이 있다. 우선 잘 정리된 데이터의 중요성을 인식해야 하며, 데이터를 분석할 수 있는 전문 인력의 양성과 확충이 선결되어야 한다. 빅데이터 시대의 인재는 전산학 · 통계학뿐만 아니라 인문학 · 심리학 · 경영학 · 언어학 등 이종 분야를 넘나드는 개방적인 사고의 지식인이 필요하다. 아울러 소비자 개인의 모든 생활이 집적되고 노출되므로 개인정보의 보호에도 만전을 기해 정보 유출로 인한 피해 사례가 발생하지 않도록 해야 한다.

04 메타버스와 VR, AR, MR의 정의를 서술하고 이 기술들을 은행에서 어떻게 활용할 수 있을지 서술하시오(2021년 농협은행).

개요작성

서론

① 메타버스의 의미
② 메타버스의 발전을 위해 필요한 VR・AR・MR과 D.N.A 기술의 융합 및 4차 산업혁명 핵심 요소와의 상호작용
③ VR・AR・MR의 의미 및 디지털 금융 시대 은행의 메타버스 활용 방안(본론의 논제 방향 제시)

본론 1 VR・AR・MR의 의미 및 비교

① 가상현실(Virtual Reality)의 의미
② 증강현실(Augmented Reality)의 의미
③ 혼합현실(Mixed Reality)의 의미

본론 2 디지털 금융 시대 은행의 메타버스 활용 방안

① 기존 NH농협은행의 메타버스 활용 사례
   ㉠ 대외적 홍보 수단 : 메타버스 플랫폼 '독도버스', 고객층 확대를 위한 금융 교육 프로그램에 VR・AR・MR 기술을 적용한 메타버스 활용
   ㉡ 대내적 의사소통 수단 : 조직구성원의 소통에 메타버스 활용
② 향후 메타버스 활용 방향 : 메타버스 활성화를 통해 궁극적으로 은행의 경쟁력 강화
   ㉠ MZ세대나 실버세대 등 특정 고객군에 특화된 가상의 메타버스 창구 개설 다변화(보다 많은 고객과 보다 깊은 소통)
   ㉡ 이때 필수적인 VR・AR・MR 기술과 대화형 AI 기술 개발 및 시장 선점을 위한 정보통신 기업과 제휴 필요
   ㉢ 메타버스 사무소에서 신규 계약이 가능하도록 구현하며(경제적 혜택 제공), 가상화폐・NFT 등의 가상자산을 메타버스 사무소에서만 거래 가능한 특화 상품으로 개발

결론

① 국내 은행들이 메타버스에 집중하는 이유(메타버스 활용의 당위성 강조)
   ㉠ 메타버스를 적용한 '디지털 금융 혁신'이 이루어지고 있는 해외 금융 선진국과의 경쟁력 강화
   ㉡ 코로나19로 인한 비대면 금융의 여파로 오프라인 서비스 감소 및 고객과의 새로운 접점 마련의 필요성 증가
   ㉢ 카카오・토스 같은 빅테크(Big Tech)와의 치열한 경쟁
② NH농협은행은 현실에서의 모든 금융거래가 메타버스에서도 가능하도록 해야 하며, 이를 위해 먼저 법적・기술적 안전장치를 마련해야 한다. 이로써 4차 산업혁명 시대에 부응하는 디지털 혁신을 이루며 영속할 수 있을 것이다(글쓴이의 의견 제시로 마무리).

모범답안

서론

메타버스, 즉 'Metaverse'는 '더 높은, 초월한, 가공의'라는 뜻의 'Meta-'와 '경험 세계'를 뜻하는 'Universe'의 조합어로, 가상의 온라인에서 아바타를 이용해 사회적·경제적·문화적 활동을 하는 등 가상과 현실의 경계가 허물어져 혼재하는 것을 뜻한다. 이처럼 기존의 가상현실(VR)보다 진일보한 개념의 메타버스가 발전하려면 가상현실(VR)·증강현실(AR)·혼합현실(MR) 기술을 D.N.A(데이터·네트워크·인공지능) 기술과 융합해야 하며, 사물인터넷·클라우드·5G 등 4차 산업혁명의 핵심 요소와도 상호작용해야 한다. 그렇다면 VR, AR, MR의 의미와 함께 디지털 금융 시대를 맞이한 은행에서 메타버스를 어떻게 활용할 수 있을지 살펴보자.

본론 1

먼저 가상현실(Virtual Reality)은 어떤 특정한 상황·환경을 컴퓨터로 만들어 이용자가 실제 주변 상황·환경과 상호작용하고 있는 것처럼 느끼게 하는, 인간과 컴퓨터 사이의 인터페이스를 뜻한다. 더 쉽게 설명하면 HMD라는 고글 형태의 기기를 머리에 착용하고 가상의 세계를 체험하는 것으로, 몰입도는 높지만 사용자는 실제 현실로부터 차단되기 때문에 비교적 활용 범위가 넓지 않다.

그리고 증강현실(Augmented Reality)은 현재 실존하는 환경에 가상의 콘텐츠를 덧입혀서 마치 실재하는 것처럼 보여주는 컴퓨터 그래픽 기술, 또는 그러한 기술로 조성된 세계를 뜻한다. VR보다 몰입도는 낮지만, 스마트폰·태블릿·안경 등을 통해 보는 현실세계 화면에 추가적인 정보를 보여주므로 장치가 훨씬 다양하고 응용·활용 범위가 비교적 넓다.

또한 혼합현실(Mixed Reality)은 VR과 AR의 장점 확대를 위해 VR과 AR을 혼합해서 현실세계 위에 가상현실의 요소를 더해주는 기술을 뜻한다. 즉, VR의 몰입도와 AR의 현실감을 모두 취함으로써 실사와 거의 똑같은 디지털 콘텐츠와 현실세계가 자연스럽게 혼합되어 사용자는 강한 몰입감과 실재감을 느낄 수 있다.

본론 2

2022년 6월 기준 NH농협은행은 '독도버스'라는 메타버스 플랫폼을 시범운영하고 있으며, 독도버스 내에 독도지점을 개설했다. 이처럼 대외 홍보 수단 외에도 조직구성원의 소통 수단, 고객층 저변 확대를 위한 일부 금융 교육 프로그램 등에 VR·AR·MR 기술을 적용한 메타버스를 활용하는 등 NH농협은행을 비롯한 금융권은 메타버스 플랫폼 개발을 서두르고 있지만 아직 도입 단계에 머물러 있다. 이에 다음 단계로 진일보하기 위한 방안들을 살펴보면 다음과 같다.

메타버스라는 가상의 공간에서 고객과 만나기 위해 개설된 기존 사무소들을 MZ세대나 실버세대 등 특정 고객군에 맞춰 특화된 사무소로 다변화하는 한편, 새로운 메타버스 창구 개설을 확대해 보다 많은 고객과 소통하도록 해야 한다. 이때 VR·AR·MR 기술은 물론 대화형 인공지능(AI) 기술 적용이 필수적이며, 이러한 기술 개발 및 관련 시장 선점을 위해 정보통신 기업과 기술 제휴를 하는 것도 효율적이다. 또한 메타버스 사무소에서 신규 계약이 가능하도록 만들고, 이때 계약한 고객들에게 우대이율 적용 혜택을 제공하는 것과 가상화폐·NFT 등의 가상자산을 메타버스 사무소에서만 거래할 수 있는 특화 상품으로 개발하는 것은 메타버스 활성화뿐만 아니라 궁극적으로는 은행의 경쟁력을 강화하는 실천적 방안이 될 수 있을 것이다.

결론

캐나다, 영국 등 금융 선진국에서는 이미 증강현실(AR) 기기를 통한 투자 상담, 메타버스 기술에 특화된 디지털 점포 운영, 메타버스를 활용한 사내 소통 플랫폼 운영 등이 이루어지고 있다. 우리나라 은행들은 이러한 '디지털 금융 혁신'을 등한시한다면 경쟁력 약화에 따른 도태를 피할 수 없다는 데 공감하고 있다. 특히 포스트코로나 시대에 즈음한 오늘날 메타버스 시장 규모의 폭증과 함께 금융업계는 메타버스 주도권을 잡기 위한 경쟁이 치열해지고 있다. 코로나19 팬데믹으로 도래한 비대면 금융의 여파로 오프라인 서비스는 점차 감소하는 한편 고객과의 소통을 위한 새로운 접점 마련의 필요성이 커지고 있기 때문이다. 또한 외국의 은행뿐만 아니라 국내 카카오·토스 같은 빅테크(Big Tech)와의 치열한 경쟁도 국내 은행들이 메타버스에 더욱 집중할 수밖에 없도록 만들고 있다.

현재 NH농협은행을 비롯한 금융기관들은 메타버스를 주로 홍보·상담 공간을 마련하는 용도로 활용하지만, 미래에는 보안을 강화해 신규 계약·입금·출금·이체·해지 등 현실에서의 모든 금융거래가 메타버스에서도 가능하도록 해야 한다. 이를 위해 법적·기술적 안전장치 마련이 선결되어야 한다. 그래야 신성장 동력 창출을 위한 수익 모델 개발과 경쟁력 강화가 가능할 것이며, 이로써 NH농협은행은 지속 가능한 농업·농촌 구현과 4차 산업혁명 시대에 부응하는 디지털 혁신을 이루며 영속할 수 있을 것이다.

05 국내 블록체인 시장의 현황과 활용 방안을 서술하시오(2020년 NH농협은행).

개요작성

서론

① 블록체인의 의미와 장점(보안성, 비용 절감)
② 가상화폐 운용의 기반을 제공하며, 활용 범위가 넓고 잠재력이 무한한 블록체인(블록체인의 가치)
③ 블록체인 시장의 현황과 블록체인 활용 방안(본론의 논제 방향 제시)

본론 1 블록체인 시장의 현황

① 현재 블록체인 시장의 규모 : 해외 및 국내 시장 동향
② 향후 블록체인 시장 성장의 원동력 : 디지털 금융과 블록체인 기술에 대한 투자 증가 외

본론 2 블록체인 활용 방안

① 금융업에서의 블록체인 기술 이용
  ㉠ 대출, 전자지갑 플랫폼, 보험 등
  ㉡ 은행권에서의 블록체인 이용 : 금융거래 · 결제 프로세스 자동화 · 효율화, 유지비 · 운용비 절감
② 농업에서의 블록체인 기술 이용
  ㉠ 해외에서는 블록체인 기술을 이용한 생산이력 정보 확인 시스템 등장
  ㉡ 우리나라는 블록체인 기술과 사물인터넷을 접목한 이력관리 시스템 운영
  ㉢ 향후 생산 · 물류 정보를 블록에 담아 유통하는 블록체인 시스템 구현 → 농산물 안전에 대한 국민의 신뢰도 향상

결론

① 블록체인의 가치(앞 내용의 요약) : 현재 블록체인 산업에 대한 평가와 블록체인 기술이 적극 활용되는 산업군
② 향후 블록체인 기술에 대한 기대(전망) : 소비 패턴을 변화시키면서 새로운 비즈니스 기회를 창출할 것으로 전망
③ 블록체인 선도를 위한 인식 변화(촉구) : 세계 각국은 블록체인을 혁신적 성장 동력으로 인식, 우리 정부와 기업들은 블록체인을 선도할 수 있도록 인식 변화가 필요함
④ NH농협은행 등의 은행업계가 할 일(글쓴이의 의견 제시로 마무리)
  ㉠ 대내적 : 블록체인 인력 양성, 조직 내에서 블록체인 기술의 창조적 활용, 금융 업무에 특화된 블록체인 플랫폼 및 새로운 금융 서비스 개발
  ㉡ 대외적 : 유망 블록체인 스타트업 발굴 · 지원, 블록체인 관련 권위 기관과의 기술 교류 · 제휴

모범답안

서론

블록체인은 일정 시간 동안 발생한 모든 거래정보를 블록(Block) 단위로 기록해 모든 구성원들에게 전송하고, 블록의 유효성이 확보될 경우 이 새 블록을 기존의 블록에 추가 연결(Chain)해 보관하는 방식의 알고리즘을 뜻한다. 블록체인의 가장 큰 장점은 높은 '보안성'과 '비용 절감'이다. 만일 해커가 블록체인 시스템에 침입해 데이터를 위조 · 변조해 거래기록을 조작하려면 참여자 간 연결된 모든 블록을 새 블록 생성 이전에 조작해야 하는데, 이는 사실상 불가능하므로 블록체인은 보안성이 매우 높다. 또한 화폐거래가 단 한 번만 이루어지므로 사기행위 등의 이중지급 문제를 예방하는 한편, 중앙기관 · 중개기관의 개입이 필요 없으므로 거래비용을 획기적으로 낮춘다. 따라서 블록체인은 비트코인 등의 가상화폐 운용의 기반을 제공하며, 디지털 환경에서 이루어지는 송금 · 자금이체 등의 금융거래, 각종 계약 체결, 전자투표, ID 관리 등 활용 범위가 매우 넓고 잠재력 또한 무한하다. 그렇다면 블록체인 시장의 현황은 어떠하며, 블록체인을 활용할 수 있는 방안으로는 무엇이 있는지 살펴보자.

본론 1

전 세계 블록체인 시장 규모는 2026년 674억 달러까지 확대될 것으로 전망되며, 국내 블록체인 산업 시장 규모는 2020년 기준 약 2,756억 원으로 추정된다. 블록체인 기술은 금융 분야 외에도 식품산업부터 백신 및 건강관리 분야 등 제품 추적 및 소비자 신뢰도가 중요한 산업군에서 활발하게 이용되고 있다. 이에 맞춰 정부는 2019년부터 2021년까지 블록체인 산업에 2,080억 원을 투자했다. 또한 통계청의 조사에 따르면 2020년 기준 3,200명 이상의 인력이 블록체인 개발 · 공급 · 관리 업무를 담당하고 있다.

향후 블록체인 시장 성장의 원동력으로는 디지털 금융과 블록체인 기술에 대한 투자 증가, 은행 및 사이버 보안 분야에서 블록체인 솔루션의 사용 확대, 지불 및 신원 확인 시스템에서 블록체인 기술 확산, 소매 및 공급망 관리에서 블록체인 기술의 이용 증가, 투명성 및 불변성, 프로세스 단순화, 낮은 운영 비용 등을 꼽을 수 있다.

본론 2

그렇다면 금융업과 농업 부문에서는 블록체인 기술을 어떻게 이용하고 있는지 살펴보자. 먼저 대출 업무 관련 증명서류를 블록체인에 저장해 증명서류의 정보 확인 절차를 간소화하고 대출 실행 기간을 단축한다. 또한 P2P 금융 투자자의 원리금 수취권 증서를 블록체인에 저장해 증서의 무결성을 보장하고 모바일 애플리케이션으로 조회할 수 있다. 그리고 블록체인 기술로 작동하는 전자지갑 플랫폼을 이용해 해외로 안전하게 송금하고 그 과정을 추적한다. 아울러 보험업계에서는 블록체인 기반의 지급 체계 공동망을 구축해 보험금 지급을 간소화하는 한편, 보험 정보와 통계 자료를 관리한다. 특히 은행권에서는 블록체인 기술을 적용해 해외 송금 등의 금융거래 · 결제 프로세스를 자동화 · 효율화하고 비용 · 시간을 절약할 수 있는 금융기관용 시스템 구축을 목표로 연구 · 개발이 진행되고 있다. 은행 간에 공동으로 대장을 분산 관리하는 블록체인 기술을 도입하면 블록체인 상에서 모든 거래이력을 공동으로 감시 · 추적하면서 즉시 결제를 완료할 수 있어 글로벌 금융 네트워크 시스템 유지 · 운용 비용을 크게 줄일 수 있는 것이다.

아울러 농업 부문에서는 블록체인 기술을 이용해 수확 · 가공 · 제조 · 유통 등의 생산이력 정보를 신속하게 확인하는 시스템이 네덜란드 · 일본 등에서 이미 등장했고, 우리나라도 농림축산식품부 등의 정부기관이 나서서 블록체인 기술과 사물인터넷을 접목한 이력관리 시스템을 운영하고 있다. 이와 함께 작물별로 허용된 농약 목록을 포함한 생산 · 물류 정보를 블록에 담아 유통하는 블록체인 시스템을 구현한다면 농산물 안전에 대한 국민의 신뢰도를 크게 높일 수 있다.

결론

블록체인 산업은 초기의 단순한 디지털 통화를 넘어서 정보통신 산업과 이종 산업의 융복합을 이끌어내는 새로운 치세대 성장 동력으로 평가받고 있으며, 오늘날 블록체인 기술은 은행 등의 금융거래, 가상자산, 부동산 거래, 사물인터넷 등 보안성·안정성·투명성이 필수적으로 요구되는 산업군에서 적극 활용되고 있다. 향후 블록체인의 대표적인 장점인 투명성·무결성·안전성 등을 적극 활용한 기술·서비스·플랫폼의 발전으로 소비자들의 생활과 소비 패턴을 변화시키면서 새로운 비즈니스 기회를 창출할 것으로 기대된다.

이에 각국 정부와 수많은 기업들은 블록체인 기술을 단지 디지털 화폐 등의 거래 수단이 아니라 인터넷과 같은 혁신적 성장 동력으로 인지하고 있으므로, 우리 정부와 기업들은 블록체인 기술을 선도적으로 적용해 세계 시장에서 유리한 위치를 선점할 수 있도록 인식 변화가 필요하다. 이를 위해 NH농협은행을 비롯한 은행업계는 대내적으로는 블록체인 관련 인력 발굴·양성, 조직 내의 각종 사업·서비스 분야에 대한 블록체인 기술의 창조적 활용, 금융 업무에 특화된 블록체인 플랫폼과 새로운 형태의 금융 서비스 개발 등을 이루어야 한다. 또한 대외적으로는 유망 블록체인 스타트업 발굴 및 지원, 블록체인 관련 권위 기관과의 기술 교류 및 제휴 등을 추진할 수 있을 것이다.

06 머신러닝과 딥러닝 등의 특징과 차이점을 서술하시오(2020년 NH농협은행).

개요작성

서론

① 머신러닝과 딥러닝에 대한 관심 증가(글의 주제 소개)
② 머신러닝과 딥러닝의 의미와 영향력을 간략하게 제시
③ 머신러닝과 딥러닝의 특징과 차이점(본론의 논제 방향 제시)

본론 1 머신러닝의 특징의 활용 범위

① 머신러닝의 의미 상술 및 빅데이터 분석과의 비교
② 현재 추진 중인 머신러닝의 광범위한 활용 범위(향후 활용 범위가 더 넓어질 수 있음)

본론 2 딥러닝의 특징

① 머신러닝의 일종인 딥러닝의 의미 상술
② 컴퓨터가 스스로 인지 · 분류 · 추론할 수 있게 하는 딥러닝의 메커니즘

결론

① 지도 학습과 비지도 학습 : 머신러닝은 인간이 컴퓨터에게 먼저 다양한 정보를 가르치지만(지도 학습), 딥러닝은 인간이 일일이 가르쳐주지 않아도 됨(비지도 학습)
② 결론 도출 과정
  ㉠ 머신러닝 : 기존의 데이터를 토대로 사물 사이의 관계와 특징을 찾아내고 일정한 패턴을 통해 결론을 도출
  ㉡ 딥러닝 : 데이터의 분석에만 머무르지 않고 데이터를 토대로 스스로 학습하고 가장 적절한 결론을 도출
③ 오늘날 딥러닝이 적용되는 분야와 딥러닝 같은 인공지능 기술에 대한 사회적 기대가 큰 이유

모범답안

서론

인공지능(AI) 기술이 발전하면서 이를 가능하게 하는 머신러닝(Machine Learning), 딥러닝(Deep Learning)에 대한 관심이 높아지고 있다. 머신러닝은 방대한 양의 데이터를 이용해 인공지능 컴퓨터를 학습시키는 기술이며, 머신러닝의 일종인 딥러닝은 인간의 뇌신경망을 모방한 인공신경망으로 컴퓨터를 학습시킨다. 예컨대, 구글의 자회사 딥마인드에서 개발해 2016년 프로바둑 기사들과 대결을 펼쳐 승리한 '알파고'는 과거의 수많은 바둑 기보를 분석해 바둑 전략을 학습한 딥러닝 인공지능 프로그램이다. 이러한 인공지능이 광범위한 활용 가능성과 무한한 발전 가능성 때문에 경제・사회・문화의 변혁에 지대한 영향을 끼치게 될 것은 자명하다. 그렇다면 머신러닝과 딥러닝의 특징과 차이점을 살펴보자.

본론 1

머신러닝은 인간과 같은 학습 능력이 있는 컴퓨팅 시스템을 구현하는 기술로서 인공지능 분야의 주요 연구 과제이며, 흔히 기계가 스스로 학습한다는 의미로 '기계학습'이라 부르기도 한다. 기계(컴퓨터)가 스스로 데이터를 분석・학습하는 과정을 거치면서 패턴을 인식할 수 있게 되면 입력되지 않은 정보에 대해서도 판단하고 결정할 수 있게 된다. 또한 방대한 데이터를 수집・분석해 미래를 예측한다는 점에서 빅데이터 분석과 유사하지만, 머신러닝은 기계가 스스로 방대한 데이터를 수집해 학습할 수 있다는 점에서 다르다. 아울러 문자・물체・얼굴 인식 등의 시각적 데이터 처리, 자동 번역, 대화 분석, 음성 및 필기체 인식 등의 자연어 처리, 텍스트마이닝, 스팸 필터링, 추출・요약, 추천 시스템 등의 정보 검색 분야, 게임, 애니메이션, 가상현실 등의 컴퓨터 그래픽 분야, 경로 탐색, 자율주행 자동차, 물체 인식・분류 등의 로보틱스 분야, 유전자 분석, 단백질 분류, 질병 진단 등의 생물정보학 등 현재 추진되고 있는 머신러닝의 활용 분야는 매우 광범위하다. 더 흥미로운 것은 향후 기술의 발전과 함께 활용 범위가 더 넓어질 수 있다는 점이다.

본론 2

딥러닝은 머신러닝의 한 분야로, 컴퓨터가 인간의 지도 없이 사람처럼 스스로 인지・학습・추론・판단・소통할 수 있는 인공지능 체계 또는 그러한 체계를 구현하는 기술을 뜻한다. 인간의 뇌신경망 구조를 모방한 인공신경망(ANN)을 기반으로 한 딥러닝은 수많은 데이터・사물을 분류해서 같은 집합끼리 묶고 상하 관계를 파악하는 기술이다. 딥러닝은 수많은 데이터에서 패턴을 찾아낸 뒤 사물을 구분하는 인간 두뇌의 정보처리 방식을 모방해 컴퓨터가 사물을 분별하도록 기계를 학습시킨다. 이로써 인간이 일일이 가르쳐 주고, 판단 기준을 정해주지 않아도 컴퓨터는 스스로 인지・분류・추론할 수 있게 된다.

결론

컴퓨터가 수많은 데이터에서 일정한 유형(Pattern)을 찾아내 분류하는 방식은 크게 지도(Supervised) 학습과 비지도 학습 두 가지로 나뉜다. 대부분의 머신러닝 알고리즘의 기초가 되는 지도 학습은 인간이 컴퓨터에게 정보를 가르치는 것으로, 컴퓨터는 미리 학습된 결과를 토대로 사물을 구분・분류한다. 반면에 머신러닝의 지도 학습 방식보다 진일보한 딥러닝의 비지도 학습 방식은 인간의 지도 과정이 없이 컴퓨터 스스로가 학습해 분류하는 것으로, 컴퓨터의 보다 높은 연산 능력이 요구된다. 즉, 머신러닝은 인간이 컴퓨터에게 먼저 다양한 정보를 가르치고 그 학습한 결과에 따라 컴퓨터가 데이터를 분류하는 반면, 딥러닝은 인간이 일일이 가르쳐주지 않아도 컴퓨터가 스스로 학습하고 데이터를 분류할 수 있는 것이다. 이처럼 머신러닝이 기존의 축적된 데이터를 바탕으로 사물 사이의 관계와 특징을 찾아낸 후 일정한 패턴을 통해 결론을 도출한다면, 딥러닝은 데이터의 분석에만 머무르지 않고 데이터를 토대로 스스로 학습하고 가장 적절한 결론을 도출하는 기술이다.

오늘날 딥러닝이 적용되는 분야는 주로 동영상, 사진, 음성 정보를 분류하는 쪽이다. 데이터의 양이 몹시 방대하고, 정확성이 반드시 필요하기 때문이다. 오늘날과 같은 빅데이터 및 사물인터넷 시대에는 사물이 상황을 스스로 인지해야 하는데, 이때 딥러닝 같은 인공지능 기술이 매우 광범위하게 그리고 효과적으로 활용될 수 있다는 점에서 인공지능에 거는 사회적 기대가 매우 크다.

07 블록체인의 개념, 해결 과제 및 개선 방안과 함께 블록체인을 어떻게 활용할 수 있을지 서술하시오(2019년 NH농협은행).

개요작성

서론

① 블록체인에 대한 사회적 관심 증가 사례(주제에 대한 독자의 관심 환기)
② 한계가 있기 때문에 해결 과제를 규정하고 개선 방안을 도출해야 하는 블록체인(문제 제기)
③ 블록체인의 개념과 해결 과제, 개선 방안, 활용 방안(본론의 논제 방향 제시)

본론 1 블록체인의 개념과 특징(장점)

① 블록체인의 개념 정의
② 블록체인의 특징(장점)
㉠ 거래 비용 절감 : 거래 내역을 저장·관리할 중앙 기관, 거래에 개입하는 중개 기관 등이 필요 없음
㉡ 높은 안전성·보안성 : 거래 정보를 임의로 수정·변경하는 일이 불가능, 해커의 활동을 신속하게 탐지함

본론 2 블록체인의 한계(단점)

① 블록체인의 확장 제약 요인 : 실시간 거래, 대량 거래 등에 신속히 대처하기 어려움
㉠ 결제수단으로 활용하는 데 한계 : 거래 처리 속도가 매우 낮음(예 비자카드와 비교)
㉡ 방대한 저장 공간 필요 : 거래가 누적될수록 저장 공간도 지속적으로 늘어나야 함
② 투명성으로 인한 부작용 : 거래 정보의 비밀 유지 곤란, 정보의 수정·취소가 불가능함
③ 비효율성 발생 우려 : 인증에 대한 합의가 이루어지지 않으면 운영 지연과 추가 비용 발생, 높은 수준의 컴퓨팅 능력과 전력이 요구됨
④ 보안성 저해 가능성 : 해커의 우회 공격 가능, 내부 구성원의 악의적 행동
⑤ 이견을 중재·해소할 장치 부족 : 신뢰성을 책임지는 제3의 외부기관이 없음

결론

① 탈중앙화적 성격으로 인해 중앙화에 따른 비용 발생과 보안성의 하락 회피 → 보안성과 개인 식별이 필수적인 금융거래 등 사회 전반적으로 활용 가치 높음
② 다수의 구성원들이 거래에 참여하는 업무 등 공공 부문과 민간 부문 모두에 걸쳐 활용 가능성 높음
③ 다만, 이견 조정, 역할 분담 등을 조율하고 분쟁을 해결할 수 있는 장치가 먼저 마련되어야 함(새로운 과제 제시로 마무리)

모범답안

서론

세계 최초의 가상화폐이자 블록체인 기술로 만들어진 비트코인은 2008년 첫 등장한 이후 5년 만에 시가총액 기준 세계 100대 화폐 안에 진입할 정도로 큰 인기를 모았고, 비트코인과 함께 블록체인에 대한 관심도 급증했다. 또한 세계 경제올림픽이라고도 불리는 다보스 포럼(세계경제포럼)에서는 2025년까지 전 세계 GDP의 10분의 1이 블록체인 플랫폼에서 발생할 것이고, 금융기관은 거래 비용의 30%를 절약할 수 있을 것이라고 2016년에 예측한 바 있다. 그러나 인간이 만든 모든 기술문명이 그러하듯 블록체인 또한 만능이 아니며 한계가 있기 때문에 해결 과제를 규정하고 개선 방안을 도출할 필요가 있다. 이에 블록체인의 개념과 해결 과제, 개선 방안, 활용 방안 등을 살펴보고자 한다.

본론 1

먼저 블록체인의 개념과 특징을 살펴보자. 블록체인은 중앙 기관의 관리 또는 중개 기관의 개입 없이 참가자(Peer)들로만 구성된 P2P 네트워크를 통해 거래 내역과 관리에 대한 권한을 분산해 블록 단위로 기록・관리하는 기술이다. 이때 거래 기록은 블록과 블록을 연결(Chain)한 형태로 보관된다. 즉, 일정 시간 동안 발생한 모든 거래 정보를 블록 단위로 기록해 모든 구성원에게 전송하고 승인하는 과정을 거쳐 만들어진 새 블록을 기존의 블록과 체인으로 연결하며, 이에 대한 사본을 각 구성원의 컴퓨터에 분산 저장하는 것이다. 따라서 거래 내역을 저장하고 관리할 중앙 기관이나 거래에 개입하는 중개 기관이 필요 없기 때문에 거래 비용을 크게 줄일 수 있다. 또한 분산 처리로 인해 해킹이 어렵기 때문에 안전성・보안성이 매우 높다. 구성원 모두가 거래 내역 정보를 가지고 있으므로 거래 정보 자체의 수정・변경이 거의 불가능한 것이다. 아울러 거래 정보를 단순히 암호화하는 것이 아니라 암호기법(Cryptography)으로 해싱(Hashing)해 보안성을 높인다. 여기서 암호기법을 통한 해싱은 정보의 정확성과 위조・변조를 확인하기 위한 것으로, 해커의 활동을 신속하게 탐지할 수 있다.

본론 2

다음으로 블록체인이 안고 있는 한계점들을 살펴보자. 먼저 블록체인은 거래 처리 속도가 현저히 낮다는 점이 지적된다. 예컨대 블록체인 기술로 탄생한 비트코인은 1초에 7건의 거래(7TPS)를 처리할 수 있다(1일당 약 60만 건). 비자카드가 1초에 5,000건의 거래를 처리할 수 있는 것을 감안하면 비트코인을 결제수단으로 이용하는 데 한계가 있음을 알 수 있다. 또한 블록체인의 구성원 모두가 과거의 거래 정보를 저장하기 때문에 거래가 누적될수록 저장 공간도 지속적으로 늘어나야 한다. 이렇듯 낮은 거래 처리 속도, 방대한 저장 공간 등으로 인해 실시간 거래, 대량 거래 등에 신속히 대처하기 어렵다는 점은 블록체인의 확장을 제약하는 요인이 된다.

또한 모든 거래 내역을 구성원들이 공유한다는 블록체인의 투명성은 오히려 거래 정보의 비밀 유지를 어렵게 만든다. 개인의 금융거래 정보, 기업의 영업기밀 등이 유출될 수 있는 것이다. 그리고 데이터가 블록체인에 추가되면 데이터 수정이 매우 곤란하다. 이는 거래 당사자의 단순한 실수, 범죄에 따른 우발적 거래 등 수정・취소해야 하는 데이터의 수정・취소를 불가능하게 만든다. 아울러 거래를 상호 인증하는 과정에서 수많은 구성원들의 답변을 요구하게 되는데, 인증에 대한 합의가 이루어지지 않으면 운영이 지연되어 추가 비용이 발생하게 되는 등 비효율성이 우려된다. 블록에 포함된 거래 정보를 검증하기 위해 암호를 푸는 과정에서 상당히 높은 수준의 컴퓨팅 능력과 전력이 요구된다는 점 또한 비용 증가에 따른 비효율성을 초래할 수 있다.

아울러 프리 – 블록체인 단계(블록이 형성되어 기록되기 이전 단계)에서의 보안이 취약할 수 있기 때문에 해커의 우회 공격이 불가능한 것은 아니며, 내부 구성원의 악의적 행동으로 시스템 전체의 보안이 위협받을 수 있다. 이는 블록체인의 장점으로 꼽히는 강력한 보안성을 떨어뜨리는 요인이 될 수 있다. 또한 블록체인 기술은 신뢰성을 책임지는 제3의 외부기관이 없으므로 참여자 사이에서 이견을 중재・해소할 장치가 부족하다.

결론

마지막으로 블록체인의 활용 방안을 짚어보자. 우선 블록체인은 거래 내역 기록을 저장·관리하는 중앙기관이 필요없다는 탈중앙화적 성격 때문에 중앙화에 따른 비용 발생과 보안성의 하락을 회피할 수 있다. 따라서 높은 보안성과 정확한 개인 식별이 필수적으로 요구되는 금융거래를 비롯해 본인 인증, 의료 기록 관리, 전자 투표, 세금 징수, 공공 복지 서비스, 증명서 발행 등 사회 전반적으로 블록체인이 매우 중요하게 쓰일 수 있다. 또한 다수의 구성원들이 거래에 참여하며 상호 검증이 필요한 업무, 투명성·신뢰성이 중요한 업무, 거래 당사자 간의 직접 거래로써 비용을 줄이고 효율성을 극대화할 수 있는 업무 등 공공 부문과 민간 부문 모두에 걸쳐 블록체인의 활용 가능성은 매우 높다. 다만 블록체인 기술은 신뢰를 보장하는 외부기관이 존재하지 않으므로 참여자 간의 이견 조정, 역할 분담 등을 조율하고, 향후 발생 가능한 분쟁을 법과 제도의 테두리 안에서 합리적으로 해결할 수 있는 장치가 먼저 마련되어야 블록체인 활성화를 기대할 수 있을 것이다.

08 디지털 트윈의 장단점과 활용 사례를 설명하고, NH농협은행이 디지털 트윈을 활용할 수 있는 방안을 서술하시오(2018년 NH농협은행).

개요작성

서론

① 디지털 트윈의 의미
② 디지털 트윈에 대한 이해를 돕기 위한 사례 제시(농가 시설 보수)
③ 디지털 트윈의 장단점과 활용 사례 및 NH농협은행의 디지털 트윈 활용 방향(본론의 논제 방향 제시)

본론 1 디지털 트윈의 장단점과 활용 가능 범위

① 디지털 트윈의 장점(효용성) : 사전에 문제점 · 개선점 발견 → 효율성 극대화 · 최적화 → 비용 · 시간의 절감 (예 디지털 트윈을 접목한 스마트 팩토리)
② 디지털 트윈에는 단점(개선 과제) : 대규모 비용과 높은 수준의 기술력, 사물인터넷 등 다른 디지털 기술의 도움 필요, 현실과의 괴리, 오류 발생 가능성, 정보의 누출 · 보안 문제 → 이러한 단점을 개선할 수 있도록 면밀한 검토 필요 및 올바른 방향 설정 필요
③ 활용 가능 범위 확대 : 제조업 외에도 금융 · 의료 등 다양한 산업으로 적용 범위가 확대되고 있음

본론 2 NH농협은행 등 금융업의 디지털 트윈 활용 방향

① 디지털 트윈 관련 기업에 대한 투자 · 대출 및 금융 업무에 디지털 트윈 도입 · 적용
② 금융사의 리스크 관리 업무에서는 디지털 트윈의 효용성이 특히 탁월함
③ 영업점 가상화 · 시각화를 통한 모니터링 → 고객에게는 새로운 경험을, 은행에게는 영업점을 효율적으로 관리할 수 있는 기회 제공
④ 고객의 금융거래 정보를 토대로 영업 활동 효율화가 가능한 디지털 트윈 모델 개발 가능

결론

① 디지털 트윈의 의의와 효용 가치(앞 내용의 요약 및 의미 부여)
② 디지털 트윈의 구현을 위해 먼저 해결해야 할 과제 제시(새로운 과제 제시로 마무리)

모범답안

서론

디지털 트윈은 현실에 존재하는 사물, 공간, 환경, 절차, 공정 등의 객체를 컴퓨터로 가상의 공간에 고스란히 재현하는 기술로서, 제조·건설·도시설계처럼 모의실험(시뮬레이션)이 효과적으로 사용되는 분야에서 활용 가치가 높은 기술이다. 쉽게 말해 현실 속 사물의 쌍둥이를 가상공간에 복제하듯 만드는 기술이다. 예컨대 농가에서 시설물을 짓거나 보수할 때 디지털 트윈 기술을 활용해 구성한 입체 화면으로 시설물에 대한 이해를 높일 수 있다. 그렇다면 이러한 디지털 트윈의 장단점과 활용 사례를 살펴보고, NH농협은행이 디지털 트윈을 어떻게 활용할 수 있을지 방향성을 짚어보자.

본론 1

디지털 트윈은 컴퓨터 소프트웨어를 이용해 실제 세계의 사물, 환경, 공간, 시스템, 프로세스 등의 자산을 가상의 모델로 복제해 실제와 같이 동작시키는 것은 물론 사전에 문제점·개선점들을 찾아낼 수 있다. 이로써 효율성 극대화와 최적화에 따른 비용과 시간의 절감을 기대할 수 있다. 예컨대 현재 디지털 트윈의 접목이 활발한 스마트 팩토리 등 제조업 분야에서는 품질 향상, 개발비·개발기간·운영비 절감을 이루고 생산·서비스를 지속적으로 최적화할 수 있기 때문에 매출 증대를 기대할 수 있다.

그러나 디지털 트윈에는 반드시 개선해야 할 단점도 있다. 가상의 디지털 공간에 현실과 같은 세계를 구축하려면 많은 비용이 소모되는 것은 물론 매우 높은 수준의 기술력을 확보해야 하며, 사물인터넷·인공지능·빅데이터·클라우드·5G·가상현실·증강현실 등 다른 디지털 기술의 도움이 필요하다. 또한 현실과의 괴리, 오류 발생 가능성 등과 이로 인해 잘못된 결론에 도달할 우려가 있고, 현실과 같은 정보를 복제하기 때문에 정보의 누출·보안 등 법적 문제를 일으킬 수 있다. 따라서 디지털 트윈을 구축하기 전에 먼저 어떤 데이터들을 수집할 것인지, 이를 활용할 수 있는 방안에는 무엇이 있는지, 어느 정도의 효과성을 낼 수 있는지, 보안은 어떻게 유지할 것인지 등을 면밀하게 검토해 올바른 방향을 설정해야 한다. 이러한 디지털 트윈은 급변하는 미래 사회에서 경쟁하는 데 강력한 무기가 될 수 있기 때문에, 센서·네트워크를 아우르는 사물인터넷, 가상현실·증강현실, 인공지능 등의 진보에 힘입어 앞에서 언급한 제조업 외에도 금융·의료 등 다양한 산업으로 적용 범위가 확대되고 있다.

본론 2

그렇다면 디지털 트윈은 NH농협은행을 비롯한 금융 부문에서 어떻게 활용될 수 있을까? 디지털 트윈 보유 기업 또는 디지털 트윈 기술로 발전을 하고 있는 기업에 대한 투자·대출 같은 전통적인 금융 업무 외에도 금융사가 리스크 관리, 효율성 개선, 가상화 교육 등에 디지털 트윈을 도입·적용하려는 시도가 늘고 있다. 특히 디지털 트윈은 거의 실시간으로 데이터의 수집·분석이 가능한 디지털 환경에서 발생 가능한 위험을 가상실험할 수 있기 때문에 리스크 관리 업무에서 디지털 트윈의 효용성은 탁월하다. 또한 영업점 가상화·시각화를 통해 모니터링함으로써 고객에게는 새로운 경험을, 은행에게는 영업점을 보다 효율적으로 관리할 수 있는 기회를 제공할 수 있을 것이다. 아울러 고객의 금융거래 정보를 토대로 잠재 수익성과 신용도 파악 및 시뮬레이션을 통한 영업 활동 효율화가 가능한 디지털 트윈 모델을 개발할 수 있다.

결론

디지털 트윈은 현실과 거의 흡사한 가상 세계를 정밀하게 구현해 시뮬레이션함으로써 시간, 비용, 시행착오를 크게 줄이고 미래를 예측하며 완성도를 높이는 데 그 의의가 있다. 단지 하루 앞도 예측하기 어려울 정도로 급변하는 오늘날과 같은 시대에 디지털 트윈은 거의 실시간으로 현재 상황에 대응하도록 돕는 것은 물론 미래를 예측할 수 있게 하므로 미래 경쟁력 확보·강화에 기여한다는 점에서 효용 가치가 높다. 다만 관련 인프라를 갖추고 디지털 트윈을 구현하기까지 투입되는 경제적·시간적 투자가 많기에 개발·이용 주체가 정부·대기업 등으로 한정적일 수 있다는 점, 보급과 저변 확대를 위해 활용도가 높은 저비용의 소프트웨어가 요구된다는 점, 개인정보 유출의 가능성 같은 문제 소지를 미리 차단해야 한다는 점, 구현 요소가 많아질수록 오작동 우려도 높아진다는 점, 그리고 디지털 트윈의 발전을 지원할 법적·제도적 장치가 부족하다는 점 등은 진입장벽이자 지혜를 모아 해결해야 할 숙제로 남아 있다.

09 클라우드의 개념을 설명하고, NH농협은행이 클라우드를 활용할 수 있는 방안을 논하시오(2017년 NH농협은행).

개요작성

서론

① 클라우드의 개념 정의
② 클라우드가 빅데이터와 밀접한 관계를 이루는 이유(빅데이터 처리에 필수적인 대규모 분산처리 기술)
③ 클라우드의 특징과 NH농협은행 등 은행권에서의 활용 방안(본론의 논제 방향 제시)

본론 1 클라우드의 특징(장단점)

① 클라우드의 장점 : 경제성 · 안전성 · 저장성 · 접근성 · 휴대성 높음, 부품 생산에 드는 비용과 에너지 절감
② 클라우드의 단점 : 클라우드 서버 해킹 시 정보 유출, 서버 장애 시 이용 불가능 ← 이를 예방하기 의해 폐쇄형(프라이빗) 클라우드 서버 구축 시 높은 도입 비용 지불, 고성능 컴퓨팅 자원 등을 자유롭게 확장하지 못해 빅데이터 분석력이 떨어질 가능성
③ 클라우드의 구분(내용 이해를 위한 참고)
㉠ 사용 방식에 따른 구분 : 개방형(퍼블릭) 또는 폐쇄형(프라이빗)
㉡ 빌려 쓰는 자원에 따른 구분 : SaaS(소프트웨어), PaaS(플랫폼), IaaS(인프라)

본론 2 NH농협은행 등의 국내 금융권의 클라우드 활용 방안

① 금융권에서의 클라우드 활용 현황 : 법적 보호장치, 보안 등 개선해야 할 여지 있음
② NH농협은행의 클라우드 활용 현황 : 과거 활용 사례와 현재 추진 중인 정책 · 사업 제시 → 결과로 기대할 수 있는 효과도 제시(패러다임의 변화 선도)

결론

① 클라우드 전환을 서둘러야 하는 이유
㉠ 은행권의 클라우드 전환 경쟁은 이미 본격화되었으며, 이러한 경쟁을 통한 금융 서비스의 혁신에 대한 사회적 기대가 높다.
㉡ 클라우드는 국가 안보에 필수적인 산업으로 인식된다(정보의 공동화와 블랙아웃 사태 예방).
㉢ NH농협은행 등이 외국 금융회사, 국내외의 빅테크 · 핀테크 기업 등에 맞서 경쟁력을 강화하려면 클라우드 발전에 박차를 가해야 한다.
② 클라우드 기술 자체의 진보뿐만 아니라 클라우드 관련 법의 제정 · 개정과 제도의 정비 등 사회적 뒷받침이 필요하다. 이때 해외 주요 금융 선진국들의 클라우드 산업 관련 규제 수준 및 권고 내용 등은 우리에게 시사하는 바가 크다(글쓴이의 의견 제시로 마무리).

모범답안

서론

클라우드는 온라인상에 설치된 서버(클라우드)에 각종 문서·사진·음악 등의 파일 및 정보를 저장해 두는 시스템을 활용해 인터넷이 연결된 환경에서 여러 종류의 단말기를 통해 저장된 정보에 손쉽게 접근하는 일 또는 그런 처리 과정을 뜻한다. 이때 '구름(Cloud)'은 네트워크에 존재하는 복잡한 인프라 구조, 인터넷, 서버 등을 비유하는 표현으로, 마치 여러 장소에서 동일한 구름을 관찰할 수 있듯이 언제 어디서나 필요한 자료를 불러올 수 있다는 의미이다. 즉, 인터넷상의 서버에 정보를 영구히 저장하고, PC·스마트폰 같은 정보통신 기기 등의 클라이언트가 필요한 자료, 프로그램을 자신의 컴퓨터에 설치하지 않고도 인터넷 접속으로 언제 어디서나 이용할 수 있는 서비스를 말한다. 또한 클라우드를 구현하는 핵심 기술 중 하나는 대규모 분산처리 기술인데, 빅데이터를 처리하려면 다수의 서버를 통한 분산처리가 필수적이기 때문이다. 따라서 빅데이터와 클라우드는 밀접한 관계를 이루고 있다. 이러한 클라우드의 자세한 특징과 NH농협은행 등의 은행권에서 이를 어떻게 활용할 수 있을지 살펴보자.

본론 1

먼저, 클라우드의 장단점 등 특징을 살펴보자. 클라우드 컴퓨팅을 통해 개인·기업은 컴퓨터 시스템의 유지·보수 등의 관리비와 서버 설치·관리비·업그레이드 비용, 소프트웨어 구입비는 물론 관련 인력의 채용·유지에 드는 비용 등 시간적·금전적 자원과 에너지를 절약할 수 있다. 또한 클라우드 컴퓨팅에서는 정보를 외부 서버에 저장하므로 이를 손실 없이 안전하게 보관할 수 있고, 저장 공간의 제약도 거의 없으며, 언제 어디서나 열람·수정할 수 있다는 장점이 있다. 아울러 개인용 기기의 저장장치가 필요 없으므로 기기가 더 얇고 가볍고 휴대가 편리해지며, 부품이 필요 없기 때문에 생산비를 줄이고, 부품 생산에 드는 에너지를 절감할 수 있다. 그러나 클라우드 서버가 해킹당할 경우 정보가 유출될 수 있고, 서버에 장애가 발생하면 자료 이용이 불가능하며, 이를 예방하기 위해 외부의 개방형(퍼블릭) 클라우드에 의존하지 않고 자체적으로 폐쇄형(프라이빗) 클라우드 서버를 구축할 경우에는 초기 도입 비용이 비싸며 고성능 컴퓨팅 자원 등을 자유롭게 확장하지 못해 빅데이터 분석력이 떨어질 수 있다. 참고로 클라우드는 사용 방식에 따라 개방형 또는 폐쇄형 클라우드로 나눌 수 있고, 한편으로는 소프트웨어·서버 같은 정보기술(IT) 자원 중에 무엇을 빌려 쓰는가에 따라 소프트웨어 서비스(SaaS), 플랫폼 서비스(PaaS), 인프라 서비스(IaaS)로 구분한다.

본론 2

다음으로 NH농협은행 등의 국내 금융권에서 클라우드를 어떻게 활용하고 있으며, 전망은 어떠한지 살펴보자. 금융권에서는 업무를 처리하고 부가서비스를 제공하는 데 클라우드를 활용하고 있는데, 주로 개인정보와 관련이 없는 내부 업무 처리, 고객 서비스, 상품·기업 소개 등에서 클라우드를 적용하고 있다. 다만, 고객의 개인정보 보호를 강화하기 위한 법적 보호장치의 정비와 함께, 사이버 침해에 대비한 금융 보안 수준을 높이기 위해 관리·감독 강화 방안을 마련하고 금융권 자율 보안 수준을 향상시킬 필요가 있다.

한편 NH농협은행도 클라우드를 업무 현장에서 적극적으로 활용하는 정책을 이미 추진하고 있다. 2016년에 금융권 최초로 'NH핀테크 클라우드'를 도입하고, 2018년에는 'NH 프라이빗 클라우드 IaaS 플랫폼'을 구축했으며, 2021년 말에 클라우드 기반 디지털금융 표준플랫폼 구축을 완료한 바 있다. 또한 퍼블릭 클라우드 영역까지 확대해 퍼블릭 기반 재해복구(DR) 시스템을 구축하고 있으며, 2024년까지 금융상품몰·스마트·인터넷 등 전체 시스템을 클라우드 체제로 완전하게 전환하는 디지털금융 표준 플랫폼 사업을 추진 중이다. 이러한 추진 노력의 결과로 클라우드 기반 가상 자원 관리의 유연성을 보다 증대하고, IT 관련 비용을 절감하고 민첩성을 높이는 한편 급변하는 비즈니스 요구사항에 효율적으로 대응할 수 있는 기반을 강화함으로써 금융산업 패러다임의 변화를 선도할 수 있을 것이다.

결론

5대 시중은행을 비롯해 보험사・증권사 등의 금융권의 클라우드 전환 경쟁은 이미 본격화되었으며, 각각의 기업은 세부 전략을 수립하는 등 적극적인 경쟁을 통한 금융 서비스 혁신에 대한 사회적 기대가 높아지고 있다. 또한 세계 주요 선진국들은 클라우드를 농업처럼 국가 안보를 위해 끝까지 보호해야 하는 산업으로 인식한다. 정보의 저장・관리를 국외 서버에만 의존한다면 천재지변이나 전생 등으로 인해 서버를 이용할 수 없을 경우에는 정보의 공동화, 블랙아웃 사태를 초래할 수 있기 때문이다. 이러한 문제적 상황은 물론 고객의 개인 금융정보 유출을 예방하기 위해 NH농협은행 등의 금융권은 프라이빗 클라우드 플랫폼을 개발해 발전시키고, 클라우드를 적용하는 혁신적 금융 서비스를 개발해야 외국의 금융회사는 물론 국내외의 여러 빅테크・핀테크 기업들에 맞서 경쟁력을 강화할 수 있을 것이며, 마침내 클라우드에서 더 많은 가치를 발견할 수 있을 것이다. 또한 클라우드 기술 자체의 진보뿐만 아니라 클라우드 이용 범위를 합리적으로 관리하는 관련 법의 제정・개정과 제도의 정비 등 사회적 뒷받침이 필요하며, 아울러 해외 주요 금융 선진국들이 클라우드 이용을 직접 규제하지 않고 가이드라인을 통해 자율 준수하도록 권고하고 있는 사례 또한 우리에게 시사하는 바가 크다.

PART 2

농협 직무상식평가

CHAPTER

01 농협 기초 상식

01 농협이 걸어온 길과 조직 현황

1. 농협 역사의 개괄

① 농협은 농업인이 중심이 되는 자주적 협동조직으로, 1961년 종합농협으로 출범한 한국의 대표적인 협동조합이다. 출범 이후 사업 정비와 조직 쇄신을 통해 농업·농촌 발전에 기여하고 있는 농협은 2000년에는 농업협동조합중앙회, 축산업협동조합중앙회 및 인삼업협동조합중앙회로 분산되어 있던 중앙조직을 통합해 일원화하는 '통합 농협중앙회 체제'를 구축했다.

② 창립 50주년을 맞은 2011년에는 사업구조 개편을 위한 〈농업협동조합법〉 개정을 통해 경제 사업과 신용 사업 체제를 전문화함으로써 지역 농·축협과 농업인들의 실질적인 권익을 향상시킬 수 있는 역량을 강화했다.

③ 농협은 경제 사업 활성화를 위해 2012년 3월 개정된 〈농업협동조합법〉에 따라 농협중앙회·농협경제지주·농협금융지주 등 농산물 유통 체계 혁신과 금융 경쟁력 강화를 위한 사업 분할을 통해 수직적 조직에서 수평적 조직으로 전격 개편되었다.

2. 종합농협 출범 이전 주요 연혁(태동기 ~ 1950년대)

① 1907년 : 광주지방 금융조합 설립
② 1919년 : 조선경제협회 설립(지방금융연합회 승계)
③ 1927년 : 조선농회령 공포 및 조선농회 설립(단위농회 212개소, 도농회 13개소)
④ 1928년 : 조선금융조합협회 설립(조선경제협회 승계)
⑤ 1933년 : 조선금융조합연합회 설립(조선금융조합협회 승계)
⑥ 1935년 : 조선금융조합연합회 하부 조직 식산계 설치
⑦ 1951년 : 조선농회 해산
⑧ 1956년 : 금융조직, 연합회, 식산계 등의 업무를 인수하여 (주)농업은행 설립
⑨ 1957년 : 〈농업협동조합법〉, 〈농업은행법〉 제정(조선농회 업무·재산 인수)
⑩ 1958년 : 농협중앙회 창립총회 개최, 농업은행 업무 개시

3. 종합농협 출범 이후

① 1960년대(식량 증산의 달성 과업)

㉠ 광복과 6·25전쟁이라는 격변 속에서 국토는 심각하게 황폐화되었고, 가장 시급한 문제는 굶주림에서 벗어나기 위해 식량 생산량을 늘리는 일이었다. 이를 위해 1962년 정부는 농협이 비료와 농약을 전담 공급하도록 했고, 농협은 영농자재를 적기에 보다 편리하게 공급하고, 시비 합리화, 경종법 개선, 병충해 방제 등 식량 증산을 위한 지도 사업을 추진했다.

㉡ 1960년대 주요 연혁

- 1961년 8월 : 농협중앙회와 농업은행을 통합해 종합농협 형태의 농업협동조합 발족(전국 단위의 중앙회 – 시·군조합 – 이동조합의 3단계)
- 1961년 10월 : 화재공제(보험) 업무 취급 개시
- 1962년 3월 : 서울농산물공판장 개장
- 1962년 12월 : 농협대학교 개교
- 1963년 1월 : 국제협동조합연맹(ICA) 집행위원회의 한국 농협 준회원으로 가입 결정
- 1963년 9월 : 이동조합 부녀공동이용 사업 운영 개시
- 1964년 8월 : 농협신문 창간(농민신문 전신)
- 1965년 8월 : 자립·과학·협동을 다짐하는 새농민 운동 전개 선언, 장기 생명공제 사업 실시
- 1965년 10월 : 학자금 대출 제도 신설
- 1967년 1월 : 정부 〈농협기본법〉 공포(2000년 1월 〈농산물가격유지법〉 및 〈농수산물수출진흥법〉과 통폐합되고 〈농업·농촌기본법〉 제정)
- 1968년 4월 : 농림부와 정부 양곡 취급 계약 체결
- 1969년 3월 : 농협 창립 이후 최초의 중장기성 농업자금 취급
- 1969년 7월 : 조합에 상호금융 제도를 도입해 농촌 지역 고리채(高利債) 해소, 외환업무 취급 개시

② 1970년대(농촌경제 발전에 기여)

㉠ 상호금융 도입 및 연쇄점 개설 : 1969년 농협이 상호금융 업무를 개시해 농가들의 고리채 문제 해소에 나선 이후 1973년부터는 '농어촌 1조 원 저축 운동'을 펼쳐 목돈 마련의 기회를 제공했다. 또한 1970년 연쇄점 방식의 현대식 소매점을 개설해 농가가 생활물자를 저렴하게 구입할 수 있는 길을 열었다. 이를 통해 농가의 가계비 절감과 농촌 물가 안정에 기여했다.

㉡ 새마을 운동 활성화 : 1970년대 농협은 새마을 운동의 중심체로서, 새마을 교육 지원, 협동새마을 육성, 마을 식량증산 지원, 마을 환경 개선, 새마을 소득종합개발 등의 주축이 되어 다양한 사업들을 추진했다. 또한 1972년 농협대학에 새마을 지도자 양성을 위한 독농가(篤農家)연수원을 설치했고, 1973년 새마을 지도자연수원으로 명칭을 변경하여 전문적인 역량을 지닌 지도자를 양성했다.

㉢ 1970년대 주요 연혁

- 1970년 1월 : 생활물자 사업 실시로 농업인에게 생활용품 저렴하게 공급 개시
- 1971년 6월 : 경부고속도로 주변인 충북 옥산에 전국 최초로 농산물집하장 개장
- 1971년 7월 : 400개 단위조합에서 농약 위탁판매 실시
- 1972년 3월 : 농림수산업자 신용보증기금 업무 개시
- 1972년 12월 : ICA 제25차 바르샤바 회의에서 한국 농협 ICA 정회원으로 승격
- 1973년 6월 : 전국 138개 사무소에서 환전상업무 개시
- 1973년 9월 : 임시운영위원회에서 저축 1조 원 달성을 위한 전담기구로 저축부 신설 의결

- 1974년 4월 : '농어촌 1조 원 저축 운동'의 효과적 수행을 위한 방안으로 소액저축 방식인 저축 증지제 실시
- 1974년 12월 : 업무개시일자·예수금규모 등에 따라 지원에 차등을 두는 내용으로 단위조합 지원자금 기준 변경
- 1975년 1월 : 농산물유통의 농협 주도를 위한 '1975 농산물유통 대책' 수립
- 1975년 7월 : 농협유통정보센터 업무 개시
- 1976년 7월 : 단위조합에 무기명정기예탁금제 신설
- 1976년 8월 : 고랭지채소 현지공판제 실시
- 1977년 3월 : 새마을 소득종합 개발 사업 실시
- 1977년 9월 : 농촌 주택개량 사업을 위한 농촌 주택부금 신설, 농기구서비스센터 140개소 증설 결정
- 1978년 2월 : 농협 저축 1조 원 돌파
- 1978년 4월 : 시·도농협이 다루어 오던 중장기 농업자금을 단위조합으로 이관
- 1978년 6월 : 농협부금제 개발 실시
- 1979년 3월 : 농산물 수출 강화를 위해 주산단지 작목반을 통한 협동생산체제 강화
- 1979년 5월 : 농협농산물종합판매점 700개소 증설(6월부터 개장), 재형저축업무 취급 개시

③ 1980년대(농업생산성 향상과 영농 지도)

㉠ 농업기계화 촉진 : 1980년대 농협은 농기계 보급 활성화를 위해 농기계 구입 자금 융자를 확대하고, 농가의 농기계 구입 부담 완화를 위해 농기계 공동이용 사업을 추진했다. 이와 함께 농기계서비스센터와 유류취급소를 설치하여 농가가 농기계 이용 시 어려움을 겪지 않도록 지원했다.

㉡ 소득 위주 영농 지도 체계로 전환 : 1980년대 주곡의 자급을 달성하면서 영농 지도 사업을 증산 위주에서 소득 위주로 전환했다. 1983년 단위농협에 영농지도원을 확보해 농업경영, 지역농업 종합개발계획, 복합영농 사업, 농산물유통 지도, 출하 지도 업무를 전담하게 하며 농가소득 증대를 도모했다.

㉢ 1980 ~ 1987년 주요 연혁

- 1980년 9월 : 정부에서 축협중앙회의 설치 및 농협 2단계로의 개편 결정
- 1980년 12월 : 단위농협 총 사업량 3조 원 돌파
- 1981년 1월 : 농협중앙회에서 축산 부문 분리(신설 축협중앙회로 축산 업무 이관), 농협 계통 조직 2단계 개편(시·군조합 폐지, 조합 – 중앙회 2단계)
- 1981년 6월 : 시범공동출하조합 육성계획 수립
- 1982년 7월 : 전신·전화요금 수납지역을 50개 시(특별시 및 직할시 포함) 및 106개 군청 소재지의 시·군·지부 및 단위농협으로 확대
- 1982년 12월 : 농협 운영 기본목표를 '협동에 의한 고소득 복지농촌 건설'로 개정
- 1983년 4월 : 농협신용카드제 실시
- 1983년 9월 : 상호부금을 전국 479개 단위조합에서 시범적으로 실시
- 1984년 6월 : 은행신용카드 업무 취급 개시
- 1984년 10월 : 연금공제, 화재보장공제 실시
- 1985년 3월 : 양도성 정기예금 취급 개시
- 1985년 8월 : 360개 온라인망을 갖춘 농협전산센터 개관
- 1986년 3월 : 농기계용 면세유 공급 개시

- 1986년 12월 : 이탈리아 로마에서 열린 국제농업개발기금(IFAD) 제10차 총회에서 차기 아시아지역 이사국으로 피선
- 1987년 5월 : 단위조합에서도 은행신용카드 · 현금서비스 업무를 취급하도록 개선
- 1987년 6월 : 아시아태평양지역 식량유통기관협회(AFMA) 제3차 총회에서 윤근환 회장이 임기 3년의 회장으로 피선
- 1987년 7월 : 농협중앙회 노동조합 발족

4. 농협의 민주화와 통합농협 시대

① 1988년 ~ 1990년대(농축산물 시장 개방에 대응)

㉠ 농축산물 시장 개방 대응 : 우루과이라운드(UR) 협상으로 농축산물 시장이 개방되자 농협은 1991년 '쌀 수입 개방 반대 범국민 서명 운동'을 전개했고, 이와 함께 '신토불이(身土不二)'와 '농도불이(農都不二)'를 구호로 국산 농축산물 애용과 우리 농촌 살리기 운동을 전개했다.

㉡ 농축산물 유통 체계 혁신 : 농협은 농축산물 시장과 유통시장 개방에 대응하기 위해 신(新)유통시스템을 구축했다. 미곡종합처리장과 산지유통센터 등을 확충해 산지유통의 혁신을 주도했으며, 1998년에는 기존 도매 기능에 저장 · 소포장 · 집배송 · 소매 기능을 통합한 '농산물물류센터'를 전국에 설치해 유통단계를 축소하고 불필요한 유통비용을 절감하는 효과를 거두었다.

㉢ 1988년 ~ 1990년대 주요 연혁

- 1988년 3월 : 국민주청약예금 업무 취급 개시
- 1988년 12월 : 조합장 및 중앙회장 직선제를 골자로 한 〈농업협동조합법〉 개정
- 1989년 2월 : 금전신탁업무 취급 개시
- 1989년 4월 : 농산물 수입개방 확대 저지 결의 대회 개최
- 1989년 8월 : 우리 농산물 애용 운동 '신토불이(身土不二)' 전개
- 1990년 2월 : 전 농협에 컴퓨터 단말기를 연결해 전국 최대 규모의 전산망 구축
- 1990년 4월 : 농협중앙회 첫 직선 회장 선출(한호선 회장 당선)
- 1990년 6월 : 농식품 수출 전담 자회사 (주)협동무역(현 NH무역) 설립
- 1991년 4월 : 국내 금융기관 중 처음으로 공공예금업무 전산화 실시
- 1991년 6월 : 농민신문사가 새농민사를 통합해 신문과 잡지를 동시에 발행하는 종합 언론사로 변모
- 1991년 11월 : '쌀 수입 개방 반대 100만인 서명 운동' 전국적 전개
- 1992년 9월 : 각 회원 농협별로 농협상표보호센터를 설치 · 운영
- 1993년 3월 : 국내 최대 규모의 밥공장인 농협급식센터 준공
- 1993년 8월 : 전국 61개 화훼 주산지 농협이 화훼전국협의회 창립
- 1994년 3월 : 농산물상품권 발행 인가 취득
- 1994년 12월 : 텔레뱅킹서비스 개시, 창고형 농산물판매장 농협 하나로클럽 개장(서울시 도봉구 창동)
- 1995년 4월 : (주)농협유통 설립
- 1996년 8월 : (주)신한투자신탁 합작 설립
- 1997년 3월 : (주)농협선물 설립
- 1998년 9월 : 개인 신용평가 시스템(CSS) 적용
- 1998년 12월 : 수신 · 여신 · 신탁 부문 ISO9001 인증 획득, 인터넷 대출 시행

- 1998년 2월 : 국내 최초의 대형 농산물 전문매장 양재동 하나로클럽 개장
- 1998년 7월 : 양질의 비료를 저가로 적기에 공급하기 위해 (주)남해화학 인수
- 1998년 10월 : 농산물 상품권 판매액 1,000억 원 돌파
- 1999년 6월 : 인터넷을 통한 전자상거래 인터넷 하나로클럽 개설
- 1999년 8월 : 인터넷을 통한 금융거래 인터넷뱅킹 서비스 개시
- 1999년 9월 : 국내 최초로 인터넷시장에서 쌀을 도매와 소매로 구입할 수 있는 사이버 쌀도매시장 개장

② 2000년대(통합농협의 시대 개막)

㉠ 통합농협 출범과 농업인 지원 체계화 : 2000년 7월 농·축·인삼협 중앙회를 하나로 통합해 사업 규모 확대 및 시너지 제고로 농업인에게 보다 다양한 지원이 가능해졌다. 또한 공동 육묘장, 농기계은행, 항공방제 등 농작업 대행 사업을 확대하는 한편 농협 RPC(미곡종합처리장)가 자체 수매량을 대폭 늘려 쌀값 하락을 막았다. 축산 컨설팅, 농업금융 컨설팅 등의 경영지도를 체계화하고, 2004년 농협문화복지재단을 설립해 장학 사업과 농업인 복지 사업을 체계적으로 전개했다.

㉡ 안전 농축산물 주력, 도농상생 운동 전개 : 농축산물 안전에 대한 국민들의 관심이 높아짐에 따라 농협은 친환경 농산물 공동브랜드 개발, 농협식품안전연구원 설립 등을 통해 고품질의 안전 농축산물 생산과 유통을 적극 지원하였다. 이와 함께 농업·농촌의 중요성에 대한 범국민적 공감대를 형성하기 위해 '농촌사랑 운동'을 전개했으며, 각계각층이 참여한 농촌사랑범국민운동본부를 설립하고, 1사1촌 자매결연 등 다양한 도농교류 활동을 추진했다.

㉢ 2000년대 주요 연혁

- 2000년 7월 : 통합 농협중앙회 출범(농·축·인삼협중앙회 통합)
- 2001년 6월 : 보증기관 신용등급평가 AAA 획득(한국신용정보주식회사, 한국기업평가주식회사)
- 2002년 11월 : 국민주택기금 취급은행 선정
- 2003년 1월 : (주)농협CA투신 설립
- 2004년 5월 : 총수신 100조 원 돌파
- 2004년 9월 : 새농촌·새농협 운동 추진 선포, 농협재단·농촌사랑 운동 전개 및 범국민운동본부 출범
- 2005년 6월 : 상호금융 200조 원 돌파(예금 117조 원, 대출 83조 원)
- 2005년 7월 : 〈농업협동조합법〉 개정을 통한 사업 부문 대표 이사제 도입으로 책임 경영체제 출범
- 2006년 1월 : NH투자증권(구 세종증권) 인수
- 2006년 2월 : 농촌사랑지도자연수원·NH투자증권 출범
- 2006년 8월 : (주)농협목우촌 출범
- 2006년 10월 : (주)농협경제연구소 출범
- 2007년 6월 : 농협중앙회 '비전2015' 및 새 CI 선포 – 브랜드 'NH' 선포
- 2008년 3월 : 국내 최초 IB센터 설립
- 2008년 6월 : (주)NH캐피탈 출범
- 2008년 9월 : 정보보호 국제표준 ISO27001 인증 획득
- 2009년 2월 : 청와대지점 영업 개시
- 2009년 3월 : 사이버농협 독도 개점(국내 최대의 독도 사이트)
- 2009년 9월 : 총자산 200조 원 돌파

- 2009년 11월 : 독자 브랜드 NH채움카드 출시
- 2010년 6월 : '대한민국 e-금융상' 대상 수상
- 2010년 10월 : 뉴욕사무소 개설
- 2010년 5월 : 국제협동조합기구(ICAO) 개최
- 2010년 11월 : 도농상생자금 5,000억 원 지원

5. 사업전문화 새농협 출범

① 2010년대(사업 전문성 강화, 농업인 실익 지원 확대)

㉠ 사업구조 개편과 판매 사업 경쟁력 강화 : 농협은 2011년 사업 부문별 전문성과 효율성 강화를 위해 사업구조를 개편했다. 경제지주는 판매농협 구현을 위해 산지유통 혁신, 도매물류 인프라 구축, 소비지 유통망 확충 등을 추진했다. 공선 출하회 및 조합공동 사업법인 육성과 연합마케팅 사업 강화로 산지유통의 경쟁력을 높이고, 중소농·고령농의 판로 확대를 위해 농협 로컬푸드 직매장 등의 직거래 사업을 추진했다.

㉡ 농업인 실익 지원 확대와 국민 공감 확산 : 농업인 실익 증진을 위한 영농자재 가격 인하, 영농인력 및 6차 산업 지원과 함께 '농업인 행복버스', '농업인 행복콜센터' 등의 다양한 농촌복지 사업을 전개했다. 또한 '식(食)사랑·농(農)사랑 운동', '농업가치 헌법 반영 국민 공감 운동' 등을 통해 농업·농촌 가치에 대한 국민 공감대를 높였다.

㉢ 2010년대 주요 연혁

- 2011년 2월 : 창립 50주년 기념으로 농협장학관 개관
- 2011년 3월 : 사업구조 개편을 위한 〈농업협동조합법〉 개정
- 2011년 9월 : '식사랑·농사랑 운동' 전개
- 2012년 3월 : 경제 사업 활성화를 위한 사업 분할(중앙회·경제지주·금융지주), NH농협금융 출범(제1대 회장 신충식)
- 2012년 11월 : 농협공판장 농산물 취급실적 1조 5,000억 원 돌파
- 2013년 4월 : 농업인 문화·복지 서비스를 제공하는 '농업인 행복버스' 출범
- 2013년 11월 : 농신보(농림수산업자신용보증기금) 총 보증지원 100조 원 돌파, ICA 이사국 재선임, 유통업체 공급실적 최초 3,000억 원 돌파
- 2013년 12월 : 종이 없는 미래형 금융 점포(스마트 브랜치) 개설(은행권 최초)
- 2014년 6월 : NH농협금융이 우리투자증권·우리아비바생명·우리금융저축은행을 자회사로 편입
- 2014년 4월 : 농우바이오 인수 양해각서 체결
- 2014년 9월 : NH농협은행 대출금 150조 원, 예수금 150조 원 돌파
- 2015년 1월 : 광화문 NH농협금융 PLUS센터 개점(국내 1호 은행·증권 복합 점포)
- 2015년 3월 : 농협 하나로유통과 (주)농협양곡 출범
- 2015년 12월 : NH스마트금융센터 오픈, 핀테크 오픈플랫폼 서비스 출시(은행권 최초)
- 2016년 3월 : 농협이념중앙교육원 개원
- 2016년 7월 : 농협창조농업지원센터(현 농협창업농지원센터) 개원
- 2017년 10월 : NH농협은행 클라우드로 자금을 관리해주는 '클라우드 브랜치' 출시(금융권 최초), '태블릿 브랜치'로 외화 예금·적금 신규가입 서비스 실시(금융권 최초)

- 2017년 11월 : '농업가치 헌법 반영 서명 운동' 1,000만 명 초과 달성
- 2018년 5월 : NH농협은행 자금세탁방지 전담센터 신설
- 2018년 4월 : 깨끗하고 아름다운 농촌마을 가꾸기 운동 전개
- 2018년 7월 : NH농협금융에서 NH농협리츠운용 설립, NH농협은행 7년 연속 '은행권 사회공헌 1위' 선정
- 2019년 2월 : 범농협 NH멤버스 출범
- 2019년 4월 : NH농협은행 'P2P금융 증서 블록체인 서비스' 출시(은행권 최초) 및 NH디지털혁신캠퍼스 출범
- 2019년 10월 : 농협금융 DT(디지털 전환, Digital Transformation) 비전 선포
- 2019년 11월 : NH농협금융에서 NH벤처투자 설립

② 2020년 이후 주요 연혁

㉠ 2020년

- 2020년 5월 : 비전 2025 '함께하는 100년 농협' 선포
- 2020년 9월 : 농협경제지주 홈쇼핑 사업 최초 1,000억 원 돌파
- 2020년 10월 : NH농협은행 불완전판매 점검 인공지능 도입(금융권 최초)
- 2020년 12월 : 농협중앙회 전국 28개 농・축협에 로봇프로세스 자동화 시범적용

㉡ 2021년

- 2021년 1월 : NH농협은행 '대출 자동기한연기 AI 상담시스템' BM 특허 및 마이데이터 본허가 획득(금융위원회)
- 2021년 2월 : 농축산물 유통혁신의 전사적 이행을 위한 농협 '유통혁신 평가위원회' 출범
- 2021년 7월 : NH농협은행 2021년 환경정보공개 우수기관 선정(환경부장관상)
- 2021년 8월 : NH농협은행 영국 런던사무소 개소, 디지털 가상공간 브랜치 독도 오픈
- 2021년 10월 : 범농협 ASF・AI・구제역 특별방역체제 본격 가동
- 2021년 11월 : 이성희 농협중앙회장 ICA 아태지역 이사로 선출

㉢ 2022년

- 2022년 2월 : 농・축협 금융자산 700조 원 돌파
- 2022년 3월 : 농협 IT서비스혁신위원회 출범, 농협금융 메타버스 체험관 오픈
- 2022년 4월 : NH농협은행 '올원뱅크 차세대 플랫폼 구축' 착수(카드, 보험, 증권 원스톱 제공)
- 2022년 5월 : NH농협은행 기업여신 100조 원 달성
- 2022년 7월 : 농협 'NH디지털 매니저' 출범식
- 2022년 8월 : NH콕뱅크 가입고객 930만 명 돌파
- 2022년 9월 : 농협중앙회 RPA(로봇프로세스자동화) 분야 ISO9001 국제표준 인증
- 2022년 10월 : 농협 '애그테크 상생혁신펀드' 출범식
- 2022년 11월 : NH콕마이데이터 자산관리 서비스 리뉴얼 오픈(7월 5일부로 가입고객 200만 명 돌파)
- 2022년 12월 : 농협상호금융이 전국 농・축협에서 주택도시보증공사 위탁보증 업무 개시

㉣ 2023년

- 2023년 1월 : 농협경제지주가 농림축산식품부로부터 전기차・수소차 충전소 사업 승인 취득
- 2023년 3월 : NH농협은행 6년 연속 1사1교 금융교육 우수 금융회사 선정(금융감독원장상)
- 2023년 3월 : NH농협은행 디지털여신센터 개점

- 2023년 5월 : 고객 맞춤형 초개인화서비스 '마케팅허브' 오픈
- 2023년 6월 : 금감원 상생·협력 신상품 우수사례 선정(고향사랑 기부 예·적금)
- 2023년 7월 : 농협상호금융 바이오 장정맥 인증 서비스 'NH내손으로' 상표권 등록
- 2023년 8월 : 농협상호금융 제1차 '상호금융 디지털혁신 위원회' 개최
- 2023년 9월 : 농협경제지주 '농협 축산경제 행복축산 자문위원회' 출범
- 2023년 10월 : 농협중앙회 금융기관 최초로 '112 신고자동화 시스템' 구축
- 2023년 10월 : 농협상호금융 NH콕마이데이터 '재무 및 절세 관리 특화 서비스'로 리뉴얼 오픈
- 2023년 10월 : 농·축협 하나로가족고객 800만 명 달성
- 2023년 11월 : 농협경제지주 미국 H마트와 북미 수출 확대 위한 MOU 체결
- 2023년 11월 : 농협 벼 매입자금 2조 5,000억 원 지원(역대 최대 규모)
- 2023년 12월 : 농협경제지주 농산물 도매공급 실적 1조 5,400억 원 돌파(사상 최대치 전망)
- 2023년 12월 : 농협중앙회, 농업 All In One 빅데이터 플랫폼(N-Hub) 오픈

6. 농협의 조직 현황

① 사무소 현황(2023년 12월 31일 기준)

㉠ 중앙회

구분	교육원·연수원	해외사무소	기타	합계
중앙본부	7	3	2	12

㉡ 지사무소

구분		중앙회				농·축협					합계
		지사무소·지역조직				지역농협, 지역축협		품목농협, 품목축협, 인삼협		소계	
		지역 본부	지역 검사국	시·군 지부	소계	본소	지점 (간이)	본소	지점 (간이)		
지역 본부	경기	1	1	31	33	149	659	12	48	868	901
	강원	1	1	18	20	73	186	6	22	287	307
	충북	1	1	11	13	62	157	3	22	244	257
	충남	1	1	16	18	130	299	13	62	504	522
	전북	1	1	13	15	82	205	10	30	327	342
	전남	1	1	21	23	136	291	8	29	464	487
	경북	1	1	23	25	145	401	6	40	592	616
	경남	1	1	18	20	129	391	8	48	576	596
	제주	1	1	2	4	21	76	2	25	124	128
	서울	1	1	0	2	13	173	6	51	243	245
	부산	1	1	1	3	14	82	0	0	96	99
	대구	1	1	1	3	21	97	1	3	122	126
	인천	1	1	2	4	14	101	2	7	124	128
	광주	1	1	0	2	14	97	0	0	111	113
	대전	1	1	0	2	13	93	1	6	113	115
	울산	1	1	1	3	16	69	1	7	93	96
합계		16	16	158	190	1,032	3,377	79	400	4,888	5,078

〈전국 농협의 계통 조직 체계〉

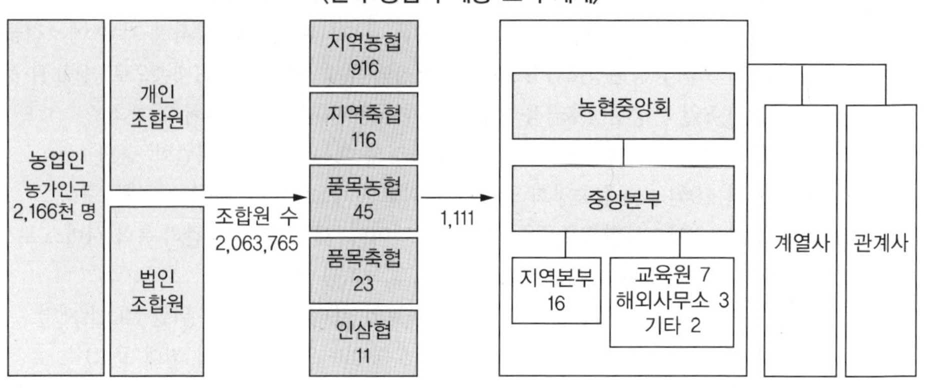

※ 2023년 12월 31일 기준

② 계열사 현황

㉠ 중앙회(4개사, 손자회사 포함) : 농협정보시스템, 농협자산관리, 농협네트웍스(농협파트너스)

㉡ 농협경제지주(15개사, 손자회사 포함)

- 유통 부문 : 농협하나로유통, 농협유통
- 제조 부문 : 남해화학(NES머티리얼즈), 농협케미컬, 농우바이오, 농협에코아그로
- 식품·서비스 부문 : 농협양곡, 농협홍삼, 농협식품, 농협물류, NH농협무역
- 축산 부문 : 농협사료(농협TMR), 농협목우촌

㉢ 농협금융지주(11개사, 손자회사 포함)

- 은행 : NH농협은행
- 보험 : NH농협생명, NH농협손해보험
- 증권 : NH투자증권(NH선물, NH헤지자산운용)
- 기타 : NH-Amundi자산운용, NH농협캐피탈, NH저축은행, NH농협리츠운용, NH벤처투자

〈농협금융 점포 수(2023년 3/4분기 기준)〉

은행	생명	손해	증권	캐피탈	저축은행	합계
1,117	55	57	68	12	4	1,313

③ 해외 네트워크

㉠ 사업별 현황(2023년 1월 기준)

구분		국가	지역	사무소명(형태)	주요 사업
중앙회		일본	동경	일본사무소(사)	농업 시장조사, 신규 시장 발굴
		베트남	하노이	베트남사무소(사)	
		프랑스	파리	프랑스사무소(사)	
		벨기에	브뤼셀	ICA 파견(주)	국제기구 협력
		합계		4개소	–
경제 지주	NH 농협무역	일본	동경	한국농협인터내셔널(법)	농식품 교역, 신규 시장 발굴
		미국	LA	농협아메리카(법)	
		중국	상해	NH상해 무역유한공사(법)	
		베트남	하노이	하노이대표사무소(주)	
		소계		4개소	–
	농협사료	미국	오레곤	NH-HAY(법)	조사료 가공·수출
		소계		1개소	–
	농우 바이오	중국	북경	북경세농종묘(법)	종자 연구, 생산 판매
			칭다오	청도세농종묘(법)	
		미국	산후안	농우시드아메리카(법)	
		인도네시아	케디리	코리아나시드인니(법)	
		인도	뱅갈로	농우시드인디아(법)	
		미얀마	나웅초	농우시드미얀마(법)	
		튀르키예	안탈리아	농우시드터키(법)	
		소계		7개소	–
	합계			12개소	–
금융 지주	NH 농협은행	미국	뉴욕	뉴욕(지)	기업 금융
		베트남	하노이	하노이(지)	기업 금융
			호치민	호치민(사)	지점 설립
		미얀마	양곤	농협파이낸스미얀마(법)	소액 대출
				양곤(사)	은행 진출
		중국	북경	북경(지)	기업 금융
		인도	뉴델리	뉴델리(사)	지점 설립
		캄보디아	프놈펜	농협파이낸스캄보디아(법)	소액 대출
		홍콩	홍콩	홍콩(지)	기업 금융
		호주	시드니	시드니(주)	지점 설립
		영국	런던	런던(사)	지점 설립
		소계		11개소	–

금융 지주	NH 투자증권	미국	뉴욕	뉴욕(법)	주식 중개
		영국	런던	런던(법)	시장조사 및 딜 소싱
		싱가포르	싱가포르	NH Absolute Return Partners(법)	자산 운용
		베트남	하노이	NH Securities Vietnam(법)	주식 중개
		인도네시아	자카르타	NH Korindo(법)	주식 중개
		중국	북경	북경(법)	투자 자문
			홍콩	홍콩(법)	주식 / 채권 중개, IB
			상해	상해(사)	시장조사
		소계		8개소	–
	NH 농협 캐피탈	중국	북경	공소융자리스사(법)	리스 금융
		인도	뉴델리	IFFCO-Kisan Finance(법)	할부 금융
		소계		2개소	–
	합계			21개소	–
총계		14개국		37개소	–

※ (주) : 주재원, (사) 사무소, (지) : 지점, (법) : 법인

㉡ 국가별 현황(2023년 1월 기준)

국가	지역	소속	사무소명(형태)	비고
미국	LA	NH농협무역	농협아메리카(법)	5개소
	오레곤	농협사료	NH-HAY(법)	
	산후안	농우바이오	농우시드아메리카(법)	
	뉴욕	농협은행	뉴욕(지)	
		NH투자증권	NH Securities America(법)	
중국	북경	농협은행	북경(사)	9개소
		농우바이오	북경세농종묘(법)	
		NH투자증권	북경NH투자자문(법)	
		NH농협캐피탈	공소융자리스사(법)	
	칭다오	농우바이오	청도세농종묘(법)	
	상해	NH농협무역	NH상해무역유한공사(법)	
		NH투자증권	상해(사)	
	홍콩	NH투자증권	NH Secutities(H.K.)(법)	
		농협은행	홍콩(지)	
베트남	하노이	농협중앙회	베트남사무소(사)	5개소
		NH농협무역	하노이대표사무소(사)	
		농협은행	하노이(지)	
		NH투자증권	NH Securities Vietnam(법)	
	호치민	농협은행	호치민(사)	
인도네시아	자카르타	NH투자증권	NH Korindo Sekuritas(법)	2개소
	케디리	농우바이오	코리아나시드인니(법)	

인도	뉴델리	농협은행	노이다(지)	3개소
		NH농협캐피탈	IFFCO-Kisan Finance(법)	
	뱅갈로	농우바이오	농우시드인디아(법)	
미얀마	나웅초	농우바이오	농우시드미얀마(법)	3개소
	양곤	농협은행	농협파이낸스미얀마(법)	
			양곤(사)	
일본	동경	농협중앙회	일본사무소(사)	2개소
		NH농협무역	한국농협인터내셔널(법)	
프랑스	파리	농협중앙회	프랑스사무소(사)	1개소
영국	런던	NH투자증권	런던(법)	2개소
		농협은행	런던(사)	
튀르키예	안탈리아	농우바이오	농우시드터키(법)	–
싱가포르	싱가포르	NH투자증권	NH Absolute Partners(법)	–
캄보디아	프놈펜	농협은행	농협파이낸스캄보디아(법)	–
호주	시드니	농협은행	시드니(주)	–
벨기에	브뤼셀	중앙회	ICA 파견(주)	–
14개국		–		37개소

※ (법) : 법인, (지) : 지점, (사) : 사무소, (주) : 주재원

7. NH농협의 캐릭터 '아리(Ari)'

'아리'는 기업과 고객을 가장 친근감 있게 연결하며, 심벌을 보조하여 기업 이미지를 업(Up)시키는 제2의 상징체이다. 각종 업무 안내, 기념품, 광고, 사인물 등에 광범위하게 활용되고 있다.
아리의 명칭은 농업의 근원인 '알(씨앗)'에서 유래했으며, '풍요, 결실'의 의미를 담았다. 2000년 축협과의 통합 농협이 출범하면서 캐릭터를 예전의 토끼에서 현재의 아리로 교체했다.
한편, 아리의 머리 위에 달린 'V'자 도안은 '농'자의 'ㄴ'을 변형한 것으로, 싹과 벼를 의미하며 농업의 무한한 발전을 상징한다.

02 농협이 하는 일

1. 농협의 미션과 비전

① **농협의 설립 목적** : 농업인의 경제적·사회적·문화적 지위를 향상시키고, 농업의 경쟁력 강화를 통하여 농업인의 삶의 질을 높이며, 국민경제의 균형 있는 발전에 이바지함을 목적으로 한다(농업협동조합법 제1조).

② **농협 비전 2025** : 다가올 미래를 함께할 농협의 새로운 비전은 "농업이 대우받고, 농촌이 희망이며, 농업인이 존경받는 '함께하는 100년 농협'"이다. '함께'라는 포용과 상생의 가치 위에 농협이 추구해야 할 농업·농촌의 미래상을 비전에 담았다. 농협은 2020년 5월 새로운 비전 선포와 함께 미래를 향한 변화와 혁신 의지를 담은 '5대 핵심 가치'와 '80대 혁신 과제'를 제시했다.

㉠ 농업인과 국민, 농촌과 도시, 농·축협과 중앙회, 임직원 모두 협력하여 농토피아를 구현하겠다는 의지

㉡ 60년을 넘어 새로운 100년을 향한 위대한 농협으로 도약하겠다는 의지

2. 농협 5대 핵심 가치

① **농업인과 소비자가 함께 웃는 유통 대변화** : 소비자에게 합리적인 가격으로 더 안전한 먹거리를, 농업인에게 더 많은 소득을 제공하는 유통개혁 실현

② **미래 성장동력을 창출하는 디지털 혁신** : 4차 산업혁명 시대에 부응하는 디지털 혁신으로 농업·농촌·농협의 미래 성장동력 창출

③ **경쟁력 있는 농업, 잘사는 농업인** : 농업인 영농 지원 강화 등을 통한 농업 경쟁력 제고로 농업인 소득 증대 및 삶의 질 향상

④ **지역과 함께 만드는 살고 싶은 농촌** : 지역사회의 구심체로서 지역사회와 협력하여 살고 싶은 농촌 구현 및 지역경제 활성화에 기여

⑤ **정체성이 살아 있는 든든한 농협** : 농협의 정체성 확립과 농업인 실익 지원 역량 확충을 통해 농업인과 국민에게 신뢰받는 농협 구현

3. 농협의 주요 업무

① **교육지원 부문(농협중앙회)**

㉠ 농업인의 권익을 대변하고 농업 발전과 농가 소득 증대를 통해 농업인 삶의 질 향상에 도움을 준다. 또한 '또 하나의 마을 만들기 운동'을 통해 농업·농촌에 활력을 불어넣고, 농업인과 도시인이 동반자 관계로 함께 성장·발전하는 데 기여한다.

㉡ 교육지원 사업 : 농·축협 육성·발전지도, 영농 및 회원 육성·지도, 농업인 복지 증진, 농촌사랑 운동, 또 하나의 마을 만들기 운동, 농정 활동 및 교육 사업·사회공헌과 국제협력 활동 등

- 미래 농업·농촌을 이끌 영농 인력 육성 : 농협은 미래 농업·농촌의 발전을 이끌어 갈 영농 인력 조직과 양성을 위한 다양한 지도 사업을 실시한다. 농촌 지역 일손 부족 해소를 위한 영농 인력 공급과 취약농가 인력 지원 사업도 지속적으로 추진하고 있다.

• 농촌 지역 삶의 질을 높이는 문화·복지 사업 실시 : 농협은 전국 농촌 지역에 다양한 의료·교육·문화 서비스를 제공하고 있다. 또한 읍·면 단위 지역문화복지센터를 운영하여 농촌 지역 삶의 질 향상에 이바지하고 있다.
• 농촌에 활력을 불어넣는 다양한 교류 사업 추진 : 농협은 우리 농업·농촌에 대한 범국민적 공감대를 형성하고 이를 통해 농촌 마을에 활력을 불어넣고자 '또 하나의 마을 만들기' 등 다양한 도농협동 운동을 펼치고 있다.
• 농업·농촌의 가치를 알리는 농정 홍보 활동 : 농협은 농업 현장의 어려움과 개선사항을 정책에 적극 반영하기 위한 농정 활동, 농업·농촌의 가치를 전 국민에게 알리기 위한 홍보 활동을 다방면으로 펼치고 있다.
• 지역사회 중심체인 농·축협을 체계적으로 지원 : 농협은 농·축협 균형 발전을 위한 종합 컨설팅, 안정적 농업 기반 구축을 위한 자금 제공 등 체계적인 지도와 지원을 통해 농·축협이 지역사회 중심체로서의 역할을 다하고 행복하고 풍요로운 농업·농촌을 조성하는 데 기여하고 있다.
• 사회공헌 및 국제교류 : 농협은 농업인의 복지 증진과 지역사회 발전을 위해 지속적으로 사회공헌 활동을 실천하고 있다. 또한 활발한 국제교류 활동을 통해 세계 속의 한국 협동조합을 알리고 있다.

〈농협중앙회 경영 업무〉

구분	업무
교육지원	• 영농 및 회원 육성·지도 : 선도농업인 및 협동조직 육성, 농업 컨설팅 및 신용보증, 팜스테이 사업, 농가주부모임, 고향주부모임 • 농·축협 육성·발전 지도 : 경영관리 지도, 자금 지원을 통한 협동조합 역할 강화, 깨끗하고 공정한 선거 구현, 경쟁력 강화를 위한 규모화, 합리적인 인사·급여 문화 정착 • 농업인 복지 증진 : 법률구조 및 소비자보호 사업, 농업인 불편과제 발굴 및 개선, 의료 지원, 다문화가족 지원 사업, 농협재단을 통한 다양한 지원, 취약농가 인력 지원, 여성복지 사업 지원, 맞춤형 노인복지 지원(농업인 행복콜센터 운영) • 도농상생·함께하는 마을 만들기 : 함께하는 마을 만들기, 깨끗하고 아름다운 농촌마을 가꾸기, 농촌사랑 운동, 농촌 사회공헌 인증 제도, 주부 농산물 직거래 구매단 • 농정 활동 및 교육 홍보 : 정부와 국회에 대한 정책 건의, 농업박물관 운영, 지역문화복지센터 운영, 농협대학교 운영, 농업인·임직원 교육 사업, 조사·연구 강화, 농업·농촌·농협 홍보 • 사회공헌 및 국제교류 활동 : 임직원 자원봉사, 현충원 헌화 봉사활동, 개도국 협동조합 지원, ODA 글로벌 연수, 남북 농업 협력, 해외사무소 운영
상호금융	• 농촌 지역 농업금융 서비스 및 조합원 편익 제공 : 농촌농협 자금 지원, 농산물 소매유통 역할 수행, 농업인 영농자금 지원, 상호금융의 성장에 기여, 농업인 중심의 대고객 실익 증진 사업 전개 • 서민금융 활성화 기여 : 농업인·서민을 위한 금융상품 개발, 금융 소외지역 점포 운영, 지역문화복지센터 운영, 사회공헌기금 조성, 맞춤형 서민금융 확대 실시

② 경제 부문(농협경제지주)

㉠ 농업인이 영농 활동에 안정적으로 전념할 수 있도록 생산·유통·가공·소비에 이르기까지 다양한 경제 사업을 지원한다. 경제 사업 부문은 크게 농업경제 부문과 축산경제 부문으로 나누어지며, 농축산물 판로 확대, 농축산물 유통구조 개선을 통한 농가소득 증대와 영농비용 절감을 위한 사업에 주력한다.

ⓛ 농업경제 사업 : 영농자재(비료・농약・농기계・면세유 등) 공급, 산지유통 혁신, 도매 사업, 소비지 유통 활성화, 안전한 농식품 공급 및 판매

- 규모화・전문화를 통한 농산물 산지유통 혁신 : 농협은 생산자 조직 구축과 연합사업 활성화를 통해 산지유통을 혁신하고 있다. 또한 미곡종합처리장과 농산물 산지유통센터의 규모화・전문화로 상품성 제고에 기여하고 있다.
- 영농에 필요한 자재를 저렴하고 안정적으로 공급 : 농협은 대량구매를 통해 비료・농약・농기계・유류 등 영농에 필요한 농자재를 저렴하고 안정적으로 공급하고 있다. 이를 통해 농업경영비를 절감함으로써 농업인 소득 증대 및 생활 안정에 기여하고 있다.
- 혁신적 물류 체계 구축으로 농산물 도매유통 선도 : 농협은 안성농식품물류센터와 전국 단위 복합물류센터 구축 등 혁신적인 농산물 도매유통 시스템을 갖춤으로써 물류비 절감의 혜택을 농업인과 소비자 모두에게 제공한다.
- 소비지 유통망 활성화로 농산물 판매 기반 강화 : 농협은 하나로클럽・하나로마트 등의 농협 직영매장, 인터넷 쇼핑몰과 홈쇼핑 등 도시민을 대상으로 한 소비지 유통망을 확충함으로써 우리 농산물의 안정적인 판매 기반을 구축하고 있다.
- 다양한 유통 채널을 통해 우수 국산 농산물 판매 : 농협은 홈쇼핑 사업, 학교급식 사업, 군납 사업 등 다양한 유통 경로를 통해 우수하고 안전한 국산 농산물을 소비자에게 공급하고 있다. 또한 온라인 소비시장 확대 추세에 맞춰 다양한 홈쇼핑 전용 상품을 개발하고 있다.
- 안전 농식품 공급으로 국민 건강에 기여 : 농협은 '산지에서 소비지까지(Farm to Table)' 체계적인 농식품 관리와 교육을 통해 안전하고 우수한 국산 농식품을 공급하고 있다.

ⓒ 축산경제 사업 : 축산물 생산, 도축, 가공, 유통, 판매 사업, 축산 지도(컨설팅 등) 지원 및 개량 사업, 축산 기자재(사료 등) 공급 및 판매

- 축산물 생산비 절감으로 가격 안정에 기여 : 복잡한 축산물 유통구조를 축소해 '축산농가는 더 받고 소비자는 덜 내는' 유통구조를 만드는 한편, 축산물 공판장・가공공장, 농협사료 등을 운영함으로써 축산농가의 생산비 절감에 이바지한다.
- 위생 안전체계 구축으로 소비자 신뢰에 보답 : HACCP 인증 도축장과 한우 DNA 검사 및 항생제 잔류 검사를 통해 소비자가 안심하고 축산물을 구매할 수 있는 위생 안전체계를 구축하고 있다.
- 가축분뇨 자원화로 친환경 축산 실천 : 가축분뇨를 유기물이 풍부한 비료로 자원화함으로써 지속 가능한 친환경 축산농업 기반을 구축하고 있다.
- 우수 브랜드 육성으로 우리 축산물 홍보 : '농협안심・목우촌・또래오래' 등 생산부터 판매까지 농협이 책임지는 축산물 전문 브랜드를 육성함으로써 국산 축산물의 우수성과 안전성을 널리 알린다. 또한 온・오프라인 채널을 활용해 축산물 판매 확대와 직거래 활성화에 이바지한다.
- 가축질병 예방으로 축산농가의 성장 지원 : AI, 구제역 등 가축질병 예방을 위한 방역 서비스와 농가 지도를 상시적으로 실시해 축산농가의 지속적인 성장을 지원한다.
- 종축 개량을 통해 안정적인 생산기반 구축 : 한우・젖소・돼지 개량사업소를 통해 국제 경쟁력을 갖춘 유전 자원을 개발하고 있으며, 이를 통해 안정적인 축산 생산기반을 구축하고 있다.

〈농협경제지주 경영 업무〉

구분	업무
농업경제	• 영농자재 공급 : 영농자재 가격 및 수급 안정, 농기계은행 사업, NH-OIL 농협주유소 사업 • 산지유통 혁신 : 연합 마케팅 사업, 농산물 산지유통센터(APC), 미곡종합처리장(RPC) • 도매 사업 : 안성농식품물류센터, 전국 단위 농산물 물류 체계 구축, 농산물 공판장 • 소비지 유통 활성화 : 농협 직영매장(하나로마트), 온라인 쇼핑몰(농협몰), 홈쇼핑 등 다양한 판매 채널 구축, 농축산식품 수출 • 안전농식품 공급 : 국민 안전 먹거리 지킴이, 농협식품연구원, 우수 농산물 판매 확대, 농식품 가공 사업, 농식품 대표 브랜드 운용(뜨라네 · 아침마루 · 아름찬 · 한삼인)
축산경제	• 축산물 유통 사업 : 유통 단계 축소, 위생 안전체계 구축, 소비지 유통망 확대, 축산물 공판장 운영 • 축산물 가공 사업 : 축산물 가공공장 운영, 농협사료 공장 운영(전국 28개), 목우촌 운영 • 축산 지원 사업 : 친환경 농업을 위한 가축분뇨 자원화센터, 찾아가는 방역 서비스를 위한 공동방제단, 현장 중심의 맞춤형 컨설팅 · 교육, 국내 최대 체험형 놀이목장 안성팜랜드, 세계 일류 유전자원 개발을 위한 농협 가축개량원

③ 금융 부문(농협금융지주)

㉠ 농협의 금융 사업은 농협 본연의 활동에 필요한 자금과 수익을 확보하고, 차별화된 농업금융 서비스 제공을 목적으로 한다. 농협의 금융 사업은 시중 은행의 업무 외에도 NH카드, NH보험, 외국환 등 다양한 서비스를 제공하므로 농협은 가정경제에서 농업경제, 국가경제까지 책임을 다해 지켜나가는 우리나라의 대표 금융기관이다.

㉡ 상호금융 사업 : 농촌 지역 농업금융 서비스 및 조합원 편익 제공, 서민금융 활성화

- 농촌경제 활성화를 위한 다양한 금융 서비스 제공 : 농협은 1,032개의 지역농 · 축협 본소와 3,377개의 지점(2023년 12월 말 기준)을 보유하여 농어촌과 산간 · 도서 등 금융 소외 지역에도 양질의 금융 서비스를 지속적으로 제공하고 있다.
- 안정적인 농업경영을 위한 영농 · 가계자금 지원 : 농협은 영농자금 금리인하 제도 개선, 영농우대 특별저리 대출 지원, 태양광 발전시설 대출 지원 등 농업인 조합원에 대한 차별화된 금융 서비스를 통해 영농자금과 가계자금을 제공함으로써 농업인이 안정적인 농업 활동을 할 수 있도록 지원한다.
- 농촌농협 – 도시농협 상생의 가교 역할 수행 : 도시농협은 농산물 출하선급금을 무이자로 지원하고 농촌농협은 이를 경제 사업 활성화에 투자함으로써 농업인의 소득 향상을 도모함은 물론, 도시농협에 우수한 농축산물을 공급한다.
- 맞춤형 금융상품을 통해 서민금융 활성화에 기여 : 농협은 농업인과 서민 등 국민을 위한 금융기관으로서 사회적 책임을 다하고자 근로자생계자금 · 햇살론 등 다양한 상품 출시를 통해 서민금융을 확대 · 지원하고 있다.
- 조합원 · 고객의 실익 증진을 위한 각종 사업 추진 : 농협은 농업인 조합원과 고객에게 더 많은 이익을 제공하기 위해 상호금융특별회계 사업 활성화, 행복이음패키지 상품 개발, 농업인 무료 법률구조기금 출연, 휴면예금 찾아주기 운동 등 다양한 사업을 추진하고 있다.
- 소외계층 지원을 위한 사회공헌기금 조성 : 전국 농 · 축협에서 지역문화복지센터를 운영하여 농촌 지역 삶의 질을 높이고 있다. 또한 사회공헌상품을 통해 조성된 기금으로 소년소녀가장과 다문화가정 등 소외계층을 지원한다.

㉢ 농협금융지주 : 종합 금융그룹(은행, 보험, 증권, 선물 등)

- 고객 만족을 위한 최고의 종합 금융 서비스 제공 : 농협은 세계적 신용평가기관으로부터 국내 은행 최고 수준의 신용등급을 획득하고 있는 초우량 금융기관으로, 국제 금융시장에서도 높은 위상을 인정받고 있다.
- 순수 민간자본으로 구성된 국내 유일의 금융기관 : NH농협금융은 순수 민간자본으로 구성된 국내 유일의 금융기관으로, 대한민국 금융의 자존심이자 아시아를 대표하는 글로벌 협동조합 금융그룹으로 발돋움하고 있다. 또한 그 운영이익은 국내에 환원되어 농업・농촌의 성장과 도시의 서민지원에 쓰이고 있다.
- 농업인과 국민의 생명・건강・안전・재산 지킴이 : 농업인과 국민의 건강하고 행복한 삶, 안전하고 풍요로운 미래를 위해 건전한 경영을 기반으로 고객에게 도움이 되는 금융상품을 제공하고 있다.
- 협동조합 이념에 기반한 다양한 사회공헌 활동 실천 : 농협은 금융수익을 재원으로 농업・농촌과 지역사회 발전을 위한 다양한 사회공헌 활동을 펼치고 있다. 이를 통해 협동조합 이념에 기반한 '상생과 동행의 금융'을 실현하고 있다.
- 종합금융체계 구축으로 국내 금융업계 선도 : NH농협금융은 급변하는 금융환경에서 보다 뛰어난 금융 서비스를 제공하기 위해 은행・보험・증권・자산운용・선물・캐피탈 등 명실상부한 종합금융 체계를 구축하고 있다. 이를 통해 금융권 최고의 안정적인 종합 서비스를 제공하고 있다.
- 따뜻한 서민금융, 든든한 나라살림 지원 : 농협은 서민과 중소상공인을 위한 금융 서비스를 제공하고 있다. 또한 정부와 시・군금고, 교육금고의 대부분을 전담하고 있는 나라살림 전문은행이다.

〈NH농협금융지주 경영 업무〉

구분	업무
은행・보험	NH농협은행, NH농협생명, NH농협손해보험 등 경영
증권・기타	NH투자증권(NH선물・NH헤지자산운용), NH-Amundi자산운용, NH농협캐피탈, NH저축은행, NH농협리츠운용, NH벤처투자 등 경영

03 농협의 청사진 "함께하는 100년 농협"

※ 농협중앙회 공개 자료 발췌(2021년 12월 31일)

1. 농업인과 국민이 체감하는 유통 대변화의 완성

① 뿌리가 튼튼한 농협 산지유통 체계의 구축

㉠ 전속출하 중심의 생산자 조직 육성 확대 : 출하약정 의무 부여 등으로 농가 조직의 전속출하 원칙을 강화하고 대규모 농가 참여 유인책을 마련하여 전속출하액을 2023년 3조 5,000억 원까지(← 2020년 2조 2,724억 원) 확대

㉡ 산지유통 시설의 효율화

- 2021년 기준으로 30개소인 통합 APC(산지유통센터)를 2023년까지 50개소로 확대
- APC・RPC・잡곡센터 등 농협 산지유통 시설의 통합・규모화를 추진하여 운영 효율성과 전문성의 강화를 도모

ⓒ 연합사업 조직의 전문화·광역화 : 일정 규모 이상의 연합사업단을 주품목 중심의 조합공동사업 법인으로 전환하고, 소량 분산품목은 광역 단위 연합사업 체계를 구축하여 산지유통의 규모화·전문화를 촉진

〈시·군 연합사업단의 전문화·광역화〉

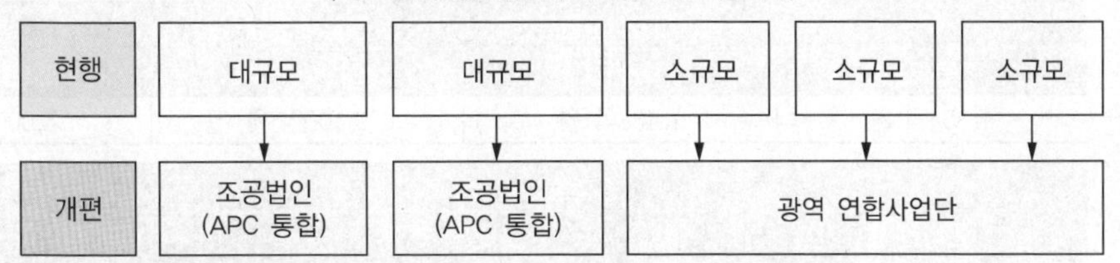

② 농협 도매 경쟁력의 획기적 제고

㉠ 맞춤형 산지 관리로 상품 경쟁력 강화 : 농협 산지 조직의 발전 수준에 따라 맞춤형 판매처를 연계하고, 유형별 상품화 지도 체계를 구축하여 통합도매 농산물의 경쟁력 개선

산지 유형	비중	판매처	육성 방향
선도견인형	10%	전 판매 채널	전속거래, 브랜드화·등급화, 고품질 생산
시장확장형	60%	계통·온라인	인지도 제고를 위한 품질 관리 기준 제시
육성지원형	30%	식재료, 공공 급식	타 농협 APC 연계, 안성물류센터 선별

㉡ MD 전문성 강화로 상품 관리 체계 강화 : 품목 그룹별 MD팀제를 운영하며, 산지 관리부터 검수·검품까지 농산물 도매 밸류체인 전 과정에 대한 책임 관리 체계를 구축해 농산물 도매 사업의 서비스 질을 향상

ⓒ 상품 정책 다양화로 판매 채널 및 사업 영역 확대 : 산지별·품위별 농산물 등급과 가격을 다양화하고, 상품별 적합한 판매처에 대한 마케팅을 확대하여 농업인이 생산한 농산물의 책임 판매를 확대

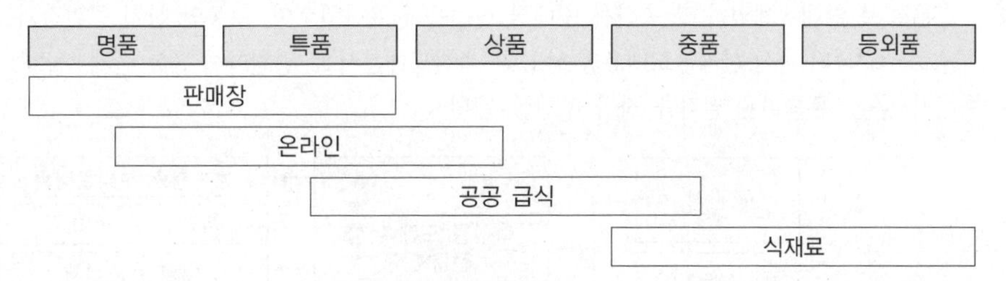

㉣ 물류 체계 효율화로 물류비 절감 : 대량 품목은 산지에서의 직접 배송을 60% 이상 확대하고, 소량 품목은 권역별 거점 물류 체계를 활용한 통합배송을 실시하여 물류비를 획기적으로 절감

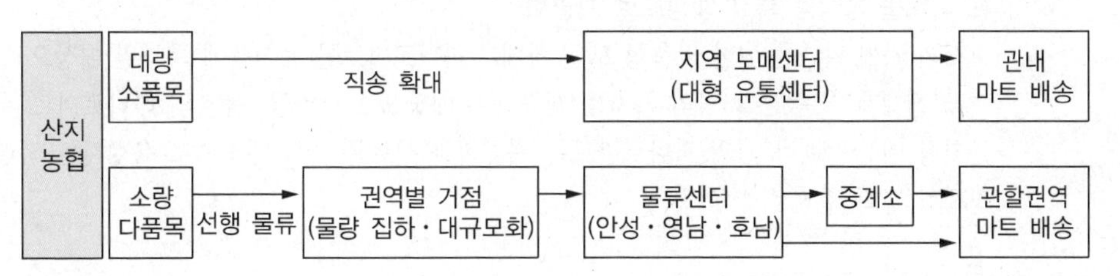

③ **농협안성농식품물류센터를 '종합농식품센터'로 혁신** : 원물 농산물 중심의 물류기지 역할을 수행하는 농협안성농식품물류센터의 기능을 확장하며, 원물 농산물 공급을 위한 본연의 역할을 충실히 수행하면서 온라인 물류기지, 저온 통합 소싱, 미래 먹거리 센터 등으로 사업영역을 확대하여 농협의 '종합농식품센터'로 혁신

농협안성농식품물류센터의 대외 유통업체 공급 실적			
2019년	2020년	2021년(예상치)	2023년(목표치)
1,354억 원	1,468억 원	2,100억 원	4,000억 원

'종합농식품센터'로 기능 확대		
온라인 물류기지 (사업 지원)	저온 통합 소싱 (통합 공급)	미래 먹거리 센터 (사업 영역 확대)
• 급식 사업, B2C 등 • 온라인 전용 상품 개발	• 농산, 축산, 수산 • 반가공, 일반 식품 등	• 밀키트, 케이터링 등 • 스타트업, 사내 벤처

④ **2023년까지 원예 농산물 책임 판매 6조 원 달성** : 농산물 도매유통 혁신을 잘 완수하여 농업인이 생산한 농산물을 제값 받고 보다 많이 팔아주는 농협의 미션을 완수하며, 유통 혁신에 조직의 역량을 집중해 2023년에는 산지 농협이 출하한 물량의 65% 이상을 책임지고 판매

도매 사업 추진 목표		
구분	2020년	2023년
직접 도매	7,191억 원	1조 원
대외 마케팅	7,525억 원	8,000억 원
공판 사업	4조 2,838억 원	4조 2,000억 원
합계	5조 7,554억 원	6조 원

⑤ **축산 도매유통 체계의 혁신** : 2021년 축산 도매유통 체계의 혁신을 위해 안심축산분사를 '축산도매분사'로 확대·개편하고, 축산물 구매국 신설을 완료하였으며, 그동안 산지 공판장과 유통사업소별로 추진되던 축산 산지·도매유통 사업을 '축산도매분사'로 일원화해 유통 단계 축소와 계통 간 시너지 창출, 유통비용 절감을 적극 추진할 계획

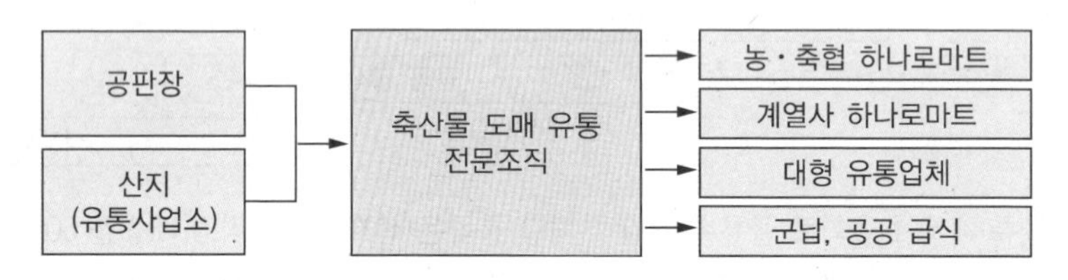

⑥ **하나로마트를 농식품 특화 매장으로 차별화**

㉠ 고객의 가치 확대를 위한 맞춤형 모델 확대 : 하나로마트를 농식품에 특화된 매장으로 차별화하여 고객에게 더 높은 쇼핑의 가치를 제공하는 매장으로 탈바꿈. 농촌의 하나로마트는 체험형과 복지형 매장으로, 도시의 하나로마트는 체류형과 식료품 특화 매장으로 육성하여 하나로마트의 경쟁력 강화 추진

㉡ 농산물 통합 구매 확대로 상품 경쟁력 차별화 : 도매 혁신을 통한 상품 경쟁력 강화로 농·축협 하나로마트 통합 구매를 활성화함으로써 품질 좋은 농축산물을 소비자들에게 싸게 판매하는 하나로마트로 탈바꿈. 다양한 상품 스펙 및 가격 차별화로 하나로마트의 농축산물 경쟁력을 강화

2023년 하나로마트 농산물 통합 구매 비율(목표)	2023년 하나로마트 1차 상품 매출액(목표)
15%	6조 819억 원

⑦ 농협 10대 대표 식품을 육성하여 식품 사업의 경쟁력 강화 : 농협만의 차별화된 가치가 담긴 대표 10대 가공식품(두부, 즉석밥, 원물 간식, 김치, 고춧가루, 탕류, 액젓·젓갈, 장류, 밀키트, 천일염)을 개발하여 농협 식품 사업의 경쟁력을 향상시키고 국산 농산물 소비를 촉진하며, 농산물의 조달·가공·유통으로 이어지는 범농협의 식품 사업 체계를 효율적으로 구축해서 시장 경쟁력을 갖춘 상품을 단계적으로 출시

PART 2

2. 농협의 디지털 유통·금융, 초격차 구현

① 농협의 온라인 유통 플랫폼 조기 정착

㉠ '온라인 농산물거래소' 활성화 : 시범사업 중인 '온라인 농산물거래소'를 2022년에 본사업으로 전환하여 농산물 도매거래의 온라인 시대를 본격적으로 열고, 시범사업 기간에 찾아낸 미비점을 보완하여 '온라인 농산물거래소'의 활성화 촉진

구분	온라인 농산물거래소	
	사업량	품목
2020년	279억 원	3품목
2023년(목표)	1,200억 원	전 품목

㉡ 농업인 편의성 제고로 '농민마켓' 참여 확대 : 농민마켓 계약에 소요되는 시간을 단축하고 다양한 판촉 행사를 지원하여 농협몰 내 농민마켓 사업량을 2023년 2,000억 원까지 확대

구분	2021년(예상)	2022년(목표)	2023년(목표)
농민마켓 사업 목표	400억 원	1,000억 원	2,000억 원

㉢ '온라인 대외마케팅' 플랫폼 확대 : 2020년 구축한 '상품소싱 오픈 플랫폼'의 제휴업체를 11개로 확대하고 라이브 커머스(온라인 실시간 판매 방송) 등을 도입하여 외부 온라인몰을 통해 농업인이 손쉽게 농산물을 판매할 수 있는 기회를 확대(제휴업체 2020년 4개 → 2023년 11개)

구분	2021년(예상)	2022년(목표)	2023년(목표)
온라인 대외마케팅 사업 목표	500억 원	800억 원	1,500억 원

② 농업인과 국민 눈높이에 맞춘 혁신 플랫폼을 지속 발굴

㉠ '온라인 식자재몰' 구축 : 모바일 전용 앱을 통해 공판장 인근 외식업소에서 식자재를 주문하면, 중도매인이 저가의 신선 농산물을 배송하는 식자재몰을 구축

구분	2021년(예상)	2022년(목표)	2023년(목표)
온라인 식자재몰 사업량	50억 원	100억 원	300억 원

㉡ '축산물 온라인 경매 플랫폼' 구축 : 온라인으로 지육 영상, 이력, 등급 판정 등 객관적 정보를 제공하고 원격지에서 상장·경매·배송이 가능한 시스템을 구축하고, 2023년부터는 축산물 온라인 경매 시범사업 시작

〈축산물 온라인 경매 플랫폼 체계도〉

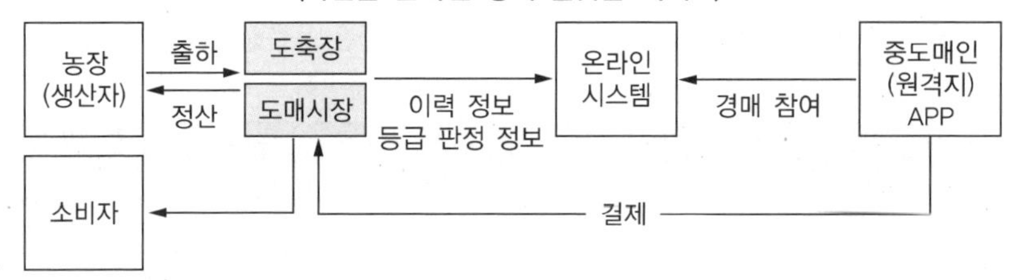

③ 당일 배송 체계를 전국으로 확대

㉠ 'e하나로마트' 당일 배송 체계 전국으로 확대 : 서울 지역을 중심으로 구축된 e하나로마트 당일 배송 체계를 농·축협과 농협경제지주가 동시에 추진하여 2023년에는 전국 어디서나 이용 가능

구분	2021년(예상)	2023년(목표)
e하나로마트 당일 배송 체계 구축	100개 점포(7대 도시 중심)	231개 점포(전국 확대)

㉡ 온라인 전용 점포, DFC(Digital Fulfillment Center) 30개소로 확대 : 온라인 유통 트렌드를 반영한 DFC를 2023년 30개소까지 확대하여 소비자가 주문하면 DFC 3km 이내 지역은 2시간 내에 배송하는 싱싱 배송 체계 구축

④ 차세대 유통을 이끌 무인매장(AI Store) 도입 : 인공지능, 머신러닝, 이미지 인식기술 등의 첨단기술이 활용된 미래형 무인매장을 개장하고, 먼저 샵인샵 형태로 시범매장을 운영하면서 기술력을 고도화하여 향후에 독립매장 형태로 운영

⑤ '마이데이터 사업'으로 더 나은 금융 서비스 제공 : 고객의 동의 아래 여러 곳에 흩어져 있는 개인정보 데이터를 한 번에 조회하고, 이를 활용하여 고객에게 통합적인 신용·자산 관리 서비스를 제공하는 한편, 고객들에게 맞춤형 금융상품 추천, 농업인에게 맞춤형 농업 정책 자금 추천 등 농민과 서민에게 특화된 다양한 서비스를 제공하고, 데이터경제 활성화에도 기여

⑥ 디지털 금융 플랫폼 구축

㉠ NH농협금융 통합 플랫폼 구축 : 농협금융 모든 계열사의 금융 서비스를 하나의 앱에서 이용할 수 있는 통합 플랫폼을 구축

㉡ 농·축협 전(全) 사업 디지털 이용 플랫폼 구축 : NH콕뱅크 플랫폼에서 금융·유통 사업 이용, 영농·경영 정보 조회 등 농·축협의 모든 사업 이용이 가능한 모바일 디지털 농협을 구현

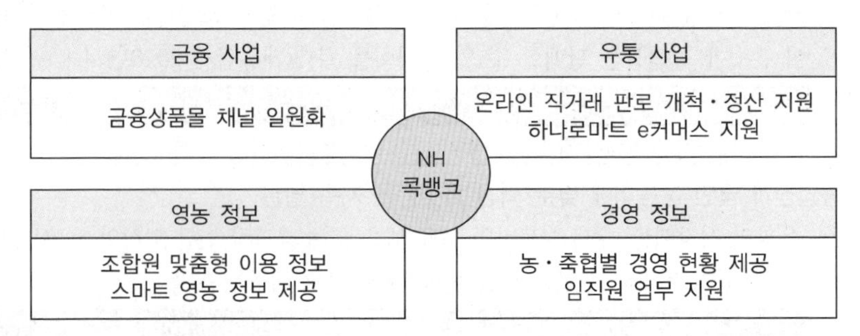

⑦ 스마트워크 시스템을 범농협으로 확산

㉠ RPA(로봇프로세스 자동화)를 전국 농·축협으로 확산 : 30개 농·축협에 시범운영 중인 RPA를 전국 농·축협으로 확대하는 한편, 머신러닝 등의 신기술을 이용하여 현재의 RPA보다 발전된 지능형 업무자동화 플랫폼 마련

ⓛ 원격근무 시스템 구축 : 네트워크를 이용해 언제 어디서든 가상의 PC에서 업무를 할 수 있는 클라우드 기반의 스마트워크 인프라를 확대하여 원격근무 환경을 고도화하는 한편, 본부・지역 거점별로 스마트워크 센터를 설치하여 소규모의 업무나 화상회의 등이 가능한 환경 구현

ⓒ 미래 인재에 디지털 DNA 이식 : 디지털 농업, 디지털 농협을 이끌어 갈 인재 양성을 위해 디지털・스마트 농업 교육과정을 개설하고, 국내 대학과 연계하여 디지털 석사과정을 운영하는 한편, 농협대학교에 디지털학과 신설 및 디지털 MBA 과정 운영을 통해 농・축협의 미래 전문인력을 육성

3. 농업의 디지털 전환 선도

① **'농협형 스마트팜' 모델의 발굴・보급** : 스마트팜은 초기 투자비용이 커서 중소농과 청년농이 스마트팜을 하기가 쉽지 않으므로 농협은 설비비용이 많이 들어가지 않는 보급형 스마트팜 모델을 자체적으로 발굴하여 보급할 계획이며, 이를 위해 농협대학교에 여러 유형의 스마트팜 시범농장을 운영하고, 데이터를 수집하여 영농 정보를 분석하는 등 농협형 스마트팜 모델 발굴 추진

〈농협형 스마트팜(시설원예) 추진 방향〉

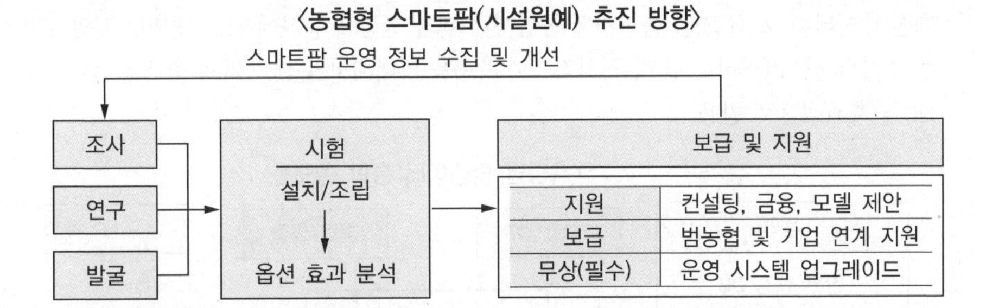

② **스마트팜 생산부터 판매까지 전 과정을 지원** : 범농협의 자원을 활용해 스마트팜 자재 보급, 스마트팜 교육, 스마트팜에서 생산된 농산물의 유통까지 이르는 원스톱 지원 체계를 구축하는 한편, '농협 스마트출하회' 구성, 스마트팜 전용자재 공급, 농협 온・오프라인 유통 채널에 전용 판매존 설치 등 농업인들이 편하게 농사를 지을 수 있도록 지원

농사 준비	→	농사 시작	→	농산물 수확	→	농산물 판매
스마트팜 상담, 설치 지원		스마트팜 농자재 공급		유통 동향 분석, 수확 작업 지원		온・오프라인 판매 지원

구분	2021년(예상)	2023년(목표)
스마트팜 조직화	104명	409명
농협 스마트팜 농산물 전용 판매존 운영	100억 원	400억 원

③ **스마트 농기계 보급 확대** : 농촌 일손 부족 해소와 농약의 오남용 방지를 위해 2023년까지 32만ha에 무인 항공방제 서비스를 제공할 수 있도록 하는 한편, 영농 효율과 조작의 편의성을 높이기 위해 사물인터넷・인공지능 등이 적용된 반(半)자율주행 이앙기, 자율주행 트랙터 등을 순차적으로 도입

구분	2021년(예상)	2023년(목표)
무인 항공방제 면적	26만ha	32만ha
농・축협 직원 무인항공자격증 취득 인원(누계)	765명	1,015명

④ **스마트 APC・RPC 모델 구축** : 스마트 APC(산지유통센터)와 RPC(미곡종합처리장) 모델을 구축하는 한편, 정보통신기술(ICT) 접목 등으로 시설 자동화와 운영 효율화를 도모하고, 산지 빅데이터 구축을 통해 농협 간 협업을 도모하고 소비지 마케팅 교섭력 제고

스마트 APC 단계별 구축 계획		
1단계(2020년)	2단계(2021 ~ 2022년)	3단계(2023년 후)
APC 역량 진단 연구 용역 및 표준 모델 개발	AI 기반 ICT 접목 RPA(자동화) 시설 도입	물류 협업을 통한 거점 APC 육성 및 APC 간 계열화

〈스마트팜 APC 운영 모델〉

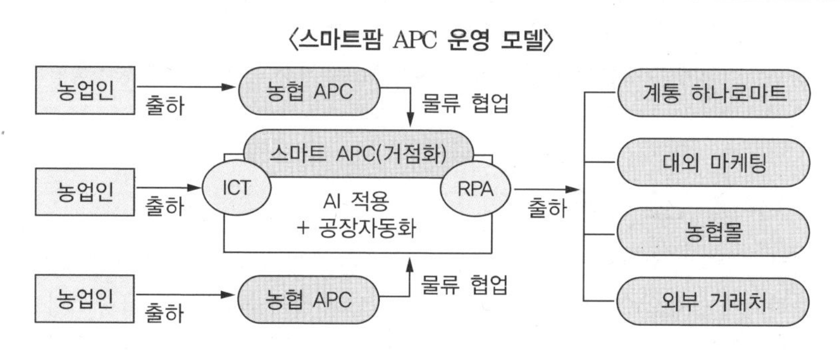

⑤ **축산 농가 생산성 제고를 위한 축종별 빅데이터 통합 플랫폼 구축** : 정보 제공에 동의한 축산 농가로부터 받은 사육 정보와 축산물 이력 시스템 정보, 생체 정보 등을 활용해 이미 구축된 한우·젖소 핵심 데이터베이스(DB)를 축산경제 통합 시스템과 연동해 농가에 보다 정밀한 사양 관리, 경영진단 등의 서비스를 제공하는 한편, 점차적으로 축종을 확대해서 축산 농가의 소득을 높이는 데 있어 핵심 DB를 효과적으로 활용

〈축종별 빅데이터 통합 플랫폼〉

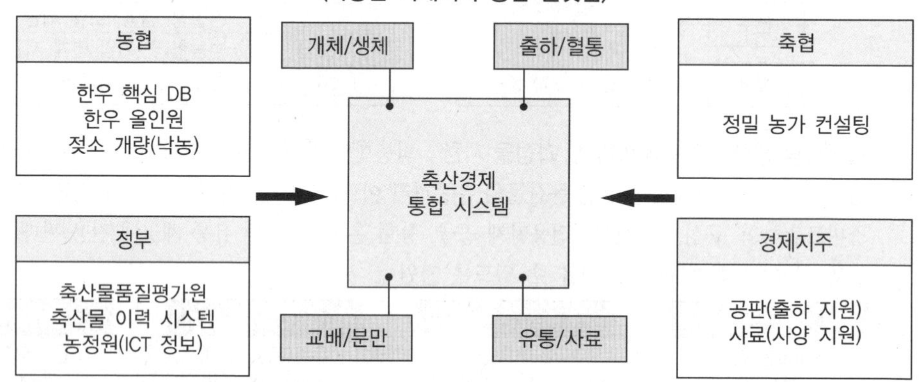

⑥ **디지털 영농 지도를 위한 농사 정보 시스템 개발** : 농사짓는 데 필요한 모든 정보가 담긴 일종의 농사 종합 정보 시스템을 개발하는 한편, 정부와 민간이 구축한 각종 데이터와 지리 기반 영농 정보 등과 연계해 가칭 'NH농업인 포털 정보 시스템'을 구축해 농·축협 직원들이 데이터에 기반을 둔 디지털 영농 지도가 가능하도록 구현

〈NH농업인 포털 정보 시스템(가칭) 구조〉

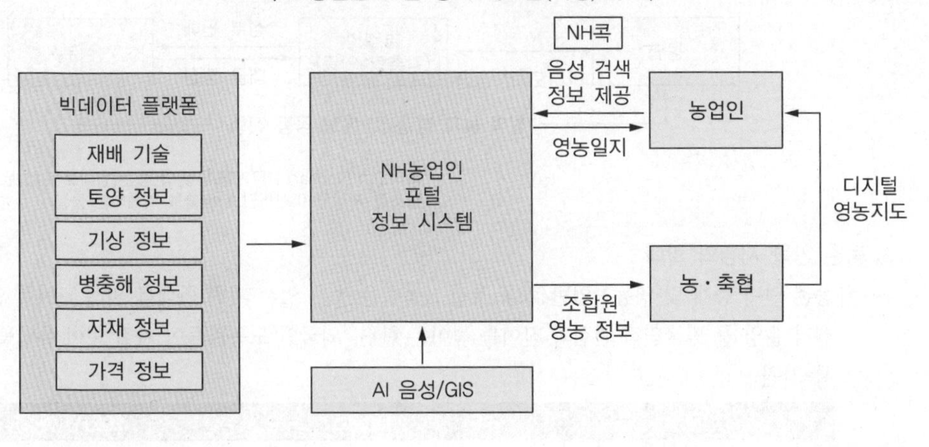

4. 농업인 실익 지원의 업그레이드

① '농협형 뉴딜'로 농업·농촌 혁신의 기반 구축

㉠ 한국형 뉴딜과 연계한 농협형 뉴딜 추진 : 한국판 뉴딜과 연계해 농협형 뉴딜의 체계를 구축해 나가는 한편, 정부의 디지털 뉴딜과 연계한 '디지털 농업 활성화', 그린 뉴딜과 연계한 '농업인 소득증대', 안전망 강화와 연계한 '농업·농촌 지원 확대'를 중심으로 추진 과제를 발굴함으로써 농업 분야 신성장동력을 확충

〈정부 연계 '농업 분야 뉴딜' 추진 체계〉

농업 분야 신성장동력 확충

↑

정부(한국판 뉴딜)		농협(농업 분야 뉴딜)	
		부문	핵심 역량
디지털 뉴딜	→	디지털 농업 활성화	• 스마트 농업 확산 • 디지털 유통 및 사업 체계 혁신 • 디지털 금융 서비스 확충
그린 뉴딜	→	농업인 소득 증대	• 지속 가능한 농업·농촌 정착 • 친환경 저탄소 농업 확산 • 그린 뉴딜 사업 금융 지원
안전망 강화	→	농업·농촌 지원 확대	• 지역농업 발전 사업 추진 • 농업인 소득 안정화 • 농업인 복지 사업 강화

㉡ 디지털 뉴딜과 연계한 스마트 농가 확산 : 농협은 디지털 뉴딜과 연계하여 ICT 기반의 스마트 농가를 확산하는 한편, 지역농업 발전 사업에 스마트팜(ICT 장비) 구축 지원을 신설하고, 스마트 온실 및 과수원 구축을 위해 정부와 협력

㉢ 그린 뉴딜과 연계한 농업 신(新)소득원 발굴 : 정부의 '2050 탄소중립'에 발맞춰 농업인이 온실가스를 감축한 양만큼 인센티브를 받을 수 있도록 지원하는 한편, 이를 위해 탄소 저감 농법을 농가에 보급하고 관련 교육과 컨설팅을 진행해 참여 농가 확대

〈농업인 온실가스 감축량 거래 흐름도〉

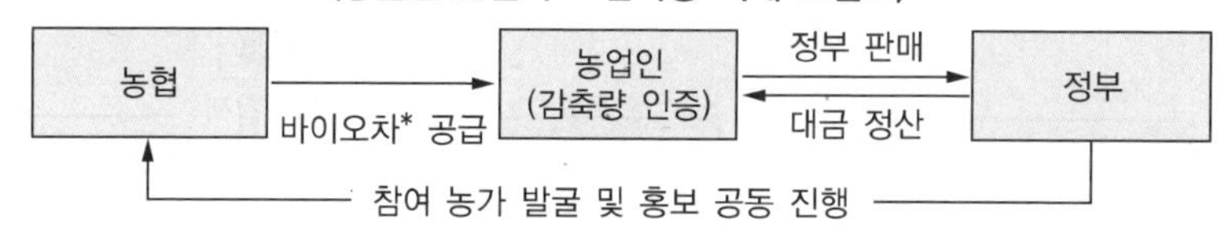

*바이오차(Biochar) : 유기불과 숯의 중간 형태로 토양에 탄소를 저장해 이산화탄소 배출을 억제하는 물질

② 농촌 인력 지원의 확대

㉠ 농촌 인력 중개 및 영농작업반 확대 추진 : 농협은 농촌 일손 지원 확대를 위해 도시형 인력 중개센터 운영 등 범국민적 관심과 참여를 높이는 한편, 외국인 노동자들이 차질 없이 유입될 수 있도록 지원

구분	2020년	2021년(예상)
농촌 인력 중개	110만 명	120만 명
영농작업반	192개	200개

㉡ 농작업 대행 확대를 통한 농가 일손 부족 해소 : 농협은 농가 일손 부족 해소의 일환으로 밭농업 기계화율 제고를 위한 농작업 대행을 활성화하는 한편, 사업 참여 농협을 확대하고 운영자금 지원 확대

구분	2020년	2021년(예상)	2023년(목표)
밭농업 농작업 대행 면적	50,000ha	65,000ha	100,000ha

③ 영농 효율성 제고를 위한 선진 재배 농법 보급 확대 : 농업인의 영농 효율성 제고와 생산비 절감을 위해 무이자 자금 지원 확대 등을 통해 직파 재배와 드문모심기 재배 면적을 2021년에 각각 13,000ha, 2,500ha로 확대

구분	2020년	2021년(예상)	2023년(목표)
직파 재배	12,405ha	13,000ha	15,000ha
드문모심기	1,758ha	2,500ha	–

④ 적시(適時)·적소(適所)·적합(適合) 농자재 공급 체계 구축

㉠ 권역별 자재유통센터 활성화 : 기존 지역별·센터별 구매 방식에서 자재유통센터를 활용한 통합구매로 전환해 농협의 자재 구매 교섭력을 강화하고 가격 경쟁력을 높이는 한편, 지역별 수요와 특성에 맞는 밀착형 마케팅을 강화하고 전 지역 익일 배송 체계를 구축

- 자재유통센터 : 1,697억 원(2020년) → 2,000억 원(2021년) → 3,000억 원(2023년)
- 권역별 자재유통센터 현황 : 경기도 안성시(중부권), 경상북도 군위군(영남권), 전라북도 장성군(호남권), 제주도(제주권)

㉡ 자재 판매장 현대화 및 계통 공급 확대 : 농협 자재 판매장 환경 개선과 리뉴얼을 지원하여 농업인의 자재 구매 편의성을 높이고, 자체 농약인 '아리농약' 공급을 확대해 농가 경영비를 절감

구분	2020년	2021년(예상)	2023년(목표)
자재 판매장 현대화	732개소	976개소	1,658개소
아리농약	255억 원	300억 원	500억 원

⑤ **지역 여건에 맞는 맞춤형 로컬푸드 직매장 확대** : 로컬푸드 직매장의 신규 개설을 희망하는 농협에 현장 컨설팅과 자금 지원을 강화하여 지역 여건을 고려한 맞춤형 직매장을 확대

구분	2020년	2021년(예상)	2023년(목표)
직매장 확대	469개소	900개소	1,150개소
직매장 매출	4,604억 원	5,000억 원	7,500억 원

구분	로컬푸드 직매장 유형별 지도 · 지원 계획
독립매장	• 지원 : 정부 직매장 지원 사업 및 '중앙회 – 농 · 축협 협력 사업' 활용 • 컨설팅 : 조기 사업 정착을 위한 농가 조직화부터 개장까지 '원스톱 지도'
샵인샵	• 하나로마트 내 : 일정 매출액 이상의 하나로마트 대상 '핀셋 확대' 추진 • 관공서 또는 영업점 내 : 기존 공간 활용하여 판매 시설 설치
신사업	• 이동형 직매장 : 도시농협 하나로마트 등과 연계하여 추진 • 직거래 장터형 직매장 : 대단위 아파트 단지 중심으로 개설 • 상품 공급형 직매장 : 대형 유통업체(이마트 · 롯데슈퍼)와 협력

⑥ **지자체와 함께하는 지역농업 발전 사업의 활성화** : 농업인의 실익 확대를 위해 추진해온 '지자체 협력 사업'과 '시 · 군 활성화 사업' 등 성격이 유사한 사업들을 '지역농업 발전 사업'으로 통합하여 내실 있게 추진하는 한편, 지역이 스스로 사업을 발굴 · 집행 · 조정하는 지역 주도 사업과 지역별 숙원 사업 해소를 위한 중앙본부 주도 사업으로 농업인의 지속적인 소득 창출 기반을 마련

5. 농업 · 농촌의 공익 가치 증진과 지역사회 발전에 기여

① **농협형 케어팜 시범사업 추진** : 농업 · 농촌의 자원을 활용해 국민건강 증진과 일자리 창출, 농가 소득 증대를 도모할 수 있는 농협형 케어팜 모델을 개발하고 시범사업을 추진

〈농협형 케어팜 모델〉

모델 구분(입지)	농가 소득 증대형(농촌형)	지역사회 공헌형(도농복합형)	농업 가치 확산형(도시형)
활용 자원	팜스테이 마을 치유 자원	지역문화복지센터 안성팜랜드	도시텃밭 학교텃밭
주요 대상	농촌 관광객 및 취약 계층	지역주민 및 취약계층	도시민 및 취약계층
운영 주체	팜스테이 마을	지역농협	도시농협
사업 방향	• 단기 : 치유 · 힐링 관광 특성화 • 중장기 : 취약계층 돌봄 서비스	• 단기 : 치유농업 프로그램 도입 • 중장기 : 취약계층 주간보호 케어팜	• 단기 : 도시텃밭을 활용한 케어팜 • 중장기 : 대상별 맞춤형 케어팜

② **지속 가능한 친환경 청정 축산의 구현** : 농촌의 축산 냄새 저감을 위해 축산 냄새 측정 시스템과 가축 분뇨 자원화 시설을 확대 · 보급하는 한편, 자원 순환 농업 활성화를 위해 경축 순환 모델을 보급

구분	2020년	2021년(예상)	2025년(목표)
축산 냄새 측정 시스템 보급	20호	50호	–
가축 분뇨 자원화 시설	31개	33개	40개

③ 농업인 삶의 질을 높이는 농촌 복지 사업의 추진

㉠ 고령 농업인을 위한 복지 시설 확충 : 방문요양과 주간보호 서비스를 제공하는 재가노인복지센터, 정부, 지자체와 연계한 요양원 등의 확대를 통해 노인복지 서비스 영역을 확장

㉡ 농촌 교육·문화 시설 확충 : 지역문화복지센터의 신규 프로그램 개발과 전문지역문화복지센터 확충 등을 통해 교육·문화, 고충 상담, 영유아 보육 상담 등을 수행하는 농촌 복지 창구 역할을 강화

구분	2020년	2021년(예상)
재가노인복지센터	14개소	30개소
전문지역문화복지센터	43개소	62개소

④ 지역과 함께하는 사회공헌의 확대

㉠ 공유 가치 창출(CSV)과 연계한 사회공헌 확대 : 다양한 사회문제 해결을 위한 한 차원 높은 사회공헌 활동을 추진하는 한편, 지역사회가 원하는 니즈를 농협의 비즈니스 기회와 연계해 사회적 가치를 함께 만들고 공유하여 상생할 수 있도록 노력

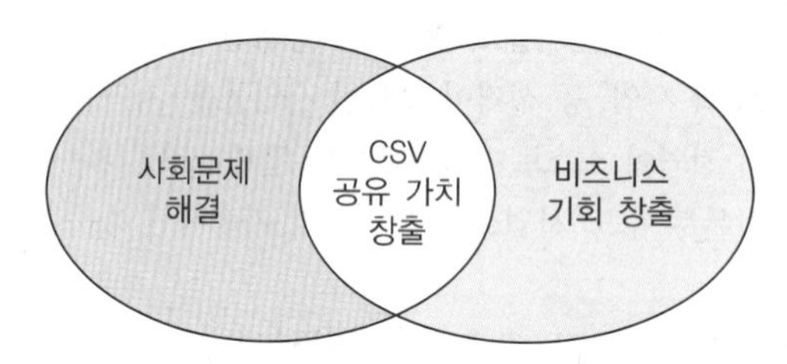

㉡ 범농협 사회공헌 활성화를 위한 역량 결집 : 기업들의 사회적 책임 이행을 농촌봉사 활동으로 유도하는 사회공헌의 협력 체계를 구축하는 한편, 포스트코로나 시대에 대응한 비대면 사회공헌과 스마트케어를 확대

04 새로운 100년을 향한 농협 비전 2025

1. 농협 비전 2025의 등장 배경

① 시장 패러다임의 변화

㉠ 낮아지는 성장 잠재력 : 우리나라는 경제성장률이 지속적으로 낮아지고 있다. 2000년대 초 평균 5.7%를 기록하던 경제성장률은 2008년 금융위기 이후 3.1%로 하락했으며, 2011 ~ 2021년 평균은 2.69%로 저성장이 고착화되고 있는 것으로 분석된다.

〈경제성장률 추이(한국은행)〉

(단위 : %)

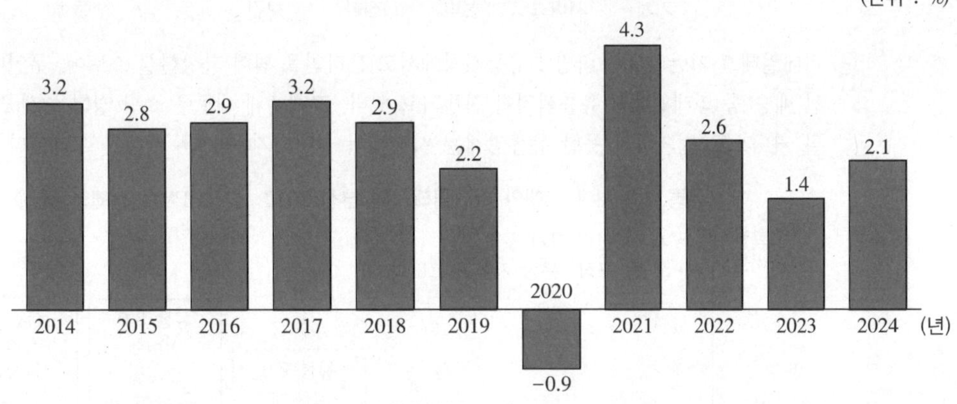

※ 2023년은 잠정치, 2024년은 예상치

㉡ 제로금리 시대 진입 : 2020년 3월 한국은행이 기준금리를 0.75%로 인하하면서 우리나라도 제로 금리 시대를 맞이했다. 금리 하락으로 예대마진이 축소되면 금융기관의 수익성 악화가 우려된다.

〈기준금리 추이(2023년 12월, 한국은행)〉

(단위 : %)

2019년		2020년		2021년		2022년							2023년
7월	10월	3월	5월	8월	11월	1월	4월	5월	7월	8월	10월	11월	1월
1.5	1.25	0.75	0.5	0.75	1.0	1.25	1.5	1.75	2.25	2.5	3.0	3.25	3.5

※ 2022년 7월과 10월에 직전 변경 대비 빅스텝(0.5%p 이상 인상) 단행

㉢ 4차 산업혁명의 물결 : 4차 산업혁명 기술이 확산되면서 시장 환경은 내일을 예측하기 어려울 정도로 급변하고 있다. 특히, 농협의 주력 사업인 유통・금융 사업은 4차 산업혁명의 영향을 가장 많이 받을 업종으로 전망되고 있어 신속하면서도 적절한 대응이 필수적이다.

〈4차 산업혁명이 가장 활성화될 업종(2018, IT 시장조사 기관 KRG)〉

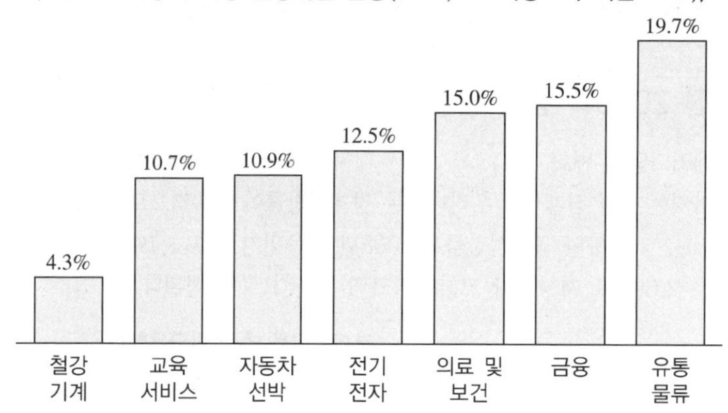

㉣ 리테일테크 기반의 유통혁명 : 유통시장에서도 온라인을 넘어 가상현실 스토어, 무인매장, 실시간 배송 등 리테일테크 유통혁명이 진행되고 있다. 고객에게 새로운 쇼핑 경험을 제공하는 디지털 커머스로 전환하지 못한 유통업체는 시장에서 살아남기 어려운 시대가 도래했다.

〈유통 4.0 시대 도래와 리테일테크의 부상(2017, 삼정KPMG 경제연구원)〉

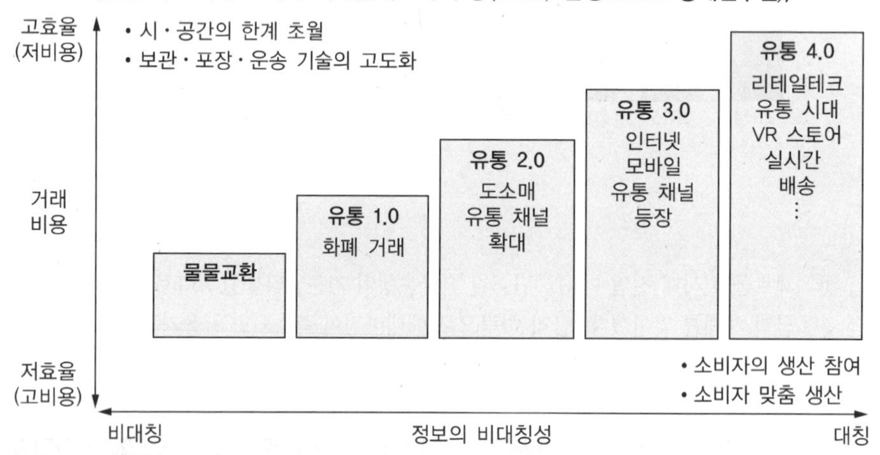

㉤ 코로나19가 촉발한 뉴 노멀(New Normal) 시대 : 코로나19로 인한 사회적 거리 두기, 국가 간 이동 제한 등은 새로운 뉴 노멀을 만들고 있다. 비대면 커뮤니케이션 가속화로 디지털 경제가 활성화되는 등 코로나19 장기화 사태 이후 새로운 경제 환경의 변화를 예고하고 있다.

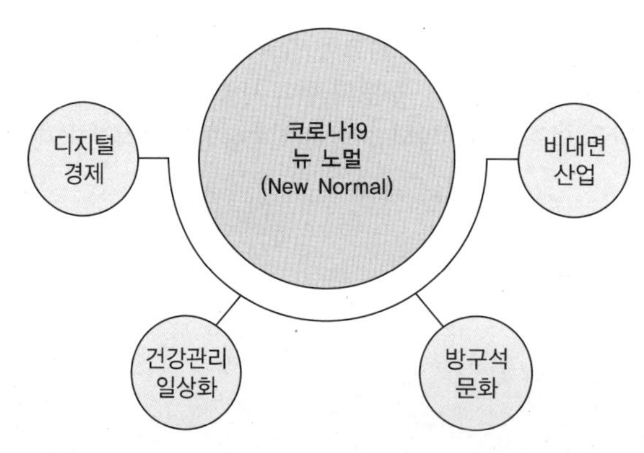

ⓑ 사회적 가치 강조 : '착한 소비'를 즐기는 소비자들이 증가하고 있다. 이제는 경제적 가치뿐 아니라 동반 성장, 지역사회 공헌, 환경보전 등의 사회적 가치를 지향하는 기업만이 소비자에게 인정받고 시장에서 살아남을 수 있다.

〈2019년 착한 소비 활동 및 SNS 기부 캠페인 관련 조사(엠브레인)〉

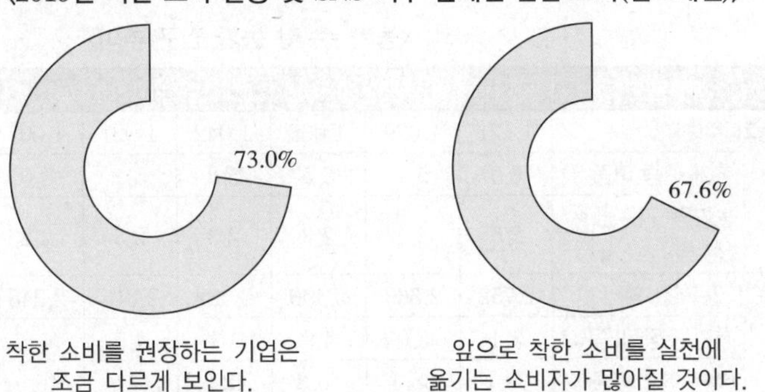

ⓢ 소비 양극화 현상 : 경기 불황이 깊어지며 소비 양극화 현상이 심화되고 있다. 자기 과시나 표현을 위한 소비에 있어서는 고가의 프리미엄 제품을 찾고, 생활용품 등 일상형 소비에서는 가성비를 따지는 소비 패턴이 증가하여 유통업체의 상품별 카테고리 전략이 중요해질 전망이다.

〈저성장기 소비의 양극화(2019, 주간동아)〉

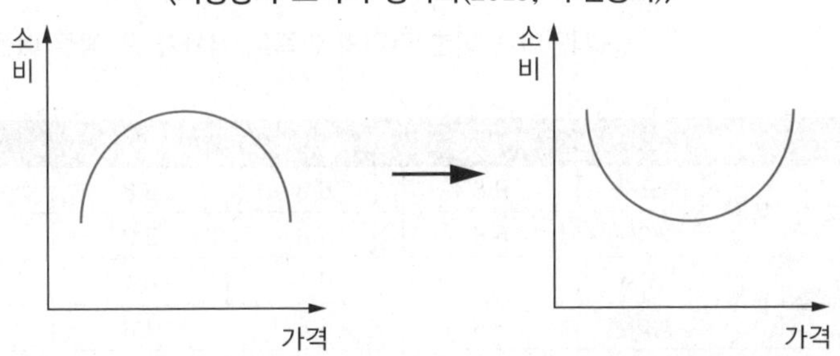

ⓞ 수입 농축산물과의 경쟁 심화 : 시장 개방 확대로 소비자들이 수입 농축산물을 접할 기회가 증가하면서 국산 농산물의 충성도가 하락하고 있다. 국산 농산물의 가격이 비싸면 수입 농산물을 구매하겠다는 소비자가 2007년 19.9%에서 2019년 41.1%로 증가하는 등 국산 농축산물의 판로가 위협받고 있다.

〈국산 농산물이 수입산에 비해 가격이 비싸면 수입 농산물을 구입하겠다는 응답〉

구분	2007년	2012년	2016년	2017년	2018년	2019년	2020년	2021년	2022년
응답자	19.9%	28.5%	28.7%	34.4%	37.9%	41.1%	36.8%	40.4%	37.9%

※ 출처 : 〈농업·농촌에 대한 2022년 국민의식 조사 결과〉, 한국농촌경제연구원

② 농업과 농촌의 위기

㉠ 지방소멸 위험 직면 : 농가인구는 1990년대 이후 3.7%씩 감소하고, 농가 고령화율은 우리나라 국민 고령화율의 3배 수준이며, 한국고용정보원(2018년)에 따르면 2050년에는 226개 시·군·구 중 89곳이 사라질 수 있다.

〈농가 수 및 농가 인구 추이〉

구분		2014년	2015년	2016년	2017년	2018년	2019년	2020년	2021년	2022년
농가 수(천 호)		1,121	1,089	1,068	1,042	1,021	1,007	1,035	1,031	1,023
	총가구 중 비중(%)	6.0	5.7	5.5	5.3	5.1	5.0	4.8	4.7	4.7
	농가당 가구원 수(천 명)	2.5	2.4	2.3	2.3	2.3	2.2	2.2	2.2	2.1
농가 인구(천 명)		2,752	2,569	2,496	2,422	2,315	2,245	2,314	2,215	2,166
	총인구 중 비중(%)	5.4	5.0	4.9	4.7	4.5	4.3	4.5	4.3	4.2
	65세 이상 비중(%)	39.1	38.4	40.3	42.5	44.7	46.6	42.3	46.8	49.8

※ 출처 : 〈농가 및 농가 인구〉, e-나라지표

㉡ 농촌의 열악한 생활 환경 : 농촌 마을의 열악한 인프라는 농업인 삶의 질 저하로 이어진다. 실제로 전체 종합병원의 1%만이 농촌 지역에 있으며, 버스 배차 간격은 2시간 가까이 된다. 또한 농촌 지역 20 ~ 30대의 70%는 농촌을 떠나길 원하는 것으로 조사되었다.

〈도시민과 농어촌 주민의 만족도 격차가 큰 정주 여건은?〉

(척도 : 11점)

구분		2018년	2019년	2020년	2021년	2022년
보건·복지	도시	6.8	6.6	6.8	7.0	6.8
	농어촌	5.6	5.6	5.2	5.8	5.1
교육·문화	도시	6.2	6.0	6.1	6.4	6.3
	농어촌	5.5	5.4	4.8	5.4	5.2
정주 기반	도시	6.7	6.6	6.9	7.1	7.1
	농어촌	6.2	6.2	5.9	6.4	6.2
경제·일자리	도시	5.6	5.1	5.5	5.6	5.2
	농어촌	5.1	5.1	4.6	5.3	4.7

※ 출처 : 〈농어촌 삶의 질 실태와 주민 정주 만족도 조사〉, 2022, 한국농촌경제연구원

㉢ 농업인의 취약한 소득 여건 : 농업소득 성장의 한계는 도농 간 소득 격차를 심화시키고 있다. 1995년 96%에 달했던 도시가구 소득 대비 농가소득 비율은 2020년 65% 수준까지 하락했다. 2030년에는 61.6%까지 떨어질 것으로 전망되고 있어 농업인 소득 여건 개선을 위한 대응이 절실한 상황이다.

〈도시 근로자 가구소득 대비 농가소득 비율 추이〉

(단위 : %)

구분	2011년	2012년	2013년	2014년	2015년	2016년	2017년	2018년	2019년	2020년
가구소득	59.5	59.5	63.8	63.2	67.4	65.9	66.7	64.6	60.4	65.0
흑자액	21.1	29.6	33.5	33.8	47.7	42.9	55.4	43.2	35.3	53.0

※ 출처 : 〈농가경제 변화 실태와 요인〉, 2020, 한국농촌경제연구원

㉣ 기후변화에 따른 농업생산 불안 : 기후변화와 이상기상 발생이 농작물 생산의 직접적인 위협 요인이 되고 있다. 기후변화로 농작물의 재배 적지가 변화하고 있으며, 수확 감소, 생태계 교란, 병해충 발생 증가, 토양 유실 등의 피해를 주는 기상이변이 증가하고 있다.

〈기후변화 시나리오에 따른 사과의 기후학적 재배지 변동 예측 결과〉

시나리오	연대	전 국토 기준 기후학적 재배지 예측(단위 : 천ha, %)							
		총재배가능지						저위생산지	
				재배적지		재배가능지			
SSP5※	과거 30년※	6,724	(68.7)	4,010	(40.9)	2,715	(27.7)	3,070	(31.3)
	2030년대	2,468	(24.8)	1,081	(10.9)	1,387	(13.9)	7,481	(75.2)
	2050년대	832	(8.4)	354	(3.6)	478	(4.8)	9,117	(91.6)
	2070년대	106	(1.1)	23	(0.2)	83	(0.8)	9,844	(98.9)
	2090년대	4	(0.0)	0	(0.0)	4	(0.0)	9,945	(100.0)
RCP8.5※	과거 30년	6,724	(68.7)	4,010	(40.9)	2,715	(27.7)	3,070	(31.3)
	2030년대	2,691	(27.5)	1,123	(11.5)	1,569	(16.0)	7,093	(72.5)
	2050년대	1,028	(10.5)	448	(4.6)	580	(5.9)	8,756	(89.5)
	2070년대	293	(3.0)	81	(0.8)	212	(2.2)	9,492	(97.0)
	2090년대	89	(0.9)	18	(0.2)	71	(0.7)	9,695	(99.1)

※과거 30년 : 30년(1981 ~ 2010년) 동안의 평균 기상 자료를 이용한 재배적지 면적으로 기준 연도를 의미함

※SSP5 시나리오 : 산업 기술의 빠른 발전에 중심을 두어 화석연료 사용이 높고 도시 위주의 무분별한 개발이 확대될 것으로 가정하는 경우임

※RCP8.5 시나리오 : 현재 수준으로 온실가스가 배출되는 경우 태양복사의 복사강제력을 의미함(8.5의 의미는 지상에 도달되는 태양복사 238W/m^2의 복사강제력의 3.6%로서 8.5W/m^2를 뜻함)

※ 출처 : 〈'온난화'로 미래 과일 재배 지도 바뀐다〉, 2022년 4월, 농촌진흥청

③ 새로운 기회 요인

㉠ 농업·농촌을 보는 긍정적 인식 : 다수의 국민들은 농업·농촌의 공익적 가치를 긍정적으로 인식하고 있다. 국민들은 농업·농촌이 안전한 먹거리 제공, 환경·생태계 보전, 여가·휴식처 제공, 문화유산 보존 등 다양한 역할을 수행하고 있다는 데 공감하고 있다.

〈농업·농촌의 공익적 기능 여부에 대한 도시민의 견해〉

구분	2014년	2015년	2016년	2017년	2018년	2019년	2020년	2021년	2022년
가치가 많다.	66.2%	70.5%	62.1%	70.0%	72.2%	64.2%	56.2%	59.4%	63.0%
보통이다.	29.5%	26.1%	31.3%	26.5%	22.9%	30.4%	34.6%	32.2%	30.7%
가치가 없다.	4.3%	3.5%	6.7%	3.5%	4.8%	5.3%	9.2%	8.4%	6.3%

※ '모름'과 '무응답' 비율은 제외됨

※ 출처 : 〈농업·농촌에 대한 2022년 국민의식 조사 결과〉, 한국농촌경제연구원

㉡ 사람과 환경 중심의 농정 틀 전환 : 생산주의 중심의 기존 농정의 한계를 극복하고, 지속 가능한 농업·농촌 발전을 위해 농정 틀이 전환되었다. 공익적 가치 중심의 지속 가능성, 농업인과 국민의 상생을 위한 포용성, 농촌의 경제·사회문제 해결을 위한 혁신성, 지역의 자율성과 창의력 발휘를 위한 자치분권을 중시한다.

구분	기존	변화
국가 비전	발전국가 / 신자유주의국가	혁신적 포용국가
농정 모델	생산주의 농정	지속 가능 농정
농정 이념	성장, 경쟁, 효율 (산업 · 상품 중심)	지속 가능성, 포용, 혁신 (사람 · 공익적 가치 중심)
농정 목표	경쟁력 있는 농어업 육성	국민과 농어민의 삶의 질과 행복 증진
농정 대상	농어업 · 농어민 중심	농어업 · 농어촌 · 식품 모든 국민과 미래 세대
농정 방식	중앙주도 하향식 농정	자치분권, 주체 간 협력과 협치

※ 2019, 농어업 · 농어촌 특별위원회

㉢ 미래 농업 · 농촌의 대안으로 부각되는 디지털 혁신 : 4차 산업혁명 기술이 농업 · 농촌의 고민을 해결할 수 있는 대안으로 떠오르고 있다. 스마트 농업의 확산과 더불어 앞으로는 파종 · 관리 · 수확 등을 인공지능이 담당하여 노동력 부족 문제를 해소할 수 있게 되었다. 5G · 스마트 기기 등을 활용한 농촌 복지 개선, 스마트 농촌 마을 조성 등의 가능성도 높아지고 있다.

2. 농협 비전 2025의 수립

① 농협이 추구하는 농업 · 농촌의 미래상 : 농업인이 희망을 꿈꿀 수 있는 지속 가능한 농업 · 농촌의 미래를 구체적으로 형상화했다.

㉠ 첫째, 안전한 먹거리 공급망 구축을 통해 꼭 필요한 산업으로 대우받는 농업

㉡ 둘째, 농업의 디지털 혁신으로 새로운 기회가 넘쳐나는 희망이 있는 농촌

㉢ 셋째, 농업의 혁신과 공익적 가치 창출의 주체로 국민에게 존경받는 농업인

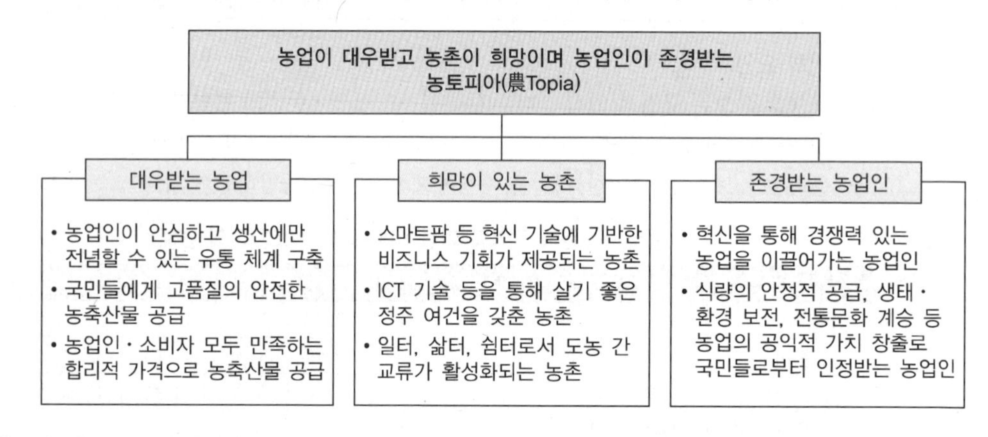

② 새로운 100년을 향한 농협의 지속 가능한 성장 의지

㉠ 새로운 100년을 책임질 미래 먹거리를 찾는 혁신적 농협 : 불확실성이 대세가 되어버린 환경에서 전통적 사업 프레임만으로는 생존을 담보하기 어렵다. 자신의 강점을 토대로 변화에 유연하게 대응할 수 있게 철저히 준비하는 혁신적 조직만이 새로운 기회를 찾을 수 있다.

㉡ 견고한 성장을 이루기 위한 조직의 체질 개선 : 사람의 체질을 건강하게 개선하려면 심신의 균형 있는 관리가 중요한 것처럼, 농협의 건강한 체질 개선을 위해서는 정체성 확립과 함께 경영 기반이 튼튼하고 안정적이어야 한다.

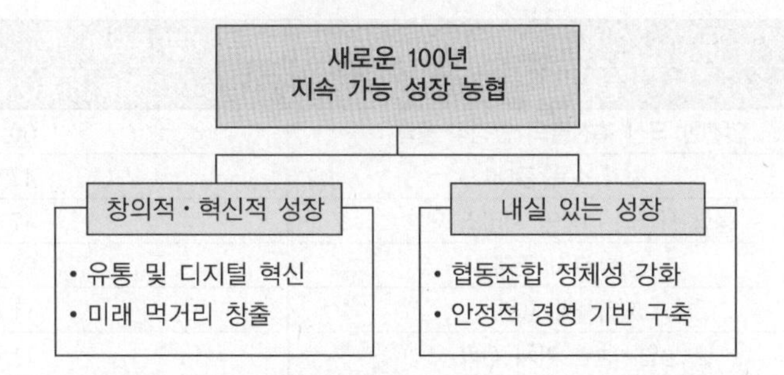

③ '함께'라는 포용과 상생의 가치 : '함께'는 지금 이 시대가 요구하는 소중한 사회적 가치이다. 농협이 지향하는 농토피아를 구현하기 위해서, 그리고 100년 농협의 성장을 위해서 농협의 주인인 농업인, 농협을 이용하는 국민, 범농협 임직원, 농협과 관계된 모든 구성원들이 함께 가치를 공유하고 더불어 성장해 나갈 수 있는 상생 모델을 적극적으로 추구해야 한다.

구분	내용	가치
농업 · 농촌의 여건 변화	농업의 공익적 가치 인식 확산	농촌과 도시의 조화
	식품안전, 농촌의 휴식 공간 관심 증대	농업인과 소비자의 상생
농정의 틀 대전환	지속 가능성, 포용성 강조	사람과 환경의 공존
	자치분권 – 지역 중심의 농정 확대	지역사회 공동체 협력
사회적 가치 변화	동반 성장, 사회적 경제 활성화	계층 간 · 지역 간 균형
	기업의 사회적 역할 중요성 증대	공공 및 취약계층 배려
시장 환경 변화	4차 산업혁명 시대의 본격화	혁신 성장 기술의 융합
	소비 트렌드 및 고객 니즈의 다양화	금융과 유통의 융 · 복합

키워드 | 포용 / 상생 / 조화 / 공존 / 협력 / 균형 / 배려 / 융합 → '함께'

3. 농협 비전 2025의 실현

① 농업인과 소비자가 함께 웃는 유통 대변화 : 소비자에게 합리적인 가격으로 더 안전한 먹거리를, 농업인에게 더 많은 소득을 제공하는 유통 개혁 실현

㉠ 농협의 가장 중요한 역할은 무엇인가?(도시민 응답)

유통 사업은 농업인과 국민이 가치를 공유할 수 있는 농협의 가장 중요한 사업이다. 국민들은 안전한 국산 농축산물의 안정적 공급을 농협의 가장 중요한 역할로 인식하고 있으며, 농업인들은 농협의 유통 사업을 통해 안정적인 판로를 확보하고 소득을 증대시킬 수 있기를 희망한다.

국민(도시민)이 인식하는 농협의 가장 중요한 역할	
응답 내용	응답 비율(중복 응답 허용)
안전한 국산 축산물의 안정적 공급	50.2%
농가 소득 증대	47.9%
농협 사업의 대국민 서비스 제고	47.8%
농촌 복지 증대	29.3%
지역사회 공헌	11.8%
농업·농촌 가치 전파	11.4%
기타	0.8%

※ 출처 : 〈농협 변화에 대한 국민 인식 조사〉, 2018, 농협미래경영연구소

㉡ '농협다운 농협'을 이루기 위해 우선적으로 대응해야 하는 노력은 무엇인가?

범농협 임직원들은 농축산물 판매사업 강화를 '농협다운 농협'을 이루기 위한 가장 중요한 역할로 꼽았다. 농축산물 유통 사업 혁신을 통해 농업인과 국민이 상생하는 선순환 체계를 이루어야 한다.

'농협다운 농협'을 이루기 위해 우선적으로 대응해야 할 부분	
응답 내용	응답 비율
농축산물 판매 사업 강화	40.0%
도시농협 정체성 강화	27.0%
대정부 농정 활동 강화	11.6%
조합원 지도·교육 사업 확대	8.6%
임직원의 협동조합 교육	6.1%
농자재 가격 인하	3.4%

※ 출처 : 〈함께하는 농협 구현을 위한 임직원 설문 조사〉, 2020, 농협미래경영연구소

㉢ 주요 혁신 과제

구분	과제
유통 단계별 효율성 제고 및 전문성 강화	• '올바른 유통위원회' 구성을 통한 현장 중심의 유통 혁신 방안 마련 • 안성농식품물류센터 운영 혁신 • 농축산물 대외 마케팅 역량 강화 • 농업인과 소비자가 상생하는 로컬푸드 활성화 • 경제지주 생산·유통 부문 전문성 및 책임경영 강화 • 농·축협 하나로마트의 다양한 운영 모델 개발 및 지원 확대
선제적 수급 및 가격 안정 시스템 구축	• 10대 농작물 '수급 예측 정보 시스템' 구축 • 농업인 실익 제고를 위한 채소 가격 안정제 개편 • 축산물 수급 예측 시스템 구축
농가 소득 증대와 소비자 편익 제고에 기여하는 신사업 확대	• 농협 식품 사업 경쟁력 강화로 농산물 소비 확대 • 소비자 맞춤형 축산 간편식품 개발·공급 • 신성장동력 확충으로 축산경제 미래 준비 • 농협생명자원센터 건립을 통한 도축 혈액 자원화

② **미래 성장동력을 창출하는 디지털 혁신** : 4차 산업혁명 시대에 부응하는 디지털 혁신으로 농업·농촌·농협의 미래 성장동력 창출

㉠ 농협의 미래를 위해 가장 중요한 것은 무엇인가?

범농협 임직원들은 농협의 미래 준비와 지속적인 발전을 위해 반드시 '디지털 혁신'이 이루어져야 한다고 말한다. 미래 먹거리 발굴을 위해 '스마트팜 등 농업 기술 혁신'을 가장 중요하게 인식하고 있으며, 농축산물 유통 혁신을 위해서는 '온라인 채널 육성 및 강화'를, 농협금융 지속 발전을 위해서는 '디지털 금융 등 4차 산업혁명 대응'을 가장 중요한 요소로 꼽았다. 4차 산업혁명과 연

계한 디지털 혁신은 이제 미래를 위한 선택이 아닌 필수이다. 농촌에는 우리 농업 현실에 맞는 스마트팜 보급을 활성화하고, 농협 내부적으로는 디지털 플랫폼을 기반으로 한 전사적 차원의 디지털 혁신이 반드시 이루어져야 한다.

함께하는 농협 구현을 위한 임직원 설문조사		
질문	응답 내용	응답 비율
미래 먹거리 발굴을 위해 가장 중요한 것은?	스마트팜 등 농업 기술 혁신	31.8%
	지자체·기업 등과의 대외 협력 강화	19.2%
	식품 등 농축산물 가공 사업	19.0%
	핀테크 등 금융 혁신	17.3%
	해외 시장 개척	5.7%
	케어팜 등 복지 사업 확대	5.4%
농축산물 유통 혁신을 위해 가장 중요한 것은?	온라인 채널 육성 및 강화	21.7%
	산지 조직화·규모화	21.4%
	거래처 확대 등 도매 사업 강화	17.4%
	정확한 수급 예측 역량 강화	15.9%
	로컬푸드 활성화	11.5%
	하나로마트 등 소매 사업 확대	10.7%
농협금융의 지속 발전을 위해 가장 중요한 것은?	디지털 금융 등 4차 산업혁명 대응	47.9%
	중장기 경영 체질 강화, KPI 확대	17.9%
	자본 확충 및 자본 적정성 제고	13.1%
	글로벌 네트워크 및 사업 확대	10.7%
	사회적 책임 강화	5.4%
	리스크 관리 고도화	4.1%

※ 출처 : 2020, 농협미래경영연구소

ⓛ 주요 혁신 과제

구분	과제
범농협 디지털 전환 촉진	• 디지털 농협 추진 체계 구축 • 업무 프로세스의 효율화·디지털화 • 전담 조직을 통한 미래 먹거리 창출
농협형 '스마트 농업' 모델 구축 및 지원	• 농협형 스마트팜, 자동 농기계 시험·보급 • 스마트 농기자재 보급을 통한 영농 지원 사업의 선진화 촉진 • 디지털 농업 전문인력 육성 • 중소농 스마트 영농 지원 강화 • 스마트 축산 생산 시스템 구축 • 축산 부문 빅데이터 연계로 종합 서비스 제공
온라인, 빅데이터 기반 농협 유통 신모델 개발	• 온라인 쇼핑몰 경쟁력 강화 • 온라인 농산물 거래소 개설을 통한 유통 환경 변화 대응 • 소매 유통 빅데이터를 활용하여 대고객 마케팅 혁신
디지털 플랫폼 기반 스마트 금융 확산	• 디지털 금융 혁신으로 상호금융 미래 경쟁력 강화 • 이동형 점포, 태블릿 점포 확대를 통한 농·축협 마케팅 채널 다변화 • 농협금융 통합 빅데이터 플랫폼 구축 • 디지털 대표 금융상품 개발 및 서비스 개선

③ **경쟁력 있는 농업, 잘사는 농업인** : 농업인 영농 지원 강화 등을 통한 농업 경쟁력 제고로 농업인 소득 증대 및 삶의 질 향상

㉠ 농업인의 직업 불만족 이유는 무엇인가?

농업인들이 농사에 만족하지 못하는 가장 큰 이유는 노력에 비해 소득이 낮다는 점이며, 이러한 불만족은 갈수록 증가하고 있다. 농업인들이 체감할 수 있는 농가 소득 증대 노력이 절실하다.

농업 종사 직업 불만족 사유				
응답 내용	응답 비율			
	2019년	2020년	2021년	2022년
노력에 비해 보수가 낮다.	51.5%	50.1%	50.4%	52.7%
농산물 수입 개방 등으로 장래가 불안하다.	14.4%	7.8%	11.6%	10.1%
타 분야에 비해 정부의 관심과 지원이 부족하다.	12.2%	12.3%	9.6%	16.5%
육체적으로 너무 힘들다.	14.2%	20.4%	18.5%	13.2%
농업에 대한 일반 국민의 인식이 좋지 않다.	2.2%	1.5%	1.1%	1.7%
기타(무응답 포함)	5.5%	7.9%	8.9%	5.9%

※ 출처 : 〈농업·농촌에 대한 2022년 국민의식 조사 결과〉, 한국농촌경제연구원

㉡ 농토피아 구현을 위해 가장 중요한 농협의 역할은 무엇이라고 생각하는가?

범농협 임직원들은 농토피아 구현을 위해 가장 중요한 농협의 역할로 '농가 소득 증대'를 위한 노력을 가장 많이 꼽았다. 농가 소득 및 농업인 실익 증대를 위한 경제사업과 지도·지원사업에 더욱 매진해야 한다.

농토피아 구현을 위해 가장 중요한 농협의 역할	
응답 내용	응답 비율
농가 소득 증대	33.9%
복지, 교육, 문화 지원	23.6%
청년농·여성농 육성	16.5%
농촌 환경 개선	14.0%
농정 활동 강화	10.9%

※ 출처 : 〈함께하는 농협 구현을 위한 임직원 설문 조사〉, 2020, 농협미래경영연구소

㉢ 주요 혁신 과제

구분	과제
농업 경쟁력 강화를 위한 농협 경제 사업 모델 내실화	• 국제협정 대비 '농업 경쟁력 강화 방안' 마련 • 농기자재 가격 경쟁력 제고 및 적기·적소 공급 • 농기계 및 자재센터 지원 확대를 통한 농작업 효율화 도모 • 농업인 시설 부담 완화를 위한 농기계 리스 확대 • 한우 산업 구심체로서의 축산경제 역량 강화 • 농협 종돈 사업 혁신
농업인 실익 확대를 위한 지도·지원 사업 강화	• '농업인 소득 안정 제도' 확대 도입 추진 • 농업인 실익 증대 상호금융 상품 개발 • 농가 경영 안정성 제고를 위한 재해 피해 지원 확대 • 공동 방제단 운영 고도화로 가축 방역 역량 강화
농·축협 경쟁력 강화를 통한 농업인 소득 간접 지원	• 농촌 여건을 반영한 조합원 관련 제도 개선 추진 • 농·축협 금융 점포 모범 모델 개발 및 보급 • '금융 사업 공동 점포' 설립·운용 • 농·축협 지속 가능 경영 기반 마련을 위한 다양한 운용 수단 제공 • 농·축협 여유자금 외부 운용 지도·지원 기능 강화 • 농·축협 맞춤형 리스크 관리 지원 체계 강화

④ 지역과 함께 만드는 살고 싶은 농촌 : 지역사회의 구심체로서 지역사회와 협력하여 살고 싶은 농촌 구현 및 지역경제 활성화에 기여

㉠ 도시민이 생각하는 '살고 싶은 농촌'의 조건은 무엇인가?

'살고 싶은 농촌'을 만들기 위해서는 청년 등 미래 주체들이 새롭고 다양한 기회를 잡을 수 있는 농업·농촌이 되어야 한다. 또한 농업인의 삶의 질이 높아질 수 있도록 주거, 의료, 교육, 교통 등 농촌의 복지·생활 인프라가 개선되어야 한다.

도시민이 생각하는 '살고 싶은 농촌'의 조건	
응답 내용	응답 비율
다양한 일자리 창출 및 소득 기회	35.7%
쾌적하고 편리한 주거 및 생활 환경	25.3%
아름다운 농촌 경관 조성	11.9%
의료 및 교육의 질 증대	10.7%
공동체가 살아 있는 농촌	9.0%
편리한 대중교통	5.7%
농촌의 휴양·관광 기능 강화	1.6%

※ 출처 : 〈농업전망〉, 2020, 한국농촌경제연구원

㉡ 농촌을 떠나려는 주민들의 이주 희망 이유는 무엇인가?

농협만의 힘으로는 농업인들에게 필요한 모든 서비스를 지원하기가 어렵다. 지역 특색이 살아 있는 다양한 기회 발굴과 보다 많은 농업인 지원이 이루어질 수 있도록 지역사회 구성원들이 함께 협력해 나가는 데 농협이 앞장서야 한다.

이주 희망자가 이주하려는 이유		
구분	응답 비율	
	도시 주민 (N=459)	농어촌 주민 (N=970)
직장이나 일자리 때문에	26.1%	31.2%
주택 문제 때문에(주택 노후 등)	32.2%	15.4%
의료서비스 / 건강 때문에	3.5%	13.1%
자녀 교육 때문에	10.0%	12.9%
체육활동, 문화·여가 서비스 이용 때문에	4.6%	8.1%
교통 때문에	4.6%	6.6%
자연환경 때문에	13.7%	5.1%
기초생활서비스 때문에(생필품 구입 등)	1.5%	4.8%
안전 문제 때문에(자연재해, 치안 등)	1.1%	0.4%
기타	2.6%	2.4%

※ 출처 : 〈농어촌 삶의 질 실태와 주민 정주 만족도 조사〉, 2022, 한국농촌경제연구원

㉢ 주요 혁신 과제

구분	과제
청년·여성 등 농업·농촌의 미래 주체 육성 지원	• 청년 농업인 육성을 위한 교육 및 영농 정착 지원 • 여성 조합원 지원 확대를 위한 제도 개선 추진 • 농업인·농식품 기업 컨설팅 지원 확대
농촌 삶의 질 제고를 위한 지원 확대	• 조합원 복지 사업의 효율화·내실화 • 농협형 케어팜(치유농장) 도입 및 육성 • 농촌·농업인 특화 금융상품 개발 • 친환경 축산 종합 대책 마련 및 역점 추진
지역과의 협력·연대 강화	• 지자체 협력 사업을 통한 농업인 영농지원 확대 • 농정 활동 협력 강화(농업의 공익적 가치 헌법 반영, 고향사랑기부제 추진 등) • 조합장의 지역본부 대표(농정) 기능 수행 • 품목별·지역별 자율성 강화를 위한 조합상호지원 자금 지원 체계 개편 • 예산 배정과 사업 시행을 지역 균형적으로 배정 • 도농상생을 위한 '농·축협 균형발전위원회' 운영 내실화

⑤ **정체성이 살아 있는 든든한 농협** : 농협의 정체성 확립과 농업인 실익 지원 역량 확충을 통해 농업인과 국민에게 신뢰받는 농협 구현

㉠ 협동조합 본연의 정체성 확립과 안정적 경영 기반 구축을 균형 있게 지향하는 농협이 되어야 한다. 농협이 미래에 아무리 좋은 기회를 잡는다 해도 본연의 정체성을 잃는다면 농업인들과 국민들의 지지를 받기가 어렵다. 그 어떤 변화에도 흔들리지 말아야 할 농협의 정체성은 바로 농업인의 실익을 높이는 것이다. 농협의 정체성 강화를 위해 농업인과 농·축협 중심의 사업 추진을 확대해야 한다. 튼튼한 경영 기반 구축을 위해서는 무엇보다 사업 경쟁력이 높아야 하며 재무구조도 견고해야 한다. 또한 임직원들이 전문성과 창의력을 충분히 발휘할 수 있도록 건강한 조직문화를 조성해야 한다.

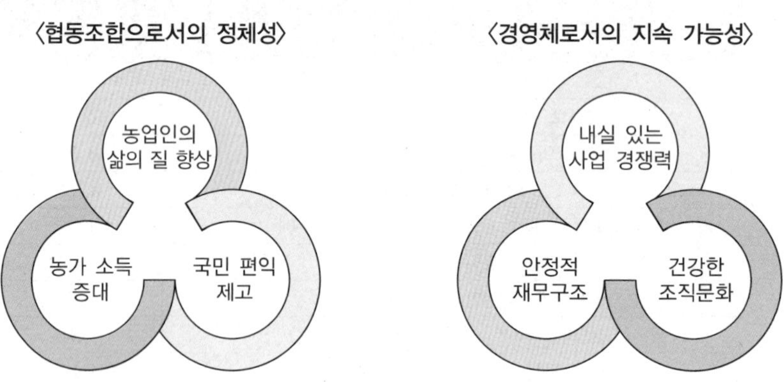

㉡ 주요 혁신 과제

구분	과제
농업인과 농·축협 중심의 사업 추진 체계 개편	• 중앙회와 농·축협 간의 소통경영 강화 • 농·축·원예·인삼협별 1개 숙원사업 해결 • 농·축협 운영 효율화를 위한 제도 개선 • 농·축협 경제사업을 품목별로 재편하여 지원 강화 • 중앙회장 직선제 도입 추진 • 축산 부문의 독립성 유지 및 발전 방안 마련
농협의 견고한 재무구조 확립을 위한 혁신 방안 수립	• 중앙회 재무구조 개선(차입금 감축 실행방안 마련·추진) • 상호금융 조직 강화 및 수익성 제고
사업 경쟁력 강화를 위한 사업 체계 혁신·범농협 시너지 제고	• 전(全) 계열사, 시장 1등 상품 시현 • NH멤버스 기반 확대 및 활성화 • 범농협 공동 투자 활성화를 위한 CIB 확대 • 농협금융 글로벌 진출(금융거점) 확대 • 축협 – 농협사료 간 배합사료 공동 사업 추진 • 범농협 수출 강화를 위한 개도국 및 국제 협동조합과의 협력 확대
공정과 소통이 넘치는 수평적 조직문화 구현	• 대내외 소통경영을 위한 자문기구 운영 • 경험과 전문성이 풍부한 인력 중심 인사 • 임직원 직무 교육 강화 등 교육원 운영 개선 • 임직원 간 다양한 소통의 기회 마련

CHAPTER

02 키워드로 알아보는 농업 · 농촌 상식

01 작물 관련 키워드

1. 농업의 정의

① **농업의 사전적 정의** : 땅을 이용하여 인간 생활에 필요한 식물을 가꾸거나, 유용한 동물을 기르거나 하는 산업 또는 그런 직업으로, 특히 농경을 가리키는 경우가 많고, 넓은 뜻으로는 낙농업과 임업 등을 포함한다.

② **농업의 일반적 정의** : 재배 또는 이것과 축산을 겸하여 실행함으로써 영리를 꾀하는 업 또는 유기적 생명체의 경제적인 획득을 위한 사람의 목적적 영위의 질서 혹은 체계이다.

③ **농업의 법적 정의** : 농작물 재배업, 축산업, 임업 및 이들과 관련된 산업으로서 다음의 것들을 말한다(농업 · 농촌 및 식품산업 기본법 제3조 제1호, 동법 시행령 제2조).

㉠ 농작물 재배업 : 식량작물 재배업, 채소작물 재배업, 과실작물 재배업, 화훼작물 재배업, 특용작물 재배업, 약용작물 재배업, 사료작물 재배업, 풋거름작물 재배업, 버섯 재배업, 양잠업 및 종자 · 묘목 재배업(임업용 종자 · 묘목 재배업은 제외한다)

㉡ 축산업 : 동물(수생동물은 제외한다)의 사육업 · 증식업 · 부화업 및 종축업(種畜業)

㉢ 임업 : 영림업(임업용 종자 · 묘목 재배업 및 자연휴양림, 수목원 및 정원의 조성 또는 관리 · 운영업을 포함한다) 및 임산물 생산 · 채취업

〈주요 작물의 원산지〉

작물	원산지
벼	인도 · 중국
옥수수	남미 안데스

작물	원산지
밀	중앙아시아
수박	아프리카

작물	원산지
콩	중국 북부 일대
참깨	인도 또는 아프리카 열대 지방

2. 용도에 따른 작물의 분류

① **식량(식용)작물** : 주로 식량으로 재배되는 작물로서, 보통작물이라 부르기도 한다.
예 벼, 보리, 밀, 콩 등

② **특용(공예)작물** : 식품공업의 원료나 약으로 이용하는 성분을 얻기 위해 재배하는 작물을 뜻한다.
예 전분작물(옥수수 · 고구마 · 감자), 유료작물(참깨 · 들깨 · 해바라기 · 땅콩), 섬유작물(목화 · 삼 · 아마 · 왕골), 약료작물(박하 · 인삼) 등

③ **사료작물** : 가축의 먹이로 이용하기 위해 재배하는 작물을 뜻한다.
예 화본과(옥수수 · 호밀 등), 콩과(알팔파 · 클로버 등) 등

④ **원예작물** : 재배하거나 정원을 가꾸기 위해 키우는 식물을 통틀어 이른다.

예 채소(부식 · 양념으로 이용하는 초본), 과수(열매를 이용하는 다년생 목본), 화훼(관상용 목적) 등

3. 재배 환경

① **토양의 조건** : 지력의 향상을 위한 토양의 주요 조건에는 토성, 토양 구조, 토층, 토양 반응, 무기성분, 유기물, 토양 수분, 토양 공기, 토양미생물, 유해물질 등이 있다. 또한 토양 중의 무기성분으로서 작물 생육에 필수적인 16가지 원소로는 탄소(C), 산소(O), 수소(H), 질소(N), 인(P), 칼륨(K), 칼슘(Ca), 마그네슘(Mg), 황(S), 철(Fe), 망간(Mn), 구리(Cu), 아연(Zn), 붕소(B), 몰리브덴(Mo), 염소(Cl) 등이 있다. 이 가운데 탄소, 산소, 수소를 제외한 13가지 원소를 필수 무기원소라 한다.

② **주요 필수원소의 생리작용**

㉠ 탄소 · 산소 · 수소 : 엽록소의 구성원소로, 광합성에 의한 여러 가지 유기물의 구성재료가 된다.

㉡ 질소 : 엽록소 · 단백질 · 효소 등의 구성성분으로, 결핍 시 황백화 현상이 발생한다.

㉢ 인 : 광합성, 호흡 작용(에너지 전달), 녹말과 당분의 합성 분해, 질소 동화 등에 관여한다.

㉣ 칼륨 : 광합성, 탄수화물 및 단백질 형성, 세포 내의 수분 공급 등 여러 가지 효소 반응의 활성제로 작용하며, 결핍되면 생장점이 말라 죽고 줄기가 연약해지며, 잎의 끝이나 둘레가 누렇게 변하고 결실이 저해된다.

㉤ 칼슘 : 결핍되면 뿌리나 눈의 생장점이 붉게 변하며 죽게 된다.

㉥ 마그네슘 : 엽록소의 구성원소이며 광합성 · 인산대사에 관여하는 효소의 활성을 높이고, 종자 중의 지유의 집적을 돕는다.

㉦ 황 : 단백질 · 아미노산 · 효소 등의 구성성분으로, 엽록소의 형성에 관여한다.

㉧ 철 : 엽록소의 형성에 관여하며, 결핍되면 어린잎부터 황백화되어 엽맥 사이가 퇴색된다.

㉨ 망간 : 동화물질의 합성 · 분해, 호흡 작용, 광합성 등에 관여한다.

㉩ 아연 : 촉매 · 반응조절물질로 작용하며, 단백질과 탄수화물 대사에 관여한다.

㉪ 몰리브덴 : 질산환원효소의 구성성분으로 콩과 작물의 질소고정에 필요하며, 결핍되면 황백화되고 모자이크병에 가까운 증세가 발생한다.

㉫ 구리 : 광합성 · 호흡 작용, 엽록소의 생성 등에 관여하며, 결핍되면 황백화 · 괴사 · 조기 낙엽, 뿌리의 신장 저해 등이 발생한다.

㉬ 붕소 : 촉매 · 반응조절물질로 작용하며, 결핍되면 분열조직의 괴사가 발생할 수 있다.

㉭ 염소 : 광합성에서 산소 발생을 수반하는 광화학 반응에 망간과 함께 촉매로 작용하며, 염소가 결핍된 사탕무에서는 황백화 현상이 발생한다.

③ **토양유기물의 기능** : 암석의 분해 촉진, 양분의 공급, 대기 중의 이산화탄소 공급, 생장촉진물질의 생성, 입단의 형성, 보수 · 보비력 · 완충능의 증대, 미생물의 번식 조장, 지온의 상승, 토양 보호 등의 역할을 한다.

④ **작물 생육에 대한 수분의 기본 역할** : 화학반응의 용매, 유기물 및 무기물의 용질 이동, 작물 세포의 팽압 유지(팽압은 작물 세포의 신장, 작물 구조 및 잎의 전개를 촉진), 효소 구조의 유지와 촉매 기능, 작물의 광합성 · 가수분해 과정 및 다른 화학반응의 재료로 이용, 증산작용 등의 기능을 한다.

4. 유기재배 기술

① **연작(連作)** : 같은 종류의 작물을 계속해서 재배하는 것으로서, 이어짓기라고도 부른다.

㉠ 연작의 해가 적은 것 : 벼, 맥류, 조, 수수, 옥수수, 고구마

㉡ 1년 휴작을 요하는 것 : 쪽파, 시금치, 콩, 생강

㉢ 2년 휴작을 요하는 것 : 마, 감자, 잠두, 오이, 땅콩

㉣ 3년 휴작을 요하는 것 : 쑥갓, 토란, 참외, 강낭콩

㉤ 5 ~ 7년 휴작을 요하는 것 : 수박, 가지, 완두, 우엉, 고추, 토마토, 레드클로버, 사탕무

㉥ 10년 이상 휴작을 요하는 것 : 아마, 인삼

② **윤작의 효과** : 지력의 유지 증강(질소고정, 잔비량 증가, 토양구조 개선, 토양유기물 증대 등), 토양보호, 기지(忌地) 회피, 병충해 및 잡초 경감, 수량 증대, 토지이용도 향상, 노력 분배의 합리화, 농업경영의 안정성 증대 등의 효과를 기대할 수 있다.

③ **종자의 품질** : 종자 내 수분 함량이 많거나 종자를 온도와 습도가 높은 조건에서 저장하면 수명이 매우 짧아진다. 이러한 종자의 품질을 결정하는 외적 조건으로는 순도, 크기와 중량, 빛깔 및 냄새, 수분 함량, 건전도 등이 있다. 또한 내적 조건으로는 유전성, 발아력, 병충해 등을 꼽을 수 있다.

④ **육묘의 필요성** : 직파가 불리할 경우 증수, 조기 수확, 토지이용도의 증대, 재해 방지, 용수 절약, 노력 절감, 추대 방지, 종자 절약 등을 위해 육묘를 시행한다.

⑤ **비료(肥料)** : 토지의 생산력을 높이고 식물의 생장을 촉진하기 위해 경작지에 뿌리는 영양 물질을 뜻한다. 비료의 3대 요소에는 질소 · 인 · 칼륨 등이 있으며, 생리적 비료는 다음과 같이 산성 · 알칼리성 · 중성 비료로 구분할 수 있다.

㉠ 생리적 산성 비료 : 작물이 음이온보다 양이온을 많이 흡수해 토양반응을 산성화하는 비료이다.
예 염화칼륨, 황산칼륨 등

㉡ 생리적 알칼리성 비료 : 작물이 음이온을 양이온보다 더 많이 흡수하여 토양을 알칼리화하는 비료이다.
예 용성인비, 칠레초석 등

㉢ 생리적 중성 비료 : 양이온과 음이온이 거의 같은 정도로 흡수되는 비료이다.
예 질산암모늄, 요소 등

⑥ **잡초의 예방** : 윤작, 방목, 소각 및 소토, 경운(땅갈기), 피복, 관개 등으로써 잡초 발생을 예방할 수 있다.

구분	내용
잡초의 의의	• 농작물에 해를 끼치는 제거의 대상이 아니라 자연계의 일부로 간주되어 일정한 수준에서의 존재를 허용 • 잡초는 토양을 보호하고, 유기물과 퇴비 자원으로 활용될 수 있으며, 야생동물의 먹이와 서식처를 제공 • 잡초의 뿌리는 작물에 광범위하게 양분 흡수를 제공하며, 유실된 양분을 토양 표층으로 빨아올려 환원
잡초의 관리	• 추파 동작물과 춘파 하작물 또는 조생종 · 만생종과 같이 파종기를 조절할 수 있는 작물의 경우에는 작물의 생육기를 조절함으로써 잡초 발생과 생육을 어느 정도 제어할 수 있음 • 생물학적 잡초 방제 방법으로는 특정 잡초의 제어에 효과가 있는 곤충, 곰팡이, 박테리아와 같은 생물을 이용하는 방법을 사용 • 곤충을 사용하는 생물학적 잡초 방제는 광범위한 지역에서 가장 흔히 사용되는 방법으로 화학적인 잡초 방제 방법으로는 효과적인 제어가 불가능한 광역적 발생 잡초에 대해 사용

⑦ **병해충의 방제** : 재배적 방제, 작물 저항성 이용 방제, 기계적 · 물리적 방제, 화학적 방제(농약), 생물적 방제(천적), 병해충종합관리(IPM) 등으로써 병해충을 방제할 수 있다.

02 토양 관련 키워드

1. 토양의 이해

토양은 암석의 풍화 산물과 이에 분해·부패되어 가는 유기물이 섞이고, 기후·생물의 영향을 받아 변화하며, 환경조건과 평형을 이루기 위하여 지속적으로 변화하는 자연체이다. 토양 속에는 식물이 자라는 데 필요한 물질이나 공기, 물, 미생물 등이 함유되어 있으며, 양분이 많은 표면의 흙을 표토라 한다. 토양은 용액이나 현탁액이 그 내부를 이동할 수 있는 다공성 물질이며, 용액이나 현탁액 중에 있는 분자나 입자를 선택적으로 흡착할 수 있는 높은 흡착성을 갖는 물질이다.

2. 토양의 기능

① **생물질의 생산** : 토양은 재생 가능한 에너지 및 가공하지 않은 재료의 제공 기능을 한다.
② **정화(Filtering) 및 수분의 저장** : 토양은 오염물질의 정화, 먹이사슬의 파괴 및 지하수 오염을 한정적으로 보호, 빗물을 저장하기 위한 하천·지하수의 지지 구조 형성 등의 역할을 한다.
③ **생물학적 서식지 및 물질의 저장** : 토양은 동식물의 생존을 위한 공간, 물질 및 생물을 제공, 생명을 유지하기 위한 자원의 형성 등의 역할을 한다.
④ **완충성** : 토양은 높은 완충성을 갖고 있어 자연의 급속한 환경 변화에 저항한다.

3. 토양의 생성 인자

① 토양의 생성에 관여하는 주요 인자로는 기후, 모재, 지형, 시간(풍화 기간), 식생(생물), 인력(인간) 등이 있다. 이 가운데 강우량과 온도, 공기의 상대 습도 등의 기후적 요인은 토양의 발달에 가장 큰 영향을 끼친다. 또한 토양의 생성은 모재의 생성과 동시에 진행되거나 모재가 이동·퇴적되어 토양의 발달이 시작되는 경우로 구분되며, 토성·광물 조성 및 층위의 분화 등에 영향을 준다.
② 지형은 토양수분에 관계되는 것으로, 침식에 의한 토양의 유실 속도에 영향을 끼친다. 또한 시간(풍화 기간)의 경과에 따른 토양 발달의 단계는 모재로부터 출발하여 미숙기, 성숙기, 노령기 등을 거치게 되며, 변화 속도는 환경조건에 따라 다르다. 아울러 토양 발달에는 동식물에 의한 여러 가지 물리적·화학적인 작용이 포함되며, 넓은 지역에 걸친 영향은 주로 자연적 식생(생물)에 의한 것이다. 한편 인류가 토지를 이용하는 방식 또한 토양의 발달과 특징에 영향을 끼친다.

4. 토양미생물의 작용

토양미생물은 탄소 순화, 암모니아화성 작용, 질산화성 작용, 유기질소의 고정, 가용성 무기성분의 동화, 미생물에 의한 무기성분의 변화, 미생물 간의 길항작용, 토지 구조의 입단화, 생장촉진물질 분비 등의 이로운 작용을 한다. 그러나 병해 유발, 질산염의 환원과 탈질작용, 황산염의 환원, 환원성 유해물질의 생성 집적과 무기성분의 형태 변화, 선충해 유발 등 유해 작용을 하기도 한다.

5. 토양오염의 원인

비료를 과다 사용할 경우에는 토양에 잔류한 비료 성분이 빗물에 의해 지하로 스며든 후 확산되지 못하고 농지에 계속 축적되어 염류 집적 현상이 일어날 수 있다. 또한 주유소, 기름 저장탱크 등에서 유출된 기름은 토양 중의 기공(토양 생물들이 이용하는 공기 이동 통로)을 막아 토양 생태계를 마비시키기도 하고, 대기오염 물질이 공기 중을 떠돌다 빗물에 의해 땅속으로 스며들어 토양을 오염시키기도 한다. 이 밖에도 광산 폐수, 금속공장 및 공단 폐수, 도시 하수, 폐기물 등 산업 활동과 농약에 의해 토양이 오염될 수 있으며, 이때 비소·카드뮴·크롬·구리·수은·니켈·납 등의 중금속이 토양에 과도하게 잔류할 수 있다.

6. 시설 원예지 토양의 특징

① 시설 원예지에서는 한두 종류의 작물만 계속하여 연작함으로써 특수 성분의 결핍을 초래할 뿐만 아니라 시용하는 비료량에 비해 작물이 흡수하거나 세탈되는 비료량이 적어 토양 중에 특수 염류가 과잉 집적된다. 집약화의 경향에 따라 요구도가 큰 특정 비료의 편중된 시용으로 염화물·황화물 등이 집적되며, 칼슘·마그네슘·나트륨 등의 염기가 부성분으로 토양에 집적된다.

② 시설 원예지에서는 비닐 등의 피복으로 강우에 의한 집적 염류의 세탈 기회가 적어 염류 집적이 재배 연수가 늘어감에 따라 증가할 수 있다. 한편 토양의 비전도도(EC; Electric Conductivity)가 기준 이상인 경우가 많아 토양 용액의 삼투압이 매우 높고, 활성도비가 불균형하여 무기성분 간 길항작용에 의해 무기성분의 흡수가 어렵다.

03 친환경 유기농 관련 키워드

1. 유기농업의 의미

협의의 유기농업은 화학비료, 화학농약, 호르몬제 등 화학적으로 합성된 농자재를 일절 사용하지 않고, 유기질 비료, 자연산 광물, 생물 자원 및 그것에서 파생되는 물질만을 사용하는 농업을 뜻한다. 또한 광의의 유기농업은 환경 보존과 농산물의 품질 향상을 도모하되 농업의 생산성을 높게 유지하는 데 꼭 필요한 최소량의 화학비료 및 농약을 사용하는 농업을 뜻한다.

2. 친환경 농업의 의미

① 친환경 농업은 화학농업에 대립되는 농업의 방향을 가리키는 말로 유기농업, 환경 친화적 농업, 환경 보전형 농업, 환경 조화형 농업 등을 총괄하는 개념이다. 유기농업과 저투입 지속농업까지 포괄하는 보다 환경 친화적인 농업을 의미하며, 농업의 경제적 생산성만을 고려하는 관행농업에서 탈피해 농업과 환경, 식품 안전성을 동시에 고려하는 농업을 말한다.

② 친환경 농업의 목적은 흙과 물, 생태계를 살려 건강한 농업 환경을 유지·보전하며, 안전한 농산물을 찾는 소비자의 요구에 부응, 선진국 유기 농산물 무역 증가에 대처하는 데 있다. 또한 향토 지역의 관광 자원으로 맑은 물과 자연이 살아 숨 쉬는 쾌적한 전원 풍경을 제공하며, 순환농법 실천으로 유

기축산물 생산 확대와 자원의 재활용을 실천하고, 농산물 생산을 적정하게 유지하고 직거래를 통해 도시와 농촌의 유대를 강화하는 것을 목적으로 한다.

〈친환경 농산물 인증〉

유기농축산물 인증	• 농산물 : 유기합성농약과 화학비료를 일절 사용하지 않고 재배(전환 기간 : 다년생 작물은 3년, 그 외 작물은 2년) • 축산물 : 유기축산물은 유기축산물 인증기준에 맞게 재배·생산된 유기사료를 급여하면서 인증기준을 지켜 생산한 축산물(항생제, 합성항균제, 호르몬제가 포함되지 않은 유기사료를 급여하여 사육한 축산물)을 뜻함
무농약농축산물 인증	• 농산물 : 유기합성농약은 일절 사용하지 않고, 화학비료는 권장 시비량의 3분의 1 이내 사용 • 축산물 : 무항생제축산물은 항생제·합성항균제·호르몬제가 포함되지 않은 무항생제 사료를 급여하여 사육한 축산물을 뜻함

3. 저항성 품종

우량품종의 조건으로는 균일성·우수성·영속성 등이 있으며, 같은 종류의 작물이라도 품종에 따라서 병해충에 대한 저항력에 차이가 있는데, 병에 잘 걸리지 않는, 즉 저항력이 강한 품종을 저항성 품종이라 한다. 저항성 품종을 재배하면 약제 살포 등 다른 방제 수단을 강구하지 않아도 되는 경우가 많으므로 농가의 경제적 부담도 적어진다. 다만 저항성 품종은 특정 병해충에만 저항성을 나타내는 것이지 모든 병해충에 대하여 저항성을 나타내는 것은 아니다. 아울러 품종보호 요건으로는 신규성, 구별성, 균일성, 안전성, 품종 고유 명칭 부여 등이 있다.

4. 유기물비료와 화학비료의 차이

① 유기물비료는 각종 영양분을 골고루 함유하고 있어서 작물에 대한 종합적인 영양 공급 효과를 나타낸다. 다만 퇴비 종류별 성분 함유량과 품질은 편차가 큰 편이다. 비효는 퇴비의 경우 지효성이지만 액비의 경우 화학비료와 동등하게 속효성이다. 또한 유기물비료는 화학비료에 비하여 운송·시용이 불편하고 성분 조성과 비효가 일정하지 않아 정확한 시용량을 결정하기 어렵다.

② 유기물의 적정 시용은 병충해 저항성 증대, 지력 증진, 품질 향상, 수량 증대를 가져오지만 과다하게 시용하면 오히려 병충해 발생의 원인이 될 수 있고 토양에 염류가 집적되어 생육 장애를 일으킬 수 있다. 또한 화학비료와 마찬가지로 유기물의 과다한 시용도 농산물 생산량·품질 저하의 원인이 될 수 있고, 인체의 영양생리상 중요한 성분인 카로틴, 비타민B 계열의 함량이 저하될 수 있다.

〈화학비료가 토양에 미치는 영향〉

무기물의 공급	유기물을 공급하는 천연비료와 달리 무기물을 공급할 수 있다.
작물의 속성 수확	화학비료는 무기염이 이온 형태로 물에 쉽게 녹아 식물의 뿌리에 흡수되기 때문에 작물의 생육을 빠르게 한다.
미생물의 감소	화학비료를 지나치게 많이 시용하면 토양이 산성화·황폐화되어 미생물이 살 수 없는 환경이 되고 지력이 감퇴한다. 미생물은 유기물이 풍부한 곳에서 잘 번식한다.
토양생물 다양성 저하	특정 미생물만이 존재하게 되어 토양생물의 다양성이 감소된다.

5. 연작 장해

연작 장해는 같은 땅에 같은 작물을 이어짓기하는 경우 작물의 생육에 장해가 나타나는 현상으로, 토양 병해충(선충·해충·병원균) 만연, 염류 집적, 미량요소 결핍 등에 의해 발생할 수 있다. 이러한 연작 장해를 해소할 수 있는 방법으로는 비 또는 담수로 씻어 내리거나 객토 및 표토 제거, 비료 성분이 낮은 완숙 퇴비나 짚 같은 유기물의 사용으로 토양 속에 과대하게 남아 있는 영양분을 흡수하도록 하여 서서히 분해하면서 작물에 공급되도록 함, 화본과 작물 재배로 잔류된 염류를 흡수시킴, 깊이갈이를 하거나 심토를 반전시킴, 전답의 돌려짓기(답전윤환) 등을 실시함 등이 있다.

6. 유기축산의 개념

코덱스 위원회의 정의에 따르면 유기축산은 '축산물의 생산 과정에서 수정란 이식이나 유전자 조작을 거치지 않은 가축에 각종 화학비료, 농약을 사용하지 않고 또한 유전자 조작을 거치지 않은 사료를 근간으로 그 외 항생물질, 성장호르몬, 동물성 부산물 사료, 동물약품 등 인위적 합성 첨가물을 사용하지 않은 사료를 급여하고, 집약 공장형 사육이 아니라 운동이나 휴식 공간, 방목 초지가 겸비된 환경에서 자연적 방법으로 분뇨 처리와 환경이 제어된 조건에서 사육·가공·유통·평가·표시된 가축의 사육 체계와 그 축산물'을 뜻한다.

7. 유기축산사료의 급여

초식 가축의 경우 목장 내 또는 목장 이외 지역의 목초지 또는 사료작물 재배지를 확보하여야 한다. 또한 유기축산물의 생산을 위한 가축은 100% 유기사료를 급여해야 한다. 아울러 가축의 대사기능 촉진을 위한 합성 화합물을 사료에 첨가해서는 안 되며, 특히 반추가축의 경우 포유동물에서 유래한 사료(우유 및 유제품 제외)는 어떠한 경우에도 첨가하지 말아야 한다.

8. 가축의 사육 환경

초식 가축은 목초지에 접근할 수 있어야 하고, 그 밖의 가축은 기후와 토양이 허용되는 한 노천 구역에서 자유롭게 방사할 수 있어야 한다. 가축 사육 두수는 해당 농가에서의 유기사료 확보 능력, 가축의 건강, 영양 균형 및 환경 영향 등을 고려하여 적절히 정해야 한다. 또한 가축의 생리적 요구에 필요한 적절한 사양 관리 체계로 스트레스를 최소화하면서 질병 예방과 건강 유지를 위한 가축 관리를 해야 한다. 아울러 가축 질병 방지를 위한 적절한 조치를 취하였음에도 불구하고 질병이 발생한 경우에는 가축의 건강과 복지 유지를 위하여 수의사의 처방 및 감독 아래 동물 치료용 의약품을 사용할 수 있다.

9. <가축전염병예방법>에 따른 가축전염병

① 우리나라는 1961년 12월 제정된 〈가축전염병예방법〉에 따라 가축의 전염성 질병을 법적으로 관리하고 있으며, 1982년 4월 개정된 동법에서는 제1종과 제2종 가축전염병으로, 2007년 8월 개정(2008년 2월 시행)된 동법부터 제1종~제3종으로 구분하고 있다.

② **제1종 가축전염병** : 우역, 우폐역, 구제역, 가성우역, 블루텅병, 리프트계곡열, 럼피스킨병, 양두, 수포성구내염, 아프리카마역, 아프리카돼지열병, 돼지열병, 돼지수포병, 뉴캣슬병, 고병원성 조류인플루엔자 등 15종의 질병

③ **제2종 가축전염병** : 탄저, 기종저, 브루셀라병, 결핵병, 요네병, 소해면상뇌증, 큐열, 돼지오제스키병, 돼지일본뇌염, 돼지테센병, 스크래피(양해면상뇌증), 비저, 말전염성빈혈, 말바이러스성동맥염, 구역(媾疫), 말전염성자궁염, 동부말뇌염, 서부말뇌염, 베네수엘라말뇌염, 추백리(병아리흰설사병), 가금티푸스, 가금콜레라, 광견병, 사슴만성소모성질병 등 24종의 질병

④ **제3종 가축전염병** : 소유행열, 소아카바네병, 닭마이코플라스마병, 저병원성 조류인플루엔자, 부저병(腐蛆病) 등 5종의 질병

04 농업 관련 시사 · 일반상식 키워드

1. 애그테크(Agtech)

① **개념** : '농업'을 뜻하는 'Agriculture'와 'Technology'의 조합어로, 생산성의 획기적인 향상을 위해 첨단 기술을 농업 현장에 적용하는 것을 뜻한다. 이를 위해 적용되고 있는 기술 분야로는 인공지능(AI), 사물인터넷(IoT), 빅데이터, 드론 · 로봇 등이 있다.

② **등장 배경** : 전 세계적으로 기후변화, 농촌 노동력 부족, 소비자 기호 변화 등과 같은 농업 환경 변화의 효과적 대응 수단으로 애그테크가 급부상하며 관련 애그테크 시장도 급성장 추세에 있다.

③ **지원 법률** : 농업과 첨단 정보통신기술 등의 융합을 통하여 농업의 자동화 · 정밀화 · 무인화 등을 촉진함으로써 농업인의 소득증대와 농업 · 농촌의 성장 · 발전에 이바지함을 목적으로 하는 〈스마트농업 육성 및 지원에 관한 법률(약칭 '스마트농업법')〉이 2023년 7월 25일 제정(2024년 7월 26일 시행)됨에 따라 체계적인 애그테크 산업 육성을 위한 법적 근거가 마련되었다. 한편 이에 앞서 농협은 2022년 10월에 애그테크 상생혁신펀드 출범식을 개최한 바 있다.

④ **정부의 대응** : 애그테크 시장의 급성장에 대응해 농림축산식품부는 2018년부터 스마트팜 확산을 위한 노력을 지속적으로 강화하고 있으며, 2022년 10월 발표한 "스마트농업 확산을 통한 농업혁신 방안"에서 '스마트농업 민간 혁신 주체 육성, 품목별 스마트농업 도입 확산, 스마트농업 성장 기반 강화' 등의 3대 추진 전략과 함께 농업 생산의 30% 스마트농업 전환, 유니콘 기업 5개 육성 등을 목표로 제시했다. 스마트농업 육성 대책에는 AI 예측, AI 온실관리, 온실용 로봇, 축산 IoT, AI 축사관리, 가변관수 · 관비기술(VRT), 자율주행, 노지수확 로봇 등과 같은 국내 애그테크 산업 경쟁력 강화 방안이 상당수 포함되어 있다.

2. 농식품바우처

① **도입 배경** : 소득 불평등 심화, 고령화 등으로 경제적 취약계층이 확대되고, 영양 섭취 수준과 식습관 악화로 건강 위협이 심화됨에 따라 미래에 부담해야 하는 의료비 등 사회적 비용 감소를 위해 경제적 취약계층 대상 영양 보충 지원 정책의 일환으로 정부는 2017년에 농식품바우처 시범사업을 100대 국정과제로 지정했다. 이후 2020년 9월부터 시범사업을 시행하고 있으며, 매년 시범지역을 확대 중이다. 주무기관은 농림축산식품부, 전담기관은 한국농수산식품유통공사(aT)이다.

② **지원 대상** : 소득기준과 가구원 특성 기준을 모두 충족하는 가구(대상 지역인 지자체에 거주하는 기준 중위소득 50% 이하 가구로, 기초생활수급자 및 차상위계층)

③ **지급액** : 가구당 구성원에 따른 지급액은 영양 보충적 차액 지원(4만 원)에 OECD 균등화지수를 적용하여 차등 지원[지급액=40,000원× $\sqrt{가구원수}$ (백 원 단위에서 반올림)]

구원 수	1인	2인	3인	4인	5인
지급액	40,000원	57,000원	69,000원	80,000원	89,000원

구원 수	6인	7인	8인	9인	10인 이상
지급액	98,000원	106,000원	113,000원	120,000원	126,000원

④ **지급 방식** : 전자바우처(카드방식) 및 온라인 주문, 꾸러미 배송

⑤ **지원 품목 결정 기준**

㉠ 취약계층의 부족한 영양소, 식품소비 패턴, 취약계층의 선호도, 국내산 공급 여력 등을 고려해 지원대상 품목의 적합성을 판단

㉡ 농산물 수요·공급조절 유지와 소비촉진 등 농업과의 연계를 강화할 수 있도록 지속 가능한 선순환 체계 구축 검토

⑥ **지원 품목 목록** : 국내산 채소, 과일, 흰우유, 신선계란, 육류, 잡곡, 꿀, 두부류, 단순가공채소류(깐채소·삶은채소·건조채소), 산양유(이외 품목 구매 불가)

⑦ **대상 지역** : 전국 18곳의 시·군·구 지자체(2023년 기준이며, 2024년에는 24곳으로 확대 예정)

⑧ **신청 방법** : 방문 신청(농식품바우처 카드 신청 및 설문조사)

⑨ **사용 기간** : 매월 1일(3월은 2일)부터 카드금액이 재충전되어 당월 말일까지 사용 가능함. 단, 매월 2,000원 이상의 잔액은 이월 불가(2,000원 미만은 이월 가능)

⑩ **바우처 사용 가능처**

㉠ 오프라인 : 대상 지역인 지자체에 위치한 농협하나로마트, 로컬푸드직매장, GS편의점, GS더프레시

㉡ 온라인 : 농협몰, 남도장터

㉢ 꾸러미 배송 : 농식품바우처 사업 신청 시 꾸러미 신청 여부를 표기, 신청된 수혜자에 한해 매월 꾸러미로 구성하여 배송(지자체마다 다름)

3. 종자산업 기술 혁신으로 고부가 종자 수출산업 육성(제3차 종자산업육성 5개년 계획)

농림축산식품부는 "제3차(2023 ~ 2027) 종자산업 육성 종합계획"을 발표하면서 종자산업 규모를 1.2조 원으로 키우고, 종자 수출액을 1.2억 달러까지 확대하기 위한 5대 전략을 제시했다. 이에 따라 농림축산식품부는 2023년부터 5년 동안 1조 9,410억 원을 투자할 계획이다.

① **전략 1(디지털 육종 등 신육종 기술 상용화)** : 작물별 디지털 육종 기술 개발 및 상용화, 신육종 기술 및 육종 소재 개발

② **전략 2(경쟁력 있는 핵심 종자 개발 집중)** : 세계 시장 겨냥 10대 종자 개발 강화, 국내 수요 맞춤형 우량 종자 개발

③ **전략 3(3대 핵심 기반 구축 강화)** : 육종 – 디지털 융합 전문인력 양성, 공공 육종데이터 민간 활용성 강화, '종자산업혁신단지(K-Seed Vally)' 구축 및 국내 채종 확대

④ **전략 4(기업 성장·발전에 맞춘 정책 지원)** : 정부 주도 연구개발(R&D) 방식에서 기업 주도로 개편, 기업수요에 맞춘 장비·서비스 제공, 제도 개선 및 민·관 협력(거버넌스) 개편

⑤ **전략 5(식량종자 공급 개선 및 육묘산업 육성)** : 식량안보용 종자 생산·보급 체계 개선, 식량종자·무병묘 민간시장 활성화, 육묘업을 신성장 산업화

4. 농민수당 지급 사업

① **개념** : 농업인의 소득안정을 도모함으로써 농업인의 삶의 질을 향상시키고 농업·농촌의 지속 가능한 발전, 공익적 기능 증진, 지역경제 활성화 등을 위해 농업인에게 지원하는 수당이다. 이는 농촌인구 감소 최소화 및 농가소득 보장이라는 취지에서 지자체마다 해당 지역의 농가에게 경영면적 등에 상관없이 일정 금액을 주는 제도로, 지자체의 인구 구조와 재정 여건 등을 감안해 지자체마다 자체적으로 추진하고 있다.

② **지급 대상** : 농민수당의 지급 대상은 사업 연도 1월 1일을 기준으로 3년 이상 계속 해당 지자체에 주소를 두고 실제 거주하며, 2년 이상 계속 농업경영정보를 등록하고 실제 농업에 종사하는 전업농(경영주와 공동경영주)이다. 다만, 농업 외의 종합소득 금액이 3,700만 원 이상인 자, 신청일 현재 〈국민건강보험법〉상 건강보험 직장가입자 또는 지방세 체납자, 보조금(중앙정부 직불금 등) 부정 수급자, 〈농지법〉 등 농어업 관련 법령 위반자, 경영주와 실거주 중이면서 세대만 분리한 자, 농업 분야에 고용된 농업노동자 등은 지급 대상에서 제외된다.

③ 농민수당 지급 사업은 각 지자체의 조례에 따라 시행되기 때문에 지급액(연간 30 ~ 120만 원), 지급 방법(현금 / 지역화폐), 지급 대상 단위(개인 / 가구) 등이 지자체마다 다르다. 또한 보통 사업 연도 12월 31일까지 농민수당을 사용할 수 있으며, 기한 종료 후 잔액은 자동 소멸된다.

5. 농업인 법률구조

① 농업인 무료법률구조사업은 농협과 대한법률구조공단이 공동으로 농업인의 법률적 피해에 대한 구조와 예방활동을 전개함으로써 농업인의 경제적·사회적 지위 향상을 도모하는 농업인 무료법률복지사업이다.

② 농협은 소송에 필요한 비용을 대한법률구조공단에 출연하여 법률구조에 필요한 증거 수집 등 중계활동을 진행하고, 공단은 법률 상담 및 소송 등 법률구조 활동을 농협과 공동으로 진행하여 농촌 현지 법률상담 등의 피해예방 활동을 한다.

③ 농업인 무료법률구조 대상자는 기준 중위소득 150% 이하인 농업인 및 별도의 소득이 없는 농업인의 배우자, 미성년 직계비속, 주민등록상 동일 세대를 구성하는 직계존속 및 성년의 직계비속으로 한다.

6. 국가중요농업유산 지정 제도(NIAHS)

① 국가중요농업유산은 보전할 가치가 있다고 인정하여 국가가 지정한 농업유산으로, 농업유산이란 농업인이 해당 지역에서 환경과 사회, 풍습 등에 적응하며 오랜 기간 형성시켜 온 유형과 무형의 농업 자원을 말한다.

② 국제연합식량농업기구(FAO)는 2002년부터 세계 각지의 전통적 농업활동 등을 보전하고 계승하고자 하는 취지로 세계중요농업유산 제도를 실시하고 있다. 국가중요농업유산 지정 대상은 농업·농촌의 다원적 자원 중 100년 이상의 전통성을 가진 농업유산으로, 보전하고 전승할 만한 가치가 있는 것 또는 특별한 생물다양성 지역이다.

③ **지정 기준** : 역사성과 지속성, 생계 유지, 고유한 농업기술, 전통 농업문화, 특별한 경관, 생물다양성, 주민 참여 등 7가지 기준이 있다.

7. 청년 창업농 선발 및 영농정착 지원사업

① 기술・경영 교육과 컨설팅, 농지은행의 매입비축 농지 임대 및 농지 매매를 연계 지원하여 건실한 경영체로 성장을 유도하고, 이를 통해 젊고 유능한 인재의 농업 분야 진출을 촉진하는 선순환 체계 구축, 농가 경영주의 고령화 추세 완화 등 농업 인력 구조를 개선하기 위한 사업이다.

② 사업 시행년도 기준 만 18세 이상～만 40세 미만인 사람, 영농경력이 3년 이하, 사업 신청을 하는 시・군・광역시에 실제 거주하는 사람만 신청할 수 있다. 독립경영 1년 차에는 월 100만 원, 2년 차는 월 90만 원, 3년 차는 월 80만 원을 지원받을 수 있다.

8. 농촌공동체 회사 우수사업 지원 제도(농촌자원복합산업화 지원)

① 농촌 지역주민이 주도하는 농촌공동체 회사 사업을 지원해 농가 소득 증대 및 일자리 창출, 농촌에 필요한 각종 서비스 제공 등 농촌 지역사회 활성화에 기여하기 위한 제도이다. 농촌공동체 회사 활성화에 필요한 기획, 개발, 마케팅, 홍보 비용을 지원받을 수 있으며, 개소당 최대 5,000만 원, 사업 유형에 따라 3～5년까지 지원받을 수 있다.

② 농촌 지역주민 5인 이상이 자발적으로 결성한 조직으로, 지역주민 비율이 50% 이상 구성되어 있고, 〈민법〉상 법인・조합, 〈상법〉상 회사, 농업법인, 〈협동조합기본법〉상 협동조합 등이 지원 대상이다.

9. 저탄소 농축산물 인증제 사업

저탄소 농업기술을 활용하여 생산 전 과정에서 온실가스 배출을 줄인 농축산물에 저탄소 인증을 부여하는 제도로, 농업인의 온실가스 감축을 유도하고 소비자에게 윤리적 소비선택권을 제공하는 사업이다. 농업인을 대상으로 인증 교육, 온실가스 산정보고서 작성을 위한 컨설팅 및 인증취득 지원, 그린카드 연계 및 인증 농산물 유통지원 등의 사업을 진행한다.

10. 도시농업 활성화

도시민과 농업인이 함께하는 행복한 삶을 구현하는 것을 목표로 2022년까지 융・복합 서비스 창출을 통한 도농상생 사업기반을 구축하는 것이 목표이다. 도시농업의 개념을 농작물 경작에서 수목, 화초, 곤충, 양봉까지 확장하고 환경, 문화, 복지 등과 접목한 융・복합 서비스를 창출한다.

11. 농업경영체 등록제

농업 문제의 핵심인 구조 개선과 농가 소득 문제를 해결하기 위해서 마련된 제도로, 평준화된 지원정책에서 탈피하여 맞춤형 농정을 추진하기 위해 도입되었다. 농업경영체 등록제를 통해 경영체 단위의 개별 정보를 통합・관리하고 정책사업과 재정 집행의 효율성을 제고하게 되었다.

12. 농촌현장 창업보육 사업

농산업・농식품・바이오기술(BT) 분야 예비창업자 및 창업 초기 기업을 대상으로 기술・경영 컨설팅을 통해 벤처기업으로의 성장을 지원하는 제도이다. 농업・식품 분야에 6개월 이내로 창업 가능한 예비창업자 및 5년 미만의 창업 초기 기업이 신청할 수 있으며, 지식재산권 출원, 디자인 개발, 시제품 제작, 전시회 참가 등을 지원받을 수 있다.

13. 국제연합 식량농업기구(FAO; Food and Agriculture Organization)

국제연합 전문기구의 하나로 식량과 농산물의 생산 및 분배 능률 증진, 농민의 생활수준 향상 등을 목적으로 한다. 1945년 10월 캐나다 퀘벡에서 개최된 제1회 식량농업회의에서 채택된 FAO헌장에 의거해 설립됐다. 농업·임업·수산업 분야의 유엔 기구 중 최대 규모로, 본부에 3,500명, 세계 각지에 2,000여 명의 직원이 있다. 세계식량계획(WFP)과 함께 식량원조와 긴급구호 활동을 전개하며 국제연합 개발계획(UNDP)과 함께 기술원조를 확대하고 있다.

14. 윤작(돌려짓기)

같은 땅에서 일정한 순서에 따라 종류가 다른 작물을 재배하는 경작 방식으로, 형태에 따라 곡초식·삼포식·개량삼포식·윤재식 등으로 나뉜다. 식용작물을 재배하는 곳이면 어느 곳에서나 어떤 형태로든지 윤작이 행해지고 있다. 윤작의 장점은 토지이용도를 높일 수 있고, 반복된 재배에도 균형 잡힌 토질을 유지할 수 있으며, 누적된 재배로 인한 특정 질병 재해를 사전에 방지할 수 있다는 것이다.

15. 콜드체인(Cold Chain) 시스템

농산물을 수확한 후 선별포장하여 예냉하고 저온 저장하거나 냉장차로 저온 수송하여 도매시장에서 저온 상태로 경매되어 시장이나 슈퍼에서 냉장고에 보관하면서 판매하는 시스템이다. 전 유통 과정을 제품의 신선도 유지에 적합한 온도로 관리하여 농산물을 생산 또는 수확 직후의 신선한 상태 그대로 소비자에게 공급하는 유통체계로 신선도 유지, 출하 조절, 안전성 확보 등을 위해서 중요한 시스템이다.

16. 유전자 변형 생물체(LMO; Living Modified Organisms)

생식과 번식을 할 수 있는 유전자 변형 생물체를 지칭한다. 생산량 증대나 새로운 부가가치 창출, 유통 및 가공상의 편의를 위해 유전공학 기술을 이용해 기존의 육종 방법으로는 나타날 수 없는 형질이나 유전자를 지니도록 개발된 유기물을 일컫는다. 전 세계적으로 인체에 대한 유해성 여부로 논란이 일고 있는 유전자 변형 콩이나 옥수수 등이 LMO에 포함된다. 이밖에 농산물 종자나 미생물 농약, 환경정화용 미생물 등 LMO의 활용 영역이 날로 넓어지고 있다. LMO의 안전성 논란이 높아지자 국제기구, 선진국 정부기관, 민간단체 등에서는 LMO와 관련된 정보들을 수집·분석하여 일반인에게 공개하고 있으며, 나아가 세계 각국은 2000년 1월 〈바이오 안전성에 관한 카르타헤나 의정서〉를 채택하고, 이에 따라 LMO의 국가 간 이동에 관련된 법률을 제정하여 LMO를 관리하고 있다.

17. 귀농인의 집

① '귀농인의 집'은 귀농·귀촌 희망자의 안정적 농촌 정착을 위한 주거 공간 지원 사업으로, 〈농업·농촌 및 식품산업 기본법〉을 근거로 한다. 이는 귀농·귀촌 희망자가 일정 기간 동안 영농기술을 배우고 농촌체험 후 귀농할 수 있도록 임시 거처인 '귀농인의 집'을 제공하는 것이다.

② 귀농인의 집 입지는 지역 내 제반 여건을 감안해 귀농인의 집 운영을 희망하는 마을과 시·군이 협의하여 자율 선정한다. 재원은 국고보조(농특회계) 50%와 지방비 50%로 구성되며, 세대당 3,000만 원 이내로 지원이 이뤄진다. 그리고 입주자는 월 10 ~ 20만 원 또는 일 1 ~ 2만 원의 임차비용을 지급하게 된다. 이용은 1년 범위 내 이용을 원칙으로 하고, 추가 이용자가 없고 기존 귀농인이 희망하는 경우에는 1년 이용기간 종료 후 3개월 이내의 범위에서 추가 이용이 가능하다.

18. 특산식물

① '고유식물'이라고도 하며, 특정 지역에서만 생육하는 고유한 식물을 말한다. 생육되는 환경에 스스로 적응하면서 다른 곳에서는 볼 수 없는 독특한 특징으로 진화하는 특산식물은 결과적으로 해당 지역의 고유식물로 존재하게 된다. 따라서 고유식물이 지니는 정보는 그 지역에 분포하는 해당 식물의 기원과 진화 과정을 밝히는 중요한 요인이 된다.

② 특산식물은 작은 환경 변화에도 민감하게 반응하며 세계적으로 가치 있고 희귀한 식물이 대부분이므로 적극적으로 보호하지 않으면 멸종되기 쉽다.

19. 녹색혁명

① 녹색혁명은 20세기 후반, 전통적 농법이 아닌 새로운 기술인 품종 개량, 수자원 공급시설 개발, 화학비료 및 살충제 사용 등의 새로운 기술을 적용하여 농업생산량이 크게 증대된 일련의 과정 및 그 결과를 의미한다.

② 녹색혁명의 핵심은 새로운 기술의 적용으로 생산성을 크게 증대시키는 것에 있기 때문에 유전학, 분자생물학, 식물생리학 등의 과학기술 발전을 통해 작물의 생산성을 증대시키는 것을 '2차 녹색혁명'이라고도 부른다.

20. 식물공장

최첨단 고효율 에너지 기술을 결합해 실내에서 다양한 고부가가치의 농산물을 대량 생산할 수 있는 농업 시스템이다. 식물공장은 빛, 온도·습도, 이산화탄소 농도 및 배양액 등의 환경을 인위적으로 조절해 농작물을 계획 생산하므로, 계절, 장소 등과 관계없이 자동화를 통한 공장식 생산이 가능하다. 식물공장은 주로 LED와 분무장치에 의한 실내 식물재배 시스템을 이용한 전형적인 저탄소 녹색 사업을 가능하게 한다.

21. 농가소득

농가의 경상소득과 비경상소득을 합한 총액을 일컫는다. 경상소득은 농업소득, 농외소득, 이전소득을 합산한 총액이며, 농가의 비경상소득은 정기적이지 않고 우발적인 사건에 의해 발생한 소득이다.

22. 고향사랑기부제

지방재정 보완, 지역경제 활성화, 지방소멸 우려 완화, 국가 균형발전 도모 등을 위해 2021년 10월 제정된 〈고향사랑 기부금에 관한 법률(약칭 '고향사랑기부금법')〉에 의거해 2023년 1월부터 전격 시행된 제도로, 개인이 고향 또는 원하는 지방자치단체에 금전을 기부하면 지자체는 주민 복리 등에 사용하고 기부자에게는 세제 공제 등의 혜택과 기부액의 일정액을 답례품(지역 농특산품, 지역 상품권 등)으로 제공할 수 있다. 다만, 기부자는 자신의 주소지 관할 자치단체에는 기부가 불가능하다. 이는 해당 지자체와 주민 사이에 업무, 재산상의 권리와 이익 등의 이해관계 등으로 강제 모금이 이루어질 가능성을 막기 위한 조치이다. 기부 주체를 개인으로 한정한 것도 지자체가 개발 등에 따른 인허가권을 빌미로 기업에 모금을 강요하는 것을 방지하기 위함이다. 고향사랑 기부금은 정부가 운영하는 종합 정보 시스템(고향사랑e음)을 비롯해 전국 농·축협, 농협은행 등의 창구를 통해 납부할 수 있다.

23. 농업직불제 개편

윤석열 정부는 중소농 지원 강화 및 농업·농촌의 지속 가능성을 높이기 위해 농업직불금 예산 5조 원의 단계적 확대를 국정 과제에 포함하였다. 기본직불금의 농지 요건을 완화하였으며, 선택형 직불제 및 청년·은퇴농 지원 직불제 로드맵을 수립하였다. 이에 따라 56.2만 명의 농업인이 새롭게 직불금을 받을 수 있을 것으로 전망된다. 2023년 시행되는 전략작물직불제 활성화를 위해 대상 작물 확대 및 단가 인상 필요성이 제기될 것으로 보이며, 탄소중립직불제, 친환경직불제, 경관보전직불제, 청년농직불제, 고령농은퇴직불제 도입 및 개선 방안이 마련될 것으로 예상된다.

24. 도농상생기금

도농상생기금은 도시와 농촌 간 균형 발전을 위해 2012년부터 도시 농·축협이 신용사업 수익의 일부를 출연하여 조성하는 기금으로, 조성된 기금을 농촌 지역 농·축협에 무이자로 지원하게 된다. 도농상생기금은 농축산물 수급 불안, 가격 등락 등에 따른 경제사업의 손실을 보전함으로써 농축산물 판매·유통사업을 활성화하고 경쟁력을 강화하는 것을 목표로 한다. 이와 함께 전국의 도시 농·축협은 도농 간 균형 발전을 위해 무이자 출하선급금을 산지농협에 지원해 안정적으로 농산물을 수매할 수 있도록 돕고 있으며, 매년 도농상생한마음 전달식을 통해 영농 자재를 지원하고 있다.

25. 농·축협 RPA 확산모델

RPA(Robotic Process Automation)는 소프트웨어 로봇을 이용하여 반복적인 업무를 자동화하는 것을 의미한다. 농협은 2019년 중앙회 공통업무 적용을 시작으로 계열사로 적용 범위를 확대하고 있으며, 2022년 2월부터는 전국 1,115개 농·축협을 대상으로 업무 자동화 서비스를 제공하고 있다. 특히, 농협중앙회는 2022년 2월 농·축협 RPA포털을 오픈한 이후 44개 자동화 과제를 적용하고, 사용자 친화적인 인터페이스를 도입하여 현장의 업무 효율성을 높이고 있으며, RPA 서비스 개발 및 운영 거버넌스에 대하여 2022년 9월에 ISO9001 인증을 획득하는 등 디지털 혁신과 관련한 많은 성과를 거두고 있다.

26. '전기차·수소차 충전 사업' 승인 취득

농협경제지주는 농림축산식품부로부터 2023년 1월에 전기차·수소차 충전소 사업 승인을 취득했으며, 이에 따라 본격적으로 농촌에 친환경차 충전 인프라를 확충할 계획이다. 이전에는 주유소 내 부대시설로만 충전소를 설치할 수 있었으나, 사업 승인을 취득함에 따라 독자적으로 '친환경 자동차 충전 시설과 수소연료 공급 시설 설치' 사업을 수행할 수 있게 된 것이다. 현재 전기차 보급의 증가로 인해 전기 화물차·농기계를 이용하는 농업인들이 증가하고 있으며, 농촌을 찾는 전기차 이용자들을 위한 인프라 확대가 절실한 상황이다. 향후 농협주유소뿐만 아니라 하나로마트, 자재센터 등으로 전기자·수소차 충전소를 확충해 나갈 방침이다.

27. '한국형 농협체인본부' 구축 추진

농협이 유통 혁신의 핵심 추진 동력으로 제시한 '한국형 농협체인본부'는 경제 사업과 관련한 범농협 조직의 시설·조직·인력 운영을 효율화하여 농협 경제 사업의 경제적·농업적 가치를 극대화하는 밸류 체인 시스템으로, 산지 중심의 생산·유통 인프라를 강화하는 한편 도소매 조직 간 유기적인 연계를 도모해 농업인에게는 농산물의 안정적인 판로를 보장하고, 소비자에게는 믿을 수 있는 먹거리를 공급하려는 계획이다. 이에 앞서 농협은 2020년부터 농축산물 유통 혁신을 100년 농협 구현을 위한 핵심 전략으로 삼고, 올바른 유통 구조 확립과 농업인·소비자 실익 증진에 매진한 결과 조직 통합(김치 가공공장 전국 단위 통합, 농산물 도매 조직 통합, 4개의 유통 자회사 통합), 스마트화(스마트 APC·RPC 구축, 보급형 스마트팜 개발·적용), 온라인 도소매 사업 추진(상품 소싱 오픈플랫폼 구축 및 온라인 지역센터 80개소 설치, 온라인 농산물거래소·식자재몰 사업 개시), 농업인·소비자 부담 완화[무기질 비료 가격 상승분의 80%(3,304억 원) 농가 지원, 살맛나는 가격 행사] 등을 이루었고, 더 나아가 '한국형 농협체인본부' 구축을 통해 산지와 소비자가 상생하는 유통 체계 구현이 가능할 것으로 기대하고 있다.

28. 농업 일자리 활성화를 위한 범정부 협업

농업 인력 수요가 증가하는 추세이지만 농촌 지역 인구 감소와 고령화 등으로 인하여 농촌 일손이 충분하지 않은 상황이다. 통계청에 따르면 2022년 11월 현재 농림어업 분야의 65세 이상 고령자 비율은 52.9%로, 전 산업 평균 11.7%의 4.5배가 넘는다. 또한 농업 일자리 사업은 정부기관 간, 지자체 간 연계 없이 단절되어 시행됨에 따라 구인난 해결에 한계가 있었고, 농업 근무 여건·환경 등도 농촌 일손 부족 문제를 심화시켰다. 이에 2023년 1월 농림축산식품부와 고용노동부는 농업 일자리 활성화를 위한 범정부 사업 업무협약을 체결하였다. 부처별로 시행됐던 농업 일자리 사업을 연계해 '국가기관 간 협업, 도농 상생, 일자리 구조 개선'을 기본 체계로 하여 범정부 협업 사업을 시행하기로 한 것이다. 이를 위해 2023년에 농림축산식품부 34억 원, 고용노동부 40억 원, 경북·전북(지방비) 44억 원 등 모두 118억 원의 사업비가 투입된다(잠정). 또한 대상 지역도 경북·전북에서 향후 전국으로 확대할 방침이다. 정부는 농업 일자리가 활성화되어 농촌 인구가 증가하고 농촌이 발전하는 선순환의 구조가 만들어져 지역소멸 위기 극복에 이바지할 것으로 기대하고 있다.

〈농업 일자리 활성화를 위한 범정부 사업 개요〉

구분	내용
주체	농림축산식품부, 고용노동부, 지방자치단체 등 농업 일자리와 관련된 모든 국가기관이 '농업 일자리 지원 협의체'를 구성해 이를 중심으로 공동으로 사업 추진
운영	• 농촌에 더해 도시 지역까지 광범위하게 취업자를 발굴 • 도시 비경제활동인구를 집중적으로 구인, 이들의 노동시장 유입 또한 촉진 • 내국인의 농업 일자리 취업 및 농촌 정착도 확대될 것으로 기대
지원	• 취업자에게 교통 편의·숙박비·식비·작업교육 등 지원 • 취업자에게 안전교육, 상해보험료 및 보호 장비를 제공하여 안전관리 강화 • 전자근로계약서 서비스를 도입, 취업자 권익 보호 강화
관리	• 농업 일자리 온라인 시스템을 구축, 농작업, 구인·구직 정보 등을 공유 • 취업 알선 및 근로계약 체결 지원
지역	• 2023년 : 경상북도·전라북도를 대상으로 추진 • 2024년 이후 : 전국으로 확대 실시

※ 출처 : 2023년 1월, 관계부처합동 보도자료

29. 지방소멸대응기금

① 도입 배경 : 저출산·고령화로 인한 인구 구조 악화, 수도권·대도시로의 인구 집중 등으로 인해 지방소멸에 대한 위기감이 고조됨에 따라 2021년 정부(행정안전부)는 인구감소지역(89곳)을 지정하고 지방소멸대응기금을 투입하기로 결정했다.

② 목적 : 지역 주도의 지방소멸 대응 사업 추진을 위한 재정 지원

③ 운영 기본 방향

㉠ 목적성 강화 : 지방소멸 대응이라는 목적 달성을 위한 사업 발굴(지역의 인구·재정 여건이 열악한 인구감소지역에 집중 지원)

㉡ 자율성 제고 : 지자체가 여건에 맞는 투자계획을 자율적으로 수립

㉢ 성과 지향 : 투자계획을 평가하여 우수한 지역에 과감하게 투자

④ 기간·규모 : 2022년부터 2031년까지 매년 1조 원씩 총 10조 원 투입(광역자치단체 25%, 기초자치단체 75%)

⑤ 지원 대상(지자체 122곳)

㉠ 광역자치단체 : 서울시·세종시를 제외한 15곳

㉡ 기초자치단체 : 인구감소지역 89곳+관심지역 18곳=107곳

⑥ 배분 방법

㉠ 광역자치단체 : 인구감소지수, 재정·인구 여건 등을 고려하여 배분

㉡ 기초자치단체 : 지자체가 제출한 투자계획을 기금관리조합의 투자계획 평가단이 평가한 결과에 따라 차등 배분

⑦ 운용 방법

㉠ 기금관리조합(17개 시·도로 구성)이 관리·운용하되, 전문성 제고를 위해 한국지방재정공제회에 위탁하여 업무 수행

㉡ 기금 배분에 필요한 세부 사항은 행정안전부장관이 정해 고시함

〈지방소멸대응기금 운영 과정〉

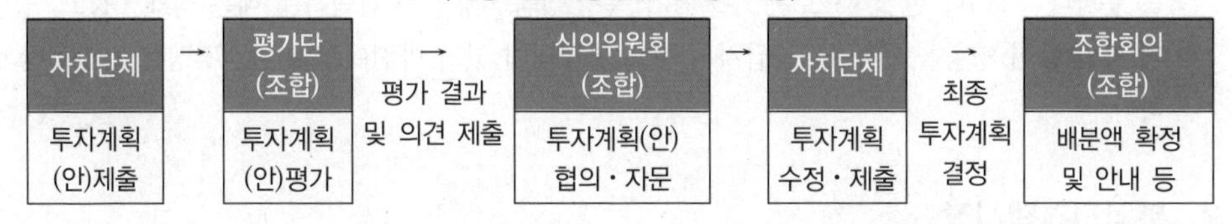

⑧ 지방소멸 위기에 대한 농협의 대응 : 농협중앙회는 농촌 소멸이라는 국가적 위기 해결에 동참하고 활기찬 농촌을 만들기 위한 농협 역할 강화 방안으로 '활기찬 농촌, 튼튼한 농업, 잘사는 농민, 신뢰받는 농협 구현' 등 4대 목표 실현을 위한 실천 과제를 수립해 2022년 7월에 발표했다. 이를 위해 농·축협과 기업 간 상호교류 사업인 도농사(社)랑운동, 고향사랑기부제 정착을 견인해 농산물 수요 확대에도 노력할 방침이다.

CHAPTER

03 키워드로 알아보는 금융 · 경제 상식

1. 생산요소시장

서비스 · 재화의 생산에 투입되는 자본 · 노동 등의 생산요소가 거래되는 시장으로, 가계(공급자)는 기업(수요자)에 생산요소를 제공한 대가로 임금 · 이자를 지급받는다. 이러한 생산요소는 서비스 · 재화의 생산에 필요한 것이므로 서비스 · 재화에 대한 수요가 먼저 정해진 이후에 생산요소에 대한 수요가 결정된다. 생산요소시장은 노동시장과 자본시장으로 구분되는데, 노동시장은 노동의 거래가 이루어지는 시장으로, 노동의 수요와 공급이 만나 균형임금과 고용량이 결정된다. 또한 자본시장은 자본의 거래가 이루어지는 시장으로, 기업의 자금 수요와 가계의 자금 공급이 만나 자본재(부지 · 기계)의 투자 결정 및 자본 서비스의 투입 결정에 영향을 끼치는 이자율이 결정된다.

2. 완전경쟁시장

단독으로는 가격을 움직일 수 없을 만큼 같은 생산물을 파는 사람과 사는 사람이 많으며, 각자가 시장과 상품에 대해 완전한 정보를 갖고 자유롭게 거래할 수 있고 진입과 철수가 자유로우며, 소비자와 생산자 모두 가격에 영향을 끼칠 수 없는 가격수용자인 가상의 시장이다. 모든 기업이 품질, 판매 조건 등이 동질적인 재화를 생산하므로 소비자는 특정 생산자를 선호하지 않으며, 가격에 의해서만 상품을 선택한다. 또한 기업들은 시장가격과 한계비용이 일치하는 수준에서 공급량을 결정하며, 장기적으로는 이윤을 확보하지 못한다(초과이윤 형성 불가능). 완전경쟁은 시장참가자가 많고 자본 · 노동의 이동을 방해하는 인위적 제약이 없으며, 공급자와 수요자가 각각 최대의 경제적 성과를 얻으려고 행동하는 경우의 경쟁을 뜻한다. 그러나 현실적으로는 수요자가 특정 상품 · 상인을 선택하는 데는 상표 · 광고, 공급자의 입지 조건 등이 영향을 끼치며, 공급자의 수도 한정되어 있기 마련이므로 완전경쟁은 가설로만 상정 가능하다.

3. 불완전경쟁시장

완전경쟁시장과 완전독점시장(어떤 시장을 한 기업이 차지해 가격이나 생산량을 자신에게 가장 유리하게 결정할 수 있는 시장) 사이의 경쟁 형태가 이루어지는 시장이다. 즉, 완전경쟁시장의 조건 중 하나 이상이 결여된 시장이다. 불완전경쟁시장은 상품을 생산 · 공급하는 기업의 수를 기준으로 '독점시장 < 과점시장 < 독점적 경쟁시장' 등으로 구분할 수 있다. 영국의 경제학자 로빈슨에 따르면 불완전경쟁시장은 시장에 복수의 공급자가 존재하지만 각 공급자는 어느 정도의 독점력이 있으며, 해당 시장에 신규 경쟁자가 초과이윤을 구하여 참가하는 것이 가능하고, 시장에서 성립하는 균형은 완전경쟁균형에 비해 높은 가격, 높은 비용, 과잉 능력 등의 상태로 나타난다.

4. 파레토 효율성

파레토 효율(=파레토 최적)이란 하나의 자원배분 상태에서 다른 어떤 사람에게 손해가 가지 않고서는 어떤 한 사람에게 이득이 되는 변화를 만들어 내는 것이 불가능한 상태, 즉 더 이상의 파레토 개선이 불가능한 자원배분 상태를 말한다. 시장구조가 완전경쟁이면 소비자의 효용극대화와 생산자의 이윤극대화 원리에 의해 종합적인 파레토 효율성 조건이 성립한다. 그러나 파레토 효율성 조건을 충족하는 점은 무수히 존재하기 때문에 그중 어떤 점이 사회적으로 가장 바람직한지 판단하기 어려우며, 파레토 효율성은 소득분배의 공평성에 대한 기준을 제시하지 못한다는 한계가 있다.

5. 경제재(Economic Goods)

희소성을 가지고 있는 자원으로, 합리적인 의사결정으로 선택을 해야 하는 재화를 말한다. 일상생활에서 돈을 지불하고 구입하는 일련의 재화 또는 서비스를 모두 포함한다.

6. 자유재(Free Goods)

희소성이 없기 때문에 값을 지불하지 않고도 누구나 마음대로 쓸 수 있는 물건을 말한다. 공기나 햇빛같이 우리의 욕구에 비해 자원의 양이 풍부해서 경제적 판단을 요구하지 않는 재화를 모두 포함한다.

7. 공공재(Public Goods)

모든 사람들이 공동으로 이용할 수 있는 재화 또는 서비스로 비경쟁성과 비배제성이라는 특징이 있다. 국방·치안 서비스 등의 순수 공공재와 불완전한 비경합성을 가진 클럽재(혼합재), 지방 공공재 등의 비순수 공공재로 구분할 수 있다. 비경합성이란 소비하는 사람의 수에 관계없이 모든 사람이 동일한 양을 소비하는 특성으로, 이에 기인하여 1인 추가 소비에 따른 한계비용은 '0'이다. 비배제성은 재화 생산에 대한 기여 여부에 관계없이 소비가 가능한 특성을 의미한다.

〈재화의 종류〉

구분	배제성	비배제성
경합성	사유재 예 음식, 옷, 자동차 등	공유자원 예 산에서 나는 나물, 바닷속의 물고기 등
비경합성	클럽재(자연 독점 재화) 예 케이블 TV방송, 전력, 수도 등	공공재 예 국방, 치안 등

8. 무임승차 문제

공공재는 배제성이 없으므로 효율적인 자원 분배가 이루어지지 않는 현상이 발생할 수 있다. 이로 인해 시장실패가 발생하게 되며, 무임승차자의 소비로 인한 공공재나 공공 서비스의 공급 부족 현상, 공유자원의 남용으로 인한 사회문제 발생으로 공공시설물 파괴 및 환경 오염 등의 문제를 일으킨다. 이러한 무임승차 문제는 기부금을 통해 공공재를 구입하거나, 공공재를 이용하는 사람에게 일정의 요금을 부담시키는 방법, 국가가 강제로 조세를 거두어 무상으로 공급하는 방법 등으로 해결 가능하다. 한편, 경합성은 있지만 배제성은 없는 공유자원의 경우, 공동체 구성원이 자신의 이익에만 따라 행동하여 결국 공동체 전체가 파국을 맞이하게 된다고 하여 '공유지의 비극'이라 부른다.

9. 기회비용(Opportunity Cost)

기회비용은 여러 가지 선택 가능한 대안 중 한 가지를 선택함으로써 포기해야 하는 다른 대안 중에서 가장 가치가 큰 것을 의미한다. 경제학에서 사용하는 비용은 전부 기회비용 개념이며, 합리적인 선택을 위해서는 항상 기회비용의 관점에서 의사결정을 내려야 한다. 기회비용은 객관적으로 나타난 비용(명시적 비용) 외에 포기한 대안 중 가장 큰 순이익(암묵적 비용)까지 포함한다. 편익(매출액)에서 기회비용을 차감한 이윤을 경제적 이윤이라고 하는데, 이는 기업 회계에서 일반적으로 말하는 회계적 이윤과 다르다. 즉, 회계적 이윤은 매출액에서 명시적 비용(회계적 비용)만 차감하고 암묵적 비용(잠재적 비용)은 차감하지 않는다.

경제적 비용 (기회비용)	명시적 비용 (회계적 비용)	기업이 생산을 위해 타인에게 실제적으로 지불한 비용 예 임금, 이자, 지대
	암묵적 비용 (잠재적 비용)	기업 자신의 생산 요소에 대한 기회비용 예 귀속 임금, 귀속 이자, 귀속 지대

10. 매몰비용(Sunk Cost)

매몰비용은 이미 투입된 비용으로서 사업을 중단하더라도 회수할 수 없는 비용으로, 사업 중단에 따른 기회비용은 '0'이다. 그러므로 합리적인 선택을 위해서는 이미 지출되었으나 회수가 불가능한 매몰비용은 고려하지 않는다.

11. 한계편익과 한계비용

① **개념** : 한계편익은 어떤 재화를 한 단위 더 추가해 소비할 때 누리게 되는 편익을 뜻한다. 즉, 1단위의 변화로 얻게 되는 편익의 증가분을 뜻하며, 이는 1단위의 변화로 발생하는 추가 비용을 뜻하는 한계비용의 상대적인 개념이다. 한계편익이 한계비용보다 적을 경우에는 생산량·소비량을 줄이고, 역으로 한계편익이 한계비용보다 클 경우에는 판매량·소비량을 늘리게 된다.

② **한계편익과 한계비용의 비교** : 소비자의 입장에서 1단위의 재화·서비스를 추가로 구매할 때 느끼는 만족의 증가분이 한계편익이라면, 1단위를 추가로 구매하기 위해 추기로 지불하는 돈은 한계비용이다. 생산자(기업)의 입장에서는 1단위의 재화·서비스를 더 생산해 얻는 추가 수입이 한계편익이라면, 이때 1단위를 추가로 생산하기 위해 드는 비용이 한계비용이다. 합리적인 소비자나 생산자는 모두 한계비용과 한계편익이 같아지는 지점에서 구매량·생산량을 결정하게 된다.

12. 역선택(Adverse Selection)

역선택은 거래 전에 감추어진 특정한 상황에서 정보가 부족한 구매자가 바람직하지 못한 상대방과 품질이 낮은 상품을 거래하게 되는 가격 왜곡 현상을 의미한다. 예컨대, 중고차를 판매하는 사람은 그 차량의 결점에 대해 알지만 구매자는 잘 모르기 때문에 성능이 나쁜 중고차만 거래된다. 즉, 정보의 비대칭성으로 인해 비효율적인 자원 배분 현상이 나타나며, 이로 인해 사회적인 후생 손실이 발생한다. 또한 보험사에서 평균적인 사고 확률을 근거로 보험료를 산정하면 사고 발생 확률이 높은 사람이 보험에 가입할 가능성이 크다. 이로 인해 평균적인 위험을 기초로 보험금과 보험료를 산정하는 보험회사는 손실을 보게 된다.

13. 도덕적 해이(Moral Hazard)

도덕적 해이는 어떤 계약 거래 이후에 대리인의 감추어진 행동으로 인해 정보 격차가 존재하여 상대방의 향후 행동을 예측할 수 없거나 본인이 최선을 다한다 해도 자신에게 돌아오는 혜택이 별로 없는 경우에 발생한다. 예컨대, 화재보험에 가입하고 나면 화재 예방 노력에 따른 편익이 감소하므로 노력을 소홀히 하는 현상이 발생한다. 또한 의료보험에 가입하면 병원 이용에 따른 한계비용이 낮아지므로 그 전보다 병원을 더 자주 찾는 현상이 발생한다. 아울러 금융기관에서 자금을 차입한 이후에 보다 위험이 높은 투자 상품에 투자하는 것도 도덕적 해이로 볼 수 있다. 이러한 도덕적 해이를 예방하기 위한 실례로 보험회사가 보험자 손실의 일부만을 보상해주는 공동보험 제도를 채택하는 것, 금융기관이 기업의 행동을 주기적으로 감시하는 것(사회이사 제도, 감사 제도), 금융기관이 대출 시 담보를 설정하여 위험이 높은 투자를 자제하게 하는 것 등을 들 수 있다.

14. 고전학파

① 애덤 스미스를 시조로 맬서스 · 리카도 · 밀 등으로 대표되는 경제학파로서, 기존의 중상주의를 비판했으며, 자유경쟁을 전제로 노동가치설을 택하며, 시장을 매개로 하는 생산과 분배의 입체적 분석을 추진함으로써 경제학을 하나의 과학으로 체계화했다. 또한 개인의 경제적 자유와 자유방임주의를 주장하는 한편 국가의 개입을 배제하려 하였다(애덤 스미스의 '보이지 않는 손'). 리카도가 주장한 각 국가가 비교우위를 가진 생산에 특화해야 한다는 '비교우위론'은 국제 자유무역의 이론적 토대가 되었다. 또한 인구 증가율이 식량 생산율을 상회하고 유효수요는 총공급을 하회한다는 데서 경제 전반에는 어쩔 수 없는 한계가 있다는 멜서스의 '유효수요 부족설'은 케인스에게 영향을 끼쳤다.

② 고전학파의 전제

㉠ 경제주체는 합리적이며, 이윤 · 효용 극대화를 목표로 경제활동을 영위한다.

㉡ 시장은 완전경쟁적이며 경제주체들은 자유로운 시장하에서 매매를 결정한다.

㉢ 경제주체들은 시장 조건과 가격에 대한 완전한 정보를 가지고 있다.

㉣ 모든 교환은 시장의 수요와 공급을 일치시키는 시장청산가격에서 이루어진다.

15. 케인스학파

① 국가의 개입을 배제하려는 고전학파에 반대해 케인스는 유효수요의 원리에 입각해 경기 순환을 안정시키고 완전고용을 실현하려면 국가의 적극적 개입이 필요하다고 주장했다. 케인스학파는 유효수요의 원리를 인정하고, 경제정책의 목표는 완전고용의 실현에 있으며, 이를 위한 수단으로서 적극적인 재정 · 금융 정책을 펼쳐야 한다고 주장한다. 즉, 대공황을 극복하기 위해 정부가 경제에 적극 간섭해 지출을 늘려 유효수효를 창출함으로써 대량 실업을 해소하고 완전고용을 달성할 것을 주장했다.

② 케인스학파의 전제

㉠ 경제는 본질적으로 불안정하고 불규칙적인 충격에 노출된 상태이다.

㉡ 경제 상태에 교란이 일어났음에도 불구하고 보이지 않는 손에 맡겨둔다면(개입이 없다면) 균형 상태를 회복하는 데 매우 오랜 시간이 걸릴 수 있다.

㉢ 경제는 본질적으로 공급이 아니라 수요에 의해 결정되며, '유효수요'에 영향을 끼치는 정부의 개입을 통해 완전고용 · 완전생산 상태에 더 빨리 도달할 수 있다.

㉣ 재정정책이 보다 직접적이고 예측이 가능하며 총수요를 직접 늘리기 때문에 통화정책보다 재정정책이 더 유효하다.

16. 리카도의 비교우위론

비교우위는 교역 상대국보다 낮은 기회비용으로 생산할 수 있는 능력으로 정의된다. 또한 비교우위론은 한 나라가 두 재화 생산에 있어서 모두 절대우위에 있더라도 양국이 상대적으로 생산비가 낮은 재화 생산에 특화하여 무역을 할 경우 양국 모두 무역으로부터 이익을 얻을 수 있다는 이론이다. 이러한 비교우위론은 절대우위론의 내용을 포함하고 있는 이론이다. 한편, 애덤 스미스의 절대우위론은 각국이 절대적으로 생산비가 낮은 재화 생산에 특화하여 그 일부를 교환함으로써 상호 이익을 얻을 수 있다는 이론이다.

17. 헥셔 – 오린 정리모형

각국의 생산함수가 동일하더라도 각국에서 상품 생산에 투입한 자본과 노동 비율에 차이가 있으면 생산비의 차이가 발생하게 되고, 각국은 생산비가 적은 재화에 비교우위를 갖게 된다는 정리이다.
이때, 노동풍부국은 노동집약재, 자본풍부국은 자본집약재 생산에 비교우위가 있다. 예를 들어 A국은 B국에 비해 노동풍부국이고, X재는 Y재에 비해 노동집약재라고 가정할 때 A국과 B국의 생산가능곡선은 다음과 같이 도출된다.

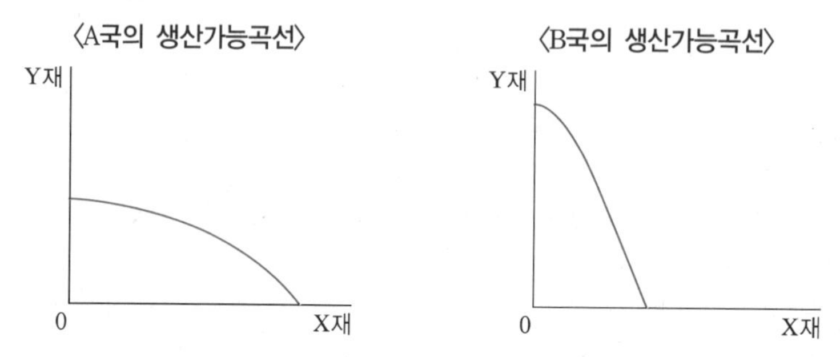

헥셔 – 오린 정리에 따르면 A국은 노동이 B국에 비해 상대적으로 풍부하기 때문에 노동집약재인 X재에 비교우위를 가지고 X재를 생산하여 B국에 수출하고 Y재를 수입한다. 마찬가지로 B국은 자본이 A국에 비해 상대적으로 풍부하기 때문에 자본집약재인 Y재에 비교우위를 가지고 Y재를 생산하여 A국에 수출하고 X재를 수입한다.

18. 래퍼 곡선(Laffer Curve)

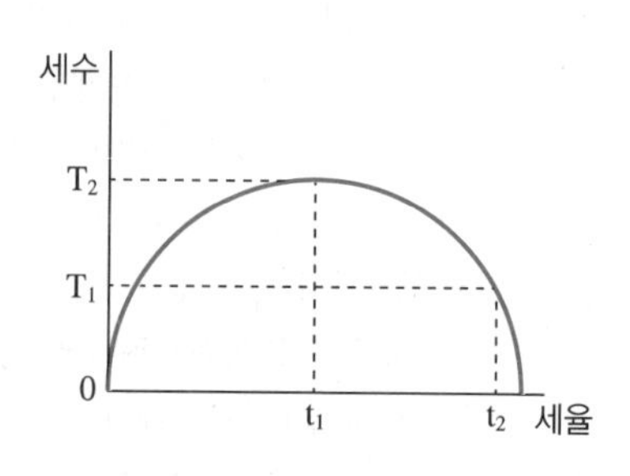

미국의 경제학자 래퍼(A. Laffer)가 제시한 조세 수입과 세율 간의 역설적 관계를 나타낸 곡선을 말한다. 래퍼에 따르면 세율이 0%에서 100%로 증가할 때 조세 수입은 상승하다가 정점에 이른 후 다시 하강하는데, 세율(t)을 수평축에, 조세 수입(T)을 수직축에 놓고 이들의 관계를 그려보면 '역 U자' 모양의 곡선이 된다. 즉, 세율이 높아지면 초기에는 세수가 늘어나지만 일정 수준(t_1)을 넘으면 오히려 감소하므로, 현재의 세율이 세수가 가장 많은 수준(t_1)을 넘지 않았다면 세수 증대를 위해서는 세율을 올려야 하며, 반대로 현재의 세율이 세수가 가장 많은 수준(t_1)을 넘었다면 감세가 세수 증대에 도움이 된다. 다만, 래퍼 곡선은 미국 레이건 정부의 감세 정책을 뒷받침한 이론적 근거로 널리 이용되었으며, 조세 수입을 극대화하는 최적 세율이 어느 정도 수준인지 정확하게 제시하지 못한다는 맹점이 있다.

19. 무차별곡선(Indifference Curve)

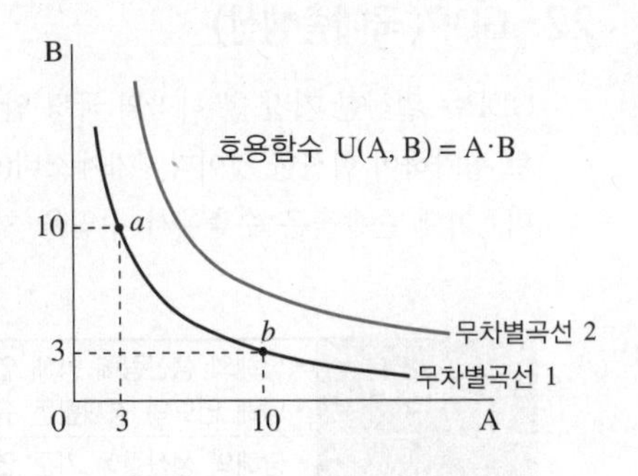

무차별곡선은 동일한 수준의 효용을 가져다주는 모든 상품의 묶음을 연결한 궤적을 말한다. A재와 B재 모두 재화라면 무차별곡선은 우하향하는 모양을 이루며(대체 가능성), 원점에서 멀어질수록 높은 효용수준을 나타낸다(강단 조성). 또한 두 무차별곡선은 서로 교차하지 않으며(이행성), 모든 점은 그 점을 지나는 하나의 무차별곡선을 갖는다(완비성). 그리고 원점에 대하여 볼록하다(볼록성).

20. 로렌츠 곡선(Lorenz Curve)

인구의 누적점유율과 소득의 누적점유율 간의 관계를 나타내는 곡선으로, 소득분배가 균등할수록 대각선에 가까워진다. 즉, 로렌츠 곡선이 대각선에 가까울수록 평등한 분배 상태이며, 직각에 가까울수록 불평등한 분배 상태이다. 이처럼 로렌츠 곡선과 대각선 사이 면적의 크기는 불평등도를 나타내는 지표가 된다. 로렌츠 곡선 위의 점 A는 소득액 하위 25% 인구가 전체 소득의 12%를, 점 B는 소득액 하위 50% 인구가 전체 소득의 30%를, 점 C는 소득액 하위 75% 인구가 전체 소득의 60%를 점유하고 있음을 의미한다. 다만, 로렌츠 곡선이 서로 교차하는 경우에는 소득분배 상태를 비교할 수 없다. 또한 소득별 분배 상태를 한눈에 볼 수 있으나, 비교하고자 하는 수만큼 그려야 하는 단점이 있다.

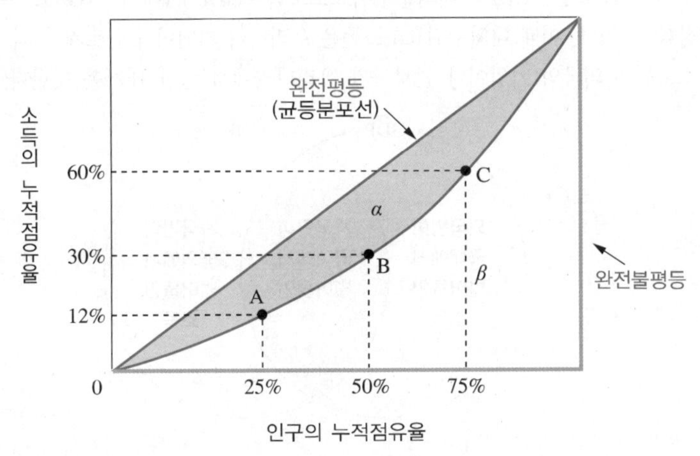

21. 지니계수

로렌츠 곡선이 의미하는 소득분배 상태를 하나의 숫자로 나타낸 것을 뜻하는 지니계수는 완전균등분포선과 로렌츠 곡선 사이에 해당하는 면적(α)을 완전균등분포선 아래의 삼각형 면적($\alpha+\beta$)으로 나눈 값이다. 지니계수는 0 ~ 1 사이의 값을 나타내며, 그 값이 작을수록 소득분배가 균등함을 뜻한다. 즉, 소득분배가 완전히 균등하면 $\alpha=0$이므로 지니계수는 0이 되고, 소득분배가 완전히 불균등하면 $\beta=0$이므로 지니계수는 1이 된다. 지니계수는 전 계층의 소득분배를 하나의 숫자로 나타내므로 특정 소득계층의 소득분배 상태를 나타내지 못한다는 한계가 있다. 또한 특정 두 국가의 지니계수가 동일하더라도 소득구간별 소득격차의 차이가 모두 동일한 것은 아니며, 전반적인 소득분배의 상황만을 짐작하게 하는 한계가 있다.

22. GDP(국내총생산)

GDP는 일정한 기간 한 나라의 국경 안에서 생산된 모든 최종 재화와 서비스의 시장가치를 시장가격으로 평가하여 합산한 것이다. '가계소비(C)+기업투자(I)+정부지출(G)+순수출(NX)'로 계산할 수 있으며, 이때 순수출은 수출에서 수입을 차감해 계산한다.

〈명목GDP와 실질GDP〉

구분	내용
명목GDP	• 당해의 생산량에 당해 연도 가격을 곱하여 계산한 GDP로서, 물가가 상승하면 상승한다. • 당해 연도의 경제활동 규모와 산업구조를 파악하는 데 유용하다.
실질GDP	• 당해의 생산량에 기준 연도 가격을 곱하여 계산한 GDP로서, 물가의 영향을 받지 않는다. • 경제성장과 경기변동 등을 파악하는 데 유용하다.

〈실재GDP와 잠재GDP〉

구분	내용
실재GDP	한 나라의 국경 안에서 실제로 생산된 모든 최종 생산물의 시장가치를 뜻한다.
잠재GDP	한 나라에 존재하는 노동과 자본 등 모든 생산요소를 정상적으로 사용할 경우 달성할 수 있는 최대 GDP를 의미한다(잠재GDP=자연산출량=완전고용산출량).

23. GNP(국민총생산)

GNP는 일정한 기간 동안 한 나라의 국민이 소유하는 노동과 자본으로 생산된 모든 최종생산물의 시장가치를 의미한다. GNP는 'GDP+대외순수취요소소득=GDP+(대외수취요소소득−대외지급요소소득)'으로 계산할 수 있다. 이때 대외수취요소소득은 우리나라 기업이나 근로자가 외국에서 일한 대가를, 대외지급요소소득은 외국의 기업이나 근로자가 우리나라에서 일한 대가를 뜻한다.

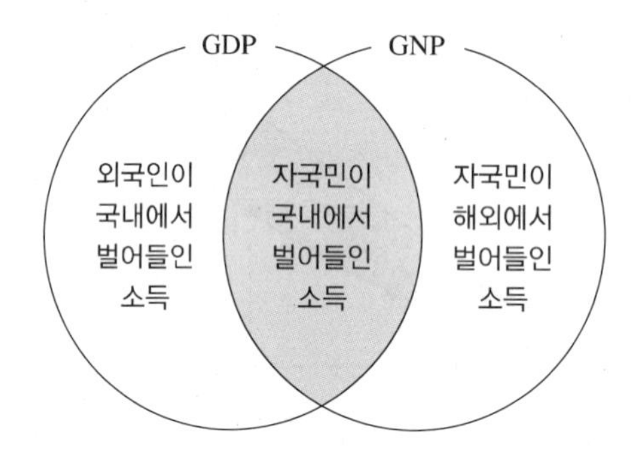

24. GNI(국민총소득)

GNI는 한 나라의 국민이 국내외 생산 활동에 참가하거나 생산에 필요한 자산을 제공한 대가로 받은 소득의 합계이다. GNI는 'GDP+교역조건 변화에 따른 실질무역손익+대외순수취요소소득=GDP+교역조건 변화에 따른 실질무역손익+(대외수취요소소득−대외지급요소소득)'으로 계산할 수 있다.

25. 한국은행

우리나라의 금융과 통화 정책의 주체가 되는 은행으로 화폐(은행권)를 발행·환수·폐기하고, 통화·신용 정책을 수립·집행하며, 우리나라 금융 시스템의 안정을 도모한다. 더불어 금융기관을 상대로 예금을 받고 대출을 해주고, 국고금을 수납·지급하며, 자금의 지급·결제가 편리·안전하게 이루어지도록 관리한다. 또한 외환 건전성 제고를 통해 금융안정에 기여하고 외화자산을 보유·운용하며, 경제에 관한 조사·연구 및 통계 업무를 수행한다.

26. 본원통화(RB; Reserve Base)

본원통화는 통화량 증감의 원천이 되는 돈으로, 특정 시점의 화폐발행고와 예금은행 지급준비 예치금의 합계로 표시된다. 통화는 1차적으로 중앙은행의 창구를 통해 공급되는데, 이를 통화량의 원천이 되는 통화라는 의미로 본원통화라고 부른다. 본원통화는 민간에서 보유한 현금과 금융기관의 지급준비금의 합계, 즉 화폐시장의 파생적 예금통화 공급의 토대가 되는 현금통화와 예금은행의 지급준비금을 더한 것이다. 이는 중앙은행 대차대조표상의 화폐발행액과 금융기관의 지급준비 예치금의 합계와 같다.

27. 환율

외환시장에서 결정되는 두 나라 화폐의 교환 비율을 환율이라고 한다. 환율이 인상되는 경우 자국 화폐의 가치가 하락하는 것을 의미하며, 환율이 인하되는 경우는 자국 화폐가치가 상승함을 의미한다. 평가절상(=환율 인하, 자국 화폐가치 상승) 시에는 수출 감소, 수입 증가, 경상수지 악화, 외채 부담 감소 등이 발생할 수 있다. 반면, 평가절하(=환율 인상, 자국 화폐가치 하락) 시에는 수출 증가, 수입 감소, 경상수지 개선, 외채부담 증가 등이 발생할 수 있다.

28. 명목환율

양국 화폐(통화) 간의 상대적인 교환 비율을 뜻한다. 즉, 원화(KRW)로 표시한 외국 통화의 상대적인 가치라고 이해할 수 있다. 따라서 명목환율의 상승은 자국 화폐 가치의 하락을 의미한다.

29. 실질환율

양국 물품(상품) 간의 상대적인 교환 비율을 뜻한다. 즉, A국이 B국의 C라는 특정 상품을 수입하기 위해 수출해야 하는 C상품의 단위 수를 말한다. 실질환율은 명목환율에 자국의 물가와 외국의 물가를 모두 고려한 것$\left(\frac{\text{명목환율}\times\text{상대국의 물가}}{\text{자국의 물가}}\right)$이다.

30. 환율경로

중앙은행의 통화정책이 실물경제에 파급효과를 끼치는 전달경로 중 하나인 환율경로는 통화정책이 국내외 금리 격차에 따른 환율 변동으로 총수요에 영향을 끼치는 것을 뜻한다. 외국의 금리가 변동하지 않는 상태에서 한국의 금리가 인상되면 국내 원화표시 자산의 수익률이 상대적으로 높아져 외국 자본의 유입이 촉진된다. 이는 원화에 대한 수요 상승을 의미하므로 원화 가치 또한 상승하게 된다. 이때 원화 가치 상승은 원화표시 수입품 가격을 떨어뜨려 수입품에 대한 수요가 증가하는 반면, 외화표시 수출품 가격을 상승시켜 한국 제품과 서비스에 대한 해외 수요를 감소시킨다.

31. 금리의 종류

기준금리는 중앙은행이 경제활동 상황을 판단하여 정책적으로 결정하는 금리로, 경제가 과열되거나 물가상승이 예상되면 기준금리를 올리고, 경제가 침체되고 있다고 판단되면 기준금리를 낮춘다. 한편, 시장금리는 개인의 신용도나 기간에 따라 달라지는 금리이다.

1년 미만 (단기 금리)	• 콜금리 : 영업활동 과정에서 남거나 모자라는 초단기자금(콜)에 대한 금리이다. • 환매조건부채권(RP) : 일정 기간이 지난 후에 다시 매입하는 조건으로 채권을 매도함으로써 수요자가 단기자금을 조달하는 금융거래 방식의 하나이다. • 양도성예금증서(CD) : 은행이 발행하며, 금융시장에서 자유로운 매매가 가능한 무기명의 정기예금증서이다.
1년 이상 (장기 금리)	• 국채 : 국가가 재정상의 필요에 따라 국가의 신용으로 설정하는 금전상의 채무 또는 그것을 표시하는 채권이다(예 내국채, 외국채). • 회사채 : 주식회사가 일반 사람들에게 채권이라는 유가 증권을 발행하여 사업에 필요한 자금을 조달하는 채무로서, 증권 발행 형식에 따라 원금의 상환 기한과 이자의 지불 등이 약속된다. • 금융채 : 특수 금융기관이 자금을 조달하기 위하여 특별법에 따라 발행하는 채권이다.

32. 금리노마드족

노마드(Nomade)는 유목민·방랑자를 뜻하는 프랑스어이며, 금리노마드족(族)은 보다 높은 금리를 얻을 수 있는 금융상품을 찾아 여러 곳을 돌아다니는 사람 또는 그런 무리를 가리킨다. 저금리 시대의 도래로 인해 이들은 금리가 조금이라도 더 높은 예금·적금으로 갈아타는 행태를 보인다. 이에서 더 나아가 은행권에서 이탈한 자금이 수익률 높은 주식 시장이나 수익형 부동산 등으로 이동하는 것을 가리키는 말로도 쓰인다. 다만 단기성 시장으로 자금이 편중됨에 따라 금융시장의 변동성이 높아져 시장 불안을 일으킬 수 있다는 지적도 있다.

33. 물가지수

① **소비자물가지수(CPI)** : 가계의 소비생활에 필요한 재화와 서비스의 소매가격을 기준으로 환산한 물가지수로서 라스파이레스 방식으로 통계청에서 작성한다.

② **생산자물가지수(PPI)** : 국내시장의 제1차 거래단계에서 기업 상호 간에 거래되는 모든 재화와 서비스의 평균적인 가격변동을 측정한 물가지수로서 라스파이레스 방식으로 한국은행에서 작성한다.

③ **GDP디플레이터** : 명목GNP를 실질가치로 환산할 때 사용하는 물가지수로서(명목GDP÷실질GDP) GNP를 추계하는 과정에서 산출된다. 가장 포괄적인 물가지수로서 사후적으로 계산되며 파셰 방식으로 한국은행에서 작성한다.

34. 최고가격제(가격상한제)

최고가격제는 물가를 안정화하고 소비자를 보호하기 위해 시장가격보다 낮은 수준에서 최고가격을 설정하는 규제이다(예 아파트 분양가격, 금리, 공공요금). 최고가격제를 통해 소비자들은 시장가격보다 낮은 가격으로 재화를 구입할 수 있다. 다만, 초과수요가 발생하기 때문에 암시장이 형성되어 균형가격보다 높은 가격으로 거래될 위험이 있고, 재화의 품질이 저하될 수 있다. 다음의 그래프에서 소비자 잉여는 A+B+C, 생산자 잉여는 D, 사회적 후생 손실은 E+F만큼 발생한다. 공급의 가격탄력성이 탄력적일수록 사회적 후생 손실이 커진다.

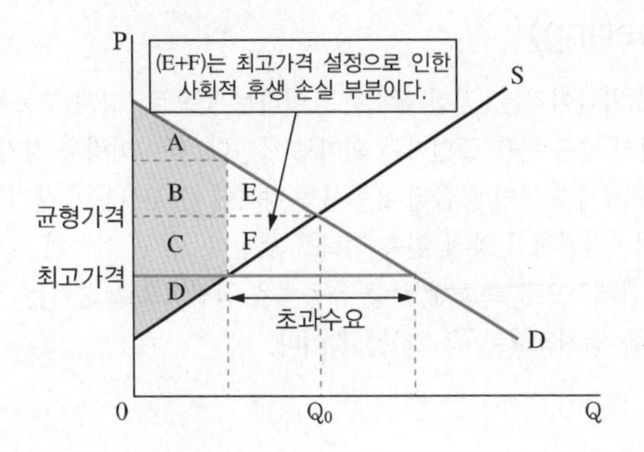

35. 최저가격제(최저임금제)

최저가격제는 공급자를 보호하기 위해 시장가격보다 높은 수준에서 최저가격을 설정하는 규제를 말한다(예 최저임금제). 최저가격제를 실시하면 생산자는 균형가격보다 높은 가격을 받을 수 있다. 또한 소비자의 지불가격이 높아져 소비자의 소비량을 감소시키기 때문에 초과공급이 발생하고, 실업・재고 누적 등의 부작용이 발생한다. 다음의 그래프에서 소비자 잉여는 A, 생산자 잉여는 B+C+D, 사회적 후생 손실은 E+F만큼 발생한다. 수요의 가격탄력성이 탄력적일수록 사회적 후생 손실이 커진다.

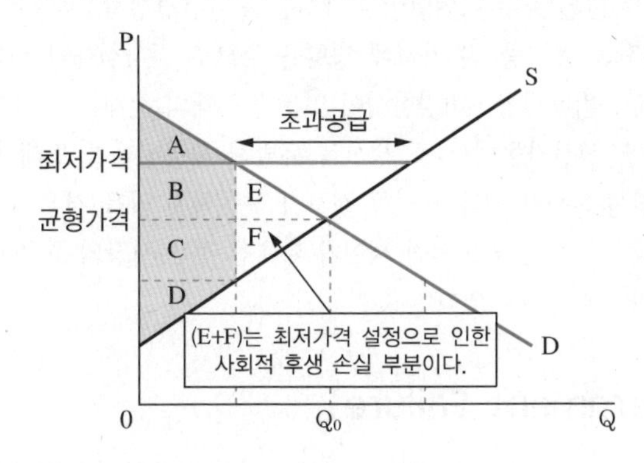

36. 부채 디플레이션

물가의 하락으로 실질금리가 상승하면서 부채의 실질 부담이 증가함에 따라 총수요가 감소하고 경제 활동이 침체되는 현상을 뜻한다. 이때 차입자들이 부채 상환을 위해 부동산이나 주식, 담보로 맡긴 자산 등을 서둘러 대거 매각하면서 자산 가치의 급락과 소비 위축이 발생함에 따라 경제 전체가 디플레이션에 봉착할 수 있다.

37. 수요견인 인플레이션

고도성장 과정에서 소득이 늘고 소비・수요가 늘어날 때 이에 대한 재화의 공급이 초과 수요를 따르지 못하여 물가가 오르는 현상을 뜻한다. 경기 과열 등으로 인해 재화・서비스에 대한 개인들의 수요가 급증하면서 상대적으로 부족해진 재화・서비스의 물가가 지속적으로 상승하게 되는 수요견인 인플레이션은 생산요소시장과 생산물시장 모두에서 초과 수요가 발생할 때 나타난다. 확대재정 정책, 과도한 통화량 증가, 민간 소비나 투자의 갑작스러운 변동에 따른 수요 충격 등은 총수요를 증가시켜 수요견인 인플레이션을 일으킬 수 있다.

38. 테이퍼링(Tapering)

'Tapering'은 '끝이 가늘어지는, 점점 감소하는'이라는 뜻으로, 경제 부문에서는 시장에 공급하는 자금의 규모, 즉 유동성의 양을 차츰 줄인다는 의미로 쓰인다. 테이퍼링은 경기 침체기에 경기 회복을 위해 실시했던 각종 완화 정책과 과잉 공급된 유동성을 경제에 큰 부작용이 생기지 않도록 서서히 거두어들이는 전략, 즉 단계적·점진적인 양적 긴축 전략을 뜻한다. 출구 전략의 일종인 테이퍼링은 중앙은행이 채권 매입 규모를 단계적으로 축소해 시중 유동성을 점진적으로 줄이는 정책이다. 즉, 양적완화(자산매입) 정책의 규모를 점진적으로 축소하는 것이다.

39. 시장실패

① **개념** : 민간의 자유로운 의사 결정으로 경제 활동이 이루어질 때, 시장이 효율적인 자원 배분을 이루어 내지 못하는 현상을 뜻한다. 즉, 시장경제 제도에서 가격 기구에 맡길 경우에 공정한 소득 분배와 효율적인 자원 배분을 실현하지 못하는 상황을 가리킨다.

② **원인**

㉠ 외부효과(외부성) : 한 경제주체의 행위가 다른 경제주체들에게 기대되지 않은 혜택이나 손해를 발생시키는 경우 시장실패가 나타날 수 있다.

㉡ 불완전경쟁 : 제한된 소수 기업만이 존재하는 불완전경쟁시장에서는 개별 기업이 정하는 공급량 및 가격이 시장의 공급량 및 가격에 영향을 주므로 시장실패가 나타날 수 있다.

㉢ 공공재의 존재 : 비배제성·비경합성이 있는 공공재의 존재는 이기적인 소비자들의 무임승차 문제와 이에 따른 생산자들의 과소 생산을 유발해 시장실패를 초래할 수 있다.

㉣ 정보의 비대칭성 : 시장 거래에 관한 정보가 균등하지 않을 경우 도덕적 해이가 발생하기 쉽다. 정보의 비대칭성으로 인한 도덕적 해이가 확대될 경우 시장의 효율적 작동을 기대하기 어려우므로 시장실패가 나타날 수 있다.

40. 정부실패(Government Failure)

① **개념** : '시장실패를 바로잡기 위한 정부의 개입이 오히려 자원 배분의 효율성을 떨어뜨리거나 공정한 소득 분배의 실현을 저해하는 현상'으로 정의할 수 있다. 시장에 대한 정부의 개입은 소득 분배의 형평성을 실현함으로써 빈부 격차의 심화를 예방하며, 기업의 시장지배와 기업 간 부당거래를 방지함으로써 공정한 경쟁 환경을 만들고, 민간 기업이 감당할 수 없는 공공재를 정부가 공급하는 것 등을 목표로 삼지만, 이러한 목표에도 불구하고 의도한 결과를 얻는 데 실패하거나 심지어 이전의 상태를 더 악화시키는 정부실패를 초래할 수 있다.

② **원인** : 시장에 대한 규제자(정부)의 정보 부족, 관료주의적 폐단과 정치적 제약, 정책 효과가 나타나는 시차, 규제 수단의 불완전성, 규제의 경직성, 근시안적인 규제, 과도하게 무거운 세금, 규제자의 개인적 편견이나 권한 확보 욕구, 정부와 기업의 유착, 이익단체의 압력에 의한 공공 지출의 확대, 정책의 수립과 집행 과정의 비효율성, 공기업의 방만한 운영 등 다양하다.

41. 단기금융시장

① 정부, 기업 등의 경제주체가 자금의 단기적인 수급 불균형을 조절하기 위해 만기가 1년 미만인 금융상품을 거래하는 시장을 말한다. 기업의 시설자금이나 장기운전자금 조달을 목적으로 발행되는 주식·채권 등을 거래하는 자본시장에 대응하여 자금시장(= 단기자금시장, 단자시장)이라고도 부른다. 단기금융시장은 채권·주식 등의 장기금융시장에 비해 빈번하게 상시적으로 거래가 이루어지고 유동성이 높으며 만기가 짧아 금리변동 등에 따른 손실발생 위험이 상대적으로 작다.

② 단기금융시장의 특징

㉠ 중앙은행 통화정책의 시발점 : 중앙은행의 정책금리 변경은 단기금융시장 금리 변화를 통해 장기금리 및 금융기관 예금·대출금리에 영향을 끼치고 궁극적으로 생산·물가 등 실물경제에 파급효과를 끼친다.

㉡ 유동성 관리 수단 : 경제주체들은 단기금융시장에서 단기자금을 손쉽게 조달·운용함으로써 일시적인 단기자금 수급 불균형에 따른 유동성 관리를 용이하게 할 수 있다.

㉢ 위험 관리 수단 : 단기금융상품은 만기가 짧아 장기금융상품보다 금리변동 위험이 작고 유동성 또한 높으므로 금융상품 보유에 따른 위험을 관리하는 수단이 된다.

㉣ 자금 운용의 효율성 제고 수단 : 단기금융시장이 발달하면 거래자들은 장래 지출에 대비해 보유해야 할 현금량을 줄일 수 있기 때문에 현금을 보유하는(무이자) 대신 단기라도 자금을 늘려 자금을 보다 효율적으로 운용할 수 있게 된다. 결국 단기금융시장은 유휴자금의 보유에 따른 기회비용(예 이자수익의 포기)을 줄임으로써 금융 효율을 높일 수 있는 시장이다.

㉤ 전체 금융시장 전체에 대한 파급효과 : 단기금융시장의 금리는 시장 참여가자들의 자금 사정이 반영되어 수시로 변동되며, 이러한 금리 변동은 금융기관의 자금조달비용 등에 영향을 끼쳐 금융기관의 대출량이나 대출 금리를 변화시키고, 장기금융시장의 금리까지 관여함으로써 금융시장 전체에 영향을 끼친다.

③ 단기금융시장의 구성

㉠ 우리나라에서 콜시장, 환매조건부매매시장, 양도성예금증서(CD)시장, 기업어음(CP)시장, 단기사채시장, 표지어음시장, 통화안정증권(만기 1년 이내)시장, 재정증권시장 등은 단기금융시장을 구성하는 개별 시장이다. 시장 참여자의 제한 여부에 따라 CD시장처럼 누구나 참여가 가능한 공개시장 또는 콜시장처럼 참가자가 금융기관으로 제한되는 은행 간 시장으로 나눌 수 있다.

㉡ 단기금융시장은 거래 주체에 따라 금융기관 사이의 단기자금 거래가 주를 이루는 금융기관 간 시장(예 콜시장) 또는 금융기관과 고객(기업·개인) 간에 자금거래가 공개적으로 이루어지는 대고객시장(예 CD시장)으로 구분된다.

42. 펀드(집합투자기구)

① **펀드(Fund)** : 집합투자를 위해 투자자들로부터 모은 자금의 집합체를 말하는데, 〈자본시장법〉상으로는 '집합투자기구'를 지칭한다. 이때 집합투자기구는 집합투자를 수행하기 위한 기구로서 신탁 형태(투자신탁), 주식회사 형태(투자회사), 유한회사 형태(투자유한회사), 합자회사 형태(투자합자회사), 합자조합 형태(투자합자조합), 익명조합 형태(투자익명조합) 등의 집합투자기구를 말한다.

② **집합투자** : 2인 이상의 투자자로부터 모은 금전 등을 투자자로부터 일상적인 운용지시를 받지 않으면서 재산적 가치가 있는 투자대상자산을 취득·처분, 그 밖의 방법으로 운용하고 그 결과를 투자자에게 배분하여 귀속시키는 것을 말한다.

③ 집합투자기구의 장점

㉠ 소액으로 분산투자하므로 리스크를 최소화할 수 있다.

㉡ 정보 취득·분석, 투자 경험 등에 있어 개인보다 우월한 투자전문가가 투자·관리·운영한다.

㉢ 규모의 경제로 인해 비용의 절감이 가능해 거래 비용, 정보 취득 비용 및 자금의 투자·관리에 필요한 시간과 노력으로 인한 기회비용의 등의 절감 등을 기대할 수 있다.

〈펀드의 기본적 종류 및 특징〉

구분	펀드의 종류 및 특징	
환매 여부	개방형 펀드	환매가 가능한 펀드로, 운용 후에도 추가로 투자자금 모집 가능
	폐쇄형 펀드	• 환매가 원칙적으로 불가능한 펀드로, 첫 모집 때만 자금 모집 • 기간이 끝나면 전 자산을 정산해서 상환이 이루어짐
추가 불입 여부	단위형 펀드	추가입금이 불가능하고 기간이 정해져 있음
	추가형 펀드	수시로 추가입금이 가능함
자금 모집 방법	공모형 펀드	불특정 다수의 투자자들로부터 자금을 모집함
	사모형 펀드	49인 이하의 투자자들로부터 자금을 모집함

43. 퀀트펀드(Quant Fund)

퀀트(Quant)는 수학·통계에 기반해 투자 모델을 만들거나 금융시장의 변화를 예측하는 사람을 가리키며, 퀀트펀드는 수학·통계 모델을 이용해 시장의 움직임을 컴퓨터 프로그램으로 만들고 이에 근거해 고평가된 자산은 매도하고 저평가된 자산은 매수함으로써 시장 대비 초과수익을 추구하는 펀드를 뜻한다. 퀀트펀드는 객관적 수학·통계 등의 정보를 토대로 계량적으로 매매가 이루어지도록 설계되었기 때문에 안정적인 수익률을 기대할 수 있으나, 신용경색으로 투자자들이 우량 주식을 매도하고 관망할 경우에 퀀트펀드가 이를 저평가로 오인해 매수하면 손실을 초래할 수도 있다.

44. 채권(債券, Bond)

① **개념** : 국가(정부)·지방자치단체·은행·기업 등이 사업에 필요한 자금을 일반인 등으로부터 조달하기 위해 발행하는 일종의 차용증서로서 유가증권을 가리킨다. 상환기한이 정해져 있는 기한부 증권이며, 이자가 확정되어 있는 확정이자부 증권이다. 안전성·안정성·수익성·유동성 등의 특징으로 인해 채권은 투자 자금의 주요한 운용 수단으로 이용된다.

② **특징** : 대체로 정부 등이 발행하며, 채권 가격이 구입가보다 오르면 증권시장에서 매각해 차익을 얻을 수 있고 반대로 구입가보다 낮으면 만기까지 보유해 만기에 약속받은 원리금을 지급받을 수 있으므로 채권은 주식에 비해 안정성이 높다. 또한 채권은 이율에 따른 이자소득과 시세차익에 따른 자본소득을 얻을 수 있으며(수익성), 언제든 현금화할 수 있다(유동성).

③ **종류**

㉠ 발행 주체 : 국채, 지방채, 회사채, 금융채, 특수채

㉡ 상환 기간 : 단기채, 중기채, 장기채

㉢ 모집 방법 : 공모채, 사모채

㉣ 이자 지급 방법 : 이표채, 할인채, 복리채

㉤ 보증 여부 : 보증사채, 무보증사채

④ **가격 결정 요인** : 내부적 요인(만기, 발행주체의 지급불능 위험)과 외부적 요인(시중금리, 경제상황)에 따른 수요와 공급의 변화에 의해 채권 가격은 수시로 달라진다.

⑤ **채권수익률** : 채권 투자로 기대할 수 있는 수익의 크기를 나타내는 척도로서, 발행수익률·시장수익률·실효수익률 등으로 구분된다. 채권수익률에 가장 큰 영향을 끼치는 요인은 해당 채권에 대한 수요와 공급이다. 이때 공급보다는 수요의 영향력이 상대적으로 크다. 이는 채권은 특정 계획에 따라 일정한 양이 공급되지만, 수요는 채권의 가격에 탄력적이기 때문이다.

⑥ **채권투자의 리스크**

㉠ 시장위험 : 시장금리와 발행기관의 신용 변동에 따라 구입가보다 시장가격이 낮아질 경우 자본손실을 초래할 수 있다.

㉡ 채무불이행 : 발행기관의 경영, 재무상태가 악화될 경우 이자나 원금의 지급이 지연되거나 지급불능 상태가 발생할 수 있다.

㉢ 유동성 위험 : 채권의 발행량이 적고 유통시장이 발달하지 못한 경우는 채권을 현금화하기 어려울 수 있다.

⑦ **채권 매매의 실제** : 채권은 거래소를 통한 소액 거래보다는 장외시장에서 기관투자자 간의 대규모 거래가 일반적이기 때문에 개인투자자가 직접 매매하기에는 적합하지 않다. 그러므로 개인투자자의 경우에는 채권형 펀드투자를 통한 간접투자를 하는 것이 일반적이다.

45. 옵션(Option)

① **개념** : '매매 선택권 거래', 즉 일정 기간 안에 특정 상품을 일정한 가격으로 매매하는 권리를 거래하는 것을 가리킨다. 미리 정한 계약 조건에 따라 일정한 기간 안에 상품·유가증권 등의 자산을 사거나 팔 수 있는 권리이다. 옵션은 선택이 가능한 권리이므로 기초자산 가격 변동이 옵션 소유자에게 불리할 경우 옵션을 포기할 수 있다는 점에서 선물(Futures, 계약대로 이행해야 하는 의무)과 다르다.

② **매입자와 매도자** : 옵션 매입자는 매도자에게 일정한 대가를 지불하고 기초자산을 사거나 팔 수 있는 권리를 얻게 되며, 매도자는 매입자의 선택에 따라야 할 의무가 있다. 이때 사거나 팔도록 정한 가격을 행사가격, 기간을 만기, 옵션의 가치를 프리미엄(가격)이라 한다.

③ **콜옵션과 풋옵션**

㉠ 콜옵션(Call Option) : 미래에 기초자산을 특정 가격에 살 수 있는 권리(주가지수의 상승에 따른 위험 회피)

㉡ 풋옵션(Put Option) : 미래에 기초자산을 특정 가격에 팔 수 있는 권리(주가지수의 하락에 따른 위험 회피)

46. 선물옵션(Future Option)

① **개념** : 주식·통화·금리옵션 등의 옵션계약의 기초자산이 모두 현물인 것에 반해 선물옵션은 이러한 현물을 기초자산으로 하는 선물계약 자체를 기초자산으로 하는 옵션이다. 즉, 선물옵션은 선물계약과 옵션계약이 복합된 형태로서, 미리 약속된 선물가격으로 선물가격에 대한 포지션을 취할 수 있는 권리를 부여하는 것이다. 선물옵션을 행사하면 대상이 되는 현물의 매매를 할 수 있는 것이 아니라 현물에 대한 선물계약을 가지게 된다. 일반적으로 선물계약은 기초자산보다 유동성이 높고 거래가 용이하며, 선물옵션은 현물옵션에 비해 거래 비용이 낮다.

㉠ 선물거래 : 기초자산을 미래 특정 시점에 미리 정한 가격으로 인도·인수할 것을 약속하는 거래
㉡ 옵션거래 : 일정 기간 내 특정 상품을 미리 정한 가격으로 사거나 팔 수 있는 권리를 거래하는 것

② 선물옵션의 매입자는 대상이 되는 선물의 포지션을 취할 수 있는 권리를 갖지만 의무는 없다. 콜의 경우에는 옵션 소지자가 콜을 행사하면 행사가격으로 선물의 매수 포지션이 발생되며, 풋의 경우에는 옵션 소지자가 풋을 행사하면 행사가격으로 선물의 매도 포지션이 발생된다.

47. 유러피언옵션과 아메리칸옵션

① **유러피언옵션** : 약정 기간의 만기 이전에는 권리를 행사할 수 없고, 오로지 만기에만 권리를 행사할 수 있는 옵션을 뜻한다.

② **아메리칸옵션** : 권리 행사 기간 내 어느 시점에서라도 권리 행사가 가능한 옵션 계약으로서, 권리 행사 최종일 이전이라도 포지션이 유리하게 되면 그 시점에서 이익을 실현하는 것이 가능하다.

③ **버뮤다옵션** : 미리 정한 특정 날짜에 한해서만 권리를 행사할 수 있는 옵션으로서, 유러피언옵션과 아메리칸옵션의 중간 형태라고 할 수 있다.

48. ELS(주가연계증권)와 ELF(주가연계펀드)

① ELS와 ELF는 파생상품 펀드의 일종으로 국공채 등과 같은 안전자산에 투자하여 안전성을 추구하면서 확정금리 상품 대비 고수익을 추구하는 상품이다.

② ELS : 개별 주식의 가격이나 주가지수에 연계되어 투자수익이 결정되는 유가증권으로서, 사전에 정한 2 ~ 3개의 기초자산 가격이 만기 때까지 계약 시점보다 40 ~ 50%가량 떨어지지 않으면 약속된 수익을 지급하는 형식이 일반적이다. 상품마다 상환조건이 다양하지만 만기 3년에 6개월마다 조기상환 기회가 있는 게 일반적이다.

③ ELF : 투자신탁회사들이 ELS 상품을 펀드에 편입하거나 자체적으로 원금보존 추구형 펀드를 구성해 판매하는 형태의 상품이다. ELF는 펀드의 수익률이 주가나 주가지수 움직임에 의해 결정되는 구조화된 수익구조를 이룬다.

49. ELW(주식워런트증권)

자산을 미리 정해진 만기 및 가격에 사거나(콜) 팔 수 있는 권리(풋)를 나타내는 증권이다. 상품 특성이 주식옵션과 유사하나 법적구조, 시장구조, 발행주체와 발행조건 등에 차이가 있다. 주식처럼 거래가 이루어지며, 만기 시 최종보유자가 권리를 행사하게 된다. ELW 시장에서는 투자자의 환금성을 보장할 수 있도록 호가를 의무적으로 제시하는 유동성공급자(LP; Liquidity Provider) 제도가 운영된다.

50. 내부수익률(IRR; Internal Rate of Return)

투자에 드는 지출액의 현재가치가 미래에 그 투자에서 기대되는 현금 수입액의 현재가치와 같아지는 할인율로, 예측한 미래의 순수익이 실현될 것이라고 가정했을 때 일정 금액의 투자에 대한 수익률을 가리킨다. 즉, 투자자가 특정의 투자 대상에 대해 기대 가능한 연평균 수익률을 뜻한다. 흔히 부동산 등 투자 프로젝트에 대한 대출이나 보증을 할 때 평가 기준으로 활용된다. 다만, 일반적으로 내부수익률은 투자 규모를 고려하지 못한다는 점, 투자 기간이 짧을수록 내부수익률이 높게 산출되기 때문에 투자 기간이 다른 프로젝트를 비교하는 데는 유용하지 못하다는 점 등이 단점으로 지적된다.

51. 은행과점의 대안 : 스몰 라이선스, 챌린저 뱅크

① **스몰 라이선스** : 은행업 인가 단위를 세분화해 핀테크 기업이 은행업의 일부를 영위할 수 있도록 허가하는 제도로, 정식 인가 전 약 1 ~ 2년 동안 자본금 한도 완화 등의 인센티브를 제공해 신규 사업자의 진입과 성장을 지원한다.

② **챌린저 뱅크** : 디지털 기술을 활용해 소비자 중심의 특화된 금융 서비스를 제공하는 핀테크 기업 또는 그러한 금융 서비스를 뜻한다. 즉, 스몰 라이선스를 통해 등장한 소규모 신생 특화은행을 가리킨다. 디지털 기술을 활용한다는 점에서 인터넷전문은행과 유사한데, 챌린저 뱅크는 개인 영업, 기업(소상공인 · 중소기업) 영업, 주택담보대출 등 특정 영역에서 특화된 서비스를 제공한다는 점에서 차이가 있다. 챌린저 뱅크는 오프라인 지점이 없고 인력을 최소화하기 때문에 낮은 수수료, 고객에게 유리한 금리 등 차별화된 서비스가 가능하다.

③ **등장 배경** : 고금리 등으로 어려운 경제 여건이 지속되고 국민들의 대출이자 부담 등이 가중되고 있음에도 불구하고 은행권은 막대한 이자 수익을 거두고 고액의 성과급을 지급하는 것을 많은 국민들이 비판함에 따라 시중 5대 은행의 과점 체제를 허물고 진입장벽을 낮춤으로써 경쟁을 촉진할 수 있는 개혁안으로 스몰 라이선스와 챌린저 뱅크가 검토되고 있다.

④ **한계점** : 스몰 라이선스를 통해 신규 사업자의 최소 자본금을 낮춰준다고 해도 열악한 수익구조를 극복하고 기존 은행 수준의 리스크 관리를 수행하는 등의 실질적인 경쟁력을 갖출 수 있는지는 장담할 수 없다. 2023년 9월 기준 〈인터넷전문은행 설립 및 운영에 관한 특례법〉이 규정하는 최소 자본금 250억 원인데, 대규모 추가 자본금 확충 없이는 시중은행은커녕 인터넷전문은행과 경쟁도 쉽지 않기 때문이다.

52. <상법>에 따른 보험의 분류

① **손해보험(損害保險)** : 보험계약자(가입자)가 신체상 손해나 재물 손해가 났을 때 보험자(보험회사)가 그 손해를 배상하는 보험이다.

㉠ 배상책임보험 : 보험계약자가 타인의 신체(대인보험)나 재물(대물보험)에 손해를 끼침으로써 법률상 책임을 졌을 때 그 손해를 보험자가 배상하는 보험이다.

㉡ 재물보험 : 보험계약자(개인 혹은 법인) 소유의 건물, 건축물, 전자기기, 기계, 건설공사 등이 화재 등에 의해 직접손해, 폭발 및 파열손해 등이 발생했을 때 그 손해를 보험자가 배상하는 보험이다.

② **인보험(人保險)** : 보험계약자의 생명이나 신체를 위협하는 사고가 발생한 경우 보험자가 일정한 금액 또는 기타의 급여를 지급하는 보험이다.

㉠ 상해보험 : 보험계약자가 우발적 사고로 신체에 상해를 입은 경우 보험금액 및 기타의 급여를 지급하는 보험으로, 보험사고 발생으로 인한 상해의 정도에 따라 일정한 보험금을 지급하는 정액보험과 그렇지 않은 비정액보험이 있다.

㉡ 생명보험 : 보험계약자의 사망 또는 일정 연령까지 생존 시 약정한 보험금을 지급하는 보험으로, 노후의 생활비, 사망 후 유가족의 생활 보호를 위한 자금 등을 마련하기 위해 이용한다. 보험금 지급사유에 따라 보험기간 중 계약자가 장해 또는 사망 시 보험금을 지급하는 사망보험, 계약자가 보험기간 종료일까지 생존하는 경우에만 지급하는 생존보험, 생존보험의 저축 기능과 사망보험의 보장 기능을 절충한 생사혼합보험으로 구분된다.

〈보험의 분류(상법)〉

구분	분류
손해보험 (상법 제4편 제2장)	• 배상책임보험(대인배상, 대물배상) • 재물보험
인보험 (상법 제4편 제3장)	• 상해보험 • 생명보험 : 사망보험, 생존보험, 생사혼합보험

53. 보험의 구성 요소

① **보험료(영업보험료)** : 보험계약자가 보험사업자에게 지급하는 약정 금액(납입금)으로, 예정위험률・예정이율・예정사업비율을 토대로 추산된 보험요율에 따라 보험료가 산정된다(예 10억 원 상당의 건물에 보험요율 0.03% 적용 → 10억 원×0.03%=보험료 30만 원).

〈보험료의 구성 요소〉

장기손해보험 및 생명보험	• 보험료=순보험료+부가보험료 • 순보험료 : 위험보험료, 저축보험료 • 부가보험료 : 신계약비(보험설계사들의 수당 등), 유지비, 수금비 등
일반손해보험	• 보험료=순보험료+부가보험료 • 순보험료 : 지급보험금 • 부가보험료 : 사업비, 이윤 등

㉠ 위험보험료 : 보험사고 발생 시 보험금을 지급하기 위한 재원으로, 보험사고 발생 가능성(예정위험률)이 높아지거나 보험금 지급 규모가 커지면 위험보험료 또한 인상될 수 있다.

㉡ 저축보험료 : 보험계약 만기 시에 보험금을 지급하기 위한 재원

㉢ 부가보험료 : 신계약비, 유지비, 수금비, 사업비, 이윤 등 보험사업을 영위하는 데 쓰이는 재원

㉣ 보험료지수 : 보험료가 금융감독원이 산정한 표준순보험료보다 얼마나 더 많은지 나타내는 지수로, 보험상품의 위험보험료와 사업비 수준을 나타낸 수치이다. 이 수치가 낮을수록 저렴하다.

② **보험금** : 보험료에 대한 반대급부로 보험사업자가 보험사고에 대해 보험계약자에게 보상하는 일체의 지급금(일시금・분할금)으로, 생명보험에서는 신체・생명과 관련한 인적 손실은 그 가치를 객관적으로 측정하기 어려워 정액보상이 일반적이고, 손해보험에서는 실손보상이 일반적이다.

③ **해지환급금** : 보험계약자가 계약을 해지할 경우 보험회사가 지급하는 금액으로, 납입한 보험료 합계에서 각종 사업비, 해지 시까지의 사고 보장을 위한 위험보험료 등을 차감한 금액이다.

④ **보험계약자** : 보험사업자(보험자)와 보험계약을 맺고 보험료 납부 의무를 지는 주체(개인・법인)이다.

⑤ **보험사업자(보험자)** : 보험사고 발생 시에 보험금 지급의무를 지는 주체(보험회사)이다.

⑥ **보험수익자** : 생명보험 계약에서 보험사고 발생 시 보험금 청구권한을 가진 주체이다.

⑦ **피보험자**

㉠ 생명보험의 경우 : 생명・신체에 관해 보험사고의 대상이 되는 자연인이며(피보험자에게 보험사고 발생 시에만 보험금 지급), 보험계약자・보험수익자・피보험자는 모두 같을 수도, 각각 다를 수도 있음

㉡ 손해보험의 경우 : 보험사고 때문에 손해를 입은 자이며, 보험의 목적(피보험자의 재물・재산 등 보험사고의 대상)에 대하여 경제적 이해관계를 가진 자로서 보험사고 발생 시에 보험금 청구권한을 가진 자(법인 가능)

⑧ **보험사고** : 보험계약에서 보험사업자의 보험금 지급책임을 구체화시키는 우연한 사고이다.
⑨ **보험기간** : 보험사고가 발생하면 보험사업자가 보험금 지급 책임을 지는 기간으로, 일시납 또는 첫 번째 보험료를 받은 날부터 시작해 보험계약상의 종료일까지이다.

54. 보험료의 추정치 산출을 위한 수지상등의 원칙

① 수지상등의 원칙은 보험사는 보험가입자(위험집단)가 납입하는 보험료의 총액과 그 보험가입자에게 지급하는 보험금의 총액이 균형을 이루게 해야 한다는 원칙이다. 보험료를 산출할 때는 보험금, 보험료 등을 예측하는 것이 중요하다. 수지상등의 원칙을 위배해 보험료가 높게 책정되면 보험회사의 과다 이익으로 인해 보험 소비자들의 권익을 침해함으로써 가격저항을 초래할 수 있고, 반대로 보험료가 낮게 산정되면 보험회사의 수지 불균형으로 인해 사업의 안정적인 운영이 불가능해질 수 있다.
② 수지상등의 원칙은 '보험상품의 순보험료 총액= 지급보험금 총액의 현가(現價)', '영업보험료의 총액= 지급보험금 및 운영경비 총액의 현가', '기업의 총수입= 총지출의 현가' 등의 3가지 조건을 충족해야 한다.
③ 사회보험은 운영비용의 전부 또는 일부를 국가가 부담하고 이윤을 목적으로 하지 않기 때문에 수지상등의 원칙으로부터 비교적 자유롭지만, 민간 보험사에서 운용하는 보험상품은 수지상등의 원칙에 따라 상품을 설계할 때 인건비 등의 운영비를 비용(지출)으로 간주한다.

55. 사망보험과 종신보험

피보험자가 보험기간 중 사망했을 때 보험금이 지급되는 사망보험은 정기보험과 종신보험으로 나눌 수 있다. 정기보험은 보험기간을 미리 정해놓고 피보험자가 그 기간 내에 사망했을 때 보험금이 지급되는 반면, 종신보험은 보험기간을 정하지 않고 피보험자가 일생을 통하여 언제든지 사망했을 때 보험금이 지급된다. 1997년 IMF 구제금융 사태 이후 대량 판매되었던 종신보험 시장이 포화됨에 따라 새롭게 CI보험(중대한 질병보험), 장기간병보험 등 다양한 질병 중심의 상품을 개발해 출시하는 경향이 있다.

56. 변액보험

생명보험의 일종으로, 보험회사가 보험계약자로부터 납입받은 보험료를 특별계정을 통해 기금을 조성한 후 주식, 채권 등에 투자해 발생한 이익을 보험금 또는 배당으로 지급하는 상품이다. 종류로는 변액종신보험, 변액연금보험, 변액유니버셜보험 등이 있다. 2001년 변액보험 제도가 도입된 이후 보험상품 또한 자산운용의 수단으로 인식되면서 변액보험의 비중이 상승하는 추세이다. 투자 수익률에 따라 받을 수 있는 보험금이나 환급금이 달라지는 등 수익성을 기대할 수 있으나, 투자 결과에 따라 원금 손실 또는 원금 이상의 보험금을 내야 할 수도 있다. 한편 변액보험의 최저보증 제도는 변액보험 가입자들에게 만기 또는 연금 지급 개시 전까지 계약을 유지하면 이미 납입한 보험료의 최저 지급을 보장하는 것이다.

〈생명보험의 분류〉

구분	내용		
주된 보장(사망 또는 생존)	• 사망보험(정기보험, 종신보험)	• 생사혼합보험(양로보험)	• 생존보험
보험상품의 성격	• 저축성보험 • 양로보험	• 보장성보험 • 연금보험(개인연금, 퇴직연금보험)	• 교육보험
피보험자의 수	• 개인보험	• 단체보험	
배당의 유무	• 유배당보험	• 무배당보험	
가입 시 건강진단의 유무	• 유진단보험(건강진단보험)	• 무진단보험	

PART 2

57. 무배당보험과 유배당보험

① **배당보험의 구분** : 보험회사는 보험계약자가 납부한 보험료를 운용해 얻은 수익을 보험계약자에게 지급한다. 이때 보험은 배당의 유무에 따라 배당금을 지급하지 않는 대신 보험료가 상대적으로 낮은 무배당보험 또는 배당금을 지급하는 대신 보험료가 상대적으로 높은 유배당보험으로 나눌 수 있다. 무배당보험이 보험료를 인하함으로써 이익이 발생하기 전에 이익을 지급하는 것이라면, 유배당보험은 이익이 발생한 후에 그 이익을 보험계약자에게 지급하는 것이다.

② **무배당보험과 유배당보험의 차이점** : 만기 시에 무배당보험은 보험회사에 이익이 발생해도 배당을 받지 못하고 약관에서 정한 환급금만을 보장받는다. 그러나 유배당보험은 환급금과 함께 이익을 배당금 형식으로 지급받을 수 있다. 유배당보험은 금리가 상승하고 주식시장이 활황일 때 유리한 것과 반대로 무배당보험은 금리가 하락하고 주식시장이 하락할 때 유리하다.

58. 적하보험

해상보험의 일종인 적하보험은 배에 실은 짐이 없어지거나 헐거나 깨졌을 때에 생기는 재산상의 손해를 보충할 목적으로 가입한다. 적하(積荷)라고 볼 수 없는 저하(底荷)·연료·어구 등은 포함되지 않지만, 반드시 상품에 한하는 것은 아니다. 화물 이외에 승객의 수하물, 소지품, 유가증권 등 양륙이 예정된 운송물이면 모두 포함된다.

59. 지주회사(Holding Company)

① **개념** : 모회사(지배하는 회사)가 자회사(지배를 받는 회사)의 주식 총수에서 과반수 또는 지배에 필요한 비율을 소유·취득해 해당 자회사의 지배권을 갖고 자본적·관리기술적인 차원에서 지배 관계를 형성하는 기업이다.

② **법적 정의** : 주식(지분을 포함한다)의 소유를 통하여 국내 회사의 사업내용을 지배하는 것을 주된 사업으로 하는 회사로서 자산총액이 5,000억 원 이상인 회사를 말한다(독점규제 및 공정거래에 관한 법률 제2조 제7호). 이때 회사가 소유하고 있는 자회사의 주식(지분을 포함한다)가액의 합계액(자산총액 산정 기준일 현재의 대차대조표에 표시된 가액을 합계한 금액을 말한다)이 해당 회사 자산총액의 100분의 50 이상인 것으로 한다(동법 시행령 제3조 제2항).

③ **구분**

㉠ 순수지주회사 : 다른 기업의 사업내용 지배만을 목적으로 하는 지주회사이다.

㉡ 사업지주회사 : 자기 사업을 영위하면서 다른 기업의 사업내용을 지배하는 지주회사이다.

④ **장점**

㉠ 비교적 소자본으로도 거대한 생산과 자본에 대한 독점적 지배망을 넓힐 수 있다.

㉡ 지주회사를 설립해 여러 자회사를 두면 여러 가지 사업을 동시에 진행하기 용이하고, 위험을 관리하기 위해 사업 부문에 따라 매각·인수 등도 수월해진다.

㉢ 지배 구조가 단순해져 경영의 효율성을 높일 수 있고, 보다 투명한 경영을 도모할 수 있다.

60. EVA(Economic Value Added, 경제적 부가가치)

기업이 투입한 자본과 대비하여 실제로 벌어들인 이익이 얼마인지를 나타내는 경영 지표로, 영업이익에서 세금과 자본비용을 차감한 금액이다. 즉, 'EVA=영업이익-법인세-총자본비용'으로 계산할 수 있는데, 이때 총자본비용은 '타인자본 조달비용+자기자본에 대한 기회비용'으로서 가중평균값을 말한다. 보통 타인자본 조달비용은 은행대출 이자율을, 자기자본 비용은 1년 만기 정기예금 이자율을 기준으로 한다. EVA는 기업 가치의 실제적인 증가 혹은 감소를 비교적 정확하게 측정한다고 볼 수 있으며, 신규 사업에 대한 투자의 사전 검증뿐만 아니라 사후 평가도 가능하기 때문에 기업의 투자와 경영 성과를 평가할 때 유용한 판단 기준을 제공한다. 다만 EVA는 기업의 재무 상태를 정확하게 검증할 수 있으나, 기업 내부평가, 기업의 성장성, 고객 만족도 등에 대해서는 평가하기 어렵다. 또한 EVA를 계산하는 요소 가운데 하나인 자기자본 비용은 실제로 소요되는 비용이 아니므로 객관적인 계산이 어렵다.

61. 증자(Capital Increase)

① 개념 : 주식회사나 유한회사가 사업의 확장, 설비자금의 확보, 운전자금의 보충 등을 위해 자본을 늘리는 일을 뜻한다. 자금을 조달하려면 신주의 발행을 통한 자기자본의 조달 또는 차입금·사채에 의한 타인자본의 조달 등이 필요한데, 증자는 이 중 자기자본의 조달을 의미한다. 다만, 합병 등에 의한 자본금의 증가를 증자라고 하지 않는다.

② 유상증자와 무상증자

유상증자(실질적 증자)	무상증자(형식적 증자)
신주를 발행해 신규로 자금을 조달하므로 실제 자본금이 증가함	적립금의 자본전입이나 주식배당 등 법률상·명목상의 증자
주식자본이 증가함	주식자본이 증가함
실질재산이 증가함	실질재산이 증가하지 않음

③ 보통 증자는 유상증자를 가리키며, 증자 후에 대개는 주가가 일시적인 하락을 겪는데, 이를 권리락 주가 또는 권리락 가격이라 부른다. 이는 증자를 한 만큼 주식 수가 증가했으므로 이를 감안한 주가가 형성되기 때문이다. 또한 원칙적으로 무상증자는 주주의 실질적 이익을 증가시키는 것이 아니므로 주주는 이익을 기대할 수 없으나, 일반 투자자들은 무상증자가 단기적으로 주가를 끌어올린다고 여기기 때문에 전문가들은 단기적으로는 호재, 장기적으로는 악재로 보기도 한다.

62. 규모의 경제와 범위의 경제

① 규모의 경제(Economies of Scale)

㉠ 기업이 재화·서비스 생산량을 늘림에 따라 추가적으로 소요되는 평균 생산비가 점차 증가하는 일반적인 경우와 달리 일부 재화·서비스의 경우에 생산량이 늘어날수록 평균 생산비가 감소하는 현상을 규모의 경제라 부른다.

㉡ 규모의 경제는 초기 생산 단계에서 막대한 규모의 투자 비용이 투입되지만 생산에는 큰 비용이 들지 않는 철도·통신·전력 산업에서 나타나는데, 이들 산업은 생산이 시작된 이후 수요가 계속 증가하면서 평균 생산비가 감소하는 특징이 있다.

㉢ 분업에 따른 전문화 이익이 존재하는 경우에도 규모의 경제가 나타난다. 분업을 할 경우 생산량이 늘어나면서 평균 비용이 감소하는 것이다.

② 범위의 경제(Economies of Scope)

㉠ 단일한 기업이 한 종류의 제품만 생산하는 경우보다 여러 제품을 같이 생산하여 평균 생산비가 적게 들 때 범위의 경제가 존재한다고 말한다. 예컨대, 승용차와 트럭을 같이 생산하는 기업은 소재·부품이나 조립 라인 등의 생산시설을 공동으로 사용할 수 있다.

㉡ 동일한 생산요소를 사용하거나 기업 운영 및 마케팅 활동을 함께 하는 등 생산물이 가진 특성 때문에도 범위의 경제가 나타날 수 있다. 연구개발·판매·생산은 공동으로 하면서 제품의 종류만 달리할 경우 비용이 절감될 수 있는 것이다.

㉢ 기존 산업과 비슷한 산업에 진출할 경우 시너지 효과로 인해 범위의 경제를 기대할 수 있는데, 은행이 보험상품을 판매하는 방카슈랑스를 사례로 들 수 있다.

63. 외부불경제

① 어떤 개인이나 기업의 행동이 다른 개인이나 기업에게 나쁜 영향을 주는 일을 뜻하며, 예로는 각종 공장의 매연이나 소음 등이 있다. 즉, 한 경제 주체의 생산·소비가 시장 교환 과정에 참여하지 않은 다른 생산자·소비자에게 불리한 영향을 끼치는 것을 뜻하며, '외부비경제'라고도 부른다. 외부불경제는 어떤 경제 주체의 행위가 직간접적으로 다른 경제 주체에게 의도치 않은 피해를 끼치면서도 시장을 통해 그 대가를 지불하지 않는 상황을 뜻한다는 점에서 '부정적 외부효과'라고도 한다. 반대로 이익이 되는 영향을 끼치는 경우는 '외부경제', '긍정적 외부효과'라고 부른다.

② 외부불경제를 해소하기 위해 외부효과가 일어나는 상황에서 사회 전체가 최적 상태에 도달하려면 한 경제 주체에게 부여되는 비용과 편익뿐만 아니라 다른 경제 주체(제3자)에게 끼칠 수 있는 영향도 숙고해야 한다. 외부불경제는 세금 징수나 벌금 등의 규제로써 억제하고, 외부경제는 보조금 지급 등의 방법으로 권장해야 한다.

64. 프로젝트 파이낸싱(PF; Project Financing)

① 흔히 'PF'라고 부르기도 하는 프로젝트 파이낸싱의 사전적 의미는 건설이나 대형 사업과 같은 특정 프로젝트에서 사업성과 미래에 발생할 현금 흐름(Cash Flow)을 담보로 삼아 그 프로젝트의 수행 과정에 필요한 자금을 조달하는 금융 기법이다. 즉, 프로젝트 자체를 담보로 설정한 대규모 자금 조달 방식으로 볼 수 있다. 별도의 특수목적 회사(SPC)가 프로젝트 주체(Project Company)로 국제금융기관, 은행, 자본주 등의 투자자로부터 사업 자금을 모집하고, 사업이 끝나면 지분률에 따라 수익을 투자자들에게 배분한다.

② 토지·건물 등이 아니라 사업의 미래 수익성, 사업 주체의 신뢰도 등을 담보로 삼아 국제금융기관 등 복수의 투자자들로부터 대규모로 자금을 모을 수 있다. 프로젝트가 실패할 경우에도 모회사는 차입금 상환에 대한 부담이 없고, 투자 리스크를 분산할 수 있다. 다만, 현실적으로는 프로젝트 리스크가 커짐에 따라 모회사가 직·간접적으로 보증을 서기도 한다. 수익성이 높은 만큼 실패 위험도 상존하기 때문에 금융기관은 자금 투자뿐만 아니라 사업성 검토, 입찰 준비 등의 제반 업무에 관여한다.

65. 유동부채와 비유동부채

① **개념** : 유동부채는 기업의 부채 가운데 1년 안에 갚아야 하는 빚(외상대금, 단기차입금, 급한 어음)을, 비유동부채(고정부채)는 1년 이내에 상환되지 않을 빚(사채, 장기차입금, 관계회사차입금)을 뜻한다. 이러한 유동부채의 비율, 즉 자기자본에 대해 유동부채가 차지하는 비율은 자본 구성의 안전성을 판단하는 척도가 된다.

② **운전자본** : 유동부채는 지급기한이 짧으므로 기업이 지급 능력을 유지하려면 유동부채보다 더 많은 유동자산을 보유하고 있어야 한다. 이때 유동자산이 유동부채를 초과하는 부분을 운전자본이라 하며, 운전자본은 경영자가 단기 기업 활동을 수행할 때 자유로이 사용할 수 있는 자금이 된다.

③ **기업회계기준에 따른 구분** : 기업회계기준에서는 유동부채를 당좌차월, 외상매입금, 지급어음, 단기차입금, 미지급금, 선수금, 예수금, 미지급 비용, 미지급법인세, 관계회사 단기차입금, 주주・임원 종업원 단기차입금, 유동성 장기부채, 선수수익, 부채성 충당금, 기타의 유동부채 등으로 세분하며, 기업의 부채 중 유동성을 충족하지 않는 모든 부채는 비유동부채로 본다.

66. 기대신용손실(ECL; Expected Credit Loss)

개별 채무 불이행 발생 위험으로 가중평균한 신용손실(모든 현금 부족액의 현재가치)을 뜻한다. 이때 현금 부족액은 계약상 수취하기로 한 현금흐름과 수취할 것으로 기대되는 현금흐름의 차이를 말하며, 기대신용손실은 지급 시기와 지급액을 고려하므로 전부 지급받는다고 예상해도 그 예상 시기가 계약상 지급 시기보다 늦다면 신용손실이 발생한다. 즉, 기대신용손실은 결산일에 보유 중인 매출채권 잔액에 대해서 미래 기간 동안 채무 불이행으로 인해 예상되는 손실액을 계산해 이 금액을 현재가치로 평가한 금액을 대손충당금으로 설정하는 것이다. 기대신용손실은 신용위험의 유의적인 증가 여부에 따라 최소한 12개월 기대신용손실 또는 전체 기간 기대신용손실을 각각 손실충당금으로 인식한다.

67. 대손충당금

받을 어음, 외상 매출금, 대출금 등에서 받지 못할 것으로 예상해 장부상으로 처리하는 추산액을 뜻한다. 즉, 기업이 보유하는 채권 중에서 거래 상대방의 부도 등으로 받기 어려워 손실이 발생할 수 있는데, 이러한 손실을 충당하기 위해 미리 비용으로 처리해서 사내에 유보해둔 자금을 가리킨다. 〈은행업 감독규정〉에서는 은행들에게 차주의 채무상환능력 등을 감안해 자산 건전성을 분류하고, 이에 따라 대손충당금을 적립하도록 하고 있다.

68. 대안신용평가(ACSS; Alternative Credit Scoring System)

전통적인 신용평가에서 활용되는 대출・연체 정보 등의 금융 정보 이외에 대체 정보를 활용해 신용등급・점수를 산정하는 것을 뜻한다. 이때 대체 정보는 신용카드 취소 내역, 온라인 구매 정보, 모바일 이용 내역, 포인트 적립 정보, SNS 정보, 공공요금 납부 내역 등의 비(非)금융 정보를 가리킨다. 대안신용평가를 통해 학생, 가정주부처럼 금융 정보가 부족해서 제도권 금융에서 소외되었던 계층과 영세 소상공인의 신용을 평가해 맞춤형 대출 상품 등의 금융 혜택을 제공할 수 있다. 다만, 대안신용평가는 적시성, 포용 가능성, 정확도 면에서 기존의 신용평가 모형을 보완할 수 있지만, 데이터 확보와 프라이버시 등은 해결해야 할 문제로 지적된다.

69. 가중평균자본비용(WACC; Weighted Average Cost of Capital)

① **개념** : 우선주, 보통주, 부채, 유보이익 등으로 인한 기업의 자본비용을 시장가치 기준에 따라 각각이 총자본에서 차지하는 자본 구성 비율로 가중해 평균한 것을 뜻하는 WACC는 기업의 총자본에 대한 평균조달비용으로서, 일반적으로 기업의 자본비용을 가리킨다. 즉, 자본 사용에 따라 부담해야 하는 최저의 수익률로, 투자를 통해 얻어야 하는 최소한의 수익률인 것이다.

② **WACC의 계산** : WACC를 구할 때 가중치를 시장가치 기준의 구성 비율로 하는 것은 채권자와 주주의 현재 청구권에 대한 요구수익률을 측정하기 위해서이다. 기업 자산에 대한 요구수익률은 자본을 제공한 주주·채권자가 평균적으로 요구하는 수익률을 가리키는데, 자본비용은 투자자(주주·채권자)에게는 요구수익률이 되며, 기업에게는 기업 가치의 극대화를 위한 투자 결정과 자금조달 결정의 기준이 되어 기업이 재무적 의사를 결정할 때 매우 중요한 변수가 된다. 다만, 이론적으로 WACC는 '$\left(\text{자기자본비용}\times\frac{\text{자기자본}}{\text{총자본}}\right)+\left(\text{타인자본조달비용}\times\frac{\text{타인자본}}{\text{총자본}}\right)\times(1-\text{법인세율})$'이라는 산출 공식에 따라 그 값을 도출할 수 있으나, 실제 기업 현장에서 자본비용을 계산하는 일관된 방법이 존재하지 않기 때문에 다양한 당사자들의 상이한 관점에 따라서 다른 값이 도출될 수 있다.

70. 균형성과 기록표(BSC; Balanced Score Card)

기업의 새로운 전략을 관리하고 성과를 평가하기 위한 기록표이다. 조직의 비전과 전략 목표를 실현하기 위해 재무, 고객, 내부 프로세스, 학습과 성장 4가지 관점에서 기업별 특성에 맞는 성과 지표를 도출하고 각 지표마다 가중치를 적용해 성과를 관리하는 것이다. 이는 단기적 성격의 재무적 목표 가치와 장기적 목표 가치들 간의 조화를 추구한다. 기존의 회계적 성과 측정을 넘어서 기업의 전략적 방향성을 함께 고려해서 성과 측정이 가능하다는 장점이 있으나, 많은 복잡성이 존재하기 때문에 규모가 큰 기업에서 주로 이용되고 있다.

71. 당좌차월

기업이 일시적인 자금 부족의 보완책으로 금융기관에 실제로 예금한 잔액보다 더 큰 액수의 수표를 발행하는 형식으로 단기 자금을 대출받는 것을 뜻한다. 금융기관의 입장에서는 당좌대월이라 할 수 있다. 당좌차월은 금융기관에 대한 기업의 부채이며 보통 이자가 붙어 지급이자가 발생하고, 재무제표상 단기차입금에 해당한다. 당좌대월을 받기 위해서는 기업과 금융기관이 사전에 한도를 정하는 계약을 맺어야 하며, 이때 일반적으로 유가증권·정기예금 등을 근담보로 설정한다.

72. 재무회계와 관리회계

① **재무회계** : 기업의 출자자를 비롯한 외부의 이해관계자에게 재무 보고를 하기 위해 수행되는 회계 기록과 계산을 통틀어 이르는 말로, 기업의 분배 가능 이익을 산정하여 표시한다.

② **관리회계** : 기업 경영자가 내부적으로 경영 관리를 위하여 하는 회계를 가리키는 말이다. 즉, 재무회계의 목적이 기업 외부의 투자자·채권자 등에 초점을 맞춰 그들의 경제적 의사결정에 도움을 주기 위해 제공하는 것에 있다면, 관리회계의 목적은 경영 의사결정에 필요한 회계 정보를 기업 내부의 경영관리자 등에게 제공하는 것에 있다.

〈재무회계와 관리회계의 차이점〉

구분	재무회계	관리회계
목적	재무제표를 통해 기업 외부의 이해관계자들에게 회계·재무 정보를 제공함	기업 내부의 경영관리자 등에게 경영 의사결정에 필요한 회계·재무 정보를 보고함
정보의 종류	회계·재무 정보 (회계·재무 상태에 대한 요약)	회계·재무 정보+인사 등 회계·재무 이외의 정보(다양하고 상세·완전한 정보)
정보의 성격	객관적·과거지향적	목적 적합성 강조, 미래지향적
작성 시기	회계기간(1년) 말에 주기적으로	필요와 요구에 따라 수시로
감사 여부	감사함	감사하지 않음

73. 역사적 원가와 현행원가

① **역사적 원가** : 실제로 소비(현금지출 등)한 재화의 수량과 그것을 취득한 금액으로 산출한 원가를 뜻하며, 실제원가·취득원가라고도 부른다. 이때 취득에 소요되는 부대 비용을 포함하는 것이 일반적이다. 역사적 원가주의는 자산을 취득한 원가로 대차대조표에 기록하고 보고하는 회계 원칙으로서, 기업회계 원칙에서는 역사적 원가를 자산평가의 기준으로 본다.

② **현행원가** : 동일·동등한 경제적 효익을 가진 자산을 현재 시점에서 취득할 경우에 지급해야 할 현금 및 현금성 자산의 금액을 가리킨다. 현행원가 회계는 자산과 부채(현재 시점에서 그 의무를 이행하는 데 필요한 현금 및 현금성 자산의 할인하지 않은 금액)를 측정할 때 역사적 원가 대신에 자산별 현행원가를 사용해 계상하는 회계로서, 개별 자산의 가격 변동의 상황이 각각 다른 것을 고려해 시장에서 형성된 현재 금액을 유지하기 위한 것이다. 이는 화폐의 일반 구매력을 고려하지 않고 자산별로 개별 물가지수를 적용하는 데 실현보유손익과 미실현보유손익을 계상하게 된다.

③ **현행원가 회계의 한계** : 수익 - 비용 대응의 합리화, 기간별 비교 가능성 제고, 실질자본 유지에 필요한 정보 제공, 미래현금유입액의 추정 정보 제공 등이 가능하지만, 원가 결정의 어려움, 구매력 손익 정보 제공 불가능 등의 단점이 있다.

74. 재고자산의 평가 방법 1 : 선입선출법

① **개념** : 선입선출법은 재고자산의 출고 단가를 결정할 때 장부상으로 먼저 입고된 것부터 차례로 출고되는 것으로 보고 재고자산의 출고 단가를 결정하는 방법으로, 물가가 떨어질 때 자산 내용이 견실하게 평가된다. 따라서 재고품은 비교적 최근에 입고된 물품의 원가로 구성되며, 출고품의 가격은 일찍 입고된 물품의 원가에 의해 결정·표시된다.

② **장점** : 미실현손익을 포함하지 않은 재고자산 원가가 실제 기록에 의해 조직적으로 계산된다는 점, 재고품의 평가액이 시가에 비교적 가깝다는 점, 장부상 처리가 실제 재고품의 흐름과 다르더라도 재고관리상 편리하다는 점, 디플레이션 때에 이익이 과대 계상되지 않는다는 점 등의 장점이 있다.

③ **단점** : 인플레이션의 경우에는 비용을 낮게 평가하고 이익을 과대 계상하며, 동종의 물품을 동시에 출고할 때에도 각기 다른 수종의 단가를 적용하게 되어 계산이 복잡하다는 한계가 있다.

75. 재고자산의 평가 방법 2 : 후입선출법

① **개념** : 선입선출법과 상대되는 개념인 후입선출법은 재고자산을 평가할 때 최근에 사들인 것부터 출고한 것으로 하여 원가를 계산하는 방법이다. 재고자산 원가의 흐름을 가정한 것이므로 실제 재고의 흐름과는 상관없으며, 'Last-in First-out'이라는 영어 명칭처럼 최근에 창고에 입고된 것을 먼저 출고하는 재고흐름을 가정한다. 다만, 현행 한국채택국제회계기준(K-IFRS)에서는 후입선출법을 인정하지 않으며, 후입선출법을 인정하는 일반기업회계기준에서는 회계기준이 인정하는 다른 재고자산 평가 방법을 적용한 재고자산평가액 등 추가적인 정보를 주석을 통해 기업이 제공하도록 요구하고 있다.

② **장점** : 매출원가를 최근의 구입 단가로 적용해 당기 수익에 당기 원가를 대응함으로써 수익과 비용의 기간적 대응의 원칙에 적합하고, 인플레이션으로 화폐 가치가 하락하는 경우에는 최근의 구입 원가를 반영하기 때문에 재고자산의 평가이익을 판매이익으로 넣지 않아 객관성을 확보할 수 있다.

③ **단점** : 재무상태표상 재고자산을 최근 재고원가 수준과 거의 관련이 없는 금액으로 평가하게 되고, 기중 재고의 판매량이 당기 구입 재고자산을 초과해 재고자산이 감소하는 경우 오랫동안 과거 원가로 평가된 재고자산이 매출원가에 포함되면서 손익의 왜곡이 발생할 수 있다는 한계가 있다.

76. 재고자산의 평가 방법 3 : 가중평균법

① **개념** : 단가에 수량을 가중치로 곱해 평균단가를 산출하는 방법으로, 재고자산을 평가하거나 재료 등의 소비가격을 계산할 때 이용된다. 재고자산과 회계기간 중에 매입 또는 생산된 재고자산의 원가를 가중평균해 재고 항목의 단위원가를 결정한다. 기업의 상황에 따라 매입·생산할 때마다 계산하는 이동평균법 또는 주기적으로 계산하는 총평균법 등이 있다.

② **이동평균법** : 특정 시점에서 매출되는 상품은 그 시점에 기업이 보유 중인 상품일 수밖에 없으며 이것들은 동일한 상품인 한 동일한 원가로 평가해야 함을 전제로 한다. 상품을 구입할 때마다 금번 매입액과 직전 잔고란 금액을 합해 그 시점의 매입원가 총액을 구한 후, 이 금액을 금번 매입량과 직전 잔고량의 합계 수량으로 나누어 이동평균단가를 구한다.

③ **총평균법** : 일정 기간에 매출되는 상품은 동일한 원가로 평가해야 함을 전제로 하며, 기말시점에 기말상품재고액과 당기상품매입액을 합한 판매가능금액 전체를 구한 다음, 이를 그 기간의 판매가능수량 전체로 나누어 총평균단가를 산출하기 때문에 기중에 상품의 단가를 알 수 없다는 맹점이 있다.

구분	비교
매출원가, 현금흐름	후입선출법>총평균법>이동평균법>선입선출법
기말재고자산, 당기순이익, 법인세	후입선출법<총평균법<이동평균법<선입선출법

77. 재고자산의 평가 방법 4 : 개별법

① **개념** : 구입한 모든 개개의 상품·제품에 대해 개별적인 원가를 계산하는 방법으로서, 각 재고상품의 평균원가로 계산하는 가중평균법에 상대되는 개념이다.

② **장단점** : 원가의 흐름과 물량의 흐름이 완전히 일치해 정확한 계산이 가능하지만, 재고자산의 종류와 수량이 많고 단위원가의 금액이 상대적으로 적은 경우에는 효율적이지 않으며, 경영자가 임의로 특정 재고를 판매된 것으로 간주해 매출원가와 기말재고액을 조작할 가능성도 있다. 또한 일반적으로 상호 교환이 가능한 대량의 재고자산 항목에 개별법을 적용하는 것은 적절하지 않다.

PART 2

CHAPTER

04 키워드로 알아보는 디지털 · IT 상식

1. 임베디드 금융(Embedded Finance)

① **개념** : 비금융기업이 금융기업의 금융 상품을 중개 · 재판매하는 것을 넘어 IT · 디지털 기술을 활용해 자체 플랫폼에 결제 · 대출 등의 비대면 금융 서비스(핀테크) 기능을 내재화(Embed)하는 것을 뜻한다. 은행이 제휴를 통해 금융 서비스의 일부를 비금융기업에서 제공하는 서비스형 은행(BaaS, Banking as a Service)도 임베디드 금융의 한 형태로 볼 수 있다.

② **성장 배경** : 코로나19 장기화 사태로 소비 형태가 온라인으로 바뀌면서 비대면 금융 서비스를 더 빠르고 간편하게 이용하려는 수요의 급증과 클라우드컴퓨팅, 개방형 API(Application Programming Interface) 등 디지털 기술의 발달, 금융 규제 완화 추세 등은 임베디드 금융이 성장하는 원동력이 되고 있다.

③ **국내 현황** : 결제, 대출, 보험의 순서로 임베디드 금융이 활발하게 이루어지고 있다. 다만 국내 임베디드 금융 서비스는 대부분 결제 서비스에 집중되어 있고(네이버 · 카카오 · 현대차 등), 외국에 비해 규모가 작다. 따라서 새로운 분야로 확장될 수 있도록 기업과 정부의 협력, 임베디드 금융 시장 참여자들 사이의 인수 · 제휴 · 협업 등의 상생 · 협력 강화, 기술 역량 강화로 경쟁력 개선 등이 필요하다.

〈임베디드 금융의 기대 효과〉

구분	기대 효과
비금융기업	자사의 기존 서비스를 금융 서비스 제공에 활용할 수 있어 금융 서비스 내재화를 위한 시간적 · 금전적 투자 절감, 방대한 고객 데이터와 금융 서비스를 접목함으로써 고객에게 적합한 상품 추천 및 고객 충성도 제고와 기반 확장 → 금융 편의성 개선으로 자사의 제품 판매 향상
금융기업	금융 기능을 제공한 대가로 비금융기업으로부터 받는 수수료, 고객 접점 확대(비금융기업의 고객을 활용)를 통해 새로운 수익 창출
핀테크기업	비금융기업과 금융기업을 중개 · 연결한 대가로 비금융기업으로부터 받는 수수료, 고객에게 금융 서비스를 제공할 수 있는 새로운 기회를 얻음
소비자(고객)	구매와 동시에 결제 등 금융 서비스를 보다 저렴 · 간편하게 받을 수 있음

2. 대칭(Symmetric) 암호화 기법

① **개념** : 정보의 암호화와 복호화에 같은 키를 사용하는 방식으로서, 암호화와 복호화에 동일한 비밀키를 공유해 사용하므로 암호화된 데이터는 비밀키가 없으면 복호화가 불가능하다.

② **장점** : 사용되는 키의 길이가 짧고 암호화 · 복호화 속도가 빠르다. 또한 알고리즘의 내부 구조가 간단한 치환(대치)과 전치(뒤섞기)의 조합으로 되어 있어서 알고리즘을 쉽게 개발할 수 있다.

③ **단점** : 비밀키가 유출되지 않도록 보안 관리를 철저히 해야 하며, 송수신자 간에 동일한 키를 공유해야 하므로 많은 사람들과의 정보 교환 시 많은 키를 생성 · 전달 · 교환 · 공유 · 유지 · 관리해야 하는 어려움이 뒤따른다.

3. 비대칭(Asymmetric) 암호화 기법

① **개념** : 정보를 암호화하는 데 사용하는 키(공개키)와 암호화된 정보를 복원하는 데 사용하는 키(개인키)가 서로 다른 암호화 방식으로서, A의 공개키로 암호화된 데이터는 오직 A의 개인키로만 복호화할 수 있고, 반대로 A의 개인키로 암호화된 데이터는 오직 A의 공개키로만 복호화할 수 있다. 암호화키와 복호화키가 서로 다르며 암호화키로부터 복호화키를 계산해 낼 수 없으므로 암호화키가 공개되어도 무방하기 때문에 공개키 방식이라고 부르기도 한다.

② **장점**

㉠ 높은 기밀성 : A가 B의 공개키로 데이터를 암호화해 B에게 보내면 B는 자신이 가진 개인키(=사설키)를 이용해 A가 보낸 데이터를 복호화할 수 있다. 이때 C가 데이터를 가로채더라도 B의 공개키로 암호화한 데이터를 C의 개인키로는 복호화할 수 없다. B의 공개키로 암호화한 것은 그 공개키에 상응하는 개인키로만 복호화할 수 있기 때문이다.

㉡ 키의 교환·분배 불필요 : 공개키는 공개되어 있기 때문에 키를 교환·분배할 필요가 없다. 또한 다수의 사용자와 데이터를 공유해야 하는 경우 유리하다.

㉢ 부인 방지(Non-Repudiation) 기능 : A가 B에게 암호화된 데이터를 보냈을 경우 A의 개인키로 암호화된 데이터는 A의 공개키로만 열 수 있다. 이때 A의 개인키는 A만 가지고 있으므로, B는 A로부터 전송받은 데이터를 A의 공개키로 복호화할 수 있다는 사실만으로도 그 데이터가 A가 작성해 보낸 것임을 확신·신뢰할 수 있다.

③ **단점**

㉠ 대칭 암호화 방식보다 암호화·복호화 속도가 느리다.

㉡ 공개키 기반 구조의 운영에 따른 비용이 추가적으로 발생한다.

㉢ 키 길이가 매우 길기 때문에 훨씬 더 많은 연산 능력이 요구된다.

㉣ 데이터의 송수신 과정 중간에 해커가 자신의 공개키·개인키를 만들어 클라이언트와 서버 사이에서 자신이 클라이언트 / 서버인 것처럼 가장하여 데이터를 위조할 수 있다. 이에 따라 CA(공인인증 기관)에서 인증받은 인증서(CA의 개인키로 암호화된 전자 서명)을 통해서 자신이 받은 공개키가 실제 통신하려는 서버의 공개키임을 확인하는 과정이 필요하다.

4. 랜섬웨어(Ransomware)

① **개념** : 악성코드(Malware)의 일종으로, 컴퓨터 시스템을 잠그거나 데이터를 암호화해 사용자가 정상적으로 사용하지 못하도록 만든 후 이를 볼모로 잡고 금전(Ransom)을 요구하기 위하여 퍼뜨리는 악성 프로그램을 뜻한다.

② **현황** : 2005년부터 본격적으로 알려지기 시작했으며, 몸값 지불의 수단으로 악용되는 비트코인이 등장하고 2013년 랜섬웨어의 일종으로 강력한 암호화 알고리즘으로 파일을 암호화하는 '크립토락커(Crypto-Locker)'가 출현한 이후 랜섬웨어 공격은 더욱 다양해지고 과격해지고 있다.

③ **주요 감염 경로** : 이메일(첨부파일, 메일 웹주소), 웹사이트, P2P 사이트, SNS 등을 통해 컴퓨터뿐만 아니라 스마트폰 등을 감염시킨다.

④ **예방법** : 무수히 많은 랜섬웨어의 공격을 사전에 완벽하게 차단하는 방법은 사실상 없으며, 사후 복구도 매우 어렵다. 따라서 중요 데이터는 컴퓨터와 분리된 저장소에 정기적으로 백업해야 한다. 또한 이메일·SNS 등에 첨부된 파일이나 링크 주소를 함부로 클릭하지 말아야 하며, 백신 소프트웨어는 항상 최신 버전을 유지하도록 한다.

5. 은행가 알고리즘(Banker's Algorithm)

① **개념** : 병렬로 수행되는 프로세스 사이의 교착 상태(Deadlock)를 방지하기 위해 프로세스가 요구한 자원의 수가 현재 사용할 수 있는 자원의 수보다 적을 때 프로세스가 요구한 수만큼 자원을 더 할당하는 방식을 뜻한다.

② **안전·불안전 상태** : 교착 상태 발생 가능성을 판단하기 위해 상태를 안전 상태와 불안전 상태로 구분하며, 운영 체제는 안전 상태를 유지할 수 있는 요구만을 수락하고 불안전 상태를 일으킬 수 있는 요구는 나중에 만족될 수 있을 때까지 계속 거절한다.

㉠ 안전 상태 : 교착 상태를 일으키지 않으면서 각 프로세스가 요구한 최대 요구량만큼 필요한 자원을 할당할 수 있는 상태, 즉 안전 순서열이 존재하는 상태를 뜻한다. 반대로 불안전 상태는 안전 순서열이 존재하지 않는 상태이다.

㉡ 불안전 상태 : 교착 상태이기 위한 필요조건이며(교착 상태는 불안전 상태에서만 발생), 불안전 상태라고 해서 반드시 교착 상태가 발생하는 것은 아니다.

③ **명칭의 유래** : 은행가 알고리즘은 '은행은 최소한 고객 1명에게 대출해줄 금액을 항상 보유하고 있어야 한다.'는 개념에서 비롯됐다. 은행가(은행원) 알고리즘은 자원의 할당 허용 여부를 결정하기 전에 미리 결정된 모든 자원의 가능한 최대 할당량을 시뮬레이션해 안전 여부를 검사한 다음 대기 중인 다른 모든 활동의 교착 상태 가능성을 조사해 안전 상태 여부를 검사하는데, 교착 상태를 회피하려고 교착 상태가 일어나지 않을 때만 작업을 진행한다. 이 알고리즘을 은행에 적용하면 모든 고객들의 대출 요구를 일정한 순서에 따라 만족시킬 수 있기 때문에 은행가 알고리즘이라고 부른다.

〈은행가 알고리즘을 수행하기 위한 3가지 조건〉

Max	• 고객 / 프로세스가 요구한 최대 자원 수 • 각 프로세스가 자원을 최대로 얼마나 요구할 수 있는가, 즉 각 고객이 얼마나 최대 한도의 금액을 요구할 수 있는가?
Allocated	• 이미 할당된 자원의 수 • 각 프로세스가 현재 보유하고 있는 자원은 얼마인가, 즉 각 고객들이 현재 빌린 돈이 얼마인가?
Available	• 사용 가능한 자원의 수 • 시스템이 얼마나 자원을 보유하고 있는가, 즉 은행이 보유한 돈과 빌려줄 수 있는 돈은 얼마인가?

④ **한계**

㉠ 최대 자원 요구량을 미리 알아야 한다.

㉡ 항상 불안전 상태를 방지해야 하므로 자원 이용도가 낮다.

㉢ 사용자 수가 일정해야 하는데, 다중 프로그래밍 시스템에서는 사용자 수가 항상 변한다.

㉣ 교착 상태 회피 알고리즘은 매우 복잡해 이를 실행하면 시스템에 걸리는 부하가 과도하게 증가한다.

㉤ 할당할 수 있는 자원의 수가 일정해야 하는데, 일정하게 남아있는 자원 수를 파악하기가 매우 어렵다.

㉥ 프로세스들은 유한한 시간 안에 자원을 반납해야 한다(프로세스는 자원을 보유한 상태로 끝낼 수 없다).

6. DNS(Domain Name System) 서버

네트워크에서 도메인이나 호스트 이름을 숫자로 된 IP 주소로 해석해주는 TCP / IP 네트워크 서비스를 가리킨다. 도메인 네임은 인간이 알아볼 수 있도록 문자로 구성된 인터넷 주소이며, IP 주소는 인터넷에서 어떤 컴퓨터를 실제로 찾기 위한 숫자 체계의 주소이다.

7. 스테이블코인

① **개념** : 법정화폐와 일대일(예 1코인=1달러)로 가치가 고정되게 하거나(법정화폐 담보 스테이블코인) 다른 암호화폐와 연동하는(가상자산 담보 스테이블코인) 등의 담보 방식 또는 알고리즘을 통한 수요-공급 조절(알고리즘 기반 스테이블코인)로 가격 변동성이 최소화되도록 설계된 암호화폐(가상자산)이다. 다른 가상화폐와 달리 변동성이 낮기 때문에 다른 가상화폐 거래, 탈중앙화 금융(De-Fi) 등에 이용되므로 '기축코인'이라고 볼 수 있다.

② **기대효과** : 우리나라와 달리 대부분 해외 가상자산 거래소에서는 법정화폐가 아닌 스테이블코인으로 가상화폐를 거래하는데, 이렇게 하면 다른 나라의 화폐로 환전해 다시 가상화폐를 구매하는 불편을 해소하고, 환율의 차이에 따른 가격의 변동으로부터 자유롭다. 아울러 디파이를 통해 이자 보상을 받을 수 있으며, 계좌를 따로 개설할 필요가 없고, 휴일에도 송금이 가능하며 송금의 속도 또한 빠르고, 수수료도 거의 없다.

③ **선결 조건** : 스테이블코인은 기본적으로 가격이 안정되어 있기 때문에 안정적인 투자 수익을 얻을 수 있으나 단기적인 매매 차익을 기대하기 어렵다. 아울러 자금세탁이나 사이버 보안 등의 문제점을 보완하기 위한 법적 규제와 기술적 장치가 반드시 필요하다.

8. 디파이(De-Fi)

① **개념** : '금융(Finance)의 탈중앙화(Decentralized)'라는 뜻으로, 기존의 정부·은행 같은 중앙기관의 개입·중재·통제를 배제하고 거래 당사자들끼리 송금·예금·대출·결제·투자 등의 금융 거래를 하자는 게 주요 개념이다. 디파이는 거래의 신뢰를 담보하기 위해 높은 보안성, 비용 절감 효과, 넓은 활용 범위를 자랑하는 블록체인 기술을 기반으로 한다.

② **특징** : 디파이는 서비스를 안정적으로 제공하기 위해 기존의 법정화폐에 연동되거나 비트코인 같은 가상자산을 담보로 발행된 스테이블코인(가격 변동성을 최소화하도록 설계된 암호화폐)을 거래 수단으로 주로 사용한다. 또한 디파이는 거래의 속도를 크게 높일 수 있고, 거래 수수료 등 부대비용이 거의 들지 않기 때문에 비용을 절감할 수 있다.

③ **장단점** : 디파이는 블록체인 자체에 거래 정보를 기록하기 때문에 중개자가 필요 없을 뿐만 아니라 위조·변조 우려가 없어 신원 인증 같은 복잡한 절차도 없고, 휴대전화 등으로 인터넷에 연결되기만 하면 언제든지, 어디든지, 누구든지 디파이에 접근할 수 있으며, 응용성·결합성이 우수해 새로운 금융 서비스를 빠르게 개발할 수 있다. 다만, 아직 법적 규제와 이용자 보호장치가 미비하여 금융사고 발생 가능성이 있고 상품 안정성 또한 높지 않다는 한계가 있다.

9. 비트와 바이트

① 비트(bit)

㉠ 비트는 '0'과 '1'의 2진수(Binary Digit)를 기반으로 하여 데이터를 표현·저장하는 최소의 단위이다. 0은 꺼짐(Off)·아니오·거짓을, 1은 켜짐(On)·예·참을 가리킨다. 즉, 0 또는 1의 2가지 상태만을 표현할 수 있다. 예컨대, 8개의 비트는 아스키(ASCII) 문자 하나를 표현하는 데 사용되는데, '1100001'은 소문자 a를 나타낸다.

㉡ 비트의 개수는 메모리의 용량, 처리 능력, 프로그래밍 언어나 시스템의 특정 기능과 관련이 있다. 예컨대 64비트 시스템은 32비트 시스템보다 더 큰 메모리를 주소 지정할 수 있고, 처리할 수 있는 데이터의 크기 또한 더 크다.

② **바이트(Byte)** : 8개의 비트가 모인 1개의 바이트는 데이터 처리와 통신의 기본 단위이다. 문자, 숫자, 특수기호 등 다양한 종류의 데이터를 표현·저장하는 데 쓰인다. 2의 8제곱, 즉 256가지의 다른 상태를 표현할 수 있다.

③ **비트와 바이트의 비교** : 비트와 바이트의 단위 기호를 구별하기 위해 비트는 소문자(b)로, 바이트는 대문자(B)로 표시한다. 인터넷 속도, 포트 속도 등 인터페이스 속도를 나타낼 때는 주로 비트를 사용하는데, 이는 인터페이스가 전체 바이트가 아니라 비트를 전송하므로 비트가 더 정확한 단위이기 때문이다. 또한 메모리 등 저장 용량의 크기를 나타낼 때는 주로 바이트를 사용하는데, 이는 컴퓨터는 바이트 단위로 데이터를 읽고 쓰는 작업을 하며, 바이트들을 다시 묶어 의미 있는 정보를 만들므로 바이트를 비트로 나누는 것은 중요하지 않기 때문이다.

10. 머신러닝(ML) 알고리즘과 모델링

① **머신러닝의 개념** : 인공지능(AI)의 한 분야인 머신러닝(기계학습)은 경험적 데이터를 기반으로 기계(컴퓨터)가 학습을 하고 예측을 수행하며 스스로의 성능을 향상시키는 시스템과 이를 위한 알고리즘을 연구·구현하는 기술이다. 머신러닝의 알고리즘들은 엄격하게 정해진 정적인 프로그램 명령들을 수행하기보다는 입력 데이터를 기반으로 예측·결정을 이끌어내기 위해 특정한 모델을 구축하는 방식을 취한다.

② **머신러닝 알고리즘** : 대개의 머신러닝은 다수의 파라미터(함수와 같은 수학적 개체의 특성이나 출력에 영향을 주는 변수)로 구성된 모델을 이용하며, 이때 학습(Learing)은 주어진 데이터·경험을 통해 파라미터를 최적화하는 것을 뜻한다.

㉠ 지도(Supervised) 학습 : 입력값과 이에 대응하는 미리 알려진 출력값(인간이 제공)을 매핑하는 함수를 학습하는 과정이다. 즉, 기계가 입력값과 그것에 따른 출력값이 있는 데이터를 이용해 주어진 입력에 맞는 출력을 찾는 학습 방법이다.

㉡ 비지도(Unsupervised) 학습 : 출력값 없이 입력값만으로 모델을 구축해 학습한다. 즉, 입력값만 있는 훈련 데이터를 이용해 입력값들의 규칙성을 찾는 학습 방법이다. 일반적으로 데이터마이닝의 대부분의 기법이 이에 해당한다.

㉢ 준지도(Semi-supervised) 학습 : 지도 학습과 비지도 학습을 절충한 형태로, 데이터에 대한 Label(정답)이 있기도 하고 없기도 할 경우에 소량의 데이터에 대해서만 확실한 정답 값을 부여하고 나머지는 스스로 학습하며 정답 값을 달아 주는 방식이다. 라벨링에 따른 시간과 비용이 절감된다는 장점이 있다.

㉣ 강화(Reinforcement) 학습 : 학습자가 행동을 선택해 행동으로 환경에 영향을 미치고, 이에 대한 피드백으로 보상치를 얻어 학습 알고리즘의 가이드로 사용한다. 일정한 입력값(주어진 상태)에 대해 출력(정답 행동)이 아니라 최적의 행동을 선택하는 방법이다. 즉, 정답 행동(주어진 입력값에 대한 출력값)이 주어지지 않는 대신 일련의 행동의 결과에 대해 보상이 주어지게 되며, 이러한 보상을 이용해 학습이 이루어진다.

③ 머신러닝의 주요 모델링 기법

㉠ 지도 학습 모델링

- 분류(Classification) 모델 : 데이터를 서로 다른 클래스로 분류하는 데 활용되며, 이러한 모델의 한 예로 로지스틱 회귀 모델(어떤 입력값이 특정 그룹에 속하는지 아닌지 이분법적으로 추론함)을 들 수 있다.
- 회귀(Regression) 모델 : 연속 변수를 예측하는 데 활용되며, 하나 이상의 입력 변수를 기반으로 본질적으로 연속적인 출력 변수를 예측하는 데 사용되는 선형(Linear) 회귀 모델이 대표적이다.
- 의사결정 나무(Decision Tree) 모델 : 분류와 회귀 작업 모두에 활용할 수 있는 적응형 알고리즘으로, 트리 구조 형태를 예측 모델로 사용한다. 트리의 리프와 노드를 횡단 이동하면서 입력값이 어떤 카테고리에 속하는지 판단한다. 모든 내부 노드는 입력 속성에 대해 수행된 테스트를 나타내고, 모든 리프 노드는 클래스 레이블 또는 회귀값을 나타내는 순서도와 같은 구조로 구성된다. 또한 여러 개의 의사결정 나무를 조합해 생성된 랜덤 포레스트는 단일한 의사결정 나무보다 예측 정확도를 높일 수 있다.

㉡ 비지도 학습 모델링

- 군집(Clustering) 모델 : 데이터 집합 내에서 상호 연관성이 있거나 성격이 유사한 데이터 포인트를 함께 그룹화는 방식으로, 고객 분류, 불규칙성 감지, 이미지 분할 등의 목적으로 자주 사용된다.
- 인공 신경망(Neural Network) 모델 : 생물의 신경 네트워크 구조와 기능을 모방하는 방식으로, 데이터 세트 내에서 복잡한 패턴을 식별·분석한다. 시각 인식, 음성 이해, 언어 분석 등의 목적으로 자주 사용된다.
- 수학적 기법 모델 : 특이값 분해 및 주성분 분석과 같은 수학적 기법을 사용하는 방식으로, 특이값 분해를 통해 데이터 집합을 형성하는 기본 요인을 식별하고, 주성분 분석을 통해 데이터 집합의 본질적인 특성을 파악한다.

11. XOR과 NOR

① OR(논리합)

㉠ XOR(배타적 논리합), NOR(부정논리합) 등의 논리 연산자를 정확히 이해하려면 먼저 OR를 알아야 한다. OR는 여러 개의 입력 정보가 있을 경우, 이 여러 개의 입력 중 하나라도 '참(1)'이 있으면 '참'이 출력되고, 입력이 모두 '거짓(0)'인 경우에만 '거짓'이 출력되는 논리 연산자이다. 즉, 2개 또는 그 이상의 입력값이 주어졌을 경우 주어진 입력값이 모두 거짓일 때에만 거짓이고, 적어도 하나 이상이 참이면 참이다.

㉡ A와 B의 논리합을 'A OR B' 또는 'A | B'라고 표기하기도 한다.

논리합 논리표		
A	B	A OR B
거짓(0)	거짓(0)	거짓(0)
거짓(0)	참(1)	참(1)
참(1)	거짓(0)	참(1)
참(1)	참(1)	참(1)

② XOR(배타적 논리합)

㉠ 입력값 A와 B가 주어졌을 경우 A와 B 가운데 1개만 '참'일 때 '참'이 출력되는 논리 연산자이다(← eXclusive OR). A와 B 가운데 하나가 '참'이고 다른 하나가 '거짓'일 때에만 연산 결과로 '참'이 출력된다. 즉, A, B가 서로 상반된 조건일 때에만 결과를 참으로 하는 논리이다.

㉡ A와 B의 배타적 논리합을 'A XOR B' 또는 'A⊕B'라고 표기하기도 한다. A≠B일 때 A XOR B='참'이고, A=B일 때 A XOR B='거짓'이다.

배타적 논리합 논리표		
A	B	A XOR B
거짓(0)	거짓(0)	거짓(0)
거짓(0)	참(1)	참(1)
참(1)	거짓(0)	참(1)
참(1)	참(1)	거짓(0)

③ NOR(부정논리합)

㉠ 출력이 OR(논리합)의 반대로 나오는 연산자로, 변수 A와 B가 주어졌을 때 A와 B가 모두 '0(거짓)'일 때에만 출력이 '1(참)'로 나온다(← Not OR).

㉡ A와 B의 부정논리합을 'A NOR B' 또는 'A∨B' 또는 'A↓B'라고 표기하기도 한다.

부정논리합 논리표		
A	B	A NOR B
거짓(0)	거짓(0)	참(1)
거짓(0)	참(1)	거짓(0)
참(1)	거짓(0)	거짓(0)
참(1)	참(1)	거짓(0)

12. 데이터베이스(DB)

① 개념

㉠ 데이터베이스는 여러 가지 업무에 공동으로 필요한 데이터를 유기적으로 결합해 저장한 집합체를 뜻한다. 데이터를 효율적으로 처리하기 위해 개발되며, 같은 데이터가 중복되는 문제를 없앨 수 있고, 업무가 확대되어도 새로 파일을 준비할 필요가 없다.

㉡ 데이터베이스는 여러 사람이 공유해 사용할 목적으로 논리적으로 연관된 자료들을 통합해 조직적으로 관리하는 데이터의 집합체로서, 자료 파일을 조직적으로 통합하여 자료 항목의 중복을 없애고 자료를 구조화해 저장함으로써 보다 효율적인 검색·정렬·갱신을 가능하게 한다.

② 특징

㉠ 실시간 접근 가능 : 사용자의 질의를 즉시 처리하고 응답할 수 있다.

㉡ 지속적인 변화 : 데이터의 삭제·갱신, 새로운 데이터의 삽입 등으로 그 내용이 계속해서 변화함으로써 항상 최신의 데이터를 유지한다.

㉢ 동시 공유 : 다수의 사용자가 동시에 데이터에 접근해 데이터를 이용할 수 있다.

㉣ 내용에 의한 참조 : 저장되어 있는 레코드들의 위치·주소가 아니라 사용자가 요구하는 데이터 내용으로 데이터를 찾는다.

㉤ 데이터의 논리적 독립성 : 데이터베이스와 응용프로그램을 독립시키므로 데이터의 논리적 구조가 변경되어도 응용 프로그램은 변경되지 않는다.

③ **구성 요소** : 업무 수행에 필요한 상호 관련된 데이터들의 모임인 데이터베이스는 최소의 중복으로 통합·저장된 운영 데이터로 구성된다.

㉠ 통합(Integrated) 데이터 : 동일한 자료의 중복을 배제 또는 최소화한 통합된 데이터이지만, 때로는 불가피한 중복을 허용하는 데이터이다('최소의 중복, 통제된 중복' 허용).

㉡ 저장(Stored) 데이터 : 컴퓨터가 접근할 수 있는 저장 매체에 저장해 관리하는 데이터이다.

㉢ 운영(Operation) 데이터 : 단순한 데이터의 집합이 아니라 특정 조직의 주요한 고유 기능을 수행하는 데 필수불가결한 데이터이다.

㉣ 공용(Shared) 데이터 : 특정 조직의 사용자들과 응용 시스템들이 서로 다른 목적으로 데이터를 공동으로 동시에 이용할 수 있는 데이터이다.

13. 사물인터넷(IoT; Internet of Things)

① 개념

㉠ 사물에 센서와 통신 프로세서를 장착해 실시간으로 정보를 수집·교환하고 제어·관리할 수 있도록 인터넷 등 다양한 방식의 네트워크로 연결되어 있는 시스템을 뜻한다. 이때 '사물인터넷'에서 말하는 '사물'은 인간을 포함한 모든 가시적인 물리적 대상은 물론 어떠한 패턴 등의 무형·가상의 대상을 아우르는 광범위한 개념이다.

㉡ 사물인터넷을 통해 네트워크에 연결된 기기들은 인간의 개입·조작 없이 스스로 정보를 주고받으며 대화를 나눌 수 있다. 이러한 사물인터넷을 구현하려면 사물·환경으로부터 데이터를 받아들여 수집하는 센싱 기술, 사물을 온라인에 연결하는 유·무선통신 및 네트워크 기술, 각종 서비스와 원하는 형태로 정보를 처리하고 융합하는 서비스 인터페이스 기술, 정보 유출과 해킹을 차단하는 보안 기술 등이 선결되어야 한다. 이밖에도 빅데이터, 클라우드 컴퓨팅, 인공지능(AI), 3D프린팅 등의 다양한 영역의 기술이 필수적이다.

② 장점

㉠ 인간 주변의 모든 사물들을 인터넷을 통해 연결해 사물이 가진 특성을 지능화하고, 인간의 개입을 최소함으로써 자동화하며, 다양한 연결을 통한 정보 융합으로 인간에게 양질의 다양한 서비스를 언제나 신속하게 제공할 수 있다.

㉡ 사물인터넷은 인간의 개입과 조작을 최소화하며 사물끼리 알아서 서로를 인식하고 상황에 맞도록 특정 기능을 수행할 수 있어 의료, 건강, 자동차, 물류, 유통, 농업 분야 등 매우 광범위한 분야에서 기술 및 비즈니스 환경의 변화를 촉진하고 있다.

㉢ 사물인터넷은 원격에서 자동으로 기기들을 조절할 수 있게 하고(자동화), 사물을 통해 자료를 수집하고 결론을 도출하는 데 드는 시간·에너지와 비용을 크게 절감할 수 있게 함으로써 최소의 노력으로 최대의 효과를 기대할 수 있다.

14. 딥페이크(Deepfake)

인공지능이 축적된 자료를 바탕으로 스스로 학습하는 '딥러닝(Deep Learning)' 기술과 'Fake(가짜, 속임수)'의 조합어로, 인공지능을 통해 만들어낸 가짜 이미지·영상, 오디오 성 기술을 뜻한다. 딥페이크는 영화 제작 등에서 합법적으로 사용될 수 있으나, 악의적 또는 상업적인 목적으로 진짜와의 구분이 매우 어려운 수준의 가짜 이미지·영상 등을 제작함으로써 초상권·저작권 저촉 및 명예훼손, 성범죄, 가짜뉴스 등 각종 문제를 촉발한다. 이에 딥페이크로 생성된 가짜 이미지·영상 등을 감별하는 기술 또한 개발되고 있다.

15. 핀테크(Fin-tech)

① **개념** : 모바일, 소셜네트워크서비스(SNS), 빅데이터 등의 첨단 정보 기술(Technology)을 기반으로 한 금융(Finance) 서비스 또는 그러한 서비스를 제공하는 회사를 뜻한다. 핀테크를 통해 예금, 대출, 자산 관리, 결제, 송금 등 다양한 금융 서비스가 정보통신 및 모바일 기술과 결합되어 혁신적인 유형의 금융 서비스가 가능하다.

② **장단점** : 기업의 입장에서는 핀테크를 통해 비용 절감은 물론 보다 많은 고객에게 접근함으로써 금융 패러다임 변화를 주도할 수 있고, 고객의 입장에서는 시간과 장소의 제약 없이 자신에게 적절한 맞춤형 금융 서비스를 신속하고 편리하게 제공받을 수 있다. 그러나 개인정보 유출 등 보안 침해 문제가 상존하며, 빠르고 간단하게 금융 서비스를 받을 수 있다는 점을 악용한 범죄가 일어날 가능성 또한 배제할 수 없다.

16. 커널(Kernel)

① **개념** : 'Kernel'의 사전적 의미는 '핵심, 알맹이'이며, 정보·통신 용어로는 운영체제(OS)의 기능 가운데 운영체제를 구성하는 프로세서와 운영체제의 제어로 수행되는 프로그램에 대하여 자원 할당(Resource Allocation)을 수행하는 부분을 뜻한다. 즉, 운영체제의 핵심 부분으로서, 디바이스·프로세스·메모리 등의 컴퓨터 자원을 관리하는 기능을 수행한다.

② **특징** : 커널은 컴퓨터의 물리적(하드웨어) 자원과 추상화 자원을 관리하는 것을 목표로 한다. 이때 '추상화'는 물리적으로 하나뿐인 하드웨어를 여러 사용자들이 번갈아 사용할 수 있도록 마치 여러 개처럼 보이게 하는 기술을 가리키며, 커널이 관리함에 따라 각 사용자들은 하나의 하드웨어를 독점하는 것처럼 느낄 수 있다.

17. CP(Contents Provider)

인터넷을 통해 고객에게 뉴스·동영상·음원·소프트웨어 등의 디지털화된 다양한 정보를 제공하는 주체(사업자)를 가리킨다. 우리말로 '콘텐츠 제공자, 콘텐츠 공급자'라고 부르기도 한다. 이때 콘텐츠는 인터넷이나 네트워크를 통해서 이용 가능한 모든 종류의 디지털 정보나 서비스를 포함한다. 우리나라에서는 주요 포털 사이트나 이동통신 회사 등에 각종 정보나 게임 등의 부가 서비스를 제공하고 정해진 대가를 받는 회사나 개인을 가리키기도 한다.

18. 디지털세(Digital Tax)

구글, 애플, 메타(구 페이스북) 등 국경을 초월한 IT 기반의 글로벌 대기업들이 특정 국가에 고정 사업장을 두지 않아도 수익이 발생한 곳에 세금을 부과하도록 하는 새로운 조세 체계이다. 기존의 국제 과세 기준은 고정 사업장이 있는 곳에 세금을 내는 것이어서 글로벌 IT 기업은 온라인을 통해 전 세계에 서비스를 제공하고 수익을 낼 수 있어 과세를 회피할 목적으로 아일랜드 등 세율이 낮은 지역에 고정 사업장을 두어 운영했는데, 디지털세는 이를 방지하기 위해 발의된 조세 체계이다. 경제협력기구(OECD)는 본격적으로 디지털세 도입을 위해 2021년 10월 8일 IF 13차 총회에서 디지털세(필라1)와 글로벌 최저법인세(필라2)에 대한 최종 합의안을 발표하였다. 디지털세의 경우 기존 IT 거대기업뿐만 아니라 온라인 플랫폼, 휴대전화, 사치품, 자동차 등 산업 구분 없이 매출액을 기준으로 부과하기로 결정되어, 매출액이 200유로 이상인 기업 중 수익률이 10%를 초과하는 글로벌 기업은 통상이익률 10%를 넘는 초과이익의 25%에 대한 세금을 매출이 발생한 국가의 정부에 납부해야 한다. 또한 글로벌 최저법인세로 인해 연 매출액이 7억 5천만 유로를 초과하는 기업은 글로벌 최저법인세인 15%의 법인세를 납부해야 한다. 이 합의안은 2021년 10월 30일 G20 정상회의에서 추인되어 본래 2023년부터 도입하기로 하였으나, 다국적 기업들의 요청에 따라 수차례 유예되어 2026년 이후에서야 시행될 전망이다.

19. 다크 데이터(Dark Data)

정보를 수집한 이후 저장만 하고 분석에 활용하고 있지 않은 다량의 데이터로, 처리되지 않은 채 미래에 사용할 가능성이 있다는 이유로 삭제되지 않고 방치되고 있었다. 하지만 최근 빅데이터와 인공지능이 발달하면서 방대한 양의 자료가 필요해졌고, 이에 유의미한 정보를 추출하고 분석할 수 있게 되면서 다양한 분야에서 활용될 전망이다.

20. 무어의 법칙(Moore's Law)

반도체의 집적회로의 성능이 18개월마다 2배씩 증가한다는 법칙이다. 인텔 및 페어 차일드 반도체의 창업자인 고든 무어가 1965년에 설명한 것이다. 당시에는 일시적일 것이라 무시당하기도 했으나, 30년간 비교적 정확하게 그의 예측이 맞아떨어지면서 오늘날 반도체 산업의 중요한 지침이 되고 있다. 이와 함께 언급되는 규칙으로 '황의 법칙(반도체 메모리의 용량이 1년마다 2배씩 증가한다는 이론으로 황창규 전 삼성전자 사장이 2002년에 제시함)'이 있다.

21. 메칼프의 법칙(Metcalfe's Law)

인터넷 통신망이 지니는 가치는 망에 가입한 사용자 수의 제곱에 비례한다는 법칙이다. 1970년대 네트워크 기술인 이더넷을 개발한 로버트 메칼프에 의해 처음 언급되었다. 예를 들어 사용자 수가 2명인 A통신망의 가치는 2의 제곱인 4인 반면, 사용자 수가 4명인 B통신망의 가치는 4의 제곱인 16인 것이다. 이는 통신망을 이용하는 개개인이 정보의 연결을 통해 향상된 능력을 발휘할 수 있게 되면서 네트워크의 효과가 증폭되기 때문이다.

22. 클라우드 컴퓨팅(Cloud Computing)

정보처리를 자신의 컴퓨터가 아닌 인터넷으로 연결된 다른 컴퓨터로 처리할 수 있는 기술을 말한다. 클라우드 컴퓨팅의 핵심 기술은 가상화와 분산처리로 어떠한 요소를 기반으로 하느냐에 따라 소프트웨어 서비스(SaaS), 플랫폼 서비스(PaaS), 인프라 서비스(IaaS)로 구분한다.

23. 서비스형 블록체인(BaaS; Blockchain as a Service)

서비스형 블록체인은 개발 환경을 클라우드로 서비스하는 개념이다. 블록체인 네트워크에 노드를 추가하고 제거하는 일이 간단해져서 블록체인 개발 및 구축을 쉽고 빠르게 할 수 있다. 현재 마이크로소프트나 IBM, 아마존, 오라클 등에서 도입하여 활용하고 있으며, 우리나라의 경우 KT, 삼성 SDS, LG CNS에서 자체적인 BaaS를 구축하고 있다.

24. 데이터 레이블링(Data Labeling)

인공지능을 만드는 데 필요한 데이터를 입력하는 작업이다. 높은 작업 수준을 요구하지는 않으며, 각 영상에서 객체를 구분하고, 객체의 위치와 크기 등을 기록해야 한다. 인공지능이 쉽게 사물을 알아볼 수 있도록 영상 속의 사물에 일일이 명칭을 달아주는 작업이다.

25. 스푸핑(Spoofing)

① **개념** : 외부의 악의적 침입자가 네트워크에 침입해 임의로 웹 사이트를 구성해 일반 사용자들의 방문을 유도하고, 인터넷 프로토콜인 TCP / IP의 구조적 결함을 악용해 사용자의 시스템 권한을 획득한 뒤 정보를 탈취하는 해킹 수법이다. 공격 또는 침입을 목적으로 하여 데이터를 위조하는 것으로, 승인받은 사용자인 것처럼 위장해 시스템에 접근하거나 네트워크상에서 허가된 주소로 위장해 접근 제어 목록(ACL; Access Control List)을 우회·회피하는 공격·침입 수법을 뜻한다. 네트워크에서 스푸핑의 대상은 IP 주소, DNS, ARP, 이메일, 웹 등 네트워크 통신과 관련된 모든 것이 될 수 있다. 이러한 스푸핑 공격은 네트워크 트래픽 흐름 바꾸기, 암호화된 세션 복호화하기, 시스템 권한 얻기 등 다양하게 나타날 수 있다.

② **예방** : 스푸핑을 예방하려면 신뢰할 수 있는 상대방을 식별하는 수단을 IP, DNS 등 어느 하나에 의존하는 것이 아니라 복수의 식별 수단을 사용하거나 신호를 암호화해야 하며, 신뢰할 수 없는 플러그인 프로그램은 절대 설치하지 말아야 한다. 또한 네트워크 관리자는 네트워크 상태를 주기적·지속적으로 모니터링함으로써 바이러스·악성코드에 감염된 컴퓨터를 찾아내 동일한 로컬 네트워크로부터 격리해야 한다.

26. 스니핑(Sniffing)

① **개념** : 'Sniffing'은 '코를 킁킁거리기, 냄새 맡기'라는 뜻으로, 네트워크 통신망에서 오가는 패킷(Packet)을 가로채 사용자의 계정과 암호 등을 알아내는 해킹 수법이다. 즉, 네트워크 트래픽을 도청하는 행위로, 사이버 보안의 기밀성을 침해하는 대표적인 해킹 수법이다. 이러한 스니핑을 하기 위해 쓰이는 각종 프로그램 등의 도구를 스니퍼라 부른다. 원래는 네트워크 상태를 체크하는 데 사용되었으나, 해커들은 원격에서 로그인하는 사용자가 입력하는 개인정보를 중간에서 가로채는 식으로 악용한다.

② **특징** : 스니핑은 네트워크에 접속하는 시스템의 상대방 식별 방식의 취약점을 악용하는 것이다. 네트워크에 접속하는 모든 시스템에는 설정된 IP 주소와 고유한 MAC 주소가 있으며, 통신을 할 때 네트워크 카드는 IP 주소와 MAC 주소를 이용해 수신하고 저장할 신호를 선별한다. 스니핑 공격은 이러한 선별 장치를 해체해 타인의 신호까지 수신할 수 있는 환경을 구성하는 방식으로 구현된다. 이러한 원리를 통해 해커는 이메일 트래픽, 웹 트래픽, FTP 비밀번호, 텔넷 비밀번호, 공유기 구성, 채팅 세션, DNS 트래픽 등을 스니핑할 수 있다.

③ **스푸핑** : 스니핑이 다른 사람의 대화를 도청·염탐하는 소극적 공격이라면, 스푸핑은 다른 사람으로 위장해 정보를 탈취하는 적극적 공격이다. 즉, 스니핑은 시스템 자체를 훼손·왜곡할 수 없는 수동적 공격이고, 스푸핑은 시스템을 훼손·왜곡할 수 있는 능동적 공격이다.

27. 메타버스(Metaverse)

① **개념** : 'Metaverse'는 '더 높은, 초월한, 가공의'라는 뜻의 접두사 'Meta-'와 '경험 세계'를 뜻하는 'Universe'의 조합어로, 온라인에서 아바타(자신의 역할을 대신하는 캐릭터)를 이용해 사회적·경제적·문화적 활동을 하는 등 가상세계와 현실세계의 경계가 허물어져 혼재하게 되는 것을 이르는 말이다. '확장판 현실세계', '인터넷의 다음 버전'이라고 말할 수 있다.

② **유래** : 메타버스는 기존의 '가상현실(Virtual Reality)'이라는 용어보다 진보된 개념으로 웹과 인터넷 등의 가상세계가 현실세계에 흡수된 형태의 3차원 가상세계를 의미하며, '확장가상세계'라고도 부른다. 미국의 SF 작가 닐 스티븐슨이 자신의 소설에서 '메타버스'라는 용어를 처음으로 사용했다. 게임, SNS, 교육, 의료 등의 서비스 부문에서 특정 설정 환경과 아바타를 보다 정교하게 구현해 메타버스 내의 아바타가 상호 교류를 하며 현실처럼 활동한다.

③ **특징** : 메타버스 내에서 사이버 도박, 사기, 가상 화폐 불법 거래 등 다양한 부당·불공정 행위와 법규 위반이 발생할 수 있다. 또한 현실세계 법률의 규율·통제 밖에 있는 새로운 범죄의 출현도 예상된다. 메타버스로 구현되는 세계는 가상세계와 현실세계의 경계를 넘나들기 때문에 중독성이 높아 이용자가 과몰입할 위험성이 상존하며, 현실에서의 일상생활이 황폐화될 수도 있다.

28. 마이데이터(My-data)

① **개념** : 개인이 정보 통제·관리의 주체가 되어 각 기관에 흩어져 있는 신용·금융정보 등 자신의 개인정보를 한데 모아 적극적으로 저장·관리하는 것은 물론 이러한 정보를 신용관리·자산관리에 능동적으로 활용하는 과정 또는 그러한 체계를 뜻한다. 개인의 정보 주권을 보장하기 위해 정보 관리의 중심 주체를 기관에서 개인으로 전환하자는 취지로 2022년 1월부터 전면 시행되었으며, 개인이 정보주체로서 자신의 개인정보에 대한 결정권을 보유하고, 자신이 정한 기업이나 기관에 위임해 개인정보를 효율적으로 관리·활용할 수 있게 하는 제도이다. 한국에서는 〈개인정보 보호법〉, 〈정보통신망법〉, 〈신용정보법〉 등의 데이터 3법이 2020년 8월부터 시행됨으로써 흔히 '마이데이터 산업'이라고도 부르는 본인신용정보관리업의 제도적 기반을 마련했다.

② **특징** : 금융기관은 마이데이터를 통해 소비자가 금융기관 등이 자신의 정보를 사용할 것을 허락할 경우 정보를 한데 모아 관리하고 맞춤 컨설팅을 해주는 서비스를 실시할 수 있다. 즉, 개인(정보주체)이 금융기관에 전송요구권을 행사하면 마이데이터 사업자가 여러 금융기관에 산재된 신용정보를 한꺼번에 확인하게 해주고, 여러 가지 금융정보와 컨설팅을 제공하는 것이다. 이때 정보주체는 기업체에 자신의 개인정보를 자발적으로 제공하고, 자신의 소비 습관, 재무 현황 등을 검토해 가장 적절

한 상품 · 서비스를 추천받는 등 신용관리 · 자산관리에 도움을 받을 수 있다. 또한 개인 신용정보의 선택적 전송 요구, 삭제 요구, 열람 청구 등으로 정보 권리의 행사가 쉬워지고, 정보 유출 등의 사고 발생 시 손해배상 소재도 명확해진다.

29. NFT(Non-Fungible Token, 대체 불가능 토큰)

① **개념** : 블록체인의 토큰을 다른 토큰으로 대체하는 것이 불가능한 암호화폐이다. 각각의 NFT마다 고유한 인식값이 부여되어 있으며, 최초의 발행자와 소유권 이전 등 모든 거래 내역이 투명하게 공개되고, 블록체인으로 발행되기 때문에 원천적으로 위조 또는 복제가 불가능하다. 또한 비트코인 등 기존의 암호화폐는 각기 동일한 가치를 지니기 때문에 일대일 교환이 가능한 반면에, 각각의 NFT는 저마다 고유한 인식값을 부여받음으로써 서로 대체할 수 없는 가치와 특성이 있기 때문에 상호 교환할 수 없다. 한편, 블록체인 기술을 기반으로 위조 · 복제가 불가능한 암호를 증명서처럼 붙여 저작물을 NFT로 만드는 과정을 '민팅(Minting)'이라고 부른다.

② **활용** : NFT는 디지털 가상자산에 유일성, 희소성의 가치를 담을 수 있기 때문에 음악 · 게임 등 진품 여부와 소유권 입증을 중요하게 여기는 여러 산업 부문에 영향을 끼치고 있으며, NFT 기술을 통해 예술품을 디지털화된 형태로도 소유할 수 있기 때문에 미술 시장의 범위가 디지털 공간으로까지 확대되고 있다. 또한 디지털 작품이 NFT로 거래될 때마다 최초의 제작자가 수수료를 받도록 설정할 수 있기 때문에 원작자의 수익 창출도 증가할 수 있다. 향후 NFT를 적용할 수 있는 종목은 이미지 · 영상 · 텍스트 · 음원 등의 디지털 콘텐츠, 음악 · 미술 등의 예술품을 비롯해 게임 아이템 등 다양하다. 이처럼 NFT 기술을 적용할 수 있는 다양한 형태의 콘텐츠는 소유권을 거래할 수 있으며 고유성 · 희소성이 있는 디지털 자산이기 때문에 투자의 대상으로도 주목받고 있다.

③ **한계** : NFT는 누구나 만들 수 있기 때문에 제작 권한을 가진 사람이 만들었는지 알기 어렵다는 문제점이 있어서 저작권 문제와 법적 분쟁의 소지가 있다. 민팅 과정을 통해 NFT를 생산한 사람이 원저작자인지 또는 원저작자의 허락을 얻었는지 보장할 수 없는 것이다. 따라서 저작권 · 소유권 침해를 둘러싼 법적 분쟁을 일으킬 수 있으므로 법률과 제도의 정비 · 개선이 선행되어야 한다. 또한 NFT에 반대하는 사람들은 NFT를 거래하는 행위는 실존하지 않기 때문에 실제적 가치가 전혀 없는 것을 금전을 받고 사고파는 것이라고 비판한다. NFT 기술이 적용되었어도 누구나 온라인상에서 열람할 수 있는 콘텐츠를 거래하며, 가치 책정 또한 주관적이라는 점에서 투기, 거품이라는 비판도 있다.

30. 선점형 스케줄링

① **라운드 로빈**(RR; Round Robin) : 여러 개의 프로세스에 시간 할당량이라는 작은 단위 시간이 정의되어 시간 할당량만큼 CPU를 사용하는 방식으로, 시분할 시스템을 위해 고안되었다. FIFO 스케줄링을 선점형으로 변환한 방식으로, 먼저 입력된 작업이더라도 할당된 시간 동안만 CPU를 사용할 수 있다. 프로세스가 CPU에 할당된 시간이 경과될 때까지 작업을 완료하지 못하면 CPU는 다음 대기 중인 프로세스에 사용 권한이 넘어가고, 현재 실행 중이던 프로세스는 대기 리스트의 가장 뒤로 배치된다. 적절한 응답 시간을 보장하는 대화식 사용자에게 효과적이다.

② SRT(Shortest Remaining Time) : 작업이 끝나기까지 남아 있는 실행 시간의 추정치 중 가장 작은 프로세스를 먼저 실행하는 방식으로 새로 입력되는 작업까지도 포함한다. SRT는 남아 있는 프로세스의 실행 추정치 중 더 작은 프로세스가 있다면 현재 작업 중인 프로세스를 중단하고, 작은 프로세스에게 CPU의 제어권을 넘겨준다.

③ **다단계 큐**(Multi－level Queue) : 프로세스를 특정 그룹으로 분류할 경우 그룹에 따라 각기 다른 큐(대기 리스트)를 사용하는 것으로, 선점형과 비선점형을 결합한 방식이다. 각 큐(대기 리스트)는 자신보다 낮은 단계의 큐보다 절대적인 우선순위를 갖는다. 즉, 각 큐는 자신보다 높은 단계의 큐에게 자리를 내주어야 한다.

④ **다단계 피드백 큐**(Multi－level Feedback Queue) : 특정 그룹의 준비 상태 큐에 들어간 프로세스가 다른 준비 상태 큐로 이동할 수 없는 다단계 큐 방식을 준비 상태 큐 사이를 이동할 수 있도록 개선한 방식이다. 각 큐마다 시간 할당량이 존재하며, 낮은 큐일수록 시간 할당량이 커진다. 마지막 단계에서는 라운드 로빈(RR) 방식으로 처리한다.

31. 비선점형 스케줄링

① FIFO(First Input First Output) : 먼저 입력된 작업을 먼저 처리하는 방식으로 가장 간단한 방식이다. 디스크 대기 큐에 들어온 순서대로 처리하기 때문에 높은 우선순위의 요청이 입력되어도 순서가 바뀌지 않지만 평균 반환 시간이 길다.

② SJF(Shortest Job First, **최단 작업 우선**) : 작업이 끝나기까지의 실행 시간 추정치가 가장 작은 작업을 먼저 실행하는 방식이다. 긴 작업들을 어느 정도 희생시키면서 짧은 작업들을 우선적으로 처리하기 때문에 대기 리스트 안에 있는 작업의 수를 최소화하면서 평균 반환 시간을 최소화할 수 있다.

③ HRN(Highest Response−ratio Next) : 서비스 시간(실행 시간 추정치)과 대기 시간의 비율을 고려한 방식으로 SJF의 무한 연기 현상을 극복하기 위해 개발되었다. 대기 리스트에 있는 작업들에게 합리적으로 우선순위를 부여하여 작업 간 불평등을 해소할 수 있다. 프로그램의 처리 순서는 서비스 시간의 길이뿐만 아니라 대기 시간에 따라 결정된다. '우선순위＝(대기 시간＋서비스 시간)÷서비스 시간'이다.

④ **우선순위**(Priority) : 대기 중인 작업에 우선순위를 부여하여 CPU를 할당하는 방식이다. 우선순위가 가장 빠른 작업부터 순서대로 수행한다.

⑤ **기한부**(Deadline) : 제한된 시간 내에 반드시 작업이 종료되도록 스케줄링하는 방식이다. 작업이 완료되는 시간을 정확히 측정하여 해당 시간만큼 CPU의 사용 시간을 제한한다. 동시에 많은 작업이 수행되면 스케줄링이 복잡해지게 된다는 단점이 있다.

32. 정규화

릴레이션에 데이터의 삽입·삭제·갱신 시 발생하는 이상 현상이 발생하지 않도록 릴레이션을 보다 작은 릴레이션으로 표현하는 과정이다. 또한 정규화는 현실 세계를 표현하는 관계 스키마를 설계하는 작업으로, 개체·속성·관계성으로 릴레이션을 만든다. 속성 간 종속성을 분석해서 하나의 종속성은 하나의 릴레이션으로 표현되도록 분해한다. 이러한 정규화는 데이터 구조의 안정성 최대화, 중복 데이터의 최소화, 수정·삭제 시 이상 현상 최소화, 테이블 불일치 위험 간소화 등을 목적으로 한다.

33. 함수의 종속에 따른 추론 규칙

구분	추론 이론
반사 규칙	A⊇B이면, A → B
첨가 규칙	A → B이면, AC → BC, AC → B
이행 규칙	A → B, B → C이면, A → C
결합 규칙	A → B, A → C이면, A → BC
분해 규칙	A → BC이면, A → B, A → C

34. 정규형의 종류

구분	특징
제1정규형 (2NF)	• 모든 도메인이 원자의 값만으로 된 릴레이션으로 모든 속성값은 도메인에 해당된다. • 기본 키에서 부분 함수가 종속된 속성이 존재하므로 이상 현상이 발생할 수 있다. • 하나의 항목에는 중복된 값이 입력될 수 없다.
제2정규형 (2NF)	• 제1정규형을 만족하고 모든 속성들이 기본 키에 완전 함수 종속인 경우이다(부분 함수 종속 제거). • 기본 키가 아닌 애트리뷰트 모두가 기본 키에 완전 함수 종속이 되도록 부분 함수적 종속에 해당하는 속성을 별도 테이블로 분리한다.
제3정규형 (3NF)	• 제1, 2정규형을 만족하고, 모든 속성들이 기본 키에 이행적 함수 종속이 아닌 경우이다. • 무손실 조인 또는 종속성 보존을 방해하지 않고도 항상 3NF를 얻을 수 있다. • 이행 함수적 종속(A → B, B → C, A → C)을 제거한다.
보이스 - 코드 정규형 (BCNF)	• 모든 BCNF 스킴은 3NF에 속하게 되므로 BCNF가 3NF보다 한정적 제한이 더 많다. • 제3정규형에 속하지만 BCNF에 속하지 않는 릴레이션이 있다. • 릴레이션 R의 모든 결정자가 후보 키이면 릴레이션 R은 BCNF에 속한다. • 결정자가 후보 키가 아닌 함수 종속을 제거하며, 모든 BCNF가 종속성을 보존하는 것은 아니다. • 비결정자에 의한 함수 종속을 제거하여 모든 결정자가 후보 키가 되도록 한다.
제4정규형 (4NF)	• 릴레이션에서 다치 종속(MVD)의 관계가 성립하는 경우이다(다중치 종속 제거). • 릴레이션 R(A, B, C)에서 다치 종속 A → B가 성립하면, A → C도 성립하므로 릴레이션 R의 다치 종속은 함수 종속 A → B의 일반 형태이다.
제5정규형 (5NF)	• 릴레이션 R에 존재하는 모든 조인 종속성이 오직 후보 키를 통해서만 성립된다. • 조인 종속이 후보 키로 유추되는 경우이다.

35. 오류(Error) 수정 방식

구분	특징
전진 에러 수정 (FEC)	• 에러 검출과 수정을 동시에 수행하는 에러 제어 기법이다. • 연속된 데이터 흐름이 가능하지만 정보 비트 외에 잉여 비트가 많이 필요하므로 널리 사용되지 않는다. • 역채널을 사용하지 않으며, 오버헤드가 커서 시스템 효율이 저하된다. • 해밍 코드와 상승 코드 등의 알고리즘이 해당된다.
후진 에러 수정 (BEC)	• 송신 측에서 전송한 프레임 중 오류가 있는 프레임을 발견하면 오류가 있음을 알리고, 다시 재전송하는 방식으로 역채널을 사용한다. • 자동 반복 요청(ARQ), 순환 잉여 검사(CRC) 등의 알고리즘이 해당된다.

자동 반복 요청 (ARQ)	• 통신 경로의 오류 발생 시 수신 측은 오류 발생을 송신 측에 통보하고, 송신 측은 오류가 발생한 프레임을 재전송하는 방식이다. • 전송 오류가 발생하지 않으면 쉬지 않고 송신이 가능하다. • 오류가 발생한 부분부터 재송신하므로 중복 전송의 위험이 있다.
정지 대기 ARQ	• 송신 측에서 하나의 블록을 전송하면 수신 측에서 에러 발생을 점검한 후 에러 발생 유무 신호를 보내올 때까지 기다리는 단순한 방식이다. • 수신 측의 에러 점검 후 제어 신호를 보내올 때까지 오버헤드의 부담이 크다. • 송신 측은 최대 프레임 크기의 버퍼를 1개만 가져도 되지만 송신 측이 ACK를 수신할 때까지 다음 프레임을 전송할 수 없으므로 전송 효율이 떨어진다.
연속적 ARQ	• 정지 대기 ARQ의 오버헤드를 줄이기 위하여 연속적으로 데이터 블록을 전송하는 방식이다.
Go-Back-N ARQ	• 송신 측에서 데이터 프레임을 연속적으로 전송하다가 NAK(부정응답)를 수신하면 에러가 발생한 프레임을 포함하여 그 이후에 전송된 모든 데이터 프레임을 재전송하는 방식이다. • 송신 측은 데이터 프레임마다 일련번호를 붙여서 전송하고, 수신 측은 오류 검출 시 오류 발생 이후의 모든 블록을 재전송한다. • 중복 전송의 위험이 있다.
선택적 ARQ	• 송신 측에서 블록을 연속적으로 보낸 후 에러가 발생한 블록만 다시 재전송하는 방식이다. • 원래 순서에 따라 배열하므로 그 사이에 도착한 모든 데이터 프레임을 저장할 수 있는 대용량의 버퍼와 복잡한 논리회로가 필요하다.
적응적 ARQ	• 전송 효율을 최대로 하기 위하여 프레임 블록 길이를 채널 상태에 따라 변경하는 방식이다. • 통신 회선의 품질이 좋지 않아 에러 발생률이 높을 때는 프레임 길이를 짧게 하고, 에러 발생률이 낮을 때는 프레임 길이를 길게 한다. 전송 효율이 가장 높으나 제어 회로가 복잡해 거의 사용되지 않는다.

36. 트리(Tree)

1 : N 또는 1 : 1 대응 구조로 노드(Node, 정점)와 선분(Branch)으로 되어 있고, 정점 사이에 사이클이 형성되지 않으며, 자료 사이의 관계성이 계층 형식으로 나타나는 구조이다. 노드 사이의 연결 관계가 계급적인 구조로 뻗어나간 정점들이 다른 정점들과 연결되지 않는다(1 : N 또는 1 : 1 대응 구조라 함).

37. 트리 운행법

전위 운행, 중위 운행, 후위 운행의 기준은 근노드(Root Node)의 위치이다. 순서에서 근노드가 앞쪽이면 전위, 중간이면 중위, 뒤쪽이면 후위가 된다. 좌측과 우측의 순서는 전위든 중위든 후위든 상관없이 항상 좌측이 먼저이고 우측이 나중이다.

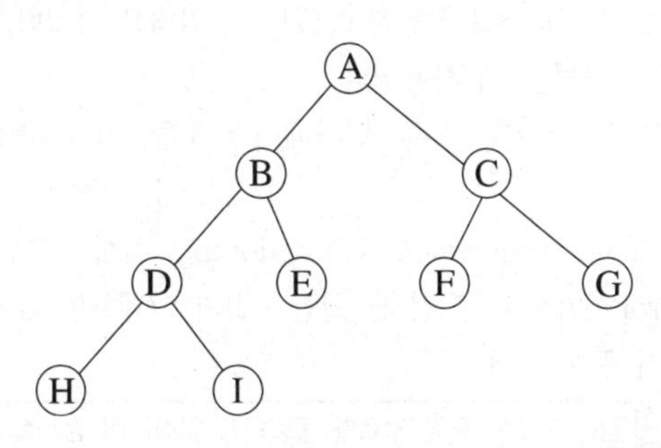

① 전위 운행(Preorder Traversal) : 근 → 좌측 → 우측(Root → Left → Right) 순서로 운행하는 방법으로 먼저 근노드를 운행하고 좌측 서브 트리를 운행한 후 우측 서브 트리를 운행한다. 따라서 순서대로 나열하면 A, B, D, H, I, E, C, F, G가 된다.

PART 2

② **중위 운행**(Inorder Traversal) : 좌측 → 근 → 우측(Left → Root → Right) 순서로 운행하는 방법으로 먼저 좌측 서브 트리를 운행한 후 근노드를 운행하고, 우측 서브 트리를 운행한다. 따라서 순서대로 나열하면 H, D, I, B, E, A, F, C, G가 된다.

③ **후위 운행**(Postorder Traversal) : 좌측 → 우측 → 근(Left → Right → Root) 순서로 운행하는 방법으로 먼저 좌측 서브 트리를 운행한 후 우측 서브 트리를 운행하고, 마지막으로 근노드를 운행한다. 따라서 순서대로 나열하면 H, I, D, E, B, F, G, C, A가 된다.

38. 화이트 박스(White Box) 검사

① **개념** : 소프트웨어 테스트에 사용되는 방식으로 모듈의 논리적 구조를 체계적으로 점검하며, 프로그램 구조에 의거하여 검사한다.

② **특징**

㉠ 원시 프로그램을 하나씩 검사하는 방법으로 모듈 안의 작동 상태를 자세히 관찰할 수 있다.

㉡ 검사 대상의 가능 경로는 어느 정도 통과하는지의 적용 범위성을 측정 기준으로 한다.

㉢ 검증 기준(Coverage)을 바탕으로 원시 코드의 모든 문장을 한 번 이상 수행한다.

㉣ 프로그램의 제어 구조에 따라 선택, 반복 등을 수행함으로써 논리적 경로를 제어한다.

㉤ Nassi－Shneiderman 도표를 사용하여 검정 기준을 작성할 수 있다.

③ **오류** : 세부적 오류, 논리 구조상의 오류, 반복문 오류, 수행 경로 오류 등이 있다.

④ **검사 방법** : 기초 경로(Basic Path) 검사, 조건 기준(Condition Coverage) 검사, 구조(Structure) 검사, 루프(Roof) 검사, 논리 위주(Logic Driven) 검사, 데이터 흐름(Data Flow) 검사 등이 있다.

기초 경로 검사	• 원시 코드로 흐름 도표와 복잡도를 구하고, 검사 대상을 결정한 후 검사를 수행한다.
루프(반복문) 검사	• 루프를 벗어나는 값 대입 → 루프를 한 번 수행하는 값 대입 → 루프를 두 번 수행하는 값 대입의 과정을 통해 검사를 수행한다. • 검사 형태에는 단순 루프, 중첩 루프, 접합 루프가 있다.

39. 블랙 박스(Black Box) 검사

① **개념** : 기초적 모델 관점과 데이터 또는 입출력 위주의 검사 방법이다.

② **특징**

㉠ 소프트웨어 인터페이스에서 실시되는 검사로 설계된 모든 기능이 정상적으로 수행되는지 확인한다.

㉡ 소프트웨어의 기능이 의도대로 작동하고 있는지, 입력은 적절하게 받아들였는지, 출력은 정확하게 생성되는지를 검사하는 데 사용된다.

③ **오류** : 성능 오류, 부정확한 기능 오류, 인터페이스 오류, 자료 구조상의 오류, 초기화 오류, 종료 오류 등이 있다.

④ **검사 방법** : 균등(동치) 분할(Equivalence Partitioning) 검사, 경계 값(Boundary Value Analysis) 검사, 오류 예측(Error Guessing) 검사, 원인－결과 그래프(Cause－Effect Graph) 검사, 비교(Com-parison) 검사 등이 있다.

균등(동등) 분할 검사	정상 자료와 오류 자료를 동일하게 입력하여 검사한다.
경계(한계) 값 검사	경계(한계)가 되는 값을 집중적으로 입력하여 검사한다.
오류 예측 검사	오류가 수행될 값을 입력하여 검사한다.
원인－결과 그래프 검사	테스트 케이스를 작성하고, 검사 경우를 입력하여 검사한다(원인과 결과를 결정하여 그래프를 작성).

40. 객체 지향 분석의 개발 방법

① 객체 지향 분석(OOA; Object Oriented Analysis)

㉠ 모델링의 구성 요소인 클래스, 객체, 속성, 연산 등을 이용하여 문제를 모형화시키는 것이다.

㉡ 모형화 표기법 관계에서 객체의 분류, 속성의 상속, 메시지의 통신 등을 결합한다.

㉢ 객체를 클래스로부터 인스턴스화하거나 클래스를 식별하는 것이 주요 목적이다.

② 객체 지향 설계(OOD; Object Oriented Design)

㉠ 객체의 속성과 자료 구조를 표현하며, 개발 속도의 향상으로 대규모 프로젝트에 적합하다.

㉡ 시스템을 구성하는 개체·속성·연산을 통해 유지·보수가 용이하고, 재사용이 가능하다.

㉢ 시스템 설계는 성능 및 전략을 확정하고, 객체 설계는 자료 구조와 알고리즘을 상세화한다.

㉣ 객체는 순차적으로 또는 동시적으로 구현될 수 있다.

㉤ 서브 클래스와 메시지 특성을 세분화하여 세부 사항을 정제화한다.

③ 객체 지향 프로그래밍(OOP; Object Oriented Programming)

㉠ 설계 모형을 특정 프로그램으로 번역하고, 객체 클래스 간에 상호 작용할 수 있다.

㉡ 객체 모델의 주요 요소에는 추상화, 캡슐화, 모듈화, 계층 등이 있다.

㉢ 객체 지향 프로그래밍 언어에는 Smalltalk, C++ 등이 있다.

㉣ 설계 시 자료 사이에 가해지는 프로세스를 묶어 정의하고, 관계를 규명한다.

41. 코드(Coad)와 요든(Yourdon)의 객체 지향 분석

① 객체와 클래스 사이의 관계를 상속과 집단화의 관계로 표현한다.

② E-R 다이어그램으로 객체를 모형화하며, 소규모 시스템 개발에 적합하다.

③ 모델링 표기법과 분석 모형이 간단하며, 하향식 방법으로 설계에 접근한다.

④ 객체에 대한 속성 및 관계 정의와 시스템의 수행 역할을 분석한다.

42. 럼바우(Rumbaugh)의 객체 지향 분석

① OMT(Object Modeling Technical)의 3가지(객체 → 동적 → 기능) 모형을 개발한다.

② 코드에 대한 연결성이 높기 때문에 중규모 프로젝트에 적합하다.

③ 분석 설계, 시스템 설계, 객체 - 수준 설계 등 객체 모형화 시 그래픽 표기법을 사용한다.

④ 문제 정의, 모형 제작, 실세계의 특성을 나타내며, 분석 단계를 상세하게 표현한다.

구분	특징
객체(Object) 모델링	객체와 클래스 식별, 클래스 속성, 연산 표현, 객체 간의 관계 정의 등을 처리하며, 객체 다이어그램을 작성한다.
동적(Dynamic) 모델링	객체들의 제어 흐름, 상호 반응 연산 순서를 표시하며 상태도, 시나리오, 메시지 추적 다이어그램 등이 해당된다.
기능(Functional) 모델링	입출력을 결정한 후 자료 흐름도를 작성하고, 기능 내용을 기술하며, 입출력 데이터 정의, 기능 정의 등이 해당된다.

43. 부치(Booch)의 객체 지향 분석

① 모든 설계가 이루어질 때까지 문제 정의, 비공식 전략 개발, 전략 공식화를 적용한다.
② 프로그램의 구성 요소는 명세 부분과 외부로부터 감추어진 사각 부분으로 표시한다.
③ 클래스와 객체를 구현한다.

44. 야콥슨(Jacobson)의 객체 지향 분석

① Usecase 모형을 사용하여 시스템 사용자에 대한 전체 책임을 파악한다.
② Usecase 모형을 검토한 후 객체 분석 모형을 작성한다.

45. 4차 산업혁명

2010년대부터 물리적 세계, 디지털 및 생물학적 세계가 융합되어 모든 학문·경제·산업 등에 전반적으로 충격을 주게 된 새로운 기술 영역의 등장을 뜻하는 4차 산업혁명은 독일의 경제학 박사이자 세계경제포럼(WEF)의 회장인 클라우스 슈밥이 2016년 WEF에서 제시한 개념이다. 클라우스 슈밥은 인공지능, 로봇공학, 사물인터넷, 3D프린팅, 자율주행 자동차, 양자 컴퓨팅, 클라우드 컴퓨팅, 나노테크, 빅데이터 등의 영역에서 이루어지는 혁명적 기술 혁신을 4차 산업혁명의 특징으로 보았다. 4차 산업혁명은 초연결성·초지능, 더 빠른 속도, 더 많은 데이터 처리 능력, 더 넓은 파급 범위 등의 특성을 지니는 '초연결지능 혁명'으로 볼 수 있다. 그러나 인공지능 로봇의 작업 대체로 인한 인간의 일자리 감소, 인간과 인공지능(로봇)의 공존, 개인정보·사생활 보호, 유전자 조작에 따른 생명윤리 등 여러 과제가 사회적 문제로 떠오르고 있다.

46. 빅데이터(Big Data)

① **개념** : 다양하고 복잡한 대규모의 데이터 세트 자체는 물론, 이러한 데이터 세트로부터 정보를 추출한 결과를 분석하여 더 큰 가치를 창출하는 기술을 뜻한다. 기존의 정형화된 정보뿐만 아니라 이미지, 오디오, 동영상 등 여러 유형의 비정형 정보를 데이터로 활용한다. 저장 매체의 가격 하락, 데이터 관리 비용의 감소, 클라우드 컴퓨팅의 발전 등으로 인해 데이터 처리·분석 기술 또한 진보함에 따라 빅데이터의 활용 범위와 환경이 꾸준히 개선되고 있다.
② **특징** : 빅데이터의 특징은 3V로 제시되며, 이는 'Volume(데이터의 크기), Velocity(데이터의 속도), Variety(데이터의 다양성)'이다. 여기에 'Value(가치)' 또는 'Veracity(정확성)' 중 하나를 더해 4V로 보기도 하고, 둘 다 더해 5V로 보기도 한다. 또한 5V에 'Variability(가변성)'을 더해 6V로 정리하기도 한다. 한편 기술의 진보에 따라 빅데이터의 특징을 규명하는 'V'는 더욱 늘어날 수 있다.

47. 자율주행 자동차

① 자율주행 자동차 : 운전자가 운전대(Steering Wheel), 가속페달, 브레이크 등을 조작하지 않아도 목적지까지 스스로 찾아가는 자동차를 말한다.

〈자율주행 시스템의 종류〉

구분	특징
부분 자율주행	지정된 조건에서 자동차를 운행하되, 작동 한계 상황 등 필요한 경우 운전자가 개입한다.
조건부 완전자율주행	지정된 조건에서 운전자의 개입 없이 자동차를 운행한다.
완전자율주행	모든 영역에서 운전자의 개입 없이 자동차를 운행한다.

② 자율주행 자동차의 5대 핵심 기술

㉠ HDA(Highway Driving Assist, 고속도로 주행 지원 시스템) : 자동차 간 거리를 자동으로 유지해주는 기술

㉡ BSD(Bind Spot Detection, 후측방 경보 시스템) : 후진 중 주변 차량을 감지하고 경보를 울리는 기술

㉢ LKAS(Lane Keeping Assist System, 차선 유지 지원 시스템) : 방향 지시등 없이 차선을 벗어나는 것을 보완하는 기술

㉣ ASCC(Advanced Smart Cruise Control, 어드밴스드 스마트 크루즈 컨트롤) : 설정된 속도로 차간거리를 유지하며 정속 주행하는 기술

㉤ LDWS(Lane Departure Warning System, 차선 이탈 경보 시스템) : 방향 지시등을 켜지 않고 차선을 벗어났을 때 전방 차선의 상태를 인식하고 핸들 진동, 경고음 등으로 운전자에게 알려 사고를 예방하는 기술

〈자율주행 단계의 구분〉

구분	특징		
	특징	기능	운전자의 감독
레벨 0	무(無)자율주행	완전 수동 운전	항시 필수
레벨 1	운전자 지원	운전자 보조 기능	항시 필수
레벨 2	부분 자동화	운전자 보조 기능	항시 필수 (운전대를 잡고 있어야 함)
레벨 3	조건부 자동화	자율주행 기능	시스템 요청 시 (제어권 전환 시에만 운전대 잡음)
레벨 4	고도 자동화	자율주행 기능	작동구간 내 불필요(제어권 전환 없음)
레벨 5	완전 자동화	자율주행 기능	전 구간 불필요 (사람이 탑승하지 않아도 운행함)

③ 향후 자율주행 자동차 보편화를 개선 사항

㉠ 자율주행 시스템을 적용·유지할 수 있는 도로·교통 인프라의 건설

㉡ 교통사고 발생 시 책임 소재의 규명을 위한 법적·기술적 장치 마련

㉢ 자율주행 자동차 시대에 맞는 운전면허 제도 등의 법률의 정비

㉣ 기존 운송직·운전직 등 노동자의 일자리 및 완성차 업계 매출 등의 감소로 인한 갈등 유발 우려의 해소

48. 인공지능(AI; Artificial Intelligence)

① 인공지능

㉠ 개념 : 인간의 지능이 가지는 학습, 추리, 적응, 논증 등의 기능을 갖춘 컴퓨터 시스템을 뜻한다. 즉, 인간의 지적 능력을 컴퓨터로 구현하는 과학기술로서, 상황을 인지하고 이성적·논리적으로 판단·행동하며, 감성적·창의적인 기능을 수행하는 능력을 포함한다.

㉡ 응용 범위 : 인공지능은 인공신경망(ANN), 전문가 시스템, 자연어 처리, 음성 번역, 로봇공학(Robotics), 컴퓨터 비전(CV), 문제 해결, 학습과 지식 획득, 인지 과학 등에 응용되고 있다.

㉢ 싱귤래리티(Singularity) : 미래학자이자 인공지능 연구가인 미국의 레이 커즈와일은 인공지능이 인류의 지능을 넘어서는 순간을 싱귤래리티(특이점)라고 정의하였다.

② 인공지능의 구분

㉠ 약한(Weak) AI : 특정(일부) 영역의 문제를 해결하는 기술(예 이메일 필터링, 이미지 분류, 기계 번역 등)

㉡ 강한(Strong) AI : 범용, 즉 문제의 영역을 제한하지 않아도 문제를 해결할 수 있는 기술

③ 인공지능 시대를 위한 선결 사항 : AI 기술의 활용과 AI 기반의 제품·서비스 확산에 따라 사이버 침해, 보안 위협의 증가뿐만 아니라 딥페이크와 같은 새로운 형태의 역기능도 초래되고 있다. 또한 인공지능이 군사 기술에 적용되거나 일자리를 감소시킬 수 있는 등 미래 인류의 생존을 크게 위협할 가능성이 있다고 우려하는 전문가들도 많다. 따라서 인공지능 윤리 기준의 확립, 법·제도·규제 정비 등이 선결 과제로 꼽힌다.

49. HTTP(HyperText Transfer Protocol)

분산 하이퍼미디어 환경에서 빠르고 간편하게 데이터를 전송하는 프로토콜이다. WWW(World Wide Web)상에서 클라이언트와 서버 사이에 정보를 주고받는 요청-응답 프로토콜로, 인터넷 데이터 통신 규약이다. 클라이언트인 웹브라우저가 HTTP를 통해서 서버로부터 웹페이지나 그림 정보를 요청하면, 서버는 이 요청에 응답하여 필요한 정보를 해당 사용자에게 전달하게 된다.

50. VR, AR, MR, XR, SR

① VR(Virtual Reality, 가상현실) : 어떤 특정한 상황·환경을 컴퓨터로 만들어 이용자가 실제 주변 상황·환경과 상호작용하고 있는 것처럼 느끼게 하는 인간과 컴퓨터 사이의 인터페이스이다. 즉, VR은 실존하지 않지만 컴퓨터 기술로 이용자의 시각·촉각·청각을 자극해 실제로 있는 것처럼 느끼게 하는 가상의 현실을 말한다.

② AR(Augmented Reality, 증강현실) : 머리에 착용하는 방식의 컴퓨터 디스플레이 장치는 인간이 보는 현실 환경에 컴퓨터 그래픽 등을 겹쳐 실시간으로 시각화함으로써 AR을 구현한다. AR이 실제의 이미지·배경에 3차원의 가상 이미지를 겹쳐서 하나의 영상으로 보여주는 것이라면, VR은 자신(객체)과 환경·배경 모두 허구의 이미지를 사용하는 것이다.

③ MR(Mixed Reality, 혼합현실) : VR과 AR이 전적으로 시각에 의존한다면, MR은 시각에 청각·후각·촉각 등 인간의 감각을 접목할 수 있다. VR과 AR의 장점을 융합함으로써 한 단계 더 진보한 기술로 평가받는다.

④ XR(eXtended Reality, **확장현실**) : VR, AR, MR을 아우르는 확장된 개념으로, 가상과 현실이 매우 밀접하게 연결되어 있고, 현실 공간에 배치된 가상의 물체를 손으로 만질 수 있는 등 극도의 몰입감을 느낄 수 있는 환경 혹은 그러한 기술을 뜻한다.

⑤ SR(Substitutional Reality, **대체현실**) : SR은 VR, AR, MR과 달리 하드웨어가 필요 없으며, 스마트 기기에 광범위하고 자유롭게 적용될 수 있다. SR은 가상현실과 인지 뇌과학이 융합된 한 단계 업그레이드된 기술이라는 점에서 VR의 연장선상에 있는 기술로 볼 수 있다.

51. 합성데이터(Synthetic Data)

실제 수집·측정으로 데이터를 획득하는 것이 아니라 시뮬레이션·알고리즘 등을 이용해 인공적으로 생성한 인공의 가상 데이터를 뜻한다. 즉, 현실의 데이터가 아니라 인공지능(AI)을 교육하기 위해 통계적 방법이나 기계학습 방법을 이용해 생성한 가상 데이터를 말한다. 고품질의 실제 데이터 수집이 어렵거나 불가능함, AI 시스템 개발에 필수적인 대규모 데이터 확보의 어려움, 인공지능 훈련에 드는 높은 수준의 기술·비용, 실제 데이터의 이용에 수반되는 개인정보·저작권 보호 및 윤리적 문제 등에 대한 해결 대안으로 등장하였다.

PART 2

CHAPTER

05 주목해야 할 농업 · 농촌 10대 이슈

01 농업인 정의 및 과세 논의

1. 배경 : 선진 농정을 위한 농업인 재정의와 과세 도입 논의 본격화

① 〈농업 · 농촌 및 식품산업 기본법〉에 명시된 농업인 정의가 현재의 농업 현실과 실제 농업인의 인식을 반영하지 못해 농업인을 새롭게 정의해야 한다는 요구가 제기되어 왔다. 하지만 농업 범위에 대한 규정, 농산업 정의 등과 맞물려 어떻게 정의할 것인가를 두고서는 농업계의 논의가 지속될 전망이다.

② 농업인 과세 문제도 소득 기반 맞춤형 농정을 통한 농업인 편익 증진을 위해 필요하다는 측과 고령농의 세금 신고 · 납부의 어려움과 추가로 발생하는 납세협력비용 부담으로 저항이 클 것이라는 측의 의견이 맞서고 있어, 농업계의 충분한 의견 수렴과 사회적 합의 과정을 통해 점진적 해법 모색이 필요할 것으로 보인다.

2. 주요 동향

① 농특위를 중심으로 농업인 재정의 논의 본격화

㉠ 농업인 자격 및 요건이 법에 명시되어 있지만, 현재의 농업 현실과 실제 농업인의 인식을 반영하지 못해 농업인을 새롭게 정의해야 한다는 요구가 꾸준히 제기되어 왔다. 현장에서는 농지만 소유하고 실제로 경작하지 않는 '가짜 농업인'이 정책 대상에 포함되는 반면, 진성 농업인이지만 농업인 요건을 증명하지 못해 정책 대상에서 제외되는 사례가 발생하고 있다.

㉡ 대통령 소속 '농어업 · 농어촌특별위원회'는 5차례 현장 간담회 등을 통해 농업인 재정의 필요성에 대한 공감대 형성 및 의견을 수렴하였다.

② 농업 부문 과세 도입 필요성 제기

㉠ 코로나19 재난지원금 지원 시 농업인은 정확한 피해 규모 산정이 어려워 지원 대상에서 소외되는 상황이 발생했다. 지원 대상 선정 및 지원 금액 산출에 필요한 공신력 있는 농가경영정보(판매액, 매입액, 소득 등) 부재로 농업인이 제외되었다.

※ 코로나 4차 재난지원금 지급 대상에서 농업인이 제외되어 농민단체, 국회, 지자체 등에서 농업인 지원을 요청하여 일부 농가가 대상에 포함됨. 0.5ha 미만 소농은 30만 원을 지급하고, 화훼 · 겨울수박 · 학교급식 납품 · 친환경농산물 · 말 생산 농가 등에 100만 원을 지급함

㉡ 이는 농업 부문이 과세 대상이 아니어서 발생된 문제라며, 농가 소득정보 파악을 위해서 과세 체계 도입의 필요성이 제기되었다.

※ 곡물 및 식량 작물재배는 소득세 면제 대상이며, 그 외 작물재배는 수입금액이 10억 원 이상이면 소득세를 부과하고 있음. 부업으로 경영하는 축산업, 민박, 음식물 판매, 특산물 제조 등의 초과소득이 3,000만 원 이하이면 비과세 대상임. 쌀 농가, 중소농이 대부분을 차지하는 우리나라 농업구조 특성상 대부분의 농가는 소득세 납부 면제 대상임. 또한 미가공 농축산물은 부가가치세 면세 대상이어서 매출액, 매입액을 증명할 세금신고서 발행 의무가 발생하지 않기 때문에 농가들의 소득을 파악하는 것이 쉽지 않음

3. 향후 전망

① 농업인을 어떻게 재정의할 것인지에 대한 논의가 지속될 전망

㉠ 농업인을 재정의해야 한다는 데 농업계 모두가 공감하고 있지만, 어떻게 정의할 것인가에 대해서는 이견이 있어 농업계의 의견을 수렴하는 과정이 지속될 것으로 전망된다. 농업인 정의는 농업 범위에 대한 규정, 농산업 정의 등과 맞물려 있어 합의된 안을 도출하여 제도화하는 데 시간이 걸릴 것으로 예상된다.

㉡ 농업직불금 부정 수급 방지 등을 위해 현재의 농업인 정량적 기준(ⓐ 1,000m^2 이상의 농지를 경영하거나 경작하는 사람, ⓑ 농업경영을 통한 농산물의 연간 판매액이 120만 원 이상인 사람, ⓒ 1년 중 90일 이상 농업에 종사하는 사람 등)을 상향하여 농업인 요건을 강화하자는 주장이 있는 반면, 이러한 조치가 청년농 등 신규 농업인의 진입장벽이 될 수 있어 현행 조건을 유지하자는 의견도 있다. 기준 강화로 농업인의 수가 감소하면 농업 예산 축소로 이어질 수 있다는 우려의 시각도 있다. 대안으로 농업인 정의는 포괄적으로 하되 선진국처럼 정책지원 대상 농업인은 별도로 정의하자는 의견도 제시되고 있다.

② 농업인 소득정보 체계 구축을 위해 과세 필요성 논의 확산

㉠ 농업인 과세를 주장하는 측은 과세 자료는 농업인 소득정보 체계 구축의 기초 자료로 활용될 수 있기 때문에 소득 기반 맞춤형 농정 추진이 가능하고, 재난·복지정책의 수혜 대상 확대 등 농업인 편익을 더 증진시킬 수 있다고 보고 있다(농업인은 소득이 파악되지 않아 근로장려금 대상에서 제외되어 신청하지 못하고 있음). 과세를 한다 하더라도 실제로 납세 부담을 갖는 농업인은 소수에 불과할 것으로 전망하고 있다(2021년 기준 소득세 신고 현황을 보면 농어업인 중 약 1.75%만 소득세를 신고했음).

㉡ 미가공 농축산물에 부가가치세를 부과할 경우, 농업인은 세법상 사업자 등록 의무가 발생하여 농업인 식별 문제가 자연스럽게 해소될 것으로 보고 있다. 또한 농업 기자재 및 농산물 거래 투명성이 높아져 거래 시 가격 교섭력을 갖게 되고, 정책적으로도 농자재 및 농산물 수급 관리의 효율성이 높아질 것으로 전망된다. 또한 농업경영체의 재무정보를 바탕으로 자금 조달 규모 및 방법이 다양해져 경영의 안정성을 도모할 수 있을 것으로 보았다.

㉢ 반면, 고령농이 다수를 차지하는 우리나라 농업의 현실을 감안하면 종합소득세 신고·납부나 농산물 출하·판매 계산서 발급 등이 쉽지 않고, 그동안 무자료 거래가 관행이 되어 있어 제도 전환이 여건상 쉽지 않다는 의견이 있다. 또한 농가에 세무 신고 비용이 추가로 발생하기 때문에 납세협력 비용 부담에 대한 저항도 클 것으로 예상되며, 농축산물에 부가가치세를 부과할 경우 소비자 식품 물가 상승에 영향을 미쳐 취약계층 생활비 부담을 증가시킬 우려가 있다는 지적이 있다. 과세를 한다 할지라도 낮은 세수로 과세행정 비용이 더 들어 과세의 실효성이 낮다는 의견도 있다.

③ 한국 농정의 선진화를 위해 농업인 재정의 및 과세 해법 모색 필요

공정하고 효과적인 농정 추진 기반 마련을 위해서 세제 기반의 농가경영정보 구축의 중요성이 높아지고 있다. 이를 위해 정책 대상자와 비대상자를 명확히 구분하는 농업인 정의가 전제되어야 하기 때문에 농업인 정의와 과세 문제는 선진 농정을 위해 풀어야 할 중대한 과제가 될 것으로 전망된다. 따라서 농업계의 충분한 의견 수렴, 사회적 합의 과정을 통해 점진적인 해법 모색이 필요할 것으로 보인다.

02 농업경영비 불안정성 확대

1. 배경 : 대내·외 여건 악화로 농업경영 변동성 심화

① 대내·외 여건 변화로 인한 농업경영의 불안정성은 농업소득 급감으로 이어졌다. 국제 원자재 가격 상승과 함께 고금리가 지속된다면 농가의 경영 부담은 더욱 가중될 것으로 예상된다.

② 정부는 농가 소득·경영 안전망 확충을 위해 다양한 정책을 추진하고 있으나, 농업계를 중심으로 농업경영비 불안정성 완화를 위한 실질적 대책 마련에 대한 요구가 커질 전망이다.

2. 주요 동향

① 영농 여건 악화로 농업소득 큰 폭 감소

㉠ 2022년 농업소득은 전년 대비 약 27% 감소한 949만 원이었다. 특히, 농가소득에서 농업소득이 차지하는 비중이 1970년 이래 가장 낮은 20.6%로 떨어졌다. 이는 쌀과 한우 가격 폭락으로 농업총수입이 전년 대비 7% 감소하였고, 원유와 곡물 등 국제 원자재 가격이 급등하면서 농업경영비가 전년 대비 3.7% 증가했기 때문이다.

㉡ 러시아 – 우크라이나 전쟁 등 국제 정세 불안으로 인한 원유와 곡물 등의 국제 원자재 가격 상승은 국내 농자재 가격 폭등으로 이어졌다. 이로 인한 생산비 급등과 함께 이상기후에 따른 농업재해까지 더해져 농업경영의 불안정성은 더욱 확대되고 있다.

※ 이상기후에 따른 냉해, 폭우, 고온 현상 등으로 농작물의 생산량 급감 발생, 특히 2023년 사과의 경우, 냉해와 탄저병으로 인해 전년 대비 생산량 23.8% 감소했고, 축산업계는 아프리카돼지열병(ASF)을 시작으로 구제역, 럼피스킨병, 조류독감(AI) 피해 발생

〈주요 농자재 가격 변화〉

구분	가격 변화	비고
농업용 면세유	632.5(2020년 3분기) → 1,144.5(2023년 3분기)	실내등유(원/리터)
농사용 전기요금	39.5(2022년 1분기) → 67.0(2023년 2분기)	농사용(을), (원/kWh)
요소 비료	10,600(2021년 3분기) → 17,700(2023년 2분기)	(원/20kg)
농가구입가격지수	101.1(2020년 3분기) → 140.9(2023년 3분기)	재료비(2020=100)

3. 향후 전망

① 농업경영의 변동성 심화는 지속될 전망

㉠ 최근 이스라엘 – 팔레스타인 분쟁과 산유국 감산 조치 영향으로 국제유가 상승 압력이 높아지고, 중국의 요소 수출 통제도 비료 공급의 불안 요인으로 작용할 전망이다. 농사용 전기요금도 지속적 인상을 앞두고 있어 시설농가의 난방비 부담도 커질 것으로 예상된다. 또한 국제 곡물 가격도 여전히 평균 대비 고점을 나타내고 있어 축산농가의 사료비 부담도 지속될 전망이다.

※ 한국전력 생산원가 반영 농사용(을) 전력 요금체계 개편 : 53.0원/kWh(2023년 11월) → 59.5원/kWh(2024년 4월) → 65.9원/kWh(2025년 4월)

㉡ 고금리로 농가의 부채 상환 부담이 커지고 있다. 농가부채 중 농업용 부채가 약 50%를 차지하고 있어 농자재비 상승, 작황 부진 등의 생산 여건 악화는 부채 증가로 이어질 수 있다. 특히 고금리 기조가 지속될 경우, 부채 의존도가 높은 시설농가와 축산농가의 어려움이 가중될 것으로 예상된다.

※ 한국은행 기준금리 : 0.5%(2020년 3분기) → 3.5%(2023년 4분기)

※ 농업인 대출금액(연체율) : 2021년 75.8조 원(0.42%) → 2023년 9월 78.2조 원(1.01%)

② 농가경영 안정을 위한 다양한 정책 추진

㉠ 정부는 중소농의 경영비 부담 완화를 위해 주요 농자재 구입비 지원과 농자재 세제 지원, 공공형 계절근로 확대 등 다양한 정책을 추진하고 있다. 또한 이상기후에 대응한 재해보험 대상 품목과 범위를 확대해 나갈 계획이다. 여러 지자체에서 〈필수 농자재 지원 조례〉를 제정하고 있어, 관련 조례 제정이 확산될 것으로 전망된다. 아울러, 정부 차원의 제도적 장치 마련 요구가 커질 것으로 예상된다.

※ 충남 공주시 전국 최초 〈필수 농자재 지원 조례〉 시행(2023년 10월), 광역 및 기초지자체 조례 제정 논의 확산

㉡ 정부의 소비자 물가 안정 대책의 일환인 저율관세할당물량(TRQ; Tariff Rate Quota) 증량도 저가 수입농산물로 인해 국내 농가의 생산 기반이 위협받을 수 있으므로 피해를 최소화하기 위해 보다 신중하고 합리적인 운용 방안 마련이 요구될 전망이다.

※ TRQ 증량은 수급불균형 완화를 위해 저율관세를 적용받는 시장접근물량을 증량하여 수급 안정을 도모하는 제도

PART 2

03 농지 취득 규제 완화

1. 배경 : 농지 규제 완화와 농지 보전 모두를 충족하는 해법 모색

① 2021년 LH(한국토지주택공사) 직원의 농지 투기 사태 이후 강화된 농지 취득 규제가 농지거래를 위축시켜 농업인의 재산권이 침해당하고 있다며 지방의회를 중심으로 〈농지법〉 개정 요구가 높아지고 있다. 반면, 현재의 농지거래 감소는 부동산 경기 침체로 인한 전반적인 토지 거래 위축 현상으로 식량안보 강화와 청년농 유입 등을 위해 현재의 〈농지법〉을 유지해야 한다는 주장이 맞서고 있다.

② 농지 규제에 대한 엇갈린 시각이 존재하는 만큼 농지를 보전하면서 재산권 침해를 받는 농업인의 피해를 최소화할 수 있는 대책 마련이 필요할 것으로 전망된다.

2. 주요 동향

① 2021년 LH 직원의 농지 투기 사태를 계기로 농지 취득 규제 강화

2021년 LH 직원들의 농지 투기 사태로 농지거래 요건이 강화되었다(2021년 8월). 비농업인이 주말·체험영농 목적으로 농지를 취득할 경우 농업진흥지역 외 농지로만 한정하였으며, 영농계획서 작성을 의무화하였다. 농지취득자격증명 발급 시 취득심사요건을 강화하였다. 시·구·읍·면에 농지위원회를 설치하고 토지거래허가구역 농지를 취득하거나 관외거주자, 3인 이상 공유 취득자 등이 농지를 취득할 경우 농지위원회 심의를 의무화하였다.

② 농지거래량 감소 논란

㉠ 한국부동산원의 지목별 토지매매 거래 현황(일반거래는 분양권·증여·매매 등이 합쳐진 집계 건수이며, 매매 거래는 매매만 집계한 건수임)을 살펴보면, 농지 규제가 강화되기 직전(2021년 2분기)까지는 농지(전·답)매매 거래가 증가하는 추세를 보였으나, 그 이후부터는 감소세로 전환되었다. 2021년 3분기에 115,342필지의 전·답이 매매되었는데, 2022년 3분기에는 64,358필지, 2023년 3분기는 48,101필지가 매매되었다. 2023년 3분기 농지 매매량이 2021년 3분기보다 58.3% 감소하여 농지 규제가 본격화된 2021년 8월 이후 절반 이상 줄어들었다.

㉡ 농지거래 감소가 농지 규제와 관련이 있다는 주장이 있는 반면, 부동산 경기 침체가 원인이라는 시각도 있다. 실제로 2023년 1 ~ 3분기 토지 매매량이 864,000필지로 2021년 동기간 대비 46.9% 감소하였다. 지목별로 대지는 47.9%, 공장용지는 51.5%, 논은 44.2%, 밭은 47.6% 감소하였다. 모든 용도의 토지 거래가 비슷한 비율로 감소하였기 때문에 개정 〈농지법〉 때문에 농지 거래량이 감소했다고 보는 것은 성급한 결론이라는 주장이다.

〈지목별 토지 매매 거래량 변화〉

구분	밭	논	대지	임야	공장용지	기타	소계
2021년 1 ~ 3분기 (천 필지)	154	165	1,082	115	19	95	1,629
2023년 1 ~ 3분기 (천 필지)	81	92	564	67	9	52	864
증감률(%)	−47.6	−44.2	−47.9	−42.4	−51.5	−44.8	−46.9

3. 향후 전망

① 농지 규제 완화를 위한 〈농지법〉 개정 요구 증가

㉠ 농지소유 농업인의 재산권 보호와 농촌소멸 방지를 위해 현행의 〈농지법〉 개정에 대한 요구가 높아질 것으로 전망된다.

㉡ 주로 지방의회를 중심으로 〈농지법〉 개정 목소리를 높이고 있는데, 경남도의회는 2023년 4월에 '농지 소유 규제 완화 촉구 건의안'을 채택해 현행 〈농지법〉을 개정 이전으로 되돌려 놓을 것을 요구했다. 현 〈농지법〉이 농지거래를 위축시키고, 농지 가격을 하락시켜 농촌 주민의 재산권을 침해하고 있으며, 귀농·귀촌을 저해하는 등 부작용이 크다는 주장이다. 대한민국 시·군자치구의회 의장협의회는 농지거래 규제 완화 촉구 결의안을 채택하여 국회 등에 건의하였다. 당진시의회도 '농지거래 활성화 대책 마련 촉구 건의안'을 채택하였다.

㉢ 국회 농림축산식품해양수산위원회(농해수위) 국정감사에서 농지 규제 완화 필요성에 대한 지적이 있었으며, 조해진 의원은 농업보호구역 내 주말·체험영농 목적의 농지 소유 허용 및 농지위원회 폐지를 담은 〈농지법〉 개정안을 대표 발의하였다(2023년 6월). 국무조정실 산하 규제혁신추진단은 '농지이용 규제 합리화 연구' 연구 용역 결과 보고회를 가졌다(2023년 8월).

② 농지보전과 농업인의 재산 피해를 최소화하는 대책 마련

㉠ 농민단체, 관련 전문가들은 식량안보 강화를 위해 농지취득 규제를 강화한 현 〈농지법〉 유지를 주장하고 있어 과거로 회귀하는 〈농지법〉 개정에 부정적인 입장이다. 현재도 농지가 비싸 신규농업인 유입이 어려운 상황에서 농지 규제 완화로 농지 가격이 더 오르면 청년농의 진입장벽이 더 높아지고, 규모화를 제한하여 한국 농업 발전에 도움이 되지 않을 것으로 보고 있다.

㉡ 농지 규제에 대한 엇갈린 시각이 존재하는 만큼 농지를 보전하면서 재산권 침해를 받는 농업인의 피해를 최소화할 수 있는 대책 마련이 필요할 것으로 전망된다. 소멸지역 농지임대 유연성 제고, 우량농지 보전 농가에 대한 제도적 보상 확대, 농지은행의 농지매매사업 확대, 농지연금 및 경영이양직불 제도 활성화, 농지 투기 예방책 마련 등 다양한 해법 모색이 필요할 것으로 보인다.

04 농산물 가격 안정화 장치 마련

1. 배경 : 농가경영 안정을 위한 정책 논의 지속

① 폐기된 〈양곡관리법〉 개정 법률안 후속 입법 조치로 야당을 중심으로 쌀 및 주요 농산물의 시장가격과 기준가격의 차액을 보전하는 제도 도입을 추진하고 있다. 최근 국제정세 불안에 따른 원자재 가격 인상, 기상이변으로 인한 작황 부진, 쌀값 하락 등 농가경영의 불확실성이 커지면서 제도 도입의 필요성이 강조되고 있다.

② 다만, 과잉생산 유발, 재정부담 증가 등으로 정부·여당은 부정적이어서 제도 도입에 대한 논란이 클 것으로 전망된다. 이를 계기로 농가경영 안정을 위한 다양한 정책적 논의가 활발하게 이루어질 것으로 예상된다.

2. 주요 동향

① 자동시장격리제를 담은 〈양곡관리법〉 일부개정 법률안 폐기

㉠ 정부와 여당의 반대에도 불구하고 야당 주도로 쌀 초과공급 물량을 의무적으로 매입하는 〈양곡관리법〉 일부개정 법률안을 통과시켰지만, 2023년 4월 대통령의 재의요구로 폐기되었다. 자동시장격리제는 쌀의 공급과잉을 유도하여 오히려 농가소득을 감소시키고, 밀·콩 등 주요 식량작물의 생산 증대를 저해하여 식량안보에 부정적 영향을 미친다는 이유 등으로 법안이 거부되었다.

㉡ 다른 품목과의 형평성 문제, 자동시장격리제의 정책 효과성 등에 대해 농업계도 의견이 갈려 입법 과정에서 충분한 공감대를 얻지 못했다는 한계가 있었다.

② 야당 중심으로 쌀 및 주요 농산물의 가격보장제 도입 추진

㉠ 야당은 폐기된 〈양곡관리법〉 개정안에 대한 후속 입법 조치로 쌀 및 주요 농산물의 가격보장제를 담은 〈양곡관리법〉과 〈농수산물 유통 및 가격안정에 관한 법률〉 개정안을 발의하였다. 해당 품목의 시장가격이 기준가격보다 낮으면 그 차액의 일부를 보전한다는 내용을 담고 있다.

㉡ 특히 만성적인 수급 불안, 기상이변에 따른 작황 부진, 고물가로 인한 농산물 물가관리 정책, 쌀값 하락 등으로 농가경영의 불확실성이 높아지면서 제도 도입의 필요성이 강조되고 있다.

3. 향후 전망

① 쌀 및 주요 농산물 가격보장제 도입 논란 확산

㉠ 가격보장제 도입을 두고 정부·여당과 야당 간의 이견이 좁혀지지 않을 전망이다. 야당은 농산물 가격 불안정에 따른 농가 경영위험을 완화하고 수급 안정을 통한 소비자 보호를 강화하기 위해 가격보장제 도입을 주장하고 있다. 기준가격을 보장해준다면 농가 수취가격이 안정되어, 과잉·과소생산 현상이 사라져 농업소득 안정과 밥상물가 안정에 기여할 수 있다는 것이다.

㉡ 반면, 정부와 여당은 제도가 도입되면 가격을 보장해주는 품목의 재배가 늘어나면서 오히려 가격이 더 하락하고, 그로 인해 기준가격과 시장가격과의 차이가 더 벌어져 정부의 재정투입이 더 커지고, 농업보조금 한도를 초과하여 국제 규범을 위반할 수 있다며 제도 도입에 반대 입장을 표명하고 있다. 폐지한 쌀 목표가격제를 쌀을 포함하여 다른 품목까지 확대하여 부활시킨 제도로 보고 있다.

㉢ 전문가들도 미국에서 이와 유사한 제도가 안정적으로 운영되어 정책 효과를 거두고 있는 만큼 과잉 생산이 되지 않도록 제도를 설계한다면 우리나라도 불가능하지 않다는 입장과 시장왜곡 문제, 기존 채소가격안정제와의 중복, 가파르게 오르는 생산비 등으로 제도의 효과성에 의문을 제기하는 입장으로 나뉘고 있다.

② 농산물 가격 안정화 장치 마련을 위한 논의 지속

농산물 가격 변동성 심화로 인한 농가경영 불안 문제 해소는 중요한 농정 과제가 되어 논의가 지속될 것으로 전망된다. 시장왜곡을 최소화하는 방향에서 비축 방식의 수급관리, 농업관측의 고도화, 채소가격안정제 확대 및 실효성 제고, 농업수입보장보험 확대, 농산물 가격보장제 등의 다양한 정책 논의가 이루어질 것으로 예상된다.

05 농산물 온라인도매시장 출범

1. 배경 : 유통 효율성 제고를 위한 도매유통 디지털 전환 가속화

① 정부는 도매유통의 효율성 제고를 위해 2023년 11월 30일 농산물 온라인도매시장을 개설하였다. 농산물 온라인도매시장은 시장 참여자 간의 경쟁을 촉진하여 거래 효율성을 높일 수 있도록 기존 오프라인 시장과 달리 전국의 판매자와 구매자 간의 통합 거래를 허용하였다. 또한 상(商)·물(物) 분리 거래를 통해 유통 단계 축소와 유통 비용 절감을 도모한다.

② 온라인도매시장 운영 활성화를 위해서는 상품에 대한 신뢰 구축이 가장 중요한 만큼 상품별·등급별 표준 규격과 실효성 있는 분쟁 조정 방안 확보가 명확히 마련될 필요가 있다. 또한 상·물 분리 거래의 효과적 추진을 위해서는 직배송 매칭 시스템 구축, 상품 규격화와 연계한 물류 표준화 정립, 거점 물류시설 확충 등과 같은 물류 효율화 방안이 반드시 마련되어야 한다.

2. 주요 동향

① 2023년 11월 30일, 농산물 온라인도매시장 정식 출범

㉠ 정부는 도매시장 유통의 비효율성(대표적 문제점으로 상·물 일치형 거래에 따른 유통비용 증가, 가락시장 상장거래 상품이 다시 지방으로 분산되는 물류 비효율성 발생, 개설구역 내 거래만 허용에 따른 경쟁제한 등이 제기되어 왔음) 개선의 일환으로 인터넷과 모바일을 기반으로 상(商)·물(物) 분리 거래를 추진하는 농산물 온라인도매시장을 개설하였다. 해당 시장은 품목도매관(품목별 대량 도매)과 식재료관(다품목 소량 도매) 2개의 플랫폼이 운영되며, 청과·양곡·축산 부류 38개 품목의 거래를 시작으로 취급 품목을 지속 확대해 나갈 계획이다. 시장 이용 수수료는 오프라인 시장보다 낮게 설정되었다.

※ 온라인플랫폼 사용료 0.3%(현 도매시장 0.5%), 위탁수수료 최대 5%(현 도매시장 최대 7%)

㉡ 2023년 3월 23일 농산물 온라인도매시장 운영의 제도적 기반이 될 〈농산물 온라인 도매거래 촉진에 관한 법률안〉이 발의되어 국회 소관위 심사 중에 있다.

② 유통 효율성 제고를 위해 시·공간적 제약 해소, 규제 최소화

㉠ 농업인 → 도매법인(공판장) → 중도매인 → 소매상으로 이어지는 오프라인 도매시장 상장거래와 달리, 온라인도매시장에서는 거래 참여자를 판매자와 구매자로만 구분한다. 따라서 농산물품질관리원의 인가를 득하면, 도매법인(공판장)과 시장도매인 등 기존 도매거래 주체뿐만 아니라 APC(산지유통센터)를 중심으로 한 산지 조직도 온라인도매시장 플랫폼 내에서 직접 판매가 가능하다. 구매자 역시 중도매인, 식재료 업체, 대형마트 등 다양한 주체의 참여가 가능하다.

㉡ 또한 개별 도매시장, 소속 도매법인에 집하된 물량 내에서만 구매가 가능하던 기존 오프라인 거래와 달리 온라인도매시장에서는 전국 단위에서 원하는 구매자·판매자 간의 통합 거래가 가능하다.

〈농산물 온라인도매시장 운영 체계〉

출하자(판매자)		온라인 도매시장		구매자
• 산지 출하 조직 • 도매시장법인·공판장 • 시장도매인	① 온라인 상장 ⑤ 대금 지급	④ 산지 직송	② 입찰 ③ 낙찰	• 도매시장 중도매인 • 대형유통업체 • 식자재업체 • 외식·가공·급식업체

3. 향후 전망

① 온라인도매시장 활성화 시 거래 효율성 제고, 유통비용 절감 기대

㉠ 농산물 온라인도매시장에서는 상품성 역량을 갖춘 산지 조직이 물건을 직접 상장함으로써 전국의 모든 구매자들과 거래할 수 있다. 따라서 품질이 우수한 산지는 온라인도매시장을 통해 보다 좋은 조건의 판매처를 확보할 수 있을 것으로 기대된다. 구매자 역시 전국의 판매자들과 자유롭게 거래함으로써 자신들의 분산 역량에 맞는 상품을 보다 수월하게 구매할 수 있을 것으로 판단된다.

㉡ 또한 상·물 분리 거래를 통해 유통단계를 축소함으로써 오프라인 도매시장에 비해 유통비용 전반을 상당 부분 절감할 수 있을 것으로 기대되고 있다.

※ 한국농촌경제연구원에서 농협 온라인농산물거래소의 거래실적을 분석한 결과 특품의 거래단가가 오프라인 시장에 비해 약 7% 높은 것으로 나타났으며, 유통비용은 약 4% 감소한 것으로 나타남

〈농산물 온라인도매시장의 기대효과〉

온라인플랫폼 전국 단위 통합 거래		유통 효율성 제고		사회적 편익 증가
• 상(商)·물(物) 분리 → 유통단계 축소 • 산지 조직 직접판매 가능 → 선택권 강화 • 거래 규제 완화 → 시장 참여자 경쟁 촉진	→	• 물류비 절감 • 감모손실 절감 • 거래단가 상승 • 거래탐색비용 절감 • 수수료 절감 • 거래시간 절감	→	• 농가 수취가격 증대 • 구매자 구매가격 절감

② 시장 불확실성 최소화를 위해 상품 표준화, 물류 효율화 노력 중요

㉠ 비대면 방식의 온라인도매시장은 상품의 실물이 아닌, 출하자가 제공하는 품질 정보, 이미지 사진, 동영상 등만을 활용하여 거래가 이루어진다. 따라서 온라인 거래 활성화를 위해서는 상품에 대한 판매자와 구매자 간의 신뢰 구축이 무엇보다 중요하다. 이를 지원하기 위해서는 상품별・등급별로 시각화된 표준 규격 기준이 명확히 마련되어야 하며, 상품 품질에 영향을 미칠 수 있는 다양한 생산이력정보가 투명하게 공개되어야 한다. 또한 품질이나 거래 조건 등에 있어 분쟁 발생 시 이를 신속히 해결할 수 있는 조정 수단 확보가 반드시 필요하다.

※ 현재 정부는 3단계(1단계 : 당사자 간 자율 합의 – 2단계 : 거래중재관 중재 – 3단계 : 분쟁조정위원회 중재)에 걸친 분쟁조정 체계를 마련하였음

㉡ 또한 온라인 도매거래가 상・물 분리의 효과를 제대로 발휘하기 위해서는 체계적인 물류 시스템 구축이 반드시 전제되어야 한다. 현재 정부는 판매자가 구매자에게 직배송하는 물류 방식을 우선 적용 후, 거점 물류체계로의 전환을 검토하고 있다. 사업 규모가 크지 않은 기존 중도매인 특성 등을 고려할 때, 물류 효율성 도모를 위해서는 권역별 순회배송 등과 같은 공동물류서비스가 반드시 마련될 필요가 있다. 중장기적으로는 상품 규격화와 연계한 물류 표준화 정립, 농산물 물류 정보통합관리 시스템 구축, 거점 물류시설 확충 등이 추진되어야 한다.

06 농업과 연계한 푸드테크(Food Tech) 확산

1. 배경 : 농업 외연 확장을 위한 푸드테크 산업기반 구축 본격화

① 푸드테크란 식품산업 가치사슬 전반에 정보통신기술(ICT)・바이오기술(BT)이 접목된 새로운 산업 분야로서, 최근 전 세계적으로 시장이 급성장하고 있다. 우리 정부도 "푸드테크 산업 발전 방안"을 수립하고 푸드테크 선도기업 육성, 푸드테크 산업 저변 확대, 산업 성장기반 마련 등을 위해 노력하고 있다. 향후 해당 정책을 중심으로 푸드테크 산업 생태계 조성과 제도적 근기 마련을 위한 노력이 본격화될 것으로 예상된다.

② 또한 푸드테크 산업의 성장이 농업의 성장으로 이어질 수 있도록 푸드테크 산업계와 농업계를 매칭해줄 수 있는 정책 프로그램 개발, 계약재배 활성화 지원 등이 확대될 것으로 전망된다.

2. 주요 동향

① 농식품 산업의 미래 성장 동력으로 푸드테크 부각

㉠ 최근 4차 산업혁명 시대의 도래, 환경・가치・건강・편의 중심의 소비 트렌드 변화 등을 중심으로 농식품 시장 환경이 급변하면서, 푸드테크가 새로운 성장동력으로 주목받고 있다. 푸드테크는 식품(Food)과 기술(Technology)의 합성어로, 식품 생산・유통・소비 등 가치사슬 전반에 ICT・BT 기술이 접목된 새로운 산업 분야이다. 대표적 사업 카테고리로 대체식품, 식품프린팅, 온라인 유통 플랫폼, 식품 제조・배달 로봇, 푸드 업사이클링 등이 있다.

㉡ 2020년 기준 세계 푸드테크 시장은 5,542억 달러, 국내 푸드테크 시장은 61조 원 규모로 2017년 이후 각각 연평균 38%, 31% 성장한 것으로 추산되고 있다. 현재 온라인플랫폼 산업이 가장 큰 규모를 보이고 있으며, 향후 대체식품, 식품프린팅 산업 등의 높은 성장이 전망되고 있다.

② 정부, 푸드테크 산업 육성을 위한 정책 강화

㉠ 2022년 12월 농림축산식품부는 2027년까지 유니콘 기업 30개 육성, 푸드테크 수출액 20억 달러 달성 등을 목표로 "푸드테크 산업 발전 방안"을 발표하였다. 이를 통해 ⓐ 푸드테크 선도기업 육성, ⓑ 푸드테크 산업 저변 확대, ⓒ 푸드테크 산업 성장기반 마련을 3대 추진 전략으로 설정하고, 1,000억 원 규모의 펀드 조성, 푸드테크 기업의 해외 진출 및 농업과의 연계 지원, 10대 핵심 기술 연구·개발 지원 강화 등을 추진하고 있다.

㉡ 특히, 2023년에는 푸드테크 육성의 구심체 역할을 담당할 민·관 공동의 '푸드테크 산업 발전 협의회'를 발족시켰으며, 푸드테크 전문인력 양성을 위해 4개 대학교에 푸드테크 계약학과 개설을 지원하였다. 또한 2024년 푸드테크 관련 예산안을 2023년보다 63억 원 증액한 639억 원으로 확대 편성했다.

〈"푸드테크 산업 발전 방안" 3대 전략 및 주요 과제〉

3대 추진 전략	주요 과제
푸드테크 산업을 선도할 혁신기업 육성	• 사업단계별 안정적 자금 지원 - 2027년까지 1,000억 원 규모의 푸드테크 전용 펀드 조성, 국내외 IR(Investor Relation) 확대 등 • 푸드테크 혁신기술 사업화 촉진 - 푸드테크 기업 인증제 도입, 푸드테크 시설·장비 공동 이용체계 구축 등 • 푸드테크 기업 시장 진출 확대 - 푸드테크 홍보 촉진, 식품제조업·외식 분야 도입 촉진 등
푸드테크 산업 저변 확대	• 푸드테크 기업의 해외 진출 지원 - 해외 진출 필요 시장정보 제공, 컨설팅·판촉홍보 등 지원 • 수입원료의 국산 대체 지원 - 주요 대체식품 원료 DB 구축, 기업과 농가 간 자율적 원료 수급체계 구축
푸드테크 산업의 성장기반 마련	• 푸드테크 10대 핵심분야 연구·개발 강화(기업, 정부 R&D 강화) - 세포배양식품, 식물성 대체식품, 간편식, 식품프린팅, 스마트유통, 식품 커스터마이징, 외식 푸드테크, 식품 업사이클링, 친환경 식품포장 기술 • 푸드테크 분야 융복합 전문인력 양성 - 2027년까지 푸드테크 청년 창업가 1,000명, 기업 신규인력 2,000명 양성 등 목표 • 산업 성장을 위한 제도적 기반 마련

3. 향후 전망

① 국내 푸드테크 산업 생태계 조성 노력 본격화

㉠ 푸드테크 산업 발전을 위해서는 '핵심기술 경쟁력 확보'와 '개발 기술의 빠른 사업화'가 가능한 산업 생태계 구축이 중요하다. 이런 측면에서 푸드테크 산업의 기술개발 – 투자 – 생산 – 마케팅·수출 프로세스가 유기적으로 이뤄질 수 있도록 정부·대학·스타트업·민간 투자기업 간의 협업을 유도하는 지원이 강화될 것으로 전망된다. 또한 푸드테크 산업 발전을 저해할 수 있는 규제 개선, 푸드테크 전문가 육성 등을 위한 노력이 강화될 것으로 보인다.

㉡ 현재 국회에는 2건의 〈푸드테크 산업 육성에 관한 법률안〉이 상정되어 소관위 심사 중에 있는데, 해당 법률안이 통과될 경우, 법적 근거가 마련되어 더욱 체계적인 푸드테크 산업 육성이 가능해질 것으로 판단된다.

〈푸드테크 산업 육성에 관한 법률안〉 주요 내용
• 5년 단위 푸드테크 산업 육성 기본계획 수립, 푸드테크 산업 실태조사 및 통계 작성 • 푸드테크 사업자 지원, 전문인력 양성, 혁신 클러스터 육성 근기 • 푸드테크 산업 육성을 위한 규제 개선 신청 및 처리 절차 등

② 농업과 푸드테크 산업 간 연계 강화를 위한 노력 강화 필요

㉠ 푸드테크 산업이 농업의 미래 성장동력으로서 제 기능을 발휘하기 위해서는 농업과의 효과적인 연계 방안 모색이 중요하다. 농업은 안정적 원료 조달처로서, 푸드테크 산업은 농산물 부가가치 창출 경로로서 선순환 체계를 구축할 필요가 있다.

㉡ 이를 위해서는 푸드테크 소재로 활용될 수 있는 유망 농산물을 발굴·DB화하고, 푸드테크 산업계와 품목별 적합 산지를 매칭해줄 수 있는 정책 프로그램을 적극 개발해나갈 필요가 있다. 또한 농업계는 수요처 기준에 부합하는 원료를 안정적으로 조달할 수 있도록 계약재배 생산단지 조성 및 품질 역량 확보를 위해 노력해야 한다.

07 '농식품바우처' 본 사업 전환

1. 배경 : 취약계층 식생활 개선, 농가경제 활성화 등 정책 효과 입증

① 최근 가파른 물가 상승으로 가구 실질소득이 감소하면서 취약계층이 급증하는 가운데, 시범사업 5년 차를 맞은 농식품바우처 사업의 본 사업 전환을 위한 논의와 촉구가 확대되고 있다.

② 농식품바우처 사업은 취약계층 식생활 개선, 농가경제 활성화 등 정책의 효과성이 입증되고 있고 사업 필요성에 대한 이견이 적어 기획재정부 예비타당성 사업을 통과할 것으로 예상되며, 본 사업으로 전환 시 전국적으로 수혜 대상 지역이 확대될 것으로 전망된다.

2. 주요 동향

① 최근 경제 상황이 어려워지면서, 취약계층의 식품접근성 더욱 악화 우려

㉠ 최근 가파른 물가 상승으로 가구 실질소득이 감소하면서 취약계층이 점점 확대되고 있다. 2022년 기준 기초생활보장 수급자 수는 약 245만 명으로 2017년(158만 명) 대비 54.9% 증가하였다.

㉡ 2023년 3분기 가계동향조사(통계청) 결과 가계지출은 가구 월평균 소득보다 더 증가(2023년 3분기 가구당 월평균 소득은 전년 동기 대비 3.4% 증가한 반면, 가계지출은 4.0% 증가)하여 가계 경제상황은 여전히 불안한 상황이다. 특히 소득 상위 20%(5분위) 월평균 가구소득은 전년 동기 대비 4.1% 증가한 반면, 하위 20%(1분위) 소득은 0.7% 감소하여 양극화가 더욱 심화되고 있음을 보여준다.

㉢ 경제상황이 더 나빠지면 저소득 취약계층은 식료품 지출에 더 큰 부담을 갖게 되고, 이들의 식생활은 더욱 악화될 것으로 우려된다. 보건복지부 〈국민건강영양조사〉 결과(2021년)에 따르면, 소득 하위 20% 가구의 식품안정성 확보가구분율(가구가 최근 1년 간 '원하는 만큼의 충분한 양의 음식을 먹을 수 있었다.'고 응답한 분율)은 89.6%로, 상위 20% 가구(99.5%) 대비 9.9%p나 낮은 것으로 보고되고 있다.

② 농식품바우처 시범사업 5년 차, 현재 기획재정부 예비타당성 조사 진행

㉠ 정부는 저소득 취약계층의 식품접근성 강화와 국산 농산물의 지속 가능한 소비기반 구축을 위해 농식품바우처 사업을 추진 중에 있다. 지원 대상은 중위소득 50% 이하 가구(기초생활수급자, 차상위계층)이며, 1인 가구 기준 월 4만 원(가구원수별 차등지원)을 바우처로 지급한다.

※ 1인 가구 40,000원, 2인 가구 57,000원, 3인 가구 69,000원, 4인 가구 80,000원 지급(2022년 지급기간 7개월)

㉡ 농식품바우처 사업은 2017년도에 제도 도입 타당성 연구를 시작으로 2020년부터는 4개 시·군·구 15,000가구를 대상으로 시범사업을 도입하여 매년 대상 지역과 지원 가구를 확대해 나가고 있다. 시범사업 5년차인 2024년에는 24개 시·군·구 98,000가구를 대상으로 추진할 예정이다.

〈농식품바우처 시범사업 추진 현황(2020 ~ 2024년)〉

<table>
<tr><th>구분</th><th>2020년</th><th>2021년</th><th>2022년</th><th>2023년</th><th>2024년(예정)</th></tr>
<tr><td>시범지역</td><td>4개 시·군·구</td><td>10개 시·군·구</td><td>15개 시·군·구</td><td>18개 시·군·구</td><td>24개 시·군·구</td></tr>
<tr><td>지원
가구 수</td><td>15,000가구</td><td>33,000가구</td><td>47,000가구</td><td>65,000가구</td><td>98,000가구</td></tr>
<tr><td>지원 품목</td><td>채소 과일,
흰우유, 계란</td><td>채소 과일,
흰우유, 계란
(추가) 육류,
잡곡, 꿀</td><td colspan="3">채소 과일, 흰우유, 계란, 육류, 잡곡, 꿀
(추가) 두부, 산양유, 단순가공채소류</td></tr>
<tr><td>바우처
사용처</td><td colspan="3">농협하나로마트, 농협몰, 로컬푸드 직매장</td><td colspan="2">농협하나로마트, 농협몰,
로컬푸드 직매장
(추가) GS25 편의점, GS더프레시,
남도장터, 꾸러미배송</td></tr>
</table>

㉢ 정부는 '농식품바우처 지원 확대'를 120대 국정과제로 지정하였고, 농식품부와 보건복지부는 2022년 8월에 농식품바우처 사업을 시범사업에서 본 사업으로 변경 협의를 완료하였다. 이에 따라 제5차 재정사업평가위원회(2022년 10월)에서 농식품바우처 사업이 예비타당성 조사 대상으로 선정되어 현재 기획재정부 예타 조사를 거치고 있다.

3. 향후 전망

① 농식품바우처 사업의 필요성에 대한 공감대가 높아 본 사업으로 전환될 전망

㉠ 시범사업 분석 결과(한국농촌경제연구원 수행), 농식품바우처는 취약계층 식생활 개선에 기여 효과가 큰 것으로 평가되고 있다. 수혜자는 농식품바우처 지원을 통해 식사의 양, 다양성 등 식생활의 양적·질적 만족도가 개선되고, 국산 및 지역 농산물에 대한 관심이 증가하는 등 긍정적인 변화를 보여주고 있다.

※ 한국농촌경제연구원(KREI)이 2020 ~ 2021년 시범사업 참여자를 대상으로 진행한 설문조사에서 '다양한 음식을 섭취했다.'는 응답이 2년 사이 25.3%에서 49.4%로 24.1%p 상승하였고, '원하는 만큼 충분한 음식을 먹었다.'는 응답도 34.8%에서 51.4%로 16.6%p 상승함

㉡ 농식품바우처 사업은 취약계층 식생활 개선뿐 아니라, 국산 농축산물 소비를 촉진하여 농가소득 증진에 기여하는 등 일석이조의 효과가 있어 농업계는 본 사업 전환과 지원 확대를 강력히 요구하는 상황이며, 농식품부도 2025년부터 본 사업으로 추진하고자 사전 절차를 추진 중이다. 또한 의료비 절감, 고용창출 등 산업 파급효과도 클 것으로 전망되어 본 사업으로의 전환이 예상된다.

② 본 사업 전환 시 수혜 대상 지역이 전국적으로 확대될 전망

㉠ 농식품바우처 사업은 취약계층의 식생활 개선, 농가경제 활성화 등 정책의 효과성이 입증되고 있으나, 일부 지역에서만 시범적으로 운영되고 있어 전국적으로 제도를 활성화하기 위한 요구가 커지고 있다.

㉡ 현재 2025년부터 4년간 약 5조 원 규모의 농식품바우처 본 사업 전환을 위한 예비타당성 조사가 진행되고 있어, 본 사업 전환 시 수혜 대상 지역이 전국적으로 확대될 것으로 전망된다.

㉢ 농협은 농식품바우처 사업이 본궤도에 오를 수 있도록 차별화된 유통, 서비스 혁신을 통해 사용자 편의성을 제고하는 등 양질의 농식품 상시공급체계 구축에 역량을 집중할 필요가 있다.

08 농업 · 농촌 이민정책 활성화

1. 배경 : 우수 외국 인력 장기체류 유도 위한 정책 지원 확대

① 농촌 고령화와 출산율 감소로 일손 부족 문제가 더욱 악화되고 있고, 지방소멸 위기가 현실화됨에 따라 정부는 외국 인력 공급 및 이민정책 활성화를 위해 〈농어업 고용인력 지원특별법〉 제정, 지역특화형 비자 발급 등 관련 정책을 추진하고 있다.

② 2024년도에는 계절근로제 확대, 지역특화형 비자 사업 확대 등으로 농촌 일손 부족 문제가 일정 부문 해소되고, 이민정책에 대한 중장기적인 방향을 확인할 수 있을 것으로 기대된다. 이민정책이 활성화되기 위해서는 지방소멸 위기에 대응하기 위한 지자체 역량 강화와 이민정책에 대한 국민적 공감대 형성이 선행되어야 할 것이다.

2. 주요 동향

① 농촌 일손 부족 문제, 지방소멸 위기 극복 위해 외국 인력 공급 확대

㉠ 한국은 저출산, 고령화 등으로 생산가능인구가 급속하게 감소 중이며, 이는 지방소멸과도 연계되는 중요한 이슈 중 하나이다. 특히, 더욱 심화되고 있는 농촌 지역의 인력난은 인건비 상승, 농가경영 불안정성 문제를 야기시키고 있다.

㉡ 정부는 효율적인 외국 인력 운용을 위해 '외국인력통합관리 TF(2023년 7월)' 출범, 농업고용인력의 원활한 수급과 근로환경 개선 등을 지원하는 〈농어업 고용인력 지원 특별법〉 제정(2023년 2월), 지역특화형 비자 시범사업 추진 등 인구 감소, 지방소멸 대응 차원에서 외국 인력 공급 및 이민정책을 시행하고 있다.

㉢ 특히, 고용허가제와 계절근로제를 통한 농업 부문 외국 인력 공급 활성화 정책(2023년 5월, 2023년 6월)을 발표하는 등 농촌 현장의 목소리를 반영하여 농번기 일손 부족 문제를 해소하기 위해 노력하고 있다.

〈제도별 농업 분야 외국 인력 도입 규모〉

(단위 : 명)

구분	2016년	2017년	2018년	2019년	2020년	2021년	2022년	2023년
고용허가제(농업)	7,018	6,855	5,820	5,887	1,388	1,841	11,664	14,000
계절근로제	200	1,085	2,824	3,497	223	1,850	12,027	24,643
공공형 계절근로제	-	-	-	-	-	-	190	814

※ 2023년 8월 기준

3. 향후 전망

① 고용허가제·계절근로제 공급 확대로 농촌 일손 부족 문제 완화 기대

㉠ 정부는 저출산·고령화 현상이 급속하게 진행됨에 따라 원활한 인력 수급을 위해 외국인력정책 위원회(2023년 11월)를 개최하고, 2024년도 농업 분야 고용허가제 도입 인원을 2023년보다 1,050명 늘어난 16,000명으로 확대하겠다고 발표하였다. 또한 농촌 일손 부족 문제 해결을 위해 농가형·공공형 계절근로제 사업 규모도 크게 확대할 계획이다.

㉡ 특히, 농가가 농협 등을 통해 1일 단위로 외국인력을 고용하는 공공형 계절근로제는 2023년 19 개소에서 2024년 70개소로 대폭 확대되어 영세소농·고령농에게 도움이 될 것으로 전망된다.

② 지역특화형 비자 등 우수인력 장기체류 유도 정책 활성화 전망

㉠ 인구감소, 지방소멸 대응, 지역경제 활성화를 위해 2022년 시범사업으로 진행했던 지역특화형 비자 사업은 2024년도에 본격적으로 시행될 전망이다. 2023년도 28개 지역, 1,500명이었던 쿼터는 지자체 수요를 반영하여 사업 지역과 쿼터 규모를 늘릴 계획이다. 농촌 지역에 취업·창업 또는 거주 조건으로 우수 외국 인력에게 장기체류를 유도하고, 그들의 가족에게도 특례를 부여하는 이민정책이 활성화될 전망이다.

㉡ 이민정책은 단순한 노동인력 충원의 문제가 아니라, 지방소멸 위기 극복 차원에서 바라봐야 할 것이다. 아직까지 이민자, 불법체류자 등에 대한 부정적인 시각이 존재하고 있어 이민정책에 대한 국민적 공감대 형성을 위한 노력이 중요하다.

09 농촌 지역 의료공백 완화

1. 배경 : 농촌 의료여건 개선을 위한 제도 마련 추진

① 농촌의 의료접근성 강화를 위하여 비대면 진료 활성화 필요성이 제기되고 있고, 제도 마련을 위한 법률안이 국회에 계류 중이다. 아울러 농촌 공공보건의료 인력에서 중요한 공중보건의(公衆保健醫) 감소를 완화하기 위하여 공중보건의의 처우 개선을 위한 법률 개정안이 발의된 상태이다.

② 정부는 의료인력 수요 대비 부족에 따른 지역·필수 의료인력 확보 어려움을 극복하고자 의대 정원 확대 정책을 추진하고 있다. 이러한 정책 추진은 지역 의료인력 육성에 긍정적 영향을 미칠 것으로 기대되며, 농촌 의료기관에 근무할 의료진 공급에도 긍정적으로 기여할 것으로 전망된다.

2. 주요 동향

① 농촌의 열악한 의료여건 개선에 대한 요구 증가

㉠ 농어업인 복지실태조사(2021년)에 따르면, 의료기관까지의 이동시간이 농촌은 자가용 이용 시 25.8분(도시 15분), 대중교통을 이용하는 노인 1인 가구의 경우 33.3분이 걸려 농촌 주민의 의료기관 접근성이 도시에 비하여 취약하다. 그리고 2020년 기준 농촌 지역 보건의료기관은 8,030개소로 도시 보건의료기관 수의 13%에 불과하다.

㉡ 한편 농촌 공중보건의 부족으로 주 2～3회만 운영하는 보건지소가 있는 가운데, 2023년 신규 편입된 공중보건의는 총 1,106명으로 2023년 3년차 복무 만료자(1,290명)보다 184명이 적어 농촌 의료공백 문제가 더욱 심각해지고 있다.

② 취약계층 의료접근성 강화

㉠ 코로나19 감염병 확산 방지를 위해 비대면 진료가 한시적으로 허용함에 따라 의료인과 환자가 적극 활용하였다. 한시적 비대면 진료 종료 이후(2023년 6월), 제도화(〈의료법〉 개정) 전까지 제한적 범위에서 비대면 진료 시범사업이 시행(2023년 9월)되고 있다(〈보건의료기본법〉 제44조에 의거해 국가와 지방자치단체는 새로운 보건의료 제도를 시행하기 위하여 필요하면 시범사업을 설치할 수 있음). 정부는 재외국민을 대상으로(재외국민은 현재 규제 샌드박스를 통해 재진에 한해 비대면 진료를 받고 있음) 비대면 진료의 전면 허용 및 초진 허용지역을 '산간벽지'에서 98개 시・군・구로 넓힐 계획이다. 그리고 2023년 12월 15일부터 의원급에서 감기에 걸려 진료를 본 뒤 6개월이 지나지 않으면 같은 의원에서 다른 질병은 비대면 진료를 볼 수 있게 되었다. 한편, 비대면 진료 상시화의 법적 근거 마련을 위한 〈의료법〉 개정에 대해 국회에서 논의 중에 있다.

㉡ 거동이 불편한 환자들의 의료 접근성 확대를 위해 지역 내 의원 의사가 직접 방문진료 서비스를 제공하는 1차의료 방문진료 수가 시범사업은 2019년 12월부터 시작되어 2023년 5월 기준 전국 349개 의원이 참여하고 있다.

③ 공중보건의 수급 안정을 위하여 적정 수준의 보수 제공 제도화 추진

공중보건의가 줄어드는 이유로 적은 급여, 긴 복무기간, 의대 정원 내 군필자 비율 증가, 여학생 수의 증가 등이 지적되어 왔다. 이에 공중보건의에게 적정 수준의 보수를 제공해 지원을 장려하여 농촌 의료공백을 방지하기 위한 〈농어촌 등 보건의료를 위한 특별조치법〉 일부개정 법률안이 발의되어 국회에 계류 중이다.

④ 지역・필수의료 살리고 초고령 사회 대비를 위하여 의료인력 확충 추진

정부는 지역・필수의료 정책 패키지 마련을 위하여 "필수의료 혁신 전략"을 발표(2023년 10월)하였으며, 후속 조치로 의대 정원 확대에 대한 수요 조사를 실시하여 결과를 발표(2023년 11월)하였다. 수요 조사에 따른 서면 점검, 현장 점검, 지역의 인프라, 대학의 수용 가능성 등을 종합적으로 고려해 2025학년도 의대 총입학 정원을 최종 결정할 계획이다.

3. 향후 전망

① 비대면 진료 지속 추진으로 농촌 지역 의료 접근성 다소 개선 기대

비대면 진료의 법적 근거 마련에 공감대가 형성되어 있는 상황이다. 법적 근거 마련에서 의료계가 오진 위험성을 거론하며 반대하는 부분들에 대하여 집중적으로 논의될 것으로 전망된다. 향후 비대면 진료가 본격화될 경우 농촌 지역 의료 접근성이 다소 개선될 것으로 기대된다.

② 공중보건의 지원 감소를 해결하기 위한 활발한 논의가 진행될 전망

유사한 형태의 병역의무 이행자와의 형평성 등으로 공중보건의 급여 개선에 대하여 신중히 검토할 필요가 있다는 의견이 제기되고 있다. 그러나 공중보건의 지원 감소는 농촌 의료취약 지역의 보건의료체계를 약화시키는 요인이 되고 있어, 더 이상 방치해서는 안 된다는 목소리가 높아지고 있다. 공중보건의의 급여 개선을 위하여 발의된 법률개정안에 대한 논의가 활발히 진행될 것으로 전망된다.

③ 지역 의료인력 확충 정책은 농촌 의료 취약성 개선 기회로 작용

㉠ 정부는 의료인력의 수도권 대형병원 쏠림, 필수의료 기피 고착화 등에 따른 지역·필수의료 생태계 붕괴를 막기 위하여 2025년 의대 정원 확대를 추진하고 있다. 이와 관련하여 의료계와 지속적인 협의가 진행될 것으로 보인다.

㉡ 또한 정부는 지역인재가 지역 의사로 성장하도록 지역 의대의 입학 정원 중 일정 비율을 해당 지역 고교 졸업생에서 선발하는 '지역인재전형'을 확대할 것으로 전망된다. 지역 의료인력 확충 정책이 고령화 심화 등으로 의료 수요가 증가하지만 의사들이 근무를 기피하는 농촌에 실질적인 도움이 될 것으로 기대된다.

10 지역가치(로컬리즘) 창출 사업 확대

1. 배경 : 지역 주도의 일자리 창출, 교육개혁, 생활인구 유입 등의 사업 확대

① 저출산 진행 속도가 가파르게 진행되고, 수도권 집중 현상이 더욱 심화되며, 학령인구 감소와 수도권 집중으로 지방대학 위기가 현실화되는 가운데, 지방소멸 문제를 해결하기 위한 대안으로 지역별 차별화 개념의 '로컬리즘(Localism)'이 최근 부상하고 있다.

② 정부 또한 '지방시대위원회'를 설치하여 지역 간 불균형 해소와 지역 특성에 맞는 자립적 발전 구현을 위해 노력 중이며, 이에 따라 향후 지방정부가 주도하는 일자리 창출, 교육개혁, 문화콘텐츠 조성, 생활인구 유입 등의 본격적인 사업 확대가 전망된다.

2. 주요 동향

① 우리나라 합계출산율 가파른 추락, 수도권 집중 현상은 더욱 심화

㉠ 우리나라 저출산 진행 속도가 매우 가파르게 진행되고 있다. 합계출산율(여성 1명당 15～49세의 가임기간에 낳을 것으로 기대되는 평균 출생아 수)은 2022년 0.78명으로 OECD 국가 중 가장 낮으며, 2023년 3분기에는 0.70명까지 떨어져 역대 최저치를 기록하고 있다. 이는 전 세계적으로도 가장 낮은 수준이며, 하락 속도 또한 가장 빠른 것으로 보고되고 있다.

※ 우리나라 합계출산율은 1960년 5.95명에서 2021년 0.81명으로 약 86.4% 감소, 전 세계 217개 국가·지역 가운데 하락 속도가 가장 빠른 것으로 나타남(한국은행 경제연구원 발표, 2023년 12월)

㉡ 수도권 집중 현상 또한 더욱 심화되고 있다. 국내 인구의 절반 이상이 국토에서 불과 11.8%를 차지하는 수도권에 모여 살고 있어, 수도권 비중 또한 OECD 국가 중에서 가장 높은 것으로 분석되고 있다. 특히 일자리 부족, 교육 여건, 각종 편의시설 인프라 등으로 인해 젊은 청년층의 수도권 쏠림 현상은 보다 심화되고 있고, 인구 감소지역의 94%는 농어촌 지역으로 나타나고 있다.

※ 한국은행은 수도권 쏠림 현상의 주요 원인은 청년층(15 ~ 34세)의 유입이며, 2015년 이후 2021년까지 수도권에서 순유입 등으로 늘어난 인구의 78.5%가 청년층이라고 분석(한국은행 조사국 지역경제조사팀, 2023년 11월)

※ 저출생, 초고령화, 청년인구 수도권 집중 등으로 정부는 전국 89곳(전체 시・군・구의 40%)을 인구 감소지역으로 지정(행안부 고시, 2021년 10월)하였고, 이 중 84곳(94%)은 농어촌 지역임

〈우리나라 합계출산율〉

(단위 : 명)

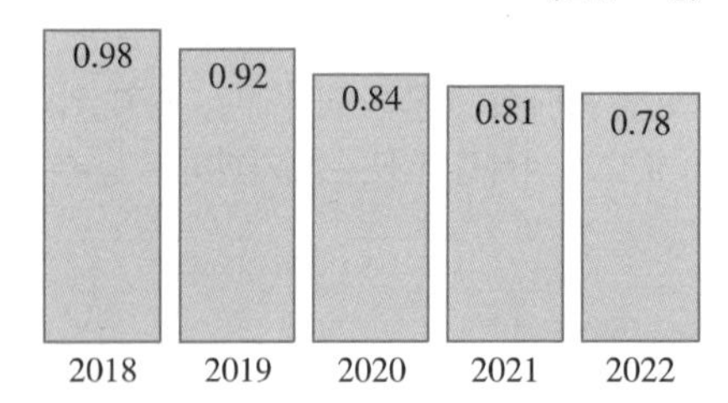

〈우리나라 수도권 집중률〉

구분	2018년	2020년	2022년
우리나라 인구 (천 명)	51,585	51,836	51,628
수도권 인구 (천 명)	25,660	26,021	26,053
수도권 집중률 (%)	49.7	50.2	50.5

② 학령인구 감소와 수도권 집중으로 '지방대학 벚꽃엔딩' 현실화

㉠ 출생률 저하로 인한 학령인구 감소와 학령인구가 수도권으로 집중되면서 지방대학 절반 이상이 사라질 것이라는 위기가 현실화되고 있다. 현재 비수도권 대학의 신입생 미충원률은 수도권 대학 대비 2배 이상으로 나타나고, 이로 인해 2040년경 지방대학 절반 이상이 사라질 것이라는 전망도 나오고 있다.

※ 한국경제연구원 "지역 인재육성과 경제활성화를 위한 지방대학 발전 방안 보고서"는 2040년 초 50% 이상의 대학이 신입생을 채울 수 없고, 현재의 저출산과 신입생 미충원 추세가 계속될 경우 2040년에 지방대학의 최소 50% 이상이 사리질 위기에 처할 가능성이 높다고 분석

㉡ 지역산업의 전후방 효과가 매우 큰 지방대학의 폐교 문제는 지역 활력을 심각히 저하시키는 핵심 요인으로, 인구의 감소와 지역소멸로 인한 지방대학 위기는 단순히 지역만의 문제가 아닌 국가 생존과도 직결된 문제로 인식되고 있다.

③ 지방소멸 문제를 해결하기 위한 대안으로 로컬리즘(Localism) 부상

㉠ 지방을 살리고 인구소멸 문제를 해결하기 위한 대안으로서, 최근 지역별 차별화된 개념의 '로컬리즘(Localism, 지역중심・지방다움・지역가치 창출)'이 새롭게 부상하고 있다.

㉡ 이에 정부는 지역 간 불균형 해소, 지역 특성에 맞는 자립적 발전 구현을 위해 대통령 소속 '지방시대위원회'를 설치(2023년 7월 공식 출범)하고 지방시대 종합계획 수립 및 각종 균형발전 시책과 지방분권 과제를 추진 중에 있다.

3. 향후 전망

① 지방정부 주도의 일자리 창출, 교육개혁, 문화콘텐츠 조성 사업 등 확대 전망

㉠ 대통령 직속 지방시대위원회 '제1차 지방시대 종합계획(2023 ~ 2027년)'이 국무회의 심의를 거쳐 확정(2023년 11월)됨에 따라 지방시대를 열기 위한 '기회발전특구, 교육자유특구, 도심융합특구, 문화특구' 등 4대 특구 도입이 전망된다.

기회발전특구	양질의 지역 일자리 창출(대규모 기업투자 유치)
교육자유특구	지역 공교육 발전(유아·돌봄, 초·중등, 대학교육까지 연계·지원)
도심융합특구	지방 대도시에 일자리·주거·여가가 집약된 판교 테크노밸리 같은 융합특구 조성
문화특구	13개 문화특구인 대한민국 문화도시 지정(3년간 도시별 200억 원 지원)

※ 유아·돌봄, 초중등, 대학교육까지 연계·지원할 수 있는 지역교육 발전전략과 지역 여건에 적합한 특구운영 모델을 마련하기 위한 정부의 "교육발전특구 추진계획" 시안이 발표(교육부, 2023년 10월 31일)되어 2023년 12월 시범지역 공모를 시작으로 2024년부터 시범운영 사업이 본격 추진될 전망임

㉡ 4대 특구는 지방에 자율적인 권한을 부여해 주도적으로 발전하도록 지원할 계획이며, 세제 감면, 규제 특례, 재정 지원 등의 파격적인 혜택이 제공될 전망이다.

② 생활인구, 관계인구 유입 등에 초점을 둔 유연한 정책 확대

㉠ 지방소멸에 대응할 인구정책으로 정주인구(주소를 정해 거주하는 인구) 유입책이 한계를 드러내면서, 체류의 개념을 포함한 '생활인구'의 개념이 새롭게 등장하였고(2023년 1월부터 〈인구감소지역 지원 특별법〉이 시행되면서 체류의 개념을 포함한 '생활인구' 개념이 새롭게 등장), 또한 고향사랑기부제 시행(2023년 1월 이후)을 계기로 지역과 관계를 맺는 관계인구 유입·창출 전략도 주목받고 있는 상황이다.

㉡ 이에 따라 정부·지자체 차원의 생활인구 활성화 및 관계인구 창출 등을 위한 사업 추진과 재정·제도적 지원 등이 확대될 것으로 예상된다. 특히 농어촌 지역 생활인구 유입을 늘리기 위해 농촌공간 재설계, 안정적인 청년농 정착 지원(자금, 주거·돌봄 지원 등), 빈집 정비 등 국가 차원의 '매력 있는 농어촌 조성 사업'이 보다 활성화될 것으로 전망된다.

CHAPTER

06 직무상식평가 기출복원문제

01 농업 · 농촌 상식

01 다음은 생명 현상을 유지하는 데 필요한 원소에 대한 설명이다. 이 원소는 무엇인가?

- 자연상태의 대기 중에서는 식물이 직접 이용할 수 없는 안정한 분자의 형태로 존재한다.
- 번개, 뿌리혹박테리아 등에 의해 분자에서 이온의 형태로 전환된 후, 식물의 뿌리를 통해 흡수되어 단백질 합성에 이용된다.

① 황 ② 산소
③ 수소 ④ 질소
⑤ 염소

해설

질소(N_2)는 대기 중에 분자 형태로 존재하며 대기의 약 78%를 차지하는 매우 안정한 기체이다. 식물에는 질소를 분해할 수 있는 효소가 없기 때문에 대기 중의 질소를 직접 흡수하여 이용할 수 없다. 대기 중의 질소는 뿌리혹박테리아와 같은 질소고정 세균과 번개에 의해 식물이 이용할 수 있는 이온의 형태로 변하게 되는데, 이 과정을 질소고정이라고 한다. 흡수된 질소는 단백질, 핵산과 같이 생명 현상을 유지하는 데 필요한 물질로 합성되어 이용된다.

정답 ④

02 장마철에는 갑자기 비가 쏟아지며 벼락이 치는 낙뢰 현상이 생길 수 있다. 다음 중 벼락에 대한 설명으로 적절하지 않은 것은?

① 적란운에서 발생할 때 4 ~ 5만 암페어(A)의 전류가 흐른다.
② 대기의 상·하층 온도 차가 커서 대기가 불안정할 때 발생한다.
③ 천둥이나 우레는 벼락에 의한 방전으로 파열음이 들리는 것이다.
④ 강한 열에너지와 전기에너지를 가지고 있지만 절연체를 들고 있으면 안전하다.
⑤ 구름 속의 음전기를 띤 전자가 지상의 양전기와 격렬하게 합쳐지면서 발생한다.

해설

주로 적란운 내에서 발생하는 벼락은 4 ~ 5만 암페어(A)나 되는 전류가 흐르기 때문에 절연체 또는 비절연체에 상관없이 감전될 수 있다. 따라서 건물 내부로 피신하거나 전기 기기, 전원선, 금속 수도관, 금속 가스관 등으로부터 1m 이상 떨어져 있어야 한다.

정답 ④

적란운(積亂雲)

수직 방향으로 높게 발달한 구름이다. 구름의 상부는 빙정(氷晶)으로 이루어져 섬유 모양의 구조로 되어 있으며, 하부는 난층운과 비슷하다. 구름 속에는 전하가 집적되어 있어 운간방전이나 대지방전(낙뢰)이 일어나기도 하고, 심한 소나기나 우박이 오기도 하므로 '뇌운(雷雲)'이라고도 부른다. 여름철에 잘 발달하며, 겨울철에도 전선을 따라서 생성된다.

PART 2

03 다음 중 바이오연료인 에탄올을 뽑아낼 수 있는 식물이 아닌 것은?

① 쌀겨
② 감자
③ 옥수수
④ 고구마
⑤ 사탕수수

해설

바이오에탄올은 녹말(전분) 작물에서 포도당을 얻은 뒤 이를 발효시켜 만들지만, 바이오디젤은 쌀겨와 같은 유지(油脂) 작물에서 식물성 기름을 추출해 만든다. 발효를 통해 에탄올을 쉽게 얻을 수 있고 값도 싸서 경쟁력이 있는 작물이 바로 감자, 옥수수, 사탕수수, 사탕무, 고구마 등이다. 현재 에탄올을 더 효율적으로 얻기 위해 나무나 일반 식물의 셀룰로오스를 분해하는 연구가 진행 중이다.

정답 ①

바이오에탄올

식물이 생산하는 바이오매스를 이용하여 생물학적으로 생성된 에탄올 및 부탄올을 포함하는 에너지 및 연료용 알코올을 칭하는 용어이다. 바이오에탄올은 일반적으로 미생물과 효소를 이용하여 식물의 탄수화물을 발효시켜 생산한다. 미국, 브라질, 유럽연합 등의 국가에서 순수한 형태나 가솔린 첨가제로 차량의 연료에 사용되는 바이오연료(Bio-fuel)를 비롯하여 다양하게 사용되고 있으며, 에너지 안보와 유가 급등, 온실가스 배출로 인한 기후변화 등에 대한 대안으로 화석연료를 대체할 수 있는 신재생 에너지이다.

04 다음 중 강수량에 포함되지 않는 것은?

① 비 ② 눈
③ 우박 ④ 서리
⑤ 해수면에서의 수분 증발

해설
강수량은 지표면에 떨어진 비·눈·우박 등이 녹은 물로 측정하며, 이슬·서리·안개를 포함한다.

정답 ⑤

05 다음 중 구제역에 걸리는 동물은 무엇인가?

① 닭 ② 말
③ 돼지 ④ 오리
⑤ 코뿔소

해설
구제역은 유제류 동물에게 나타나며, 조류인 닭이나 오리, 기제류인 말과 코뿔소는 걸리지 않는다. 유제류는 척추동물 포유류 중 발굽이 있는 반추동물을 말하며, 돼지·소·사슴 등이 있다.

정답 ③

구제역(口蹄疫)
소, 돼지, 양, 사슴 등 발굽이 2개로 갈라진(짝수인) 우제류 동물이 잘 걸리는 전염성이 강한 바이러스 병이다. 입의 점막이나 발굽 사이의 피부에 물집이 생기며 체온이 급격하게 상승하고 식욕이 떨어지는 증상을 보인다. 전염성이 높고 치사율이 최대 55%에 달할 정도로 위험하지만 아직 특별한 치료법이 없기 때문에 일단 발병하면 살처분하므로 예방이 매우 중요하다. 〈가축전염병 예방법〉에 따라 제1종 가축전염병으로 예방 관리된다.

06 다음 밑줄 친 현상에 대한 문제점 또는 해결 방안으로 적절하지 않은 것은?

> 농가가 급감하고 있는 가운데 고령화 농업인의 비율은 10년 전보다 10% 이상 늘어나는 등 고령화가 급속도로 진행되고 있다. 농촌 고령화의 진행 속도로 보아 2030년에는 52.5%까지 증가할 전망이다. 이 같은 현상이 지속될 경우 점차 소수의 고령화 농가만이 농사를 짓는 상황이 벌어지게 될 것이다.

① 사회복지 비용이 증가한다.
② 시니어 산업을 축소해야 한다.
③ 노인 복지 문제가 심각해질 것이다.
④ 대한민국의 식량 주권을 잃게 될 수 있다.
⑤ 농업·농촌의 6차 산업화 지원정책을 확대한다.

해설

밑줄 친 현상은 농촌의 고령화이다. 고령화에 대한 문제점을 해결하기 위해서는 노령층을 위한 시니어 산업(실버 산업)을 확대해야 한다.

정답 ②

07 고병원성 조류인플루엔자(AI)가 발생할 경우, 질병관리본부는 조류인플루엔자를 차단하기 위해 전국에 가금류와 관련된 사람, 차량, 물품 등을 대상으로 일시적인 이동중지명령을 발동할 수 있다. 이를 가리키는 용어는 무엇인가?

① 셉테드(CPTED)
② 스트로크(Stroke)
③ 스트라이크(Strike)
④ 커튼 콜(Curtain Call)
⑤ 스탠드 스틸(Stand Still)

해설

헌법이 보장하는 거주, 이전의 자유를 부분적으로 제한할 수 있는 일시 이동중지명령인 스탠드 스틸(Stand Still)은 2012년 2월 〈가축전염병 예방법〉에 도입되었다.

정답 ⑤

조류인플루엔자

닭이나 오리와 같은 가금류 또는 야생조류에서 생기는 바이러스의 하나로, 동물전염병이다. 일반적으로 인플루엔자 바이러스는 A, B, C형으로 구분되는데, A형과 B형은 인체감염의 우려가 있으며, 그 가운데 A형이 대유행을 일으킨다. 바이러스에 감염된 조류의 콧물, 호흡기 분비물, 대변에 접촉한 조류들이 다시 감염되는 형태로 전파되고, 특히 인플루엔자에 오염된 대변이 구강을 통해 감염을 일으키는 경우가 많다. 〈가축전염병 예방법〉에 따라 고병원성 조류인플루엔자는 제1종 가축전염병으로, 저병원성 조류인플루엔자는 제3종 가축전염병으로 예방 관리된다.

08 다음 〈보기〉에 제시된 농촌 운동을 시간 순서대로 배열한 것은?

보기

㉠ 농촌사랑 운동
㉡ 새농민 운동
㉢ 신토불이(身土不二) 운동
㉣ 새마을 운동
㉤ 농도불이(農都不二) 운동

① ㉠ – ㉡ – ㉢ – ㉣ – ㉤
② ㉠ – ㉣ – ㉤ – ㉡ – ㉢
③ ㉡ – ㉢ – ㉣ – ㉠ – ㉤
④ ㉡ – ㉣ – ㉢ – ㉤ – ㉠
⑤ ㉡ – ㉤ – ㉠ – ㉣ – ㉢

해설

우리나라에서 일어난 농촌 운동을 발생 시기 순서대로 배열하면 ㉡ 새농민 운동(1965년 ~) – ㉣ 새마을 운동(1970 ~ 1980년) – ㉢ 신토불이 운동(1989 ~ 1992년) – ㉤ 농도불이 운동(1992 ~ 2002년) – ㉠ 농촌사랑 운동(2003년 ~)이다.

정답 ④

09 다음 중 쯔쯔가무시병과 관련이 있는 동물병원소는?

① 쥐
② 소
③ 말
④ 돼지
⑤ 고양이

해설

동물병원소

- 쥐 : 쯔쯔가무시병, 페스트, 발진열, 렙토스피라증, 살모넬라증
- 소 : 결핵, 파상열, 보툴리즘, 탄저, 살모넬라증
- 말 : 유행성 뇌염, 탄저, 살모넬라증
- 돼지 : 일본뇌염, 렙토스피라증, 탄저, 살모넬라증
- 고양이 : 톡소플라스마증, 살모넬라증

정답 ①

쯔쯔가무시병

리케차 쯔쯔가무시 세균에 의한 급성 감염 질환이다. 동아시아, 동남아시아, 인도, 오스트레일리아 북부에서 발견된다. 쥐 등의 동물에 기생하며 감염된 진드기가 사람을 물 경우에 물린 부위에 피부 병변이 생기고 약 2주간 열이 지속되며 발진이 생긴다. 〈감염병의 예방 및 관리에 관한 법률(약칭 '감염병 예방법')〉에 따라 제3급 감염병으로 예방 관리된다.

10 다음 중 아프리카돼지열병(ASF)에 대한 설명으로 적절하지 않은 것은?

① 인수공통전염병이다.
② 약 200nm 크기의 DNA 바이러스이다.
③ 〈가축전염병 예방법〉상 제1종 전염병이다.
④ 현재 전 세계적으로 개발된 백신이나 치료제는 없다.
⑤ ASF 바이러스는 70℃에서 30분 이상 열을 가하면 사멸한다.

해설

아프리카돼지열병은 인수공통전염병이 아니기 때문에 사람에게 감염되지 않으며, 멧돼짓과에 속하는 동물들만 걸린다. 우리나라에서는 2019년 9월 파주 양돈농가에서 최초로 발생하였다.

정답 ①

아프리카돼지열병(ASF; African Swine Fever)

동물 감염의 비율이 높고, 고병원성 바이러스에 전염될 경우 치사율이 거의 100%에 이르는 바이러스성 돼지 전염병으로, '돼지흑사병'이라고도 부른다. 우리나라에서는 이 질병을 〈가축전염병 예방법〉상 제1종 가축전염병으로 지정하여 관리하고 있다. 주로 감염된 돼지의 분비물, 진드기, 야생 멧돼지 등에 의해 전파되며, 잠복 기간은 약 4 ~ 19일이다. 인체와 다른 동물에게는 영향을 주지 않으며, 오직 멧돼짓과의 동물에게만 감염된다. 이 병에 걸린 돼지는 보통 9 ~ 10일 이내에 폐사한다. 또한 감염성이 높고 치료제나 백신이 없기 때문에 감염된 돼지를 살처분할 수밖에 없다.

11 농협창업농지원센터에서는 미래의 농업·농촌을 이끌어 나갈 예비 청년 농업인들을 육성하기 위한 '청년농부사관학교'를 운영하고 있다. 다음 중 청년농부사관학교에 대한 설명으로 적절하지 않은 것은?

① 보통 6개월의 교육 기간을 거쳐 진행된다.
② 농가 현장 인턴 등 실습 위주로 교육한다.
③ 만 30세 이하 창농 희망자를 대상으로 한다.
④ 졸업 후에도 사후케어링 시스템을 운영한다.
⑤ 드론 및 농기계 국가자격증 취득을 지원한다.

해설

청년농부사관학교의 모집 대상은 만 39세 이하(당해 연도 1월 1일 기준)의 창농 희망자이다.

정답 ③

12 다음 빈칸에 공통으로 들어갈 단어로 적절한 것은?

> 농산물 밭떼기 거래 시 발생하는 재배농가의 피해 예방을 위해 농산물 ______ 표준계약서 보급이 필요하다. 〈농수산물 유통 및 가격안정에 관한 법률〉에 따라 ______은/는 반드시 서면계약을 해야 하며, 서면계약의 의무품목인 양배추·양파 품목은 이를 위반할 경우 매수인은 500만 원 이하, 매도인은 100만 원 이하의 과태료가 부과된다. 농산물 표준계약서 보급은 매년 채소류의 ______ 시 농가와 상인의 빈번한 구두계약과 채소류 가격 등락에 따른 잔금 미지급, 계약해지 등으로 발생할 수 있는 농가의 피해를 예방하는 효과가 있다.

① 시장매매
② 현물매매
③ 포전매매
④ 계약매매
⑤ 장기매매

해설

포전매매는 법적으로 생산자가 수확하기 이전의 경작상태에서 면적단위 또는 수량단위로 매매하는 것을 말한다(농수산물 유통 및 가격안정에 관한 법률 제53조 제1항). 즉, 수확 전에 밭에 심어져 있는 상태의 작물 전체를 사고파는 것이다. 그런데 포전매매 시 구두계약이 빈번하여 농가가 피해를 보는 일이 많았다. 따라서 포전매매에 있어 표준계약서를 통한 서면계약이 활성화되면 농가의 피해를 줄일 수 있다.

정답 ③

포전매매(圃田賣買)의 계약

- 채소류 등 저장성이 없는 농산물의 포전매매(생산자가 수확하기 이전의 경작상태에서 면적단위 또는 수량단위로 매매하는 것을 말한다)의 계약은 서면에 의한 방식으로 하여야 한다(농수산물 유통 및 가격안정에 관한 법률 제53조 제1항).
- 농산물의 포전매매의 계약은 특약이 없으면 매수인이 그 농산물을 계약서에 적힌 반출 약정일부터 10일 이내에 반출하지 아니한 경우에는 그 기간이 지난 날에 계약이 해제된 것으로 본다. 다만, 매수인이 반출 약정일이 지나기 전에 반출 지연 사유와 반출 예정일을 서면으로 통지한 경우에는 그러하지 아니하다(동조 제2항).
- 농림축산식품부장관은 포전매매의 계약에 필요한 표준계약서를 정하여 보급하고 그 사용을 권장할 수 있으며, 계약 당사자는 표준계약서에 준하여 계약하여야 한다(동조 제3항).
- 농림축산식품부장관과 지방자치단체의 장은 생산자 및 소비자의 보호나 농산물의 가격 및 수급의 안정을 위하여 특히 필요하다고 인정할 때에는 대상 품목, 대상 지역 및 신고기간 등을 정하여 계약 당사자에게 포전매매 계약의 내용을 신고하도록 할 수 있다(동조 제4항).

13 다음 중 정부가 수립한 '지역농산물 이용촉진 및 직거래 활성화 기본계획'에서 유통경로의 안정적 정착을 위한 주요과제로 적절하지 않은 것은?

① 직거래 장터 활성화
② 온라인 직거래 활성화
③ 지역농산물 소비 촉진 홍보
④ 대형 마트 연계 직거래 모델 구축
⑤ 로컬푸드 직매장 경영 안정 및 활성화

해설

대형 마트가 아니라 전통시장과 연계한 직거래 모델을 구축해야 한다.

제1차 지역농산물 이용 촉진 및 직거래 활성화 기본 계획(2017 ~ 2021, 농림축산식품부)

구분	추진 내용
직거래 등 신(新)유통 경로의 안정적 정착	• 로컬푸드 직매장 경영 안정 및 활성화 • 직거래 장터 활성화 • 온라인 직거래 활성화 • 꾸러미 / 공동체 지원 농업(CSA) 활성화 • 홈쇼핑 활용 농산물 판매 확대 • 전통시장 연계 직거래 모델 구축
지역농산물 이용 촉진	• 지역농산물 이용 활성화 • 지역농산물 소비 촉진 홍보 • 지역농산물 구매 실적 평가(공공기관)
활성화 기반 조성	• 우수 농산물 직거래 인증제 추진 • 직거래 주체 육성 • 중앙 · 지방 협력 체계 구축 • 실태조사 · 연구개발(R&D) • 안전성 검사 지원 • 금융 인센티브 등 제도 개선(관계부처 협의 및 중장기 검토)

정답 ④

로컬푸드 운동과 로컬푸드 지수

- 로컬푸드 운동 : 생산자와 소비자 사이의 이동거리를 단축시켜 식품의 신선도를 극대화시키자는 취지로 출발했다. 즉, 먹거리에 대한 생산자와 소비자 사이의 이동거리를 최대한 줄임으로써 농민과 소비자에게 이익이 돌아가도록 하는 것이다. 예컨대 북미의 100마일 다이어트 운동, 일본의 지산지소(地産地消) 운동 등이 대표적인 사례이다. 국내의 경우 전북 완주군이 2008년 국내 최초로 로컬푸드 운동을 정책으로 도입한 바 있다.
- 로컬푸드 지수 : 지역에서 이루어지고 있는 로컬푸드 소비 체계 구축 활동에 대한 노력과 성과를 평가하기 위한 지표이다. 2021년부터 본격적으로 시행되는 로컬푸드 평가 기준으로, 미국의 '로커보어(Locavore) 지수'에 견줄 수 있는 지수이다. 계량적 수치 위주의 로커보어 지수와 달리 로컬푸드 지수는 지역에 미치는 사회적 · 경제적 가치까지도 반영한다.

14 **농촌 경관이나 농업 활동을 활용해 장애인, 고령자 등 취약계층의 정신적 · 육체적 재활을 돕는 복지 모델의 명칭은 무엇인가?**

① 복지농장
② 치유농장
③ 은빛농장
④ 재활농장
⑤ 행복농장

해설

치유농장(케어팜)은 농촌 경관이나 농업 활동을 활용해 장애인, 고령자 등 취약계층의 정신적 · 육체적 재활을 돕는 농장을 말한다. 2020년 전국적으로 600개 정도가 운영되고 있으며, 정부는 향후 3,000개까지 확대한다는 계획이다.

정답 ②

15 **농림축산식품부는 농촌진흥청과 협업하여 농촌 현안 해결을 위한 프로젝트 사업을 추진한다고 밝힌 바 있다. 실제로 생활하는 공간에서 연구를 진행하는 실험실을 뜻하는 이 용어는 무엇인가?**

① 홈랩
② 리빙랩
③ 맨션랩
④ 스테이랩
⑤ 라이프랩

해설

리빙랩(Living Lab)은 2004년 미국 MIT의 윌리엄 미첼 교수가 처음 제안한 리서치 개념으로, 사람이 살아가는 삶의 현장을 실험실로 삼아 사회 문제의 해법을 찾으려는 시도를 가리킨다. 양로원이나 학교 등 주거 시설 환경부터 야생 멧돼지와 같은 유해 야생동물 피해, 축산 악취 등 농업 시설까지 넓은 범위에 걸쳐 생활환경 개선을 위해 사용되고 있다.

정답 ②

16 생산 단계에서 판매 단계까지의 농산식품 안전관리 체계를 구축해 소비자에게 안전한 농산물을 공급하고자 국립농산물품질관리원에서 2006년부터 본격 시행한 제도는 무엇인가?

① ORP ② ERP
③ GAP ④ OTB
⑤ HACCP

해설

농산물우수관리(GAP; Good Agricultural Practices) 인증은 소비자에게 안전하고 위생적인 농산물을 공급할 수 있도록 생산자가 지켜야 하는 생산 및 취급 과정에서 발생할 수 있는 위해 요소를 차단하는 제도이다.

오답분석

⑤ HACCP(Hazard Analysis and Critical Control Points, 위해분석과 중요관제점) : 생산・제조・유통의 전 과정에서 식품의 위생에 해로운 영향을 미칠 수 있는 위해 요소를 분석하고, 이러한 위해 요소를 제거하거나 안전성을 확보할 수 있는 단계에 중요 관리점을 설정하여 식품의 안전을 관리하는 제도이다.

정답 ③

PART 2

농산물우수관리(GAP) 제도와 농업보조금 제도

- 농산물우수관리(GAP) 제도 : 우수 농산물에 대한 체계적 관리와 안정성 인증을 위해 2006년부터 시행된 제도이다. 농산물의 생산・수확・포장・판매 단계에 이르기까지 농약・중금속・미생물 등 위해 요소를 종합적으로 관리하는 국제적 규격 제도이다. 농림축산식품부장관은 농산물우수관리의 기준을 정하여 고시하고, 우수관리인증에 필요한 인력과 시설 등을 갖춘 기관에 대해 심사를 거쳐 우수관리인증기관으로 지정할 수 있으며, 우수관리인증기관으로부터 농산물우수관리인증을 받은 자는 우수관리기준에 따라 우수관리인증 표시를 할 수 있다. 표지도형의 기본 색상은 녹색으로 하되, 포장재의 색깔 등을 고려하여 파란색 또는 빨간색으로 할 수 있으며, 표지도형 밑에 인증기관명과 인증번호를 표시한다.
- 농업보조금 제도 : WTO 농업협정상 농업보조금은 국내보조금과 수출보조금 두 가지로 나뉜다. 이 협정에서 보조금 규정은 다른 협정상의 규정보다 우선적으로 적용되며, 그 개념 또한 통상적인 보조금의 의미보다 넓은 개념으로 쓰인다.
  - 국내보조금 : 규율하는 대상의 일반적인 재정지출을 통한 지원보다 넓은 범위의 실질적인 지원의 개념이다. 불특정 다수의 농민에게 혜택을 주는 방식과 같이 정부가 직접적으로 행하는 사업 등을 포함한다.
  - 수출보조금 : 감축해야 할 보조를 여섯 가지 형태로 말하고 있으며, 재정지출을 통한 직접적인 보조뿐만 아니라 공공재고를 싸게 판매하고 운송비를 깎아주는 등 실질적인 지원을 포함하도록 정하고 있다.

17 농약 안전관리를 강화하는 것으로, 국내외 합법적으로 사용된 농약에 한하여 잔류허용기준을 설정하고 그 외에는 불검출 수준으로 관리하는 제도는 무엇인가?

① PSS ② PPL
③ PRS ④ PLS
⑤ PET

해설

농약 허용물질목록관리(PLS; Positive List System) 제도는 농약의 안전관리를 위해 도입한 제도로, 국내 잔류허용기준이 설정된 농약 이외에는 일률 기준(0.01mg/kg)으로 관리하며 2019년 1월 1일부터 모든 농산물에 전면 시행되었다.

정답 ④

농약허용물질목록관리(PLS) 제도와 〈농약관리법〉

- 농약허용물질목록관리(PLS) 제도 : 농산물을 재배하는 과정에서 사용이 가능한 농약들을 목록으로 만들어 미리 설정된 잔류기준 내에서의 사용을 허가하고, 목록에 포함되어 있지 않은 농약은 잔류허용기준을 0.01mg/kg으로 설정하여 사실상 사용을 금지하는 제도이다. 농약 잔류허용기준은 농약 안전사용 방법에 따라 올바르게 사용하였을 때, 농산물 등에 법적으로 허용된 농약의 양을 정하는 기준을 말한다. 만약 국외에서 합법적으로 사용되는 농약을 새로 지정하고 싶은 경우에는 식품의약품안전처에 수입식품 중 잔류허용기준 설정 신청을 할 수 있다.
- 〈농약관리법〉 : 농약의 제조·수입·판매 및 사용에 관한 사항을 규정함으로써 농약의 품질 향상, 유통 질서의 확립 및 안전사용을 도모하고 농업 생산과 생활환경 보전에 이바지하기 위해 제정한 법률이다. 농약의 제조업·원제업 또는 수입업을 하고자 하는 자는 농촌진흥청장에게, 농약의 판매업을 하고자 하는 사람은 업소의 소재지를 관할하는 시장·군수 및 구청장에게 등록하여야 한다(제3조 제1항 ~ 제2항). 수출입식물방제업을 하고자 하는 사람은 국립식물검역기관의 장에게 신고하여야 한다(제3조의2 제1항). 농약의 제조업자·원제업자·수입업자는 품목별로 농촌진흥청장에게 등록하여야 한다(제8조 제1항). 농림축산식품부장관은 농약의 수급 안정 등을 위해 제조업자·원제업자·수입업자 또는 판매업자에 대하여 농약의 수급 조절과 유통 질서의 유지를 요청할 수 있다(제18조).

18 **농촌 지역의 경제 활성화를 위해 '이것' 직매장을 개설하는 곳이 늘고 있다. 우리말로 '지역 먹거리'라고 풀이할 수 있는 '이것'은 무엇인가?**

① 할랄 푸드(Halal Food)
② 실버 푸드(Silver Food)
③ 로컬 푸드(Local Food)
④ 프랑켄 푸드(Franken Food)
⑤ 컨비니언스 푸드(Convenience Food)

해설

로컬 푸드란 장거리 운송(50km 이내)을 거치지 않아 생산자는 유통비 절감과 판로 확보를 할 수 있고, 소비자는 신선한 농산물과 가공 식품을 상대적으로 저렴한 가격에 구입할 수 있는 유통 시스템을 뜻한다.

오답분석

① 할랄 푸드 : 이슬람 율법에 어긋나지 않고 무슬림에게 허용된 식품류
② 실버 푸드 : 음식을 섭취하기 힘든 노년층을 위해 파우더나 젤리, 죽 등의 형태로 출시된 건강 제품
④ 프랑켄 푸드 : 환경 보호론자들이 유전자 조작으로 개발된 농산물을 비판하여 이르는 말
⑤ 컨비니언스 푸드 : 인스턴트 식품이나 레토르트 식품 등 조리하는 수고와 시간이 절약되는 식품류

정답 ③

유전자변형 농산물(GMO)과 할랄

- 유전자변형 농산물(GMO) : 유전자 재조합기술(Biotechnology)로 생산된 농산물로 미국 몬산토사가 1995년 유전자 변형 콩을 상품화하면서 대중에게 알려지기 시작했다. 공식적인 용어는 LGMO(Living Genetically Modified Organisms)이다. 유전자 변형은 작물에 없는 유전자를 인위적으로 결합해 새로운 특성의 품종을 개발하는 유전공학적 기술을 말한다. 어떤 생물의 유전자 중 추위, 병충해, 살충제, 제초제 등에 강한 성질 등 유용한 유전자만을 취하여 새로운 품종을 만드는 방식이다.
- 할랄 : 과일·야채·곡류 등 모든 식물성 음식과 어패류 등의 모든 해산물과 같이 이슬람 율법 아래에서 무슬림이 먹고 쓸 수 있도록 허용된 제품을 총칭하는 용어다. 육류 중에서는 알라의 이름으로 도살된 고기(주로 염소고기, 닭고기, 쇠고기 등)와 이를 원료로 한 화장품 등이 할랄 제품에 해당한다. 반면 술과 마약류처럼 정신을 흐리게 하는 것, 돼지고기·개·고양이 등의 동물, 자연사했거나 인간에 의해 도살된 짐승의 고기 등과 같이 무슬림에게 금지된 음식의 경우는 '하람 푸드'라고 한다.

19 **다음 중 촉성 재배나 열대작물 재배를 위해 농가에서 흔히 이용하는 비닐하우스에 대한 설명으로 적절하지 않은 것은?**

① 눈이 쌓여 붕괴 위험이 있을 경우에는 과감히 지붕 비닐을 찢어야 한다.

② 겨울철에 한파가 기승을 부릴 때는 차광망을 2중으로 쳐서 보온 효과를 높인다.

③ 원예 농가의 경우 열화상 카메라를 설치해 열이 새어나가는 부분을 확인해 적절한 조치를 취해야 한다.

④ 비닐하우스 전체가 아니라 온도에 민감한 생장점, 관부, 뿌리 등에만 난방을 함으로써 난방비를 절약한다.

⑤ 비닐하우스는 오염되면 채광률이 떨어질 수 있으므로, 길이 방향이 남북으로 되도록 설치하여 채광이 좋게 해야 한다.

해설

한파가 이어질 때는 차광망을 걷어서 작물이 햇빛을 더 받을 수 있게 한다. 그러나 한파로 인한 피해가 심각해 회복이 불가능한 경우에는 과감히 파종을 다시 하거나 육묘를 한 후에 정식(定植)한다.

오답분석

① 눈이 쌓이기 전에 신속히 제설 작업을 해야 하며, 비닐하우스 내부의 온도를 높게 유지해 지붕에 내린 눈을 녹여야 한다. 그럼에도 지붕 위에 눈이 쌓이면 지붕 비닐을 찢어서 골재가 붕괴되거나 휘어지지 않도록 해야 한다.

③ 원예 농가의 경우 경영비 중 난방비가 30 ~ 40%를 차지하므로 열화상 카메라를 통해 열이 누출되는 부분을 확인해 단열 공사를 해야 한다. 열화상 카메라는 시·군농업기술센터나 농촌진흥청에 요청해 기술 지원을 받을 수 있다.

④ 부분 난방 기술을 통해 난방비를 줄일 수 있다. 예를 들어 딸기의 경우에는 생장부에 밀착해 설치한 백색 연질 PE관에 35℃의 온수를 흘려보내 생장부(관부)에 난방 효과를 집중하면 생산량이 22% 증가하며, 전체 공간의 온도도 10℃에서 5℃로 낮출 수 있어 난방비가 13.5% 절감된다.

⑤ 비닐하우스는 유리온실에 비해 오염으로 인하여 채광이 떨어질 위험이 있으며, 길이 방향을 되도록 남북으로 설치해 채광이 양호하게 해야 한다.

정답 ②

PART 2

20 **인공지능(AI) 등 미래 첨단기술이 농촌에도 가능성을 제시하고 있다. 다음 중 이에 대한 설명으로 적절하지 않은 것은?**

① 농촌진흥청에서 과채류의 접목 작업을 자동으로 수행하는 '초정밀 접목로봇'을 개발해 중국에 수출했다.

② 네덜란드에서 인공지능(AI) 기술을 접목해 운영하고 있는 '레츠그로우(Letsgrow)'는 농업 빅데이터 플랫폼이다.

③ 현재 농업에서 AI의 활용도가 높은 분야는 병해충 감별이며, AI를 활용하면 노동력과 농자재 투입을 크게 줄일 수 있다.

④ 농업기술실용화재단의 '종합검정기준'을 반드시 통과해야 농업 현장에서 농약 살포용 드론으로 쓰일 수 있다.

⑤ 농림축산식품부는 '스마트팜 혁신밸리' 추진사업을 벌이고 있으며, 이와 관련해 스마트팜 전문 인력 육성과 관련 기업의 기술 혁신을 지원하고 있다.

해설

드론 생산업체가 의뢰할 경우에만 심사를 실시하며, 이 시험에 합격하면 공식 등록되어 정부 · 지자체의 보조를 받아 구입할 수 있다. 그러나 이륙중량을 기준으로 25kg 이하이면 '종합검정기준'을 충족하지 않아도 농업용으로 이용할 수 있어서 무등록 드론이 판매되고 있으며, 이로 인해 농가에서 균일하지 않은 약제 살포로 인한 피해를 입기도 한다. 따라서 전문가들은 정부에 방제 기준 마련을 촉구하고 있다.

오답분석

① 농촌진흥청이 개발한 '초정밀 접목로봇'은 박과 · 가짓과 작물의 연작장해 예방에 필수적인 육묘 접목 작업을 자동화한 것으로, 2017년 농업용 로봇 국내 보급사업 대상으로 선정됐으며, 중국과 인도에 수출됐다.

② 네덜란드에서는 농가의 다수가 '레츠그로우'에 연결되어 작물 생산 정보뿐만 아니라 날씨와 판매 가격에 대한 정보를 축적해 활용하고 있다.

③ 농업은 정보 수집이 쉽고 민감한 개인정보가 없으며 활용도가 넓기 때문에 AI 개발업체의 경쟁이 치열하다. 최근 잎을 촬영한 사진을 보고 병해충 정보를 수집하는 방법이 개발됐으며, 실제 영농 현장에서 발생하는 병해충이나 바이러스를 스마트폰으로 촬영하면 이를 즉시 진단하고 방제법 등을 제공하는 '인공지능 병해충 영상진단 서비스'를 31개 주요 농작물 344개 병해충을 대상으로 2024년부터 대국민 서비스를 실시한다.

⑤ 〈스마트팜 확산방안〉에 따라 스마트농업 인력 · 기술의 확산 거점으로 '스마트팜 혁신밸리' 조성을 추진하고 있다. 전라북도 김제(21.11.29. 준공식)를 시작으로 경상북도 상주, 경상남도 밀양, 전라남도 고흥의 4개소를 선정하였으며, 스마트팜 혁신밸리 내에는 로봇 자동화 시설 · 청년창업 보육센터 · 임대형 스마트팜 · 스마트 농산물 산지유통센터 · 수출 전문 스마트팜 등이 조성된다.

정답 ④

21 다음 중 농지법상 '농업인'에 해당하지 않는 사람은 누구인가?

① 1년 중 60일 이상 농업에 종사하는 자
② 1년 중 120일 이상 축산업에 종사하는 자
③ 농업경영을 통한 농산물의 연간 판매액이 120만 원 이상인 자
④ 농지에 330m^2 이상의 고정식온실 · 버섯재배사 · 비닐하우스를 재배하는 자
⑤ 1,000m^2 이상의 농지에서 농작물 또는 다년생식물을 경작 또는 재배하는 자

해설

1년 중 90일 이상 농업에 종사하는 자는 농업인에 해당한다.

정답 ①

농업인의 범위(농지법 제2조 제2호 및 동법 시행령 제3조)

"농업인"이란 농업에 종사하는 개인으로서 다음 각 호의 어느 하나에 해당하는 자를 말한다.

1. 1,000m^2 이상의 농지에서 농작물 또는 다년생 식물을 경작 또는 재배하거나 1년 중 90일 이상 농업에 종사하는 자
2. 농지에 330m^2 이상의 고정식온실 · 버섯재배사 · 비닐하우스, 그 밖의 농림축산식품부령으로 정하는 농업 생산에 필요한 시설을 설치하여 농작물 또는 다년생 식물을 경작 또는 재배하는 자
3. 대가축 2두, 중가축 10두, 소가축 100두, 가금(家禽 : 집에서 기르는 날짐승) 1,000수 또는 꿀벌 10군 이상을 사육하거나 1년 중 120일 이상 축산업에 종사하는 자
4. 농업경영을 통한 농산물의 연간 판매액이 120만 원 이상인 자

22 다음 중 겨울철 구제역(FMD)으로부터 돼지를 보호하는 방법에 대한 설명으로 적절하지 않은 것은?

① 돼지의 이동과 출하는 올인올아웃(All-in-All-out) 시스템을 적용한다.
② 차량 · 사람의 동선과 돼지의 이동 통로는 엄격하게 구분해 교차오염을 예방한다.
③ 공기를 통한 병원균의 유입을 막기 위해 외부 공기가 돈사로 유입되는 것을 차단한다.
④ 농장에서 돼지를 구입하는 경우 '구제역 예방접종증명서' 등을 통해 백신접종 여부를 확인한다.
⑤ 돈사 안의 여러 위치에서 온도를 측정했을 때, 같은 우리 안에서 2.8℃ 이상 차이나지 않게 한다.

해설

암모니아 등 유해 가스 수치가 높아지면 돼지가 사료를 먹는 양이 줄고 호흡기 질병에 걸리기 쉬우므로 환기를 통해 신선한 공기를 공급하고, 상대습도는 50 ~ 60% 정도로 조절하는 것이 좋다.

오답분석

① '올인올아웃'은 가축을 축사 안으로 들이기 전에 기존 가축을 모두 이동시키고 소독한 후 새로운 가축을 들이는 시스템을 뜻한다.
② 교차오염을 막기 위해 사람과 돼지의 이동 경로는 구분하고, 돈사에 들어갈 때는 옷과 장화 등을 갈아 신어야 한다.
④ 농장에서 돼지를 구입하는 경우에 '구제역 예방접종증명서'가 있는 돼지만 구입하고, 백신접종이 실시된 가축만 구입한다.
⑤ 돈사 안의 여러 위치에서 낮과 밤의 온도를 측정해 같은 우리 안에서 2.8℃ 이상, 1일 8.3℃ 이상 차이가 나면 단열 시설을 점검한다.

정답 ③

23 **정부에서 매년 정하는 공공비축용 벼 매입가격은 농가소득의 증감에 큰 영향을 끼친다. 다음 중 공공비축제에 대한 설명으로 적절하지 않은 것은?**

① 공공비축제는 우루과이라운드에서 합의한 쌀시장 개방 유예 기간 종료 이후인 2015년에 도입됐다.

② 공공비축제에 따른 쌀 매입가격은 10 ~ 12월, 즉 수확기 산지 가격의 전국 평균값에 따라 결정된다.

③ 농가 자금 유동성을 위해 일정 금액을 농가가 수매한 달의 말일에 지급하고(중간 정산), 쌀값이 확정되면 최종 정산한다.

④ 산물벼가 포대벼에 비해 등급별로 가격이 조금씩 낮은 것은 포대벼 기준 매입가격에서 포장비(자재비+ 임금)를 빼기 때문이다.

⑤ 식량 위기에 대비해 일정 물량의 식량을 비축하는 제도로서, 비축 규모는 연간소비량의 17 ~ 18% 수준(2개월분)으로 결정된다.

해설

공공비축제는 2005년 양정 개혁을 단행하면서 추곡수매제를 폐지한 뒤 쌀 직불제와 함께 도입되었다. 우루과이라운드의 합의에 따라 2014년까지 쌀시장 개방이 유예됐으며, 2015년부터 쌀시장이 전면 개방됨에 따라 관세(513%)만 납부하면 누구나 외국산 쌀을 수입할 수 있다.

오답분석

② 쌀 매입가격은 80kg들이 기준 산지 쌀값에서 가공임을 뺀 후 도정수율 및 벼 40kg당 가격을 뜻하는 0.5를 곱해 최종 매입가를 정한다.

정답 ①

친환경안전축산직불제, 공익직불제 및 공익비축제

- 친환경안전축산직불제 : 친환경축산 실천 농업인에게 초기 소득 감소분 및 생산비 차이를 보전함으로써 친환경축산의 확산을 도모하고, 환경보전을 통한 지속 가능한 축산 기반을 구축하기 위한 제도이다.
- 공익직불제 : 농업 활동을 통해 환경보전, 농촌공동체 유지, 식품안전 등의 공익 기능을 증진하도록 농업인에게 보조금을 지원하는 제도이다. 기존에는 6개의 직불제(쌀고정 · 쌀변동 · 밭농업 · 조건불리 · 친환경 · 경관보전)로 분리했으나, 이를 개편해 선택형 공익직불(경관보전직불 · 친환경직불 · 논활용직불)과 기본형 공익직불(면적직불금 · 소농직불금)로 나뉜다. 종전의 〈농업소득 보전에 관한 법률〉이 2020년 5월부터 현행 〈농업 · 농촌 공익기능 증진 직접지불제도 운영에 관한 법률〉로 전부개정되면서 공익직불제가 시행됐다.
- 공공비축제 : 추곡수매제가 WTO 체제에서 감축보조에 해당되어 축소 · 폐지가 불가피하게 됨에 따라 2005년도에 양정 제도를 시장친화적으로 개편하면서 비상시 안정적 식량 확보를 위해 공공비축제를 도입하였다. 2013년에 공공비축 대상을 쌀에서 쌀, 밀, 콩으로 확대하였다. 연간 소비량의 17 ~ 18% 수준을 비축하며 농민으로부터 수확기(10 ~ 12월) 산지 전국 평균 쌀 가격으로 매입하되 농가의 자금 유동성을 위해 일정 금액을 농가가 수매한 달의 말일에 지급하고(중간 정산), 쌀값이 확정되면 최종 정산한다.

24 **고령화와 절대인구의 부족으로 인한 노동력 부족을 해소하기 위해 농촌에서는 외국인 근로자를 고용하고 있다. 이와 관련한 설명으로 적절하지 않은 것은?**

① E-9 비자로 외국인 근로자를 고용하려는 농가는 농협중앙회에 고용허가서 발급신청서를 제출해야 한다.

② 단기취업 계절근로 제도를 이용하면 파종기, 수확기 등 특정한 짧은 기간에만 외국인 근로자를 고용할 수 있다.

③ 농가당 고용할 수 있는 단기취업 계절근로자의 수는 분야별 영농 규모에 따라 다르며, 고용 가능한 최대 인원은 8명이다.

④ 외교부에서 농림축산식품부, 고용노동부, 중소벤처기업부 등 관계 부처의 의견을 고려해 외국인 근로자의 비자 쿼터를 배정한다.

⑤ E-9 비자를 받은 외국인 근로자는 최장 4년 10개월 동안 일할 수 있으며, 귀국해 한국으로 재입국하면 4년 10개월을 더 일할 수 있다.

해설

외국인 근로자의 비자 쿼터 배정 수효를 결정하는 주체는 법무부이다. 고용노동부의 발표에 따르면 2024년 고용허가제 외국인력(E-9) 쿼터는 약 16만 5,000명이며, 이 가운데 농축산업 분야에 배정한 쿼터는 16,000명이다.

오답분석

① E-9 비자로 외국인 근로자를 고용하려는 농가는 농협중앙회에 고용허가서 발급신청서를 제출해야 한다. 농축산업 분야의 경우 농협중앙회가 한국산업인력공단의 고용허가서 발급신청서 업무를 대행하기 때문이다.

② 단기취업 계절근로 제도(C-4 비자, 체류기간 3개월)를 이용하면 농번기에만 외국인 근로자를 고용할 수 있다. 또한 2020년에는 체류기간이 5개월인 E-8 비자가 신설되었다.

③ 농가당 고용할 수 있는 단기취업 계절근로자의 숫자는 농장의 규모에 따라 다르며, 많게는 6명까지 고용할 수 있다. 여기에 불법체류자가 없는 우수 지자체의 농가는 1명씩 더 고용할 수 있고, 8세 미만의 자녀가 있는 농가는 1명이 추가된다. 따라서 최대 8명까지 고용 가능하다.

⑤ E-9 비자를 받은 외국인 근로자는 최장 4년 10개월간 일한 다음, 귀국 후 성실근로자 재입국 제도를 통해 다시 4년 10개월간 일할 수 있다. 또한 최근 10년간 5년 이상 동일한 농가에서 일한 근로자는 E-7 비자로 전환되어 영주권을 신청할 수도 있다.

정답 ④

고용허가서의 발급 요건(외국인고용법 시행령 제13조의4 제1호 ~ 제7호)

1. 외국인력정책위원회에서 정한 외국인 근로자의 도입 업종, 외국인 근로자를 고용할 수 있는 사업 또는 사업장에 해당할 것
2. 고용노동부령으로 정하는 기간(농업·축산업 및 어업은 7일, 그 외의 업종은 14일) 이상 내국인을 구인하기 위하여 노력하였는데도 직업안정기관에 구인 신청한 내국인 근로자의 전부 또는 일부를 채용하지 못하였을 것
3. 내국인 구인 신청을 한 날의 2개월 전부터 외국인 근로자 고용허가서 발급일까지 고용조정으로 내국인 근로자를 이직시키지 아니하였을 것
4. 내국인 구인 신청을 한 날의 5개월 전부터 고용허가서 발급일까지 임금을 체불하지 아니하였을 것
5. 고용보험에 가입하고 있을 것. 다만, 〈고용보험법〉을 적용받지 않는 사업 또는 사업장의 경우는 제외함
6. 산업재해보상보험 또는 어선원 등의 재해보상보험에 가입하고 있을 것. 이 경우 산업재해보상보험 및 어선원 등의 재해보상보험 미적용 사업장은 외국인 근로자가 근로를 시작한 날부터 3개월 이내에 해당 외국인 근로자를 피보험자로 하여 농어업인안전보험에 가입할 것을 내용으로 하는 확약서를 제출하는 것으로 갈음할 수 있음
7. 외국인 근로자를 고용하고 있는 사업 또는 사업장의 사용자인 경우에는 그 외국인 근로자를 대상으로 출국만기보험 또는 신탁과 보증보험에 가입하고 있을 것(가입 대상 사용자의 경우만 해당)

25 **벌은 식물의 수분을 돕기 때문에 개체수가 감소할 경우 농업 생산에 심각한 악영향을 끼친다. 이런 문제에 대응하기 위해 정부는 2019년부터 토종벌 육성 사업을 추진하고 있다. 이 사업과 관련한 설명으로 적절하지 않은 것은?**

① 토종벌을 15군 이상 보유하고, 벌 사육 경력이 7년 이상인 농가를 대상으로 한다.
② 낭충봉아부패병(SD) 저항성 토종벌 및 여왕벌 구입 비용을 지원받을 수 있다.
③ 낭충봉아부패병 때문에 사육하는 토종벌을 전부 살처분하고 교체하는 경우에는 최우선 지원 대상이 된다.
④ 섬이나 산맥으로 격리되어 있고, 반경 3km 이내에 다른 토종벌 농가가 없는 경우 우선 지원 대상이 된다.
⑤ 사업 대상자는 농촌진흥청에서 확인한 '낭충봉아부패병 저항성 토종벌' 생산 농가로부터 해당 토종벌을 구입해야 한다.

해설

벌 개체수의 감소는 전 세계적인 현상으로서 인류의 미래 식량 확보에 큰 영향을 끼치는데, 주로 기후 변화, 집약적 농업, 살충제 과다 사용 등이 원인으로 꼽힌다. 토종벌 육성 사업의 지원 대상은 시·도별로 차이가 있으나 일반적으로 토종벌을 10군 이상 보유하고, 벌 사육 경력이 5년 이상인 농가이다.

오답분석

② 낭충봉아부패병 저항성 토종벌 및 여왕벌 구입 비용을 지원받을 수 있다.
③ 시·도는 예산 규모 등을 종합적으로 고려해 살처분(소각)한 토종벌을 모두 지원하지 않을 수도 있다.
④ 제주도를 제외한 섬 또는 산맥으로 격리되어 있고, 반경 3km 이내에 다른 토종벌 농가가 없거나 낭충봉아부패병 바이러스(SBV)가 음성인 경우 우선 지원 대상이 된다.
⑤ 분양하는 농가의 낭충봉아부패병 저항성 토종벌과 분양받는 농가의 기존 토종벌은 분양 전에 시·군의 낭충봉아부패병 음성 증명을 받아야 하며, 시·군은 임상증상만으로 낭충봉아부패병 확진이 어렵다고 판단할 경우 낭충봉아부패병 바이러스 검사를 실시해 음성이 나와야 한다.

정답 ①

토종벌 육성 사업

낭충봉아부패병(SD; Sacbrood Disease) 저항성 토종벌을 농가에 보급하여 토종벌 산업의 안정화 및 농가소득 증대를 유도하기 위한 제도이다. 토종벌을 10군 이상 보유한 토종벌 분야의 농업경영체 등록 농가와 토종벌 사육 경력이 5년 이상인 농가가 신청할 수 있다. 시·도는 사업대상자의 신청 물량·금액 이내에서 각 농가의 지원액을 결정하며, 정부에서 SD 저항성 토종벌 및 벌통 구입비를 지원받을 수 있다.

26 **화학비료는 사용 후 환경오염을 일으킬 수 있어 이에 대한 대안으로 유기질 비료를 사용하는 유기농이 주목을 받고 있다. 다음 중 비료에 대한 설명으로 적절하지 않은 것은?**

① 농촌진흥청에서 고시하는 〈비료 공정규격 설정〉에 따르면 비료의 종류는 모두 100종이 넘는다.

② 유기질 비료의 일종인 어박(어분 포함) 비료에는 질소나 인산 등 화학적 성분이 없으며, 전량 유기물로만 구성된다.

③ 전국적으로 과다 시비에 따른 결과로 양분이 과잉 집적된 토양이 늘어남에 따라 모든 비료의 적정량 사용이 요구된다.

④ 유기질 비료는 흙에 들어간 다음 무기화되는 과정을 거치게 되고, 흙의 상태에 따라 효과가 나타나는 시기가 달라진다.

⑤ 가축분 퇴비는 동물의 분뇨를 50% 이상 사용해야 하며, 퇴비 원료로 사용할 수 없는 원료를 동물의 먹이로 이용해 배설한 분뇨는 원료로 사용할 수 없다.

PART 2

해설

〈비료 공정규격 설정〉(2021년 12월 일부 개정)에 따르면 어박(어분 포함) 비료는 수산물 가공업 · 유통업 · 판매업에서 발생하는 부산물을 건조 · 분쇄하여 제조한 것이다. 질소(4% 이상)와 인산(3% 이상) 및 유기물(60% 이상) 등을 포함해야 하며, 질소와 인산의 합계가 10%를 초과할 수 없다. 또한 염분은 건물 중 10% 이하이어야 한다.

오답분석

① 〈비료 공정규격 설정〉에 따르면 비료의 종수는 112종(보통비료 81종+부산물비료 31종)에 달한다. 다만 농촌진흥청장은 3년마다 이 규정을 재검토하므로 변경될 수 있다.

③ 국내 비료산업의 시장 규모는 크게 무기질 비료 7,000억 원, 유기질 비료 9,000억 원 등 1조 6,000억 원 정도로 추산된다. 그러나 양분이 과잉 집적된 토양이 늘어나고 적정 시비에 대한 인식이 확산되면서 비료에 대한 수요가 줄어들 것으로 예상된다.

④ 유기질 비료는 흙에 들어간 다음부터 무기화되는 과정을 거치게 되며, 흙의 온도, 수분, 유기물 종류 등에 따라 효과가 나타나는 시기가 달라지므로 원하는 작황을 조절하기 어렵다.

⑤ 가축분 퇴비는 인분뇨 처리잔사, 구비, 우분뇨, 돈분뇨, 계분, 동애등에 및 지렁이 등 그 밖의 동물의 분뇨를 원료로 삼을 수 있다.

정답 ②

27 **2017년 살충제에 오염된 계란 파동 이후 정부는 계란 유통 과정의 안전성을 높이는 정책을 강구하고 있으며, 이에 따라 '계란 이력제'를 도입했다. 다음 중 계란 이력제에 대한 설명으로 적절하지 않은 것은?**

① 2020년 1월 1일부터 닭 · 오리 사육에서 닭 · 오리고기, 계란의 유통까지 거래 단계별 정보를 기록 · 관리하는 '닭 · 오리 · 계란 이력제'가 시행되었다.

② 계란 수집판매업자는 입고된 제품의 이력번호를 확인하고, 거래일로부터 5일 이내에 입 · 출고 및 거래 내역 등을 신고해야 한다.

③ 미등록 농장의 경영자는 식품의약품안전처의 검사 합격 판정을 받은 후에 식품의약품안전처에 농장 식별번호 신청을 해야 한다.

④ '계란 이력제' 시행에 따라 소비자는 계란의 포장지에 표시된 이력번호 12자리를 조회하면 생산자, 도축업자, 포장판매자 등 자세한 정보를 알 수 있다.

⑤ 농장 경영자는 농장 식별번호를 발급받아야 하고, 사육 중인 닭과 오리의 마릿수를 신고해야 한다.

해설

등록이 되지 않은 농장의 경영자는 〈가축 및 축산물 이력관리에 관한 법률(약칭 '축산물이력법')〉에 따라 농림축산식품부의 산하기관인 축산물품질평가원에 농장 식별번호 신청을 해야 하고, 이 경우 지체 없이 식별번호를 발급받을 수 있다. 농장 식별번호가 없는 계란은 출하가 제한되고, 식별번호를 신청하지 않으면 500만 원 이하의 과태료 처분을 받는다.

오답분석

① 계란뿐만 아니라 닭과 오리의 이력제 또한 2020년 1월부터 시행되었다.
② 계란 수집판매업자는 입 · 출고처, 거래 내역 등을 거래일로부터 5일 이내에 신고해야 한다.
④ 소비자는 닭 · 오리 · 계란의 포장지에 표시된 이력번호 12자리를 모바일 앱, 축산물 이력제 홈페이지(mtrace.go.kr)에서 조회하면 생산자, 도축업자, 포장판매자 및 축산물 등급 등의 정보를 확인할 수 있다.
⑤ 농장 경영자는 농장 경영자임을 증명하는 서류를 제출하고, 농장 식별번호 발급을 신청해야 하며, 사육 중인 닭과 오리의 마릿수를 정기적으로 신고해야 한다.

정답 ③

축산물 이력제

소 · 돼지 · 닭 · 오리 · 계란 등 축산물의 도축부터 판매에 이르기까지의 정보를 기록 · 관리하여 위생 · 안전의 문제를 사전에 방지하고, 문제가 발생할 경우 그 이력을 추적하여 신속하게 대처하기 위해 시행되고 있는 제도이다. 축산물의 사육 · 도축 · 가공 · 판매에 이르기까지의 과정을 이력번호를 통해 조회할 수 있도록 하여 위생 · 안전의 문제를 사전에 방지하고, 문제가 발생할 경우에 신속하게 대처할 수 있다. 축산물 이력제에 따라 해당하는 축산물을 키우는 농장 경영자는 축산물품질평가원에 농장등록을 해야 하며, 가축을 이동시키는 경우에는 반드시 이동 사실을 신고해야 한다. 또한 도축업자와 축산물 포장처리 · 판매업자 등 축산물의 유통에 관련이 있는 사람은 도축 처리 결과나 거래 내역 등을 신고해야 한다. 이런 의무사항을 위반하는 경우에 최대 500만 원의 과태료가 부과된다.

28 **미래 식품 산업의 블루오션으로 식용 곤충이 주목을 받고 있다. 다음 중 식용 곤충 산업에 대한 설명으로 적절하지 않은 것은?**

① 곤충은 물 소비량이나 사료의 소비량이 다른 가축에 비해 경제적이다.

② 법적으로 '가축'으로 인정되는 곤충은 모두 20종이며, 이 가운데 '식용'은 6종이다.

③ 곤충을 사육해 단백질 1kg을 생산하는 데 드는 물의 양은 소의 경우에 비해 24%밖에 되지 않는다.

④ 곤충 특유의 혐오감과 처음 접하는 식재료에 대한 부정적 인식 등은 식용 곤충 산업의 장애물로 인식된다.

⑤ 곤충생산업 · 곤충가공업을 하려는 자는 해당 사업장의 소재지를 관할하는 지방자치단체의 장에게 신고해야 한다.

해설

〈축산법 시행령〉 제2조의 위임에 따라 농림축산식품부장관이 개정하는 '가축으로 정하는 기타 동물(2023년 9월 5일 개정)' 규정에 따르면 가축으로 인정된 곤충은 갈색거저리, 넓적사슴벌레, 누에, 늦반딧불이, 머리뿔가위벌, 방울벌레, 벼메뚜기, 아메리카동애등에, 왕귀뚜라미, 왕지네, 여치, 애반딧불이, 장수풍뎅이, 톱사슴벌레, 호박벌, 흰점박이꽃무지 등 모두 16종이다. 이 가운데 식용 곤충은 갈색거저리 유충(고소애 · 밀웜), 장수풍뎅이 유충(장수애), 흰점박이꽃무지 유충, 누에(유충 · 번데기) 등의 4종이며, 여기에 메뚜기, 백강잠, 풀무치, 쌍별귀뚜라미, 아메리카왕거저리 유충, 수벌 번데기 등의 6종을 더해 모두 10종의 곤충이 식품 원료로 인정되었다(농촌진흥청).

오답분석

① 소고기, 돼지고기, 닭고기를 각각 1kg 생산하는 데 필요한 물의 양은 15,400L, 6,000L, 4,300L이지만, 곤충 1kg을 생산하는 데 필요한 물의 양은 3,700L이다. 또한 사료의 양도 다른 가축은 1kg을 생산하는 데 54kg을 소비하는 데 비해, 곤충은 4kg의 사료를 소비한다.

③ 소를 사육해 단백질 1kg을 생산하려면 약 15,400L의 물이 필요하지만, 곤충의 경우에는 3,700L에 불과하다. 또한 100kg의 사료를 급여하면 소는 6.5kg, 곤충은 45kg을 사육할 수 있다.

④ 식용 곤충을 대중화하려면 분말 · 육수 · 소스 등 형태를 변형하는 가공 과정이 필요하다. 또한 조리 과정에서 만두처럼 다른 재료로 감싸 눈에 보이지 않게 할 수도 있다.

⑤ 곤충생산업 · 곤충가공업을 하려는 자는 해당 사업장의 소재지를 관할하는 특별자치시장 · 특별자치도지사 · 시장 · 군수 · 구청장(자치구의 구청장을 말한다)에게 신고해야 하며(곤충산업의 육성 및 지원에 관한 법률 제12조 제1항), 이를 위반하여 신고를 하지 않고 곤충 또는 곤충의 산물 · 부산물을 생산 · 가공한 자에게는 30만 원 이하의 과태료를 부과한다(동법 제17조 제1항 제1호).

정답 ②

29 **정부는 농촌 인구의 지나친 고령화를 해소하고 청년 인재의 농업 분야 진출을 촉진하기 위해 '청년 후계농 선발 및 영농 정착 지원 사업'을 시행하고 있다. 이 사업과 관련한 설명 중 적절하지 않은 것은?**

① 농지 임대, 창업 자금, 기술・경영 교육과 컨설팅이 함께 연계되어 지원된다.
② 농협에서 '청년농업희망카드'를 발급하여 바우처 방식으로 지원금을 지급한다.
③ 자격 연령은 사업 시행 연도를 기준으로 만 20세 이상부터 만 45세 미만까지이다.
④ 영농 초기 소득이 불안정한 청년 후계농에게는 최장 3년간 매월 최대 100만 원의 영농 정착 지원금을 지급한다.
⑤ 독립경영 3년 이하의 영농 경력이 있어야 하며, 독립경영 1년 차, 2년 차, 3년 차에게 지원금을 차등 지급한다.

해설

자격 연령은 사업 시행 연도를 기준으로 만 18세 이상부터 만 40세 미만까지이다. 2024년 기준으로는 1984년부터 2006년 사이에 출생한 자이다.

오답분석

① 창업 자금, 기술・경영 교육과 컨설팅, 농지은행 매입 비축농지 임대 및 매매를 연계 지원하여 건실한 경영체로 성장을 유도함을 목적으로 한다.
② 현금 인출이나 계좌이체는 불가능하며, 신용카드・체크카드로만 결제가 가능하다.
④ 청년 농업인(만 40세 미만, 영농 경력 3년 이하)에게 영농 초기 정착 지원금을 지급(매월 최대 100만 원)해 영농 집중도를 높이고 조기 영농 정착 및 성장 지원을 목적으로 한다.
⑤ 독립경영 1년 차는 월 100만 원, 2년 차는 월 90만 원, 3년 차는 월 80만 원을 차등 지급한다. 다만, 지급액 및 기간은 해당 연도 예산에 따라 변경될 수 있다.

정답 ③

30 **다음 중 NH농협의 커뮤니케이션 브랜드인 'NH'가 상징하는 의미에 해당하는 것은?**

① New Horizon(새로운 지평)
② Next Hop(다음 단계로의 도약)
③ Natural Harmonic(자연과의 조화)
④ Never Hesitate(주저하지 않는 행동가)
⑤ Nature & Human(자연과 인간의 조화)

해설

'NH'는 고객과의 커뮤니케이션을 위해 농협의 이름과는 별도로 사용되는 영문 브랜드로, 미래지향적이고 글로벌한 농협의 이미지를 표현한다. 농협 영문자(Nong Hyup)의 머리글자이면서 Nature & Human, New Hope, New Happiness 등 자연과 인간의 조화, 새로운 희망과 행복을 상징적으로 나타낸다.

정답 ⑤

31 다음 중 농협창업농지원센터에서 운영하는 농협 청년농부사관학교에 대한 설명으로 적절하지 않은 것은?(단, 2022년 제7기 ~ 제8기 모집 요강을 기준으로 한다)

① 교육생은 생활관에서 숙식하며 교육을 받을 수 있다.
② 교육비 전액을 농협창업농지원센터에서 지원하므로 교육생의 부담이 전혀 없다.
③ 교육 프로그램은 온라인 교육, 비즈니스 플랜 등 모두 4가지의 모듈로 구성된다.
④ 농장에서 직접 농작물을 재배하며 농장주로부터 도제식 학습을 통해 영농기술을 습득한다.
⑤ 사업계획서 작성 및 피드백 지원, 농식품 가공·유통·사업화 전략 등 창농 준비를 돕는다.

해설

1인당 교육비 1,000만 원의 10%인 100만 원을 교육생 스스로가 부담한다.

오답분석

① 생활관에서 숙식하며 교육을 받을 수 있으며, 교육생이 원할 경우에는 자택에서 통학할 수 있다.
③ 온라인 교육(모듈 1), 농업 기초교육(모듈 2), 농가 현장 인턴(모듈 3), 비즈니스 플랜(모듈 4) 등 4가지 모듈의 교육 프로그램으로 구성된다. 또한 이론 교육이 282시간이고, 실습 교육이 454시간으로 실습 위주로 시행된다.
④ 농가 현장 인턴(256시간, 모듈 3) 단계는 농장에서 직접 농작물 재배 및 일상 체험, 농장주 도제식 학습을 통한 영농기술 습득, 선도농업인 위주 농가 현장 체험식 실습 등을 주요 교육 내용으로 한다.
⑤ 비즈니스 플랜(256시간, 모듈 4) 단계는 사업계획서 작성 및 피드백 지원, 농식품 가공·유통·사업화 전략, 드론 및 농기계 자격증 취득 지원 등 창농 준비를 주요 교육 내용으로 한다.

정답 ②

32 다음 중 농협이 '농협 비전 2025'에서 제시한 5대 핵심 가치가 아닌 것을 모두 고르면?

㉠ 정체성이 살아 있는 든든한 농협
㉡ 경쟁력 있는 농업, 잘사는 농업인
㉢ 도시와 함께 만드는 살고 싶은 농촌
㉣ 농업인과 소비자가 함께 웃는 유통 대변화
㉤ 농업인에게 풍요로운 미래를, 고객에게는 최고의 가치를 제공

① ㉠, ㉢　　② ㉡, ㉢
③ ㉡, ㉤　　④ ㉢, ㉤
⑤ ㉣, ㉤

해설

㉢ 도시와 함께 만드는 살고 싶은 농촌이 아니라 '지역과 함께 만드는 살고 싶은 농촌'이다.
㉤ '협동과 혁신으로 농업인에게 풍요로운 미래를, 고객에게는 최고의 가치를 제공하여 국가와 지역사회 발전에 공헌한다.'는 NH농협금융의 미션이다.

정답 ④

농협 5대 핵심 가치

1. 농업인과 소비자가 함께 웃는 유통 대변화 : 소비자에게 합리적인 가격으로 더 안전한 먹거리를, 농업인에게 더 많은 소득을 제공하는 유통개혁 실현
2. 미래 성장동력을 창출하는 디지털 혁신 : 4차 산업혁명 시대에 부응하는 디지털 혁신으로 농업・농촌・농협의 미래 성장동력 창출
3. 경쟁력 있는 농업, 잘사는 농업인 : 농업인 영농 지원 강화 등을 통한 농업 경쟁력 제고로 농업인 소득 증대 및 삶의 질 향상
4. 지역과 함께 만드는 살고 싶은 농촌 : 지역사회의 구심체로서 지역사회와 협력하여 살고 싶은 농촌 구현 및 지역경제 활성화에 기여
5. 정체성이 살아 있는 든든한 농협 : 농협의 정체성 확립과 농업인 실익 지원 역량 확충을 통해 농업인과 국민에게 신뢰받는 농협 구현

33 다음 중 초기의 협동조합 역사에 대한 설명으로 적절하지 않은 것은?

① 영국에서 처음 시작한 로치데일협동조합은 세계 최초의 근대적 협동조합이다.
② 영국의 사회주의자 로버트 오웬은 협동조합 운동의 사상적 근거를 제시했다.
③ 우리나라는 판매협동조합이 근대적 협동조합의 시초이다.
④ 독일은 신용협동조합으로 근대적 협동조합이 시작되었다.
⑤ 덴마크의 그룬트비그 협동조합은 세계 최초의 농업협동조합이다.

해설

기록상으로 확인할 수 있는 한국 최초의 근대적 협동조합은 1920년에 자발적으로 설립된 경성소비조합과 목포소비조합이며, 1921년에 조선노동공제회의 부속기관으로 소비조합이 조직되었다. 또한 1927년 천도교가 주축이 되어 설립된 농민공생조합은 고무신 공장을 만들어 조합원에게 판매했다.

오답분석

① 영국에서 18세기 말 시작된 산업혁명의 부작용으로 노동자들의 삶은 오히려 피폐해졌고, 이에 대응하기 위해 노동자들은 1844년 랭커셔주에서 로치데일협동조합을 설립했다. 로치데일협동조합의 운영 원칙은 현대의 농협 등 다양한 협동조합의 운영 원칙에 큰 영향을 끼쳤다.
② 방직공장의 경영주이자 협동조합 운동의 창시자였던 로버트 오웬의 협동주의적인 경영 이념은 농공 일체의 협동사회의 건설 운동 등장의 계기가 되었다.
④ 독일의 농민이 고리채 자본에 허덕이는 문제를 해소하기 위해 빌헬름 라이파이젠이 1862년 설립한 농촌 신용협동조합은 신용협동조합의 효시로 평가받는다.
⑤ 1882년 덴마크 예딩(Hjedding) 지역의 낙농가들이 유가공 공장 설립을 목적으로 만든 그룬트비그(Grundtvig) 협동조합은 낙농협동조합으로서, 세계 최초의 농업협동조합이다.

정답 ③

34 다음 중 〈협동조합기본법〉에 대한 설명으로 적절한 것은?

① 협동조합을 설립하려면 창립총회의 의결을 거쳐야 하며, 기획재정부장관에 대한 신고나 승인을 필요로 하지 않는다.
② 협동조합은 어떠한 경우에도 협동조합 이외의 법인, 단체 및 다른 협동조합 등을 흡수합병할 수 없다.
③ 〈협동조합기본법〉을 통해 금융 및 보험업을 포함해 경제 · 사회의 모든 영역에서 다양한 형태의 협동조합을 설립할 수 있다.
④ 기획재정부장관은 협동조합이 경영공시를 할 때 공시해야 하는 사항을 표준화해 공시할 수 없다.
⑤ 협동조합은 공개적으로 특정 정당을 지지하는 행위를 할 수 있다.

해설

협동조합연합회, 사회적협동조합, 사회적협동조합연합회, 이종협동조합연합회 등을 설립하려면 창립총회의 의결을 거친 후 기획재정부장관에 대한 신고 또는 기획재정부장관의 인가를 받아야 한다(협동조합기본법 제71조 제1항, 제85조 제1항, 제114조 제1항, 제115조의2 제1항). 그러나 협동조합을 설립하려는 경우에는 5인 이상의 조합원 자격을 가진 자가 발기인이 되어 정관을 작성하고 창립총회의 의결을 거친 후 주된 사무소의 소재지를 관할하는 특별시장 · 광역시장 · 특별자치시장 · 도지사 · 특별자치도지사("시 · 도지사"라 한다)에게 신고하여야 하며, 시 · 도지사는 협동조합 설립신고를 받은 날부터 20일 이내에 신고수리 여부를 신고인에게 통지하여야 한다(동법 제15조 제1항 · 제2항).

오답분석

② 협동조합은 협동조합 이외의 법인, 단체 및 협동조합 등과 합병하거나 협동조합 이외의 법인, 단체 및 협동조합 등으로 분할할 수 없으나, 협동조합이 기획재정부장관의 인가를 받은 경우에는 주식회사 · 유한회사 · 유한책임회사 등의 법인을 흡수합병할 수 있다(협동조합기본법 제56조 제6항 · 제7항).
③ 협동조합은 설립 목적을 달성하기 위하여 필요한 사업을 자율적으로 정관으로 정할 수 있으나, 〈통계법〉 제22조(표준분류) 제1항에 따라 통계청장이 고시하는 한국표준산업분류에 의한 금융 및 보험업을 영위할 수 없다(협동조합기본법 제45조 제1항 · 제3항).
④ 대통령령으로 정하는 일정 규모 이상의 협동조합은 설립신고를 한 시 · 도 또는 협동조합연합회의 인터넷 홈페이지에 경영에 관한 다음 각 호의 사항에 대한 공시("경영공시"라 한다)를 하여야 한다(협동조합기본법 제49조의2 제1항). 제1항에도 불구하고 기획재정부장관은 경영공시를 대신하여 같은 항 각 호의 사항을 별도로 표준화하고 이를 통합하여 공시할 수 있다(동조 제2항).
   1. 정관과 규약 또는 규정
   2. 사업결산 보고서
   3. 총회, 대의원총회 및 이사회의 활동 상황
   4. 조합원과 직원에 대한 상담, 교육 · 훈련 및 정보 제공 사업, 협동조합 간 협력을 위한 사업, 협동조합의 홍보 및 지역사회를 위한 사업을 포함한 사업 결과 보고서
⑤ 협동조합 등 및 협동조합연합회 등은 공직선거에서 특정 정당을 지지 · 반대하는 행위 또는 특정인을 당선되도록 하거나 당선되지 아니하도록 하는 행위를 하여서는 아니 된다(협동조합기본법 제9조 제1항).

정답 ①

협동조합기본법

- 우리나라에서는 2012년 1월에 〈협동조합기본법〉이 제정(2012년 12월 시행)되기 전까지 농업협동조합, 수산업협동조합, 산림조합, 신용협동조합, 엽연초생산협동조합, 중소기업협동조합, 새마을금고, 소비자생활협동조합 등의 8종의 협동조합만이 개별법에 따라 법적으로 인정되었다. 그러나 기존의 협동조합들은 국가의 지원과 통제를 받았기 때문에 자립과 자조라는 협동조합의 본래 원칙을 제대로 구현하지 못한다는 지적을 받았다. 이에 따라 〈협동조합기본법〉이 제정됨으로써 금융 및 보험업을 제외하고 경제 · 사회의 거의 모든 영역에서 다양한 형태의 협동조합을 만들 수 있게 되었다.

• 〈협동조합기본법〉 제정 이유(기획재정부) : 새로운 경제사회 발전의 대안으로 인식되고 있는 협동조합을 활성화하기 위하여 〈농업협동조합법〉 등 기존 8개의 개별법 체제에 포괄되지 못하거나 〈상법〉에 의한 회사 설립이 어려운 경우 생산자 또는 소비자 중심의 '협동조합'을 설립하여 경제적 활동이 가능하도록 하고, 취약계층에 대한 사회서비스 또는 일자리 제공, 지역사회 공헌활동 등을 주로 수행하는 '사회적협동조합'을 별도로 도입하며, 협동조합 등의 설립·운영에 관한 기본적인 사항을 정함으로써 자주·자립·자치적인 협동조합의 활동을 촉진하고, 사회통합과 국민경제의 균형 있는 발전에 기여하려는 것이다.

35 다음 중 NH농협은행의 인재상으로 옳지 않은 것은?

① 변화를 선도하는 사람
② 소통하고 협력하는 사람
③ 고객가치를 향상시키는 프로금융인
④ 고객을 먼저 생각하는 사람
⑤ 사회적 책임을 실천하는 사람

해설

NH농협은행의 인재상

NH농협은행은 사랑받는 일등 민족은행으로 발돋움하기 위해 다음과 같은 인재상을 추구한다.

• 최고의 금융전문가 : 최고의 금융서비스를 제공하기 위해 필요한 금융전문지식을 갖추고 부단히 노력하는 사람
• 소통하고 협력하는 사람 : 고객 및 조직구성원을 존중하고 소통과 협력에 앞장서는 사람
• 사회적 책임을 실천하는 사람 : 도덕성과 정직성을 근간으로 고객과의 약속을 끝까지 책임지는 사람
• 변화를 선도하는 사람 : 다양성과 변화를 적극 수용하여 독창적 아이디어와 혁신을 창출하는 사람
• 고객을 먼저 생각하는 사람 : 항상 고객의 입장에서 고객을 먼저 생각하고 고객만족에 앞장서는 사람

정답 ③

36 다음 중 조합원 의결권에 대한 내용으로 적절하지 않은 것을 모두 고르면?

㉠ 소수에 의해 전체적인 경영이 이루어진다.
㉡ 조합원은 출자금에 따라 의결권의 수를 차등적으로 부여받는다.
㉢ 어떠한 문제에 대한 결정에 있어 주식회사보다 신속한 결정이 가능하다.
㉣ 주식회사와 비교하여 조합이 어떠한 결정을 내릴 때보다 민주적 진행이 가능하다.

① ㉠, ㉢
② ㉡, ㉣
③ ㉠, ㉡, ㉢
④ ㉡, ㉢, ㉣
⑤ ㉠, ㉡, ㉢, ㉣

해설

㉠ 주식회사는 1주에 1표씩의 의결권이 부여되는 만큼 소수 대주주에 의해 전체적인 경영이 이루어지지만, 조합은 모든 조합원에게 동등하게 1인 1표씩의 의결권이 부여되기 때문에 다수에 의한 평등한 경영이 이루어진다.
㉡ 주식회사가 1주에 1표를 인정받는다면, 조합은 출자금에 관계없이 모두 균등하게 1인 1표를 인정받는다.
㉢ 주식회사는 1주당 1표씩 의결권이 부여되므로 지분의 51% 이상이 주도하는 대로 신속하게 의사결정을 할 수 있지만, 지분에 관계없이 균등하게 1표씩 분배받는 조합의 경우 조합원들 간 의견이 상이하다면 문제 해결까지의 시간이 길어질 수 있다.

오답분석

㉣ 주식회사에서는 지분의 소유 규모에 따라 회사의 경영이 이루어지게 되지만, 조합의 경우 출자금과 상관없이 동일하게 1인 1표를 행사할 수 있으므로 보다 더 민주적인 진행이 가능하다.

정답 ③

37 다음 중 농협이 기존에 진행해왔던 일방향적인 농업·농촌운동과 달리 도시와 농촌의 1 대 1 쌍방향 소통 및 교류를 중점으로 진행하는 농업·농촌운동은?

① 디지털 새마을 운동
② 농산어촌 유토피아 마을
③ 농촌사랑 1사1촌 자매결연
④ 농업농촌 탄소중립 실천운동
⑤ 또 하나의 마을 만들기 운동

해설

'또 하나의 마을 만들기 운동'은 기업 또는 단체 대표와 소속 임직원들이 각각 농촌마을의 명예이장과 명예주민으로 위촉받아 도시와 농촌이 일대일 쌍방향으로 교류하는 운동이다. 이를 통해 도시민은 농촌으로부터 농산물이나 쉼터를 제공받고, 농촌인은 도시로부터 마을 특성화 사업을 포함한 여러 지원을 받는다.

오답분석

① 디지털 새마을 운동 : 농촌 현장에 정보통신기술을 접목한 것으로, 농민들이 직접 재배한 농작물을 인터넷을 통해 판매하는 전자상거래가 이에 해당한다.
② 농산어촌 유토피아 마을 : 기존 농촌마을이 아닌 새로운 농촌마을을 만들어 해당 농촌마을에서 행복한 삶을 누릴 수 있도록 경제적·행정적으로 지원을 받을 수 있는 마을이다.
③ 농촌사랑 1사1촌 자매결연 : 농촌마을의 일손을 돕기 위한 인력 제공 및 각 농산물의 판매경로 제공이 주된 내용인 농촌을 향한 일방적인 지원 운동이다.
④ 농업농촌 탄소중립 실천운동 : 농산물 재배과정에서 발생할 수 있는 탄소 사용을 줄이는 운동으로, 일회용품 줄이기, 폐기 농약물품 분리배출하기 등이 이에 해당한다.

정답 ⑤

38 다음 중 농산어촌 유토피아에 대한 설명으로 적절한 것은?

① 전국 농촌지역을 대상으로 2022년부터 시범 시행된 사업이다.
② 기존의 낙후된 농촌들을 중심으로 다양한 지원 사업을 펼쳐 농촌에 활력을 불어넣는 사업이다.
③ 마을 개발, 주거, 교육, 문화, 복지, 인프라 향상, 일자리 지원, 지역 역량 강화 등의 사업 중 각 마을이 필요로 하는 사업을 개별적으로 선택하여 지원받는 사업이다.
④ 농촌유학생은 홈스테이형, 지역센터형, 가족체류형 중 하나로 농촌지역에 체류할 수 있다.
⑤ 농촌유학생은 교육청을 통해 지원금을 받을 수 있으며, 해당 지원금이 종료될 경우 농촌유학 또한 자동 종료된다.

해설

농촌유학생은 유학생 본인만 지역 농가에 거주하는 홈스테이형 또는 지역센터에 거주하는 지역센터형, 유학생을 포함한 가족 전체가 함께 거주하는 가족체류형 중 하나의 형태로 농촌지역에서의 거주를 결정한다.

오답분석

① 전국이 아니라 일부 농촌지역을 대상으로 2022년부터 시범적으로 시행된 사업이다.
② 농산어촌 유토피아 마을 사업은 기존의 농촌지역이 아니라 새로운 땅 위에 새로운 농촌을 세우는 것이다.
③ 농산어촌 유토피아로 선정된 마을은 마을 개발, 주거, 교육, 문화, 복지, 인프라 향상, 일자리 지원, 지역 역량 강화 등의 사업을 총괄적으로 지원받을 수 있다.
⑤ 농촌유학생은 교육청을 통해 농촌유학에 필요한 지원금을 지급받을 수 있으며, 지원금이 종료된 후에도 개인의 선택에 의해 농촌유학을 계속할 수 있다.

정답 ④

39 다음 중 농업협동조합중앙회의 출자에 대한 설명이다. 빈칸 ㉠, ㉡에 들어갈 내용으로 옳은 것은?

> 지역조합, 품목조합, 품목조합연합회 등 농협중앙회의 회원은 총출자좌수의 ___㉠___ 이내에서 출자해야 하며, 이때 1좌의 금액은 ___㉡___으로 한다.

	㉠	㉡
①	10%	5,000원
②	10%	10,000원
③	10%	20,000원
④	20%	10,000원
⑤	20%	20,000원

해설

〈농업협동조합중앙회 정관〉 제19조 제1항과 제2항에 따르면 회원은 총출자좌수의 100분의 10 이내에서 1,000좌 이상을 출자하여야 하며, 출자 1좌의 금액은 1만 원으로 한다.

정답 ②

농업협동조합중앙회의 회원 가입
농협중앙회는 지역조합, 품목조합 및 품목조합연합회를 회원으로 한다. 농협중앙회에 가입하고자 하는 자는 인수하고자 하는 출자좌수를 기재한 가입신청서를 법인 등기부등본, 정관, 농협중앙회에 가입을 의결한 총회 의사록의 등본 또는 초본, 재무제표(신설 조합 또는 품목조합연합회의 경우는 추정재무제표를 말한다) 등과 함께 농협중앙회에 제출하여야 한다(농업협동조합중앙회 정관 제9조, 제10조 제1항).

40 다음 중 도시농업에 대한 설명으로 적절한 것을 모두 고르면?

㉠ 도시농업 사업은 현재 먹거리 재배뿐만 아니라 미래 먹거리 개발도 추진하고 있다.
㉡ 도시농업은 청년층을 대상으로 도시농업 전문인력을 양성하기 위해 전문교육을 실시하고 있다.
㉢ 도시농업의 추진 목적은 귀농 · 귀촌하는 도시민들의 농촌지역에서의 성공적인 정착을 위한 경제적 지원에 있다.
㉣ 코로나19 이후 도시농업은 도시에서 직접 작물을 재배하여 판매함으로써 수익을 극대화하는 경제 사업으로 인식이 변화되었다.

① ㉠　② ㉢
③ ㉠, ㉡　④ ㉠, ㉣
⑤ ㉢, ㉣

해설

도시농업 사업은 농산물 재배와 더불어 미래 먹거리 개발에도 힘쓰고 있으며, 이밖에도 전문인력 양성, 일자리 창출, 귀농 · 귀촌 교육, 치유농업 프로그램 등 다양한 프로그램을 함께 추진하고 있다.

오답분석

㉡ 도시농업은 전문인력 양성을 위해 전문교육을 실시하고 있으며, 이는 청년층에 국한된 것이 아니라 다양한 계층의 시민을 대상으로 진행되고 있다.
㉢ 도시농업의 추진 목적은 도시에서도 농업을 육성하여 건강한 먹거리를 직접 생산하기 위함에 있다.
㉣ 코로나19 이후 도시농업은 도시에서 직접 작물을 재배하면서 육체적 · 정신적 건강을 도모하는 여가문화로 인식이 변화되었다.

정답 ①

41 다음 중 농업협동조합중앙회의 운영 규정에 대한 설명으로 적절하지 않은 것은?

① 이사회는 회장 · 상호금융대표이사 · 전무이사를 포함한 이사로 구성하며, 이사 3분의 1 이상이 필요하다고 인정하는 사항을 의결한다.
② 중앙회의 이사회 구성원의 3분의 2 이상은 회원조합장이어야 하며, 이때 회원조합장인 이사의 4분의 1 이상은 품목조합의 조합장으로 한다.
③ 중앙회의 이사회에서 상호금융대표이사의 소관사업 부문에 설치되는 소이사회는 구성원의 4분의 1 이상은 회원조합장이 아닌 이사이어야 한다.
④ 중앙회의 임직원이 내부통제기준을 위반했는지 여부를 조사해 감사위원회에 보고하는 준법감시인은 이사회의 의결을 거쳐 회장이 임면한다.
⑤ 임원으로 회장과 상호금융대표이사 및 전무이사를 포함한 이사 28명 이내와 감사위원 5명을 둔다. 이때 상호금융대표이사는 상임으로 한다.

해설

중앙회의 이사회 구성원의 2분의 1 이상은 회원인 조합의 조합장("회원조합장")이어야 한다(농업협동조합법 제125조 제2항 후단). 이때 회원조합장인 이사의 3분의 1 이상은 품목조합의 조합장으로 한다(동조 제3항).

오답분석

① 중앙회에 이사회를 두며, 이사회는 회장·상호금융대표이사·전무이사를 포함한 이사로 구성한다(농업협동조합법 제125조 제1항 및 제2항 전단). 이사회는 회장 또는 이사 3분의 1 이상이 필요하다고 인정하는 사항을 의결한다(동조 제4항 제13호).

③ 이사회 운영의 전문성과 효율성을 도모하기 위하여 상호금융대표이사의 소관사업부문에 소이사회를 둔다(농업협동조합법 제125조의2 제1항). 소이사회는 상호금융대표이사와 이사로 구성하고, 상호금융대표이사는 소이사회의 의장이 되며, 구성원의 4분의 1 이상은 회원조합장이 아닌 이사이어야 한다(동조 제2항).

④ 중앙회는 중앙회의 임직원이 그 직무를 수행할 때 따라야 할 "내부통제기준"을 정해야 한다(농업협동조합법 제125조의4 제1항). 중앙회는 내부통제기준의 준수 여부를 점검하고 내부통제기준을 위반하면 이를 조사해 감사위원회에 보고하는 준법감시인을 1명 이상 두어야 한다(동조 제2항). 준법감시인은 자격요건에 적합한 사람 중에서 이사회의 의결을 거쳐 회장이 임면한다(동조 제3항).

⑤ 중앙회에 임원으로 회장 1명, 상호금융대표이사 1명 및 전무이사 1명을 포함한 이사 28명 이내와 감사위원 5명을 둔다(농업협동조합법 제126조 제1항). 임원 중 상호금융대표이사 1명, 전무이사 1명과 감사위원장은 상임으로 한다(동조 제2항).

정답 ②

농업협동조합중앙회의 의결 사항(농업협동조합법 제125조 제4항)

- 중앙회의 경영목표 설정
- 중앙회의 사업계획 및 자금계획의 종합조정
- 중앙회의 조직·경영 및 임원에 관한 규정의 제정·개정 및 폐지
- 조합에서 중앙회에 예치하는 여유자금의 하한 비율 또는 금액
- 상호금융대표이사 및 전무이사("사업전담대표이사 등")의 해임건의에 관한 사항
- 인사추천위원회 구성에 관한 사항
- 교육위원회 구성에 관한 사항
- 중앙회의 중요한 자산의 취득 및 처분에 관한 사항
- 중앙회 업무의 위험관리에 관한 사항
- 사업전담대표이사 등, 이사, 조합감사위원장으로 추천된 후보자 선임에 관한 사항
- 사업전담대표이사 등의 소관사업에 대한 성과평가에 관한 사항
- 회원의 발전계획 수립에 관한 사항
- 총회로부터 위임된 사항
- 그 밖에 회장 또는 이사 3분의 1 이상이 필요하다고 인정하는 사항

42 **다음 중 협동조합의 7대 원칙에 대한 설명으로 적절하지 않은 것은?**

① 국제협동조합연맹(ICA) 설립 100주년인 1995년 9월에 영국 맨체스터 협동조합대회 총회에서 '협동조합 정체성에 대한 선언'에서 천명되었다.

② 제1원칙은 협동조합은 자발적 · 개방적 조직으로, 조합원으로서 책임을 다할 의지가 있는 모든 사람에게 차별 없이 열려 있다는 것이다.

③ 제2원칙은 조합원은 협동조합에 필요한 자본을 조성하는 데 공정하게 참여하며, 조성된 자본을 민주적으로 통제한다는 것이다.

④ 제4원칙은 협동조합이 정부 등 다른 조직과 약정을 맺거나 외부에서 자본을 조달하고자 할 때는 조합원에 의한 민주적 관리가 보장되고 협동조합의 자율성이 유지되어야 한다는 것이다.

⑤ 제6원칙은 협동조합은 지방, 전국, 국제적으로 함께 협력 사업을 전개함으로써 협동조합 운동의 힘을 강화시키고 조합원에게 가장 효과적으로 봉사한다는 것이다.

PART 2

해설

③은 제3원칙(조합원의 경제적 참여)에 대한 설명이다. 제2원칙(조합원에 의한 민주적 관리)은 협동조합은 조합원에 의해 관리되는 민주적인 조직이라는 것이다.

정답 ③

협동조합의 7대 원칙(1995, 국제협동조합연맹)

1. 자발적이고 개방적인 조합원 제도 : 협동조합은 자발적이며, 모든 사람들에게 성적 · 사회적 · 인종적 · 정치적 · 종교적 차별 없이 열려 있다.
2. 조합원에 의한 민주적 관리 : 협동조합은 조합원에 의해 관리되는 민주적인 조직이다. 조합원들은 정책 수립과 의사 결정에 활발하게 참여하고, 선출된 임원들은 조합원에게 책임을 갖고 봉사해야 한다. 조합원마다 동등한 투표권(1인 1표)을 가지며, 협동조합연합회도 민주적인 방식으로 조직 · 운영된다.
3. 조합원의 경제적 참여 : 협동조합의 자본은 공정하게 조성되고 민주적으로 통제된다. 자본금의 일부는 조합의 공동재산이다. 출자배당이 있는 경우에 조합원은 출자액에 따라 제한된 배당금을 받는다. 잉여금은 ① 협동조합의 발전을 위해 일부는 배당하지 않고 유보금으로 적립, ② 사업이용 실적에 비례한 편익 제공, ③ 여타 협동조합 활동 지원 등에 배분된다.
4. 자율과 독립 : 협동조합은 조합원들에 의해 관리되는 자율적인 자조 조직이다. 협동조합이 정부 등 다른 조직과 약정을 맺거나 외부에서 자본을 조달할 때 조합원에 의한 민주적 관리가 보장되고, 협동조합의 자율성이 유지되어야 한다.
5. 교육, 훈련 및 정보 제공 : 협동조합은 조합원, 선출된 임원, 경영자, 직원들이 협동조합의 발전에 효과적으로 기여하도록 교육과 훈련을 제공한다. 협동조합은 일반 대중 특히 젊은 세대와 여론 지도층에게 협동의 본질과 장점에 대한 정보를 제공한다.
6. 협동조합 간의 협동 : 협동조합은 국내, 국외에서 공동으로 협력 사업을 전개함으로써 협동조합 운동의 힘을 강화시키고, 조합원에게 효과적으로 봉사한다.
7. 지역사회에 대한 기여 : 협동조합은 조합원의 동의를 얻은 정책을 통해 조합이 속한 지역사회의 지속 가능한 발전을 위해 노력한다.

02 금융 · 경제 상식

01 **다음 중 사망보험, 종신보험 등에 대한 설명으로 적절하지 않은 것은?**

① 종신보험은 사망보험을 포괄하는 상위의 개념이다.
② 사망보험은 피보험자가 보험기간 중에 사망하거나 장해를 입었을 때 보험금이 지급된다.
③ 15세 미만자, 심신상실자 또는 심신박약자의 사망을 보험사고로 한 사망보험의 계약은 원칙적으로 무효이다.
④ 종신보험은 보험기간이 피보험자의 일생 동안에 걸쳐 있으며, 보험수익자가 반드시 보험금을 지급받게 된다.
⑤ 종신보험은 노후 생활에 필요한 자금을 보장하거나 유족들의 생활 보장을 목적으로 하는 기능도 있다.

해설
종신보험과 사망보험은 피보험자가 사망했을 때 약정한 보험금을 지급한다는 점에서 같으며, 사망보험은 종신보험을 포괄하는 상위의 개념이다. 보험은 손해보험과 인보험으로 나뉘고, 인보험은 생명보험과 상해보험으로 나뉜다. 생명보험은 다시 사망보험 · 생존보험 · 혼합보험으로 나뉘며, 종신보험이 이 가운데 사망보험에 포함된다.

정답 ①

02 **다음 중 시장실패의 원인으로 옳지 않은 것은?**

① 외부 효과
② 불완전경쟁
③ 공공재의 존재
④ 정보의 비대칭성
⑤ 파생적 외부성

해설
시장실패는 민간의 자유로운 의사 결정으로 경제 활동이 이루어질 때 시장이 효율적인 자원 배분을 이루어 내지 못하는 현상으로, 시장의 기능이 제대로 작동하지 못하는 경우를 의미한다. 외부 효과(외부성)는 시장실패의 원인이지만, 파생적 외부 효과는 정부실패의 원인이다. 파생적 외부 효과는 정부 활동의 결과로서 나타나는 잠재적 · 비의도적 파급 효과와 부작용을 가리킨다.

오답분석
① 외부 효과 : 한 경제주체의 행위가 다른 경제주체들에게 기대되지 않은 혜택이나 손해를 발생시키는 경우 시장실패가 나타날 수 있다.
② 불완전경쟁 : 제한된 소수 기업만이 존재하는 불완전경쟁시장에서는 개별 기업이 정하는 공급량 및 가격이 시장의 공급량 및 가격에 영향을 주므로 시장실패가 나타날 수 있다.
③ 공공재의 존재 : 비배제성 · 비경합성이 있는 공공재의 존재는 이기적인 소비자들의 무임승차 문제와 이에 따른 생산자들의 과소 생산을 유발해 시장실패를 초래할 수 있다.
④ 정보의 비대칭성 : 시장 거래에 관한 정보가 균등하지 않을 경우 도덕적 해이가 발생하기 쉽다. 정보의 비대칭성으로 인한 도덕적 해이가 확대될 경우 시장의 효율적 작동을 기대하기 어려우므로 시장실패가 나타날 수 있다.

정답 ⑤

03 다음 중 변액보험에 대한 설명으로 적절하지 않은 것은?

① 생명보험으로서의 보장 기능과 투자 상품으로서의 수익 기능을 연계한 보험이다.

② 투자 수익의 성과에 따라 보험금 지급 사유가 발생했을 때 지급되는 보험금액이 변동될 수 있다.

③ 투자 운용 실적에 따라 가입자가 고수익을 올릴 수 있다는 장점이 있으나, 위험 부담도 함께 감수해야 한다.

④ 보험사는 보험계약자가 납입하는 보험료 가운데 저축보험료를 별도로 분리하지 않고 하나의 계정으로 운용·관리한다.

⑤ 변액보험은 투자 운용 실적에 관계없이 납입보험료 수준의 최저보증을 제공하기 때문에 안정적인 수익 확보가 가능하다.

PART 2

해설

보험사는 저축보험료와 분리된 특별계정을 만들어 별도의 펀드를 운용해야 한다.

오답분석

① 변액보험은 보험계약자가 낸 보험료의 일부를 주식이나 채권 등 수익성이 높은 유가증권에 투자해 얻은 수익금을 계약자에게 나누어 주는 보험상품이다.

② 투자 수익은 보험사가 보험계약자에게 지급하는 환급금에 반영되는 한편 투자 수익의 성과에 따라 보험금 지급 사유가 발생하였을 경우 지급되는 보험금이 변동될 수 있다.

③ 변액보험은 투자 수익률에 따라 받을 수 있는 보험금이나 환급금이 달라지는 등 수익성을 기대할 수 있으나, 투자 결과에 따라 원금 손실 또는 원금 이상의 보험금을 내야 할 수도 있기 때문에 신중하게 가입 여부를 결정해야 한다.

⑤ 변액보험의 최저보증 제도는 변액보험 가입자들에게 만기 또는 연금 지급 개시 전까지 계약을 유지하면 기납입 보험료의 최저지급을 보장하는 제도이다. 다만, 최저보증 수준은 상품마다 차이가 있으므로 가입 여부를 결정하기 전에 반드시 확인해야 한다.

정답 ④

변액보험(Variable Insurance)

변액보험은 보험료의 일부를 펀드에 투자하여 얻은 수익 실적에 따라 보험금, 환급금 등이 달라지는 상품으로, 투자 성격과 전문성을 고려해 '변액보험판매자격'을 보유한 보험설계사만 판매할 수 있다. 〈보험업법〉, 〈보험업감독규정〉, 〈변액보험판매 자격시험 및 자격관리에 관한 규정〉 등에 따라 '변액보험판매자격'을 관리하고 있는데, 고객의 연령, 재산 상황, 가입 목적 등을 진단하는 적합성 테스트를 거쳐야 하며, 진단 결과 투자 성향에 적합할 경우에만 상품 권유 및 가입이 되는 만큼 불완전판매 방지와 함께 보다 안전한 투자가 가능하다. 변액보험은 사망보험금을 높이는 데 목적이 있는 변액종신보험, 노후 대비 연금액을 높이는 데 목적이 있는 변액연금보험으로 구분된다. 또한 유니버셜 기능(자유로운 입출금)이 포함된 변액유니버셜보험은 상품 설계 방법에 따라 보장성과 저축성으로 분류할 수 있다.

04 **다음 중 보험업의 경영에서 논하는 수지상등의 원칙에 대한 설명으로 적절하지 않은 것은?**

① 위험집단이 납부하는 보험료의 합계와 그 위험집단에 지급하는 보험금의 합계가 동일하게 되도록 균형을 이루어야 한다는 원칙이다.

② 보험가격이 수지상등의 원칙에 부합하지 않을 경우에는 고객의 가격저항을 초래하거나 보험회사가 안정적인 사업 운영에 차질을 겪을 수 있다.

③ '보험상품의 순보험료 총액=지급보험금 총액의 현가(現價)', '영업보험료의 총액=지급보험금 및 운영경비 총액의 현가', '기업의 총수입=총지출의 현가'를 충족해야 한다.

④ 공평하고 적절한 보험가격을 산정하기 위해서는 다수의 보험계약을 모집해야 할 뿐만 아니라 위험의 종류와 크기 면에서 동질적이지 않으면 안 된다는 원칙이다.

⑤ 민간 보험회사에서 운용하는 보험상품의 경우 수지상등의 원칙에 따라 상품을 설계할 때 인건비 등의 운영비도 비용(지출)으로 감안한다.

해설

위험동질성의 원칙에 대한 설명이다. 위험동질성의 원칙은 보험수리적 가격 산정 원칙 가운데 하나로, 보험이 대수(大數)의 법칙을 적절히 이용한 경제시설인 바 대수의 법칙을 실현하기 위해서는 다수의 보험계약을 모집해야 할 뿐만 아니라 이들 위험의 종류와 크기 면에서 동질적이지 않으면 안 된다는 원칙이다.

위험동질성의 원칙은 위험을 분류할 수 있게 하고, 수지상등의 원칙은 보험가격인 보험료의 추정치를 산출하게 한다.

오답분석

① 보험사는 위험집단(보험가입자)이 납입하는 보험료의 총액과 그 위험집단에 지급하는 보험금의 총액이 균형을 이루도록 경영해야 한다는 원칙이다. 보험료를 산정할 때는 보험 소비자가 미래에 받게 될 보험금, 보험사가 납부받는 보험료 등을 예측하는 것이 중요하다. 예컨대, 1년납 1년 만기의 보험계약을 가정할 경우에 보험료는 월 1,000원이고 보험금은 12,000원이며, 보험사는 12,000원의 보험료를 받고 보험금으로 12,000원을 보험 소비자에게 지급하게 되므로 수입과 지출이 같아지게 되는 것이다.

② 수지상등의 원칙에 부합하도록 보험가격이 공평하게 부과되지 않을 경우 보험료가 높게 산정된 때에는 보험회사의 과다 이익으로 인해 보험 소비자들의 권익을 침해함으로써 가격저항을 초래할 수 있고, 반대로 보험료가 낮게 산정된 때에는 보험회사의 수지 불균형으로 인해 사업의 안정적인 운영이 불가능해질 수 있다.

③ 수지상등의 원칙은 보험상품의 순보험료 총액과 지급보험금 총액의 현가가 일치, 영업보험료의 총액과 지급보험금 및 운영경비 총액의 현가가 일치, 기업의 총수입과 총지출의 현가가 일치 등의 3가지 조건을 충족해야 한다.

⑤ 사회보험은 운영비용의 전부 또는 일부를 국가가 부담하고 이윤을 목적으로 하지 않기 때문에 수지상등의 원칙에서 벗어나 있는 반면, 민간 보험사에서 운용하는 보험상품은 수지상등의 원칙에 따라 상품을 설계할 때 인건비 등의 운영비를 비용(지출)으로 간주한다. 다만 보험회사들은 보험사업의 총수입이 총지출보다 항상 많게 되도록 보험업을 경영하므로 수지상등의 원칙은 현실적으로는 보험사업을 경영하는 원칙이 될 수 없다.

정답 ④

05 다음 중 '집합투자기구'에 대한 설명으로 적절하지 않은 것은?

① 흔히 '펀드(Fund)'라고 부르는 것으로, 〈자본시장과 금융투자업에 관한 법률(자본시장법)〉에서는 집합투자를 수행하기 위한 기구를 지칭한다.

② 집합투자는 2인 이상의 투자자로부터 모은 금전을 투자자로부터 일상적인 운용지시를 받지 않으면서 투자대상자산을 운용한 결과를 투자자에게 배분해 귀속시키는 것을 뜻한다.

③ 증권집합투자기구는 집합투자재산의 100분의 30을 초과하여 증권에 투자하는 집합투자기구를 가리킨다.

④ 집합투자기구는 집합투자를 수행하기 위한 투자신탁, 투자회사, 투자유한회사, 투자합자회사, 투자유한책임회사, 투자합자조합, 투자익명조합 등을 말한다.

⑤ 집합투자기구는 투자자에게 환매권을 주는지의 여부에 따라 환매권을 주는 개방형 집합투자기구와 그렇지 않은 폐쇄형 집합투자기구로 구분할 수 있다.

PART 2

해설

증권집합투자기구는 집합투자재산의 100분의 50을 초과하여 증권(대통령령으로 정하는 증권을 제외하며, 대통령령으로 정하는 증권 외의 증권을 기초자산으로 한 파생상품을 포함한다)에 투자하는 집합투자기구로서 부동산집합투자기구 및 특별자산집합투자기구에 해당하지 아니하는 집합투자기구를 말한다(자본시장법 제229조 제1호 및 동법 시행령 제240조 제1항).

오답분석

① '펀드(Fund)'란 집합투자를 위해 투자자로부터 모은 자금의 집합체를 말하는데, 〈자본시장법〉상으로는 '집합투자기구'를 지칭한다.

② '집합투자'란 2인 이상의 투자자로부터 모은 금전 등을 투자자로부터 일상적인 운용지시를 받지 아니하면서 재산적 가치가 있는 투자대상자산을 취득·처분, 그 밖의 방법으로 운용하고 그 결과를 투자자에게 배분하여 귀속시키는 것을 말한다(자본시장법 제6조 제5항).

④ 집합투자기구는 집합투자를 수행하기 위한 기구로서 신탁 형태(투자신탁), 주식회사 형태(투자회사), 유한회사 형태(투자유한회사), 합자회사 형태(투자합자회사), 합자조합 형태(투자합자조합), 익명조합 형태(투자익명조합) 등의 집합투자기구를 말한다(동법 제9조 제18항).

⑤ 개방형 투자회사는 주주의 청구가 있는 경우 그 주주의 주식을 매수할 수 있는 투자회사를 말한다(자본시장법 제196조 제4항 참조). 일반적인 집합투자기구는 환매권을 인정하지만 특수한 경우에는 환매권을 제한할 수 있는데, 이를 '환매금지형집합투자기구'라 한다(동법 제230조 제1항 참조).

정답 ③

펀드의 분류

구분		투자 대상	특징
증권 펀드	주식형 펀드	주식	고위험·고수익 추구
	채권형 펀드	채권	안정적인 수익 추구
	혼합형 펀드	주식과 채권	채권 투자의 안전성과 주식 투자의 수익성을 동시에 추구
초단기 펀드(MMF)		채권 및 단기금융상품	수시입출금이 가능한 펀드
파생상품 펀드		선물, 옵션 등 파생상품	파생상품을 통한 구조화된 수익추구
부동산 펀드		부동산	환금성에 제약이 따르지만 장기 투자를 통한 안정적인 수익 추구
실물 펀드		선박, 석유, 금 등 실물자산	
특별자산 펀드		수익권 및 출자지분	
재간접 펀드		다른 펀드	다양한 성격과 특징을 가진 펀드에 분산투자

06 다음 중 '규모의 경제'에 대한 설명으로 적절하지 않은 것은?

① 초기 생산 단계에 막대한 투자비가 들지만 생산에는 큰 비용이 들지 않는 경우 또는 분업에 따른 전문화 이익이 존재하는 경우에 규모의 경제가 나타난다.

② 규모의 경제는 대형화를 통해, 범위의 경제는 다양화를 통해 평균 생산비용을 절감함으로써 이익을 극대화할 수 있는 전략이다.

③ 한 기업이 여러 제품을 같이 생산할 경우가 개별 기업이 한 종류의 제품만을 생산하는 것보다 평균 생산비가 적게 들 때 규모의 경제가 나타난다.

④ 최적의 규모를 넘어 설비 규모를 확대하면 평균 생산비용이 오히려 증가하는 것을 규모의 비경제(불경제)라고 한다.

⑤ 규모의 경제가 발생할 수 있는 이유로는 원자재의 대량 구입에 따른 운임과 원료비의 절감, 낮은 자금조달 비용(이자), 대규모 설비의 경제성 등이 있다.

해설

③은 범위의 경제의 사례이다. 범위의 경제는 한 기업이 두 가지 이상의 상품을 동시에 생산함으로써 하나의 상품만을 생산하는 기업보다 낮은 비용으로 생산할 수 있는 경우를 말한다. 제품을 생산하는 작업 과정에서 필요로 하는 인적 자원이나 물적 자원, 재무 자원 따위와 같은 투입 요소를 여러 분야에서 공동으로 활용함으로써 범위의 경제 효과를 얻을 수 있는 것이다. 규모의 경제는 생산량이 늘어날수록 평균 비용이 감소하는 현상을 뜻한다. 철도·통신·전력처럼 초기 생산 단계에서 막대한 투자 비용이 필요하지만 생산에는 큰 비용이 들지 않는 산업의 경우에 생산이 시작된 이후 수요가 계속 증가하면서 평균 생산비도 감소한다. 또한 생산 단계별로 분업을 해서 전문화 정도를 높일 경우 생산량이 늘어나면서 평균 비용의 감소를 기대할 수 있게 된다.

정답 ③

07 **다음 중 생산요소시장에 대한 설명으로 적절하지 않은 것은?**

① 생산요소시장은 일반 시장과 달리 가계가 공급자, 기업이 수요자의 역할을 한다.

② 생산요소시장에서는 서비스·재화에 대한 수요가 먼저 결정되고 나서 생산요소에 대한 수요가 결정된다.

③ 생산요소시장은 노동 서비스의 거래가 이루어지는 노동시장, 자본 서비스가 거래되는 자본시장 등으로 구분된다.

④ 생산요소의 결합이 가변적인 경우의 생산함수에서는 다른 생산요소를 변화시키지 않고 하나의 생산요소만을 증가시켜도 생산량이 반드시 증가하는 것은 아니다.

⑤ 노동 투입량이 증가함에 따라 노동의 한계생산(MPL)이 증가하므로 산출물 가격이 일정할 때 노동의 한계생산가치(VMPL)는 증가한다.

해설

노동의 한계생산가치(VMPL; Value of MPL)는 생산함수에 의해 결정된다. 노동의 한계생산(MPL; Marginal Product of Labor)은 노동 1단위가 더 투입되었을 때 추가적으로 늘어나는 산출량을 뜻한다$\left(\text{MPL}=\dfrac{\Delta Q}{\Delta L}\right)$. 또한 노동의 한계생산가치는 MPL×P, 즉 노동의 한계생산에 산출물의 시장가격(P)을 곱한 금액이다. 노동 투입량이 증가함에 따라 노동의 한계생산(MPL)이 감소하므로 산출물 가격이 일정하다면 노동의 한계생산가치(VMPL)는 감소한다.

오답분석

① 생산요소시장에서 가계는 노동·자본 등의 생산요소를 제공한 대가로 임금·이자를 지급받아 생산물을 소비하며, 기업은 가계로부터 생산요소를 구입해 제품을 생산·판매한다.

② 노동과 자본 등의 생산요소는 서비스·재화를 생산하기 위해서 필요한 것이므로 서비스·재화에 대한 수요가 먼저 정해진 이후에 생산요소에 대한 수요가 결정된다.

③ 노동시장에서는 노동의 수요와 공급이 만나 균형임금과 고용량이 결정된다. 자본시장에서는 기업의 자금 수요와 가계의 자금 공급이 만나 자본재(부지·기계)의 투자 결정 및 자본 서비스의 투입 결정에 영향을 끼치는 이자율이 결정된다.

④ 생산함수에는 몇 가지 생산요소(X_1, X_2, ⋯ X_n)가 일정한 비율(예 n명의 노동자+n대의 기계)로 결합되어 그것이 기술적으로 변하지 않는 경우도 있고, 반대로 생산요소의 결합이 가변적인 경우(예 노동자 투입 증가 또는 기계 투입 증가)도 있다.

정답 ⑤

08 **다음 중 지주회사의 특징에 대한 설명으로 적절하지 않은 것은?**

① 자사의 주식 또는 사채를 매각해 다른 회사의 주식을 취득하는 증권대위의 방식에 의한다.

② 상호 관련이 없는 이종 기업 간의 합병・매수에 의해 다각적인 경영을 행하는 거대 기업이다.

③ 새로운 사업 추진, 위험 관리, 경영의 투명성・효율성 확보 등에 있어 상대적으로 유리하다는 장점이 있다.

④ 한 회사가 다른 회사의 주식 전부 또는 일부를 보유함으로써 다수 기업을 지배하려는 목적으로 이루어지는 기업집중 형태이다.

⑤ 법적으로는 자산총액이 5,000억 원 이상이어야 하고, 소유한 자회사의 주식가액 합계액이 해당 자회사 자산총액의 50% 이상이어야 한다.

해설

②는 우리말로 '복합기업'이라 부르는 컨글로머리트(Conglomerate)에 대한 설명이다.

지주회사(Holding Company)는 콘체른형 복합기업의 대표적인 형태로서 모회사(지배하는 회사)가 자회사(지배를 받는 회사)의 주식 총수에서 과반수 또는 지배에 필요한 비율을 소유・취득해 해당 자회사의 지배권을 갖고 자본적・관리기술적인 차원에서 지배 관계를 형성하는 기업을 말한다. 지주회사는 피라미드형의 지배를 가능하게 하며, 소자본을 가지고도 거대한 생산과 자본에 대한 독점적 지배망을 넓힐 수 있다. 단일한 기업이 여러 가지의 사업을 독자적으로 병행하는 것보다는 지주회사를 설립해 자회사를 두어 각각의 자회사가 사업을 경영하면 여러 가지 사업을 동시에 진행하기 용이하고, 위험을 관리하기 위해 사업 부문에 따른 매각・인수 등도 수월해진다. 또한 지배 구조가 단순해져 경영의 효율성을 높일 수 있고, 보다 투명한 경영을 도모할 수 있다는 장점이 있다.

정답 ②

지주회사의 법적 정의・기준(독점규제 및 공정거래에 관한 법률)

- "지주회사"란 주식(지분을 포함한다)의 소유를 통하여 국내 회사의 사업내용을 지배하는 것을 주된 사업으로 하는 회사로서 자산총액이 대통령령으로 정하는 금액(5,000억 원) 이상인 회사를 말한다. 이 경우 주된 사업의 기준은 대통령령으로 정한다(공정거래법 제2조 제7호).
- 〈공정거래법〉 제2조 제7호 전단에서 "자산총액이 대통령령으로 정하는 금액 이상인 회사"란 다음 각 호의 구분에 따른 회사를 말한다(공정거래법 시행령 제3조 제1항).
  1. 해당 사업연도에 설립되었거나 합병 또는 분할・분할합병・물적분할(이하 "분할"이라 한다)을 한 경우 : 설립등기일・합병등기일 또는 분할등기일 현재의 대차대조표상 자산총액이 5,000억 원(벤처지주회사의 경우에는 300억 원) 이상인 회사
  2. 제1호 외의 경우 : 직전 사업연도 종료일(사업연도 종료일 전의 자산총액을 기준으로 지주회사 전환신고를 하는 경우에는 해당 전환신고 사유의 발생일) 현재의 대차대조표상 자산총액이 5,000억 원(벤처지주회사의 경우에는 300억 원) 이상인 회사
- 〈공정거래법〉 제2조 제7호 후단에 따른 주된 사업의 기준은 회사가 소유하고 있는 자회사의 주식(지분을 포함한다)가액의 합계액(자산총액 산정 기준일 현재의 대차대조표에 표시된 가액을 합계한 금액을 말한다)이 해당 회사 자산총액의 100분의 50 이상인 것으로 한다(공정거래법 시행령 제3조 제2항).

09 **다음 중 손해보험과 생명보험을 비교한 내용으로 적절한 것은?**

① 손해보험은 정액 보상을, 생명보험은 실손 보상을 원칙으로 한다.

② 손해보험사와 생명보험사는 손해보험과 생명보험 모두를 판매할 수 있다.

③ 손해보험은 만기와 가입금액이 무제한인 반면, 생명보험은 가입금액과 만기 모두 제한이 있다.

④ 손해보험과 생명보험은 모두 가입자가 보험금을 지급받을 확률이 클수록 보험료 또한 높다는 공통점이 있다.

⑤ 피보험자가 사망했을 때 손해보험의 경우는 사망의 원인을 불문하고 보험금을 지급받는 반면, 생명보험의 경우는 사인이 질병·상해일 때만 보험금을 지급받는다.

해설

원칙적으로 보험은 피보험자가 보험금을 지급받을 가능성이 높을수록 보험료가 비싸다. 예를 들어 사람이 죽을(자연사할) 확률은 100%이므로 주계약(기본계약)이 사망과 관련된 보험은 보험료가 그렇지 않은 보험보다 상대적으로 더 비싸다.

오답분석

① 손해보험은 실손 보상(실제로 손해가 발생한 만큼 보상)을, 생명보험은 정액 보상(정해진 금액만큼 보상)을 원칙으로 한다.

② 손해보험은 손해보험사에서만, 생명보험은 생명보험사에서만 판매할 수 있다. 또한 손해보험과 생명보험의 중간적 성격을 띠는 제3보험(질병·상해·간병에 관해 약정한 급여를 제공하거나 손해의 보상을 약속하는 보험)은 손해보험사와 생명보험사 모두 판매할 수 있다.

③ 손해보험은 만기와 가입금액에 제한이 있다. 그러나 생명보험은 보험기간이 종신까지 가능하고 가입금액에 한도가 없다.

⑤ 손해보험은 사인이 질병·상해일 경우에만 보험금을 지급하지만, 생명보험은 사인이 무엇이든지 간에 따지지 않고 사망 시에 보험금을 지급한다.

정답 ④

손해보험, 생명보험, 제3보험의 비교

구분	손해보험	생명보험	제3보험
보험사고	우연히 발생한 재산상의 손해	사람의 생존 또는 사망	질병, 상해, 간병
보험기간	대개는 단기	대개는 장기	단기 또는 장기
보상방식	실손 보상 (또는 비례 보상)	정액 보상	실손 보상 또는 정액 보상
전업 또는 겸업	손해보험사만 취급(전업)	생명보험사만 취급(전업)	손해보험사, 생명보험사 모두 취급(겸업)
피보험자 (보험 대상)	손해의 보상을 받을 권리가 있는 대상	보험사고의 대상	보험사고의 대상
대표적 상품	화재보험, 자동차보험, 책임보험	저축보험, 사망보험, 연금보험	실손의료보험

10 다음 중 EVA(경제적 부가가치)의 특징에 대한 설명으로 적절하지 않은 것은?

① EVA는 영업이익에서 세금과 총자본비용을 차감한 금액으로 계산할 수 있다.

② EVA 계산 시 총자본비용은 타인자본 조달비용과 자기자본에 대한 기회비용의 가중평균값을 뜻한다.

③ EVA를 측정한 값이 낮은 기업일수록 해당 기업의 현재 채산성과 미래 안전성이 높은 기업이라고 해석할 수 있다.

④ EPS(주당순이익), ROE(자기자본이익률) 등의 지표가 순이익에 초점을 두는 반면 EVA는 기업 현금흐름의 분석에 초점을 둔다.

⑤ EVA는 기업의 재무구조를 비교적 정확하게 평가할 수 있는 지표이지만, 기업 내부평가, 기업의 성장성, 고객의 만족도 등은 평가하기 어렵다.

해설

EVA의 측정값이 낮은 기업은 동일한 규모의 자본(자기자본+타인자본)을 들여 얻은 수익이 다른 곳에 투자할 경우 얻을 수 있는 수익보다 적다는 뜻이다. 즉, EVA가 낮다는 것은 기업이 투자해 벌어들인 수익 또한 적다는 뜻이다. 따라서 EVA가 낮을수록 수익성·채산성·안전성이 낮은 기업으로 평가되어 해당 기업의 주가 또한 하락할 가능성이 우려된다.

오답분석

① EVA는 세후영업이익에서 총자본비용을 차감한 금액이다. 이때 세후영업이익은 영업이익에서 법인세 등의 세금을 제외한 금액을, 총자본비용은 타인자본 조달비용과 자기자본에 대한 기회비용을 더한 금액을 가리킨다.

② EVA를 계산하는 요소 가운데 하나인 총자본비용은 외부 차입에 의한 타인자본 조달비용(이자 등)과 주주 등의 이해관계자가 제공한 자기자본에 대한 기회비용의 가중평균값을 말한다. 이때 보통 타인자본 조달비용은 은행대출 이자율을, 자기자본 비용은 1년 만기 정기예금 이자율을 기준으로 한다.

④ EVA는 현금흐름의 유입을 기업 분석의 척도로 삼아 기존 사업의 구조조정과 신규 사업의 선택, 업무의 흐름을 재구축하는 등 기업의 가치를 극대화하는 것을 경영 활동의 목표로 삼는다. 또한 EVA는 현금흐름의 현재가치에 의한 투자수익이 자본비용을 초과하는 크기의 합계로 계산된다.

⑤ EVA는 기업 가치의 실제적인 증가 혹은 감소를 비교적 정확하게 측정한다고 볼 수 있으며, 신규 사업에 대한 투자의 사전 검증뿐만 아니라 사후 평가도 가능하기 때문에 기업의 투자와 경영 성과를 평가할 때 유용한 판단 기준을 제공한다. 그러나 EVA는 기업의 재무 상태를 정확하게 검증할 수 있으나, 기업 내부평가, 기업의 성장성, 고객의 만족도 등에 대해서는 평가하기 어렵다는 맹점이 있다. 또한 EVA를 계산하는 요소 가운데 하나인 자기자본 비용은 실제로 소요되는 비용이 아니므로 객관적인 계산이 어렵다는 한계가 있다.

정답 ③

11 다음 중 유상증자에 대한 설명으로 적절하지 않은 것은?

① 적립금의 자본 전입, 주식 배당 등의 출자와 같이 법률상·명목상의 증자를 의미한다.
② 기업의 재무구조를 개선하고 타인자본에 대한 의존도를 낮출 수 있는 대표적인 방법이다.
③ 기업은 정관에 기재된 주식의 총수 범위 내에서 수시로 신주를 발행할 수 있다.
④ 기업이 유상증자를 하면 대개는 일시적으로 주가 하락을 겪을 수 있다.
⑤ 부진한 기업의 실적을 증자로 메워 건전성을 유지하는 것처럼 보이게 할 수 있기 때문에 투자자들에게 손실을 끼칠 수도 있다.

해설

무상증자에 대한 설명이다. 무상증자는 주금의 납입 없이 이사회 결의로 준비금이나 자산재평가적립금 등을 자본에 전입하고 전입액만큼 발행한 신주를 기존 주주에게 보유 주식수에 비례해 무상으로 교부하는 것으로, 주식수만 증가할 뿐이며 기업과 주주의 실질적인 자산에는 변화가 없다. 유상증자는 신주를 발행함으로써 자금을 새로 조달해 실질적인 자본금의 증가가 이루어진다.

오답분석

② 유상증자는 기업 재무구조 개선 등을 목적으로 회사가 신주를 발행하여 자본금을 증가시키는 것을 말한다.
③ 주식회사를 설립할 때 정관에 발행할 주식의 총수를 기재해야 하지만, 설립 시에 그 주식을 전부 발행해야 하는 것은 아니며, 설립 이후 필요할 때마다 이 범위 내에서 신주를 발행할 수 있다. 다만 정관을 변경하면 발행 예정 주식 총수를 기업이 원하는 만큼 증가시킬 수 있다.
④ 보통 증자는 유상증자를 가리키며, 증자 후에 대개는 주가가 일시적인 하락을 겪는데, 이를 권리락 주가 또는 권리락 가격이라 부른다. 이는 증자를 한 만큼 주식수가 증가했으므로 이를 감안한 주가가 형성되기 때문이다.
⑤ 실제로는 기업이 수익을 내지 못하는 등의 부진한 성과를 유상증자로 메워 건전성을 인위적으로 유지하게 할 수 있으며, 이를 알지 못하는 투자자들은 손해를 입을 수 있다. 또한 시가총액이 동일한 상황에서 유상증자로 발행주식 총수가 늘어나면 당연히 1주당 단가(주가)가 하락하기 마련이므로 기존에 해당 기업에 투자한 주주들이 간접적인 피해를 입을 가능성도 배제할 수 없다.

정답 ①

12 다음 중 본원통화에 대한 설명으로 적절하지 않은 것은?

① 중앙은행이 법정 지급준비율을 인하할 경우 본원통화가 증가한다.
② 공개시장 조작 정책은 중앙은행이 본원통화를 공급·조절하는 대표적인 방법이다.
③ 본원통화는 어느 시점의 화폐발행고와 예금은행 지급준비 예치금의 합계로 표시된다.
④ 환율의 하락을 방지하기 위해 중앙은행이 외환시장에 개입하기 시작하면 본원통화는 증가한다.
⑤ 재정수지 적자로 인해 정부가 중앙은행으로부터의 차입 규모를 확대할 경우 본원통화 또한 증가한다.

해설

중앙은행으로부터 시중에 자금이 공급되면 본원통화가 증가한다. 그런데 중앙은행이 지급준비율을 인하하는 것 자체로는 시중으로 자금이 공급되지 않는다. 다만, 지급준비율이 인하되면 금융기관의 대출이 늘어나게 되므로 통화량은 증가하게 된다.

오답분석

② '공개시장'의 '공개'는 구매 의사와 능력만 있으면 누구나 참여할 수 있다는 의미이며, 중앙은행과 관련한 공개시장으로는 채권시장과 단기금융시장이 있다. 중앙은행은 이들 시장에서 거래되는 유가증권을 매입·매각함으로써 본원통화의 총액을 조절한다.
③ 본원통화는 통화량 증감의 원천이 되는 돈으로서, 어느 시점의 화폐발행고와 예금은행 지급준비 예치금의 합계로 표시된다. 통화는 1차적으로 중앙은행의 창구를 통해 공급되는데, 이를 통화량의 원천이 되는 통화라는 의미로 본원통화(RB; Reserve Base)라고 부른다. 본원통화는 '고성능 통화'라고 부르기도 한다.
④ 환율의 하락을 방지하기 위해 중앙은행이 외환시장에 개입하는 경우 달러는 매입하고 원화를 매도하기 때문에 본원통화는 증가하게 된다.
⑤ 본원통화는 현금통화와 지급준비금(=시재금+지급준비 예치금)으로 이루어진다. 정부가 중앙은행으로부터의 차입 규모를 확대할 경우에는 중앙은행으로부터 시중에 자금이 공급되면서 본원통화가 증가한다.

정답 ①

본원통화의 공급

- 본원통화(RB)
  =화폐발행액+금융기관 지급준비 예치금
  =민간보유 현금+금융기관 시재금+지급준비 예치금
  =민간보유 현금+금융기관 총지급준비금
- 중앙은행이 증권을 매입하거나 금융기관에 자금을 대출하면 금융기관의 지급준비금이 늘어나 본원통화가 증가한다. 중앙은행이 보유한 정부예금을 정부가 필요에 따라 인출할 때도 본원통화가 공급된다. 이렇게 공급된 통화의 일부는 민간의 현금 보유 성향에 따라 민간보유로 남고, 나머지는 대부분 금융기관의 예금에 대한 지급준비금이 된다.
- 금융기관은 지급준비금 가운데 중앙은행에서 정하는 필요 지급준비금을 제외한 나머지 자금을 대출 등으로 민간에 공급한다. 민간에 공급된 자금은 상당 부분이 금융기관에 예금 등으로 다시 유입되고, 금융기관은 그중에 필요 지급준비금을 제외한 나머지를 또다시 민간에 공급한다. 이러한 과정을 반복함으로써 금융기관은 본원통화의 여러 배(통화승수)에 해당되는 파생통화(본원통화를 기초로 창출된 통화)를 시중에 공급하게 된다. 이러한 과정을 수식으로 표현하면 '통화량(M)=통화승수(k)+본원통화(RB)'가 된다.

13 다음 중 도덕적 해이 및 역선택에 대한 설명으로 적절하지 않은 것은?

① 도덕적 해이는 법과 제도적 허점을 이용해 자기 책임을 소홀히 하거나 집단적인 이기주의를 나타내는 상태나 행위를 뜻한다.

② 보험회사에서는 실손보험계약에 공제조항을 적용해 손실의 일부를 계약자에게 부담시킴으로써 도덕적 해이를 예방할 수 있다.

③ 역선택은 시장에서 거래를 할 때 주체 간 정보 비대칭으로 인해 부족한 정보를 가지고 있는 쪽이 불리한 선택을 하게 되어 경제적 비효율이 발생하는 상황을 말한다.

④ 건강한 사람은 생명보험에 가입하지 않고 건강하지 않은 사람들만 생명보험에 가입하는 현상은 역선택의 사례로 이해할 수 있다.

⑤ 도덕적 해이는 선택 또는 거래와 동시에 발생하지만, 역선택은 거래 이후에 발생한다는 점에서 차이가 있다.

PART 2

해설

도덕적 해이와 역선택은 모두 소비자와 공급자 간의 정보 차이에 의해 일어나는 현상으로, 도덕적 해이는 거래 이후에 발생하는 반면, 역선택은 거래가 이루어지기 전에 발생한다는 특징이 있다.

오답분석

① 도덕적 해이는 감추어진 행동이 문제가 되는 상황에서 정보를 가진 측이 정보를 가지지 못한 측의 이익에 반하는 행동을 취하는 경향을 말한다. 도덕적 해이는 대리인이 사용자를 위해 어떤 임무를 수행할 때 발생하는 문제로, 대리인의 부적절하거나 비도적인 행위에 따른 위험을 지칭한다.

② 도덕적 해이를 예방하기 위해 보험회사에서는 실손보험계약에 공제조항을 적용해 손실 일부를 계약자에게 부담시키거나, 위험관리가 잘 이루어지고 있는 위험집단에 할인을 적용하는 등의 방법을 실시한다.

③ 역선택은 자기에게 유리하게 하려고 상대편에게 불리한 것을 고르는 행위를 뜻하며, 공급자와 수요자가 갖고 있는 정보가 각각 다르다는 비대칭성 때문에 발생한다.

④ 보험 부문에서 역선택은 자신의 직업이 위험직업군에 속하는 사람, 건강에 자신이 없는 사람 등의 리스크가 높은 계약자가 보험금을 노리고 고의적으로 보험상품에 가입하는 것을 뜻한다. 위험도가 낮은 보험가입자는 보험시장에서 사라지고 사고율이 높은 보험가입자만 보험시장에 남게 되며, 결과적으로 보험회사는 보험금을 지급할 확률이 높은 사람들과 계약하는 경우가 많아져 손실을 입게 된다.

정답 ⑤

> 정보의 비대칭성
>
> 거래의 당사자 가운데 한쪽이 다른 쪽보다 제품이나 서비스의 특성 등에 대한 정보를 더 많이 가진 상태를 이르는 말이다. 정보의 비대칭성은 효율적인 자원 배분을 불가능하게 하며, 도덕적 해이와 역선택 등의 문제를 초래한다. 역선택이 거래 이전에 발생하는 문제라면, 도덕적 해이는 거래가 발생한 후 정보를 더 많이 보유한 사람이 바람직하지 않은 행위를 하는 것이다.

14 다음 중 유배당보험과 무배당보험을 비교한 내용으로 적절하지 않은 것은?

① 유배당보험은 무배당보험에 비해 보험료가 높은 것이 일반적이다.

② 유배당보험은 금리가 하락하고 주식시장이 하락할 때 상대적으로 유리하다.

③ 만기 시에 무배당보험 계약자는 환급금만 지급받지만, 유배당보험 계약자는 환급금과 함께 배당금을 지급받는다.

④ 유배당보험 계약자는 보험회사로부터 자산 운용의 수익을 지급받을 수 있지만, 실제로 배당 금액이 크지 않을 수 있다.

⑤ 오늘날 우리나라에서는 무배당보험이 지배적이고, 유배당보험은 거의 자취를 감추었다.

해설

유배당보험은 금리가 상승하고 주식시장이 활황일 때 유리하고, 이와 반대로 무배당보험은 금리가 하락하고 주식시장이 하락할 때 유리하다.

오답분석

① 보험회사는 보험계약자가 납부한 보험료를 채권, 펀드 등에 투자 운용해 얻은 초과수익을 보험계약자에게 지급해야 한다. 이때 보험은 배당 여부에 따라 배당금을 지급하는 대신 보험료가 상대적으로 높은 유배당보험, 배당금을 지급하지 않는 대신 보험료가 상대적으로 낮은 무배당보험으로 구분된다. 유배당보험은 이익이 발생한 후에 그 이익을 보험계약자에게 지급하는 것이라면, 무배당보험은 보험료를 인하함으로써 이익이 발생하기 전에 이익을 지급하는 셈이다.

③ 무배당보험은 보험회사에 이익이 발생해도 배당을 받지 못하고 약관에서 정한 환급금만을 보장받는다. 그러나 유배당보험은 이익을 배당금 형식으로 지급받을 수 있다.

④ 배당금은 보험회사가 얻은 수익에 따라 책정되기 때문에 보험계약자에게 돌아가는 배당금이 적은 경우가 많다. 또한 이익이 아예 없거나 경영의 부진 등으로 인해 실제로는 배당이 반드시 발생한다고 보장할 수 없다.

⑤ 1990년대 초반까지만 해도 우리나라에서 판매되는 거의 모든 보험은 유배당보험이었으나, 1992년 외국의 무배당보험이 국내에 도입되었으며, 1997년 IMF 구제금융 사태가 발발한 이후 저금리 시대가 도래하고 소비자들이 보험료가 저렴한 상품을 선호함에 따라 무배당보험이 급증했다. 또한 보험회사의 이익 구조 면에서도 이익을 고객에게 지급하지 않고 기업 내부에 보유하는 것이 유리하기 때문에 무배당보험은 성행하는 반면 유배당보험은 자취를 감추게 되었다.

정답 ②

15 다음 〈보기〉에서 채권(Bond)의 투자에 대한 설명으로 옳지 않은 것을 모두 고르면?

보기

㉠ 투자자가 채권을 보유함으로써 얻을 수 있는 수익에는 이자소득과 자본소득이 있다.
㉡ 공급과 수요 중에 채권수익률에 더 큰 영향을 끼치는 요인은 일반적으로 공급이다.
㉢ 채권은 현금화할 수 있는 유동성이 매우 크기 때문에 유동성 위험으로부터 완전히 자유롭다.
㉣ 개인투자자는 채권을 직접 매매하기보다는 채권형 펀드투자를 통한 간접투자를 하는 것이 일반적이다.

① ㉠, ㉡
② ㉠, ㉢
③ ㉠, ㉣
④ ㉡, ㉢
⑤ ㉡, ㉣

해설

㉡ 채권수익률은 채권 투자로 기대할 수 있는 수익의 크기를 나타내는 척도로서, 채권수익률의 가장 큰 변동 요인은 공급과 수요이다. 이때 '공급'보다 '수요'의 영향력이 더 큰 이유는 채권은 특정 계획에 따라 일정한 양이 공급되지만, 수요는 채권의 가격에 탄력적이기 때문이다.

㉢ 채권은 언제든 증권시장에서 매각해 현금화할 수 있다는 점에서 유동성이 양호한 안전자산으로 평가받는다. 이때 채권의 유동성 위험은 채권을 현재 시장가격이나 현재 가격과 유사한 수준에서 쉽게 거래할 수 있는가를 뜻한다. 그러나 채권의 발행량이 적거나 유통시장이 발달하지 못한 경우에는 채권을 현금화하기 어려울 수 있기 때문에 채권은 유동성 위험으로부터 완전히 자유롭다고 보기 어렵다.

오답분석

㉠ 채권 가격이 구입가보다 오르면 증권시장에서 매각해 차익을 얻을 수 있고, 반대로 구입가보다 낮으면 만기까지 보유해 만기에 약속받은 원리금(상환기한이 정해져 있는 기한부 증권이자 이자가 확정되어 있는 확정이자부 증권)을 지급받을 수 있다. 이처럼 이율에 따른 이자소득과 시세차익에 따른 자본소득을 얻을 수 있는 채권은 만기와 수익률에 따라 투자자금의 주요한 운용 수단이 된다.

㉣ 채권은 거래소를 통한 소액 거래보다는 장외시장에서 기관투자자 간의 대규모 거래가 일반적이기 때문에 개인투자자가 직접 매매하기에는 적합하지 않다. 따라서 개인투자자의 경우에는 채권형 펀드투자를 통한 간접투자를 하는 것이 일반적이다.

정답 ④

16 다음은 K씨가 A채권을 매입한 내역을 정리한 내용이다. 이에 따라 K씨가 A채권을 구입한 때로부터 만기까지 보유할 경우 예상할 수 있는 총투자수익률을 계산하면 얼마인가?

〈K씨의 A채권 매수 내역〉

- 발행일 : 2022년 9월 5일
- 만기일 : 2024년 9월 2일
- 액면가 : 10,000원
- 채권단가 : 9,490.3원
- K씨의 매수일 : 2022년 10월 4일(1주 매수)
- 표면금리 : 연 1.925%
- 이자지급 주기 : 3개월(분기별)

① 약 8.12%
② 약 8.55%
③ 약 8.89%
④ 약 9.08%
⑤ 약 9.43%

해설

채권은 이자와 함께 매매에 따른 시세차익을 얻을 수 있다. 따라서 이자소득과 시세차익을 더하면 채권 투자 수익을 구할 수 있다. 이자지급 주기가 3개월로 분기마다 지급한다고 했으므로 2022년 10월에 매수한 이후로 만기까지 2022년 12월, 2023년 3월, 6월, 9월, 12월, 2024년 3월, 6월, 9월 이자를 8번 받을 수 있다. 이때 이자는 액면가에 표면금리를 곱한 금액이므로 분기마다 받는 이자는 48.125원(=10,000원×1.925%÷4)이고 만기까지 8번 이자를 받으므로 이자소득 총액은 385원(=48.125원×8회)이다. 또한 액면가 10,000원짜리 주식 1주를 9,490.3원에 매수했으므로 만기에 가서 얻을 수 있는 시세차익은 509.7원(=10,000원−9,490.3원)이다. 따라서 총수익은 385원+509.7원=894.7원이다. 그러므로 K씨의 투자 원금 9,490.3원에 대한 총투자수익률은 (894.7원÷9,490.3원)×100%≒9.427%이다.

정답 ⑤

17 다음 〈보기〉에서 옵션에 대한 설명으로 옳지 않은 것을 모두 고르면?

보기

㉠ 옵션 소유자는 자신에게 불리할 경우에도 옵션을 포기할 수 없다.
㉡ 옵션 매입자에게 기초자산의 매매를 선택할 권리가 있듯 옵션 매도자 또한 옵션 매입자의 선택을 거부할 권리가 인정된다.
㉢ 콜옵션은 미래에 기초자산을 특정 가격에 살 수 있는 권리로서, 가격 상승으로 인한 위험을 회피할 수 있게 한다.
㉣ 풋옵션은 미래에 기초자산을 특정 가격에 팔 수 있는 권리로서, 가격 하락으로 인한 위험을 회피할 수 있게 한다.

① ㉠, ㉡
② ㉠, ㉢
③ ㉠, ㉣
④ ㉡, ㉢
⑤ ㉡, ㉣

해설

㉠ 옵션은 선택이 가능한 권리이므로 기초자산 가격 변동이 옵션 소유자에게 불리할 경우 옵션을 포기할 수 있다는 점에서 계약대로 거래 의무를 이행해야 하는 선물(Futures)과 다르다.
㉡ 옵션 매입자는 매도자에게 일정한 금전적 대가를 지불하고 기초자산을 사거나 팔 수 있는 권리를 얻게 되며, 매도자는 매입자의 선택을 반드시 따라야 할 의무가 있다.

오답분석

㉢ 콜옵션은 미래에 기초자산을 특정 가격에 살 수 있는 권리로서, 가격 상승에 따른 위험을 회피(Hedge)할 수 있다.
㉣ 풋옵션은 미래에 기초자산을 특정 가격에 팔 수 있는 권리로서, 가격 하락에 따른 위험을 회피할 수 있다.

정답 ①

18 다음 <보기>에서 보험료 · 보험금 등과 관련한 설명으로 옳은 것을 모두 고르면?

보기

㉠ 보험료는 순보험료와 부가보험료의 합으로 계산되며, 순보험료는 생명보험에서는 위험보험료 · 저축보험료 등을, 일반손해보험에서는 지급보험금을 말한다.
㉡ 위험보험료는 보험계약 만기 시에 보험사업자가 보험계약자에게 보험금을 지급하기 위한 재원을 가리킨다.
㉢ 보험료지수는 보험료가 표준순보험료보다 얼마나 더 많은지 나타내는 지수로, 이 수치가 높을수록 저렴하다고 볼 수 있다.
㉣ 보험사고 발생 시 보험사업자가 보험계약자에게 보험금을 지급하는 경우 생명보험에서는 정액보상이, 손해보험에서는 실손보상이 일반적이다.

① ㉠, ㉡
② ㉠, ㉢
③ ㉠, ㉣
④ ㉡, ㉢
⑤ ㉡, ㉣

해설

㉠ 생명보험과 장기손해보험에서 순보험료는 위험보험료 · 저축보험료 등을 말하고, 부가보험료(보험사업을 영위하는 데 쓰이는 재원)는 신계약비(보험설계사들의 수당 등), 유지비, 수금비 등을 가리킨다. 또한 일반손해보험에서 순보험료는 지급보험금을 뜻하고, 부가보험료는 사업비 · 이윤 등을 가리킨다.
㉣ 생명보험에서는 신체 · 생명과 관련한 인적 손실은 그 가치를 객관적으로 측정하기 어려워 정액보상(계약 체결 시에 정한 금액만큼 보상)이 일반적이고, 손해보험에서는 실손보상(발생한 실제 손해액만큼 보상)이 일반적이다.

오답분석

㉡ 저축보험료에 대한 설명이다. 위험보험료는 보험사고 발생 시 보험금을 지급하기 위한 재원을 가리킨다.
㉢ 보험료지수는 보험료가 금융감독원이 산정한 표준순보험료보다 얼마나 더 많은지 나타내는 지수로, 보험상품의 위험보험료와 사업비 수준을 나타내며, 보험료지수가 낮을수록 저렴하다고 볼 수 있다.

정답 ③

19 다음 〈보기〉에서 단기금융시장과 관련한 설명으로 옳은 것을 모두 고르면?

보기

㉠ 단기금융시장은 자금 수급 불균형에 대응해 만기 1년 초과의 금융상품을 거래하는 자본시장이다.
㉡ 금리의 변동 등에 따른 단기금융시장의 손실발생 위험은 장기금융시장보다 상대적으로 높다.
㉢ 단기금융시장은 중앙은행 통화정책의 시발점으로서, 금융시장 전체에 파급효과를 끼칠 수 있다.
㉣ 단기금융시장은 유휴자금의 보유에 따른 기회비용을 줄임으로써 자금 운용의 효율성을 높이는 수단이 될 수 있다.

① ㉠, ㉢
② ㉠, ㉣
③ ㉡, ㉢
④ ㉡, ㉣
⑤ ㉢, ㉣

해설

㉢ 중앙은행의 정책금리 변경은 단기금융시장 금리 변화를 통해 장기금리 및 금융기관 예금 · 대출금리에 영향을 끼치고 궁극적으로 생산 · 물가 등 실물경제에 파급효과를 끼친다는 점에서 단기금융시장은 중앙은행 통화정책의 시발점이라고 볼 수 있다. 또한 단기금융시장의 금리는 시장 참여자들의 자금 사정이 반영되어 수시로 변동되며, 이러한 금리 변동은 금융기관의 자금조달비용 등에 영향을 끼쳐 금융기관의 대출량이나 대출금리를 변화시키고, 장기금융시장의 금리까지 관여함으로써 금융시장 전체에 영향을 끼친다.

㉣ 단기금융시장이 발달하면 거래자들은 장래 지출에 대비해 보유해야 할 현금량을 줄일 수 있기 때문에 현금을 보유하는(무이자) 대신 단기라도 자금을 늘려 자금을 보다 효율적으로 운용할 수 있게 된다. 즉, 단기금융시장은 유휴자금의 보유에 따른 기회비용(예 이자수익의 포기)을 줄임으로써 금융 효율을 높일 수 있는 시장이다.

오답분석

㉠ 단기금융시장은 자금의 단기적인 수급 불균형을 조절하기 위해 만기가 1년 미만인 금융상품을 거래하는 자금시장을 가리키며, 기업의 시설자금이나 장기운전자금 조달을 목적으로 발행되는 주식 · 채권 등을 거래하는 자본시장에 대응하는 개념이다.

㉡ 단기금융시장은 채권 · 주식 등의 장기금융시장에 비해 빈번하게 상시적으로 거래가 이루어지고 유동성이 높으며 만기가 짧기 때문에 금리변동 등에 따른 손실발생 위험이 상대적으로 낮다.

정답 ⑤

20 다음 〈보기〉에서 고전학파, 케인스학파 등과 관련한 설명으로 옳지 않은 것을 모두 고르면?

보기

㉠ 경제에 대한 국가(정부)의 개입 배제를 주장한 고전학파와 달리 케인스학파는 국가의 개입을 인정한다.

㉡ 고전학파는 '경제주체는 합리적이며 자유로운 시장하에서 매매를 결정한다.'고 전제한다.

㉢ 케인스학파는 '경제는 수요보다는 공급에 의해 결정되며, 유효공급에 영향력을 행사하는 국가의 개입을 통해 완전생산 상태에 더 빨리 도달할 수 있다.'고 전제한다.

㉣ 케인스학파는 대공황을 극복하기 위해 정부가 경제에 관여해 정부지출을 늘려 유효수효를 창출함으로써 대량 실업을 해소해야 한다고 주장했다.

㉤ 경제는 본질적으로 불규칙적인 충격에 노출된 상태이지만, 경제주체들은 시장 여건에 대한 완전한 정보를 가지고 있기에 불안정성을 충분히 극복할 수 있다고 낙관한다.

① ㉠, ㉡
② ㉠, ㉢
③ ㉡, ㉣
④ ㉢, ㉤
⑤ ㉣, ㉤

해설

㉢ 케인스학파는 '경제는 본질적으로 공급이 아니라 수요에 의해 결정되며, 유효수요에 영향을 끼치는 정부의 개입을 통해 완전고용·완전생산 상태에 더 빨리 도달할 수 있다.'고 전제한다.

㉤ '경제는 본질적으로 불안정하고 불규칙적인 충격에 노출된 상태'라는 것은 케인스학파가 내세운 전제이다. 한편, 고전학파는 '경제주체들은 시장 조건과 가격에 대한 완전한 정보를 가지고 있다.'고 전제한다.

오답분석

㉠ 애덤 스미스의 '보이지 않는 손'으로 대표되는 고전학파의 주장은 자유경쟁을 전제로 개인의 경제적 자유와 자유방임주의를 역설하고, 국가의 개입에 반대한다는 것이다. 이와 달리 케인스학파는 경기 순환의 안정과 완전고용의 실현을 위해서 국가가 적극적으로 개입해야 한다고 주장한다.

㉡ 고전학파는 '경제주체는 합리적이고 이윤·효용 극대화를 목표로 경제활동을 영위하며, 시장은 완전경쟁적이고 경제주체들은 자유로운 시장하에서 매매를 결정한다.'고 전제한다.

㉣ 케인스학파는 유효수요의 원리를 인정하고, 경제정책의 목표는 완전고용의 실현에 있으며, 이를 위한 수단으로서 적극적인 재정·금융 정책을 펼쳐야 한다고 주장한다.

정답 ④

21 다음 〈보기〉에서 완전경쟁시장, 불완전경쟁시장 등과 관련한 설명으로 옳은 것을 모두 고르면?

보기

㉠ 완전경쟁시장은 이론으로만 상정 가능한 이상적인 형태의 시장이다.
㉡ 완전경쟁시장에서 소비자와 생산자는 가격에 영향력을 끼칠 수 없는 가격수용자이다.
㉢ 완전경쟁시장에서 생산자(기업)들은 장기적으로 초과이윤을 기대할 수 있다.
㉣ 불완전경쟁시장은 완전경쟁과 완전독점 사이의 경쟁 형태가 이루어지는 시장, 즉 완전경쟁시장의 조건 중 하나 이상을 결여한 시장이다.
㉤ 불완전경쟁시장에서는 상품・재화 가격의 작은 변동은 수요의 증감에 큰 영향을 끼친다.

① ㉠, ㉢
② ㉡, ㉣
③ ㉡, ㉤
④ ㉢, ㉤
⑤ ㉠, ㉡, ㉣

해설

㉠ 완전경쟁시장은 시장참여자 각자가 시장과 상품에 대해 완전한 정보를 갖고 자유롭게 거래할 수 있고 진입과 철수가 자유로운 시장이다. 그러나 현실적으로 완전경쟁시장의 조건들을 모두 갖춘 이상적인 시장은 존재하지 않는다.
㉡ 완전경쟁시장은 단독으로 가격을 움직일 수 없을 만큼 같은 생산물을 파는 사람과 사는 사람이 많으며, 소비자와 생산자는 가격에 영향력을 행사할 수 없는 가격수용자(Price Taker)이다.
㉣ 불완전경쟁시장은 완전경쟁시장과 완전독점시장(어떤 시장을 한 기업이 차지해 가격이나 생산량을 자신에게 가장 유리하게 결정할 수 있는 시장) 사이의 경쟁 형태가 이루어지는 시장이며, 상품을 공급하는 기업의 수를 기준으로 독점시장, 과점시장, 독점적 경쟁시장 등으로 구분된다.

오답분석

㉢ 완전경쟁시장에서 기업들은 시장가격과 한계비용이 일치하는 수준에서 공급량을 결정하며, 장기적으로는 어떠한 생산자도 초과이윤을 형성할 수 있는 위치에 있지 않다.
㉤ 불완전경쟁시장에서는 소비자가 늘 이용하던 상품・상점을 이용하는 고착성으로 인해 가격을 약간 인상 또는 인하하더라도 수요의 증감은 미미하다.

정답 ⑤

22 다음 〈보기〉에서 선물옵션(Future Option)과 관련한 설명으로 옳지 않은 것을 모두 고르면?

보기

㉠ 선물옵션은 선물계약과 옵션계약이 복합된 형태로서, 미리 약속된 선물가격으로 선물가격에 대한 포지션을 취할 수 있는 권리를 부여하는 것이다.
㉡ 선물옵션은 현물옵션에 비해 거래 비용이 높고, 선물계약은 기초자산보다 유동성이 낮고 거래가 번거롭다.
㉢ 선물옵션의 매입자는 선물의 포지션을 취할 수 있는 권리와 함께 거래 의무를 지는 것이 일반적이다.
㉣ 선물옵션에 있어 옵션 소지자가 콜을 행사하면 행사가격으로 선물의 매수 포지션이 발생된다.

① ㉠, ㉡
② ㉠, ㉢
③ ㉠, ㉣
④ ㉡, ㉢
⑤ ㉡, ㉣

해설

㉡ 일반적으로 선물옵션은 현물옵션에 비해 거래 비용이 낮고, 선물계약은 기초자산보다 유동성이 높고 거래가 용이하다.
㉢ 선물옵션의 매입자는 대상이 되는 선물의 포지션을 취할 수 있는 권리를 갖지만 의무는 없다.

오답분석

㉠ 옵션계약은 주식·통화·금리 등의 기초자산이 모두 현물이었던 데 반해 선물옵션은 이러한 현물을 기초자산으로 하는 선물계약 자체를 기초자산으로 하는 옵션이다. 선물옵션을 행사하면 대상이 되는 현물의 매매를 할 수 있는 것이 아니라 현물에 대한 선물계약을 가지게 된다.
㉣ 콜의 경우에는 옵션 소지자가 콜을 행사하면 행사가격으로 선물의 매수 포지션이 발생되며, 풋의 경우에는 옵션 소지자가 풋을 행사하면 행사가격으로 선물의 매도 포지션이 발생된다.

정답 ④

03 디지털 · IT 상식

01 다음 〈보기〉에서 4차 산업혁명에 대한 설명으로 적절하지 않은 것을 모두 고르면?

보기

㉠ IT 산업의 발달로 인해 등장하게 된 산업혁명을 말한다.
㉡ 이전 산업혁명보다 일자리 창출의 폭이 커질 것으로 기대하고 있다.
㉢ 각 공장 기기가 중앙시스템의 제어 없이 수동적으로 작동하는 공장 자동화가 실행되었다.
㉣ 정보의 파급력 및 전달속도가 기존 산업혁명보다 더 넓은 범위에서 더 크고 빠르게 진행되고 있다.

① ㉡, ㉢
② ㉢, ㉣
③ ㉠, ㉡, ㉢
④ ㉠, ㉡, ㉣
⑤ ㉡, ㉢, ㉣

해설

㉠ IT 산업의 발달로 등장하게 된 산업혁명은 3차 산업혁명에 해당하며, 4차 산업혁명은 인공지능(AI), 사물인터넷(IoT), 빅데이터 등의 최첨단 시스템이 모든 제품·서비스에 구축되어 사물을 지능화시킨 산업혁명에 해당한다.
㉡ 무인 공장의 등장 및 로봇의 확산으로 인해 오히려 이전 산업혁명보다 일자리 창출이 현저히 적어질 것으로 예상되고 있다.
㉢ 이전 산업혁명에서의 공장 자동화가 각 공장 기기들이 중앙시스템에 의해 제어를 받는 수동적 과정이었다면, 4차 산업혁명은 중앙시스템의 제어 없이 각 공장 기기가 작업 단계에 따라 능동적으로 대처하는 능동적 과정에 해당한다.

오답분석

㉣ 4차 산업혁명에서의 사회는 고도로 연결되고 지능화되었기 때문에, 이전 산업혁명보다 정보의 파급력 및 전달속도가 더 넓은 범위에서 더 크고 빠르게 진행되고 있다.

정답 ③

PART 2

02 다음 중 빅데이터의 특징인 5V에 해당하지 않는 것은?

① Volume　　② Velocity
③ Variety　　④ Veracity
⑤ Variability

해설

- 3V : 일반적으로 빅데이터의 특징을 다음의 3V로 요약한다.
  - 데이터의 크기(Volume) : 빅데이터의 물리적 크기는 폭발적으로 증가한다(초대용량).
  - 데이터의 속도(Velocity) : 빅데이터는 실시간으로 생성되며 빠른 속도로 변화·유통된다.
  - 데이터의 다양성(Variety) : 빅데이터는 정형, 반(半)정형, 비(非)정형 등 포맷·형식이 다양하다.
- 4V : 위의 3V에 '가치(Value)' 또는 '정확성(Veracity)'을 더해 4V로 요약하기도 한다.
  - 가치(Value) : 빅데이터는 새로운 가치를 창출한다.
  - 정확성(Veracity) : 빅데이터는 데이터의 원천과 형태의 다양성에도 불구하고 신뢰성을 보장한다.
- 5V : 위의 3V에 '가치(Value)'와 '정확성(Veracity)'을 더해 5V로 요약하기도 한다.
- 6V : 5V에 '가변성(Variability)'을 더해 6V로 요약하기도 한다.
  - 가변성(Variability) : 빅데이터는 맥락에 따라 의미가 달라진다.

정답 ⑤

빅데이터(Big Data)

기존의 데이터베이스로는 수집·저장·분석 등을 수행하기가 어려울 만큼 방대한 양의 데이터를 가리킨다. 더 나아가 빅데이터는 다양하고 복잡한 대규모 데이터 세트 자체는 물론 이 데이터 세트로부터 정보를 추출하고 결과를 분석해 더 큰 가치를 창출하는 기술을 뜻한다. 모바일 기기와 SNS의 보편화, 사물인터넷 확산 등으로 데이터의 양이 폭발적으로 증가하는 가운데, 저장매체 가격의 하락 등으로 데이터 관리비용이 감소하고, 클라우드 컴퓨팅 등 첨단기술의 발달로 인해 데이터 처리·분석 기법도 함께 발달함에 따라 빅데이터의 발전과 활용 범위가 확장되고 있다.

03 다음 중 인터넷 주소창에 사용하는 'HTTP'의 의미는?

① 인터넷 네트워크망　　② 인터넷 포털 서비스
③ 종합 디지털 서비스망　　④ 인터넷 사용 경로 규제
⑤ 인터넷 데이터 통신 규약

해설

HTTP(HyperText Transfer Protocol)는 WWW(World Wide Web)상에서 클라이언트와 서버 사이에 정보를 주고받는 요청-응답 프로토콜로 인터넷 데이터 통신 규약이다. 클라이언트인 웹브라우저가 HTTP를 통해서 서버로부터 웹페이지나 그림 정보를 요청하면, 서버는 이 요청에 응답하여 필요한 정보를 해당 사용자에게 전달하게 된다.

정답 ⑤

04 다음 중 인공지능(AI)에 대한 설명으로 적절하지 않은 것은?

① 인공지능이 발달해 인간의 지능을 뛰어넘는 기점을 '세렌디피티(Serendipity)'라고 부른다.
② 우리나라는 2019년 12월에 범정부 차원에서 AI 시대 미래 비전과 전략을 담은 '인공지능(AI) 국가전략'을 발표하였다.
③ 인공지능은 인공신경망(ANN), 자연어 처리(NLP), 컴퓨터 비전(CV), 로봇공학(Robotics), 패턴 인식(PR) 등의 분야에 응용된다.
④ 2000년대 들어 컴퓨팅 파워의 성장, 우수 알고리즘의 등장, 스마트폰 보급 및 네트워크 발전에 따른 데이터 축적으로 인공지능이 급격히 진보했다.
⑤ AI 기술의 활용과 AI 기반의 제품・서비스 확산에 따라 사이버 침해, 보안 위협의 증가뿐만 아니라 딥페이크와 같은 새로운 형태의 역기능도 초래되고 있다.

해설

①은 싱귤래리티(Singularity, 특이점)에 대한 설명이다. 미래학자이자 인공지능 연구가인 미국의 레이 커즈와일은 인공지능이 인류의 지능을 넘어서는 순간을 싱귤래리티라고 정의하였다.
세렌디피티(Serendipity)는 '뜻밖의 재미・발견'이라는 뜻으로, 과학 연구에서는 플레밍이 페니실린을 발견한 것처럼 순전히 우연으로부터 중대한 발견・발명이 이루어지는 것을 가리킨다.

정답 ①

PART 2

05 다음 중 자율주행 자동차를 구현하기 위한 필수적인 기술로 보기 어려운 것은?

① 라이다(Lidar)
② 스마트 그리드
③ LDWS
④ HDA
⑤ BSD

해설

스마트 그리드(Smart Grid)는 기존의 전력망에 정보통신(IT), 통신 네트워크를 결합한 지능형 전력망을 뜻하며, 차세대 에너지 신기술로 평가받는다. 전기자동차에 전기를 충전하는 기본 인프라로 태양광・풍력 등 신재생에너지를 안정적으로 이용할 수 있도록 한다.

오답분석

① 라이다(Lidar; Light Detection And Ranging) : 고출력 레이저를 발사해 목표물에 맞고 되돌아오는 시간을 측정해 주변 사물의 위치와 거리 등의 정보를 파악하는 기술이다. 자율주행 자동차가 스스로 주변 환경을 이미지화하는 '눈'의 역할을 한다.
③ LDWS(Lane Departure Warning System) : 차선 이탈 경보 시스템, 즉 방향 지시등을 켜지 않고 차선을 벗어났을 때 전방 차선의 상태를 인식하고 핸들 진동, 경고음 등으로 운전자에게 알려 사고를 예방하는 기술을 말한다.
④ HDA(Highway Driving Assist) : 고속도로 주행 지원 시스템, 즉 자동차 간 거리를 자동으로 유지해주는 기술을 말한다.
⑤ BSD(Bind Spot Detection) : 후측방 경보 시스템, 즉 후진 중 주변 차량을 감지하고 경보를 울리는 기술을 말한다.

정답 ②

자율주행 자동차

자율주행 자동차는 운전자가 운전대(Steering Wheel), 가속페달, 브레이크 등을 조작하지 않아도 목적지까지 스스로 찾아가는 자동차를 말한다. 자율주행 자동차의 5대 핵심 기술은 HDA(고속도로 주행 지원 시스템), BSD(후측방 경보 시스템), LKAS(차선 유지 지원 시스템), ASCC(어드밴스드 스마트 크루즈 컨트롤), LDWS(차선 이탈 경보 시스템)이다.

06 다음 중 'VR, AR, MR, XR, SR'의 정의로 적절하지 않은 것은?

① VR : 컴퓨터 등을 사용한 인공적인 기술로 만들어낸 실제와 유사하지만 실제가 아닌 어떤 특정한 환경이나 혹은 그러한 기술

② AR : 현실의 이미지나 배경에 3차원 가상 이미지를 겹쳐서 하나의 영상으로 보이는 환경이나 혹은 그러한 기술

③ MR : 현실의 인간(이용자)과 화면 안의 가상공간이 상호작용할 수 있는 환경이나 혹은 그러한 기술

④ XR : 사진처럼 현실과 완전히 동일한 두 가지 이상의 이미지를 합성해 뇌에 직접 주입함으로써 가상의 공간을 실존하는 현실처럼 착각하도록 구현된 환경이나 혹은 그러한 기술

⑤ SR : 과거와 현재의 영상을 혼합해 실존하지 않는 인물·사건 등을 새롭게 구현할 수 있고 이용자가 가상공간을 실제의 세계로 착각할 수 있는 환경이나 혹은 그러한 기술

해설

XR(eXtended Reality, 확장현실)은 VR, AR, MR 등을 아우르는 확장된 개념으로, 가상과 현실이 매우 밀접하게 연결되어 있고, 현실 공간에 배치된 가상의 물체를 손으로 만질 수 있는 등 극도의 몰입감을 느낄 수 있는 환경이나 혹은 그러한 기술을 뜻한다.

오답분석

① VR(Virtual Reality, 가상현실) : 어떤 특정한 상황·환경을 컴퓨터로 만들어 이용자가 실제 주변 상황·환경과 상호작용하고 있는 것처럼 느끼게 하는 인간과 컴퓨터 사이의 인터페이스이다. 즉, VR은 실존하지 않지만 컴퓨터 기술로 이용자의 시각·촉각·청각을 자극해 실제로 있는 것처럼 느끼게 하는 가상의 현실을 말한다.

② AR(Augmented Reality, 증강현실) : 머리에 착용하는 방식의 컴퓨터 디스플레이 장치는 인간이 보는 현실 환경에 컴퓨터 그래픽 등을 겹쳐 실시간으로 시각화함으로써 AR을 구현한다. AR이 실제의 이미지·배경에 3차원의 가상 이미지를 겹쳐서 하나의 영상으로 보여주는 것이라면 VR은 자신(객체)과 환경·배경 모두 허구의 이미지를 사용하는 것이다.

③ MR(Mixed Reality, 혼합현실) : VR과 AR이 전적으로 시각에 의존한다면, MR은 시각, 청각, 후각, 촉각 등 인간의 감각을 접목할 수 있다. VR과 AR의 장점을 융합함으로써 한 단계 더 진보한 기술로 평가받는다.

⑤ SR(Substitutional Reality, 대체현실) : SR은 VR, AR, MR과 달리 하드웨어가 필요 없으며, 스마트 기기에 광범위하고 자유롭게 적용될 수 있다. SR은 가상현실과 인지 뇌과학이 융합된 한 단계 업그레이드된 기술이라는 점에서 VR의 연장선상에 있는 기술로 볼 수 있다.

정답 ④

07 **다음 중 클라우드 컴퓨팅의 특징에 대한 설명으로 적절하지 않은 것은?**

① 자신의 컴퓨터가 아닌 인터넷으로 연결된 다른 컴퓨터를 활용해 정보를 이용·처리하는 기술이다.
② PC·스마트폰 같은 정보통신 기기 등의 클라이언트가 언제 어디서든 정보를 이용할 수 있다는 개념이다.
③ 모든 컴퓨팅 기기를 네트워크로 연결하여 컴퓨터의 계산능력을 극대화한 분산 컴퓨팅을 의미한다.
④ 클라우드 컴퓨팅 서비스 제공자는 수많은 서버를 한 곳에 모아 데이터를 운영함으로써 규모의 경제를 통한 자원의 공유를 극대화한다.
⑤ 정보를 인터넷상의 서버에 저장하므로 정보를 손실 없이 안전하게 보관할 수 있고, 저장 공간의 제약도 거의 없으며, 언제 어디서나 열람·수정할 수 있다.

해설

③은 그리드 컴퓨팅(Grid Computing)에 대한 설명이다. 그리드 컴퓨팅은 PC나 서버 등의 모든 컴퓨팅 기기를 하나의 네트워크를 통해 연결함으로써 정보처리 능력을 슈퍼컴퓨터 혹은 그 이상 수준으로 극대화하려는 분산 컴퓨팅 모델로, 고속 네트워크로 연결된 다수의 컴퓨터 시스템이 사용자에게 통합된 가상의 컴퓨팅 서비스를 제공한다.

정답 ③

클라우드 컴퓨팅

클라우드 컴퓨팅은 클라우드, 즉 인터넷상에 마련한 서버(=클라우드)에 각종 문서·사진·음악 등의 파일 및 정보를 저장해 두는 시스템을 활용해 인터넷이 연결된 환경에서 여러 종류의 단말기를 통해 저장된 정보에 손쉽게 접근하는 일, 또는 그런 처리 과정을 뜻한다. 소프트웨어·하드웨어 등의 컴퓨팅 자원을 빌려 쓰고 사용료를 내는 방식의 클라우드 컴퓨팅은 물리적인 위치가 서로 다른 컴퓨팅 자원을 가상화 기술로 통합해 제공한다. 어떤 요소를 빌리느냐에 따라 소프트웨어 서비스(SaaS), 플랫폼 서비스(PaaS), 인프라 서비스(IaaS) 등으로 구분한다. 인터넷상의 서버에서 데이터 저장·처리, 네트워크, 콘텐츠 사용 등의 서비스를 일괄 제공하므로 서버가 해킹당할 경우 개인정보가 유출될 수 있고, 서버 장애가 발생하면 자료 이용이 불가능하다는 한계가 있다.

08 다음 〈보기〉에서 데이터 표현 · 저장 단위인 비트, 바이트와 관련한 설명으로 옳은 것을 모두 고르면?

> 보기
> ㉠ 비트는 '0' 또는 '1'의 두 가지 상태만을 표현할 수 있다.
> ㉡ 바이트는 10개의 비트가 모인 단위로 2의 10제곱, 즉 1,024가지의 다른 상태를 표현할 수 있다.
> ㉢ 비트와 바이트의 기호를 구분하기 위해 비트는 대문자(B)로, 바이트는 소문자(b)로 표시한다.
> ㉣ 처리 속도를 나타낼 때는 주로 비트를, 저장 용량의 크기를 나타낼 때는 주로 바이트를 사용한다.

① ㉠, ㉡
② ㉠, ㉢
③ ㉠, ㉣
④ ㉡, ㉢
⑤ ㉡, ㉣

해설

㉠ 비트는 '0'과 '1'의 2진수(Binary Digit)를 기반으로 하여 데이터를 표현 · 저장하는 최소의 단위로서, 0 또는 1의 2가지 상태만을 표현할 수 있다. 이때 '0'은 꺼짐(Off) · 아니오 · 거짓을, '1'은 켜짐(On) · 예 · 참을 뜻한다.

㉣ 인터넷 속도, 포트 속도 등 인터페이스 속도를 나타낼 때는 주로 비트를 사용한다. 또한 메모리 등 저장 용량의 크기를 나타낼 때는 주로 바이트를 사용한다.

오답분석

㉡ 바이트는 데이터 처리와 통신의 기본 단위로서, 2가지 상태를 표현할 수 있는 비트가 8개 모여 1개의 바이트가 되므로 바이트는 2의 8제곱, 즉 256가지의 다른 상태를 표현할 수 있다.

㉢ 비트는 소문자(b)로, 바이트는 대문자(B)로 표시한다.

정답 ③

09 다음 〈보기〉에서 빈칸 ㉠에 들어갈 용어로 가장 적절한 것은?

보기

___㉠___는 데이터를 암호화하거나 시스템을 잠가 사용자가 정상적으로 사용할 수 없게 만든 뒤 이를 볼모로 금전을 요구하는 악성 프로그램이다. 주로 이메일(첨부파일, 메일 웹주소), 웹사이트, P2P 사이트, SNS 등을 통해 컴퓨터뿐만 아니라 스마트폰 등을 감염시킨다.

① 랜섬웨어(Ransomware)
② 펌웨어(Firmware)
③ 그룹웨어(Group Ware)
④ 미들웨어(Middleware)
⑤ 트랙웨어(Trackware)

해설

랜섬웨어(Ransomware)는 컴퓨터 시스템을 잠그거나 데이터를 암호화해 사용자가 정상적으로 사용하지 못하도록 만든 후 이를 볼모로 잡고 금전(Ransom)을 요구하기 위하여 퍼뜨리는 악성 프로그램을 뜻한다. 2005년부터 본격적으로 알려지기 시작했으며, 몸값 지불의 수단으로 악용되는 비트코인이 등장하고 2013년 랜섬웨어의 일종으로 강력한 암호화 알고리즘으로 파일을 암호화하는 '크립토락커(CryptoLocker)'가 출현한 이후 랜섬웨어 공격은 더욱 다양해지고 과격해지고 있다.

오답분석

② 펌웨어(Firmware) : 데이터나 정보를 변경할 필요가 없는 핵심적인 소프트웨어를 롬(ROM) 등에 기입해 하드웨어처럼 사용하는 것으로, 처리를 빠르게 하고 회로를 단순하게 하기 위한 것이다.
③ 그룹웨어(Group Ware) : 기업 전산망에 전자 우편과 전자 결재 시스템 데이터베이스 프로그램을 결합해 조직 사이의 의사소통을 원활하게 하고 업무 효율을 높일 수 있도록 만든 컴퓨터 프로그램을 말한다.
④ 미들웨어(Middleware) : 컴퓨터 제작 회사가 사용자의 특정한 요구대로 만들어 제공하는 소프트웨어를 말한다.
⑤ 트랙웨어(Trackware) : 시스템 작업을 추적하고 시스템 정보를 수집하거나 사용자 습관을 추적하여 이 정보를 다른 조직에 전달하는 소프트웨어 패키지이다.

정답 ①

10 다음 〈보기〉에서 설명하는 머신러닝(ML) 모델링 기법은 무엇인가?

> **보기**
>
> '이것'은 비지도 학습 모델링 기법의 일종으로 데이터 집합 내에서 상호 연관성이 있거나 성격이 유사한 데이터 포인트를 함께 그룹화는 방식으로, 고객 분류, 불규칙성 감지, 이미지 분할 등의 목적으로 자주 사용된다.

① 회귀 모델
② 군집 모델
③ 분류 모델
④ 수학적 기법 모델
⑤ 의사결정 나무 모델

해설

군집(Clustering) 모델은 비지도 학습 모델링의 일종으로, 비슷한 특성(데이터 속성)이 있는 데이터들을 합쳐가면서 유사 특성군으로 분류하는 학습 방법이다. 이는 최종적으로 정해져 있지 않은 클래스들의 묶음들로 분류되며 훈련 데이터군이 이용되지 않는다.

오답분석

① 회귀(Regression) 모델 : 지도 학습 모델링의 일종으로, 연속 변수를 예측하는 데 활용되며, 하나 이상의 입력 변수를 기반으로 본질적으로 연속적인 출력 변수를 예측하는 데 사용되는 선형(Linear) 회귀 모델이 대표적이다.
③ 분류(Classification) 모델 : 지도 학습 모델링의 일종으로, 데이터를 서로 다른 클래스로 분류하는 데 활용되며, 이러한 모델의 한 예로 로지스틱 회귀 모델(어떤 입력값이 특정 그룹에 속하는지 아닌지 이분법적으로 추론함)을 들 수 있다.
④ 수학적 기법 모델 : 비지도 학습 모델링의 일종으로, 특이값 분해 및 주성분 분석과 같은 수학적 기법을 사용하는 방식으로, 특이값 분해를 통해 데이터 집합을 형성하는 기본 요인을 식별하고, 주성분 분석을 통해 데이터 집합의 본질적인 특성을 파악한다.
⑤ 의사결정 나무(Decision Tree) 모델 : 지도 학습 모델링의 일종으로, 분류와 회귀 작업 모두에 활용할 수 있는 적응형 알고리즘으로, 트리 구조 형태를 예측 모델로 사용한다. 트리의 리프와 노드를 횡단 이동하면서 입력값이 어떤 카테고리에 속하는지 판단한다.

정답 ②

11 다음 〈보기〉에서 OR, XOR, NOR 등의 논리 연산자와 관련한 설명으로 옳은 것을 모두 고르면?

보기

㉠ OR는 여러 개의 입력 정보 가운데 하나라도 '참(1)'이 있으면 '참'이 출력되고, 입력이 모두 '거짓(0)'인 경우에만 '거짓'이 출력된다.
㉡ XOR는 출력이 OR(논리합)의 반대로 나오는 연산자로, A와 B가 입력 정보로 주어졌을 때 A와 B 모두 '거짓(0)'일 때에만 출력이 '참(1)'으로 나온다.
㉢ A와 B의 NOR를 'A∨B' 또는 'A↓B'라고 표기하기도 한다.

① ㉠
② ㉡
③ ㉢
④ ㉠, ㉢
⑤ ㉡, ㉢

해설

㉠ OR(논리합)는 2개 또는 그 이상의 입력값이 주어졌을 경우 주어진 입력값이 모두 거짓일 때에만 거짓이고, 적어도 하나 이상이 참이면 참이다.
㉢ NOR(부정논리합)는 주어진 입력 정보가 모두 '거짓'일 때에만 참이 출력되는 연산이다.

오답분석

㉡ NOR(부정논리합)에 대한 설명이다. XOR(배타적 논리합)는 입력값 A와 B가 주어졌을 경우 A와 B 가운데 1개만 '참'일 때 '참'이 출력된다. 즉, A, B가 서로 상반된 조건일 때에만 결과를 '참'으로 하는 논리이다.

정답 ④

12 다음 중 데이터베이스(DB)와 관련한 설명으로 옳지 않은 것은?

① 데이터베이스는 여러 사람이 공유해 사용할 목적으로 논리적으로 연관된 자료들을 통합해 조직적으로 관리하는 데이터의 집합체이다.
② 데이터베이스의 특징으로는 실시간 접근 가능, 데이터의 지속적인 변화, 동시 공유, 내용에 의한 참조, 데이터의 논리적 독립성 등이 있다.
③ 통합 데이터는 컴퓨터가 접근할 수 있는 저장 매체에 저장해 관리하는 데이터를 뜻한다.
④ 운영 데이터는 단순한 데이터의 집합이 아니라 특정 조직의 주요한 고유 기능을 수행하는 데 필수불가결한 데이터이다.
⑤ 공용 데이터는 특정 조직의 사용자들과 응용 시스템들이 서로 다른 목적으로 데이터를 공동으로 동시에 이용할 수 있는 데이터이다.

해설

저장(Stored) 데이터에 대한 설명이다. 통합(Integrated) 데이터는 동일한 자료의 중복을 배제 또는 최소화한 통합된 데이터이지만, 때로는 불가피한 중복을 허용하는 데이터이다.

오답분석

① 데이터베이스는 여러 가지 업무에 공동으로 필요한 데이터를 유기적으로 결합해 저장한 집합체로서, 자료 파일을 조직적으로 통합해 자료 항목의 중복을 없애고 자료를 구조화해 저장함으로써 보다 효율적인 검색·정렬·갱신을 가능하게 한다.

② • 실시간 접근 가능 : 사용자의 질의를 즉시 처리하고 응답할 수 있다.
- 지속적인 변화 : 데이터의 삭제·갱신, 새로운 데이터의 삽입 등으로 그 내용이 계속해서 변화함으로써 항상 최신의 데이터를 유지한다.
- 동시 공유 : 다수의 사용자가 동시에 데이터에 접근해 데이터를 이용할 수 있다.
- 내용에 의한 참조 : 저장되어 있는 레코드들의 위치·주소가 아니라 사용자가 요구하는 데이터 내용으로 데이터를 찾는다.
- 데이터의 논리적 독립성 : 데이터베이스와 응용프로그램을 독립시키므로 데이터의 논리적 구조가 변경되어도 응용 프로그램은 변경되지 않는다.

정답 ③

13 다음 중 사물인터넷(IoT)과 관련한 설명으로 옳지 않은 것은?

① 사물인터넷은 사물에 센서와 통신 장치를 장착해 실시간으로 정보를 수집·교환하고 제어·관리할 수 있도록 인터넷으로 연결된 시스템을 말한다.

② 사물인터넷을 통해 네트워크에 연결된 기기들은 인간의 간섭을 필수적으로 요구한다.

③ 사물인터넷을 구현하려면 센싱 기술, 유·무선통신 기술, 빅데이터, 인공지능(AI) 등의 제반 기술이 필요하다.

④ 사물인터넷은 사물을 통해 자료 수집과 결론 도출에 드는 에너지와 비용을 크게 절감할 수 있게 한다.

⑤ 사물인터넷은 사물들을 인터넷을 통해 연결해 사물이 가진 특성을 지능화하고, 다양한 연결을 통한 정보 융합으로 다양한 서비스를 제공할 수 있게 한다.

해설

사물인터넷을 통해 네트워크에 연결된 기기들은 인간의 개입·조작 없이 스스로 정보를 주고받으며 대화를 나눌 수 있다. 즉, 인간의 간섭을 최소화함으로써 자동화를 구현한다.

정답 ②

14 다음 중 딥페이크(Deepfake) 이미지 생성에 이용되는 인공신경망 기술은?

① GAN　　② RNN
③ CNN　　④ SNN
⑤ FNN

해설

딥페이크(Deepfake)는 인공지능이 축적된 자료를 바탕으로 스스로 학습하는 딥러닝(Deep Learning) 기술과 Fake(가짜, 속임수)의 조합어로, 인공지능을 통해 만들어낸 가짜 이미지·영상·오디오 합성 기술을 뜻한다. 딥페이크에는 일반적으로 오토인코더(Auto-Encoder)나 생성적 적대 신경망(GAN, Generative Adversarial Network)을 이용한다. GAN은 인간의 개입을 벗어나 인공지능 스스로 답을 찾는 비지도 학습 방식의 기술로, 생성자(Generator)와 감별자(Discriminator)의 두 모델이 경쟁을 통해 학습하고 결과물을 도출한다. 생성자는 실제 데이터에 대한 학습을 바탕으로 실제에 가까운 거짓 데이터를 만들어낸다. 감별자는 생성자가 생성한 데이터가 실제인지 거짓인지 판별하도록 학습한다. 이때 생성자는 감별자를 속이지 못한 데이터를, 감별자는 생성자에게 속은 데이터를 입력받아 학습하는 과정이 거듭되면서 더 실제에 가까운 거짓 데이터를 만든다.

오답분석

② 순환 신경망(Recurrent Neural Network) : 입력층에서 출력층으로 입력값을 보내는 동시에 은닉층의 정보가 다음 은닉층으로 이어지는 구조의 신경망으로, 이전 시점의 데이터가 유지되기 때문에 데이터가 반복적으로 순환되는 것처럼 보인다. 다만, 입력값과 출력값 사이의 시점이 멀어질수록 학습 능력이 크게 저하될 수 있다.
③ 합성곱 신경망(Convolutional Neural Network) : 필터링 기법을 인공신경망에 적용해 이미지를 처리할 수 있는 신경망 기법으로, 행렬로 표현된 필터의 각 요소가 데이터 처리에 적합하도록 자동으로 학습되는 과정을 통해 이미지를 분류한다. 하나 또는 여러 개의 합성곱 계층과 통합(Pooling) 계층, 완전하게 연결된(Fully Connected) 계층들로 구성된다.
④ 얕은 신경망(Shallow Neural Network) : 입력층, 은닉층, 출력층 각 1개씩 총 3개의 계층으로 이루어져 있으며, 은닉층과 출력층의 모든 노드가 완전 연결된(Fully Connected) 신경망이다. 입력값과 출력값 사이에 상관관계가 있을 경우 이를 학습함으로써 아직 학습하지 않은 새로운 입력 데이터에 대해 적절한 출력이 가능하다.
⑤ 순방향 신경망(Feed-forward Neural Network) : 최초로 고안된 단순한 형태의 인공 신경망으로 가장 기본이 되는 모델이다. 정보는 입력층에서 은닉층을 거쳐 출력층의 방향으로 한 방향으로만 움직이고 역으로는 이동하지 않으며 신경망 안에서 순환은 일어나지 않는다.

정답 ①

15 다음 〈보기〉에서 설명하는 정보통신(IT) 용어는 무엇인가?

> **보기**
>
> '이것'은 운영체제(OS)의 기능 가운데 운영체제를 구성하는 프로세서와 운영체제의 제어로 수행되는 프로그램에 대하여 자원 할당(Resource Allocation)을 수행하는 부분을 뜻한다. 즉, 운영체제의 핵심 부분으로서, 디바이스 · 프로세스 · 메모리 등의 컴퓨터 자원을 관리하는 기능을 수행한다.

① 커널(Kernel)
② 센티널(Sentinel)
③ 백 패널(Back Panel)
④ 리버스 채널(Reverse Channel)
⑤ 실렉터 채널(Selector Channel)

해설

커널은 컴퓨터의 물리적(하드웨어) 자원과 추상화 자원을 관리하는 것을 목표로 한다. 이때 '추상화'는 물리적으로 하나뿐인 하드웨어를 여러 사용자들이 번갈아 사용할 수 있도록 마치 여러 개처럼 보이게 하는 기술을 가리키며, 커널이 관리함에 따라 각 사용자들은 하나의 하드웨어를 독점하는 것처럼 느낄 수 있다.

오답분석

② 센티널(Sentinel) : 필드, 블록, 테이프, 파일 등의 끝에 표시하는 부호로서, 한 단위의 정보 끝을 알려 준다.
③ 백 패널(Back Panel) : 컴퓨터의 뒤쪽에 있는 편편한 부분으로서, 대부분의 컴퓨터에서는 뒤판에 설치되어 있는 소켓을 통하여 전원 장치 또는 통신 장치 등과 같은 외부 장치와 컴퓨터 시스템을 연결한다.
④ 리버스 채널(Reverse Channel) : 오류 제어 신호와 감시 신호의 전송을 위하여 특별히 사용하는 채널이다. 전송 방향은 정보 전달 방향과 반대이다.
⑤ 실렉터 채널(Selector Channel) : 자기 디스크 등의 고속 데이터 전송을 전용으로 하는 채널이다. 하나의 입출력 명령을 완료하기까지 하나의 주변 장치에 점유된다.

정답 ①

CHAPTER

07 직무상식평가 출제예상문제

01 농업 · 농촌 상식

01 다음 〈보기〉에서 농협의 역사에 대한 설명으로 적절한 것을 모두 고르면?

보기

㉠ 1961년에는 농협중앙회와 농업은행을 통합해 종합농협 형태의 농업협동조합을 창립하면서 '전국 단위의 중앙회와 시·군조합'의 2단계 체계를 이루었다.

㉡ 1969년에는 상호금융 업무를 개시했으며, 1973년부터 '농어촌 1조 원 저축 운동'을 시행함으로써 농촌경제의 발전을 도모했다.

㉢ 1983년에는 단위농협에 영농지도원을 확보해 농업경영, 복합영농 사업 등을 전담해 지도함으로써 농가의 소득 증대에 이바지했다.

㉣ 우루과이라운드 등으로 인한 농축산물 시장 개방에 대응해 1989년에는 신토불이(身土不二) 운동을, 1992년에는 농도불이(農都不二) 운동을 시작했다.

㉤ 2000년에는 업무 수행의 전문화를 강화하기 위해 기존의 일원화된 '통합 농협중앙회' 체제를 농업협동조합중앙회, 축산업협동조합중앙회, 인삼업협동조합중앙회로 분산했다.

㉥ 2011년에는 사업구조 개편을 위해 경제 사업과 신용 사업 체제를 전문화하였다.

① ㉠, ㉡, ㉤　　② ㉡, ㉢, ㉤

③ ㉢, ㉣, ㉤　　④ ㉠, ㉣, ㉤, ㉥

⑤ ㉡, ㉢, ㉣, ㉥

해설

㉡ 농협은 1969년에 상호금융 업무를 개시해 농가들의 고리채 문제 해소에 나선 이후 1973년부터는 '농어촌 1조 원 저축 운동'을 펼쳐 목돈 마련의 기회를 제공했다.

㉢ 1980년대 주곡의 자급을 달성하면서 영농지도 사업을 증산 위주에서 소득 위주로 전환했으며, 1983년 단위농협에 영농지도원을 확보해 농업경영, 지역농업 종합개발계획, 복합영농 사업, 농산물유통 지도, 출하 지도 업무를 전담하게 하며 농가소득 증대를 도모했다.

㉣ 우루과이라운드(UR) 협상으로 농축산물 시장이 개방되자 농협은 1991년 '쌀 수입 개방 반대 범국민 서명 운동'을 전개했고, 이와 함께 신토불이 운동(1989 ~ 1992년)과 농도불이 운동(1992 ~ 2002년) 등 국산 농축산물 애용과 우리 농촌 살리기 운동을 전개했다.

㉥ 창립 50주년을 맞은 2011년에 사업구조 개편을 위한 〈농업협동조합법〉 개정을 통해 경제 사업과 신용 사업 체제를 전문화함으로써 지역농·축협과 농업인들의 실질적인 권익을 향상시킬 수 있는 역량을 강화했다.

오답분석

㉠ 1961년 8월에는 농협중앙회와 농업은행을 통합해 종합농협 형태의 농업협동조합을 발족했다. 이때 '전국 단위의 중앙회 – 시·군조합 – 이동조합'의 3단계 체계를 구성했다.

㉤ 농협은 농업협동조합중앙회, 축산업협동조합중앙회 및 인삼업협동조합중앙회로 분산되어 있던 중앙조직을 통합해 일원화하는 '통합 농협중앙회 체제'를 2000년에 구축했다.

정답 ⑤

02 다음 〈보기〉에서 농협의 교육지원 업무에 대한 설명으로 적절한 것을 모두 고르면?

보기

㉠ 미래의 농업 · 농촌의 발전을 이끌 영농 인력을 육성하기 위한 지도 사업을 실시한다.
㉡ 농업 현장의 어려움과 개선사항을 정책에 적극 반영하기 위한 농정 활동을 시행한다.
㉢ 농업인의 복지 증진과 지역사회의 발전을 위해 지속적으로 사회공헌 활동을 실천한다.
㉣ 농업 · 농촌에 대한 범국민적 공감대를 형성하기 위해 '또 하나의 마을 만들기' 같은 도농협동 운동을 추진한다.
㉤ 농촌 지역에서 다양한 의료 서비스를 제공하며, 읍 · 면 단위에 지역문화복지센터를 운영해 삶의 질 향상을 돕는다.
㉥ 농 · 축협 균형 발전을 위한 종합 컨설팅, 안정적 농업 기반 구축을 위한 자금 제공 등 체계적인 지도와 지원을 추진한다.

① ㉠, ㉡, ㉤, ㉥
② ㉠, ㉢, ㉣, ㉥
③ ㉡, ㉢, ㉣, ㉥
④ ㉡, ㉢, ㉣, ㉤, ㉥
⑤ ㉠, ㉡, ㉢, ㉣, ㉤, ㉥

해설

㉠ 미래 농업 · 농촌을 이끌 영농 인력 육성 : 농협은 미래 농업 · 농촌의 발전을 이끌어갈 영농 인력 조직과 양성을 위한 다양한 지도 사업을 실시한다. 농촌 지역 일손 부족 해소를 위한 영농 인력 공급과 취약농가 인력 지원 사업도 지속적으로 추진한다.
㉡ 농업 · 농촌의 가치를 알리는 농정 홍보 활동 : 농협은 농업 현장의 어려움과 개선사항을 정책에 적극 반영하기 위한 농정 활동, 농업 · 농촌의 가치를 전 국민에게 알리기 위한 홍보 활동을 다방면으로 펼친다.
㉢ 사회공헌 및 국제교류 : 농협은 농업인의 복지 증진과 지역사회 발전을 위해 지속적으로 사회공헌 활동을 실천하며, 활발한 국제교류 활동을 통해 세계 속의 한국 협동조합을 알린다.
㉣ 농촌에 활력을 불어넣는 다양한 교류 사업 추진 : 농협은 우리 농업 · 농촌에 대한 범국민적 공감대를 형성하고 이를 통해 농촌 마을에 활력을 불어넣고자 '또 하나의 마을 만들기' 등 다양한 도농협동 운동을 펼친다.
㉤ 농촌 지역 삶의 질을 높이는 문화 · 복지 사업 실시 : 농협은 전국 농촌 지역에 다양한 의료 · 교육 · 문화 서비스를 제공하며, 읍 · 면 단위 지역문화복지센터를 운영하여 농촌 지역 삶의 질 향상에 기여한다.
㉥ 지역사회 중심체인 농 · 축협을 체계적으로 지원 : 농협은 농 · 축협 균형 발전을 위한 종합 컨설팅, 안정적 농업 기반 구축을 위한 자금 제공 등 체계적인 지도와 지원을 통해 농 · 축협이 지역사회 중심체로서의 역할에 충실하며, 행복하고 풍요로운 농업 · 농촌을 조성하는 데 기여한다.

정답 ⑤

03 다음 중 농협의 경제 부문 업무와 관련한 설명으로 적절하지 않은 것은?

① 농가에 비료나 유류 등 농자재를 공급하지 않는다.
② 생산자 조직을 구축하는 등 산지유통의 혁신을 촉진한다.
③ '산지에서 소비지까지(Farm to Table)' 체계적인 농식품 관리와 교육을 실시한다.
④ 학교급식 사업, 군납 사업 등 여러 유통 채널을 통해 농산물을 소비자에게 공급한다.
⑤ 직영매장, 홈쇼핑, 인터넷 쇼핑몰 등의 유통망을 확충해 안정적인 판매 기반을 구축한다.

해설

농협은 대량 구매한 비료, 농약, 농기계, 유류(면세유) 등 영농에 필요한 농자재를 농가에 저렴하고 안정적으로 공급함으로써 농업경영비 절감과 농업인 소득 증대 및 생활 안정에 기여한다.

오답분석

② 농협은 생산자 조직 구축과 연합사업 활성화를 통해 산지유통의 혁신을 도모하는 한편, 미곡종합처리장과 농산물 산지유통센터의 규모화・전문화로 상품성 제고에 기여한다.
③ 농협은 '산지에서 소비지까지(Farm to Table)' 체계적인 농식품 관리와 교육을 통해 안전하고 우수한 국산 농식품을 공급한다.
④ 농협은 홈쇼핑 사업, 학교급식 사업, 군납 사업 등 다양한 유통 경로를 통해 우수하고 안전한 국산 농산물을 소비자에게 공급하며, 온라인 소비시장 확대 추세에 맞춰 다양한 홈쇼핑 전용 상품을 개발한다.
⑤ 농협은 하나로클럽・하나로마트 등의 농협 직영매장, 인터넷 쇼핑몰과 홈쇼핑 등 도시민을 대상으로 한 소비지 유통망을 확충함으로써 농산물의 안정적인 판매 기반을 구축・유지한다.

정답 ①

04 다음 중 농협의 금융 부문 업무와 관련한 설명으로 적절하지 않은 것은?

① 부동산 투자운용사를 설립해 리츠(REITs) 사업을 경영하고 있다.
② 생명보험이나 스타트업・벤처기업 등에 대한 투자 사업을 경영하지 않는다.
③ 프랑스 자산운용사와 합작법인을 설립해 종합자산운용사를 경영하고 있다.
④ 서민과 중소상공인을 대상으로 금융서비스를 제공하는 저축은행을 경영하고 있다.
⑤ 우리투자증권과 합병하며 금융투자사를 출범시켜 자산관리, 트레이드 등의 사업을 경영하고 있다.

해설

2012년 3월 출범한 NH생명은 농협금융지주의 자회사로서, 생명보험사이다. 또한 2019년 11월 설립된 NH벤처투자 또한 농협금융지주의 자회사로서, 유망 스타트업 및 중소기업 등에 투자하는 벤처 캐피탈 회사이다.

오답분석

① 2018년 7월 설립된 NH농협리츠운용은 농협금융지주의 자회사로서, 다수의 투자자로부터 자금을 모집해 부동산에 투자・운용・처분함으로써 얻은 이익을 투자자에게 배당하는 리츠 사업을 펼치고 있다.
③ 농협금융지주와 프랑스 Amundi사가 합작해 2003년 1월 출범시킨 NH-Amundi자산운용은 2021년 말 기준으로 운용규모 48조 원을 달성한 종합자산운용사이다.
④ 2011년 3월 설립된 우리금융저축은행이 NH농협금융지주로 편입되며 2014년 6월에 NH저축은행으로 사명을 변경했다.
⑤ 1961년 1월 설립된 한보증권이 우리금융그룹 계열사로 편입되어 2005년 4월에 우리투자증권이 되었고, 이후 NH농협금융지주로 편입되며 옛 NH농협증권과 합병되어 2014년 12월 NH투자증권이 탄생했다.

정답 ②

05 다음 〈보기〉에서 2021년 1월 농협이 '함께하는 100년 농협'을 선포하면서 제시한 정책 목표 및 추진 계획에 대한 설명으로 적절한 것을 모두 고르면?

보기

㉠ 농협 10대 대표 식품을 육성하려는 것은 '농업인과 국민이 체감하는 유통 대변화의 완성'을 이루기 위한 것이다.

㉡ 차세대 유통을 이끌 무인매장(AI Store)을 도입하려는 것은 '농협의 디지털 유통·금융, 초격차를 구현'하기 위한 것이다.

㉢ 지역 여건에 맞는 맞춤형 로컬푸드 직매장을 확대하려는 것은 '농업인 실익 지원의 업그레이드'를 이루기 위한 것이다.

㉣ 스마트 APC(산지유통센터) 및 RPC(미곡종합처리장) 모델을 구축하려는 것은 '농업의 디지털 전환 선도'를 이루기 위한 것이다.

㉤ 농협형(農協型) 케어팜 시범사업을 추진하는 것은 '농업·농촌의 공익 가치 증진과 지역사회 발전에 기여'를 이루기 위한 것이다.

① ㉠, ㉡, ㉤
② ㉠, ㉢, ㉣
③ ㉡, ㉢, ㉣
④ ㉡, ㉢, ㉣, ㉤
⑤ ㉠, ㉡, ㉢, ㉣, ㉤

해설

농협의 청사진 '함께하는 100년 농협'

정책 목표	추진 계획
농업인과 국민이 체감하는 유통 대변화의 완성	• 뿌리가 튼튼한 농협 산지유통 체계의 구축 • 농협 도매 경쟁력의 획기적 제고 • 농협안성농식품물류센터를 '종합농식품센터'로 혁신 • 2023년까지 원예 농산물 책임 판매 6조 원 달성 • 축산 도매유통 체계의 혁신 • 하나로마트를 농식품 특화매장으로 차별화 • 농협 10대 대표 식품(두부, 즉석밥, 원물 간식, 김치, 고춧가루, 탕류, 액젓/젓갈, 장류, 밀키트, 천일염)을 육성하여 식품 사업의 경쟁력 강화
농협의 디지털 유통·금융, 초격차 구현	• 농협의 온라인 유통 플랫폼 조기 정착 • 농업인과 국민 눈높이에 맞춘 혁신 플랫폼을 지속 발굴 • 당일 배송 체계를 전국으로 확대 • 차세대 유통을 이끌 무인매장(AI Store) 도입 • '마이데이터 사업'으로 더 나은 금융 서비스 제공 • 디지털 금융 플랫폼 구축 • 스마트워크 시스템을 범농협으로 확산
농업의 디지털 전환 선도	• '농협형 스마트팜' 모델의 발굴·보급 • 스마트팜 생산부터 판매까지 전 과정을 지원 • 스마트 농기계 보급 확대 • 스마트 APC(산지유통센터)·RPC(미곡종합처리장) 모델 구축 • 축산 농가 생산성 제고를 위한 축종별 빅데이터 통합 플랫폼 구축 • 디지털 영농지도를 위한 농사 정보 시스템 개발

농업인 실익 지원의 업그레이드	• '농협형 뉴딜'로 농업·농촌 혁신의 기반 구축 • 농촌 인력 지원의 확대 • 영농 효율성 제고를 위한 선진 재배 농법 보급 확대 • 적시·적소·적합 농자재 공급 체계 구축 • 지역 여건에 맞는 맞춤형 로컬푸드 직매장 확대 • 지자체와 함께하는 지역농업 발전 사업의 활성화
농업·농촌의 공익 가치 증진과 지역사회 발전에 기여	• 농협형 케어팜 시범사업 추진 • 지속 가능한 친환경 청정 축산의 구현 • 농업인 삶의 질을 높이는 농촌 복지 사업의 추진 • 지역과 함께하는 사회공헌의 확대

정답 ⑤

PART 2

06 **다음은 농협이 '함께하는 100년 농협'을 선포하면서 제시한 '농협형 뉴딜'로 농업·농촌 혁신의 기반을 구축하기 위한 '농업인 온실가스 감축량 거래 흐름도'이다. ㉠에 들어갈 용어로 가장 적절한 것은?**

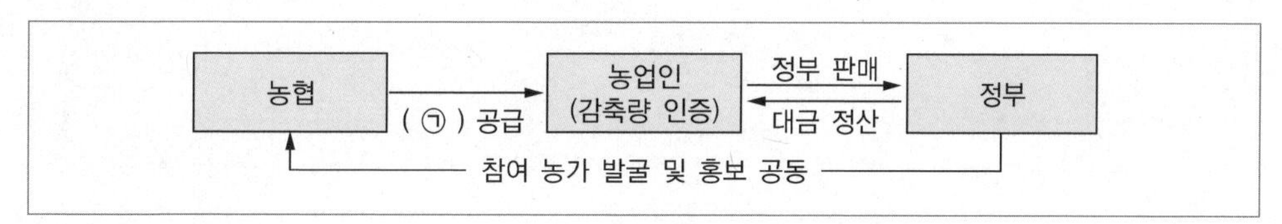

① 바이오차(Biochar) ② 바이오매스(Biomass)
③ 바이오팩터(Biofactor) ④ 바이오벤팅(Bioventing)
⑤ 바이오시밀러(Biosimilar)

해설

바이오차는 유기물과 숯의 중간 형태로 토양에 탄소를 저장해 이산화탄소 배출을 억제하는 물질이다.

오답분석

② 바이오매스 : 특정한 어떤 시점에서 특정한 공간 안에 존재하는 생물의 양을 뜻하며, 중량이나 에너지양으로 나타낸다.
③ 바이오팩터 : 비타민, 호르몬, 조효소처럼 미량이지만 생물이 생명 현상을 영위하는 데 필수 불가결한 생체 물질을 통틀어 이르는 말이다.
④ 바이오벤팅 : 유기 오염물의 생물학적 분해를 빠르게 하고 가스 오염물의 배출을 최소화하기 위하여 오염된 토양층 안의 빈 공간에 천천히 산소를 공급하는 공정을 뜻한다.
⑤ 바이오시밀러 : 바이오 의약품 분야의 복제약을 이르는 말이다. 바이오 신약과는 달리 특허가 만료된 바이오 의약품을 본떠 효능이 비슷하게 만든 것을 이른다.

정답 ①

07 **다음 중 '농협 비전 2025'의 등장 배경에서 제시된 시장 패러다임의 변화와 관련한 '유통 4.0' 시대 도래에 대한 설명으로 적절하지 않은 것은?**

① 유통 4.0의 시대에 이르러 리테일테크는 보다 혁신적으로 확대·성장하고 있다.
② 유통 1.0의 시대에서 유통 4.0의 시대로 갈수록 정보의 비대칭 현상이 고착화·심화된다.
③ 인공지능(AI), 사물인터넷(IoT), 가상현실(VR) 등 4차 산업혁명의 기반 기술은 유통 4.0 시대의 도래를 앞당겼다.
④ 유통 1.0의 시대에서 유통 4.0의 시대로 갈수록 보관·포장·운송 기술이 고도화되고, 시·공간의 한계를 극복할 수 있게 되었다.
⑤ 유통 1.0의 시대에서 유통 4.0의 시대로 갈수록 소비자가 생산에 참여할 수 있는 폭이 확대되고, 소비자 맞춤형 생산이 가능해지게 되었다.

해설
정보의 비대칭성은 경제적 이해관계를 이루는 당사자들 사이에서 정보가 한쪽에만 존재하고 다른 한쪽에는 존재하지 않는 상황을 가리킨다. 유통 1.0의 시대에서 유통 4.0의 시대로 갈수록 정보의 비대칭성은 줄어들어 보다 대칭적인 관계를 이룰 수 있게 되었다.

정답 ②

08 **다음은 '농협 비전 2025'의 선포 배경이 되는 시장 패러다임의 변화와 관련한 글이다. 빈칸에 공통으로 들어갈 용어는?**

> 코로나19 장기화 사태로 인한 사회적 거리 두기, 국가 간 이동 제한 등은 새로운 ________을/를 만들고 있다. 비대면 커뮤니케이션 가속화로 디지털 경제가 활성화되는 등 코로나 이후 새로운 경제 환경 변화를 촉진하고 있는 것이다. NH농협은행 은행장은 신입 행원들을 대상으로 비대면 원격 강의로 진행한 특강에서 4차 산업혁명의 흐름에 따른 세계관의 변화, 기업 가치의 변화, 실력 기준의 변화, 주도 세대의 변화 등을 아우르는 ________을/를 언급하며 신입 행원들이 변화에 앞장서주기를 당부했다. 은행장은 "고객 중심 초혁신 디지털 뱅크로 도약하기 위해서는 소통, 화합, 경청, 배려의 새로운 조직문화가 필요하다."며 "앞으로 농협은행을 이끌어갈 최고의 금융전문가로 성장하길 바란다."고 말했다.

① 뉴 스테이(New Stay)
② 뉴 노멀(New Normal)
③ 뉴 시니어(New Senior)
④ 뉴로마케팅(Neuromarketing)
⑤ 노멀라이제이션(Normalization)

해설

뉴 노멀은 사전적으로 시대 변화에 따라 새롭게 부상하는 기준이나 표준을 뜻하는 것으로, 2008년 전 세계적인 경제위기 이후 나타난 세계 경제의 특징을 가리킨다. 이러한 특징으로 흔히 저성장, 저소비, 높은 실업률, 고위험, 규제 강화, 미국 경제의 역할 축소 등을 거론한다.

오답분석

① 뉴 스테이 : 국토교통부에서 중산층의 주거 안정화를 위한 정책으로 도입한 기업형 민간 임대주택을 뜻한다.
③ 뉴 시니어 : 노년층에 접어든 베이비 붐 세대를 이르는 말이다. 여유 있는 자산을 기반으로 적극적인 소비 활동을 한다는 점에서 기존의 노년층과 구별된다.
④ 뉴로마케팅 : 신경 과학을 활용해 소비자의 뇌 반응을 측정해 디자인, 광고 등이 소비자의 잠재의식에 미치는 영향을 분석하는 마케팅 기법을 뜻한다.
⑤ 노멀라이제이션 : 고령자나 장애자를 격리된 보호 시설에 수용하는 사회가 아니라 이들이 일반인들과 함께 살아갈 수 있는 사회를 만들어야 한다는 생각 또는 그 생각에 바탕을 둔 사회 정책을 뜻한다.

정답 ②

PART 2

09 다음은 '농협 비전 2025'의 선포 배경이 되는 사람과 환경 중심의 농정 틀 전환과 관련한 도표이다. 도표의 내용 중 적절하지 않은 것은?

	구분	기존	변화(개선)
①	농정 모델	생산주의 농정	지속 가능 농정
②	농정 대상	농어업·농어민 중심	농어업·농어촌·식품 모든 국민과 미래 세대
③	농정 목표	경쟁력 있는 농어업 육성	국민과 농어민의 삶의 질과 행복 증진
④	농정 방식	자치분권, 주체 간 협력과 협치	중앙주도 하향식 농정
⑤	농정 이념	성장, 경쟁, 효율 (산업, 상품 중심)	지속 가능성, 포용, 혁신 (사람, 공익적 가치 중심)

해설

농정 방식에서 '기존'과 '변화(개선)'에 해당하는 내용을 바꿔야 한다. 생산주의 중심의 기존 농정의 한계를 극복하고, 지속 가능한 농업·농촌 발전을 위해 농정 틀이 전환되었다. 변화 후 공익적 가치 중심의 지속 가능성, 농업인과 국민의 상생을 위한 포용성, 농촌의 경제·사회문제 해결을 위한 혁신성, 지역의 자율성과 창의력 발휘를 위한 자치분권을 중시한다.

정답 ④

10 다음은 '농협 비전 2025'에서 제시된 농협이 추구하는 농업·농촌의 미래상인 '농토피아(農Topia)'를 도식화한 것이다. 빈칸 ⓐ~ⓒ에 들어갈 내용으로 적절하지 않은 것을 <보기>에서 모두 고르면?

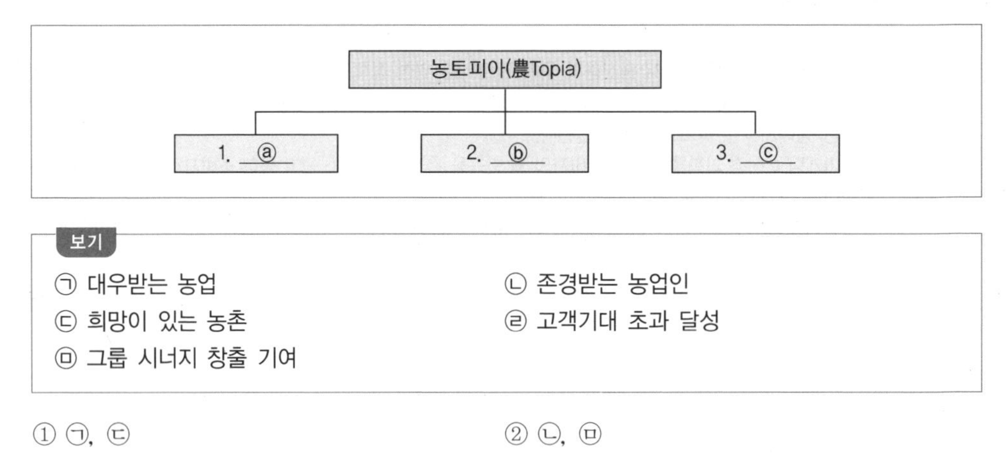

보기

㉠ 대우받는 농업
㉡ 존경받는 농업인
㉢ 희망이 있는 농촌
㉣ 고객기대 초과 달성
㉤ 그룹 시너지 창출 기여

① ㉠, ㉢
② ㉡, ㉤
③ ㉣, ㉤
④ ㉡, ㉢, ㉣
⑤ ㉢, ㉣, ㉤

해설

㉣ '고객기대 초과 달성'과 ㉤ '그룹 시너지 창출 기여'는 NH농협금융이 제시한 '금융의 모든 순간, 함께하는 100년 농협'이라는 비전을 이루기 위한 경영 원칙 4가지에 속한다. 나머지 2가지 경영 원칙은 '최고 인재 육성'과 '사회에 공헌'이다.

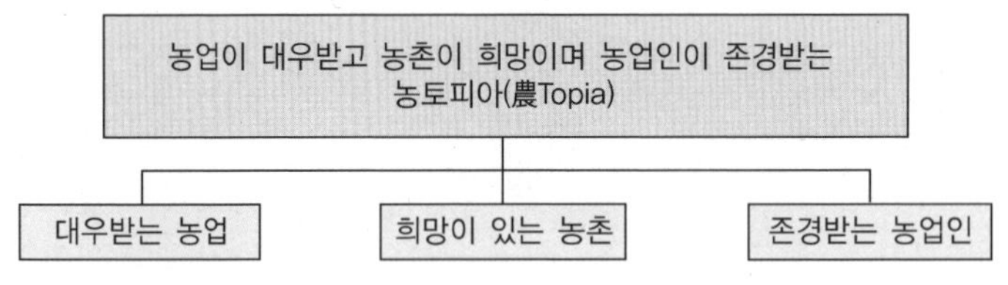

- 대우받는 농업
  - 농업인이 안심하고 생산에만 전념할 수 있는 유통 체계 구축
  - 국민들에게 고품질의 안전한 농축산물 공급
  - 농업인·소비자 모두 만족하는 합리적 가격으로 농축산물 공급
- 희망이 있는 농촌
  - 스마트팜 등 혁신 기술에 기반한 비즈니스 기회가 제공되는 농촌
  - ICT 기술 등을 통해 살기 좋은 정주 여건을 갖춘 농촌
  - 일터, 삶터, 쉼터로서 도농 간 교류가 활성화되는 농촌
- 존경받는 농업인
  - 혁신을 통해 경쟁력 있는 농업을 이끌어가는 농업인
  - 식량의 안정적 공급, 생태·환경보전, 전통문화 계승 등 농업의 공익적 가치 창출로 국민들로부터 인정받는 농업인

정답 ③

11 다음은 '농협 비전 2025'에서 제시된 '새로운 100년을 향한 농협의 지속 가능한 성장 의지'를 도식화한 것이다. 빈칸 ⓐ, ⓑ에 들어갈 내용으로 적절한 것을 〈보기〉에서 모두 고르면?

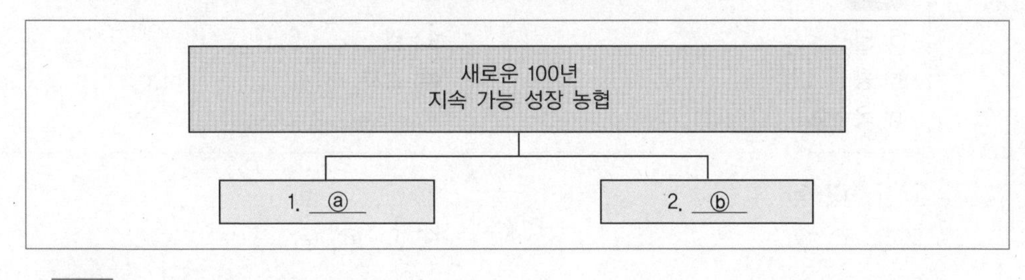

보기

㉠ 디지털 전환 가속화
㉡ 내실 있는 성장
㉢ 창의적 · 혁신적 성장
㉣ 수익성 중심의 안정적 성장
㉤ 농업금융 특화 ESG 경영 실천

① ㉠, ㉢
② ㉠, ㉤
③ ㉡, ㉢
④ ㉡, ㉤
⑤ ㉣, ㉤

해설

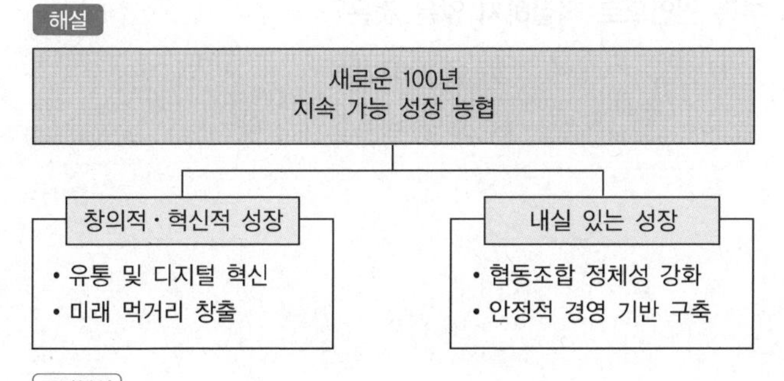

오답분석

㉠ · ㉣ · ㉤과 '고객 만족 · 신뢰 제고'는 NH농협은행에서 경영목표를 이루기 위해 제시한 추진 전략 4가지이다.

정답 ③

PART 2

12 다음 〈보기〉에서 세계 3대 식량작물을 모두 고르면?

보기

㉠ 밀	㉡ 쌀
㉢ 콩	㉣ 감자
㉤ 옥수수	

① ㉠, ㉡, ㉣
② ㉠, ㉡, ㉤
③ ㉠, ㉢, ㉣
④ ㉡, ㉢, ㉣
⑤ ㉢, ㉣, ㉤

해설

세계 3대 식량(식용)작물은 쌀 · 밀 · 옥수수이며, 여기에 콩과 보리를 더하면 세계 5대 식량작물이 된다.

정답 ②

13 다음 중 식량의 절대적인 부족 원인으로 적절하지 않은 것은?

① 기상 이변
② 인구의 감소
③ 경지 면적의 감소
④ 토양 비옥도의 저하
⑤ 토지 생산성의 한계

해설

식량의 절대적인 부족 원인

- 기상 이변
- 인구의 증가
- 경지 면적의 감소
- 수확량 증가 둔화(토양 비옥도의 저하, 토지 생산성의 한계, 비료 · 농약 사용의 한계)

정답 ②

14 다음 중 비료의 3대 요소를 바르게 묶은 것은?

① 질소(N), 인(P), 칼륨(K)
② 질소(N), 인(P), 염소(Cl)
③ 질소(N), 인(P), 칼슘(Ca)
④ 인(P), 칼륨(K), 칼슘(Ca)
⑤ 인(P), 칼륨(K), 염소(Cl)

해설

질소(N), 인(P), 칼륨(K)을 비료의 3대 요소라고 하며, 여기에 칼슘을 더하면 4대 요소가 된다.

정답 ①

15 다음 중 토양의 주요 필수원소의 생리작용에 대한 설명으로 적절한 것은?

① 질소·인·칼륨 등은 식물체의 90% 이상을 차지하며, 엽록체를 구성하는 원소이다.

② 인은 세포막 중간막의 주성분으로서, 결핍되면 뿌리나 눈의 생장점이 붉게 변하여 죽는다.

③ 칼륨은 엽록소의 구성 원소로 잎에 많으며, 결핍되면 황백화 현상이 일어나고 줄기·뿌리의 생장점 발육이 저해된다.

④ 황은 각종 효소의 활성을 높여서 동화물질의 합성·분해, 호흡 작용, 광합성 등에 관여하며, 결핍되면 엽맥에서 먼 부분이 황색화된다.

⑤ 염소는 광합성에서 산소 발생을 수반하는 광화학 반응의 촉매 역할을 하며, 사탕무에서 염소가 결핍되면 황백화 현상이 발생할 수 있다.

오답분석

① 식물체의 90 ~ 98%를 차지하는 탄소·산소·수소 등은 엽록소를 구성하는 원소로서, 광합성에 의한 여러 가지 유기물의 구성재료가 된다.

② 칼슘에 대한 설명이다. 인은 세포핵·분열조직·효소 등을 구성하는 성분으로서, 결핍되면 뿌리의 발육이 저해되고 (생육 초기), 잎이 암녹색이 되며, 심하면 황화 현상이 나타나고 결실이 저해된다.

③ 마그네슘에 대한 설명이다. 칼륨은 광합성, 탄수화물·단백질 형성, 세포 내의 수분 공급, 증산에 의한 수분 상실의 제어 등에 관여하며, 결핍되면 생장점이 말라 죽고, 줄기가 연약해지며, 잎의 끝이나 둘레가 누렇게 변하고 결실이 저해된다.

④ 망간에 대한 설명이다. 황은 엽록소의 형성에 관여하므로 결핍되면 엽록소의 형성이 억제되고, 콩과 작물에서는 뿌리혹박테리아의 질소고정 능력이 저하된다.

정답 ⑤

16 연작(이어짓기)에 따른 기지(忌地)를 피하기 위해 휴작을 하게 되는데, 다음 중 휴작 기간이 가장 긴 작물은?

① 인삼
② 참외
③ 감자
④ 고추
⑤ 시금치

해설

- 1년 휴작을 요하는 것 : 쪽파, 시금치, 콩, 생강 등
- 2년 휴작을 요하는 것 : 마, 감자, 잠두, 오이, 땅콩 등
- 3년 휴작을 요하는 것 : 쑥갓, 토란, 참외, 강낭콩 등
- 5 ~ 7년 휴작을 요하는 것 : 수박, 가지, 완두, 우엉, 고추, 토마토, 레드클로버, 사탕무 등
- 10년 이상 휴작을 요하는 것 : 아마, 인삼 등

정답 ①

17 다음 중 윤작(돌려짓기)에 대한 설명으로 적절하지 않은 것은?

① 지력을 증강시킬 수 있다.

② 토지이용도를 높일 수 있다.

③ 노력의 분배를 합리화할 수 있다.

④ 수확량의 증대를 기대할 수 있다.

⑤ 병충해와 잡초의 피해에 취약해질 수 있다.

해설

연작을 하면 병충해의 발생이 많아지는데, 윤작을 하면 병충해의 발생이 경감된다. 또한 중경작물, 피복작물은 경지의 잡초를 경감시킨다.

오답분석

① 윤작을 하면 질소고정, 잔비량 증가, 토양구조 개선, 토양유기물 증대 등 지력을 증강시킬 수 있다.

② 여름작물과 겨울작물 또는 곡실작물과 청예작물을 결합시킴으로써 토지이용도를 높일 수 있다.

③ 여러 작물을 재배하게 되면 노력의 시기적인 집중화를 경감하고, 노력 분배를 시기적으로 합리화할 수 있다.

④ 윤작을 하면 지력 증강, 기지 회피, 병충해 및 잡초의 경감 등에 의해 수확량이 증대된다.

정답 ⑤

18 다음 중 종자의 품질에 영향을 끼치는 외적 조건에 대한 설명으로 적절하지 않은 것은?

① 오염・변색・변질이 없고, 탈곡 중 기계적 손상이 없는 종자가 우량하다.

② 종자는 대체로 수분 함량이 높을수록 저장이 잘되고 변질 및 부패의 우려가 적다.

③ 종자는 품종 고유의 신선한 빛깔과 냄새를 가진 것이 건전・충실하다고 볼 수 있다.

④ 종자는 크고 무거운 것이 발아・생육이 좋으며, 1,000립중, 100립중으로 표시한다.

⑤ 종자는 순도가 높고 이형 종자, 돌 등의 불순물이 포함되어 있지 않아야 품질이 향상된다.

해설

종자의 수분 함량은 대체로 낮을수록 좋다. 수분 함량이 낮으면 저장이 잘되고 발아력이 오래 유지되며, 변질・부패의 우려가 적다.

정답 ②

19 다음 중 경운(땅갈기)에 대한 설명으로 적절하지 않은 것은?

① 토양의 물리성이 개선된다.
② 토양 수분의 유지에 유리하다.
③ 파종 및 옮겨심기 작업이 용이해진다.
④ 잡초와 해충의 발생을 억제할 수 있다.
⑤ 경운을 하면 토양의 유실 현상이 심화될 수 있다.

해설

경운을 하면 표면 토양이 유실되는 양이 줄어들게 된다.

오답분석

① 경운을 하면 토양의 입자 내에 공기가 잘 통하게 되며, 토양미생물의 활동이 증대되고, 작물 뿌리의 발달이 잘 이루어져 결과적으로 토양의 물리성이 양호해진다.
② 경운을 하면 땅속 깊이까지 물이 스며들어 수분을 잘 유지할 수 있을 뿐만 아니라 수분이 과다할 때에도 갈아 놓은 땅은 표면적이 넓어서 수분 조절 작용에도 유리하다.
③ 싹을 키워 모종을 옮겨 심을 때 땅을 갈아 흙을 부드럽게 만들면 작업이 용이해진다.
④ 경운을 하면 이미 싹이 난 잡초를 죽일 수 있으며, 표면 가까이 있던 잡초 종자를 땅속에 묻히게 하여 잡초 발생을 억제한다. 또한 땅속에 숨은 해충의 유충이나 애벌레, 성충 등을 표층으로 노출시켜 서식 환경을 파괴해 해충을 죽이거나 밀도를 낮출 수 있다.

정답 ⑤

20 다음 중 생리적 비료의 구분이 적절하지 않은 것은?

① 생리적 산성 비료 – 염화칼륨
② 생리적 산성 비료 – 황산칼륨
③ 생리적 알칼리성 비료 – 요소
④ 생리적 알칼리성 비료 – 용성인비
⑤ 생리적 중성 비료 – 질산암모늄

해설

생리적 비료

구분	특징
생리적 산성 비료	염화칼륨, 황산칼륨처럼 작물이 음이온보다 양이온을 많이 흡수해 토양반응을 산성화하는 비료
생리적 알칼리성 비료	용성인비, 칠레초석처럼 작물이 음이온을 양이온보다 더 많이 흡수해 토양을 알칼리화하는 비료
생리적 중성 비료	질산암모늄, 요소처럼 양이온과 음이온이 거의 같은 정도로 흡수되는 비료

정답 ③

21 다음 중 잡초 제거를 위한 대책으로 가장 적절한 것은?

① 소각이나 소토를 최대한 하지 않는다.
② 윤작 대신 단일작물을 오래 재배한다.
③ 작물 수량에 별 영향이 없는 한 파폭과 휴간을 넓게 한다.
④ 퇴비의 재료로 가능한 한 성숙한 종자를 가진 풀을 사용한다.
⑤ 윤작, 방목, 피복, 경운 등의 방법을 활용해 잡초를 예방한다.

해설
윤작, 소각·소토, 방목, 경운, 피복, 관개 등을 활용하면 잡초의 발생을 경감시킬 수 있다.

오답분석
① 소각하면 잡초 씨가 소멸되며, 성토를 소독하려고 소토할 때에도 잡초 씨가 사멸한다.
② 단작하면 잡초가 많이 발생한다.
③ 휴간을 넓게 하면 잡초의 발생이 많아진다.
④ 퇴비의 재료로 성숙한 종자를 가진 풀을 사용하면 잡초가 많아진다.

정답 ⑤

22 다음 병충해 방제법 중 경제적으로 방제 효과가 가장 높은 것은?

① 중간기주 제거
② 시비 방법의 개선
③ 생육 시기의 조절
④ 윤작과 재배 양식의 변경
⑤ 병해충 저항성 품종의 재배

해설
저항성 품종의 육종은 시간과 노력이 많이 들지만 일단 저항성 품종을 개발하면 매우 효율적으로 해충을 방제할 수 있어 경제적이다.

정답 ⑤

23 다음 중 토양의 발달에 영향력이 가장 큰 요인은 무엇인가?

① 모재 ② 지형
③ 식생 ④ 기후
⑤ 풍화 기간

해설

토양의 생성 인자

- 기후 : 온도, 강우량, 공기의 상대 습도 등의 기후적 요인은 토양의 발달에 가장 큰 영향을 끼친다.
- 모재 : 토양의 생성은 모재의 생성과 동시에 진행되거나 모재가 이동·퇴적되어 토양의 발달이 시작되는 경우로 구분되며, 토성·광물 조성 및 층위의 분화 등에 영향을 끼친다.
- 지형 : 토양 수분에 관계되는 것으로, 침식에 의한 토양의 유실 속도에 영향을 끼친다.
- 풍화 기간(시간) : 토양 발달의 단계는 모재로부터 출발해 미숙기, 성숙기, 노령기 등을 거치게 되며, 변화 속도는 환경 조건에 따라 다르다.
- 식생(생물) : 토양 발달에는 동식물에 의한 여러 가지 물리적·화학적인 작용이 포함되며, 넓은 지역에 걸친 영향은 주로 자연적 식생에 의한 것이다.
- 인력(인간) : 인류가 토지를 이용하는 방식은 토양의 발달과 특징에 영향을 끼친다.

정답 ④

24 다음 〈보기〉에서 토양미생물의 작용으로 적절한 것을 모두 고르면?

보기

㉠ 아조토박터속 등의 토양미생물은 공중질소를 고정하는 역할을 한다.
㉡ 토양미생물의 분해 작용으로 생성된 아미노산은 암모니아로 변환되어 작물에 이용된다.
㉢ 미생물은 토지 구조의 입단화를 촉진해 토양의 보수력, 보비력, 투기성, 투수성을 개선한다.
㉣ 어떤 토양미생물은 다른 토양미생물의 생육을 억제하거나 사멸시키는 항생물질을 생성한다.

① ㉠, ㉡ ② ㉢, ㉣
③ ㉠, ㉢, ㉣ ④ ㉡, ㉢, ㉣
⑤ ㉠, ㉡, ㉢, ㉣

해설

㉠ 아조토박터속, 클로스트리디움속, 남조류, 리조비움속 등의 토양미생물은 공중질소를 고정하는 기능을 한다.
㉡ 토양미생물이 토양 중의 단백질, 아미노당, 아마이드(아미드), 알칼로이드 등을 분해해 생성된 아미노산은 산화적·환원적 탈아미노화 작용(암모니아화성 작용)을 받아 암모니아로 되어 작물에 흡수·이용된다.
㉢ 토양에 가해진 신선 유기물이 토양미생물에 의해 분해되어 무기화 작용을 받아 부식됨에 따라 광물질 성분의 입단화를 촉진한다. 토양이 입단화되어 토양 구조가 발달하면 토양의 보수력, 보비력, 투기성, 투수성 등 이화학적 성질이 개선되어 토양이 비옥해진다.
㉣ 토양 중에 서식하는 토양미생물 간에는 양분 경합이 일어나기도 하며, 어떤 종류의 미생물은 다른 종류의 미생물의 생육을 억제하거나 사멸시키는 항생물질을 생성한다.

정답 ⑤

토양미생물의 작용

- 이로운 작용 : 탄소 순화, 암모니아화성 작용, 질산화성 작용, 유기질소의 고정, 가용성 무기성분의 동화, 미생물에 의한 무기성분의 변화, 미생물 간의 길항작용, 토지 구조의 입단화, 생장촉진물질 분비 등
- 해로운 작용 : 병해 유발, 질산염의 환원과 탈질작용, 황산염의 환원, 환원성 유해물질의 생성 집적과 무기성분의 형태 변화, 선충해 유발 등

25 다음 중 시설 원예지 토양의 화학적 특징에 대한 설명으로 적절하지 않은 것은?

① 소수 종류의 작물만 계속해 연작하기 때문에 특정 성분의 결핍을 초래할 우려가 있다.

② 칼슘, 마그네슘, 나트륨 등 특정한 염기가 부성분으로 토양에 지나치게 집적될 수 있다.

③ 비닐 등의 피복으로 강우에 의한 집적 염류의 세탈 기회가 적어 재배 연수에 비례해 염류의 집적이 증가한다.

④ 토양의 비전도도가 기준 이하인 경우가 많아 토양 용액의 삼투압이 지나치게 낮아질 우려가 있다.

⑤ 시간이 지날수록 토양의 pH는 적정 pH 이상으로 높아져 작물을 재배하기에 적합하지 못할 정도로 높아진다.

해설

시설 원예지 토양은 토양의 비전도도(EC)가 기준 이상인 경우가 많아 토양 용액의 삼투압이 매우 높고, 활성도비가 불균형하여 무기성분 간 길항작용에 의해 무기성분의 흡수가 어렵다.

정답 ④

26 다음 중 친환경 농업의 개념에 대한 설명으로 적절하지 않은 것은?

① 유기농업, 환경 친화적 농업, 환경 보전형 농업, 환경 조화형 농업 등을 총괄한다.

② 유기농업과 저투입 지속농업까지를 포괄하는 보다 환경 친화적인 농업을 의미한다.

③ 향토 지역의 관광 자원으로 맑은 물과 자연이 살아 숨 쉬는 쾌적한 전원 풍경의 제공을 목적으로 한다.

④ 경제적 생산성만을 고려하는 관행농업을 탈피해 농업과 환경, 식품 안전성을 동시에 고려한다.

⑤ 저농약 농업, 저투입 농업, 무농약 농업, 자연농업과 같은 특정한 농법이나 형태를 가리키기도 한다.

해설

친환경 농업은 저농약 농업, 저투입 농업, 무농약 농업, 유기농업, 자연농업과 같은 특정 농법이나 형태를 가리키는 개념이 아니다.

정답 ⑤

27 다음은 친환경 유기농산물 인증에 대한 설명이다. 빈칸에 들어갈 내용으로 적절한 것은?

> 다년생 작물로 친환경 유기농산물 인증을 받으려면 최초 수확 전 _____ 동안 유기합성농약과 화학비료를 일절 사용하지 않고 재배해야 한다.

① 1년 ② 2년
③ 3년 ④ 4년
⑤ 5년

해설

'친환경농수산물'이란 친환경농어업을 통하여 얻는 것으로 유기농수산물, 무농약농산물, 항생제수산물 및 활성처리제 비사용 수산물("무항생제수산물 등") 중 어느 하나에 해당하는 것을 말한다(친환경농어업법 제2조 제2호). 이에 따라 유기농산물로 인증을 받으려면 전환 기간(다년생 작물은 3년, 그 외 작물은 2년) 이상 동안 유기합성농약과 화학비료를 일절 사용하지 않고 재배해야 한다.

정답 ③

PART 2

28 다음은 무농약농산물 인증에 대한 설명이다. 빈칸에 들어갈 내용으로 적절한 것은?

> 무농약농산물 인증을 받으려면 유기합성농약은 일절 사용하지 않고, 화학비료는 권장 시비량의 _____ 이내로 사용해야 한다.

① 6분의 1 ② 5분의 1
③ 4분의 1 ④ 3분의 1
⑤ 2분의 1

해설

무농약농산물 인증을 받으려면 유기합성농약은 일절 사용하지 않고, 화학비료는 권장 시비량의 3분의 1 이내로 사용해야 한다.

정답 ④

29 다음 중 화학비료의 특징으로 적절하지 않은 것은?

① 작물의 속성 수확 가능
② 토양생물의 다양성 증가
③ 운송·저장·시용이 편리함
④ 토양의 산성화·황폐화 조장
⑤ 질소, 인, 칼륨 등 무기질 공급

해설
화학비료를 지나치게 많이 시용하면 특정 미생물만 존재하게 되어 결국 토양생물의 다양성이 감소된다.

정답 ②

30 다음 〈보기〉는 유기물비료를 과다하게 시용했을 경우의 특징과 관련한 내용이다. 이를 적절한 것과 적절하지 않은 것으로 바르게 구분한 것은?

보기
㉠ 토양에 염류가 과다 집적될 수 있다.
㉡ 병충해 발생을 최소화할 수 있다.
㉢ 작물의 생산량과 품질을 극대화할 수 있다.
㉣ 카로틴, 비타민B 등의 함량이 감소할 수 있다.

	적절한 것	적절하지 않은 것
①	㉠, ㉡	㉢, ㉣
②	㉠, ㉢	㉡, ㉣
③	㉠, ㉣	㉡, ㉢
④	㉡, ㉢	㉠, ㉣
⑤	㉠, ㉡, ㉣	㉢

해설
㉠ 유기물비료를 과다 시용하면 토양에 염류가 과잉 집적되어 생육장애를 일으킬 수 있다.
㉡ 유기물비료를 과다 시용하면 오히려 병충해 발생의 원인이 될 수 있다.
㉢ 유기물비료를 과다 시용하면 양분·수분 흡수가 방해를 받아 생육장애를 일으키고 생산량과 품질이 악화될 수 있다.
㉣ 유기물비료를 과다 시용하면 카로틴이나 비타민B 계열의 함량이 감소할 수 있다.

정답 ③

31 다음 중 연작 장해에 대한 대책으로 적절한 방법이 아닌 것은?

① 전답의 돌려짓기를 금지한다.
② 완숙 퇴비, 유기물 등을 사용한다.
③ 객토를 하거나 표토를 긁어낸다.
④ 깊이갈이를 하거나 심토를 반전시킨다.
⑤ 화본과 작물 재배로 잔류된 염류를 흡수한다.

해설

선충·해충·병원균 등의 토양 병해충 만연, 염류 집적, 미량요소 결핍 등으로 인해 연작 장해가 발생할 수 있다. 논 또는 밭을 논상태와 밭상태로 몇 해씩 번갈아 돌려짓는 답전윤환을 실시함으로써 연작 장해를 방지할 수 있다.

정답 ①

PART 2

32 다음 〈보기〉는 잡초와 관련한 내용이다. 이를 적절한 것과 적절하지 않은 것으로 바르게 구분한 것은?

보기

㉠ 잡초의 뿌리는 작물에 광범위하게 양분 흡수를 제공하는 역할을 한다.
㉡ 잡초는 토양의 유실을 조장하고, 유기물과 퇴비 자원으로 활용될 수 없다.
㉢ 잡초는 농작물에 해를 끼치는 경쟁자이므로 박멸해 완전히 제거해야 한다.
㉣ 잡초의 뿌리는 유실된 양분을 토양 표층으로 빨아올려 환원하는 역할을 한다.

	적절한 것	적절하지 않은 것
①	㉠, ㉡	㉢, ㉣
②	㉠, ㉢	㉡, ㉣
③	㉠, ㉣	㉡, ㉢
④	㉡, ㉢	㉠, ㉣
⑤	㉠, ㉡, ㉣	㉢

해설

잡초는 토양을 보호하고, 유기물과 퇴비 자원으로 활용될 수 있으며, 야생동물의 먹이와 서식처를 제공하는 역할을 한다. 또한 잡초의 뿌리는 작물에 광범위하게 양분 흡수를 제공하며, 유실된 양분을 토양 표층으로 빨아올려 환원하는 역할을 한다. 따라서 잡초는 농작물에 해를 끼치는 제거의 대상이 아니라 자연계의 일부로 간주되어 일정한 수준에서 존재를 허용하는 것이 바람직하다.

정답 ③

33 다음 중 유기농산물을 생산하는 데 있어 올바른 잡초 관리법에 해당하지 않는 것은?

① 화학 제초제를 사용해 잡초를 완전히 박멸한다.
② 적절한 윤작으로써 잡초의 발생과 생장을 억제한다.
③ 작물의 생육기를 조절함으로써 잡초 발생과 생육을 제어한다.
④ 멀칭을 하거나 오리, 우렁이 같은 동물을 이용해 잡초를 제어한다.
⑤ 곤충, 곰팡이 등을 이용하는 생물학적 잡초 방제 방법으로 잡초를 제어한다.

해설

화학 제초제를 사용하지 않는 것이 유기농업적 관점에서의 잡초 제어법에 해당한다.

정답 ①

34 다음 〈보기〉는 유기축산물의 생산에 필요한 인증 기준과 관련한 내용이다. 이를 적절한 것과 적절하지 않은 것으로 바르게 구분한 것은?

보기

㉠ 초식 가축은 목초지에 접근할 수 있어야 하고, 그 밖의 가축은 기후와 토양이 허용되는 한 노천 구역에서 자유롭게 방사할 수 있어야 한다.
㉡ 가축 사육 두수는 해당 농가에서의 유기사료 확보 능력, 가축의 건강, 영양 균형 및 환경 영향 등을 고려해 정한다.
㉢ 가축의 생리적 요구에 필요한 적절한 사양 관리 체계로 스트레스를 최소화해야 한다.
㉣ 가축 질병 방지를 위한 적절한 조치를 취했는데도 질병이 발생한 경우에는 수의사의 처방이 없어도 동물용 의약품을 사용할 수 있다.

	적절한 것	적절하지 않은 것
①	㉠, ㉡	㉢, ㉣
②	㉠, ㉢	㉡, ㉣
③	㉠, ㉣	㉡, ㉢
④	㉡, ㉢	㉠, ㉣
⑤	㉠, ㉡, ㉢	㉣

해설

유기축산물의 생산에 필요한 인증 기준(일반)

㉠ 초식 가축은 목초지에 접근할 수 있어야 하고, 그 밖의 가축은 기후와 토양이 허용되는 한 노천 구역에서 자유롭게 방사할 수 있도록 하여야 한다.
㉡ 가축 사육 두수는 해당 농가에서의 유기사료 확보 능력, 가축의 건강, 영양 균형 및 환경 영향 등을 고려하여 적절히 정하여야 한다.
㉢ 가축의 생리적 요구에 필요한 적절한 사양 관리 체계로 스트레스를 최소화하면서 질병 예방과 건강 유지를 위한 가축 관리를 하여야 한다.
㉣ 가축 질병 방지를 위한 적절한 조치를 취했음에도 질병이 발생한 경우에는 가축의 건강과 복지 유지를 위해 수의사의 처방 및 감독 아래 동물용 의약품을 사용할 수 있다.

정답 ⑤

35 유기축산물이란 전체 사료 가운데 유기사료가 어느 정도 이상 함유된 사료를 먹여 기른 가축을 뜻하는가?[단, 사료는 건물(乾物)을 기준으로 한다]

① 50%
② 60%
③ 70%
④ 80%
⑤ 100%

해설

유기축산물의 생산을 위한 가축에게는 100% 유기사료를 급여하여야 하며, 유기사료 여부를 확인하여야 한다(유기식품 및 무농약농산물 등의 인증에 관한 세부실시 요령 별표 1 제3호 바목 1).

정답 ⑤

PART 2

36 다음 중 유기축산사료의 첨가 금지 대상이 아닌 것은?

① 항생제·합성항균제·성장촉진제
② 반추가축의 경우 우유 및 유제품
③ 유전자 조작에 의해 변형된 물질
④ 합성질소 또는 비단백태 질소화합물
⑤ 가축의 대사기능 촉진을 위한 합성 화합물

해설

유기축산사료에는 다음에 해당되는 물질을 첨가하는 것이 금지된다(유기식품 및 무농약농산물 등의 인증에 관한 세부실시 요령 별표 1 제3호 바목 6).

- 가축의 대사기능 촉진을 위한 합성 화합물
- 반추가축에게 포유동물에서 유래한 사료(우유 및 유제품을 제외)는 어떠한 경우에도 첨가해서는 아니 된다.
- 합성질소 또는 비단백태 질소화합물
- 항생제·합성항균제·성장촉진제, 구충제, 항콕시듐제 및 호르몬제
- 그 밖에 인위적인 합성 및 유전자 조작에 의해 제조·변형된 물질

정답 ②

37 다음 중 〈가축전염병 예방법〉에 따른 가축전염병의 분류가 다른 하나는?

① 구제역 ② 뉴캣슬병
③ 수포성구내염 ④ 아프리카돼지열병
⑤ 저병원성 조류인플루엔자

해설

⑤는 제3종 가축전염병에 속하며, ①·②·③·④는 제1종 가축전염병에 속한다.

정답 ⑤

가축전염병

"가축전염병"이란 다음의 제1종 가축전염병, 제2종 가축전염병 및 제3종 가축전염병을 말한다(가축전염병 예방법 제2조 제2호).

- 제1종 가축전염병 : 우역, 우폐역, 구제역, 가성우역, 블루텅병, 리프트계곡열, 럼피스킨병, 양두, 수포성구내염, 아프리카마역, 아프리카돼지열병, 돼지열병, 돼지수포병, 뉴캣슬병, 고병원성 조류인플루엔자 및 그 밖에 이에 준하는 질병으로서 농림축산식품부령으로 정하는 가축의 전염성 질병
- 제2종 가축전염병 : 탄저, 기종저, 브루셀라병, 결핵병, 요네병, 소해면상뇌증, 큐열, 돼지오제스키병, 돼지일본뇌염, 돼지테센병, 스크래피(양해면상뇌증), 비저, 말전염성빈혈, 말바이러스성동맥염, 구역, 말전염성자궁염, 동부말뇌염, 서부말뇌염, 베네수엘라말뇌염, 추백리(병아리흰설사병), 가금티푸스, 가금콜레라, 광견병, 사슴만성소모성질병 및 그 밖에 이에 준하는 질병으로서 농림축산식품부령으로 정하는 가축의 전염성 질병
- 제3종 가축전염병 : 소유행열, 소아카바네병, 닭마이코플라스마병, 저병원성 조류인플루엔자, 부저병 및 그 밖에 이에 준하는 질병으로서 농림축산식품부령으로 정하는 가축의 전염성 질병

38 다음 중 가축의 질병 관리에 대한 설명으로 적절하지 않은 것은?

① 가축의 품종과 계통의 적절한 선택을 통해 질병을 예방한다.
② 질병 발생 및 확산 방지를 위한 사육장 위생 관리를 통해 질병을 예방한다.
③ 생균제, 비타민·무기물 급여를 통한 면역기능 증진을 통해 질병을 예방한다.
④ 지역적으로 발생되는 질병에 저항력이 있는 품종의 선택을 통해 질병을 예방한다.
⑤ 질병이 의심될 때는 수의사의 정확한 진단이 없어도 동물용 의약품을 투여할 수 있다.

해설

유기축산물의 동물복지 및 질병 관리

가축의 질병은 다음과 같은 조치를 통하여 예방하여야 하며, 질병이 없는데도 동물용 의약품을 투여해서는 아니 된다(유기식품 및 무농약농산물 등의 인증에 관한 세부실시 요령 별표 1 제3호 사목 1).

- 가축의 품종과 계통의 적절한 선택
- 질병 발생 및 확산 방지를 위한 사육장 위생 관리
- 생균제(효소제 포함), 비타민 및 무기물 급여를 통한 면역기능 증진
- 지역적으로 발생되는 질병이나 기생충에 저항력이 있는 종 또는 품종의 선택

정답 ⑤

39 **보전 가치를 인정해 국가가 지정한 농업유산의 보호를 위해 정부는 '국가중요농업유산 지정 제도'를 운영하고 있다. 이 제도와 관련한 설명으로 적절하지 않은 것은?**

① 국가중요농업유산의 지정 기준은 역사성과 지속성, 생계 유지, 고유한 농업기술, 전통 농업문화 등 총 4가지로 구성된다.

② 2013년 '완주 청산도 구들장 논'을 시작으로 '창원 독뫼 감 농업' 등 2022년까지 모두 18종이 국가중요농업유산으로 지정됐다.

③ 국가농업유산으로 지정된 지역은 사업대상지로 선정되어 유산자원의 발굴, 보전·관리 및 활용을 위한 예산 지원을 받을 수 있다.

④ 지자체에서 신청하면 신청서 검토 및 농업유산자문위원회의 자문을 거쳐 현장조사를 한 후 농림축산식품부에서 지정 여부를 최종 결정한다.

⑤ 보전할 가치가 있는 유형·무형의 농업자원을 국가중요농업유산으로 지정해 농촌 가치 창출 및 국민의 삶의 질 향상을 도모함을 목표로 한다.

PART 2

해설

국가중요농업유산의 지정 기준은 역사성과 지속성, 생계 유지, 고유한 농업기술, 전통 농업문화 4가지 외에 '특별한 경관, 생물다양성, 주민참여'가 포함되어 모두 7가지이다.

오답분석

② 2013년 '완주 청산도 구들장 논(제1호)'을 시작으로 2022년 '서천 한산모시 농업(제18호)'까지 18종이 국가중요농업유산으로 지정됐다.

③ 시장·군수는 국가중요농업유산의 보전 및 활용계획을 수립·시행하여야 하며, 농림축산식품부장관은 보전 및 활용계획의 원활한 시행을 위하여 필요한 지원을 할 수 있다.

④·⑤ 농림축산식품부장관은 농업인이 해당 지역의 환경·사회·풍습 등에 적응하면서 오랫동안 형성시켜 온 유형·무형의 농업자원 중에서 보전할 가치가 있는 농업자원을 국가중요농업유산으로 지정할 수 있다.

정답 ①

40 **다음은 농촌공동체 회사 우수사업 지원 제도에 대한 설명이다. 빈칸에 들어갈 내용으로 적절한 것은?**

농촌공동체 회사 우수사업 지원 제도의 지원 대상이 되려면 농촌 지역주민 ______ 이상이 자발적으로 결성한 조직이어야 한다.

① 5인
② 10인
③ 20인
④ 50인
⑤ 70인

해설

농촌공동체 회사 우수사업 지원 제도는 농촌 지역주민이 주도하는 농촌공동체 회사 사업을 지원해 농가소득 증대 및 일자리 창출, 농촌에 필요한 각종 서비스 제공 등 농촌 지역사회 활성화에 기여하기 위한 제도이다. 농촌 지역주민 5인 이상이 자발적으로 결성한 조직으로, 지역주민 비율이 50% 이상 구성되어 있고, 〈민법〉상 법인·조합, 〈상법〉상 회사, 농업법인, 〈협동조합기본법〉상 협동조합 등이 지원 대상이다.

정답 ①

02 금융 · 경제 상식

01 다음 〈보기〉에서 국내총생산(GDP)을 산출하는 방법으로 옳은 것을 모두 고르면?

> 보기
> ㉠ 소비+투자+정부 지출+순수출
> ㉡ 국민총소득(GNI)−고정자본소모
> ㉢ 경제활동별 부가가치+순생산물세
> ㉣ 시장가격에 의한 국민소득−(생산 및 수입세−보조금)
> ㉤ 피사용자보수+영업잉여+고정자본소모+순생산세 및 수입세

① ㉠, ㉡
② ㉠, ㉢
③ ㉡, ㉣
④ ㉠, ㉢, ㉤
⑤ ㉢, ㉣, ㉤

해설

㉠・㉢・㉤은 각각 지출접근법・생산접근법・분배접근법 등에 의해 국내총생산(GDP)을 산출하는 방법이다. 지출접근법은 각 경제주체의 지출(구매)을 합해, 생산접근법은 모든 생산자(기업)의 산출량을 합해, 분배접근법은 모든 경제주체(생산자・소비자)의 소득을 합해 GDP를 측정할 수 있는데, 이러한 세 가지 방법으로 측정한 GDP는 모두 같다.

오답분석

㉡ 국민순소득(NNI)을 산출하는 방법이다. NNI는 국민총소득(GNI)에서 감가상각을 제외한 부분을 가리킨다. 다만 고정자본소모(감가상각)의 산출 방법이 나라마다 달라 비교하기 곤란하고, 국가별로 국민소득이나 성장률 등을 비교할 때 GNI와 NNI의 차이가 크지 않기 때문에 NNI(순액 개념)보다는 GDP(총액 개념)가 더 흔하게 사용된다.

㉣ 흔히 '국민소득'이라고 줄여 부르는 요소비용 국민소득(NI)은 국민순소득(NNI)에서 정부의 간접세와 보조금을 포함하지 않은 금액을 가리킨다. 이는 한 나라의 국민이 제공한 생산 요소에서 발생한 소득의 총액, 즉 노동에 대한 대가인 피사용자보수와 토지・자본・경영에 대한 대가인 영업잉여의 합계로서, 고정자본소모와 순생산 및 수입세를 포함하지 않으므로 한 나라 국민이 벌어들인 순수한 소득을 나타낸다. 이때 'NI=시장가격에 의한 국민소득−생산 및 수입세+보조금=피사용자보수+영업잉여'의 관계를 도출할 수 있다.

정답 ④

02 **다음 중 기대신용손실(Expected Credit Loss)에 대한 설명으로 옳지 않은 것은?**

① 신용손실은 계약상 수취하기로 한 현금의 현재가치이다.
② 금융상품의 가격에 기대신용손실에 따른 대가가 포함된다.
③ 신용손실을 개별 채무불이행 발생 위험으로 가중평균한 값을 의미한다.
④ 현금의 예상 지급 시점이 계약상 지급 시점보다 늦을 경우 신용손실이 발생한다.
⑤ 신용위험의 유의적인 증가 여부에 따라 최소한 12개월 기대신용손실 또는 전체 기간 기대신용손실을 각각 손실충당금으로 인식한다.

해설

신용손실은 계약상 수취하기로 한 현금에서 미래 수취할 것으로 기대하는 현금을 차감한 현금부족액의 현재가치를 의미한다. 기대신용손실은 금융상품 등의 신용손실 지연 인식 문제에 대한 대안으로 개발되었으며, 신용손실을 확률가중추정하여 신용손실을 적시에 인식하는 것이다.

정답 ①

03 **다음 〈보기〉에서 대안신용평가(Alternative Credit Scoring System)에 대한 설명으로 옳지 않은 것을 모두 고르면?**

보기

㉠ 과거 연체가 있었어도 신용평가등급이 높게 나올 수 있다.
㉡ 대출, 신용카드 발급 여부 등 금융 정보를 활용하여 점수를 산정한다.
㉢ 신용평가의 정확성, 실시간 신용 정보를 반영하는 적시성 등의 장점이 있다.
㉣ 제도권 금융에서 소외되어 있는 취약 계층에게 금융 혜택을 제공할 수 있다.
㉤ 다종·다량의 데이터를 확보하면서 프라이버시 침해 문제를 획기적으로 해소할 수 있다.

① ㉠, ㉡
② ㉠, ㉢
③ ㉡, ㉤
④ ㉠, ㉢, ㉣
⑤ ㉢, ㉣, ㉤

해설

㉡ 대안신용평가는 대출, 신용카드 발급 여부 등 금융 정보가 아닌 통신요금, 온라인 구매이력, SNS 등의 비금융 정보를 활용해 신용등급 점수를 산정한다.
㉤ 대안신용평가는 적시성, 포용 가능성, 정확성에서 기존의 신용평가 모형을 보완할 수 있지만, 데이터 확보와 프라이버시 보호 등은 해결해야 할 문제로 지적된다.

오답분석

㉠·㉢·㉣ 대안신용평가는 과거의 금융거래 이력보다 빅데이터를 활용해 현재 기준 비금융 정보를 분석하여 신용평가에 반영하므로 제도권 금융에서 소외된 많은 사람들에게 혜택을 줄 수 있다. 실제로 과거 연체가 있을 경우, 기존 신용평가 방식으로는 은행 대출이 불가하나 대안신용평가를 할 경우 대출이 가능할 수 있다.

정답 ③

04 **다음 내용에 따라 빅맥지수를 활용하여 원달러 명목환율을 계산하면 얼마인가?(단, 소수점 셋째 자리에서 버림한다)**

> • 미국에서 판매하는 맥도날드 버거 : 4.9달러
> • 한국에서 판매하는 맥도날드 버거 : 6,600원
> • 구매력 평가환율 대비 원화 가치 : 20% 저평가

① 1,804.46원/달러
② 1,708.25원/달러
③ 1,616.31원/달러
④ 1,515.82원/달러
⑤ 1,346.93원/달러

해설
빅맥지수를 활용한 구매력 평가환율은 6,600÷4.9=1,346.93원/달러이다. 구매력 평가환율 대비 원화가치가 20% 저평가되어 있으므로, 실제 명목환율은 1,346.93×1.2=1,616.31원/달러이다.

정답 ③

05 **다음 중 유러피언옵션과 아메리칸옵션을 구분하는 기준으로 가장 적절한 것은 무엇인가?**

① 행사권리
② 행사시점
③ 행사가격
④ 기초자산
⑤ 지급시점

해설
유러피언옵션은 옵션 권리를 만기일에만 행사할 수 있는 반면, 아메리칸옵션은 옵션 권리를 약정 기간 중 아무 때나 행사할 수 있다.

오답분석
① 행사권리에 따라 풋옵션, 콜옵션으로 구분된다.
③ 행사가격에 따라 내가격, 외가격, 등가격으로 구분된다.
④ 기초자산에 따라 금리, 주식, 외환, 환율 등으로 구분된다.
⑤ 금융투자상품은 금전 등의 지급시점이 현재이면 증권, 지급시점이 장래의 특정 시점이면 파생상품으로 구분된다.

정답 ②

06 **다음에서 설명하는 경제 용어는 무엇인가?**

> 시장에서 자산 운용 시 개인의 주관적 판단을 배제하고 금융공학 기법을 토대로 투자자산들의 비중을 탄력적으로 조절하는 펀드를 가리킨다. 객관적인 데이터 및 원칙에 기반하여 일관성 있게 자산을 운용하는 것으로, 변동성이 큰 장세에서 부각되는 펀드이다.

① 주가연계증권(ELS)
② 퀀트펀드(Quant Fund)
③ 주가지수연계펀드(ELF)
④ 헤지펀드(Hedge Fund)
⑤ 랩어카운트(Wrap Account)

해설

퀀트(Quant)는 수학·통계에 기반해 투자 모델을 만들거나 금융 시장의 변화를 예측하는 사람을 가리키며, 퀀트펀드는 수학 모델을 이용해 시장의 움직임을 컴퓨터 프로그램으로 만들고 이에 근거해 투자 결정을 내리는 펀드를 가리킨다.

오답분석

① 주가연계증권(Equity Linked Securities) : 주가가 일정 조건을 충족하면 약속한 수익률을 지급하는 금융 상품으로, 개별 주식의 가격 혹은 주가지수에 연계되어 투자 수익이 결정되는 유가증권이다.
③ 주가지수연계펀드(Equity Linked Fund) : 개별 주식의 가격이나 주가지수와 연계해 수익률이 결정되는 ELS와 상품 구조는 동일하지만, 일반 투자자를 위해 펀드 형태로 만든 상품이다. 즉, ELS 상품을 펀드에 끼워 넣거나 원금을 보존하는 형태의 펀드를 만들어 판매하는 금융 상품으로, 상품의 기본 수익 구조에서는 ELS와 유사하다.
④ 헤지펀드(Hedge Fund) : 소수의 투자자로부터 자금을 모집하여 투자해 수익을 달성하는 사모펀드의 일종으로, 주로 국제 증권 및 외환 시장에 투자해 단기 이익을 추구한다.
⑤ 랩어카운트(Wrap Account) : 자산운용과 관련된 여러 가지 서비스를 종합하여 제공하고, 고객 재산에 대해 자산 구성·운용·투자자문까지 통합적으로 관리하는 서비스이다.

정답 ②

07 다음 중 한국은행의 주요 업무에 대한 설명으로 옳지 않은 것은?

① 한국은행은 우리나라 화폐를 발행한다.
② 한국은행은 국고금을 수납하고 지급하는 업무를 한다.
③ 한국은행은 경제에 관한 조사·연구 및 통계 업무를 한다.
④ 한국은행은 금융 시스템의 안정성을 유지하고 강화하는 업무를 한다.
⑤ 한국은행은 기관 및 개인 고객을 대상으로 예금 수신 및 대출 업무를 한다.

해설

한국은행은 금융기관을 상대로만 예금 수신 및 대출 업무를 한다.

오답분석

① 한국조폐공사에 의뢰해 우리나라 지폐 4종류와 동전 6종류를 발행하는 것은 물론 화폐의 교환·환수·폐기 등을 담당한다.
② 국민 세금 등 국고금을 정부예금으로 수신하고, 정부가 필요로 할 때 자금의 출금·대출을 실시하는 정부은행이다. 이밖에 정부가 소유하고 있는 유가증권을 안전하게 보관하는 업무를 담당한다.
③ 통화금융통계, 국민계정, 국제수지표, 자금순환표, 산업연관표, 기업경영분석, 생산자물가지수 등 경제 관련 주요 통계를 조사·작성·발표한다.
④ 금융 시스템의 안정성을 유지·강화하는 업무를 담당한다. 이를 위해 국내외 경제 여건, 금융시장의 안정성, 금융 시스템의 건전성 상황 등을 종합적으로 점검한다. 또한 금융 시스템의 이상 징후를 제때에 인식해 그 위험성을 평가하고 조기에 경보하기 위해 다양한 지표를 개발해 활용한다. 이를 토대로 금융 시스템에 잠재해 있는 취약 요인과 그 영향을 분석하고 시스템 전반의 안정성을 평가하는 금융안정보고서를 발표한다.

정답 ⑤

08 다음 〈보기〉에서 균형성과 기록표(BSC)의 4가지 관점에 해당하는 것을 모두 고르면?

보기

ㄱ 재무 관점
ㄴ 고객 관점
ㄷ 학습과 성장 관점
ㄹ 내부 프로세스 관점
ㅁ 외부 프로세스 관점

① ㄱ, ㄷ
② ㄱ, ㄴ, ㅁ
③ ㄷ, ㄹ, ㅁ
④ ㄱ, ㄴ, ㄷ, ㄹ
⑤ ㄴ, ㄷ, ㄹ, ㅁ

해설

균형성과 기록표(Balanced Score Card)의 4가지 관점

- 재무 관점 : 기업 경영이 기업의 손익 개선에 어떠한 기여를 하고 있는지 측정한다.
- 고객 관점 : 고객의 주요 관심사를 반영하여 성과를 측정한다.
- 내부 프로세스 관점 : 고객의 기대에 부응하기 위해 핵심이 되는 내부 역량을 측정한다.
- 학습 및 성장 관점 : 기업 비전을 달성하기 위해 어떠한 학습을 하고 있는지 측정한다.

정답 ④

09 다음 〈보기〉에서 래퍼(Laffer) 곡선에 대한 설명으로 옳은 것을 모두 고르면?

보기

㉠ 조세 수입의 변화율은 적정 세율에 가까울수록 완만하다.
㉡ 래퍼 곡선에 따르면 세율의 인상은 과세 대상의 이탈을 초래할 수 있다.
㉢ 적정 세율 이하의 세율 구간에서는 세율을 인상할수록 조세 수입이 감소한다.
㉣ 래퍼 곡선에 따르면 모든 세율 구간에 대해 세율의 증가에 따라 조세 수입도 비례해 증가한다.

① ㉠, ㉡
② ㉠, ㉢
③ ㉠, ㉣
④ ㉡, ㉢
⑤ ㉡, ㉣

해설

㉠ 래퍼 곡선은 적정 세율에서 최대 조세 수입을 보이는 포물선 형태를 띠고 있으므로, 세율이 적정 세율에 가까울수록 조세 수입의 변화율이 작아 그래프가 완만하다.
㉡ 래퍼 곡선에 따르면 적정 세율까지는 세율을 인상할수록 조세 수입이 증가하지만, 적정 세율을 초과하는 순간부터 과세 대상이 세율이 낮은 타 조세 권역으로 이탈해 과세 대상의 감소에 따라 세수가 감소한다.

오답분석

㉢ 적정 세율 이하의 세율 구간에서는 세율을 인상할수록 조세 수입이 증가한다.
㉣ 래퍼 곡선에 따르면 적정 세율을 초과하면 세수가 감소하기 시작한다.

정답 ①

10 다음 중 부채 디플레이션에 대한 설명으로 옳지 않은 것은?

① 물가가 하락하여 실질금리가 오르는 경우에 나타나는 현상이다.
② 부채 디플레이션이 발생하면 통화량이 증가하면서 물가가 상승한다.
③ 부채 상환을 위해 자산 매각이 늘어나 경제가 침체되는 현상을 의미한다.
④ 자산 가치의 하락과 소비 심리의 급격한 위축은 부채 디플레이션을 조장할 수 있다.
⑤ 신용의 축소로 인해 자금의 원활한 흐름이 막히고 경제가 활력을 잃어 침체가 심화된다.

해설

부채 디플레이션이 발생하면 통화량이 감소하면서 물가가 하락한다.

오답분석

① 물가가 하락하여 실질금리가 오르면 자산가치가 하락하게 되고 부채 부담이 증가해 부채 상환 수요가 늘어나게 된다.
③·④ 차입자들이 부채 상환을 위해 부동산이나 주식, 담보로 맡긴 자산 등을 서둘러 대거 매각하면서 자산 가치의 급락과 소비 위축이 발생함에 따라 부채 디플레이션에 봉착할 수 있다.
⑤ 물가 하락으로 실질금리가 상승하면 채무 부담이 커지고 빚을 갚으려고 담보로 맡긴 자산을 처분해 다시 물가 하락 압력으로 작용한다. 부채 디플레이션이 발생하면 신용의 축소로 인해 자금의 원활한 흐름이 막히는 동맥경화 현상이 발생하고, 경제 활력이 떨어지면서 경기 침체가 심화된다.

정답 ②

11 **다음 중 수요견인 인플레이션에 대한 설명으로 옳지 않은 것은?**

① 초과수요가 발생하여야 나타나는 현상이다.
② 임금, 원자재값, 금리 등 생산비용 상승이 원인이 된다.
③ 경기 호조에 따라 총수요가 증가하여 물가가 상승하는 현상을 의미한다.
④ 정부 지출 확대, 세율 인하 등 정부의 경기 부양책은 총수요의 급격한 증가를 일으킬 수 있다.
⑤ 확대재정 정책, 민간 소비나 투자의 갑작스러운 변동에 따른 수요 충격 등은 수요견인 인플레이션을 초래할 수 있다.

해설
임금, 원자재값, 금리 등 생산비용 상승이 원인이 되는 것은 비용상승 인플레이션에 대한 설명이다.

오답분석
① 단순히 총수요 증가로 인플레이션이 발생하지 않으며, 총수요가 총공급보다 많아지는 초과수요가 나타나야 인플레이션이 발생한다.
③ 정부 지출 증가, 기업투자 증가, 통화량 증가 등으로 인해 나타나는 현상이다.
④ 정부가 지출 확대, 세율 인하 등의 경기 부양책으로 급격한 확대재정 정책을 시행할 경우에는 총수요가 증가해 수요견인 인플레이션을 초래할 수 있다.
⑤ 확대재정 정책, 과도한 통화량 증가, 민간 소비나 투자의 갑작스러운 변동에 따른 수요 충격 등은 총수요를 증가시켜 수요견인 인플레이션을 일으킬 수 있다.

정답 ②

12 다음에서 설명하는 경제 용어는?

> • 어떤 행위나 생산 등을 통해 추가로 얻게 되는 편익을 의미한다.
> • 이것의 곡선은 우하향하는 형태를 나타낸다.
> • 같은 양을 소비하더라도 각각의 소비자마다 이것이 모두 다를 수 있다.

① 한계효용　　② 한계비용
③ 한계편익　　④ 한계대체율
⑤ 한계변환율

해설

한계편익은 어떤 행위나 생산 등을 통해 추가로 얻게 되는 편익을 의미하며, 한계비용과 상대되는 개념이다. 즉, 생산 또는 소비 행위 등이 늘어날수록 그것을 통해 얻는 편익은 감소하게 되며, 이로 인해 한계편익곡선은 우하향하는 형태를 나타낸다.

오답분석

① 한계효용 : 일정한 종류의 재화가 잇따라 소비될 때 최후 1단위의 재화로부터 얻게 되는 심리적 만족도로서, 욕망의 정도에 정비례하고 재화의 존재량에 반비례한다.
② 한계비용 : 생산량이 1단위 증가할 때 늘어나는 비용을 뜻하며, 총비용 증가분의 생산량 증가분에 대한 비율로 표시한다. 전형적인 한계비용 함수는 U자형을 나타내는데, 0의 생산량에서 시작해 생산량이 증가함에 따라 한계비용이 점차 감소하다가 어느 생산량을 지나면 점차 증가한다.
④ 한계대체율 : 한계효용 이론에서 사용 가치를 유지하면서 한 재화를 다른 재화로 대체할 때 그 두 재화 수량 사이의 비율을 뜻한다.
⑤ 한계변환율 : 생산변환곡선에서 측정한, 한 재화의 생산을 1단위 늘릴 때 포기해야 하는 다른 재화의 양을 가리키며, 생산변환곡선의 기울기로 나타낼 수 있다.

정답 ③

13 다음 〈보기〉에서 내부수익률(IRR)에 대한 설명으로 옳은 것을 모두 고르면?

보기

㉠ 내부수익률법은 재투자에 대한 할인율로 내부수익률을 사용한다.
㉡ 내부수익률이 이자율보다 높으면 투자가치가 있다고 볼 수 있다.
㉢ 투자의 우선순위를 정할 때 순현재가치보다 IRR을 더 많이 사용한다.
㉣ 투자에 따른 미래 현금유입액과 현재 투자가치가 같아지도록 하는 할인율이다.

① ㉠, ㉡
② ㉠, ㉢
③ ㉢, ㉣
④ ㉠, ㉡, ㉣
⑤ ㉡, ㉢, ㉣

해설

내부수익률(Internal Rate of Return)은 투자에 드는 지출액의 현재가치가 미래에 그 투자에서 기대되는 현금수입액의 현재가치와 같아지는 할인율, 즉 예측한 미래의 순수익이 실현될 것이라고 가정했을 때 일정 금액의 투자에 대한 수익률을 가리킨다.

오답분석

㉢ 하나의 투자안에 대해 여러 가지 IRR이 나올 수 있기 때문에 우선순위를 정할 때는 순현재가치를 더 많이 사용하는 것이 일반적이다.

정답 ④

14 다음 내용에 따라 당좌차월을 계산하면 얼마인가?

- A은행 현금예치 : 5,000,000원
- A은행과 당좌차월 계약한도 : 8,000,000원
- 상품 구매 : 2,000,000원(수표를 발행해 지급)
- 장비 구매 : 3,000,000원(수표를 발행해 지급)

① 4,000,000원
② 3,500,000원
③ 3,000,000원
④ 2,400,000원
⑤ 2,000,000원

해설

당좌차월은 대출로서 단기차입금 계정으로 표시한다. 상품과 장비 모두 수표를 발행해 지급했으므로 당좌예금 소진 시 차액은 단기차입금(당좌차월)으로 표시한다.

- 당좌차월 계약한도 : 8,000,000원
  당좌예금 : 3,000,000원 / 현금 : 5,000,000원
- 상품 2,000,000원 구매(수표 발행 후 지급)
  상품 : 2,000,000원 / 당좌예금 : 2,000,000원
- 장비 3,000,000원 구매(수표 발행 후 지급)
  장비 : 3,000,000원 / 당좌예금 : 1,000,000원

∴ 단기차입금 : 2,000,000원

정답 ⑤

15 다음 〈보기〉에서 비유동부채에 해당하는 것을 모두 고르면?

보기

㉠ 미지급비용
㉡ 임대보증금
㉢ 장기차입금
㉣ 이연법인세부채

① ㉠, ㉡
② ㉠, ㉢
③ ㉢, ㉣
④ ㉠, ㉡, ㉣
⑤ ㉡, ㉢, ㉣

해설

비유동부채(고정부채)는 1년 이내에 상환되지 않을 빚을, 유동부채는 부채 가운데 1년 안에 갚아야 하는 빚을 뜻한다. 비유동부채는 사채, 임대보증금, 장기차입금, 퇴직급여충당부채, 이연법인세부채, 장기매입채무 등이 해당한다.

오답분석

㉠ 미지급비용은 유동부채에 해당한다.

정답 ⑤

16 다음 내용에 따라 K대리가 소유한 휴대전화의 현행원가를 구하면?

- K대리는 70만 원에 구입해 사용하던 휴대전화를 바꾸려고 휴대전화 판매점에 갔다.
- 휴대전화 판매원은 가격이 150만 원인 최신형 휴대전화를 K대리에게 보여주었다.
- 휴대전화 판매원은 K대리가 사용하던 휴대전화를 자신에게 판매하면 40만 원을 지급할 수 있다고 말했다.

① 40만 원
② 75만 원
③ 110만 원
④ 135만 원
⑤ 150만 원

해설

현행원가는 동일·동등한 경제적 효익을 가진 자산을 현재 시점에 취득할 경우 지급해야 할 현금 및 현금성 자산의 금액을 가리킨다. K대리가 소유한 휴대전화의 현행원가는 현재 시점에서 휴대전화 판매원이 K대리에게 지급할 수 있는 40만 원으로 볼 수 있다.

정답 ①

17 다음 〈보기〉에서 재고자산의 평가 방법에 해당하는 것을 모두 고르면?

보기

㉠ 개별법
㉡ 가중평균법
㉢ 선입선출법
㉣ 후입선출법
㉤ 순이익조정법

① ㉠, ㉢
② ㉠, ㉡, ㉤
③ ㉢, ㉣, ㉤
④ ㉠, ㉡, ㉢, ㉣
⑤ ㉡, ㉢, ㉣, ㉤

해설

㉠ 개별법 : 구입한 모든 개개의 상품·제품에 대해 개별적인 원가를 계산하는 방법으로, 각 재고상품의 평균원가로 계산하는 가중평균법에 상대되는 개념이다.
㉡ 가중평균법 : 단가에 수량을 가중치로 곱해 평균단가를 산출하는 방법으로, 재고자산과 회계기간 중에 매입 또는 생산된 재고자산의 원가를 가중평균해 재고항목의 단위원가를 결정한다.
㉢ 선입선출법 : 재고자산의 출고 단가를 결정할 때 장부상으로 먼저 입고된 것부터 차례로 출고되는 것으로 보고 재고자산의 출고 단가를 결정하는 방법이다.
㉣ 후입선출법 : 재고자산을 평가할 때 최근에 사들인 것부터 출고한 것으로 하여 원가를 계산하는 방법으로, 선입선출법에 상대되는 개념이다.

오답분석

㉤ 순이익조정법 : 기업 회계에서 당기순이익에 조정 항목을 가감해 영업 활동으로 인한 현금 흐름을 결정하는 회계처리 방법이며, 재고자산의 평가와 무관하다.

정답 ④

18 다음 중 재무회계와 관리회계의 차이점을 비교한 내용으로 옳지 않은 것은?

	구분	재무회계	관리회계
①	이용자	외부인(투자자 등)	내부인(경영자 등)
②	사용 목적	재무제표 작성	기업 의사결정
③	전달 정보	과거, 현재, 미래 정보	과거 정보
④	정보의 성격	객관성, 정확성	적시성
⑤	작성 주기	정기적	비정기적(수시)

해설

재무회계는 과거에 대한 정보를 제공하는 반면, 관리회계는 과거뿐만 아니라 현재 또는 미래에 대한 예측 정보를 제공한다.

오답분석

①·② 재무회계는 채권자, 주주, 정부 등 외부인을 대상으로 기업 재무정보 등을 제공하며, 관리회계는 경영자 등 내부인을 대상으로 경영 의사결정을 위한 정보로 활용된다.

④ 재무회계는 과거 정보를 기준으로 하기 때문에 객관적이고 정확한 반면, 관리회계는 현재 또는 미래 시점에 대한 예측을 목표로 하는 적시성이 요구된다.

⑤ 재무회계는 회계기간(1년) 말에 주기적으로 작성되고, 관리회계는 필요와 요구에 따라 수시로 작성된다.

정답 ③

19 다음 〈보기〉에서 금리노마드에 대한 설명으로 옳은 것을 모두 고르면?

보기

㉠ 저금리 현상이 장기화됨에 따라 나타난 현상이다.
㉡ 이자가 조금이라도 높은 상품을 찾아 계속하여 이동하는 것을 의미한다.
㉢ 금리노마드가 늘어남에 따라 단기시장 내 자금이 급속히 유출되고 있다.
㉣ 예적금 뿐만 아니라 수익형 부동산, 주식시장 등으로의 자금이동도 해당된다.

① ㉠, ㉡, ㉣
② ㉡, ㉢, ㉣
③ ㉠, ㉡
④ ㉠, ㉢
⑤ ㉢, ㉣

해설

금리노마드는 보다 높은 금리를 얻을 수 있는 금융 상품을 찾아 여러 곳을 돌아다니는 사람을 뜻한다. 저금리 시대의 도래로 인해 이들은 금리가 조금이라도 더 높은 예금·적금으로 갈아타기도 하고, 더 나아가 은행권보다 수익률이 높은 주식 시장이나 수익형 부동산 등으로 이동하기도 한다.

오답분석

㉡·㉣ 금리노마드는 단기에 보다 높은 이자를 찾아 이동하기 때문에 단기시장 내 자금이 몰려 금융시장 변동성을 높이는 원인이 된다.

정답 ①

20 다음에서 설명하는 것은 무엇인가?

> • 기존 은행의 인터넷 뱅킹, 인터넷전문은행과 동일하게 디지털 기술을 활용한다.
> • 개인 영업, 기업 영업, 주택담보대출 등 특정 서비스 분야별로 특화되어 있다.
> • 지점, 인력 등에 소요되는 비용을 절감하고 단순한 상품과 저렴한 수수료를 추구한다.

① 네오뱅크
② 뱅크페이
③ 챌린저 뱅크
④ 컨소시엄 뱅크
⑤ 스몰 라이선스

해설

챌린저 뱅크(Challenger Bank)는 디지털 기술을 활용해 소비자 중심의 특화된 금융 서비스를 제공하는 핀테크 기업 또는 그러한 금융 서비스를 뜻한다.

오답분석

① 네오뱅크(Neobank) : 고객 수수료를 낮추기 위해 오프라인 점포 없이 인터넷이나 모바일 기기를 통해 금융 서비스를 제공하는 은행을 뜻한다.
② 뱅크페이(Bankpay) : 금융결제원이 제공하는 전자 지불 서비스로서, 전자상거래에서 발생하는 구매자와 판매자 간 대금 지급에 따른 승인, 결제 등의 업무를 결제 기관으로 중계하여 처리하고 그 결과를 실시간으로 파악할 수 있다.
④ 컨소시엄 뱅크(Consortium Bank) : 국적이 다른 여러 은행들이 해외에 진출한 기업의 현지 자금 수요에 부응하기 위하여 설립한 다국적 은행을 가리킨다.
⑤ 스몰 라이선스(Small License) : 소규모·특화 금융회사 신설을 용이하게 하기 위해 금융업의 인·허가 단위를 세분화하고 진입 요건을 완화하는 것을 뜻한다.

정답 ③

03 디지털 · IT 상식

01 **다음은 국내 A은행의 디지털 전환(DT)과 관련된 기사이다. 빈칸에 공통으로 들어갈 용어로 가장 적절한 것은?**

> A은행은 전사적인 디지털 서비스 경쟁력 강화로 1등 금융 플랫폼 은행으로의 전환에 총력을 기울이고 있다. 이를 위해 모바일뱅킹 애플리케이션 A뱅킹 서비스의 고도화와 함께 마이데이터, 블록체인, 메타버스 등 디지털 신사업으로의 전환에도 만전을 기하고 있다. 특히 메타버스 등 디지털 신사업에 매진한 결과 A은행은 가상공간(VR)에서 금융 시스템과 연동을 할 수 있는 'A-VR 브랜치' 2단계 ________를 구축했다고 밝혔다. ________는 본격적인 운용에 앞서 신기술·시제품의 성능·효과·안정성 및 양산 가능성, 편의성 등을 실험하기 위한 환경, 공간, 시스템, 설비·시설 등의 총체를 가리킨다. A은행은 이번 'A-VR 브랜치' 2단계 ________를 통해 은행이 제공하는 API를 가상공간에서 구현하는 금융 실험을 진행했다. 한편 이와 관련해 A은행 관계자는 "AR, VR 등 새로운 기술 도입에 따른 금융 변화에 선제적으로 대응할 수 있도록 준비하겠다."며 "앞으로도 가상공간에서 뱅킹 서비스 구현을 위한 기술 검증을 지속할 예정이다."라고 밝혔다.

① 테스트 베드(Test Bed)
② 스트레스 테스트(Stress Test)
③ 디지털 사이니지(Digital Signage)
④ 에퀴티 파이낸스(Equity Finance)
⑤ 인벤토리 파이낸스(Inventory Finance)

해설

테스트 베드는 일반적으로 '시험 무대'라는 의미로, 원활히 작동하는지 테스트하는 시스템을 뜻한다. 즉, 어떤 것을 세상에 내놓기 전에 그것이 성공할 수 있을 것인지를 미리 알아보기 위해 시험적으로 적용해 보는 소규모 집단·지역·영역을 말한다. 또한 디지털 용어로는 다른 프로그램의 정당성을 검사하는 데 사용되는 프로그램이나 자료의 집합을 가리킨다. 즉, 사전에 실제 환경에서 발생 가능한 각종 문제점을 찾아내 조정하고 위험 부담을 최소화해 비용과 시간을 절감할 수 있는 모의실험(Simulation) 환경을 의미한다. 한편 우리나라는 모든 플랫폼과 다양한 디지털 기술을 시험할 수 있는 인프라를 갖추고 인터넷·스마트폰 보급률이 매우 높아 시장 반응이 빠르기 때문에 세계 IT 기술의 테스트 베드로 각광받고 있다.

오답분석

② 스트레스 테스트 : 환율의 급변동이나 경기침체처럼 외부의 요인으로 인해 금융권 전망이 불투명한 위기 상황에서 금융사들이 얼마나 잘 대처할 수 있는지 평가하는 일을 뜻한다.
③ 디지털 사이니지 : 기업들의 마케팅 및 광고에 활용되는 전자 정보 표시 도구로서, 공항·호텔·병원 등의 공공장소에서 방송 프로그램뿐만 아니라 특정한 정보를 LED, LCD, PDP 같은 디지털 영상 장치에 보여 준다.
④ 에퀴티 파이낸스 : 주식의 시가 발행, 중간 발행, 전환 사채, 신주 인수권부 사채 발행 등 신주 발행을 동반하는 자금 조달 방법을 이르는 말이다.
⑤ 인벤토리 파이낸스 : 재고품을 보유하기 위한 운전자금을 조달·관리하는 재고금융을 뜻한다. 즉, 제품이 물류기지에서 중간재고로 남아있을 때 이를 금융사가 매입했다가 기업이 필요한 적절한 시기에 재고를 되파는 것을 말한다. 금융사의 입장에서는 재고의 매입액과 환매액의 차액을 수익으로 삼을 수 있으며, 기업 입장에서는 재고를 오랜 기간 떠안고 있을 필요가 없어 자금을 보다 효율적으로 사용할 수 있다.

정답 ①

02 다음에서 알 수 있는 CPU 스케줄링 방식은 무엇인가?

> 어떤 프로세스가 CPU(중앙처리장치)를 할당받으면 그 프로세스가 종료되거나 입력 및 출력 요구가 발생할 때까지 계속 실행되도록 보장한다. 순차적으로 처리되는 공정성이 있고 다음에 처리해야 할 프로세스와 관계없이 응답시간을 예상할 수 있으며 일괄처리(Batch Processing)에 적합하다. CPU 사용 시간이 긴 하나의 프로세스가 CPU 사용 시간이 짧은 여러 프로세스를 오랫동안 대기시킬 수 있으므로, 처리율이 떨어질 수 있다는 단점이 있다. 선입선출 스케줄링(FCFS; First – Come First – Served), 최단작업 우선 스케줄링(SJF; Shortest – Job First) 등이 이 스케줄링에 속한다.

① 선점형 스케줄링
② 비선점형 스케줄링
③ 다단계 큐 스케줄링
④ 라운드 로빈 스케줄링
⑤ 다단계 피드백 큐 스케줄링

해설

제시된 내용은 이미 사용되고 있는 CPU의 사용이 끝날 때까지 기다리는 스케줄링 기법에 대한 설명이다. 응답시간을 예측할 수 있고 일괄처리 방식이 적합하며 모든 프로세스의 요구에 대해서 공정한 스케줄링 방식은 비선점형 스케줄링이다.

오답분석

① 선점형 스케줄링은 CPU를 할당받지 않은 프로세스가 CPU를 할당받은 프로세스를 강제로 중지함으로써 CPU를 빼앗을 수 있으며, 빠른 응답시간을 요구하는 시스템에 주로 쓰인다.

③ · ④ · ⑤ 다단계 큐 스케줄링, 라운드 로빈 스케줄링, 다단계 피드백 큐 스케줄링 등은 선점형 스케줄링의 일종이다.

정답 ②

03 다음 〈보기〉에서 대칭(Symmetric) 암호화 기법과 비대칭(Asymmetric) 암호화 기법을 비교한 설명으로 옳지 않은 것을 모두 고르면?

보기

㉠ 대칭 암호화 기법은 비대칭 암호화 기법보다 키의 길이가 길고 암호화·복호화 속도가 느리다.
㉡ 대칭 암호화 기법은 알고리즘이 내부적으로 치환과 전치의 간단한 구조를 이루기 때문에 알고리즘을 개발하기 용이하다.
㉢ 대칭 암호화 기법으로 데이터를 암호화·복호화하려면 2개(1쌍)의 키가 필요한 것과 달리 비대칭 암호화 기법은 1개의 키가 필요하다.
㉣ 송수신되는 데이터의 기밀성을 높이고 신뢰할 만한 인증을 가능하게 하려면 대칭 암호화 기법이 아니라 비대칭 암호화 기법을 사용하는 알고리즘을 선택해야 한다.
㉤ 데이터의 암호화와 복호화에 필요한 키를 생성하고 전달하는 등 교환·공유·관리함에 있어 비대칭 암호화 기법은 대칭 암호화 기법보다 더 큰 어려움이 따른다.

① ㉠, ㉡
② ㉡, ㉣
③ ㉠, ㉢, ㉤
④ ㉡, ㉢, ㉤
⑤ ㉢, ㉣, ㉤

해설

㉠ 대칭 암호화 기법은 비대칭 암호화 기법보다 키의 길이가 훨씬 짧고 암호화·복호화 속도가 빨라서 효율적인 암호 시스템을 구축할 수 있다. 반면에 비대칭 암호화 기법은 키 길이가 매우 길기 때문에 훨씬 더 많은 연산 능력이 요구된다.
㉢ 데이터를 암호화·복호화할 때 대칭 암호화 기법이 동일한 하나의 비밀키를 사용하는 것과 달리 비대칭 암호화 기법은 공개키와 개인키(사설키)라는 1쌍의 키를 사용한다.
㉤ 대칭 암호화 기법은 데이터의 송수신자 간에 동일한 키를 공유해야 하므로 데이터를 교환할 때 암호화와 복호화에 필요한 키를 생성·전달·교환·공유·관리해야 하는 어려움이 따른다. 즉, 키를 교환·배송하는 과정에서 키가 탈취될 수 있는 우려가 있고, 참여자가 증가할수록 전부 따로따로 키를 교환해야 하기 때문에 관리해야 할 키가 방대하게 많아지는 한계가 있다. 반대로 비대칭 암호화 기법은 공개키를 공개하기 때문에 키 교환이나 분배를 할 필요가 없을 뿐만 아니라 다수의 사용자와 데이터를 공유해야 하는 경우에 대칭 암호화 방식보다 유리하다.

오답분석

㉡ 대칭 암호화 기법은 알고리즘의 내부 구조가 간단한 치환(대치)과 전치(뒤섞기)의 조합으로 되어 있기 때문에 알고리즘을 쉽게 개발할 수 있다.
㉣ 비대칭 암호화 기법에서는 공개키에 대응하는 개인키를 가지고 있어야만 암호문을 복호화할 수 있기 때문에, 동일한 하나의 비밀키로 복호화가 가능한 대칭 암호화 기법보다 기밀성이 더 높다. 또한 A가 자신의 개인키로 데이터를 암호화해 B에게 보내면 B는 A의 공개키로 암호문을 복호화함으로써 해커가 아니라 A가 보낸 데이터라는 것을 확인할 수 있다. 이는 A의 개인키는 A만 가지고 있고 A의 개인키로 암호화한 것은 A의 개인키에 상응하는 A의 공개키로만 복호화할 수 있기 때문이다.

정답 ③

04 다음 중 DNS 서버의 역할로 가장 적절한 것은 무엇인가?

① 웹사이트의 정보를 저장한다.
② 도메인 이름과 IP 주소를 연결해 준다.
③ 개인 컴퓨터의 파일을 서버에 저장해 준다.
④ 클라이언트와 서버 간의 연결을 유지해 준다.
⑤ 네트워크에 연결된 사용자 간 정보 교환을 가능하게 해준다.

해설

DNS(Domain Name System)는 인터넷에서 도메인의 이름과 IP 주소 사이의 매핑을 제공하는 서비스이다. 일반적으로 인터넷 사용자는 도메인 이름을 사용하여 웹사이트를 방문하거나 이메일을 보내지만, 실제로 컴퓨터 네트워크는 IP 주소를 사용하여 통신하므로 사용자가 도메인 이름을 입력하면 DNS 서버는 해당 도메인 이름과 매핑된 IP 주소를 제공해 해당 웹사이트에 접속할 수 있도록 돕는다.

정답 ②

05 다음 중 은행가 알고리즘(Banker's Algorithm)에 대한 설명으로 옳지 않은 것은?

① 교착 상태 회피 알고리즘이다.

② 안전 상태를 유지할 수 있는 요구만을 수락한다.

③ 안전 상태일 때 다른 프로세스들이 자원을 해제할 때까지 대기한다.

④ 불안전 상태를 초래할 사용자의 요구는 나중에 만족될 수 있을 때까지 계속 거절한다.

⑤ 운영체제는 자원의 상태를 감시하고, 사용자 프로세스는 사전에 자신의 작업에서 필요한 자원의 수를 제시한다.

해설

은행가 알고리즘은 운영체제는 자원의 상태를 감시하고, 개별 사용자 프로세스는 사전에 자신의 작업에서 필요한 자원의 수를 제시하는 교착 상태(Deadlock) 회피 알고리즘이다. 즉, 운영체제는 안전 상태(Safe State)를 유지할 수 있는 요구만을 수락하고 불안전 상태(Unsafe State)를 초래할 수 있는 사용자의 요구는 나중에 만족될 수 있을 때까지 계속 거절한다. 안전 상태는 시스템이 교착 상태를 일으키지 않고, 각 프로세스가 요구한 양만큼 자원을 할당해줄 수 있는 상태로, 운영체제는 안전 상태일 때만 자원을 할당한다.

정답 ③

만약 우리가 할 수 있는 일을 모두 한다면, 우리들은 우리 자신에 깜짝 놀랄 것이다.

– 에디슨 –

2024 채용대비 SD에듀 농협 논술 및 직무상식

개정2판1쇄 발행	2024년 03월 20일 (인쇄 2024년 01월 24일)
초 판 발 행	2023년 01월 05일 (인쇄 2022년 09월 29일)
발 행 인	박영일
책 임 편 집	이해욱
편 저	SDC(Sidae Data Center)
편 집 진 행	오세혁 · 안희선
표지디자인	박서희
편집디자인	김지수 · 남수영
발 행 처	(주)시대고시기획
출 판 등 록	제10-1521호
주 소	서울시 마포구 큰우물로 75 [도화동 538 성지 B/D] 9F
전 화	1600-3600
팩 스	02-701-8823
홈 페 이 지	www.sdedu.co.kr

I S B N	979-11-383-6486-7 (13320)
정 가	24,000원

농협 논술 및 직무상식

농협 시리즈 누적판매량 1위

[판매량] 2006년부터 19년간 누적판매 1위
[출간량] 최다 품목 발간 1위(151종)

SD에듀
(주)시대고시기획

발행일 2024년 3월 20일(초판인쇄일 2022 · 9 · 29)
발행인 박영일
책임편집 이해욱
편저 SDC(Sidae Data Center)
발행처 (주)시대고시기획
등록번호 제10-1521호
주소 서울시 마포구 큰우물로 75 [도화동 538 성지B/D] 9F
대표전화 1600-3600
팩스 (02)701-8823
학습문의 www.sdedu.co.kr

정가 **24,000**원

ISBN
979-11-383-6486-7